国家出版基金项目
NATIONAL PUBLICATION FOUNDATION

刘大年全集

中国复兴枢纽——抗日战争的八年

六

长江出版传媒
湖北人民出版社

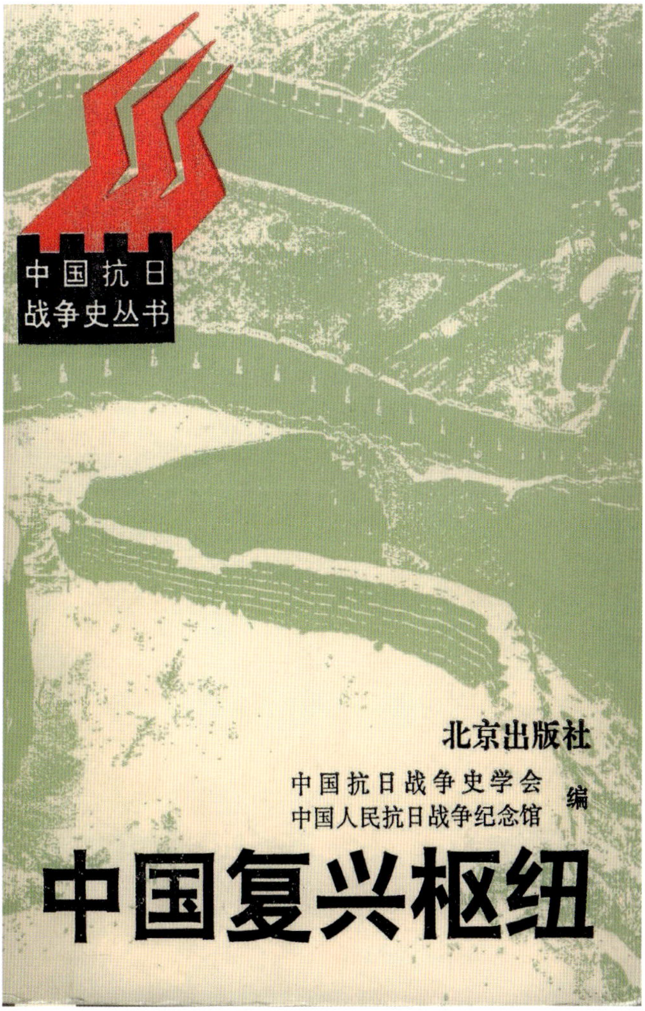

《中国复兴枢纽》北京出版社 1997 年版书影

编者说明

本卷编入《中国复兴枢纽——抗日战争的八年》。

本书为中国抗日战争史学会暨中国人民抗日战争纪念馆编辑的《中国抗日战争史丛书》中的一种，北京出版社1995年7月初版。因须作重大修改，当时仅少量印行。1997年6月修订重印，沿用原书号，仍作第1版第1次印刷。主编为刘大年、白介夫；副主编为何理、罗焕章、张振鹍。中共中央党校、国防大学、军事科学院、南京大学、中国社会科学院近代史研究所的研究人员和其他有关专家先后参加撰写、修订。刘大年作为主编，设计了全书框架结构，撰写了序言和前言，通改了全书，提出了有关《中国复兴枢纽》一书的主要观点。

现据1997年修订本刊印。编入本卷时又由编校者对全书作了进一步的校订。更正了个别史实、引文、人名、地名及文字的错误，注释也有所改订增补。

本卷由中国社会科学院近代史研究所研究员姜涛负责编辑校订。

目　录

抗日战争中期
（1939年—1943年）

抗日战争后期
（1944年—1945年8月）

抗日战争时期的中国文化

地图目录

总　序

刘大年

中国取得抗日民族解放战争的伟大胜利和第二次世界大战同盟国取得反法西斯战争胜利一起，今年正逢五十周年。五十年前的1945年，在中国历史和世界历史上都占有特殊重要的地位，值得隆重纪念。中国学术界出版了和正在出版一系列关于抗日战争史的著作，来纪念那个历史上的峥嵘岁月。中国抗日战争史学会暨中国人民抗日战争纪念馆编辑的《中国抗日战争史丛书》是这些著作中的一部分。它的水平未必尽能让读者满意，但有一点可以确定，它是学术界为推动抗日战争研究，提高对这段历史的认识所作的一次努力。

人们认识历史有和旅行者观览名山大岳相像的地方。旅行者在山间辛苦跋涉，沿途奇峰陡壁，茂树丰泉，天险胜地，历历在目；但往往要走出山脚以后回头望去，方能见出它的逶迤势态，灵气所在。抗日战争结束五十年以后的今天，人们回头来认识那段转换祖国命运的历史，显然要比以往的认识深刻许多，丰富许多。

中国抗日战争是在中国共产党倡导的抗日民族统一战线的旗帜下，以国共合作为基础，各阶级、各族人民团结起来进行的中华民族的解放战争。日本帝国主义发动全面侵略中国的战争，改变了中国内部的阶级关系。抗日战争一是民族战争，二又是人民战争。抗日战争爆发前，国家权力基本上掌握在蒋介石、国民党及其各派系手里。有蒋介石、国民党的参加，才有了全民族的抗战。否则全民族的抗战就无从实现，一时实现了也无法坚持下去。抗战期间蒋介石没有放弃反共，也没有放弃抗战。从全民族战争这方面看，蒋介石、国民党在抗战中的重要地位和作用，应当得到客观的、全面的理解。抗日民族解放战争以中国的胜利而结束，中国共产党领导的人民力量的兴起是基本条件之一。这个基本条件的作用贯穿在抗战的全过程里。没有这个基本条件，全民族抗战就无从实现，蒋介石就只会在“攘外必先安内”的道路上走下去；或者全民族抗战一时实现了，能否坚持下去而不中途夭折，中国能否取得胜利，那是一个大问号。回顾一下鸦片战争以后中国历次对外战争的结局，就会充分明了这一点。从民族战争与人民战争相结合这方面看，人民力量兴起这个基本条件的极大重要性，更加应当得到客观的、全面的理解。民族战争与人民战争有统一的一面，也有区别的一面。民族矛盾是起主导作用的、支配全局的矛盾。武装到牙齿的民族敌人深入国土的情况一天存在，这个主要矛盾就要一天存在。

中国近代历史上有两个基本问题：第一，民族不独立；第二，社会未能工业化、近代化。它们一起把中国拖进了濒临灭亡的境地。抗日战争是中国近代历史的一个根本转折。这个根本转折，一是近百年间，中国抵抗外国侵略的战争无不遭受失败，抗日战争第一次取得了反侵略战争的全面胜利；二是八年抗战决定性地改变了中国内部政治力量的对比。抗日战争中，军事上与国内政治关系上同时并存着两个过程、两种演变。一个过程、一种演变是日本的力量由强变弱，由军事胜利推进到最后彻底失败；又一个过程、一种演变，是国内两大政治势力共产党与国民党的力量朝相反方向行走，人民力量迅速壮大起来。这两个过程、两种演变紧密相连。前一个演变关系中国亡不亡国、民族能否独立的问题；后一个演变关系今后将是新中国还是旧中国、中国能否打开走向近代化前途的问题。谁在抗日战争中最出力，谁就在抗战以后更有力量，更有发言权，或者左右战后中国。抗战胜利准备了新中国与旧中国的决战。抗日战争结束以后，人民解放战争很快取得胜利，中华人民共和国随之诞生，不久，中国便踏上了社会主义发展前进的道路。归根到底就是由抗日战争这个历史的转折，这个力量准备所造成的。新中国代替旧中国，第一，中华民族巍然独立了；第二，国家近代化的前途畅通了。中国于是开始了自己的复兴。用一句话来说：中国复兴枢纽——这就是抗日战争的八年，这就是抗日战争胜利的伟大历史意义。

中国历史上有多次大规模战争，中国近代有多次反对外国侵略的战争。抗日战争这样的规模、性质、结局的战争确实为洪荒所未有。是哪个力量决定中国抗日战争胜利，铸造出中国复兴枢纽的？那就是我们全民族的奋起，就是以共产党为中心的人民力量满负荷的发挥，砥柱中流。抗战八年的前四年，中国是单独对日作战的。其时苏美两大国都没有卷进到战争里面。英美与日本有矛盾，也有准备与日本妥协，牺牲中国的举动。苏联同情中国，但担心日本北进，苏德战前，苏联与日本订有为期五年的《苏日中立条约》。与日本全力抗衡的，这时举世唯有中国。1941 年苏德战争、太平洋战争爆发，中国与英美结成了世界反法西斯同盟。中国由此不再单独对日作战，而是与同盟国一起对日作战了。中国抗日战争胜利的结局，于是就变成了在盟国支持、协同下，共同对日胜利的结局。这是国际形势的大框架、总格局规定的。不但中国抗战的面貌顿然刷新，世界的面貌也一下子刷新了。然而这并非中国抗战取胜的特点，而是反法西斯各国取胜的共同点。世界反法西斯斗争是一个整体，最后一败俱败，一胜俱胜。同盟国间的支持是相互的，双向的，而非某种单行道。中国是世界反法西斯主要战场之一。有中国这个主要战场，才有东方反法西斯的胜利。中国抗击的日本兵力最多。按日军师团编制计算，“七七”事变到 1945 年，日本历年投入到中国关内战场上的陆军，最多的年份占编制总额 90%，最少的一年占 35%，八年中平均每年占 76.4%。太平洋战争爆发后，日军陆军主力仍分布在中国战场上。中国摧毁的日军有生力量数目最大。“九一八”至“八一五”期间，日军出国作战共伤病战死 287.4 万人。其中 89 万余人死于太平洋战争。多达 198.4 万人是死在中国战场上的。中国为战胜日本法西斯死亡 2000 余万人，付出了最高昂的代价。整个二次大战中，英国武装部队、本土加殖民地人民共死亡 80 万几千人，美国海陆空军死亡共 32 万余人，其中仅一部分是牺牲于对日作战的。苏联卫国战争期间，其武装力量、边防军和内卫部队共牺牲 866.84 万人，死于对日作战的也只有 3 万余人。中国抗日连续八年，前期苏联援华物资约 1.7 亿美元，后期美国援外物资共 460 亿美元，援助中国的不过 6.3 亿美元，不足七十分之一。中国是靠自己的力量抗日作战到底的。国际形势的大框架、总格局，使中国抗日战争胜利的结局来自与同盟国共同对日作战，这丝毫没有改变中国依靠自己的力量取得胜利的地位。苏联红军是打败希特勒德国的决定性力量，仍然需要有美英联军诺曼底登陆，开辟第二战场；美军是太平洋上打败日本的决定性力量，攻占了日本冲绳岛，仍需有苏联出兵中国东北，粉碎那里的日本关东军。谁也不能因此认为苏联英美并非单独对德对日作战取胜的，其历史重要性就减少了，地位就改变了。中国在打败日本的作战中的地位，正像欧洲战场上的苏联，太平洋战场上的美国那样。抗战期间流行一句话：兵民乃胜利之本。也可以说，中华民族空前觉醒，中国人民力量兴起壮大，是中国抗日战争胜利之本。中国由衰败向复兴转换，就是靠的这个本。

自从新中国迈上征途的第一天起，中国复兴的鸿篇巨制连绵不绝于书，尽管其间也有挫折和失败。现在，抗日战争过去了五十年，中国人民正旅行在一座新的大山上。这座大山高耸霄汉，它不叫别的什么，叫作中国的现代化。和一切历史性的旅程一样，人们在当前这个旅程中，不可能一路尽是春日载阳，百花齐放，群莺纷飞，也难以避免要经历悬崖栈道、崎岖羊肠。或者碰上寒冬腊月，大雪狂舞。增进对抗日战争中体现的中华民族凝聚力、爱国精神传统的认识，增进对中国人民敢于反抗强敌、顶天立地气概的认识，也必将增进人们对现代化旅程胜利前途和应当如何有所作为的认识。抗日战争胜利是中华民族的光荣，是中国人民的光荣。历史总会这样那样作用于现实，无论现在、将来，我们有充分理由珍惜这个光荣，发扬这个光荣。

就像历史本身永无穷期一样，人们认识历史至少一些方面也无穷期，以至终究要遗留下难以弥补的缺陷。这只会促使有志者去勇于探索、发现真理，而不会裹足不前。不管怎么说，今天我们对抗日战争史的研究毕竟有所前进了，那场伟大的战争改变了中国，也参与改变了世界。中国抗日战争史学会谨请以这部丛书献给所有抗日民族解放战争的领导人、爱国者、战士和所有先烈。

1995 年 2 月 11 日

引　言

《中国复兴枢纽——抗日战争的八年》这个书名已经指出要叙述的内容，在进入正文以前有几点先说明一下。

一、抗日战争的性质。中国前人说，“恃德者昌，恃力者亡”；又说，“得道多助，失道寡助”。这两句话很可以用来说明中国抗日战争的性质，以及中国所以胜利，日本所以失败的道义原因。所谓“恃德恃力”“得道失道”，用现在的话来说，就是正义的与非正义的，抵抗侵略的与施加侵略的。八年抗日战争，中国属于前面的一方，日本属于后面的一方。这个性质，不仅仅是用种种文字、图像记录下来的，也是用中国人流成河的血记录下来的；这个性质，不仅仅记载在中日双方的文件、图像中，也记载在《开罗宣言》《波茨坦公告》和至今世界所普遍承认的《联合国宪章》中，记载在遵循联合国大会批准的国际法原则的东京国际法庭材料中。“侵略”那个词可以改成别的什么，以至完全相反，侵略的历史事实却是永世也无法改变的。叙述抗日民族解放战争的历史，开头还要特别说明这个问题，人们难免感到奇怪。日本政界偏偏一直有人坚持，日本不是对中国和亚洲侵略，而是反对英美对亚洲的侵略。他们如此热衷于重复军国主义宣传，自我揭露，毫不掩饰，实在难得之至。这里不用去浪费笔墨，只需点醒一下就是了。

二、抗日战争始于何时。中国全面抗战以前的1931年，日本发动“九一八”事变，占领中国东北，炮制伪“满洲国”，实施殖民统治。蒋介石命令对日军的进犯“绝对不抵抗”，国民党政权退出东北。三省人民群众在中国共产党领导下奋起武装抗日，屡蹶屡起，英勇坚持，可歌可泣，一直发展到相当规模的东北抗日联军。日本占领东北以后，又分割内蒙古，更谋使“华北自治”，向中国步步紧逼。蒋介石坚持“攘外必先安内”，解散长城内外抗日武装，与日本订立丧权辱国的《秦土协定》《何梅协定》，镇压人民救亡运动，最后激发成西安事变，“逼蒋抗日”。从“七七”往前看，抗日战争既是“九一八”

以后日本侵略中国的继续，又是自那时起，中国抗日民族解放斗争的继续。所以，把抗日战争从“九一八”算起，叫作十四年战争，或者叙述八年抗战，先从“九一八”讲起，都有道理。

但是就中国内部阶级关系、政治阵线的全局看，“七七”以前以后是两个不同的历史阶段。以前国民党、共产党处在内战对峙中，“九一八”没有改变那种对峙；以后国内阶级矛盾让位于民族矛盾，两党转变为合作抗日。这个转变是一个关键，标志着中华民族空前觉醒了。全民族对日抗战是这时实现的。中华民族固有的本色，它的巨大凝聚力是在这个时候最充分地显示出来的。“九一八”使全中国人面临当亡国奴的命运是这时根本扭转的。国民党当权人物是在这时具有革命性的一面，应当恰当评价的。说来说去，就是要看清“七七”以前和以后，中日民族矛盾与国内阶级矛盾是有实质性变化，中国革命斗争、历史发展是有不同历史阶段区别，不应混而为一的。就像黄河长江都有自己的源头一样，每个历史阶段都有它的前身。河流同河源相连，但不能相等。历史的不同阶段也是这样。历史不能割断，又不可以把部分相同的内容当作全体相同去看待，必须从事物的全体规定性认识事物的本质。基于诸如此类，本书不从“九一八”写起，直接从“七七”写起，希望让读者开门见山，进入这个火热的时代之中。

三、两个战场。抗日战争是全民族的政治、军事、经济、文化的总体战，这谁都知道。总体战，一般是一切民族战争的共同点，并不成其为抗日战争独有的或基本的特点。抗日战争的基本特点，一是民族战争，二是人民战争。把这个基本特点集中表现出来的，是战争从开始到结束并存着两个战场，即一个正面战场，一个敌后战场。正面战场由蒋介石、国民党的军队控制着；敌后战场由共产党领导的军队控制着。两个战场又统一，又相区别。它们都是抵抗日本侵略的民族战争，这是统一的；人民战争则实现在敌后战场上，这是相区别的。两个战场的统一与区别，是二者在民族矛盾与阶级矛盾上的统一与区别。民族矛盾占主导地位，阶级矛盾没有消除，而且极大地关系着抗日战争的前途。

两个战场并存及其运动演变的意义，第一是对日作战军事上的，第二是国内政治上的。战争的头一个时期，即从“七七”到武汉会战结束，正面战场不断扩大，遍及华北与华东、华中，敌后战场也随着在那些地区出现。国民党各派系的军队大部分进入了战争的第一线。正面战场这时是整个战局的中心和全国政局重心。蒋介石、国民党大体得人心，政治地位上升。武汉会战结束后形势一变，正面战场还有一些局部战役，但再无武汉会战那样的大战，敌后战场则迅猛展开。1940年的百团大战，兵力相当于二十几个陆军师。正面、敌后两个战场这时地位、作用逐渐相近，客观上互相依托，互相支援。1944年正面战场豫湘桂大败，后方区域更加缩小；敌后战场相反，展开攻势作战，解放区渐增至一亿人口。两个战场抗击、牵制的敌人，这年3月以前，敌后战场抗击、牵制在华日军56万人的64.5%，正面战场抗击35.5%。叶剑英向中外记者介绍敌情时，逐一列举敌后战场上的日军番号、师团长姓名、驻在地点等，说明这个数字是根据什么计算出来的。把日、伪军加在一起，敌后战场抗击敌军总数134万余中的110余万，即80%，或六分之五以上。蒋介石、国民党由此人心大失，大后方民主运动兴起，一直延续到战后。

从头到尾两个战场并存，就这样：第一，军事上把抗日战争坚持下来，最终获得了胜利的结局。一切战争的过程和结局，无一例外地最后取决于战场上的运动和结局。离开了战场上的较量和角胜，就谈不上战争。谁也不会认为这需要列举事实或搬弄军事经典来加以证明。抗日战争自然也是如此。抗日战争的特异之处，是两个战场并存，互相依托组合起来与敌军较量和角胜。正面、敌后两个战场，哪边抗击的敌人越增加，哪边在与敌人较量和角胜中的分量也就越增加，哪边为中国胜利提供的可能也就越增加。敌后战场抗击的敌人的比重越往后越上升以至大于正面战场的比重，这说明两个战场在与敌人较量和比赛中所占的分量、地位是不断变化的，敌后战场在决定整个战场运动和战争结局中的地位越往后越显著。有正面战场的坚持，又有敌后战场的强大存在，才有战争胜利的结局，这就是它在军事上的意义。第二，在政治上，改变了以共产党为中心的人民力量与国民党政治力量的对比，一个上升，一个下降。无疑地，战争越往后期，蒋介石国民党与共产党都在准备战后；所不同的是，蒋介石的成百万军队在敌人面前保存实力，去准备战后；共产党的军队从敌人手中收复失地，去准备战后。它们在战场上的不同行动，都直接关系着全国的政治局势。这里特别应该注意的是，两个战场并立，实际是不同性质的政权并立，不同社会秩序的矛盾对立。控制正面战场的蒋政权阶级性质依旧，敌后战场的政权照共产党规定的“三三制”，明白地具有人民民主政权的性质。人民战争要依靠发动人民群众，首先是发动广大的农民群众去进行。农村秩序就必然要改变得比较适合于农民的利益和要求，不再只适合地主的利益和要求。这是农村很大的变动。人民民主性质的政权，新的农村秩序，给中国社会指出了新的方向，使人感觉到了中国正在走向一个新的前景。大部分中国人无法了解到这一点，一些外国人却看到了这一点。例如1944年后期，美国官方在华的观察者广泛考察敌后抗日根据地以后向他们国内的报告中就强调说："中国正处在蒋介石向共产党交权的边缘"，"中国共产党人将在中国存在下去，中国的命运不是蒋的，而是共产党人的"。这里没有讲敌后政权的性质怎样，但却明确肯定了敌后抗日根据地新的社会走向。这就是敌后战场存在的政治上的意义。把军事、政治合拢起来，对两个战场并存及其运动，可以作出的判断是很明确的，那就是从中可以看出人们常说的认识复杂事物要提纲挈领中的纲与领，也就是从中可以找出历史研究者希望发现、掌握的事物客观运动的主线。抗战八年的历史主线不在别的地方，就在两个战场及其运动上。它们，也只有它们是决定整个抗日战争全局的事物。现在人们把抓住事情的要点叫作牵牛鼻子。掌握抗日战争的两个战场及其运动，就牵住全民对日总体战，牵住抗日战争一是民族战争，二是人民战争这个牛鼻子了。

难道国际环境对抗日战争不发生影响吗？抗日战争并非孤立进行的，不可能离开一定的国际环境条件的作用。其中太平洋战争爆发的影响尤大。蒋介石政权这时从国际到国内得到美国的实力支持。军队装备更新，连同屯集在后方的军队，兵力大于抗战前期。日本忽而宣称不以蒋介石为对手，忽而又把蒋政权作为对手，主要原因在此。然而两个战场及其演变，就发生在这个环境条件之中，不在其外。最有影响的太平洋战争外来条件，没有改变、也没有左右这个格局。这更加突出了两个战场及其演变的全局性地位；同时也强调说明了中国抗日战争终归是靠中国人自己来取得胜利的。

历史书向来有各种编排法。适当的编排更让人容易了解事变的过程。两个战场及其演变是抗战八年历史的主线既然是可以确认的，那么按照它的演变过程来分段编排史实也就是比较可取的。两个战场的演变大体上经过了三个段落：1937—1938年为一段，1939—1943年为一段，1944—1945年为一段。两个战场演变的三个段落，也就是抗日战争的前期、中期、后期三个不同的时期。本书只按照年代顺序把相关的基本事实叙述在一起，在通常书上叫作"章"的地位只标出从某年到某年，不加导语，以免分章逐段归纳，另行划线，另行分割，这是形式上的一点改变。这当然不是为了创造什么体裁，例如把编年与纪事结合起来之类，而只是要让历史的面貌和过程显得更加清楚些。现有的历史书，多半采用“编”或“章”冠以标题，来表达主导思想，合理性很明显。本书缺少“章”的标题，似乎有点不足，或者不习惯。不过现有的编排注重了内容与形式的关系。内容决定形式，形式服从内容，应该可以弥补那个不足，而成为必要。

四、文学艺术、文化思想理论。一个人的行动必有灵魂支持。抗日战争时期的文学艺术、文化思想理论所表达的民族精神、群众觉悟，就是全国几亿人前仆后继、坚持抗战的灵魂。战场上人山人海的运动是有形的洪流，民族精神、群众觉悟是无形的洪流。把它们叙述在一起，抗日战争的全貌才足以呈现出来。

文学艺术、文化传统等，范围广阔，攻习者往往有共同主题，但是很少有像抗日战争中这样与战场运动联系在一起的目标或主题。全国抗战开始，它们面对日军深入国土，河山破碎，民族倾危，人民惨遭屠戮，强调讲中国文化的悠久与高度发展，独立精神；强调讲历史上的爱国主义传统，民族自尊，民族自信；论述抗日战争是中华民族的旷世壮举，千秋伟业。历史上先进的思想家、爱国者、志士仁人，近代抵抗外国侵略的英雄人物，特别受到表彰和宣传，投降派、卖国贼遭到谴责和唾弃。呼唤民族觉醒，鼓舞抗战意志，成了它们的最大目标，共同取向。文学艺术作品的题材，集中于揭露日军凶暴，反映中国人民抵抗侵略的顽强意志、英雄气概。它们之中，许多场面令人感到惊天地泣鬼神，读起来如临其境，如闻其声。它们所写出来的东西，很多是一般历史书永远写不出的东西。要了解什么叫抗日民族解放战争，不可不了解那些作品。

文学艺术、文化思想领域的这种情况，展现了一个根本事实：民族矛盾是当前的主要矛盾。但是，与此同时，在中国传统文化、哲学、历史等问题上，又存在着一系列的争论和斗争。它们情形复杂，而对立观点又表现得极其鲜明。一种观点主张对传统文化采取分析批判态度，区别封建糟粕，民主精华，使它适合于抗战需要，反对复古主义。哲学观点上讲唯物论，批判不同牌号的唯心论、唯意志论。对于历史，主张采用阶级分析法看待统治阶级，肯定人民群众的地位和作用。这是马克思主义研究者的观点。非常清楚，它可以深入认识、发掘民族精神，启导群众觉悟，最能适合抗战的需要。另一种观点则与前者对立。这种观点强调封建文化思想体系对现实的适用性，强调统治阶级固有秩序的不可动摇性，宣传复古就是创新、前进。它们中有脱离现实的，有重视联系现实的。中国封建传统历史学里，有维护一定阶级、集团统治权力，排斥异己，压制对方的所谓“正统”论；儒家有推崇最高统治者的所谓“内圣外王”思想。它们的阶级属性显著。有的书上，用叙述中国自古迄今的历史，把蒋政权排进“正统”的位置上；有的书上，用讲程朱道学或陆王心学，讲“内圣外王”来教人承认蒋介石不只是大地主大资产阶级的而是全中国人的领袖。他们把一定阶级的思想观点，变成似乎是并无阶级属性的思想观点。倒过来说，就是要否定现实的人民政权的存在，否定“一个领袖”以外的其他领袖的存在。它们的内容不可能那么简单。从整体看，主要地不是适合抗战的利益和需要，主要地是这样那样适合统治阶级的利益和需要。中国文化思想领域的这种状况，是展现了阶级矛盾的存在和它的不可调和性，同时，也是表现了两个战场存在的影响。文学艺术作品有写大后方社会生活的，有写陕北和敌后抗日根据地社会生活的，直接反映出了两个战场的并存及其运动。总起来说，马克思主义理论是这时最锐利的思想，它与中国传统文化、现实矛盾相结合，把民族精神充分发挥出来，把群众觉悟极大地提高起来，实现了文化思想领域前所未有的进步，前所未有的深刻变化。战场上人山人海运动的有形洪流停止下来，民族精神、群众觉悟的无形洪流，却沉淀在历史里，让人们不断地感到它的蠕动。

叙述历史要充分反映社会状况本来繁复矛盾的实质，切忌削足适履。抗战八年的文学艺术，不可能一一照年代顺序讲，只能综合概述。这很容易理解。

五、本书的理论与事实。历史科学是事实的科学，同时也是理论的科学。前人有所谓“史才史识”的说法，史识，当然是指对事件、事变的认识，从中提出思想理论。抗日战争史的研究者常常提到需要探讨理论体系，来推进这个领域的研究。体系是这样一种事物：它由相关的部分相互作用，相互制约组成一个矛盾统一的整体运动，如天体运动、地球生态构成、人类社会生活中经济基础与上层建筑的关系、阶级矛盾运动的关系等。其中某一个部分实质性变动了，其他部分也就随着变动；这个部分抽掉了，另一个部分就不再原样存在。事物的外貌如何，取决于它的内部的相互关系如何。外壳的变动，来自内部相关部分的变动，而不会相反。具备这样的条件、根据与否，亦即是否成其为一个体系与否。抗日战争中两个战场的并存及其运动，具备成为一个体系的条件、根据。它把民族矛盾与阶级矛盾联结到一起，统一贯穿在抗日战争的全过程中。民族矛盾与阶级矛盾任何一方发生了实质性的改变，整个抗日战争就要发生一是民族战争，二是人民战争的改变，历史就会变成为另一个样子，就会不是如今的八年抗战了。考察敌我双方，遍搜众域，撇开两个战场及其运动这条主线，就再也找不到别的什么是把民族矛盾与阶级矛盾紧相联结在一起，构成一个统一运动贯穿于抗日战争全过程的事物。这是客观的事物，不是当初有人这样思，那样想，如何决策、算计等等主观的事物。主线所在，也就是民族矛盾与阶级矛盾，民族战争与人民战争，它们对立运动、相互关系演变的规律性所在。民族矛盾始终是在其中起决定作用的。阶级矛盾并非不尖锐，1940 年、1941 年、1943 年国共之间经历了三次大规模武装对抗，1943 年的一次没有大打起来，另外两次使用兵力各近 10 万。即使这样，两个战场仍是对外作战的。问题不在于有武装对抗，有内战，在于内战终究没有导致分裂，民族战争到底坚持下来了。这是民族矛盾决定的，表现出了中华民族极大凝聚力的特点；同时也是人民力量强大的制约作用所造成的，这是抗日战争不同于以往反侵略战争的特点。有了第一条，加上第二条，两个战场才得以保持下去。所以谈到抗日战争研究的理论体系，两个战场并存及其运动，完全有资格、有根据成为这样一个体系。所谓完全有资格，自然不是认为无需乎进一步考察了，更非认为其他思考都没有资格了。

理论必须建筑在牢固的事实基础上。理论对事实可以概括得很准确，也可以讨论。历史书贵在记载基本事实。这本书所叙述的是抗日战争的基本事实。它对读者提供的价值，可以归结为这样两点：（一）抗日战争一是民族战争，二是人民战争；抗日战争的历史是靠全民族的力量写下来的，是靠中国人民的力量写下来的。（二）八年间的基本事实力求都有记载，力求做到信而有征。如此而已，其余不足以自是。

抗日战争前期

（1937年7月—1938年）

一　日本发动全面侵华战争，中华民族奋起抗战

1937年7月7日，日军在卢沟桥向中国军队挑衅，由此揭开了日本帝国主义全面侵华战争的序幕；中华民族全国的抗战由此开始。

（一）“七七”卢沟桥事变，中国全面抗战开始

卢沟桥事变前，北平已处于日本政治军事侵略进逼的紧张形势之中。

日本侵占东北四省后，便开始向华北扩展，河北、察哈尔两省首当其冲，北平、天津两市不断受到骚扰、威胁。1935年日本加紧策划分离华北，《何梅协定》《秦土协定》迫使中国国民党党部及国民政府中央军政势力从冀察撤出。在日本压力下，设立“冀察政务委员会”管辖冀、察、平、津，使这两省两市成为特殊地区。汉奸殷汝耕在日本卵翼下建立“冀东防共自治政府”，控制河北省长城以内22县，等于把这大片领土归入了日本势力圈内，使平津处于它的紧逼之下；而这个“政府”就设在北平城东仅20公里的通县，显示出日本侵略势力对北平虎视眈眈。1936年，以天津为大本营的日本“中国驻屯军”实行新编制，空前大扩军，加强军事部署。新编制规定：在原有的驻屯军司令部之外，增设步兵旅（日本原叫“旅团”）司令部；在扩充原有的步兵、炮兵、工兵等的基础上，增设驻屯军坦克队、骑兵队、通信队、宪兵队以及军医院、军仓库。驻屯军兵员总额由原来的1771名激增至5774名，具体部署：驻屯军司令官、军司令部、步兵第二团（日本原叫“联队”）及军直属各部队驻天津，步兵旅司令部及步兵第一团主力驻北平、丰台，其他步兵部队分驻于塘沽、滦州、秦皇岛、山海关诸地。[①] 这时驻守冀、察、平、津的中国军队是以宋哲元为军长的第29军，其第37师、骑兵第9师等分扎于北

---

①〔日〕防卫厅防卫研修所战史室:《支那事变陆军作战（1）》，朝云新闻社昭和五十年版，第71—75页。

平西苑、丰台、宛平、长辛店及南苑、北苑、黄寺等地，第 38 师等驻于天津及平津间的铁路沿线。“中国驻屯军”的新部署在很大程度上造成了与之对峙的局面。从政治军事形势上看，日本新的大规模侵略行动已经准备就绪。后来近卫文麿追述：“余拜命组阁之时（1937 年 6 月），陆军自‘满洲事变’以来所为之诸种策动，已相继成熟，在中国大陆似有一触即发之势；当时中国问题，已至非武力解决不可之程度，余当然不知。故组阁后不足一月，卢沟桥事件爆发，竟至扩大为‘中国事变’。”[①] 所谓诸种策动相继成熟，非武力解决不可，也就是日本帝国主义准备好了动手对中国进行最后的军事征服。

日军与中国军队对峙最直接而严峻的是丰台一带。“中国驻屯军”自 1935 年底非法进驻这里后，不断欺压当地中国驻军。1936 年 6 月及 9 月两次挑起丰台事件，把中国驻军挤了出去，日军侵占了丰台镇。7 月，日军在丰台设立军事指挥部，此后丰台驻军陆续增加：1937 年 4 月，日军开始在平津近郊举行演习。从 6 月起，丰台驻军在卢沟桥一带的演习益加频繁，并发生日军向卢沟桥街里射击事件。种种迹象表明，日军在卢沟桥一带酝酿着阴谋行动。这时，在日本首都东京政界的消息灵通人士中已传出：“七夕之夜，华北将重演柳条沟（湖）一样的事件。”[②] 这一夜，日军果然采取了行动。

卢沟桥位于北平城西南 15 公里处的永定河上，始建于 1192 年（金明昌三年），以造桥技术高超绝伦和造型精美而闻名于世。卢沟桥及坐落桥东头的宛平城，为北平西南重要通道。

7 月 7 日晚 7 点半，驻丰台的日军步兵旅第 1 团第 3 营（日本原叫“大队”）第 8 连（日本原叫“中队”），到卢沟桥北回龙庙附近举行夜间演习，其计划是：“利用夜幕从龙王庙（按：即回龙庙）附近向东接近大瓦窑敌方主阵地，然后黎明时实行突袭。”[③]

当日深夜，演习日军借口丢失一名士兵，要求进宛平城搜查。这个无理

---

① 见朱汇森主编《中华民国史事纪要（初稿）》，1937 年 7—12 月，台北“国史馆”1987 年版，第 50 页。

②〔日〕今井武夫著，天津市政协编辑委员会译：《今井武夫回忆录》，中国文史出版社 1987 年版，第 12 页。

③〔日〕支那驻屯军步兵第一联队：《卢沟桥附近战斗详报》。见〔日〕角田顺监修，小林龙夫、稻叶正夫等解说《现代史资料（12）：日中战争（4）》，みすず书房 1973 年第二次印刷，第 341 页。

要求遭到中国守军拒绝后，驻屯军第1团团长牟田口廉也命令驻丰台营区的日军第3营作好战斗准备。20分钟后，失踪士兵已经找到，但日军仍不罢休，继续向卢沟桥地区调兵。8日凌晨，日军向回龙庙和宛平城发起进攻。驻天津之“中国驻屯军”司令部命令进攻部队“确保永定河东岸卢沟桥附近地区”，“解除永定河东卢沟桥附近中国军队武装”，并从天津派出步兵第1团第2营、炮兵第2营等部向北平增援。

此时，驻守宛平城和卢沟桥的是第29军第37师第110旅第219团第3营。

第29军是由原西北军一部改编而成，曾在长城抗战中击败日军于喜峰口而赢得良好声誉。第29军广大官兵在华北长期受到日军无理挑衅和蛮横压迫，同时受到全国抗日救亡运动高潮影响，有爱国热情和对日抵抗的决心。第29军军部得知日军向卢沟桥发动进攻的报告，副军长兼北平市长秦德纯（军长兼冀察政务委员会委员长及北平绥靖主任宋哲元回山东乐陵省亲）立即电示第37师师长冯治安及219团团长吉星文：“保卫领土是军人天职，对外战争是我军荣誉，务即晓喻全团官兵，牺牲奋斗，坚守阵地，即以宛平城与卢沟桥为吾军坟墓，一尺一寸国土，不可轻易让人。”[①] 旅长何基沣也命令部队：对“日军武力侵犯则坚决回击”，“我军守土有责，决不退让”。[②] 卢沟桥全体守军英勇抗击，打退日军对宛平城的多次进攻。8日下午，日军由回龙庙附近渡过永定河，侵入河西岸并占领铁路桥，拟待援军到达后再攻宛平城。午夜，中国驻军进行反击，他们在“宁为战死鬼，不作亡国奴”的誓言下，手提大刀，冲入敌阵，展开肉搏战，终于在9日凌晨将日军赶回永定河东岸，收复铁路桥。第29军初战获胜。

卢沟桥畔的枪声是对全国军民的动员令。第二天，中国共产党向全国发出通电：“平津危急！华北危急！中华民族危急！只有全民族实行抗战，才是我们的出路！”号召“武装保卫平津、保卫华北！不让日本帝国主义占领中国寸土！为保卫国土流最后一滴血！全中国同胞，政府与军队，团结起来，筑成民族统一战线的坚固长城，抵抗日寇的侵略！”红军将领毛泽东、朱德、彭

---

① 秦德纯：《七七卢沟桥事变经过》，载台湾《传记文学》，1964年6月出版。

②洪大中：《挥泪告别卢沟桥》，载《七七事变——原国民党将领抗日战争亲历记》，中国文史资料出版社1986年版，第34页。

德怀等致电国民政府行政院长兼军事委员会委员长蒋介石，要求“实行全国总动员，保卫平津，保卫华北，收复失地”。朱德等同时致电宋哲元等，愿作29军后盾。全国各地各界声援29军的电报、物资源源不断涌向北平。北平各界救亡团体组织战地服务团到前线救护伤员。北平学联发起万条麻袋运动。茶商发起万包茶叶运动。长辛店工人收集铁轨、枕木，帮助部队修筑工事。农民帮助部队修路，送水送饭，运送弹药物资。抗日热潮蓬勃兴起。

卢沟桥事变也使蒋介石及南京国民政府受到极大震动。8日，蒋介石在日记中写道：“倭寇在卢沟桥挑衅矣，彼将乘我准备未完之时使我屈服乎？或故与宋哲元为难，使华北独立乎？”“倭已挑战，决心应战此其时乎？”[①]显然他已感到事态的严重性。但如何对待日本发动的进攻，他一时还不能作出最后决定，他采取了“当在不求战而必抗战的决心下，努力一切”的态度。[②]同日，他致电宋哲元：“宛平城应固守勿退，并须全体动员，以备事态扩大。”[③]9日，他密令孙连仲第26路军、庞炳勋第40军等部共计4个师，向石家庄、保定方面集结；同时命令宋哲元即由山东乐陵速赴保定指挥。前此他已通电全国各地军政长官“一体戒备，准备抗战”；10日又强调“应切实准备，勿稍疏懈”。[④]从11日开始，国民政府军政部长何应钦在南京连日召集会议，讨论和部署应战事宜。

在积极进行军事应战准备的同时，国民政府又努力循外交途径谋求和平解决中日冲突。得知卢沟桥事变的消息后，外交部即向日方提出口头抗议，要求日方立即制止一切军事行动，双方派代表根据正确事实“立谋和平解决”。10日，外交部正式向日本驻华大使馆提出书面抗议，斥责“日军此种行为，显系实行预定挑衅之计划，尤极不法”，要求“日军立即撤回原防，恢复该处

①〔日〕古屋奎二著，“中央日报社”译印：《蒋总统秘录》，台北“中央日报社”1977年版，第11册，第11页。

②《阎锡山致蒋委员长电摘要及蒋委员长批示》，转引自李云汉《卢沟桥事变》，台湾东大图书股份有限公司1987年版，第329页。

③《蒋介石致宋哲元电（1937年7月8日）》，载中共中央党校科研办公室《卢沟桥事变和平津抗战》（资料选编），中共中央党校出版社1986年版，第142页。

④《蒋介石通饬各行营主任、各绥靖主任、各省主席、各特别市长电（1937年7月10日）》，见秦孝仪主编《中华民国重要史料初编——对日抗战时期》第二编，作战经过（二），台北中国国民党党史会1981年版，第37页。

事变以前状态”。[1]外交部长王宠惠几次与日方交涉，但日方拒绝与国民政府直接交涉，坚持以冀察当局为谈判对手，现地解决。11日，第29军第38师师长张自忠与日本北平特务机关长松井太久郎签订《卢沟桥事件现地协定》，内容是：一、第29军代表声明向日方表示歉意，并处分责任者；二、中国军队撤出卢沟桥城厢（宛平城）及龙王庙（回龙庙），改由保安队维持治安；三、彻底取缔蓝衣社、共产党及其他抗日团体。针对这个带有极大妥协成分的协定，国民政府立即令外交部长王宠惠通知日本驻华使馆：任何地方协定，非经中央政府批准，均属无效。国民政府还积极寻求第三国调停，先后向美、英、法等国提出要求，希望它们帮助促成中日和解，但这些外交活动都未能奏效。

在做出争取和平的一切努力之后，蒋介石对卢沟桥事变作出了最后的“严正表示”。7月17日他在庐山发表讲话，提出解决卢沟桥事变的四点立场：“一、任何解决不得侵害中国主权与领土之完整；二、冀察行政组织不容任何不合法之改变；三、中央政府所派地方官吏，如冀察政务委员会委员长宋哲元等，不能任人要求撤换；四、第29军现在所驻地区，不能受任何的约束。”他说：“如果卢沟桥可以受人压迫强占，那末我们五百年故都、北方政治文化的中心与军事重地的北平，就要变成沈阳第二；今日的北平若果变成昔日的沈阳，今日的冀察亦将成为昔日的东四省。北平若可变成沈阳，南京又何尝不可变成北平？所以卢沟桥事变的推演，是关系中国国家整个的问题，此事能否结束，就是最后关头的境界。”他表示，“万一真到了无可避免的最后关头，我们当然只有牺牲，只有抗战。但我们的态度只是应战，而不是求战”。“我们希望和平而不求苟安，准备应战而决不求战。……如果战端一开，那就是地无分南北，年无分老幼，无论何人皆有守土抗战之责任”。[2]这篇讲话于19日正式公布，它确定了准备抗战的方针，受到全国人民的拥护。

身处前线的第29军广大官兵，对日军的横暴表示了极大的愤慨，要求坚决抵抗，但29军首脑宋哲元、张自忠等处于矛盾之中：他们既不愿束手待毙，放弃抗日立场；又对日本抱有幻想，希望通过妥协让步，平息事端，保存第29军实力。造成他们这种心态的原因，一是他们没有认识到日本要由卢

---

①《中华民国史事纪要》，1937年7—12月，第81—82页。

②《中华民国重要史料初编》第二编，作战经过（二），第55—58页。

沟桥事变而挑起全面侵华战争；二是他们不相信蒋介石、国民政府会真正抗战，“恐中央军北上，渐次夺其地盘”[①]。卢沟桥事变发生后，宋哲元电令第29军“扑灭当前之敌”；但11日他由山东回到天津，态度明显变化。12日他发表声明，表示要和平解决卢沟桥事变，同时下令：从14日起北宁铁路列车正常运行，解除北平戒严，释放被捕日人，严禁与日军磨擦。13日，蒋介石于获悉日本已决定向华北增兵后立即致电宋哲元，指出：“卢案必不能和平解决，无论我方允其任何条件，而对方目的则以冀察为不驻兵区域与区内组织用人皆须得其同意，造成第二冀东，若不做到此步，则彼必得寸进尺，决无已时。”他向宋表示自己“已决心运用全力抗战”，婉劝宋不要与日本签订任何条约。[②]但这并不能打破宋对日谋求和平的幻想。14日，宋派张自忠等作为他的代表同“中国驻屯军”参谋长桥本群就实行三项协定具体问题进行谈判。18日，宋哲元、张自忠在天津拜会新任“中国驻屯军”司令官香月清司。19日，宋哲元返回北平，立即下令拆除北平城内防御工事，查禁抗日书报，要求孙连仲等部停止北上，并决定将冯治安师调离北平。为表示和平已经在望，他还谢绝全国人民对第29军的支援，退还各地捐款。宋的这一系列表现，引起全国舆论的不满。蒋介石等一面电诫宋“勿受敌欺”，一面表示：如与日人协定已签字，中央愿予以批准，与宋共同负责。后面的一面与前一面显然互相矛盾，表明蒋这时仍存在着与日本妥协的幻想。

宋哲元等谋求和平只是一厢情愿，日本方面在卢沟桥事变后从未停止军事行动。在日本内阁和军部内，对卢沟桥事变的处置分成“扩大派”和“不扩大派”。以陆相杉山元、陆军次官梅津美治郎等为代表的“扩大派”，主张即速派兵进攻华北和上海，以根本解决中国问题；认为只要对中国一击，中国就会被击败而屈服。以参谋本部作战部长石原莞尔等人为代表的“不扩大派”，主张控制事变，防止扩大为全面战争。石原莞尔从日军在远东的整体战略出发，认为“目前我国正在专心完成满洲国建设，完成对苏军备，以此而安定国防，不要把手伸向中国弄得支离破碎”[③]。7月8日，日本内阁会议确定

---

① 杨宣诚致何应钦报告（1937年7月22日），见中国第二历史档案馆（以下简称二史馆）编《抗日战争正面战场》上，江苏古籍出版社1987年版，第174页。

②《蒋介石致宋哲元电（1937年7月13日）》，见《卢沟桥事变和平津抗战》（资料选编），第151页。

③〔日〕防卫厅防卫研修所战史室：《大本营陆军部（1）》，第432页。

实行所谓“不扩大”与“现地解决”方针。但在军部占优势的“扩大派”以及关东军、朝鲜军和“中国驻屯军”中好战分子的鼓动下，以近卫文麿为首相的日本政府实际上还是采取了扩大对华侵略战争的具体步骤。11日，日本内阁会议通过日军参谋本部提出的关于增兵华北的方案，决定先从国内动员2个师（日本原叫“师团”）、关东军2个旅和朝鲜军1个师增援华北。这个决定在当天就得到了日本天皇裕仁批准。同日，日本政府发表《关于向华北派兵的声明》，并在国内进行第一次动员。关东军独立混成第1、第11旅，朝鲜军第20师向华北开进。参谋本部与军令部达成《陆、海军关于在华北作战协定》《陆、海军关于华北作战的航空协定》，编组赴华作战临时航空兵团。

11日，日本任命教育总监本部长香月清司接替病危中的田代皖一郎为“中国驻屯军”司令官。香月于12日从东京飞抵天津，准备扩大战争。15日，“中国驻屯军”制定作战计划：第一步迅速“膺惩”第29军，首先把北平郊外的29军扫荡至永定河以南；第二步，预期以现有兵力进入保定、任丘一线，在增加兵力后进入石家庄、德县一线，同中央军进行决战。[①]

20日，日本内阁会议决定第二次动员，从国内向华北派遣3个师。同日，日本外务省发表声明，对中国“坚决使用武力”。

宋哲元眼看着日军源源向平津地区开来，痛悔堕入了日方缓兵之计，25日毅然停止与日军的谈判，开始部署抗敌。宋哲元决心抗战，使第29军一扫沉闷的空气。就在这一天，日军由天津出动开到廊坊车站，当地驻军第29军38师一部主动出击，但因双方火力悬殊，未能守住阵地。26日，日军占领廊坊，阻断了平津之间的交通。当天傍晚，日军500余名由丰台乘汽车到广安门，要进北平城。第29军132师刘汝珍部将敌车队分割在城门内外，猛烈开火，打击了敌人。同一天，香月清司向宋哲元发出最后通牒，限期29军撤出北平，遭到宋的拒绝。随后香月向“中国驻屯军”下达全面进攻第29军的命令。27日，宋哲元下令全军“抵抗任何进一步的侵略”，并向全国发出“抗日守土”通电。

28日，日军按预定计划向北平发动总攻。这时日军在平津地区兵力已达6万人，有飞机200余架；第29军虽有10万人，但部队尚在调动中，武器装备也明显落后于日军，因而处于劣势地位。

---

①《支那事变陆军作战（1）》，第189页。

日军进攻的重点是北平城南约10公里的南苑。守卫南苑的是第29军副军长佟麟阁和第132师师长赵登禹率领的7000余名官兵，另有一支由1500余名大中学生组成的抗日军事训练团。28日上午8时，日军第20师主力万余人，配以40余门重炮和数十架飞机，向南苑发起凶猛进攻。日军狂轰滥炸，守军阵地几成一片火海。第29军官兵顽强抵抗，终因伤亡惨重而失去阵地。战斗中佟、赵两将军先后负伤，仍坚持战斗，直至光荣牺牲。他们是抗日战争中最早殉国的高级将领。保卫南苑的第29军官兵和抗日军事训练团的学生，千余人奉命撤回北平城内，其余大部战死。

与第20师进攻南苑同时，日军独立混成第11旅和独立混成第1旅分别进占平北的清河和沙河。北苑、西苑等处中国军队阵地也遭到日军飞机的猛烈轰炸。守卫卢沟桥地区的第37师一部，曾乘丰台日军主力调南苑之际，向丰台、五里店、大井村日军发起进攻，一度收复丰台车站。当日下午日军主力陆续开向丰台，企图切断中国军队退路，第37师被迫撤退。

下午2时，在敌人已兵临城下的危急关头，宋哲元召集第29军高级将领开会商讨对策。这时，前线失利的消息不断传来，蒋介石也来电令宋“速离北平到保定指挥勿误”。宋决定：第29军主力从北平西南撤往保定；委派张自忠代理冀察政务委员会委员长、北平绥靖公署主任及北平市市长，留平与敌周旋。

28日夜，第29军陆续从北平撤往保定。29日，日军占领北苑、黄寺等处，第29军留守部队停止战斗，北平实际弃守。8月8日日军入城，北平沦陷。

28日下午，第29军血战南苑、克复丰台等消息传到天津，驻津第29军第38师将领决定，乘敌主力攻打北平之际，主动向敌出击。29日凌晨1时，第38师各部分别向天津东站、“中国驻屯军”司令部、天津总站及东局子敌机场同时发起进攻。中国军队初战告捷，天津市民纷纷拥向街头，给作战官兵送水送饭，协助部队修筑工事，有的还直接参加战斗。天亮后，日军开始反扑。战至下午，日军出动数十架飞机轮番轰炸中国军阵地及天津市区，关东军增援部队也陆续开来，战斗局势逆转。在日机肆意轰炸下，中国军队和平民伤亡惨重，天津市区满目疮痍，南开大学校园及藏有大量珍贵典籍的木斋园图书馆也成为一片废墟。下午3时后，第38师被迫退出战斗，向静海、沧县转移。当晚天津失陷。

29日，驻扎在通县、顺义的伪冀东自治政府保安队万余名官兵发动起义，演出了平津保卫战的最后一幕。是日凌晨2时，张庆余、张砚田等率领驻通县保安队分头包围设在通县的伪冀东政府和日军兵营，消灭日军百余名，活捉汉奸殷汝耕。同时，苏连章率领驻顺义保安队如约起义，消灭日军200余名后，至通县与张部会合。中午，日出动24架飞机轰炸起义军，起义军伤亡惨重，被迫向北平转移。行至北平城外，始知第29军已经撤离。日军扑来，经激烈战斗，起义军又有重大伤亡，殷汝耕也被日军抢走。起义军分为120个战斗小队分头突围，到达保定时还剩4000余人，其余大部牺牲。

平津失陷标志着中国抗战与敌人的第一场交锋失败了；第29军将士及冀东保安队起义官兵，以他们的鲜血和生命，开创了中华民族全面抗战的先声。7月31日蒋介石发表《告抗战全体将士书》，宣布“现在既然和平绝望，只有抗战到底，举国一致，不惜牺牲来和倭寇死拼，复兴民族”。

（二）“八一三”上海抗战与全国抗战局面的形成

日军轻而易举地占领平津后，8月初决定在华北扩大侵略，沿平绥、平汉、津浦三条铁路，进攻察哈尔、河北、山西、绥远；同时调集兵力向中国最大的工商业中心上海进攻，企图对中国政府施加更大压力，南北呼应，使中国完全屈服。

日本在上海早就驻有一支装备精良的海军陆战队，在虹口设有海军陆战队司令部。卢沟桥事变后，上海的形势日趋紧张。日本海军大臣米内光政请求内阁和陆军省向上海派兵增援，正在台湾地区进行演习的日本海军第3舰队也立即驱驰上海。7月16日，第3舰队司令长官长谷川清向东京提出《对华作战用兵之意见》，他说：“要想用武力打开日中关系之现状，只有膺惩中国，也就是使现中国中央势力屈服。”“欲置中国于死地，以控制上海及南京最为重要。”他提出派陆军5个师的兵力，进行华中作战，确保上海，攻占南京。[①] 7月29日，日本参谋本部制定的《中央统帅部对华作战计划》，把青

---

①〔日〕角田顺监修，臼井胜美、稻叶正夫解说：《现代史资料（9）：日中战争（二）》，みすず书房昭和三十九年版，第186页。

岛、上海作为预定作战目标。

8月9日，日海军陆战队大山勇夫中尉等乘车直冲沪西虹桥军用机场，被中国保安队员当场击毙。日军以此为借口，向中方提出交涉。海军军令部下令在佐世保军港待命的军舰和特别陆战队开赴上海，日本在上海的兵力骤然增加到12000多人。在沪日军以虹口陆战队司令部为中心构筑阵地80多处。第3舰队进入黄浦江及长江下游浏河以下各港口。同日，海军军令部向第3舰队下达了确保上海的命令。

中国政府为防止日军突然进攻，于8月11日电令京沪警备司令张治中率驻苏、锡、常一带的第87、第88师及两个炮兵团秘密进入上海；第55、第57两个师及独立第25旅，进入上海郊区。张治中提出并部署在上海“先发制敌”，未及实施，日军已发起进攻。①

8月13日上午，日陆战队一小分队冲进横浜路、宝兴路地段，向中国军队开火。下午，日军再向八字桥、天通庵、宝兴路、宝山路一带进攻。黄浦江上的日本军舰开炮轰击闸北地区。张治中指挥部队奋起还击，淞沪抗战爆发。

“八一三”日军进攻上海的炮声，震撼了南京国民政府及蒋介石。8月14日，国民政府发表《国民政府自卫抗战声明书》：“中国为日本无止境之侵略所逼迫，兹已不得不实行自卫，抵抗暴力。”声明列举“九一八”事变以来日本侵略之事实，陈述“七七事变”后中日交涉的经过，揭露了日本“不扩大”方针的虚伪性，“中国之领土主权，已横受日本之侵略；国联盟约，九国公约，非战公约，已为日本所破坏无余……中国以责任所在，自应尽其能力，以维护其领土主权及维护上述各种条约之尊严。中国决不放弃领土之任何部分，遇有侵略，惟有实行天赋之自卫权以应之”。②

15日，日本政府发表声明，宣布要“膺惩”中国军队，“今即采取断然措施”③。同日，参谋本部令以第3师和第11师主力为骨干组成上海派遣军，

---

①《抗日战争正面战场》上，第259、263、265页；《张治中回忆录》（上），文史资料出版社1985年版，第117、121—122页。

②复旦大学历史系中国近代史教研组：《中国近代对外关系史资料选辑（1840—1949）》下卷第二分册，上海人民出版社1977年版，第11—14页。

③〔日〕外务省编：《日本外交年表并主要文书（1840—1945）》下，文书，昭和三十年版，第370页。

松井石根为司令官，向中国开进。17日，松井石根晋谒天皇，接受了“平定敌军、宣扬皇军威力”的“圣谕”。此时日军正从平津向河北、察哈尔扩大战争，华北会战与淞沪会战同时展开。9月2日，日本把卢沟桥事件以来所谓“华北事变”改称“中国事变”，把对华北的侵略扩大为对全中国的侵略。9月5日，内阁首相近卫文磨在议会发表演说，表示日本“可能采取之手段，只有彻底打击中国军队，使其丧失战斗力”。日本国会批准了超过20亿日元的临时军费开支。日本完全走上全面侵华战争道路。

“八一三”淞沪抗战的炮声促进了全国抗战局面的形成。

首先是国民党和共产党通过谈判，在共同抗日的基础上，建立了第二次合作。西安事变后，国共两党合作抗日的谈判，由于国民党方面的障碍，在两党合作宣言和红军改编后的编制、指挥等问题上未能达成正式协议。1937年8月9日，受国民党邀请，中共派周恩来、朱德、叶剑英到南京参加国防会议，共商抗日大计；同时，就发表两党合作宣言，确定共同抗日政治纲领，决定国防计划，确定红军指挥系统及初步补充数量，红军作战方针等问题，继续谈判。“八一三”上海事变爆发后，蒋介石急需红军开赴前线作战，遂于8月22日同意将红军改编，并答应每月发给军饷50万元，另拨开拔费20万元及部分物资装备。同时，就南方红军游击队改编、在国民党统治区设立中共代表团和八路军办事处、出版《新华日报》等问题，也达成原则协议。8月25日，中共宣布红军改编命令，将西北红军改为国民革命军第八路军，红军前敌总指挥部改为八路军总指挥部，朱德、彭德怀为正、副总指挥，叶剑英、左权为正、副参谋长；红军总政治部改为八路军政治部，任弼时为主任，邓小平为副主任。八路军下辖3个师，林彪、聂荣臻分任第115师正、副师长，贺龙、萧克分任第120师正、副师长，刘伯承、徐向前分任第129师正、副师长，全军共4.5万人。

9月22日，国民党中央通讯社播发《中共中央为公布国共合作宣言》。这是两党合作抗日的政治宣言和各党派合作的政治纲领。《宣言》向全国人民宣布：“当此国难极端严重民族生命存亡绝续之时，我们为着挽救祖国的危亡，在和平统一团结御侮的基础上，已经与中国国民党获得了谅解，而共赴国难了。”《宣言》宣布合作抗日的“四项保证”：“一、孙中山先生的三民主义为中国今日之必需，本党愿为其彻底的实现而奋斗。二、取消一切推翻国民党政权的暴动政策及赤化运动，停止以暴力没收地主土地的政策。三、取消现在的苏维埃政府，实行民权政治，以期全国政权之统一。四、取消红军名义及番号，改编为国民革命军，受国民政府军事委员会之统辖，并待命出动，担任抗日前线之职责。”[①] 23 日，蒋介石发表《对中国共产党宣言的谈话》说：“此次中国共产党发表之宣言，即为民族意识胜过一切之例证。”“在存亡危急之秋，更不应计较过去之一切，而当使全国国民彻底更始，力谋团结，以共保国家之生命与生存。”[②] 这篇谈话实际上承认了中共的应有地位。第二次国共合作正式形成。

第二次国共合作的建立，极大地振奋和鼓舞了全国人民，得到全国各抗日阶级、阶层的热烈拥护。宋庆龄撰文欢呼：“中华民族现在已经像一个巨人似地站起来抵抗日本的侵略了。全国在精神、行动和意志上这样的团结一致，在我国历史上是空前未有的。四万万七千五百万的中国人民必然不会灭亡。世界上没有任何力量可以消灭他们。”[③] 全国各界抗日救国会领导人邹韬奋撰文说：“我国已恢复了民国十六年前全民族一致团结以谋民族复兴的精神。这样的全国团结，是保证抗战胜利最重要的一个条件，是对日本帝国主义的一个重大的打击。”[④]《全民周刊》发表社论说：“国共两党的紧密合作……是非常可庆幸的事。”“坚信全国的一切力量将一天天团结到这个中心的周围来。”[⑤] 第二次国共合作的喜讯传到海外，广大爱国侨胞欢呼雀跃，通电庆贺。菲律宾华侨劳工抵货会给国共两党打来贺电说：“菲律宾工人，誓与全体侨胞携手并肩地追随两党同志共同奋斗。”[⑥]

国共两党的合作，推动了全国一切爱国党派间的团结合作。国内主要的爱国党派，国家社会党、中国青年党、中华职业教育社、乡村建设派等，纷纷表示拥护蒋介石联共抗日。国社党领导人张君劢、中国青年党领导人左舜生等致函蒋介石表示拥护国民政府抗日，“仅有与国民党共患难一念，此外都非

---

①《周恩来选集》上卷，人民出版社 1980 年版，第 77 页。

②伍宗华、李少海、李安华主编:《世界反法西斯战争中国战场史长编》上，四川大学出版社 1985 年版，第 296 页。

③宋庆龄:《为新中国奋斗》，第 101 页。

④《韬奋文集》(1)，第 211—212 页。

⑤《全民周刊》第 1 卷第 4 号，1938 年 1 月 11 日。

⑥《新华日报》1938 年 5 月 20 日。

所计”[①]。战前因进行抗日救国工作而一度遭到国民党逮捕的张申府说：“我曾说，蒋先生只要发动抗战，全国必然景从。我深幸今日已经完全实现了。”[②]以抗战为转机，长期分裂不和的国民党各派势力开始走向团结和统一。李济深、陈铭枢等人自动解散以抗日反蒋为目的的“中华民族革命同盟”，以表示“拥护政府”[③]。与蒋介石长期处于半对立状态的国民党各地方实力派也纷纷发出通电，表示愿在蒋介石领导下抗战到底。8月初，蒋介石在南京召开国防会议，同各派军事势力共商抗战大计。

国民党各派军队，桂军、川军、滇军、粤军、晋军、西北军、东北军等在国民政府军事委员会的领导之下，分赴各个战场，参加对日作战。国防会议后，四川省主席、川军实力派刘湘、邓锡侯等决定抽调川军30万人，编成两个纵队出师抗日。9月初，川军分两路出四川：一路北出剑门，经陕西，开赴山西前线；一路东出夔门，经湖北，开赴华东前线。两路川军先后参加了太原战役、淞沪战役、南京保卫战、台儿庄战役、武汉战役等，为抗战做出重大贡献。龙云将滇军编为一个军，共4万余人，由卢汉任军长，率部出征。这支军队10月初离开云南，向贵州进发，经40多天步行，跋涉4000余里，抵达长沙、武汉，后又在鲁南参加了台儿庄战役。李宗仁在广西征集新兵10万余众，编组一个集团军、两个军。10月初，李宗仁率部取道湖南，开赴抗日前线，参加了淞沪战役、南京保卫战、徐州会战和武汉战役。阎锡山的晋军改编为两个集团军，在晋北、晋东地区，与八路军、中央军、川军、西北军协同进行了忻口战役和娘子关战役。

全国抗战动员了广大人民。地处战区的工人、农民、青年学生和知识分子，以各种方式积极投入抗击日本侵略者的斗争。他们运军粮，送子弹，给军队带路，传递情报，组织宣传，救护伤员，献钱献物，参军参战。

聚居东北的满、朝鲜、赫哲等少数民族，积极支持和参加了东北抗日联军的斗争。蒙族和汉族同胞合作，组织了“蒙汉抗日游击队”，在绥远大青山一带开展抗日武装斗争。回族同胞组织了数千人的回民武装，投入抗日游击战争。湘西苗族地方部队8000余人，抛弃旧怨，接受国民政府改编，参加了

---

①《文汇年刊》，1939年5月出版。

② 张申府：《目前的根本任务》，见《我相信中国》。

③《文汇年刊》，1939年5月出版。

湘北战役。地处西北边陲的新疆各族人民也积极献钱献物，支援抗战。

（三）各党派对于夺取抗战胜利的不同认识

抗日战争在全国的兴起，使中国人一吐因当权势力对外屈服长期郁结在胸中的恶气，开始了民族解放革命战争的壮举。但对于如何才能夺取抗战的胜利，抗战的前途如何等等重大问题，在国共两党及各派政治势力之间却存在着不同的认识。国民党与共产党在这个关系抗战全局的问题上，有基本一致的一面，也有显著不同的不一致的一面。

国民党对于如何去夺取抗日战争的胜利，应当执行怎样的政治、经济、外交政策等，提出全面的主张，是在1938年春天召开的国民党临时全国代表大会上。大会基调是抵抗日本帝国主义侵略，挽救民族危亡。它的决议、文件的相当部分较好地回答了抗日战争高潮中人们关心的问题。在这以前，国民党有过一些宣言、布告、法令，没有这样全面、系统地阐述过自己的主张认识。关于军事战略的方针，1937年8月7日至12日，蒋介石在南京召开的国防会议上，正式决定“全面抗战，采取持久消耗战略”。8月18日蒋介石发表《敌人战略政略的实况和我军抗战获胜的要道》，具体阐述了“持久消耗战”的战略方针和作战原则。随后，国民党军事当局即把“持久消耗战”思想归纳为“以空间换时间”“积小胜为大胜”。国民党后来事实上是这样实行的，不过战场上并没有获得多少“大胜”。

共产党的主张是：中国为争取抗日战争的胜利，必须实行全面的全民族的抗战，必须坚持抗日民族统一战线。中共为此提出了抗日救国十大纲领，其要点是：（一）打倒日本帝国主义；（二）全国军事的总动员；（三）全国人民的总动员；（四）改革政治机构；（五）抗日的外交政策；（六）战时的财政经济政策；（七）改良人民生活；（八）抗日的教育政策；（九）肃清汉奸卖国贼亲日派，巩固后方；（十）抗日的民族团结。在军事战略上，共产党依敌我情况的特点，提出了持久战的战略指导方针和实行持久战的作战原则。由周恩来、朱德、叶剑英在8月上旬送交国民政府军事委员会的《确立全国抗战之战略计划及作战原则案》明确提出：抗战战略的基本方针是持久的防御战，在战役上应以速决战为原则；战略上的内线，而在战役的指导上则应是外线作战，以求包围和歼灭敌人；其主要作战方式是运动战，避免持久的阵地消耗战。1938 年 5 月，毛泽东发表的《论持久战》，科学地总结了抗战 10 个月的经验，从理论与实际的结合上，全面系统地论述了持久战的战略指导思想，驳斥了亡国论和速胜论，回答了许多人思想上存在的疑虑。毛泽东深刻地分析了敌强我弱，敌小我大，敌退步我进步，敌寡助我多助的基本特点，预见了持久战战略防御、战略相持和战略反攻三个不同的作战阶段和总体进程。毛泽东指出，坚持持久战的基础是发动全民族的武装自卫战，实行人民战争。“兵民是胜利之本”，“战争的伟力之最深厚的根源，存在于民众之中”。[①]在作战原则上，必须是把正规战和游击战相结合，以正规战为主；把阵地战和运动战相结合，以运动战为主；实行战略防御中的战役和战斗的进攻战，战略持久中的战役和战斗的速决战，战略内线中的战役和战斗的外线作战。毛泽东认为，抗日持久战将是“军事、政治、经济、文化各方面犬牙交错的战争”，它是“战争史上的奇观，中华民族的壮举，惊天动地的伟业”[②]。《论持久战》是中共提出的领导抗日战争的纲要性文件。中共也一直是这样实行的。

国民党与共产党的认识、主张基本一致的一面，是都坚决主张抵抗日本帝国主义侵略，争取民族解放；都用不同的提法主张国内各种力量团结；军事战略上，都主张持久战，反对速胜论、亡国论。国共两党主张不一致的一面，则是国民党强调政府抗战，不敢不愿发动人民抗战。蒋介石谈话说，抗战开始，地无分南北，年无分老幼，皆有守土抗战之责。国民党正式文件上规定要动员、组织和训练民众。但那只是纸面上的东西，事实上是压制人民起来抗战，许多地方与民众处在对立地位。对于国内的团结，国民党拒绝在法律上承认共产党的合法性，也不承认其他党派法律上的合法性，对政府机构依然不愿作原则的改变。军事上的“持久消耗”战略，把“以空间换时间”作为核心口号，缺乏正确的作战方针作为基本支撑和内容，本质上是一种消极防御的军事战略方针。共产党的主张不同，核心是坚持抗日民族统一战线和毛泽东所说的“兵民是胜利之本”，也就是抗日战争一是民族战争，二是人民战争。国共两党对如何夺取抗战胜利的一系列主张、认识不同，实际上是

---

①《毛泽东选集》第 2 卷，人民出版社 1991 年第 2 版（下同），第 509、511 页。

② 同上书，第 474 页。

对于谁是抗日战争主体和民族利益与阶级利益应该各自摆在怎样的地位的主张、认识不同。越往后，两种主张和认识的不一致，就越来越明显地表现为两种不同的抗战路线，冲突迭起。

中国被灭亡的危险，规定了抗日战争中民族矛盾是第一位的，所以国共双方主张一致的一面，最终是起主导作用的一面。双方的矛盾斗争反映了阶级矛盾存在的客观现实。阶级矛盾这时是居于第二位的，所以两条抗战路线的矛盾斗争，也仍是居于第二位的一面。中国的抗日民族解放战争就是在这种复杂的矛盾运动中进行下去和坚持到最后胜利的。民族战争与人民战争结合在一起，加上新的国际国内环境条件，使历史的车轮开始改换方向。中国近代由百年衰败重新走向复兴，它的真正转折点也就是在这个过程里形成的。国共两党及各派政治势力对于如何夺取抗战胜利的主张和认识，都不可能那么具体地预见到后来发生的种种，它们的主张和全力以赴的活动又都在中国自身范围内准备了后来发生的种种。

二　战略防御体系的建立与防御作战

中国抗战是在敌强我弱的形势下进行的。日本是近代军国主义强国，经过长期穷兵黩武、扩军备战，具有亚洲最强的陆海军。卢沟桥事变时，日本有现役兵 38 万人，预备役及后备役兵 160 万人；陆军 17 个师（每师平时 1.5 万人），海军舰艇约 190 万吨，飞机约 2700 架。日本军队经过长期军国主义和武士道精神训练，装备、技术也比较强。当时中国陆军兵力现役兵 170 余万人，壮丁已训练完毕及继续训练者约 150 万人；陆军编制派系复杂，装备、训练落后。海、空军力量更无法同日本相比。海军新旧舰艇仅约 6 万吨，空军飞机只有 314 架。[①] 中国工业远远落后于日本，1937 年中国工业总产值约 13 亿美元，不到日本的四分之一。日本当年钢产量 600 多万吨，中国不足 10 万吨，机器制造工业完全是空白，经济实力差距甚大。在这种双方力量悬殊的情况下进行的中国抗战，不仅必然要经过持久的艰难曲折的战争过程，而且不可避免地要从敌之战略进攻、我之战略防御开始。

（一）抗战战略防御体系的确立与平汉、津浦沿线作战

为组织全国抗日力量进行战略防御，8 月 11 日，国民党中央政治委员会会议决定撤销国防会议及国防委员会，设置国防最高会议为全国国防最高决策机构，党政军等各部领导人参加，以蒋介石为主席，张群兼任秘书长。12 日，国民党中央临时常委会决定蒋介石为陆海空军大元帅，以军事委员会为抗战最高统帅部，负责具体作战指挥。[②]8 月 20 日，军事委员会颁布作战指导计划及战斗序列，确定“国军部队之运用，以达成持久战为作战之基本主旨”。为统御指挥便利计，将全国划分为 5 个战区：第 1 战区司令长官蒋介石（兼），

---

① 何应钦：《日军侵华八年抗战史》，台北黎明文化事业公司 1982 年版，第 23—27 页。

② 蒋纬国：《抗日御侮》第 3 卷，台北黎明文化事业公司 1978 年版，第 80 页。

辖区为平汉、津浦两铁路线；第2战区司令长官阎锡山，辖区为晋、察、绥；第3战区司令长官冯玉祥（10月初改为蒋介石兼），辖区为江苏、浙江；第4战区司令长官何应钦，辖区为闽、粤；第5战区司令长官蒋介石（兼）（9月由李宗仁调任），辖区为山东省。确定作战指导方针为："国军以一部集中华北，重叠配备，多线设防，特注意固守平绥路东段要地，最后确保山西、山东，力求争取时间，牵制消耗敌人。以主力集中华东，迅速扫荡浙沪敌海军根据地，阻止后续敌人之登陆或乘机歼灭之。并以最小限度兵力守备华南沿海各要地。"还确定中国抗战第一期作战"主战场之正面在第一战区，主战场之侧背在第二战区"。①

1938年春，最高统帅部对战区指挥序列又作了部分调整。除原有的第1、2、3、4、5战区外，增设第8战区、武汉卫戍总司令部和西安行营。第1战区司令长官程潜，作战区域主要在平汉线方面；第2战区司令长官仍为阎锡山，作战区域主要在山西；第3战区司令长官顾祝同，作战地区苏、浙方面；第4战区司令长官何应钦，作战地区两广方面；第5战区司令长官李宗仁，作战地区津浦线；第8战区司令长官蒋介石（兼），副司令长官朱绍良，作战地区甘宁青。武汉卫戍总司令部总司令陈诚。西安行营主任蒋鼎文。

八路军完成改编后，待命出师。1937年9月11日，按军委会命令，编入第2战区战斗序列，并改称第18集团军，八路军总部改为第18集团军总指挥部，朱德为总司令，彭德怀为副总司令。根据国共两党谈判达成的协议，10月12日，国民政府军事委员会宣布将南方红军游击队改编为国民革命军新编第四军，军长叶挺，副军长项英，参谋长张云逸，下辖4个支队，属第3战区战斗序列。中国抗战防御体系基本确立。

抗战战略防御首先在华北战场上展开。日军在攻占平、津地区后，按预定作战计划沿平汉、津浦铁路进攻。根据日军参谋本部"迅速对河北省内中国军队以及空中主力给予打击，占据华北要地，根本解决华北问题，并谋求调整日中关系"②的构想，日军决定进行华北会战，在各部队集结完成后，分别向保定、沧州方向前进。主要战场在平汉路沿线地区。

①《抗日御侮》第4卷，第9—16页。《抗日战争正面战场》上，第3、11—16页；下，第1539—1540页。

②《支那事变陆军作战（1）》，第231页。

为策应平汉、津浦线作战，日军第5师在关东军协同下，首先沿平绥路进攻，企图占领察哈尔、晋北及绥远地区。8月1日，日军以独立混成第11旅沿平绥路推进，向南口发起进攻。8月14日，关东军组成以东条英机为指挥官的“察哈尔派遣兵团”（后改称“蒙疆兵团”）司令部，辖混成第2旅等3个旅和第2飞行集团，向张家口方向进攻，从而造成对平绥路东段南北夹击之势。

南口和张家口扼冀察绥晋四省的咽喉，战略地位十分重要。7月29日，国民政府军委会即召开特别会议，确定傅作义、汤恩伯、刘汝明、高桂滋等部共15个师又9个旅步骑兵进入察哈尔省，扼守察北、察南地区，阻止关东军南下，并从西北方向威胁平津日军之侧背，牵制日军南下平汉、津浦铁路，确保平绥铁路东段。驻守南口至居庸关沿线的汤恩伯第13军，凭险阻敌，与敌展开激烈的争夺战，激战一周，陷入胶着状态。晋绥军步骑兵部队，向察北商都、多伦方向挺进，连克商都等地。日“察哈尔派遣兵团”的前进受阻。

8月16日，南口镇已陷敌手，日军加强在南口地区的作战力量。第5师主力参战，并由师长板垣征四郎统一指挥作战。第5师沿西侧山区，平行推进，攻击横岭城、镇边城等地。第11混成旅继续沿平绥铁路线攻击居庸关和八达岭。汤恩伯调整部署，利用有利地形继续抗击日军。中国军队由于兵力分散，装备不良，战术指导不当，战局发展日渐不利。由保定北上增援南口的卫立煌第14集团军3个师，在门头沟以西地区遭日军第6师部队阻拦，前进困难。8月25日，居庸关失守。26日，汤恩伯下令部队撤退，怀来、延庆相继失守。与此同时，在张北方向的关东军3个旅猛攻张家口地区，切断平绥铁路，突破长城防线，于27日占领张家口。察、绥、晋北危急。日军“察哈尔派遣兵团”向大同推进。9月初，日军猛攻天镇，守军第61军一个团顽强抵抗。敌绕过天镇，攻占阳高。天镇弃守。日军遂于9月12日攻占晋北门户——大同。

8月31日，为统一华北作战指挥，扩大对华战争，日军组建“华北方面军”取代“中国驻屯军”指挥华北方面各部队，寺内寿一任司令官，下辖第1、第2两个军及两个直辖师，由原“中国驻屯军”所辖的3个师和新从国内调来华北的5个师，共计8个师、1个混成旅和临时航空兵团编成，共17万余人。其作战任务是：“占领平津地方及其附近主要地区，并确保该地区的安全”，“迅速消灭河北省中部的敌人”，“挫败敌人战斗意志，以取得结束战局的机会”。[1]

国民政府军委会确定的华北战略防御部署是：以保定、沧县（今沧州）一线为主要防线；以安阳、济南一线为第二线；以洛阳、郑州、开封、徐州、淮阴一线为第三线。为此，在津浦、平汉铁路北段和冀中地区部署了第1战区约10个军、29个师的部队。刘峙第2集团军指挥的第26路军、第52军和第3军，主要防守平汉路方向；宋哲元第1集团军指挥的第29军和第53军，主要防守津浦路方向；卫立煌第14集团军指挥的第14军、第27路军、第32军、第15军和第40军等，随时策应山西、河北方面作战。

8月下旬，日军在平绥铁路方面取得一定进展后，即开始以主要兵力对平汉和津浦路方向进攻。重点在平汉路沿线，而津浦线上先动。日第2军迅速突破宋哲元第1集团军防线，于8月24日占领静海、独流镇等地。第16师及第109师沿子牙河向西南方向进攻，第10师沿津浦路南下，9月11日，攻占马厂，向沧县地区前进。庞炳勋第40军在姚官屯、东花园一线对日军进行抗击。9月24日，日军占领沧县。在平汉线上，9月14日，日第1军第6、第20、第14师分三路向涿县（涿州）一带推进，中国军队进行了顽强抵抗。同时，日军第5师进攻察哈尔省西南的蔚县，企图从右翼迂回包围保定。9月17日，正面进攻的日军占领琉璃河，中国军队第一道防线被突破。18日，日军陷涿县。19日，日军攻占定兴，迂回徐水以西。23日，沿西边山地前进的日军攻陷满城，保定已处于日军三面包围之中。刘峙命令关麟征第52军守保定，因未能组织有效抵抗，24日保定失守。

日军占领保定、沧县后，即向石家庄、德县（今德州）一线推进。其第2军第10师继续沿津浦路南进，中国军队在冯家口、泊头、东光等地节节抵抗。此时中国在津浦路北段设立第6战区，以冯玉祥为司令长官，统辖第1集团军及韩复榘的第3集团军。10月初，冯玉祥组织第1集团军向泊头一带反攻，未能成功。日军猛攻德县，守军英勇抵抗，双方都有重大伤亡；5日，日军攻占德县，进入山东。中国军队退守徒骇河南岸禹城一线。11月初，日军分路向黄河推进，占领禹城、临邑。同时，另一路由盐山南下，占领乐陵、惠民、济阳。12月23日，日军由青城渡过黄河，南下占领周村；24日、26日分别由济阳、齐河渡过黄河，27日占领济南。韩复榘回避战斗，日军继续

---

① 《支那事变陆军作战（1）》，第291页。

前进，12月31日占领泰安，1938年1月1日占领大汶口，进而占领滋阳（今兖州）、曲阜、邹县，11日攻占济宁。此期间日军还占领长清、肥城、博山、莱芜等地。津浦路北段沿线作战自1937年8月21日敌攻马厂之线起至1938年1月11日济宁失陷止，我军伤亡共37700余人。

平汉线上，日军占领保定后，在第1军的3个师之外又加入第2军第108师，分路向石家庄方面进攻。此时正值山西北部战局紧急，蒋介石为确保山西，调卫立煌第14集团军增援忻口，余部留平汉线上继续抵抗。9月28、29日，日军相继占领定县、新乐，10月8日攻占正定、灵寿，强渡滹沱河，10日占领石家庄。

日军攻占石家庄后，分兵两路，第20师及第108师一部向山西推进，其余继续沿平汉路南下，进占元氏、赵县、高邑等地。同时，沿子牙河向冀中进攻的第2军第16师及第109师于10月6日陷献县后，继续沿滏阳河附近向武强、宁晋进攻。第14师等继续南侵，连陷临城、邢台、邯郸等地。至此，日军占领了河北省平汉、津浦两路沿线广大地区。10月19日，日军强渡漳河，与守军关麟征第52军发生激战。11月4日，日军攻占河南安阳。中国军队向邯郸日军发动攻击，一度切断平汉路。日军反击，11月11日攻占大名。中国军队退守卫河南岸。

平汉路北段沿线作战自1937年9月14日至12月25日，据不完全统计，我军伤亡约28300余人。

（二）山西抗战，八路军出师

日军于9月12日占领大同后，即分兵两路，继续进攻。一路北向绥远，17日陷丰镇，24日进占集宁。折而西进，10月13日占领绥远省会归绥（今呼和浩特），17日占领包头。平绥路沿线作战至此结束，绥远东部沦入敌手。另一路沿同蒲铁路南侵，于是与河北省平汉路沿线等作战相平行，山西成为另一个重要战场。八路军出师，首先进入山西北部，协同友军对日军作战。

关于八路军出师作战问题，朱德、周恩来、叶剑英先后与蒋介石、阎锡山等人进行过反复交涉，并达成原则协定：八路军的作战方针是，在总的战略方针下，执行独立自主的游击战争，充任战略的游击支队；八路军以集中使用为原则，不分割使用；八路军执行侧面战，担任协助友军、扰乱与钳制日军大部并消灭一部的任务。八路军的作战地区，最初定在冀察晋绥四省交界之恒山地区。

9月初，周恩来与阎锡山等人商谈八路军入晋后的活动地区、指挥关系、作战原则等问题，确定：（一）八路军入山西后以太行山脉及太行山北端为根据地进行独立自主的游击运动战；（二）在第2战区行营直接指挥下，成立有共产党、八路军代表参加领导的各级战地总动员委员会，以发动民众，组织游击战争，其工作纲领由中共拟出；（三）八路军在山西境内只动员群众，不干涉县政；（四）给八路军补充物品，兵站帮助运输。[①] 双方商定以八路军两个师迅速集中涞源、灵丘、阜平地区，依傍太行山发展游击战争。

8月22日，第115师在陕西三原誓师出征。31日，经韩城县芝川镇东渡黄河，沿同蒲路北上，于9月中旬进抵晋东北五台、繁峙、灵丘一带。9月3日，第120师由陕西富平县庄里镇出发，随第115师北上，9月下旬进入晋西北宁武、神池一带。9月6日，朱德率八路军总部从云阳镇出发，在韩城芝川镇渡河东进，于9月21日抵达太原。第129师于9月30日出师东进，转战正太路沿线。

为坚持山西持久抗战，协调八路军与友军的关系，9月22日，朱德、周恩来在代县太和岭口第2战区行营与阎锡山商定保卫山西、坚持持久抗战的方针，以及防守平型关的作战部署。

平型关一带地势险要，为晋北重要战略支点之一。日军占领大同后，一路沿同蒲路南下，直取雁门关等内长城各关隘。第5师突破察、晋省界，9月14日攻占广灵，17日占浑源县城，20日占灵丘。阎锡山调集第2战区部队在内长城平型关—雁门关—神池一线御敌。当地守军分为左右两个集团。左集团为第61、第34、第19和第35军等，傅作义为总司令；右集团为第33、第17、第15军等，杨爱源为总司令。作战企图是诱敌至砂河以西，从恒山、五台山两面发动钳击，并截断平型关要隘，截击进攻之敌。21日，日军第5师第21旅一部由灵丘向平型关进犯。阎锡山打算集中4个师和2个旅的兵力歼灭平型关之敌。他致电八路军总指挥朱德："我决歼灭平型关之敌，增加8个

---

① 中共中央文献研究室：《周恩来年谱（1898—1949）》，中央文献出版社1989年版，第380页。

团的兵力拂晓可到，希调林师夹击敌之侧背。”[①] 为实现这个战役部署，八路军总部即令第 120 师进至雁门关以西之神池地区，侧击由大同南犯之敌；令第 115 师进至平型关以西之大营镇，侧击进犯平型关之敌。

9 月 22 日起，日军向平型关、团城口发起攻击，守军第 17 军独立第 8 旅、第 84 师出动应战，战况剧烈。日军不能得逞，增兵再战。守军也调重兵出击，并联络第 115 师包抄敌军。24 日，林彪、聂荣臻及 115 师各级指挥员对敌情、地形进行详细侦察，决定在平型关东北关沟至东河南村长约 13 公里的公路两侧高地设伏歼敌。25 日拂晓，日军第 5 师第 21 旅一部上千人乘大批汽车沿灵丘至平型关公路西进，进入我军伏击圈。第 115 师抓住有利战机，向敌突然开火，战斗至黄昏，毙敌 500 余人，毁坏汽车、马车各约 70 辆，缴获大批枪支弹药，给敌以歼灭性打击。

平型关告捷是八路军出师后第一个胜仗，也是抗战以来中国军队第一个取得胜利的歼灭战。这时是抗战初期，国共双方正齐心对日抗战。平型关究竟歼敌多少，毛泽东给朱德的电报特别指出，对蒋介石应如实报告，不要夸张。蒋介石致电朱德嘉奖，也是诚意，并非虚情。他们都是反映了全国要求抗日的愿望。中国遭受日本多年的民族压迫，积压在中国人心头的抗敌雪耻怒火，这时正猛烈升起，要求举国共同御敌，快打胜仗。平型关捷报的报导宣传和淞沪战争中八百壮士等报导宣传一样，就是反映了全民族的这种共同愿望和炽热激情。卢沟桥事变后日军在华北横冲直闯，气焰异常嚣张。平型关一仗，灭侵略者的威风，长中国人的志气。它粉碎了日军“不可战胜”的神话，有力地打击了日军骄横疯狂的气焰，鼓舞了全国人民的抗战勇气和信心，这是实在的。

阎锡山受平型关战斗胜利的鼓舞，放弃砂河歼敌计划，于 9 月 28 日在大营与杨爱源、傅作义等研究制定了在平型关外与日军决战计划，决定派第 61、第 35、第 33 三个军向平型关外出击。日军“察哈尔派遣兵团”混成第 15 旅，在平型关战斗后迅速东援，于 9 月 28 日突破茹越口防线，30 日攻占繁峙。混成第 1 旅主力，于 28 日攻占平鲁及朔县。平型关、雁门关侧后均受到威胁，阎锡山遂决定放弃平型关，退守五台山地区。

10 月 1 日，日本统帅部命令“察哈尔派遣兵团”位于内长城的部队归第

---

①《中国现代政治史资料汇编》第 3 辑第 4 册。

5 师指挥，以板垣为前敌总指挥，进攻太原。

10 月 2 日，阎锡山由五台山回到太原，制定保卫太原计划，决定首先在忻口地区组织防御。经周恩来与阎锡山、卫立煌等商定，参加忻口战役部队，统一指挥，具体部署是：第 18 集团军主力、第 73 师、第 101 师及新编第 2 师为右翼集团军，由朱德指挥；第 14 集团军、第 9 军、第 15 军、第 17 军、第 19 军、第 196 旅为中央集团军，由卫立煌指挥；第 68 师、第 71 师、独立第 7 旅等为左翼集团军，由杨爱源指挥；第 34 军、第 35 军、第 61 军、第 66 师、独立第 1 旅、独立第 3 旅为总预备集团，由傅作义指挥，策应各方，守卫太原。

10 月 4 日，日军第 2、第 15 混成旅分别向崞县、原平发起猛烈进攻。第 2 战区司令部下令："死守崞县、原平，以待后续部队到达。"崞县守军经过 3 天激战，伤亡惨重，军长王靖国率部突围。原平守军第 196 旅，与日军激烈战斗达 6 个昼夜，官兵伤亡殆尽，旅长姜玉贞壮烈牺牲，原平陷入敌手。晋绥军在崞县、原平的英勇抵抗，从正面迟滞了敌人前进，使增援部队得以在忻口地区顺利集结准备。

忻口战役是华北正面最激烈的一次战役。10 月 13 日起，由坂垣指挥的日军第 5 师一部及独立混成第 15 旅等 2 万余人，在飞机、大炮、战车掩护下，向中国守军南怀化、灵山诸阵地发动猛烈进攻。中国守军英勇顽强，浴血抗战，与敌反复争夺，剧战半月余，"各师战斗员伤亡三分之二以上，每师所余由一营余至一团余不等"[①]，但士气仍盛，不断给敌以重创，艰苦地守住了阵地。第 9 军军长郝梦龄、第 54 师师长刘家骐和第 5 旅旅长郑廷珍，身先士卒，亲临前线作战，相继为国捐躯。

八路军主力分别深入晋东北、晋北日军后方和侧翼，配合友军作战。第 115 师部队在晋东北和冀西地区接连收复、进驻平型关、繁峙、砂河、大营、灵丘、广灵、涞源、浑源、蔚县、阳原、易县、完县、唐县、行唐、平山等广大地区，将平型关、蔚县至张家口的交通线完全截断，并直接威胁平汉、平绥两铁路交通。第 120 师曾收复雁门关，破坏大同至崞县公路，袭击日军辎重车，阻挠、迟缓敌人增援。第 129 师部队于 10 月 18 日夜袭阳明堡飞机场，毁伤日军飞机 20 余架，毙伤敌 100 多人。八路军机动灵活的侧后游击，有力

① 卫立煌致蒋介石密电（1937 年 10 月 31 日），《抗日战争正面战场》上，第 513 页。

地打击了敌人，配合了正面友军作战。

当忻口战役开始时，由石家庄沿正太铁路西进的日军正向娘子关逼近。中国第1战区以冯钦哉第27路军、曾万钟第3军调娘子关一线布防。10月12日，日军陷井陉，次日陷旧关。守军反击旧关之敌，互有重大伤亡。10月下旬，日军连续猛扑娘子关，另一路第109师一部沿赞皇—九龙关—昔阳大道进攻昔阳。孙连仲第26路军等在娘子关前与日军展开血战，予敌重创。但因兵力不足，指挥失序，日军采取迂回战术进至娘子关、旧关背后。10月26日，娘子关失守。八路军第129师紧急驰援，配合作战，解救被围友军，连续取得胜利。10月25日和28日，第386旅在平定七亘村两次伏击，共歼敌400余人；11月2日，在昔阳东南黄崖底伏击毙伤敌300余人。11月4日，第115师第343旅在广阳伏击歼敌100人。但娘子关失守后，正面中国守军已全线动摇。10月29日平定失守，30日阳泉失守，11月2日寿阳失守。阎锡山见晋东失利，太原危急，为确保太原，下令忻口守军于2日夜撤退，向太原以北青龙镇东西线既设阵地转移。

忻口战役，中国军队奋勇抗敌20多天，毙伤敌2万余人，创抗战初期华北战场最好战绩。同时，正面阵地战和侧后游击战相结合，开八路军与友军在战役上相互配合的良好范例。战役失利之主要原因是，国民政府军委会把大部兵力集中上海，未能给山西抗战以必要支援，致使山西兵力薄弱，不能对付敌之强大攻势。同时，在防御配备和兵力运用上也没有充分利用有利的地形，实行运动歼敌，而过分注重正面阵地拼杀，以致造成部队过度伤亡。

从忻口撤退的晋绥军，准备集中力量，保卫太原。在忻口撤退的当天，阎锡山在太原召开军事会议，确定“依城野战”的方针，实行太原会战；以傅作义指挥太原城防，卫立煌指挥太原附近各军。日军由东、北两面逼近，“依城野战”来不及执行，7日太原被围困。日军猛攻太原城，并空降一部于城内；守军奋勇抵抗，力渐不支。9日太原失陷。

太原失守后，受阎锡山、卫立煌指挥的第2战区部队退到太原以南。日军主力沿同蒲铁路追击南下，连陷太谷、祁县、平遥诸城，另一部占领汾阳。

(三)淞沪会战与南京陷落

“八一三”淞沪战争打响以后，日本加紧调集兵力，准备陆海军协同，向上海发动大规模进攻。8月19日，陈诚、熊式辉受蒋介石之命到上海视察战况。当时平绥路上南口地区战斗正酣。20日陈诚等回南京向蒋汇报说：“华北战事扩大已无避免，敌如在华北得势，必将利用其快速装备，沿平汉路南下，直赴武汉，于我不利，不如扩大淞沪战事以牵制之。”蒋表示“一定打”。陈说：“若打，须向上海增兵。”蒋接受其建议。[①]当天军事委员会颁布的全国作战指导计划及战斗序列确定国军“以主力集中华东，迅速扫荡浙沪敌海军根据地，阻止后续敌人之登陆或乘机歼灭之”。淞沪地区划归第3战区，分配该战区的兵力为19个师、6个旅及炮、工兵等特种部队共约20万人。第3战区的作战计划方针是：“战区以巩固首都及保有经济策源地之目的，迅速围攻上海市区附近之敌人，并打破其沿江沿海登陆之企图。”全战区划分为淞沪围攻军（5个师1个旅）、长江南岸守备区（4个师）、长江北岸守备区（1个师）、杭州湾北岸守备区（4个师1个旅）、浙东守备区（5个师4个旅）。[②]由此，与华北战场同时，抗战战略防御也在华东战场，首先在淞沪地区展开。

“八一三”后的10天里，日大量援军尚未赶到，刚编成组建的第9集团军总司令张治中决定对上海市区的日军发动攻击。14日作出部署，要旨是：兵力重点置于杨树浦港以西至虹口日军司令部间，于空军轰炸后，在炮兵火力掩护下，猛勇攻击、进占其根据地，压迫至苏州河及黄浦江而歼之。[③]15日拂晓，第87、88两师开始攻击，中国军队英勇作战，迅速夺得八字桥、持志大学、沪江大学等地及日海军操场等据点。以后几天续有所克。21日，部队推进至汇山码头。中国空军积极参战，在上海配合地面部队轰炸日军据点及军舰，炸伤日第3舰队旗舰“出云”号；在杭州、南京等地空战中击落日机40多架。中国海军与日本海军在长江进行激战，又征集船只，堵塞长江航道，以防日舰西上。中国军队初战顺利，战果明显。但蒋介石基于外交等非军事

---

①《世界反法西斯战争中国战场史长编》上册，第268—269页。

②《抗日御侮》第5卷，第8—9、14页。

③张治中致蒋介石、何应钦密电（1937年8月14日），《抗日战争正面战场》上，第287页。

原因，犹豫动摇，接连三次下达暂停进攻命令，贻误了战机。加之日军核心阵地工事坚固，又有海军军舰掩护，歼灭现地日军的计划未能奏效。

8 月 23 日，战役进入第二阶段。当日，日军上海派遣军第 3、第 11 两个师，在吴淞口、狮子林、川沙口等地强行登陆，向宝山、月浦、罗店、浏河一线发起猛烈进攻。张治中急令教导总队阻击张华浜之敌，第 87 师支援吴淞，第 98 师向宝山、浏河、罗店一线前进。作战重点由市区移至上海以北地区，中国军队进行反登陆作战。敌登陆部队因受到严重阻击，前进困难。陈诚指挥第 15 集团军 4 个师抵达上海后，担任蕴藻浜以北至长江边与浏河以东地区的防务。8 月 24 日，第 98 师一部向进攻吴淞、罗店之敌发起反击，将敌压至江边，歼敌 300 余人，解吴淞之围；另一部向占据宝山而立足未稳之敌进行反击，激战一小时，收复宝山。在川沙口登陆的日军第 11 师，一部向浏河前进，主力则向南进攻，在军舰及空中火力的支援下，与第 15 集团军第 11 师、67 师激战 6 个昼夜，占领罗店，但仅前进 9 公里。8 月 31 日，日军第 3 师攻占吴淞镇。9 月 5 日，日军将宝山城重重包围，用舰炮、飞机猛烈轰炸，战车冲击。守军在营长姚子青指挥下，沉着应战，顽强抗击，直至全营壮烈牺牲。

由于中国军队顽强抵抗，日军在水网地区作战，前进困难，死伤骤增。至 9 月初，日军第 3 师已战死 580 多人，伤 1500 多人；第 11 师战死 600 多人，伤 1300 多人。敌被分割在虹口、宝山、罗店 3 处，未能完全实现占领上海以北地区的预期目标。

9 月 18 日，淞沪会战转入第三阶段。日军进攻失利，第二次向上海大增兵，先将台湾守备队扩编为重藤支队急运上海，从华北方面军抽调后备兵 10 个营及炮兵、工兵、野战重炮兵等一部转用于上海；随后又从日本国内抽调第 9、第 13、第 101 师和配属部队到上海参战。中国军队转入守势，除原有的第 9、第 15、第 8 三个集团军外，又陆续增调了第 10、第 19、第 21 三个集团军。同时，蒋介石代替冯玉祥担任第 3 战区司令长官，不断调整部署，主要战场在刘（行）罗（店）公路、蕴藻浜、大场及苏州河沿岸，战斗更加激烈。10 月 6 日，日军强渡蕴藻浜成功，进犯大场。26 日大场失守。次日，中国军队放弃北站至江湾阵地，撤至苏州河以南。第 88 师 524 团一营官兵 400 余人号称“八百壮士”在团副谢晋元、营长杨瑞符率领下，为掩护大军撤退，固守闸北四行仓库四天四夜，击退敌人 6 次围攻，毙敌 200 余人，阻止了敌人的前进，完成任务后退入公共租界。31 日，敌继续强渡苏州河。敌我在该线反复争夺，苦战近 10 日之久，死伤惨重。中国守军兵力过于密集，每个师的防守正面只有约 1300 米左右，在敌人强大炮火轰击下，损失更大。

10 月初，日军统帅部决定第三次向淞沪战场大举增兵，以第 18 师、第 114 师和由华北抽调的第 6 师等组成第 10 军南运，协助上海派遣军；又由华北抽调第 16 师编入上海派遣军。这时平汉铁路沿线、津浦铁路沿线以及山西忻口、娘子关等地的战争都在激烈地进行，日军第 6、第 16 两师从华北转用于华东，使华北广大地区日军减为 7 个师，淞沪会战日军增至 9 个师，由此日军侵华主战场转到了华东。

11 月 5 日拂晓，日军第 10 军第 6 师及第 18 师在飞机掩护下，在杭州湾北岸金山卫一带登陆。中国军队防御薄弱，急调援军前往，已赶不及。日军迅速占领松江、枫泾地区，渡过黄浦江，与淞沪地区渡过苏州河的日军相呼应，形成对上海两面夹攻之势。几天后，第 114 师仍由金山卫登陆，向平湖、嘉兴方面推进。

11 月 7 日，日军参谋本部下令编组华中方面军，松井石根任司令官，统一指挥上海派遣军及第 10 军，加强进攻。日参谋部把这个行动规定为不只是军事上的，也是政治上的，即“以挫折敌之战争意志，获取结束战局之机会为目的”①。

8 日晚，第 3 战区指挥部命令保卫上海的各部队向吴（今苏州）—福（山）国防线转移。由于部队长期苦战，消耗过重，转移又失去时机，缺乏准备，情况十分混乱。第 3 战区主力第 9、第 19 两集团军，在撤退途中遭敌机轰炸，损失惨重。第 15、第 21 两集团军溃不成军。11 月 12 日，上海失陷。日军向西追击。1936 年以来，国民政府在上海、南京间构筑的乍（浦）平（望）嘉（兴）、吴（苏州）福（山）、锡（无锡）澄（江阴）三道国防工事，因管理不善，撤退部队或因“无图可按”，或因“无钥开门”，不能进入阵地，都没有发挥应有作用。沿京沪铁路向吴福线追击的日军上海派遣军 6 个师（其中第 16 师于 13 日在白茆口登陆）和向嘉兴方向追击的日军第 114 师，于 11 月 19 日相继占领常熟、苏州、嘉兴，控制了常熟、苏州、嘉兴一线。坚持三个月的淞沪战役结束。

---

①《支那事变陆军作战（1）》，第 397 页。

淞沪战役，日本侵略者多次增兵，先后投入海军陆战队和陆军部队14个半师，共约28万人，动用军舰30余艘，飞机400余架，战车300余辆，并曾狂妄宣称“一个月内占领上海”。中国参战的正规军包括中央军、桂军、粤军、湘军、川军等共有6个集团军、18个军、54个师又8个旅，加上税警总团、中央军校教导队，以及部分省市保安团队，总兵力约70余万人。中国军队广大官兵发扬爱国主义精神，同仇敌忾，斗志昂扬，以劣势装备，冒着现代化装备的敌人陆海空联合作战的强大火力，前仆后继，奋力拼搏，毙伤日军4万多人，坚守上海达三个月之久，粉碎了日本军国主义者速战速决、吞并中国的迷梦，也为上海工厂内迁、保存经济实力以至掩护国家转入战时体制赢得了时间，功绩不可磨灭。11月20日，国民政府宣言指出上海抗战所表现出的民族独立精神：“淞沪一隅，抗战亘于三月，各地将士，闻义赴难，朝命夕至；其在前线，以血肉之躯，筑成壕堑，有死无退。暴日倾其海陆空军之力，连环攻击，阵地虽化煨烬，军心仍坚如金石，临阵之勇，死事之烈，实足昭示民族独立之精神，而奠定中华复兴之基础。”[①] 中国军民在上海的英勇抗战扩大了中国军队和政府在国际上的影响，改变了一些国家和某些国际舆论认为中国不能抵抗日本进攻的看法，提高了对中国抗战的信心。但从军事指挥上看，集中70多万部队于上海这一狭窄地区，同武装精良和训练有素的敌人打阵地战，又长时间同敌人拼消耗，少有机动和运动歼敌。“战场上人数既多，又无险可守。敌海、陆、空三军的火力可以尽量发挥，我军等于陷入一座大熔铁炉，任其焦炼。敌方炮火之猛，猛到我炮兵白日无法发炮，而夜间又无法寻目标，只是盲目轰击，所以淞沪之战，简直是以我们的血肉之躯来填敌人的火海”[②]。这不能不说是指挥上的重大失误。

上海失守，南京危急。11月中旬，蒋介石在南京连续三次召开高级幕僚会议，研究保卫南京问题。20日，国民政府作出迁都重庆的决定，一部分机构陆续迁移武汉。26日，国民政府军委会下达防守南京部队的战斗序列及部署，以7个军14个师作三线配备：第一线从南京以东以南外围山地的三江口、花园、龙潭、汤山、淳化镇、方山、殷港、牛首山至板桥镇；第二线由八卦

---

① 国民政府迁移重庆宣言（1937年11月20日），见二史馆、南京市档案馆等编《侵华日军南京大屠杀档案》，江苏古籍出版社1987年版，第30页。

②《李宗仁回忆录》，广西人民出版社1988年版，第488—489页。

洲南岸的甘家港、杨坊山、紫金山、孝陵卫、高桥门、河定桥、麻田桥至西善桥达江心洲对岸；第三线为南京城郭。防守重点是镇江方向和京杭公路的汤山、淳化镇地区。唐生智为南京卫戍司令长官。防守部队共10余万人，大部参加过淞沪战役，从上海撤退后尚未补充休整，减员很大，相当疲劳，战斗力很差。

上海沦陷后，日军以八师之众，兵分三路，水陆并进，向西追击前进。11月下旬，日军已突破锡澄防线，接近南京外围。12月1日，日本大本营下达华中方面军与海军配合攻夺南京的命令。12月5日，沿京杭路北进的日军进到句容，与守军第66军发生战斗。7日，沿京沪铁路西进的日军与龙潭一线守军第41师、36师发生战斗。至8日，日军先后占领东线的汤山、半边山，东南线的湖熟、淳化镇以及南线的秣陵关和江宁镇。南京外围防线被突破。10日，日军向雨花台、通济门、光华门、紫金山一线发起猛烈进攻。同时，日军第18师攻占芜湖并向当涂前进，国崎支队开向浦口，意在切断南京守军后路。11日，日军猛攻中华门，守军退守城内。12日，日军以飞机、大炮轰毁各城墙和守军阵地。雨花台、紫金山相继失陷，敌乘机入城。部分守军与敌进行巷战。当晚，唐生智奉命下令各军突围。突围时，由于缺乏组织指挥，除少数部队向东南突围退到皖南地区外，大部守军退到挹江门。因秩序混乱，争船夺路，互相开枪射击，死伤惨重。13日上午，日军第6、第114、第9、第16师分别从中华门、光华门、中山门及和平门进入南京城，日海军抵达下关，国民政府首都南京城遂告陷落。

日军占领南京后，日本首都东京组织几十万人的庆祝大游行，而中国首都及其居民则正遭受日军官兵残酷的蹂躏、杀戮和凌辱。日军为了摧毁中国人民的抗战意志和宣扬日本“军威”，在南京城进行了长达六个星期以上的野蛮屠城活动，制造了惨绝人寰的南京大屠杀。战后，经远东国际军事法庭调查，证实被杀害的中国军民人数在30万人以上。古都金陵顷刻变成“哀声震地，尸积如山，血染没胫”[①]的人间地狱。东京《日日新闻》随军记者铃木二郎揭露说：“我随同攻陷南京的日军一道进城，在城内待了四天，目击日军暴行。”“接连不断的散兵壕，都填满了烧得焦烂的尸体，马路中间横倒许多

① 南京大屠杀史料编辑委员会著:《侵华日军南京大屠杀史稿》，江苏古籍出版社1987年版，第42页。

木柱下面，压着的都是尸体，四肢断折飞散，有的缺肢少腿，身首异处，不啻是一幅地狱图画。”[①] 被杀害者有已解除武装的俘虏，而更多的是城乡和平居民。屠杀方式有以机枪集体扫射加活焚和乱刀相戮，也有分散屠杀，包括枪杀、刺杀及其他种种方式的残害。据不完全统计，遭集体屠杀并焚尸灭迹者共19万多人，零星屠杀其尸体经慈善机关收埋者15万余具。在大屠杀中，被日军强奸、轮奸的妇女达数万人。上至老妪，下至幼女，知识女性、家庭主妇、农妇、女尼皆是敌兵发泄兽欲、奸杀施暴的对象。与此同时，日军对全城财物进行了空前的洗劫，“全城成千上万所私人住宅，无论是被占据的还是未被占据的，大的还是小的，中国人的还是外国人的，统统都被日本人肆无忌惮地洗劫一空”[②]。所有金银、玉器、古董、首饰、名人字画、牲畜、粮食、被褥、衣物及至香烟、鸡蛋、纽扣等都被偷盗、抢劫，转卖运送回日本，余则纵火焚烧，销赃灭迹。在后来的《战犯谷寿夫判决书》中指出：“日军锋镝所在，焚烧与屠杀常同时并施，我首都为其实行恐怖政策之对象，故焚烧之惨烈，亦无伦比。陷城之初，沿中华门迄下关江边，遍处大火，烈焰烛天，半城几成灰烬。我公私财产之损失殆不可以数字计……至12月20日，复从事全城有计划之纵火暴行，市中心区之太平路，火焰遍布，至夜未熄。且所有消防设备，悉遭劫掠，市民有敢营救者，尽杀无赦。”[③]

日军在南京城的屠杀、纵火、奸淫、抢劫，充分表现了日本军国主义者完全丧失人性的疯狂和野蛮。南京大屠杀给中国人民带来的灾难和感情上的伤痛是永远抹不掉的，也是不能忘却的。日本军国主义者这一亘古罕见的暴行，是日本民族的耻辱，也是对人类性灵的亵渎。人神共愤，天地不容。

（四）台儿庄大捷与徐州战役

日军攻占中国首都，侵略气焰更加狂放，12月24日侵占杭州。日本政府通过德国的调停逼国民政府屈和未成，发表了“今后不以国民政府为对手”

---

①《丸》1971年11月特大号：《日本战争全豹》。

②〔澳〕哈罗德·约翰·廷珀利著，马庆平、万高潮等译：《侵华日军暴行录》，新华出版社1986年版，第6页。

③《侵华日军南京大屠杀档案》，第605—606页。

的声明。紧接着首相近卫就解释说，所谓不以国民政府为对手，意思是不以它为调整邦交的对手，而“不是不以它为作战的对手。今后为导致国民政府的溃灭，军事行动自不待言，还必须采取各种手段”[①]。因此，1938 年日军继续扩大战争。上半年的作战主要是占领徐州，打通津浦铁路。

日本侵华军的编制、部署进行了一系列调整，最主要的是：1 月 4 日编成蒙疆兵团，莲沼蕃中将任司令官，驻张家口，以第 26 师为基干，负责稳定内蒙古、察南、晋北占领区；2 月 18 日解除华中方面军、上海派遣军及第 10 军的战斗序列，组建华中派遣军以统一之，畑俊六大将任司令官，负责稳定江南地区。

中国经过华北、华东几个战役，军队虽遭受重大损失，失掉了大片国土，但军队主力依然存在。1938 年 1 月，蒋介石在开封召集第 1、5 两战区团长以上军官会议，在洛阳召集第 2 战区团长以上军官会议，先后处分了几十名作战不力、延误战机的高级将领，处决了违抗军令、临阵脱逃的山东省主席、第 3 集团军总司令韩复榘，第 61 军军长李服膺等人，以整肃军纪。

日军侵占南京后没有停顿，便分路渡江北上，分头进占江都（今扬州）、六合、滁州、全椒等地。1938 年 1 月下旬，日华中方面军第 13 师从滁州、全椒地区出发，分路北进。日军连陷明光、池河、临淮关、定远、凤阳、蚌埠等地，并乘势袭取淮河左岸要地怀远，实际上造成由南线威胁徐州之势。

徐州地处津浦与陇海铁路交叉点，扼苏、鲁、皖、豫四省要冲，是中原和武汉的重要屏障，自古乃兵家必争之地。为加强以徐州为中心的津浦铁路的防御，第 5 战区司令长官李宗仁调集第 51 军、第 31 军及第 21 集团军共 4 个军 9 个师 8 万多部队，到南线御敌，并令各军闪开正面，在津浦路西侧山地隐蔽待机。当日军进至明光、凤阳、临淮关、蚌埠一线，兵力分散时，各部突然向敌侧后发动猛攻。第 31 军在考城、上窑一带与敌激战，围攻上窑；第 7 军向定远东方之敌侧击；敌在淮南受压迫，抽调淮河地区主力回援；第 51 军对渡过淮河的敌人进行反击，迫使其退回淮河南岸。到 2 月中旬，在南线形成敌我隔淮河对峙态势。

在北线山东境内，1938 年 1 月，日华北方面军第 2 军沿津浦路北段侵占曲阜、济宁的同时，其第 5 师沿胶济铁路东进，经潍县，于 19 日到达青岛；

---

①《支那事变陆军作战（1）》，第 479 页。

随后南下，连陷诸城、沂水等地，3 月初占领汤头镇，造成进攻临沂的态势。

我在津浦路沿线附近，为牵制日军南下，由孙桐萱率领的第 3 集团军于 2 月中旬由运河西岸渡河向汶上、济宁发动反攻。部队一部分攻入汶上、济宁城内，与敌军展开激烈巷战，敌我双方都有重大伤亡。日军由泰安、宁阳、曲阜等地增援，中国军队不支，退回运河以西。日军追击，2 月 25 日占领嘉祥。此时第 22 集团军孙震部向曲阜、邹县日军发动进攻，未获战果，撤至两下店以南与敌对峙。但整个这一段作战迟滞了津浦路一线日军的南侵。

此期间，日军为策应津浦路作战，向豫北发动进攻。2 月上旬，土肥原贤二第 14 师一部由大名南进，占领南乐、清丰、濮阳；另一部主力由安阳向平汉路正面进攻。守卫豫北的宋哲元第 1 集团军万福麟、高树勋等部作战不力，日军占领新乡等地，打通了道清铁路，半个多月间便推进到黄河北岸垣曲、济源、孟县、温县、武陟、封丘、长垣、濮阳一线，豫北大片土地尽为其占领。宋哲元部退山西绛县、夏县、茅津渡一线，日军于 3 月初追进到曲沃、平陆、芮城一带。

与此同时，日军对山西中部南部发动进攻。从 2 月中旬开始，日军第 108 师一部从邯郸西进，越过武安、涉县、黎城，占领潞城；第 20 师一部由太谷附近沿同蒲路及其西侧南下。中国军队进行激烈抵抗、反击。28 日，日军侵占临汾，3 月初进至蒲县、匼河镇、河津、禹门口等地。

3 月 10 日，日华北方面军认定，侵华正面战场已“使黄河以北之敌军主力几乎濒于溃灭，华北大致平定”[①]。随之而来的就是为打通津浦路而在山东大举南侵。

13 日，华北方面军第 2 军命令矶谷廉介第 10 师击灭大运河以北的中国军队，命令板垣征四郎第 5 师配合作战，占领临沂。14 日，第 10 师濑谷支队从两下店附近发起作战，向滕县进攻，并以一部从滕县南面南下，17 日占领临城。22 日，第 5 师坂本支队向临沂发起进攻。守卫滕县的川军第 41 军第 122 师一部 3000 余人，在师长王铭章指挥下，“决以死力拒守，以报国家”，与敌血战 3 天，几乎全部壮烈牺牲。3 月 18 日滕县陷落。进攻临沂之坂本支队，在临沂以北地区遭到庞炳勋第 40 军、张自忠第 59 军等的坚决抵抗。日军苦

---

①〔日〕防卫厅防卫研修所战史室:《支那事变陆军作战(2)》，朝云新闻社昭和五十一年版，第 29 页。

战经旬，付出重大伤亡，未能攻下临沂城。滕县和临沂战斗，为台儿庄战役赢得准备时间，成为台儿庄大战的序战。

日军濑谷支队攻陷临城、滕县后，继续冒险前进，直扑韩庄、峄县。汤恩伯率部在韩庄布阵阻敌。敌军主力东移，沿枣台支线进攻台儿庄。

台儿庄位于徐州东北 30 公里的大运河北岸，有铁路支线北连津浦路，南接陇海路，是徐州北部的门户。第 5 战区利用滕县、临沂战斗的时机，调整部署，令孙连仲第 2 集团军 3 个师防守台儿庄正面阵地，汤恩伯第 20 军团在峄县一带，准备侧击歼敌。

3 月 23 日，濑谷支队一部，孤军冒进，南下猛攻台儿庄，因受到猛烈反击，仓皇撤退。26 日，日军组织攻城队，对台儿庄发起进攻，亦被击退。30 日，日军一部攻入台儿庄东半部，庄内外争夺战更为激烈。4 月 3 日，日军冲进台儿庄，全庄大部被敌占去。守军第 31 师池峰城部拼死抵抗，牺牲十之七八，坚守台儿庄西关一隅之地。在台儿庄外围，3 月 24 日，汤恩伯部在郭里集与濑谷支队增援临沂的一个步兵营遭遇，将敌包围全歼。第 3 集团军孙桐萱所部分别截断津浦路大汶口至滋阳段、滋阳至临城段，使敌增援部队无法南下。4 月 1 日，汤恩伯部两个军取得刘庄、马庄、柿林园各村歼敌胜利。张自忠、庞炳勋各部在临沂城外扭住坂本支队，使其不能与濑谷支队会合。这些外围战斗的胜利，有力地支援了台儿庄的作战。经过半月激战，日军伤亡逾万，无力再战，遂于 4 月 6 日下令撤退。中国军队进行反击，将台儿庄之敌全部肃清。7 日，敌被驱至峄县、枣庄一线。

台儿庄大捷，是抗战初期我军在正面战场上取得的第一次重大胜利，使全国军民受到极大鼓舞，武汉、重庆等地人民举行大规模的祝捷活动；在国际上也造成重大影响，许多国家进行了广泛报道。这被认为“是日本建立现代化军队以来遭受的第一场引人注目的大惨败”①。

台儿庄作战，日军濑谷支队冒险突进，孤军深入，缺乏有力协同配合，难逃失败命运。中国军队英勇用命，协同作战，表现了为国捐躯、不怕牺牲的爱国精神。一些地方军，如原属于西北军的孙连仲第 26 路军、张自忠第 59 军、庞炳勋第 3 军团以及川军孙震的第 41 军等，都对台儿庄战役的胜利起了

---

①〔美〕巴巴拉·塔奇曼著，陆增平译：《史迪威与美国在华经验（1911—1945）》上册，商务印书馆 1985 年版，第 260 页。

重要的作用。在兵力部署和作战指挥上，第5战区司令长官李宗仁，接受中国共产党的建议，改变以往消极防御的战略战术，将阵地战与运动战相结合，选择有利地区，诱敌深入，集中数倍于敌的优势兵力，对敌分割包围，予以歼灭性打击，取得了良好效果。广大人民的支援和八路军、新四军在敌后开展的游击战争，对战役胜利起了配合作用。陈诚在谈到台儿庄战役的胜利原因时说，此次战役之胜利，“在战略上观察，乃各战场我方努力之总和……简言之，即我游击战、运动战在战略上之功效也”①。

根据日本大本营制定的徐州作战计划，4月7日，参谋本部下达徐州作战命令：（一）徐州作战由华北方面军、华中派遣军联合实施，以华北方面军为主，华中派遣军配合。（二）华北方面军以4个师的兵力占据兰封（今兰考）以东陇海路以北地区；华中派遣军以2个师的兵力占据徐州及其以南的津浦路和合肥地区。（三）华北方面军从北、西、东三面完成对徐州、商丘的三面包围。华中派遣军由南北进，与华北方面军在徐州会合。侵华日军用于徐州作战的兵力约8个师16万人，计有华北方面军的5个半师，华中派遣军的2个半师。

国民政府军事委员会综合各方面情况，面对敌军的意图，决定增加第5战区的兵力，一面为消耗敌人的力量，一面为吸引敌人主力于徐州，以便武汉有充分的备战时间。这时使用于徐州会战的兵力达36个军64个师又3个旅，60余万人。

4月18日，日军发动对徐州攻势。北线第10师由临城、峄县等地，分路攻击前进；第5师主力向临沂、郯城方向攻击前进；第16师派出两个支队，分别为第10、第5师的预备队。中国军队在这个方向部署了12个军33万人。从4月18日至5月14日，经27天作战，将敌阻滞在台儿庄以北。此时，日军第16师从济宁南下，向砀山地区疾进，5月15日到达陇海线，准备从西面攻击徐州，第10师西向渡过微山湖，经沛县南下进攻徐州，第5师南下在运河附近受到顽强抵抗后渡河进入徐州东南的双沟地区，第14师于5月12日从濮县渡黄河，经菏泽进攻兰封，截断陇海铁路，中国军队在这个地区有8个军约12万人，因抵抗不力，徐州西北防线被突破。

南线日军第6师坂井支队于4月23日从芜湖北渡长江，沿巢湖左右两侧

① 陈诚：《台儿庄之歼灭战》，《半日文稿》第2卷，第5期。

攻击前进，5 月 14 日占领合肥。部署在这里的中国军队 3 个军 7 万余人，未作大的抵抗即行撤退。日军第 101 师佐藤支队，4 月 24 日从东台出发，先后占领盐城、阜宁，集结在蚌埠附近的日军主力突击兵团第 9、第 13 师，于 5 月 5 日北上，经蒙城、永城附近向徐州西南地区进攻，16 日进至萧县地区，逼近徐州。防守淮河的中国军队 6 个军 13 万人，向皖西撤退。日军完成对徐州的合围。

5 月 15 日，军事委员会决定放弃徐州决战计划。16 日，第 5 战区下达向西南方向突围命令，5 月下旬，各路大军先后突破敌人重围，抵达豫皖山区。少数部队留苏北、鲁中南进行游击。徐州突围的成功，打破了日军围歼我军主力的计划，为抗战保存了有生力量。

在徐州战役期间，中国空军轰炸机于 5 月 20 日飞临日本上空，在长崎、福冈及其附近各地播撒传单 20 余万份，日本本土首次受到空袭，在其国内引起震动。

5 月 19 日，日军占领徐州。21 日，日军向西、南实施猛烈追击。程潜指挥的经过调整的第 1 战区的部队在陇海路沿线进行了局部抵抗。日军连续攻陷砀山、商丘、兰封、开封、中牟、新郑，矛头直指郑州。蒋介石采取“以水代兵”战术，于 6 月 9 日下令炸开郑州以北的花园口黄河大堤。汹涌的河水使下游的贾鲁河、涡河流域之乡村、城镇成为一片泽国，豫皖苏 3 省 44 县 3000 多平方公里的土地被淹，数十万人民损失惨重；但日军进攻郑州，南窥武汉的企图为之迟滞。

（五）武汉保卫战与广州失守

攻占徐州之后，日军将战略重心转向华中攻取武汉。日本陆军部在占领南京后，就开始策划攻占武汉和切断中国国际补给线的广东作战。1938 年春，徐州战役前后，日本统帅部决定：秋季进行汉口作战和广州作战。他们认为“攻占汉口作战是早日结束战争的最大机会”，“只要攻占汉口、广东，就能统治中国”，“只要控制中原，实质上就能统治中国”。[①] 为此，日军进一步增

---

① 《支那事变陆军作战（2）》，第 86 页。

加在中国尤其是华中地区的作战兵力。其陆军在华兵力（不含东北）已达到23个师、4个独立混成旅和骑兵集团，占其全部兵力的三分之二以上。7月4日，日本大本营发布华中派遣军新作战序列，畑俊六为司令官，下辖原属华北方面军的稔彦王第2军和新建的冈村宁次第11军，总兵力由原来的6个半师增加到14个师。

中国政府判定敌人打通津浦线后当以郑州及武汉为其作战目标，及时作出了保卫武汉的准备，作战指导是："武汉已为我抗战之政治经济及资源之中枢，故其得失关系至巨。惟武汉三镇之不易守，而武汉近郊尤以江北方面之无险可守尽人皆知，更以中隔大江外杂湖沼，尤非可久战之地。故欲确保武汉则应东守宿松、太湖，北扼双门关、大胜关、武胜关诸险，依大别山脉以拒敌军，并与平汉北段之积极行动相呼应。若敌孤军深入则可临机予以各个击破，或在大别山预为隐伏待其深入，出奇兵以腰击之。应战于武汉之远方，守武汉而不战于武汉是为上策。"[①] 为此，决定以程潜第1战区主力驻防信阳以北，平汉路以西；以李宗仁第5战区主力防守武汉以北大别山区；以陈诚第9战区防守长江以南和武汉，陈兼任武汉卫戍总司令。总兵力约47个军120多个师，近100万人，飞机200架，舰艇30余艘。苏联援华志愿航空队参加了保卫武汉作战。

日军对武汉的进攻以夺取安庆拉开序幕。5月29日，日本大本营命令华中派遣军与海军协同，由芜湖沿长江西进，攻占安庆、马当、湖口、九江诸要地，作为进攻武汉的前进阵地。6月10日，波田支队（台湾旅）在海军护卫下从芜湖附近出发溯江西进，直取安庆。杨森第27集团军未作抵抗，即向潜山、太湖方向转移。13日，日军攻下安庆。22日，波田支队由安庆西进，26日陷马当，29日陷彭泽，7月4日陷湖口，7月26日陷重镇九江。坂井支队由合肥南下，6月8—17日相继占领舒城、桐城、潜山，并沿长江北岸、大别山南之狭长地带继续向西前进，7月末—8月初进占太湖、宿松、黄梅。安庆、马当、湖口、九江等长江要冲的失陷使长江江防门户洞开。中国军队长江防御处于极为不利的地位。

日军攻占九江后，冈村宁次指挥的第11军立即分兵两路：第106、第101、第9师等南向德安，趋南昌，西向瑞昌，趋武昌；第6师在长江北岸小

---

①《抗日战争正面战场》（上），第646页。

池口上岸，与由太湖西进宿松、黄梅之日军会合，谋攻广济。第5战区部队利用鄂东地势险要的自然条件，以大别山为依托，8月间不断向潜山、太湖、宿松、黄梅之敌实施打击，断敌交通线，威胁其后方，逼敌屡进屡退。长江以南之敌也因受第9战区各部队阻挡，前进困难；日军第106师被挡在九江以南之马鞍山一带，到8月初，全师伤亡甚众，战斗力大降；第101师于8月21日攻占星子后，被阻于庐山南麓；波田支队和第9师部队遭受第3集团军各部节节抵抗，至8月24日方攻占瑞昌。

8月22日，日本大本营发布命令，要华中派遣军协同海军攻占汉口附近要地，“在此期间应力争尽可能多地击溃敌人”。这等于日军发出向武汉大规模全面进攻令。同日，华中派遣军发布命令，决定首先自大别山北麓地区、长江及其北岸地区依次向西夺取地盘；在长江南岸方面，将兵力集中于九江西南地区，准备直接攻占武汉三镇。第2军8月下旬自合肥附近开始行动，由大别山北麓分两路西进：一路经六安、光山一线进攻信阳，然后沿平汉铁路及其以西地区南下，攻击武胜关；另一路由六安、霍山，直捣商城，越过大别山，与鄂东日军相呼应，对武汉实行大包围。第11军在长江北岸进攻广济，主力在长江以南兵分两路：一路向瑞昌以西地区进攻，另一路向德安、永修攻击前进。9月12日，华中派遣军又命令第11军在攻占武汉外围要地的同时，应进入咸宁、蒲圻附近粤汉铁路一线，然后再占领岳阳附近。[①]

中国军队在敌人进攻的主要方向德安、黄梅以西和商城以东地区增加了防御反击力量。8月底，防守大别山北麓的第2集团军依靠有利地形，背靠大别山，英勇抗击日军的进攻。宋希濂第71军坚守商城以东富金山阵地，与敌第13师激战八昼夜，敌死伤过半。9月11日敌攻占富金山，16日进占商城，随即南下。敌第13、第16师在新店、沙窝一带大别山中遇到中国军队的顽强抵抗，激战月余，死伤4400人，10月25、26日始进入汉口东北的麻城、宋埠地区。北翼日军第10师9月6日占领固始，17日攻占光山，21日进占罗山；在罗山、信阳一带受到中国军队的沉重打击，在第3师增援下，10月12日攻占信阳。然后南下入湖北，威胁汉口。

沿长江两岸进攻的第11军同样受到顽强抵抗。由江北前进的第6师，由黄梅向广济进攻，沿途遭到当地守军正面和侧面攻击，平均每天只前进4公

---

①《支那事变陆军作战（2）》，第136—137、165页。

里，9月6日占领广济。田家镇是长江江防要塞，敌军来攻，从9月17日激战至29日，守军共毙伤敌1100余人，本身也付出重大牺牲，29日田家镇陷落。日军第6师自占领广济即不断受到中国军队的反攻，加上田家镇之战中伤亡甚大，直到10月17日才又向汉口方向发起进攻，连占浠水、新洲，24日攻占黄陂。在长江南岸，向瑞昌西北进攻之波田支队，经过一周激战，9月23日占领富池口要塞。20日侵占大冶，接着侵入鄂城，24日开始攻击葛店，直接威胁武昌。此期间，敌第27师于9月中旬由瑞昌发动攻击，10月5日占领箬溪，主力转向辛潭铺，与敌第9师分途西进，27日在贺胜桥、咸宁地区切断粤汉铁路。德安方面，9月下旬起，日军第106师进入德安西南地区，从侧背攻击德安；第101师向德安正面进攻。中国军队顽强抵抗，9月28日打伤敌第101师师长伊东政喜；10月上旬在万家岭山区予敌第106师重创。10月27日日军攻占德安。11月1日占领永修。此时武汉业已沦陷。

自10月中旬以来，日军各路对武汉大举侵逼，造成了东、南、北三面包围武汉之势。此时，再固守武汉已失去意义，国民政府军委会于24日下令放弃武汉三镇。25日，敌第6师侵入汉口，26日波田支队攻占武昌，27日占汉阳。到11月中旬，日军完成对武汉外围的作战，包括占领通城、岳阳等地。武汉会战结束。10月31日蒋介石发表为中国军队退出武汉告全国军民书，表示继续抗战的决心。

在武汉会战中，中国空军和苏联空军志愿队轰炸了长江上的敌舰和芜湖、安庆、九江等地的敌飞机场、登陆部队，并在武汉地区进行了激烈的空战。炸伤敌舰67艘，炸沉敌舰23艘，炸毁敌机16架，击落击伤敌机78架。[①]中国海军在长江水域布雷，以鱼雷攻击敌舰，沉船堵塞航道。1938年10月24日，著名的“中山舰”在武汉上游被日机炸沉，舰长萨师俊及大部官兵壮烈殉职。

保卫武汉，是中国抗战正面防御中规模最大的战役。中国投入约百万部队，日军直接参加作战的约25万人，战役持续4个半月，进行大小战斗数百次。日军死伤4万余人，中国军队伤亡40万人左右。

保卫武汉是全国团结抗战的高峰。全国各界同胞表现了前所未有的爱国热情，并以实际行动支持战争。以周恩来为首的中共长江局，积极动员和组

---

①《日军侵华八年抗战史》，第307页。

织人民群众，支援前线。周恩来向国民党提出了保卫武汉的建议，并向国民党军事首领、各派爱国力量宣传全面抗战、保卫武汉的军事政治方针。由郭沫若主持的国民政府军委会政治部第三厅联合文化界爱国人士，进行抗战和保卫武汉的政治宣传鼓动，取得巨大成效。7月，在第三厅发起的抗日献金运动中，人民群众纷纷表现出“毁家纾难”的抗战热情。据郭沫若记载说，5天之内，武汉三镇参加献金者即达100万人次以上，献金总额多达法币100多万元。献金者从富人到乞丐，什么人都有。许许多多的穷苦人不止献一次两次。那100多万元的数目，很大部分是靠这些贫苦的爱国者一角两角、一分两分地凑积起来的。①

日军在攻占武汉的同时，于1938年10月21日占领了我国南部重要城市广州。

为封锁中国沿海，切断华南方面的国际援华补给线，早在1937年12月底日本陆军当局就曾企图实施占领广东大亚湾一角的作战。日军不断派出飞机轰炸广东的铁路、公路、水路和城镇。1938年春季以后，日本海军在中国沿海实行登陆，先后攻占了烟台、连云港、厦门、广东南澳岛作为进一步进攻福建、广东的基地。1938年9月7日，日本大本营御前会议作出决定，由陆、海军协同进攻广州，以截断从国外经香港、澳门向中国输入抗战物资的运输线，并策应华中派遣军进攻武汉。当日组成指挥广州作战的第21军，古庄干郎为司令官，辖第5、第18、第104师、第4飞行队，海军第5舰队予以配合。10月12日，日舰进入大亚湾内并登陆成功。日军迅速北上攻占淡水、惠阳、博罗、增城。

防守广东的第4战区部队，开始只有第62、第63、第65等3个军，因对广东战事缺乏准备，未作抵抗即行撤退。10月16日，敌占博罗后，蒋介石方感广州形势严重，急调在九江以南参加保卫武汉作战的第64军、第66军回广东，但为时已晚，广州已陷敌手。

占领广州、武汉后，日本国内及台湾、东北、朝鲜等地举行了大规模的祝捷大会，宣扬天皇及“皇军”的“神威”。日军虽达到其夺取武汉的目的，但有生力量却进一步受到消耗；而其通过战争迫使中国屈服、解决“中国事变”的目的并未实现。攻占武汉标志着日军战略进攻已达到极限。侵略者陷

① 郭沫若：《洪波曲》，人民文学出版社1979年版，第92—94页。

入长期战争的泥潭。

从 1937 年 7 月 7 日卢沟桥事变到 1938 年 10 月广州、武汉失守的 15 个月，是中国抗战的战略防御阶段。这一阶段，国民政府及其军队负担了正面防御作战的主要任务，起了主体作用。毛泽东叙述这个情况时说：“从一九三七年七月七日卢沟桥事变到一九三八年十月武汉失守这一时期内，国民党政府的对日作战是比较努力的。在这个时期内，日本侵略者的大举进攻和全国人民民族义愤的高涨，使得国民党政府政策的重点还放在反对日本侵略者身上，这样就比较顺利地形成了全国军民抗日战争的高潮，一时出现了生气蓬勃的新气象。”①

这一时期，在正面战场上所进行的平汉、津浦沿线作战，山西抗战，淞沪会战，徐州会战和武汉会战等等，有力地抵抗了敌人的进攻。在这些战役中，虽然中国军队损失近百万，丢掉了将近四分之一的国土，但也使日军损失兵力约 70 万，财力、物力均遭到极大消耗。战争开始时敌人预想的“速战速决”，“三个月灭亡中国”的狂妄计划成为泡影。

共产党及其领导的八路军、新四军和各地群众抗日武装，以战略统一的独立自主的游击战争，在抵御日军进攻、配合友军正面防御中起了重要作用。没有广泛发展的游击战、运动战和人民群众自发的抗日斗争，正面防御将会更加困难，同样，没有正面主力军的英勇抗战，便无从顺利地开展敌人后方的游击战争。全国同胞，特别是各战区人民群众，发扬空前的爱国主义和奉献牺牲精神，是全国抗战坚强有力的后盾。

15 个月的战略防御，赢得了进行战争动员的时间，掩护了中国经济、文化设施的战略转移，一部分工厂、企业、学校由沿海迁向内地，对发展大后方各省的经济、文化教育事业以及坚持长期抗战都是十分重要的。

在战略防御作战中，广大中国军民表现了同仇敌忾、共赴国难的高度爱国主义精神。在平津、淞沪、忻口、徐州、武汉诸战役中，涌现出一大批奋勇抗敌的英雄部队。一批军队指挥官以及千千万万不知名的下层官兵和人民群众，以自己的血肉之躯，阻挡敌人的凶狂进攻，斗志昂扬，前仆后继，视死如归，与日寇血战到底，无比英勇壮烈。他们的行动向世人和后代昭示，

---

①《毛泽东选集》第 3 卷，第 1037 页。

中华民族伟大的凝聚力量和独立意志是任何自命强大的侵略者所不能战胜的，这个力量和意志是世代长存的。

国民党实行的不动员群众的、单纯防御的作战方针，也给抗战战略防御造成严重的损失。在短短 15 个月时间，正面战场作战丢失了广大的土地，损失了众多的军队，除敌强我弱这个基本的客观原因外，国民党采取的军事政治方针是重要的因素，参战的地域虽然是全国性的，参战的成分却不是全国性的。广大的人民群众依然如过去一样，被政府限制着不许起来参战，这直接影响到许多土地的丧失，许多军队的失利。

长期的反共内战，造成了国民党军队极端腐败的军事制度。军民对立、官兵对立的情况在抗日战争中没有多少改变。军队军纪腐败，经常扰民、害民；老百姓惧怕军队，视之为“兵匪一家”。军队来了，老百姓常常逃跑一空。日军进攻九江时，这里有 10 万重兵防守，但仅支持 3 天就失守了。第 2 兵团司令张发奎向蒋介石提出的报告中检讨失败原因说：“查此次各部向九江附近集中时，因运输困难，战时增设部队又骤难足额，沿途鸣枪拉夫，搜寻给养，不肖者且因而强奸掳掠，军行所至，村舍为墟。职由阳新徒步经瑞昌至九江时，满目荒凉，殆绝人迹，民众既失同情之心，军队自无敌忾之志。如此而欲其奋勇杀敌，自不可能。”①

国民党军队内部派系复杂，矛盾重重，缺乏真正的抗日动员和严格的军事训练。抗战开始以后，不少地方军队表现了高度的团结抗日积极性。但蒋介石长期歧视和排斥异己，各派军队之间矛盾、积怨甚深，在战场上各自为保存实力，难以协同配合。一部分国民党将领深受“恐日病”和“亡国论”的影响，一些军队畏敌如虎，一遇敌军，即临阵脱逃，溃不成军。

在战略方针和作战指挥上，国民党统帅部实行消极防御的作战方针，未能有计划地把阵地战、运动战和游击战有机结合起来，而以单纯阵地防御与敌人拼消耗，缺乏积极性、主动性和灵活性。这突出表现在作战方式上，正面防御一般采取以“深沟、高垒、厚壁”“层层布防”“处处据守”，以及阵地战和消耗战的打法。1938 年 2 月，毛泽东即曾指出：“根据过去七个月作战的经验，在军事上我们若能运用运动战、阵地战、游击战三种方式互相配合，必能使敌军处于极困难地位。我的意见，在目前除应以二三十万精兵组成数

---

①《抗日战争正面战场》上，第 697 页。

个强有力的野战军，从运动战中给敌人前进部队以歼灭的打击之外，还应抽调八九万军队组成二三十个基干的游击兵团，每个兵团三四千人，派坚决而机动的指挥员领导，加强其政治工作，配置于从杭州到包头的敌人阵线前面，从这个长阵线的二三十个空隙中间，打到敌人后方去。如能运用得宜，结合民众，繁殖无数小游击队，必能在敌后方建立抗日根据地，发动千百万民众，有力地配合野战军的运动战，而使敌军疲于奔命。至于阵地战，由于我们技术不足，在目前不应看作主要方式。”① 中国共产党曾多次建议国民党实行这些正确的积极防御的作战方针。在一些重大战役中，周恩来、朱德等帮助国民党军队制定具体的作战方案，提出建议。运用或局部运用上述作战方针的战役，结局都比较好，如台儿庄战役、武汉外围的一些战役等。另外，许多国民党军队在作战中经常是有战术动作，无战略意识，互不配合，其退却往往是无计划、无秩序的溃散，也是正面防御失利的原因之一。

①《毛泽东军事文集》第2卷，军事科学出版社、中央文献出版社1993年版，第170页。

三　华北、华中人民大起义，敌后战场的开辟

（一）华北、华中人民的抗日武装起义

日本帝国主义的疯狂侵略和残酷暴行，激起中国人民的愤怒和反抗。华北华中的广大人民到处举起武装抗日的义旗，与敌人进行殊死斗争。

河北、山东等地各种名目的农民自卫武装风起云涌。它们竖起“抗日自卫”“剿匪、抗日、保家、卫国”大旗，号召群众。农民和其他贫苦群众争先恐后参加。其中有一村数村联合组织起来的，也有不分地区活动的。河北平原有的地方十里二十里就有一股武装，名目繁多，山头林立。

1937 年 8 月，日军占领北平，平郊地区出现了自发组织起来的游击队 20 余支，号称“十大股”，其中较著名的有赵同发起的“国民抗日军”、以杨博民为首的“民众扫日正义军”等。这些游击队活跃在平西石景山、门头沟一带，伏击日军、拔除据点。冀中著名的马本斋回民支队，冀南的赵辉楼民众抗日自卫军也都很快出现。1938 年春，山东莒县乡村教师马跃仑、马骅邀集当地村庄的青壮农民组成“抗日军”，很快发展到上千人。这支部队四处出击，与日寇周旋，十分活跃。当地群众称这支队伍为“马营”，称马跃仑、马骅为“抗战二马”。临沂大岭人董慕仲拉起了一支十五六人的游击小组，先后在朱陈（属临沂）、探沂、西埠（属费县）等地打击日军，在临费边区产生了一定影响，到 1938 年 6 月，这支队伍已发展到 300 多人。

许多民间组织，如各种会道门、宗教组织也利用原有的组织形式，聚众抗日。1938 年 1 月，日军由山东泗水东犯，当地联庄会会长、原为费县第三小学校长的米栻民率领民众在八埠庄伏击日军，迫使日军回撤，打响了当地人民抗日斗争的第一枪。《中央日报》为此发表了《米栻民部阻击日军于八埠庄》的消息。当地民众称赞他：“怀树人热忱，陶冶青年启后觉，养成爱国万千分

子；抱抗敌决心，踏破雪地作先锋，东退暴日多少匪兵。”1938年2月，日军侵占河南浚县。3月，周口村大仙会首领王钦甫组织会众200余人，夜袭马头镇日军据点，击毙日军50余人，缴获一批武器弹药。博爱县失陷后，县红枪会首领王某，率众千余，诈降日军。他们在得到补给后，反戈一击，一度收复县城。山东临沂百余名佛教会员在普济会理事李奎动员下成立了沙窝头农民抗日自卫团，并用会费购买了长枪40余支，子弹近万发，抗击日军。

一些地方爱国乡绅为保卫乡里，也纷纷拉起武装，举起抗日义旗。山东莒县爱国进步人士谢晖利用其担任乡长的身份，组织当地百余名爱国青年和农民，成立“十字路抗日游击大队”，队伍很快发展到200多人。1938年2月，日军由河南安阳南犯，沿途烧杀奸淫。3月，安阳地方武装首领李伍常率众攻打日军占领的司马村，毙敌200多人。一些土匪集团也打出抗日旗号。原来活动在河北唐县、完县、满城一带的土匪孟阁臣部，在日军来犯之际，招兵买马，收编小股武装，拒绝日军的诱降，抵抗日军的进犯。

日军铁蹄所至，中国人民惨遭涂炭，这些起义队伍的扩展如同滚雪球一样，由小至大，十分迅速。平郊杨博民领导的游击队，开始只有5个人，其中两个工人，两个农民，一个退伍军人。只有一支旧式俄国枪，30发子弹，用酒瓶、汽水瓶自造了60枚手榴弹。1937年9月5日，5个人在西直门外伏击日军3辆查路汽车，击毙日军数人，缴获盒子枪和机枪。这次成功的伏击在平郊影响很大，许多煤矿和铁路工人、农民、学生、溃散的军人前来投奔，队伍很快发展到80多人。之后，杨博民又率部袭击清华园车站，起义部队的影响进一步扩大，并和其他几支起义部队联合起来，组成了“民众扫日正义军”。它的誓词是“以关岳二圣之主义，唤起民众，肃清汉奸，扫平日寇，以求中国自由独立之永存”。这最清楚地表明了它是单纯的农民和其他劳动群众的抗日爱国武装，也表明了中国传统民族观念在人民群众中的根深蒂固。“民众扫日正义军”在不到三个月时间里一度发展到2万人。马本斋回民支队、赵辉楼民众抗日自卫军也都迅速壮大，发展成了闻名的抗日劲旅。

自发性的起义部队都打着抗日旗号，在众多的人群卷入以后，难免成分复杂，目的也不纯粹。有的起义部队不仅是为了抗日，还有要独霸一方发展个人势力的野心；有的还带有浓厚的封建色彩。这些起义部队由于没有正确的纲领，缺乏正确的领导，绝大多数没有坚持多久，即瓦解、失败。

沦陷地区一些国民党军政官员就地组织群众，抵抗日军的进攻，是起义部队中的组成部分。1938年5月28日河南商丘失陷，留在这里的河南省第二行政区专员宋克宾联合商丘县长刘琨、虞城县长蔡鸿范、夏邑县长彭统立成立第1战区民众抗敌自卫军总部，在豫东各县组织民众武力抗日。各县也都组织了抗敌自卫团。宋克宾等常常亲率数十人潜入敌占区，奔走呼号，督励民众武装抗敌。据统计，豫东12县的民众武装很快发展到1个大队、3个总队。6月8日，夏邑县长彭统立率众千余，一度收复了县城，缴获大批枪支弹药。国民党军政官员所组织的这些起义队伍，随着抗战的发展深入，多数被合并归统在国民党的敌后游击部队中，也有一部分并入共产党领导的敌后武装。

华北、华中人民抗日大起义，集中表现在共产党组织领导的抗日武装力量兴起和开辟敌后战场上。

“七七”事变后，中共多次指示其各地组织切实执行抗日民族统一战线政策，大力发展群众抗日运动，组织和武装群众，发展抗日游击战争。中共北方局、长江局及各地各级组织立即动员大批党员、工人、学生和进步知识分子，深入广大城镇、乡村，发动和组织人民群众举办各种游击干部训练班，培养游击战争的干部；动员农民进行保家自卫、守土抗日斗争。八路军、新四军挺进到华北、华中后，与人民群众的抗日热情相结合，人民起义的烈火立即燃遍华北、华中大地。

在山西，早在“七七”事变前就有薄一波等一批共产党员与阎锡山合作建立的特殊统一战线组织——山西牺牲救国同盟会。1937年8月1日，在原军政训练班、民训干部教练团、国民兵军官教导团的基础上组成山西青年抗敌决死队第1总队（相当团），薄一波任政治委员。决死队由阎锡山委派晋绥军军官充任军事干部，政治干部多数为共产党员。其后在一个月内迅速发展为4个总队。1938年初，扩建为4个纵队（相当旅），又称“新军”。同时成立的由牺盟会领导的新军部队还有政卫旅、工卫旅等。在八路军进入山西后，第2战区接受周恩来建议，成立了由八路军代表、阎锡山代表及有关各界人士组成的“民族革命战争战地总动员委员会”（简称“战动总会”），同盟会老会员、国民党爱国将领续范亭任主任。“战动总会”主要活动于晋北及察绥地区。1937年11月，“战动总会”将太原及附近各县游击队合编为抗日游击第1路纵队，中共党员程子华任纵队司令，并先后成立25个基干支队，在此基础上，统一整编为陆军暂编第1师，续范亭任师长。“新军”是以统一战线形式出现的山西人民抗日武装，实际是由中共组建和领导的革命军队，在发展山西抗日游击战争和协同八路军创建晋西北、晋东南、晋西南抗日根据地中发挥了重大作用。

在河北，中共先后在冀中、平西、冀南和冀东等地组织人民抗日武装，开展抗日游击战争。保定失陷后，中共保属省委在冀中地区建立了河北游击军及安新7县人民自卫军。10月中旬，原东北军第53军第388旅第691团，在团长吕正操（共产党员）率领下，拒绝南撤，提出“北上抗日，到敌后打游击”的口号，回师冀中，改称人民自卫军，揭起抗日游击战争的旗帜，部队迅速发展到3000人。此时中共保属省委将中共领导的各县武装统一整编，成立河北游击军司令部，以孟庆山为司令。1938年4月，中共冀中区党委成立，统一党、政、军领导，黄敬任书记；同时组成冀中行政主任公署，人民自卫军领导人吕正操为主任。5月，人民自卫军与游击军合编为八路军第3纵队，成立冀中军区，吕正操任纵队兼军区司令，王平任政治委员。冀中根据地初步形成。

在平西，中共地方组织建立了“国民抗日军”，后改编为游击第5支队，与八路军一部结合，共同创建平西根据地。

在冀西、冀南，中共党员、平津著名教授杨秀峰，10月间率领少数青年知识分子由太原到冀西，联络临城、内丘两县的保安队，建立起冀西抗日游击队。中共冀南特委发动以前参加过革命武装斗争的骨干力量组织“八路军别动大队”“民众抗日自卫军”等抗日武装，配合第129师挺进支队和东进纵队，广泛开展冀南的抗日游击战争，创建抗日根据地。

在冀东地区，1938年7月，中共冀热边特委为迎接八路军第4纵队东进，发动冀东和热南22县工农群众举行抗日起义，共建立39个总队和若干独立大队近10万人的抗日武装，冀东起义武装与八路军第4纵队结合，先后攻克玉田、乐亭、卢龙、蓟县、平谷、迁安等县城，给日伪以沉重打击，为开创冀东根据地创造了条件。

此外，磁县六河沟煤矿、峰峰煤矿、平汉铁路北段及正太铁路的工人，在当地中共组织的领导下，也举行武装起义，揭起抗日游击战争的旗帜。

中共山东省委根据中共北方局的具体部署，制定了发动抗日武装起义和组织抗日武装的10条纲领，派干部到各地恢复和建立组织，进行武装起义的准备工作。1937年10月上旬，日军占领德州，山东局势恶化。省委决定立即在全省各地举行武装起义。11 月，中共冀鲁边工委在盐山等地发动起义，成立人民抗日救国军第1军。国民党山东第六区专员兼保安司令范筑先两次拒绝省主席韩复榘让他率部南撤的命令，向全国发出“裂眦北视，决不南渡，誓率我游击健儿和武装民众以与日寇相周旋”的通电，在鲁西北竖起抗战的旗帜，进而广泛动员民众，建立抗日政权和武装力量，积极开展游击战争。中共鲁西北特委与他建立统战关系。一批由平津南下的共产党员、青年知识分子来到鲁西北，投入广泛动员民众、加强抗日政权力量的工作。鲁西抗日军短期猛增至二三万人。其中有共产党组织指挥的第 10 支队。12 月，中共胶东特委领导天福山起义，组成山东人民抗日救国军第 3 军；中共清河地区组织领导黑铁山起义，组成山东人民抗日救国军第 5 军；中共鲁东工委领导寿光、潍县、昌邑等地人民起义，成立八路军鲁东游击队第 7、8 支队。1938 年 1 月，中共山东省委领导鲁中地区徂徕山起义，成立八路军山东人民抗日游击队第 4 支队。同时省委部分干部在泰西组织领导了夏张镇抗日起义，成立山东西区抗敌自卫军。中共鲁东南沂水地区组织发动群众起义，建立八路军山东人民抗日游击队第 4 支队第 6 大队；中共苏鲁特委在鲁南地区组织起义，成立鲁南人民抗日义勇军第 1 总队；中共苏鲁特委和中共鲁西南工委在微山湖西地区组织苏鲁人民抗日义勇军第 2 总队等等。山东各地人民抗日武装起义，为当地游击战争和根据地的建立创造了条件，在八路军主力部队入鲁前，省委领导抗日起义部队已达 4 万余人，解放 15 座县城。12 月，中共中央决定成立山东纵队，统一山东各地抗日武装领导，张经武任司令员，黎玉任政治委员。第 115 师主力部队入鲁后，山东纵队与八路军相配合，建立起山东抗日根据地。

中共湖北省委和河南省委在湖北黄安（今红安）七里坪、应城汤池及河南确山竹沟等地，创办了游击干部训练班，培养大批从事游击战争的干部。徐州失守前夕，在豫东、苏鲁边建立了数支游击队，人数达四五千人。中共安徽省工委在寿县、六安、巢县、无为等地组织了抗日游击武装。1938 年春，周恩来在武汉会见东北流亡军人和青年公务员，动员他们到皖东抗日前线开展游击战争，并为他们取名“东北流亡抗日挺进队”。这支武装迅速扩大到 1000 多人枪，主要活动于和县、全椒、定远等地。

中共江苏省委除积极领导上海市人民开展城市斗争外，还领导成立了京沪杭三角地区抗日武装斗争的外县工作委员会。外县工作委员会派出大批干部分赴浦东、南汇、常熟、南通、如皋、海门、启东一带发动群众开展武装斗争；并动员一批青年工人、职员、学生到上海郊区组织武装游击队。青浦县的人民抗日常备队发展到3个大队、7个中队，人数达到500人，拥有50挺轻机枪和500多支长短枪。常熟人民抗日自卫第1大队，开辟了以梅李和东塘为中心的游击基地。

中国共产党领导的各地人民抗日武装起义，打击日军进攻、守土卫民配合战略防御作战；同时也准备了敌后八路军、新四军抗日游击战争的展开。

（二）共产党的游击战方针和八路军游击战争的展开

独立自主游击战争是中国共产党领导的革命武装在抗日战争时期的基本战略方针。这个方针的内容是配合国民党友军抗战和独立自主发展革命抗日力量，建立抗日根据地，坚持持久抗战，去争取抗日战争最后胜利。这个方针是根据全国抗日战争的客观局势和中国共产党所担负的任务，经过与国民党反复协商而确立的。

1937年8月初，毛泽东、张闻天致电准备赴南京与国民党谈判的周恩来、博古、林伯渠等人：关于红军作战，依当前敌我情况，我们认为必须坚持下列原则：在整个战略方针下执行独立自主的分散作战的游击战争，而不是阵地战，也不是集中作战，因此不能在战役、战术上受束缚。只有如此，才能发挥红军的特长，给日寇以相当打击。[①] 8月下旬，中共洛川会议，就八路军的作战方针、作战任务和兵力使用原则，作了明确规定。八路军出师后，9月12日毛泽东致电彭德怀，要求他在南京及华北战区，通过与国民党方面谈判、接触，向他们解释独立自主游击战争的具体意义，使其了解和同意。所谓独立自主游击战争应包括：（一）依照情况使用兵力的自由；（二）八路军有发动群众，创造根据地，组织义勇军之自由，地方政权与邻近友军不得干涉；（三）南京只作战略规定，八路军有执行此战略之一切自由；（四）坚持依傍山地与不打硬仗的原则。[②]

---

① 中央档案馆编：《中共中央文件选集》第11册，中共中央党校出版社1991年版，第299页。

② 同上书，第336—337页。

独立自主游击战争的战略方针是中国共产党领导的人民军队、人民战争思想在抗日民族统一战线条件下的具体运用。其主要的活动和组织方式是：八路军与友军的协同配合，可以是战役、战术上的，也可以是战略上的，但主要是战略上配合。八路军的主要任务也不只是单纯打仗；它在打仗消灭日军之外，应担负宣传群众、动员群众、组织群众、武装群众的任务，发动和发展全民族的抗日战争。为此，在兵力使用上，必须实行集中与分散相结合的原则，而以分散游击、发动群众、扩大部队为主要活动形式。以上方针经周恩来、朱德等在南京与蒋介石及军事委员会参谋总长何应钦、副参谋总长白崇禧等商定同意。独立自主的游击战方针也是要避免八路军在战略上被分割，完全置于国民党军队的指挥和控制之下。这对发挥八路军之所长，机动有效对日作战是必需的。

八路军挺进山西前线后，中共根据华北战局的发展，明确规定，整个华北工作应以游击战争为唯一方向，一切工作均应服从并服务于游击战争。当时，整个华北已处于日军长驱直进、多路包围的危急形势中。国民党军队步步防守、节节败退。八路军以其改编之初的三四万人，在武器装备严重不足的情况下，要其独当一面，担负起正面作战的任务显然是不可能的。这时八路军只能起战略的游击支队作用，担负配合友军正面防御，侧击敌人，钳制大部、消灭一部敌人的任务。毛泽东指出：今日八路军在决战问题上不起任何决定作用，而有一种自己的拿手好戏，在这种拿手戏中一定能起决定作用，这就是真正独立自主的山地游击战，不是运动战。要实行这样的方针，就要战略上有有力部队处于敌之翼侧，以创造根据地发动群众为主，要分散兵力，而不是以集中打仗为主。集中打仗则不能做群众工作，做群众工作则不能集中打仗，二者不能并举。只有分散做群众工作，才是决定地制胜敌人、援助友军的唯一无二的办法。

9月中旬，华北战局迅速发生变化。日军占领大同，猛烈进攻山西。17日，毛泽东电令八路军，改变原定在恒山山脉集中创造抗日根据地的计划，实行新的战略部署。第120师集结于太原以北之忻县待命，准备在取得阎锡山同意下，转至晋西北管涔山地区活动；第129师在适当时机，进至吕梁山脉活动；第115师进入恒山山脉南段活动，准备依情况逐渐南移，展开于晋东南之太行、太岳山脉中。

忻口战役前后，毛泽东指令八路军积极向敌之侧后展开，以山地游击战援助晋绥军作战，钳制敌之进攻太原与继续南进。根据山西战局之发展，毛泽东又对第120师、第129师与第115师的作战任务、作战地区随时加以部署，强调未来山西游击战争主要应分为晋东北、晋西北、晋东南、晋西南四区，向着进入中心城市及要道敌人，取四面包围袭击之姿态，并为坚持敌后长期战争作准备。

八路军从出师东进到太原失守前，在两个多月作战中，遵照独立自主游击战争方针，配合友军作战。八路军先后参加了防守平型关、忻口、娘子关和保卫太原战役，以侧后游击战，有力地支持了友军的正面阵地防御。八路军经过这些部署和作战，实现了从红军运动战到八路军游击战的战略转变，初步完成了华北抗日游击战争的战略展开。

太原失守后，国民党军队退出了冀察两省和山西大部分地区。在山西的国民党军队大部退守晋西南中条山地区。12月12日，毛泽东分析上海、太原失陷以后的形势，指出：抗日战争正处于从片面抗战到全面抗战的过渡中，这是一个危机严重的过渡时期。争取实现全面抗战是中国共产党和全国人民的迫切任务。他强调：在全国，要反对民族对民族的投降主义，在党内，要反对阶级对阶级的投降主义。在军事上，在华北正规战争业已结束、游击战争进入主要地位的形势下，八路军应该进一步执行独立自主原则，坚持华北游击战争，同日寇力争山西全省的大多数乡村，使之成为抗日游击根据地；同时强调要发动民众，收编溃军，扩大自己，自给自足，不靠别人，多打小胜仗，兴奋士气，用以影响全国。八路军按照这个指导思想和部署，四路分兵，向恒山、管涔山、太行山、吕梁山广大地区展开，把华北抗日游击战争推向一个新的发展阶段。

第115师政治委员聂荣臻在平型关战斗后，即率领第115师独立团等部共约3000余人，以五台山为中心，分别向雁北、察南和冀西一带发展。在当地中共组织配合下，摧毁日伪组织，发动群众，建立各级战地动员委员会、抗日救国会和群众抗日武装——抗日自卫队、抗日义勇军等。八路军主力和抗日游击队迅速发展。1937年11月7日，成立晋察冀军区，聂荣臻任司令员兼政治委员。

11月下旬，日军第5、第14、第109师等约1.5万人沿平绥、平汉、正太、同蒲各线八路围攻晋察冀军区，企图压迫军区主力向南或向西转移，以巩固其占领区，维护主要交通线及其周围的安全。为粉碎敌之围攻，发展和巩固晋察冀根据地，八路军总部指示：全军区所有武装部队和全体民众应积极分散向各路进攻的敌人游击袭扰。在有利时机，有利地形条件下，求得部分地消灭敌人，但不要集中全部兵力，且应避免与敌决战。同时命令第120师、第129师在同蒲、正太路积极行动，配合晋察冀军区反围攻作战。晋察冀军民英勇奋战近一个月，毙伤敌2000余人，粉碎了日军的八路围攻。

打退敌对晋察冀军区的围攻，是根据地军民首次反围攻作战。本次作战的胜利，为敌后军民坚持游击战争、发展和巩固根据地，以及进行反围攻作战的战略、战术等提供了经验，提高了信心。到1937年底，晋察冀根据地发展到30多个县，部队达2万人。1938年1月10日，晋察冀边区召开军政民代表大会，民主选举产生晋察冀边区临时行政委员会，统一了边区各级政权机关。敌后第一个抗日民主根据地形成。

第120师于1937年9月下旬进入宁武、神池地区后，一方面以主力侧击沿同蒲铁路南进之敌，配合友军在忻口地区的作战；一方面组成工作团，在政治委员关向应率领下，分赴晋西北朔县、偏关、岚县等十多县进行抗日活动。在当地牺盟会配合下，宣传和动员群众，建立各级战地动员委员会和抗日救国会等组织，并在各县发展抗日游击队和自卫军1万余人。太原失陷后，地方工作团随师主力进至汾阳、离石地区和晋中平原。1938年2月下旬，日军第26、第109师及伪蒙军队各一部万余人，由平绥、同蒲等线出动，分五路向晋西北地区进攻。当地晋绥军4个军，除傅作义指挥的第35军外大部分撤退。3月6日，毛泽东致电朱德、彭德怀等，令第120师同傅作义部协力破敌。第120师集中4个主力团首先打击五寨、岢岚之敌，击其一路，策应其他，然后向神池、宁武之敌反击。经过一个多月的战斗，在我主力部队与地方游击队相配合的有力打击下，3月下旬敌被迫撤退。本次反围攻作战共歼敌1500余人，我军收复宁武、神池、五寨、岢岚、保德、河曲、偏关等7座县城，奠定了晋西北抗日根据地的基础。

第120师以一部组成大青山支队，由第358旅政委李井泉、参谋长姚喆率领，于7月底由五寨地区出发，进军平绥路北的大青山地区。该部认真执行民族政策，团结发动蒙、回、汉各民族，突破敌伪重重封锁，开辟绥南、绥中、绥西游击区，创立了大青山抗日根据地。

第129师和第115师第344旅于1937年10月中旬进抵太行山地区后，在以主力侧击沿正太铁路西进之敌同时，派遣教导团一部及部分干部，到太谷、榆次、平定、昔阳、和顺等县开展群众工作。11月初，又派骑兵营深入冀西的临城、赞皇地区与杨秀峰领导的“冀西游击队”结合，发动与组织群众。11月中旬，第129师决定全师化整为零，分散到各地发动群众，开展游击战争。师部抽调大批干部和一些连队，组成工作队和游击支队分散到晋东南各县广大地区，与中共地方组织及牺盟会、决死队1、3纵队结合，发动群众，扩大抗日武装，创建抗日根据地。12月下旬，日军5000余人分六路围攻寿阳东南花泉地区之第129师部队。第386旅在旅长陈赓指挥下经5日战斗，毙伤日军700余人，取得反围攻胜利，为创造晋冀豫根据地奠定了基础。1937年底，第129师先后派出挺进支队和东进纵队进入冀南，发展冀南平原地区的抗日游击战争。1938年3月中旬，八路军骑兵团抵达冀南，与东进纵队共同创建和扩大冀南抗日根据地。4月，第386旅主力进入平汉路西，转战邢台、沙河、武安地区；接着又挥师南下进入豫北地区，开辟了安阳、林县、辉县为中心的豫北抗日根据地。

第115师于1937年11月由正太铁路向吕梁山区转移，12月进抵晋南赵城、洪洞地区。1938年2月中旬，日军侵及晋西南，阎锡山退到黄河边，吕梁部分地区成为敌后。第115师师部率第343旅进到灵石、孝义以西地区，与在当地活动的决死队第2纵队结合，一面派出工作队发动群众，组织群众抗日武装；一面以主力在孝义、隰县、午城、大宁等地寻机作战，袭击、伏击南犯之敌。2月下旬，日军占领隰县，并西犯军渡、碛口，威胁陕甘宁边区河防。第115师受命击敌。3月14日至18日，在午城、井沟一带连续伏击，歼敌1000余人。9月，第343旅在汾（阳）离（石）公路薛公岭等处设伏歼敌，三战三捷，消灭敌人1200余人，毁汽车30余辆，进一步粉碎敌人西犯黄河河防的企图，巩固了陕甘宁边区，为开辟晋西南抗日根据地创造了条件。

1938年2月，日军对山西中部南部进行所谓平定作战时，蒋介石命令第1、2战区“即日反攻”，阎锡山也提出反攻太原计划。八路军积极部署部队，袭敌扰敌，破坏交通，掩护友军作战和撤退转移，力争稳定战局。

2月9日，晋察冀军区部队夜袭平汉路保定至新乐段，破路50余公里，毙伤敌500余人。2月中旬，第120师部队对同蒲路阳曲至忻县段进行破袭，经10天左右奋战，攻占车站7处，炸毁火车3列，破坏桥梁8座、铁路10多公里，歼敌500余人。第129师对正太路阳泉至井陉段进行破袭。2月22日，第386旅在长生口伏击歼敌200余人，毁敌汽车5辆；3月16日在神头岭歼敌1500余人，缴获枪支500余；3月31日，又在涉县以西响堂铺设伏歼敌400余人，毁敌汽车180余辆。

八路军以上作战对阻敌南进，开辟敌后抗日根据地起了重要作用。3月初，朱德、彭德怀受命担任第2战区东路军总指挥和副总指挥，指挥八路军（欠第120师）、国民党第3军、第17军、第47军、第14军等部及山西青年抗敌决死队第1、2纵队。3月24日至28日，朱德在晋东南沁县小东岭召开东路军将领会议，部署打退日军围攻晋东南的作战计划。

4月初，日军第108师及第16、第20、第109师各一部3万余人，由同蒲、正太、平汉路沿线出动，对晋东南地区进行“九路围攻”，企图在辽县、榆社、武乡一带围歼八路军主力及在该地区的国民党部队。八路军总部决定，发动群众，“空室清野”，集中主力寻机歼敌一路，以部分部队钳制其他各路敌军，晋察冀军区及第120师分别出击平汉、同蒲路，配合作战。4月16日，八路军在武乡长乐村与敌展开激战，毙伤敌2200余人，取得反围攻关键性胜利。反“九路围攻”从4月4日至27日，经23天激战，共歼敌4000余人，收复18座县城，巩固和扩大了晋冀豫根据地，并为八路军向冀南、豫北发展创造了条件。4月下旬，晋冀豫军区成立，第129师参谋长倪志亮兼任司令员，黄镇为政治委员。

在华北山岳地区游击战争广泛发展的基础上，中共提出开展平原地区游击战争，创立平原抗日根据地的战略任务。1938年4月21日，毛泽东等电示八路军及中共北方局：大力发展河北、山东平原地区的游击战争。5月14日，朱德、彭德怀令宋时轮、邓华两支队在平绥路的平张（家口）段会合，组成八路军第4纵队，挺进冀东，发动群众，扩展武装，开辟冀东、热南、察东抗日根据地。该部队于6月初由平西向冀东进发，先后攻克昌平、延庆、兴隆等城镇多处，月底到达蓟县。

为继续加强冀南地区的抗日力量，5月，第129师副师长徐向前率第385旅及115师第344旅各一部进入冀南及鲁西北，经一个多月作战，歼灭日伪及反动武装2000余人，收复临清、高唐、夏津、枣强、成安、永年、肥乡、广平等县城。7月，第129师政委邓小平到冀南领导部队进行整编，加强军政建设。8月，召开各县代表会议，成立了冀南行政主任公署，杨秀峰为主任。

在冀鲁边区，第115师和第129师各一部组成挺进支队进入宁津、乐陵为中心的冀鲁地区，创建冀鲁边平原根据地。9月，成立了由萧华任司令员兼政委的八路军东进抗日挺进纵队。

（三）新四军挺进大江南北及华中抗日根据地的创建

1937年12月25日，以叶挺为军长、项英为副军长的新四军军部在汉口正式成立，次年1月移至南昌，2月上旬，新四军军部命令江南各游击队到皖南歙县岩寺集结整编，江北各游击队分别到湖北黄安七里坪和河南确山县竹沟镇集结整编。新四军改编之初仅有万余人，各种枪支6200余，共编为4个支队10个团和1个军部特务营。陈毅、张鼎丞、张云逸、高敬亭分任各支队支队长。新四军各部队经过多年游击战争的锻炼，具有进行游击战争的丰富经验，同八路军一样，是一支英勇善战的抗日队伍。

新四军成立时，南京已失守。苏浙皖边大片地区沦陷，国民党政权机构大部垮台。日军虽控制了大城市和主要交通线，但广大农村仍然是它的力量不能到达的地方。中共在抗战开始后，积极开展统一战线，重建和发展各地方组织，使这里的群众抗日运动有了大的发展，不少地方建立起抗日武装。这对新四军挺进华中敌后开展游击战争，建立抗日根据地，创造了一定条件。

1938年2月15日，毛泽东致电新四军军分会书记项英和副书记陈毅：新四军要力争集中苏浙皖边发展游击战争。但在目前最有利的发展地区，还在江苏境内的茅山山脉，即以溧阳、溧水地区为中心，向着南京、镇江、丹阳、金坛、宜兴、长兴、广德线上之敌作战，去建立根据地，扩大新四军基础。徐州战役前后，出现了新四军发展华中游击战争，配合友军作战，创建华中根据地的有利形势。毛泽东再电项英，强调在敌后进行游击战争，虽有困难，敌情也比较严重，但只要有广大群众，活动地区充分，注意指挥的机动灵活，也能够克服这种困难。新四军应在广德、苏州、镇江、南京、芜湖五区之间广大地区创造根据地，发动民众的抗日斗争，组织民众武装，发展新的游击队。在茅山根据地大体建立起来之后，还应准备分兵一部进入苏州、镇江、吴淞三角地区去，再分一部渡江进入江北地区。毛泽东指示中共长江局在徐州失陷后立即成立鄂豫皖省委，领导津浦路以西，平汉路以东，浦信公路以南的广大地区的工作。这个省委的中心任务是武装民众，准备与发动游击战争，有计划地建立几个基干游击队与游击区。又指示河南省委应动员平汉、陇海两铁路线上所有中心城市的大批学生、工人、革命分子到乡村中去，组织与领导群众，组织游击队，建立游击区。根据这些方针部署，新四军军部确定各部队之基本任务是，深入敌人后方，开展广泛的游击战，牵制和分散敌人的兵力，配合我军主力正面作战，在持久战中争取最后胜利。强调团结群众，取得广大群众的拥护，是开展游击战的最基本条件。新四军各部要积小胜为大胜，团结群众以游击动作进行胜利的战斗，并力求达到自身的壮大和战斗力量的坚强而能进一步进行大的运动战，歼灭大的敌人。

4 月下旬，粟裕率领新四军第 1、第 2、第 3 支队部分干部和侦察分队组成的先遣支队，向苏南进发，执行战略侦察任务。6 月中旬，陈毅、张鼎丞分别率领第 1、第 2 支队跟进苏南。第 1 支队到达苏南溧阳竹箦桥，随即展开于镇江、句容、金坛、丹阳地区。第 2 支队于 7 月进入苏南，展开于江宁、当涂、溧水、高淳地区。这两个支队先后在韦岗、新丰火车站、句容县城和水阳河等地进行大小战斗 200 余次，消灭部分敌人，配合了正面战场的作战。新四军所到之处，积极宣传统一战线政策，开展群众工作，帮助地方游击队发展队伍。9 月，由管文蔚领导的丹阳抗日自卫总团发展成为江南抗日义勇军挺进纵队，开辟丹北地区，为新四军向北发展创造了有利条件。第 1、第 2 支队分别在自己活动地区建立了半政权性质的抗敌总会和抗战动员委员会组织。至此，以茅山为中心，包括溧阳、溧水、金坛、丹阳、句容、镇江、江宁、当涂、武进、宜兴、无锡、吴县的苏南抗日根据地初步形成。

新四军第 4 支队 1938 年 1 月分别在湖北省黄安县七里坪及河南省确山县竹沟镇完成集中，共 3100 余人。周恩来、董必武、叶剑英先后到第 4 支队部署东进抗日作战，要求部队迅速由现地出发，向东挺进，建立敌后抗日根据地。2 月，第 4 支队 3 个团分别从七里坪、竹沟镇出发，于 3 月中旬在安徽省霍山县会合。4 月底，新四军第 4 支队展开于舒城、桐城、庐江、无为地区，并与当地中共组织领导的游击队取得联系。这时，日军正向合肥进攻，4 月下旬，日军从芜湖渡江，先后占领和县、含山、巢县等地。5 月上旬，第 4 支队一部前出至合肥一带，扰敌后方。5 月 16 日，在巢县东南运漕河西岸蒋家河口伏击敌人，歼敌一股，取得江北首战胜利。6 月中旬，日军开始进攻武汉。舒、桐、庐、无四县皆沦于敌手，国民党军政官员逃离一空。安庆—合肥公路成了日军的重要补给线。第 4 支队在六合公路两侧，积极展开游击战争，连续进行了大小关、范家岗、椿树岗、棋盘岭、铁铺岭、西三十里铺、七贤岗、运漕等大小数十次战斗，伏击日军运输车队，歼灭敌人，牵制日军西进。10月下旬，第4支队一度攻克庐江、无为两县城。这些胜利，鼓舞了人民的抗日信心，初步打开皖中的抗战局面。

新四军第3支队于1938年7月1日进入皖南地区，活动于东起芜湖、宣城，西至青阳、大通（镇），南起章家渡，北至长江，横宽百余公里、纵深约60公里的狭小地带，不断打击日军。

在中原地区，中共豫东特委组织了第1战区自卫军第7路军和豫东游击第3支队，活动于睢县、杞县、太康等地。7月，中共河南省委组成百余人先遣大队，从竹沟出发，进入睢杞太地区。9月，中共河南省委武装部长彭雪枫率新四军游击支队300余人挺进豫东。10月中旬，与豫东游击第3支队一部及先遣大队会合，扩编为3个大队，共1000余人，仍称新四军游击支队，彭雪枫任司令员兼政委。11月下旬，游击支队再次进入睢杞太地区，相继取得睢县西陵寺、杞县陈寨、宋庄等战斗的胜利，开辟了豫东抗日游击根据地。

新四军经过半年左右英勇奋战，到武汉战役结束前后，已初步实现在华中敌后战略展开，创建了苏南、皖南、皖中和豫东等抗日游击根据地。部队由集中时的1万余人，发展到2.5万余人，为华中敌后抗日游击战争和抗日根据地的进一步发展奠定了基础。

中国共产党领导的抗日游击战争和各地人民的抗日武装起义，是战略防御的重要组成部分。在日军长驱直入，攻城略地，正面战场失利的情况下，八路军、新四军积极向敌人侧后展开，这是中国军民在战略防御中对敌军的“反进攻”及积极防御作战。它在军事上打击和钳制日军的进攻，在战役和战术上直接配合、支持友军的正面作战，也在敌之侧后占领了有利的战略位置。八路军和新四军在抗战战略防御阶段，经过14个月的英勇奋战，同日军作战1600余次，毙伤俘敌5.4万余人。八路军由开始时的4万余人发展到15.6万多人，新四军由万余人发展到2.5万余人，共产党领导的抗日根据地由原有的陕甘宁边区发展到晋察冀、冀中、冀南、晋西北、晋冀豫、大青山、晋西南、山东、华中等广大地区。在不少抗日根据地建立了新的抗日民主地方政权。陕甘宁抗日根据地，经过改制和民主选举，政权更加巩固，成为敌后抗战的领导中心和中国民主政治的模范。

八路军、新四军在战争中与人民群众结成了血肉的关系。它们成了执行抗日革命政治任务的武装集团。它们除了在军事上消灭和打击敌人之外，还担负着从政治上动员群众、组织群众和武装群众的任务。在国破家亡、人民倒悬的危难之秋，它们成了民族革命战争的宣传者、组织者，人民战争火种的传播者。部队每到一处就深入到人民群众中，解决群众生活困难，讲解抗日道理，宣传抗日民族统一战线政策，把人民群众组织、武装起来，积极投入抗日斗争。共产党领导的敌后游击战争，是真正的人民战争，全民战争。

四　国内人口迁徙与海外华侨支援抗战

（一）国内人口迁徙

日本侵略军深入国土，中国坚持抗战，国内人口出现情况各异的大迁徙。它从一个方面反映出抗日战争的全民性质和两个战场的特点。

战争初起时，敌占地区人口内徙，难民流亡，一时出现混乱状态。平津和华北一些地区沦陷以前，当地人口已经开始外迁。那时战争前景不明，人口迁徙分陆海两路行进。陆路，主要沿平汉铁路南下，近到河南，远至武汉；海路，以轮船运输为主，分别由天津、青岛去上海。也有不少人利用津浦铁路向南迁徙的。这是以为上海华东是安全地区。“八一三”战争突起，上海地区一方面有大量人口向后方疏散，另一方面又接纳平津一带由海路撤离的人员；一方面城市人口外逃至浙江、苏北，另一方面又有处于战区的乡村人口拥入市区、租界。“八一三”当天，在通往租界的白渡桥上就挤满了逃难的人群，有人形容说是“拥挤得如钱塘江的怒潮，奔腾澎湃地在寻找出路。那时，地上婴儿的哭声，行走迟缓的老弱的男女被压在地上的呼救声，呼儿唤女的悲啼声——这一切的声音，震动天地，惨彻心脾……”[①]。这不过是早期人民遭受日军进攻灾难的一个小小镜头。实际上往后大部分迁徙的人口，途中无不充满凶险。交通工具短缺，大多数人只能靠步行艰难跋涉。饥饿惊恐，酷暑严寒，老幼产妇婴儿毙于道路。日机又不断轰炸扫射，车毁船沉。在迁徙途中死亡的人口不计其数。

战争向前演变，人口迁徙不但规模迅速扩大，走向地区有别，含义也不一样。它们有几种状况：

一种状况，从战地前沿向大后方迁徙。经过辗转飘泊，最后落脚到西南

① 梅益等编：《上海一日》第二部，上海美商华美出版公司 1939 年版，第 15—18 页。

的四川、云南、贵州及湘西、广西部分地区和西北的陕西、甘肃等处，而以四川、云南两省最为集中。属于这种状况的迁徙人口，来自华北、华东、华南、华中各地的都有。大概以华东、华中地区的数量为最多。其中有政府机关、文教单位、工厂企业疏散人员。更多的是不愿做亡国奴，放弃职业，逃离家园，寄希望于抗战胜利的人群。这种状况的迁徙者，明显地带有城市人口的特点。1938 年 5 月，赈济委员会负责人在一次谈话中提及："据非正式的统计，自东战场逃来的难民中，文化教育者占 55%，党政及国营事业者占 21%，商人占 10%，工人占 6%，而农民仅占 2%。"[①] 据 1939 年 9 月 27 日《中央日报》载：从 1938 年 11 月到 1939 年 9 月，经过四川万县难民总站救济的近 13 万难民中，城市小商人占 50%，工商学界占 15%，农民约占 23%。1942 年 6 月，四川涪陵等县对有业难民的调查则表明：工人占 50%~54%，农民占 25%~26%，商人占 10.5%~15%，学生占 9.5%~10%。[②] 上述统计的时间地点不同，统计的口径也不一致，但从中仍不难发现：内徙人口的构成与正常人口构成有着很大的差异。文化教育者，即所谓知识界，在正常职业人口构成中所占比重极小（一般不超过 4%）。但其作为一个群体，受过相当的教育，经济条件上一般也允许作长途迁徙，因而在内徙人群中所占比重比在正常人口中大得多。据一位社会学家对知识分子内徙的估计：高级知识分子十分之九以上西迁，中级知识分子十分之五以上西迁，低级知识分子十分之三以上西迁。[③] 在内徙人口中，小商贩、小手工业者也占了很大的比重。这是因为他们职业的适应性强，迁徙、谋生都较为容易。农民在内徙人口中所占比重极小，这是由于他们的生产、生活不能离开土地这个特殊条件所造成的。

从战区迁至西南、西北的人口中，相当一部分又集中于新的大中城市。如重庆一地就集中了中央大学、复旦大学、交通大学等 30 多所高等院校；成都有金陵大学、东吴大学、齐鲁大学、燕京大学等；昆明有由北京大学、清华大学、南开大学三校组成的西南联合大学等等。而在西安附近则有由原北平大学、北平师范大学、天津北洋工学院组成的西北联合大学。这同样是那些人群的职业、工作特点所造成的。

---

① 《许（世英）委员长讲救济难民问题》，《新华日报》1938 年 5 月 22 日。

② 参见中国第二历史档案馆馆藏档案，118 全宗 22 卷 6 分卷。

③ 孙本文：《现代中国社会问题》第 2 册，商务印书馆 1943 年版，第 261 页。

属于这种状况的迁徙人口，至今没有完全的统计。但有着从一千数百万人直到5000万人的种种不同的估计。一般认为，约在2000万到3000万人之间。

再一种状况，大批知识分子从四面八方奔赴共产党领导的陕甘宁边区。陕北地瘠民贫，距离战区不远。人们到那里去当然不是为了躲避战争、寻找栖息之地的。1943年延安主管部门提供的资料：抗战初期大约有4万多知识分子来到延安，其中高中及高中以上文化程度者占40%。[①]设在延安的抗日军政大学总校，1936年6月第一期开学时，学员仅280多人，都是红军干部。1937年1月第二期开学，学员即增至1000余人，其中三分之一为外来的知识青年。同年8月，"七七"事变后招收的第三批学员已达2000余人。特别是1938年4月第四期招生时，学员更激增至近5000人，来自除西藏、青海外的全国各省市，其中有的来自日军侵占地区，还有海外侨胞；但更多的来自抗战的后方，包括重庆及四川各地。这表明，当华北、华东战区的许多人纷纷南下、西上向抗战的后方重庆、四川各地迁徙时，大后方各地许多青年正以相反的方向奔赴延安，这些纯粹是出于政治选择，丝毫不带逃难的性质。他们或者是怀着参加革命的愿望，或者至少认为共产党是坚决领导抗日的力量。这是抗战中一种特殊的人口流动。这些人不仅有青年学生，而且有科学家、工业家、文学家、艺术家、新闻记者、工农兵各个战线上的人员。抗大校歌上说的"黄河之滨，集合着一群中华民族优秀的子孙。人类解放、救国的责任，全靠我们自己来担承！"反映的情况相当真实。1938年冬天以后，抗日军政大学从陕北分别迁至晋察冀与太行区，成立分校，后来总校也设在太行。敌后抗日根据地和华北沦陷区青年，主要是城市青年知识分子冲破封锁参加八路军、新四军。这样，延安、敌后各抗日根据地和西南大后方一样，成为凝聚全民族抗战力量的基地。敌后抗日根据地的开辟、发展、坚持，和这些从四面八方来的爱国革命知识分子在共产党领导下的斗争、牺牲是分不开的。也有人说：1937、1938两年赴延安的知识分子人数即已达10万多人，确实的人数尚待订正。

又一种状况，敌后抗日根据地军民同日军的"扫荡"与反"扫荡"不间断地进行。根据地人口也就不间断地在一定范围里反复迁徙流动。日军的"扫荡"照例是从根据地周围的封锁线或据点向中心地带进攻。各根据地情况不一样，日军每次"扫荡"出动的兵力多少也不一样。有所谓"铁篦战术"，连

---

①《胡乔木回忆毛泽东》，人民出版社1994年版，第279页。

续三五天在重点地区来回烧杀的；有大举多路围攻，十天半月，在军事上扑空或遭到打击以后撤退的；也有小股窜扰，早出晚归的。“铁壁合围”“三光政策”就发生在这个过程里。群众经常处在战备中，“坚壁清野”。一闻警讯，马上向安全地带疏散转移，或者与敌军打圈，接连转移。路途远近各异，时间长短不一。也有猝然遭到敌人偷袭，举村四散奔逃的。平原地带，敌人近距离的“扫荡”几乎天天进行，那些地方规模不等的人口迁徙流动也就天天进行。敌后战场与正面战场大不相同的战争形式，造成了大不相同的人口流动状况。广大农民群众，不可能离开农村去躲避战争灾难。但正因为这样，他们成了共产党领导下的敌后战场的最终基础或支柱。除军队以外，他们都是一直留在战场上，比所有的人更多地参加了战争，直接体验过战争。这种状况的人口迁徙流动数量无法统计，从人次上看，肯定远远超过向正面战场后方迁徙的人口。

抗日战争的过程，也就是全国两个战场上几百万武装和成亿的其他人口，在不同方向上运动，去争取胜利的过程。它充分表现出了中国民族精神的顽强性和抗日战争的突出特点。不同状况、不同方向成亿人口的迁徙运动，形成了中华民族浩浩荡荡的有形的觉醒运动的一种形式。

（二）海外华侨支援祖国抗战

民族的生死存亡，牵动着侨居海外的千百万同胞的心弦。“七七”事变特别是“八一三”以后，世界各地的华侨自动地以空前的规模组织动员起来支持抗战。

中国人大规模地移居海外，在19世纪前半叶以后。鸦片战争后和第一次世界大战先后两次出现移民高潮。20世纪30年代，海外华侨的总数已达800万—850万人，其中95%以上分布于亚洲，主要是在东南亚，华侨人数最多的国家与地区有暹罗（今泰国）、英属马来亚（包括新加坡）、荷属东印度（今印度尼西亚），以及法属印度支那（主要是越南）、缅甸、菲律宾等。此外，南、北美洲，尤其是美国也有不少华侨。大洋洲、欧洲、非洲也有分布，从华侨在侨居地所占总人口的比例来看，同样以东南亚地区为最高。据统计，抗战时期那里华侨人口约占当地总人口的5.09%。[①] 其中又以英属马来亚最为突出：1931 年时，华侨在马来半岛已占当地总人口的一半以上，新加坡的华侨更占到当地总人口的 76.4%。此时的华侨社会，来自中国的第一代移民，即所谓“新客”占有相当高的比例。有些地区，如在英属马来亚，“新客”的比例可高达 70% 以上；其他地区，也大多在 50% 以上。这些“新客”在故土家园有亲人、朋友，存在着牢固的血缘纽带和各种社会关系。这种骨肉亲情关系，使得他们与祖国息息相通，对家乡所发生的一切都十分关切。

海外华侨最初主要是广东、福建二省的破产农民、手工业者、商人和小市民。但到了海外后，便因当地资本主义的发展而有了新的分化和组合。有人参照传统的士、农、工、商四民的划分来勾勒海外华侨社会，结果只能将其区分为商、士、工三大集团，唯独缺少了在中国传统社会中占人口绝对多数的农。在华侨社会中，商属于最高的社会阶层，又可再区分为资本家与普通商人两大类；士，指的是政府初级官吏、公司文员、翻译、教师和专业人员等；工，在华侨社会中占人口的绝对多数，又可分为手工艺者和普通工人两大类。[②] 从事种植业者虽大有人在，但他们已不再是传统意义上的农，而是园丘工人。

在多数侨居地，华侨人口聚居于城镇，便于组织与联络。早在 19 世纪中叶，华侨社会就已出现了形形色色的地缘、血缘和业缘的社团组织。组织程度较高是华侨社会的显著特点。国民党及国民政府的侨务工作对发动华侨支援抗战也起了重要的推动作用。

“九一八”以后，日本对中国步步紧逼，同时也在东南亚地区进行经济渗透和政治扩张，直接损害到当地华侨的利益，华侨的民族意识和反日情绪日趋高涨。“七七”事变后，广大华侨的反日情绪益发亢奋。报载：菲律宾华侨“听到了祖国为独立解放战斗的怒吼，沸腾在心头上的热血，几乎喷射了出来！”[③] 缅甸华侨为了随时听到国内战事的最新消息，竞相抢购无线电收音机，以致商店存货告罄，由海关进口的此类收音机较往年同期大幅度增加。各地华侨报刊积极宣传祖国军民英勇抗战的事迹，揭露日军暴行，为中国抗战争

---

① 国民政府侨务委员会编：《三十五年度侨务统计辑要》，第 43 页。

② 颜清湟：《新马华人社会的阶级结构与社会地位流动（1800—1910）》，转据黄小坚等《海外侨胞与抗日战争》，北京出版社 1995 年版，第 19 页。

③《新华日报》1938 年 2 月 3 日。

取到广泛的国际同情。

世界各地华侨的抗日团体这时迅猛发展，并走向组织的统一。在欧洲，全欧华侨抗日救国联合会早在1936年9月即已在法国巴黎成立。“七七”事变后，在全欧抗联的指导帮助下各国纷纷成立新的抗日团体，并充实力量。1937年8月，美洲地区规模最大的华侨抗日救国组织旅美华侨统一义捐救国总会成立，直属分会有47个，遍及美国、墨西哥、中南美洲300多处大小市镇。这个组织既有国民党的代表，也有美国共产党华人部、万国工人保险互助会三藩市分会等左派团体的代表。华侨人口最为众多的东南亚地区是华侨抗日救国运动的中心地带。1938年10月，此地华侨抗日救国的统一领导机关——南洋华侨筹赈祖国难民总会（南侨总会）在新加坡成立。著名侨领陈嘉庚当选为主席。大会宣言指出：“中国之抗战，实为御侮而战，实为自卫而战，实为维护国际盟约而战，实为保障世界和平而战”；“吾人今后宜更各尽所能，各竭所有，自策自鞭，自励自勉，踊跃慷慨，贡献于国家，使国家得藉吾人血汗一洗百年之奇耻，得藉吾人物力一报九世之深仇，而吾人之生存与幸福，亦应几有恃而无恐”。南侨总会直属各埠筹赈会80余所，其下又设分会千百所，汇集了所有各帮派、各行业、各团体组织。当时人们认为它的作用，“不特各属筹款机关，可密切联系，而冶于一炉，即全南洋八百万侨胞，亦可精神团结，而化为一体”①。

欧洲、南洋、美洲华侨的三大组织网络，各自为团结侨众支援抗日做了大量的工作。欧洲地区华侨人数虽然不多，但抗日团结最早，起了领先作用；南洋华侨组织程度最高，力量宏大，贡献最巨；美洲华侨抗日救国组织维持时间最长，在太平洋战争爆发后，承担了主要的抗日筹赈工作。②

战争爆发不久，众多的华侨毅然回国效力参战。据广东省侨委会1946年统计，抗战期间仅粤籍侨胞归国参军参战的即有4万余人：其中南洋各地约4万人，美洲和澳洲等地约一千人。他们中有组团编队回国服务的，有三五成群投效军旅的。战争中急需各种专门人才，归国参战侨胞多从事战地救护、运输和航空工作。其中最为著名的一支军运队伍，是奋战在滇缅公路及西南各地交通线上的“南洋华侨机工回国服务团”。

---

① 陈嘉庚：《南侨回忆录》，新加坡怡和轩1946年刊本，第56—57页。

② 黄小坚等：《海外侨胞与抗日战争》，第165页。

滇缅公路是抗战爆发后由20万民工奋战八个月抢修出来的一条国际战略公路。我国东南沿海诸港口及广九铁路遭到日军占领、封锁，桂越、滇越铁路相继被日军切断以后，滇缅公路成了除新疆至苏联的西北公路之外唯一的外援物资输入通道。公路亟需汽车驾驶人员与修理技工，通过有关部门与南侨总会联系征募，1939年2月起的短短半年时间内，华侨机工三千余人分15批回国服务。他们不顾敌机的轰炸扫射以及险恶的自然条件，抢运军需物资回国，先后为国牺牲的达一千余人。

抗战前夕及战时陆续回国投效的华侨飞行员人数也很多。其中仅由美国回国的即有200人左右，美国军队中到中国作战的华裔军人不在其内。中国空军当时仅有几百架飞机，华侨飞行员占有极高的比重。他们在与日军的空战中英勇顽强，先后有数十位华侨飞行员以身殉国。

共产党领导下的各敌后战场也吸引了大批华侨参战。经由八路军香港办事处介绍前往八路军、新四军的华侨司机、医护及其他人员多达五六百人。在国民党发动反共磨擦以后，通往延安和华中抗日根据地的道路遭到封锁，许多华侨和港澳青年经香港进入中共领导的华南抗日根据地，总计人数在千人以上。不少华侨青年在敌后抗战中英勇献身。抗日女英雄李林就是其中一位杰出的代表者。李林幼年侨居荷印的爪哇，回国求学时积极投身抗日救亡运动，加入中国共产党。抗战爆发，她在山西雁北地区开展游击战争，屡立战功，担任边区行署委员。1940年4月，在晋绥边区的反“反荡”中，她为掩护主力突围，亲率骑兵一连冲入敌阵搏斗，壮烈牺牲，年仅24岁。

捐献战需物资，是华侨对抗战的物力支援。这些物资中有飞机、汽车、衣服、药品等等。如飞机一项，据有明确记载的，累计达203架以上。车辆，据不完全统计，仅从抗战爆发到1940年10月，即有1000余辆。另有运输卡车数百辆，坦克27辆。不少救护车是由回国服务的华侨团体直接开到国内的。尽管有国民党的阻挠和破坏，华侨对中共敌后抗日武装仍有所资助。

战时华侨对祖国的财力支援，有捐款、购债和侨汇几种形式。捐款多半是逐月捐纳。又有临时献金、专项捐款，如航空捐、救灾捐、寒衣捐等，种类极多。绝大部分的捐款都给了国民政府各有关部门。据南侨总会统计，从1938年10月到1941年12月，它筹交给国民政府的捐款即达国币4亿元。[①]

---

① 南侨总会编纂:《大战与南侨》，第47页。

美洲华侨的战时捐款总额也达3800万美元以上。[①]华侨的巨额捐款对于支持抗战作用极大。有人推算：仅南洋华侨每月的捐款，如果运用得当，“几乎可以养活300万抗日将士”[②]。

购买公债是华侨输财助战的一种重要形式。到1942年，华侨购债总额达11亿元，占国民政府发行公债总额的三分之一强。[③]公债其实没有多少信用，广大华侨之所以踊跃购买，主要是出于爱国激情，并未考虑到债券本息能否兑现。后来一部分人发起“焚债”活动，把所购债券自行销毁，表示一律作为捐款，支持抗战。

这时海外华侨中很大部分是以单身汉为主的第一代移民，每年汇寄国内家属的金额极为可观。据统计，“七七”到1941年底，侨汇达42.94亿元。[④]侨汇经过兑换，作为稳定可靠的外汇来源，在补充抗战军费的巨额消耗以及巩固国民政府法币的币值上，发挥了显著的作用。有人计算：1939年国民政府年战费共支出18亿元，而同年海外华侨汇归的捐款和赡家费值国币11亿元。这11亿元均为现金，因而可作为国民政府发行纸币的基金。照世界银行发行纸币的通例，有基金1元便可发行纸币4元。由此推算，国民政府如以11亿元现金存入中外银行作纸币基金，便可发行纸币44亿元，除交还侨眷赡家费10亿元及抵补是年战费18亿元以外，尚有16亿元的余额。[⑤]

海外华侨的领袖人物在支援祖国抗战中，站在斗争的前列，多有贡献。南洋华侨领袖陈嘉庚，抗战时已步入花甲之年，仍义无反顾地挑起了领导南洋华侨抗日救国运动的重担，始终受到众人景仰。美国著名侨领司徒美堂，抗战爆发后已七秩高龄，发起建立“纽约全体华侨抗日救国筹饷总会”，自任会长，每天工作十四小时，五年如一日，长久传为美谈。在捐款献金中，众多的华侨工人、店员、职员、教员、海员、小商贩、仆役等，收入微薄，度日维艰，也尽量奉献其所有，以表示对祖国命运的关怀。海外华侨对抗日战争，对世界反法西斯战争的贡献，和国内各族人民的斗争一样，是光耀史册的。

---

①《海外侨胞与抗日战争》，第223页。

②同上书，张楚琨序言第2页。

③《华侨抗战的真实写照——中国人民革命军事博物馆抗日战争馆侧记》，《华声报》1985年8月20日。

④据《海外侨胞与抗日战争》第229页原表合计。

⑤《南侨回忆录》，第2页。

五　抗战初期的政治、经济与外交

（一）政治的新气象与国共关系的改善

日本帝国主义发动的全面侵华战争，使中华民族面临亡国灭种的巨大威胁。在沉重的民族灾难面前，全民族同仇敌忾，共赴国难，掀起了抗日救国的伟大浪潮，半殖民地、半封建的中国社会开始出现某些新的进步和生机。

国民党放松党禁

以第二次国共合作为基础的全国抗日民族统一战线的形成和发展，是抗日战争时期中国社会政治前进的决定因素和主要动力。“这在中国革命史上开辟了一个新纪元。这将给予中国革命以广大的深刻的影响，将对于打倒日本帝国主义发生决定的作用。……历史的车轮将经过这个统一战线，把中国革命带到一个崭新的阶段上去”[①]。抗日民族统一战线把中国引向了团结和进步。全国各族人民、工农群众、青年学生及各民主党派和各界爱国民主人士，表现了空前的团结和抗日热情。全国同胞以实际行动投入抗日斗争，组织救亡团体，进行抗日宣传，动员起来，支援抗战，同时积极推动各党派紧密合作，团结御侮，开诚相见，共谋国是；要求国民政府开放政权，延揽人才，改变国民党一党专政的局面。

国民政府为了适应全国抗战的形势，也放宽了某些政治限制，允许人民群众有比以前稍多一些的自由，采取了一些有利于抗日救国的进步措施。

（一）部分开放党禁，实际上承认共产党和其他一些党派的合法存在。1937

① 毛泽东:《国共合作成立后的迫切任务》(1937 年 9 月 29 日),《毛泽东选集》第 2 卷，第 364 页。

年9月23日，蒋介石发表《对中国共产党宣言的谈话》，允诺："对于国内任何派别，只要诚意救国，愿在国民革命、抗敌御侮之旗帜下共同奋斗者，政府无不开诚接纳，咸使集中于本党领导之下，而一致努力。"[①] 蒋介石这个谈话虽然还没有抛弃国民党的自大精神，并且把各党派的合作抗日说成是国民党对其他党派的"接纳"，不肯承认其他党派与国民党的平等地位，但第一次公开承认了其他各抗日党派的地位，这是国民党政策的一个进步。国民党表现出"容纳"共产党及其他党派共同抗战的姿态，同意中共在西安、太原、南京、武汉、广州、长沙、桂林、贵阳、重庆、兰州、迪化（今乌鲁木齐）、洛阳、新乡、平江、竹沟等地设立八路军和新四军的办事处、联络通讯处、交通处或兵站，向八路军、新四军提供部分军需物资。据统计，从1937年9月至1938年10月，国民政府每月发给八路军军费50万元，米津10万元，河防米津1.4万元。新四军各部队也分别得到一些武器、装备供应。1938年6月初，国民党监察委员会提出恢复毛泽东、周恩来等7人第一次国共合作时期的国民党党籍的建议。国民政府陆续释放了一批政治犯和被监禁的共产党员；1937年7月31日，宣布释放已被关押八个多月被各界群众誉为"七君子"的救国会领导人沈钧儒等，8月3日蒋介石率党政军要员在南京召见他们，征询他们对抗日救国的意见；同月，又宣布取消七年以前对郭沫若等人的通缉令。经过中共代表的反复交涉，王若飞、陶铸、潘梓年、钱瑛、张琴秋、帅孟奇等156名共产党员和共青团员先后被释放出狱。陈独秀等一批政治犯也被宣布恢复自由。

（二）成立国防参议会，吸收一批共产党员和爱国民主人士议政。国民党中央政治会议于1937年7月在庐山分批邀请各党各派及无党派人士，举行具有政治协商性质的谈话会。中共代表周恩来、林伯渠、秦邦宪应邀"秘密"参加。[②] 会上，在野党派与社会团体强烈要求在一致抗日的前提下与政府共同担负救亡的责任。8月11日，国民党中央政治委员会会议在决定设立战时国防军事最高决策机构"国防最高会议"的同时，设立旨在"为集中意见团结御侮"的"国防参议会"。[③] 国防参议会参议员遴选依据"在野党派、社会人望和具

①《世界反法西斯战争中国战场史长编》上，第296页。

② 周恩来：《论统一战线》，《周恩来选集》上卷，第195页。

③ 据沈钧儒保存的《国防最高会议国防参议会组织要纲》第一条（油印件），转引自周天度《1937年的国防参议会》，《团结报》1989年10月17日。

有专长"的原则[①]，以国防最高会议正副主席蒋介石、汪精卫名义发出聘请。首批遴选者16人，即：张耀增、张君劢、梁漱溟、曾琦、胡适、蒋百里、陶希圣、傅斯年、张伯苓、蒋梦麟、李璜、沈钧儒、黄炎培、马君武、毛泽东、晏阳初。[②]这些人除个别素不接近当权势力的国民党元老外，其余是共产党、青年党、国家社会党领袖，及乡村建设派、救国会、职教社等社会团体负责人或著名无党派人士。因而，社会舆论认为他们"代表16个政治社会文化运动"[③]。而国防参议会也包含着"团结各党派来参加抗战大计，共同为国努力的意思"，"是民主在抗战期间开始发展的小小萌芽"。[④]大约在9月中旬，又增聘了9位参议员，总数达到25人。参议员们对加强抗战力量、改善战时体制提出不少重要建议，政府也曾交议如《国民总动员计划大纲》等事关全局的议案，故有人说国防参议会作为除国民党外的有组织或无组织的一切集团的喉舌，纵然未曾给予它宪法权力或强制权力，但对政府仍产生了相当影响，以至可以认为开始了把中国的政治制度转变为民主政体的部分尝试。

国防参议会虽然冠以战时政策最高咨议机构的名义，但它只有咨询（"听取政府关于军事外交财政等之报告"）与建议（即"得制成意见书于国防最高会议"）两种职权，加之随意性很大，难以发挥重要作用，远不能满足开放政权的社会要求。12月下旬，周恩来向蒋介石郑重表示，愿协助政府扩大国防参议会为民意机关。[⑤]31日，国防最高会议决议将国防参议会在性质不变的基础上，扩充至75人，拟增加五院秘书长5人，各省、直辖市政府及国民党党部人员32人，蒙藏华侨代表6人，政府特邀代表8人。[⑥]但是，这显然不是人们迫切要求的获得参政权力的机构。

（三）颁布和实施了一些有利于抗战的军事纪律、进步法令，准许言论、出版、集会、结社等方面的某些自由。1937年8月，国民政府公布《战时军

---

① 梁漱溟：《我努力的是什么——抗战以来自述》，《梁漱溟全集》第6卷，山东人民出版社1993年版，第186页。

② 据沈钧儒保存的国防参议员分组名单（油印件），转引自周天度《七君子传》，中国社会科学出版社1989年版，第109页注③。

③ 晏阳初：《平教事业在抗战救国中的芹献》（1938年8月），《晏阳初全集》第2卷，湖南教育出版社1992年版，第72—73页。

④ 韬奋：《参政会的胚胎》，《抗战以来》，韬奋出版社1941年版，第12页。

⑤《周恩来年谱（1898—1949）》，第394页。

⑥《国防最高会议致国民政府函》（1938年1月7日），台湾《近代中国》总第35期。

律》及其《施行条律》，规定对不奉命令无故放弃应守之要地致陷军事上重大损失者、不奉命令临阵退却者、降敌者、敌前反抗命令不听指挥者、造谣惑众动摇军心或扰乱后方者等，都要处以死刑。9月，国民政府又先后颁布《修正危害民国紧急治罪法》和《惩治汉奸条例》，对私通敌国勾结叛徒图谋扰乱治安者、以政治上军事上之秘密泄露或传递于敌国及叛徒者、煽惑他人私通敌国或与叛徒相勾结扰乱治安者、以文字图画演说进行有利于敌国或叛徒之宣传者等等，均处以死刑。1938年7月，国民政府公布《惩治贪污条例》，规定了对军政公务人员在抗战期间克扣军饷、盗卖军用品、强占勒索财物、收受贿赂等行为的处罚措施。这些法令虽然并未得到严格、公正的执行，但有利于推动抗战和政治进步。

言论出版方面："七君子"被释放出狱后，邹韬奋在上海创办《抗战》三日刊；李公朴出任山西民族革命战争战地总动员委员会宣传部长，并创办《全民通讯社》；沈钧儒等在武汉出版《全民周刊》；救国会还创办有《救亡日报》、《国民公报》旬刊等。1938年7月，《全民周刊》与《抗战》合并，在武汉出版《全面抗战》三日刊，每期销售量达30万份，成为当时最受欢迎的刊物之一。其他如中华民族解放行动委员会（即第三党）的《进步日报》和《抗战行动》半月刊，国社党的《再生》、青年党的《新中国日报》、职教社的《国讯》等报刊，也都积极进行抗日宣传，对动员广大民众参加救亡运动产生了积极作用。中共在武汉出版《新华日报》和《群众》周刊，成为共产党在国民党统治区的重要宣传阵地。邹韬奋领导的生活书店出版《抗日民族统一战线教程》《战时读本》《大众读物》等抗战书籍，广有影响。其中《战时读本》和《大众读物》发行达500万册以上，深受各界读者的欢迎。

在国共合作的推动下，群众抗日民主运动蓬勃发展。中共领导的陕甘宁边区总工会与国民党进步人士朱学范领导的"中国劳动协会"建立联系，并支持"劳协"于1938年2月在汉口成立"中国工人抗敌总会"。国共两党工会联合举行"五一"劳动节纪念大会，以期推动工人救亡运动的发展。在青年运动方面，1938年2月，国共两党在武汉共同发起成立"中国青年救亡协会"。3月，在武汉召开"中国学生救国联合会代表大会"，在广大社会青年、学生和知识分子中开展抗日救亡活动。在妇女运动方面，1938年3月，宋美龄、邓颖超等一百多人在武汉成立"中国战时儿童保育会"，四川、江西、河南等不少省、区成立分会。另有1938年5月改组扩大的全国性"新生活运动妇女指导委员会”，组织妇女缝制军衣，支援前线。

关于国共两党关系，从总体上说，这一时期是比较好的，在军事上得到较好的协同，在党的关系上，双方都想通过谈判，继续解决合作的具体组织形式和共同政治纲领问题，扩大和发展合作。1937年12月12日，由周恩来、王明、博古、叶剑英组成的中共代表团到武汉同国民党谈判。12月21日，周恩来等与蒋介石会谈，就成立两党关系委员会、商定两党共同纲领等问题提出具体建议。蒋介石表示：所谈极好，照此做去，前途定见好转，今后两党关系已告陈立夫等同你们共商一切。此次谈判就成立两党关系委员会问题达成原则协议，中共方面由周恩来等四人参加，国民党方面由陈立夫、康泽、刘健群、张冲四人参加。26日，两党关系委员会推举周恩来、刘健群起草共同纲领。由于国民党方面缺乏积极态度，委员会未讨论周恩来提出的纲领草案。1938年春，两党关系委员会又共同协商拟定一个共同纲领草案，并送交国民党中央，亦如石沉大海。2月10日，周恩来会见蒋介石、陈立夫。蒋介石表示：不限制各方对主义的信仰；无意取消各党派或不允许其存在，唯愿溶成一体。蒋介石企图用两党合并的办法，把共产党合并于国民党，以取消共产党。周恩来说，党不能取消，国共两党都不能取消，只有从联合中找出路。

1938年3月1日，共产党对国民党临时代表大会的“提议”中指出：关于巩固和扩大各党派团结问题，只许一党合法存在，同时不承认其他党派合法并存的办法，既为事实所不许，取消现存一切党派而合并为一党组织的办法，亦为事实所不能解决；提议建立包括各党派共同参加的民族革命联盟，作为抗日民族统一战线的共同组织形式，参加同盟之各党派保持其政治上和组织上的独立性。10月，中共六中全会进一步讨论了两党合作的组织形式问题。10月4日，周恩来向蒋介石转交毛泽东给蒋的信及中共对抗战和统一战线的主张。蒋介石对两党关系仍不表示明确态度。不久，武汉撤退，关于两党关系的谈判不得不中止。

国民党临时全国代表大会及《抗战建国纲领》的制定

1938年3月29日至4月1日，国民党在武汉召开临时全国代表大会，出席代表300余人，中央委员和候补委员140余人。蒋介石作《对日抗战及本党前途》的报告，会议总结和检讨抗战以来的工作，通过了《抗战建国纲领》

及大会宣言和20个决议案。

临全大会提出“此抗战之目的，在于抵御日本帝国主义之侵略，以救国家民族于垂亡；同时于抗战之中，加紧工作，以完成建国之任务”。“今日之事，非抗战建国同时并行，无以解目前之倒悬，辟将来之坦途”。[①] 为此，大会通过的《抗战建国纲领》规定了战时外交、军事、政治、经济、民众、教育等各项基本方针。《抗战建国纲领》是在全国抗战高潮中的产物，其基本方面是国民党团结、进步倾向的反映。

在外交方面，纲领提出本独立自主之精神，联合一切同情中国抗战的国家及民族，联合一切反对日本侵略之势力，制止日本帝国主义的侵略，为保卫东亚和世界的永久和平而奋斗。否认并取消日本在中国领土内以武力造成的一切伪政治组织，及其对内对外之行为。

在军事方面，纲领提出加紧军队的政治训练，使全国官兵明了抗战建国的意义；训练全国壮丁，充实民众武力，补充抗战部队；指导和援助各地武装人民，在敌后发动普遍的游击战；抚慰伤亡官兵，安置残废军人，优待抗战人员家属，以增高部队士气。

在政治方面，纲领提出组织国民参政机关，团结全国力量，集中全国之思虑与识见，以利国策之决定与推行；实行以县为单位，改善并健全民众的自卫组织，施以训练，加强其能力；并加速完成地方自治条件，以巩固抗战的政治和社会基础；改善各级政治机构，提高行政效率；整顿纲纪，责成各级官吏忠勇奋斗，为国牺牲，严守纪律，服从命令；其有不忠职守、贻误抗战者，以军法处治；严惩贪官污吏，并没收其财产。

在经济方面，纲领规定要以军事为中心进行经济建设，同时注意改善人民生活；实行计划经济，奖励海内外人民投资，扩大战时生产；全力发展农村经济，开发矿业和重工业，鼓励轻工业和手工业；推行战时税制，彻底改革财务行政，统制银行和外汇；整理交通，增加水陆空运输；严禁奸商垄断和投机，实行物品平价。

在民众运动方面，纲领提出要发动全国民众，组织农工商学各职业团体，为争取民族生存之抗战进行动员，对言论、出版、集会、结社予以合法之充

---

①《临时全国代表大会宣言》（1938年4月1日），载荣孟源主编《中国国民党历次代表大会及中央全会资料》下册，光明日报出版社1985年版，第461、474页。

分保障；救济战区难民及失业民众，施以组织及训练，以加强抗战力量，加强民众的国家意识，严行惩办汉奸。

临全大会通过的《抗战建国纲领》，是国民党抗战九个月来第一次比较全面、系统地阐述其战时政策和方针，与国民党已经颁布的宣言、文告和法令相比，有了明显的进步。这一纲领的内容，在许多方面同广大民众的抗日救国要求和中共的《抗日救国十大纲领》是一致的，有助于推动全民族抗战的进一步发展。但是，这个纲领也有很大的局限性，特别是关于“建国”问题的对内政策，暴露了国民党从狭隘的一己利益出发，专注于维护其独裁统治地位，置大众呼声于不顾的立场。而且纲领所规定的政策条文，缺乏彻底性和具体实施措施，如关于军事、政治、经济方面的改革问题，对原有政策的弊端涉及甚少。开放党禁，实行民主政治，实行民主平等的官兵关系和军民关系，改善工农生活，减轻和限制农村封建剥削，动员广大农民，取消特务统治等等，基本上没有提及。《抗战建国纲领》所规定的政策，在国民政府的各级官僚机构中往往只是一纸空文，得不到实际的贯彻执行。

临全大会也表现了国民党拒绝民主政治，继续坚持一党专政的倾向。会议通过的各项党务决议案，强化独裁政治，加强政治上、思想上的统治。临全大会在“本党既为革命集团，自应有重心”的名义下，决定修改党章，以“确立领袖制度，统一指挥”。新的党章规定，国民党设总裁、副总裁各1人，由全国代表大会选举产生；总裁代行总理职权，即对党的全国代表大会的决议有复议之权，对中央执行委员会的决议有最后决定之权；总裁为全国代表大会、中央执行委员会和中央常务委员会主席，在全国代表大会和中央执行委员会闭会期间，中央常务委员会对总裁负责；总裁为全党之领袖，党员均须服从总裁的指导。大会选举蒋介石为总裁，汪精卫为副总裁。国民党领导体制的改变，使其权力几乎全部集中到蒋介石一人身上。全国的组织机构，各地区、各行业都建立国民党的党团组织，并参照总裁制的办法，省级实行主任委员制，县级实行书记长制。在党政关系上，中央一级采取以党统政的形态，省和特别市一级采取党政联系的形态，县市一级采取融党于政的形态。又规定对党在政府、军队、教育等机关中的政治性组织，应以最高政府的命令，推行党的政策；对党在农、工、商、社会团体中的社会性组织，应以党团领导实施训练的方式，贯彻党的意志。

这些措施，突出了一个根本目的，就是维护和巩固国民党一党专政和蒋介石的独裁地位，加强国民党对全国及社会各方面的控制。

大会还通过议案，指责抗战以来的报刊舆论，“言论幼稚，主张怪诞者亦不为少”，“率多在对日抗战一词掩护之下，或则抨击政府，妄作主张；或则厚诬本党以十年来均未一行主义；光怪陆离，不一而足”。为此，必须“以民族斗争之意识消灭政治斗争之意识”。[①] 凡此种种，充分反映出国民党扼杀民众思想、剪灭舆论批评的根本立场，也暴露了国民党对抗战以来民主运动发展一定程度的恐惧和不安。

国民党临全大会及其主要议案，存在着许多缺陷和不足，但在基本方面是朝着抗战和进步的方向前进的，全国大多数人民对此给予了积极的支持和肯定。由于国民党临全大会的进步趋向，国共两党的积极合作和全国人民的共同努力，使全民族团结抗战的局面继续得到了巩固和发展。

所谓“战时国会”国民参政会的成立

抗战前，在国民党统治下，中国没有任何民主、自由，也没有任何形式的民意机关。抗战爆发以后，中共和各党派主张召开国民大会，制定宪法，建立代表民族和大众意愿、主持抗日救国大计的民意机关；同时，要求改组政府，消除贪官污吏，吸收各党派的优秀人才，以有效地领导全民族抗战。

国民党临全大会召开前夕，中共再次向国民党建议：“为增强政府与人民间的互信和互助，为增加民众和政府抗战救国的效能，健全民意机关的设立，已经成为刻不容缓的当务之急。民意机关的形式，或为更扩大的国防参议会，或为国民大会，或为其他形式，均无不可；最主要的，在于此机关要真能包括抗日各党派各军队各有威信的群众团体的代表，即包括真能代表四万万五千万同胞公意的人才；同时，此机关要真有不仅建议和对政府咨询的作用，而且能有商讨国是和谋划内政外交的权力。”[②]

国民党临全大会坚持，“抗战胜利之日，结束军事，推行宪政，以完成民权主义之建设，为势固至顺也”。目前实行“军政训政，实为势之所不容

①《统一革命理论肃清政治斗争之意识案》（1938年3月31日），《中国国民党历次代表大会及中央全会资料》下册，第488—489页。

②《中共中央对国民党临时全国代表大会的提议》（1938年3月），《中共中央文件选集》第11册，第486—487页。

已”。[1]但是，国民党不能不考虑到全民族共同抗战的形势和广大民众的强烈呼声，遂决定“在国民大会未克召集之时，设一国民参政之机关，得以集中全国才智，共谋国是”[2]。临全大会通过了《组织非常时期国民参政会以统一国民意志增加抗战力量案》，决定“迅速召集国民参政会”。1938 年 4 月 7 日，国民党五届四中全会拟定并通过了《国民参政会组织条例》。国民参政会共设 150 名参政员，由 4 类人员中选任：第一，由曾在各省市公私机关或团体服务三年以上、著有信望的人员中选任 88 名；第二，由曾在蒙古、西藏地方公私机关或团体服务、著有信望，或熟谙各该地方政治社会情形、信望久著的人员中选任 6 名（蒙古 4 名、西藏 2 名）；第三，由曾在海外侨民居留地工作三年以上，著有信望，或熟谙侨民生活情形、信望久著的人员中选任 6 名；第四，由曾在各重要文化团体或经济团体服务三年以上、著有信望，或努力国事、信望久著的人员中选任 50 名。中共和各民主党派人员，被划入“文化团体或经济团体”之列。参政员人选提出后，需报国民党中央执行委员会确定。国民政府的现任官吏不能担任参政员。

国民参政会的职权主要有三项：第一，政府的对内对外的重要施政方针在实施前应提交国民参政会决议。此项决议经国防最高会议通过之后，依其性质交主管部门执行。“遇有紧急特殊情形”，国防最高会议主席得以命为便宜之措施，不受以上限制。第二，向政府提出建议案。第三，听取政府施政报告，并向政府提出询问案。

国民参政会设议长、副议长各一人，由国民党中央执行委员会选任。参政会闭会期间，设置由 15 至 25 人组成的驻会委员会，听取政府各种报告和决议案的实施情况。

此条例公布后，受到各界群众的欢迎。中共和各民主党派积极要求提高国民参政会的职权，使其能够具有商讨国是和谋划内政外交的权力；并要求扩大参政员名额，以真能包括抗日各党派各军队各有威信的群众团体代表。6 月 16 日，国民党中常会决定修改《国民参政会组织条例》，将“文化团体或经济团体”的参政员名额由 50 人增加为 100 人，参政员总数达 200 人。

---

①《临时全国代表大会宣言》（1938 年 4 月 1 日），《中国国民党历次代表大会及中央全会资料》下册，第 468—469 页。

②《对于政治报告之决议案》（1938 年 3 月 31 日），同上书，第 497 页。

6月17日，国民政府正式公布第一届国民参政会参政员名单。国民党副总裁汪精卫为议长，无党派人士、原南开大学校长张伯苓为副议长。在参政员当中，国民党代表占据大部分席位。全国各地方、各民族、各党派均有代表参加。共产党参政员7人：毛泽东、陈绍禹、秦邦宪、林伯渠、吴玉章、董必武、邓颖超。青年党曾琦、李璜、左舜生、陈启天、常乃德、余家菊，国社党张君劢、张东荪、梁实秋、罗隆基、胡石青、徐傅霖，救国会沈钧儒、邹韬奋、史良、陶行知、王造时、张申府，职教社黄炎培、冷遹、江恒源、王志莘，乡建派梁漱溟，平教会晏阳初，第三党章伯钧等均为参政员。

7月6日，国民参政会第一届第一次会议在武汉开幕。出席开幕式的除各参政员外，还有国民政府各院部会首脑、英美法等国驻华使节和中外记者共千余人。这次会议受到国内外的普遍重视，蒋介石在致词中说：此次国民参政会最重大的意义和唯一的目的，就是在集中全民族的力量，对侵略的势力，作殊死的斗争，以求得抗战的胜利和建国的成功。行政院长兼财政部长孔祥熙、监察院长于右任、军政部长何应钦、外交部长王宠惠以及内政部、教育部、经济部、交通部和军委会政治部分别向会议作了报告。与会的162名参政员对各项报告进行质询，并分军事、内政、国际外交、财政经济、文化教育5个审议委员会，对大会收到的125项提案进行审议。大会通过10余项要案，其主要内容是：

（一）拥护以《抗战建国纲领》作为国民政府的施政纲领。会上，陈绍禹等68人联名提交《拥护国民政府实施〈抗战建国纲领〉案》。大会将有关三项提案合并讨论，通过一项《拥护〈抗战建国纲领〉决议案》。决议案认为："吾民族存亡，系于目前之奋斗，成则俱生，败则俱亡。吾整个民族，不分党派，不分职业，惟有精诚团结，艰苦奋斗，一面抗战，一面建国，始能免沦于奴隶灭亡之境，而跻于自由平等之域。"决议案明确表示，拥护国民党临全大会通过的《抗战建国纲领》，要求国民政府据此制订具体的实施办法，并督促各级政府切实执行。

（二）建立省以下参政机构，改善和提高行政效率。这一方面的提案数量最多，表现出多数参政员对国民党政治体制、官僚机构和行政效率的不满。会议虽然通过有关提案，但由于国民党拒绝政府机构改革，这些提案并未得到国民政府的积极执行。而且，蒋介石在会议进行中就密示参政会秘书长王世杰等，对内政部提出的《拟设省县参议会推进行政完成自治案》及其他相关提案加以斥责，认为此等案件关涉全国地方行政之改革，未先经国民党中政会通过，内政部不应该向参政会提出。如已列入议程，未便撤销，则要求正副议长，注意于讨论时不作硬性决定。

（三）调整民众团体，切实保障人民权利。在这方面，有邹韬奋、沈钧儒等提出的《调整民众团体以发挥民力案》和《具体规定检查书报标准并统一执行案》《切实保障人民权利案》等。这些提案因遭到国民党参政员责难，引起激烈的辩论。虽在"修正"后通过，但国民党根本不打算执行，对国民政府也无任何约束力。

此次参政会的大多数提案，都是以坚持全民族抗战推动中国政治进步为主旨的，但是个别提案也存在着与此不相协调的怪论。如后来堕落为汉奸的国民党参政员李圣五，在汪精卫的暗中支持下，提出了一份《对德意外交积极注意案》。当时，在陶德曼调停失败之后，德国已大幅度调整对华、对日政策，公开宣布承认伪满洲国，停止对华援助，撤走驻华军事顾问团，与日本相勾结的立场已十分明显。李圣五的提案却要求国民政府"从速充实德意使馆活动能力"，"设法纠正该两国之政策"。这无疑是企图保留德意渠道，以便作为对日讲和的桥梁。共产党参政员和其他一些参政员对此严加痛斥，但是会议仍然以多数"照原案通过"。

国民参政会第一届一次会议历时10天，7月15日宣告闭幕。会议通过并发表了《大会宣言》，"兹特代表我全体国民庄严宣布：中华民族必以坚强不屈之意志，动员其一切物力人力，为自卫，为人道，与此穷凶极恶之侵略者，长期抗战，以达到最后胜利之日为止"。呼吁各友好国家"更继续的并扩大的同情中国，援助中国，而以一切可行之办法，孤立日本"。[①] 会议选举由25人组成的驻会委员会，包括12名国民党参政员和共产党及其他党派参政员。

三个月以后，国民参政会按照组织条例于10月28日至11月6日在重庆召开第一届第二次会议。此时，恰逢武汉、广州失守，中国抗战面临着严峻的形势。国民党内以汪精卫为代表的投降主义分子，利用战局紧张公开散布对日妥协的"和平"言论，引起国内外的严重关注。陈绍禹等73人提出《拥护蒋委员长和国民政府加紧民族团结坚持持久抗战案》。大量要求坚持抗战、反对和谈、防奸反间、严惩汉奸傀儡民族叛徒一类的提案提交大会。未能与会

---

① 孟广涵主编：《国民参政会纪实》上卷，重庆出版社1985年版，第183页。

的著名爱国华侨陈嘉庚从新加坡发来电报，提出："日寇未退出我国土之前，凡公务员对任何人谈和平条件，概以汉奸国贼论。"此电当即得到20名参政员的联名附署，以《在日寇未退出我国土之前公务员不得言和案》提交大会。会议将上述主要议案合并讨论通过，并作出决议明确宣布："拥护蒋委员长所宣示全面抗战、持久抗战、争取主动之政府既定方针。今后，全国国民应在蒋委员长领导之下，坚决抗战，决不屈服，共守弗渝，以完成抗战建国之任务。"① 大会的上述议案和决议，进一步巩固了抗战到底的基本国策，打击了企图对日谋和的投降主义论。

会议的另一重要议题仍集中在推动国民政府开放民主、促进国内政治进步问题上。邹韬奋等74人提出《请撤销图书杂志原稿审查办法以充分反映舆论及出版自由案》。此案在专项审查委员会和全体大会上都引起了激烈辩论，最后终以75票对55票通过原案。

国民参政会的召开，是抗战初期中国国内政治上的一件大事，全国各民族、各阶级、各党派齐聚一堂，共商抗日救国大计，显示了抗日民族统一战线的空前团结。毛泽东等中共七参政员在《我们对于国民参政会的意见》中指出："在目前抗战剧烈的环境中，国民参政会之召开，显然表示着我国政治生活向着民主制度的一个进步，显然表示着我国各党派、各民族、各阶层、各地域的团结统一的一个进展。虽然在其产生的方法上，在其职权的规定上，国民参政会还不是尽如人意的全权的人民代表机关，但是，并不因此而失掉国民参政会在今天的作用与意义——进一步团结全国各种力量为抗战救国而努力的作用，企图使全国政治生活走向真正民主化的初步开端的意义。"并且明确表示：共产党人"将以最积极、最热忱、最诚挚的态度去参加国民参政会的工作"。②

国民参政会的作用也存在着明显的局限性。首先，国民党在参政会中占有多数席位，起着主要的决定作用。抗战初期，当国民党表现出较高的抗战积极性和政治进步趋向时，参政会亦能发挥出积极的进步的作用。然而，当国民党的政策发生变化后，参政会的作用便日渐减弱，甚至变成了国民党操纵的政治工具。其次，参政会不是真正的民意机关和权力机关，而只是一个

① 《拥护蒋委员长决议案》（1938年11月1日），《国民参政会纪实》上卷，第338页。

② 《中共中央文件选集》第11册，第528页。

咨询机构，其决议对国民政府并无约束力。尽管参政会初期曾通过许多具有重要意义的议案，在坚持抗战、反对投降、动员舆论、鼓舞人心等方面发挥了重要作用，但是，一些关于开放民主、改良政治方面的议案，因为受到国民党方面的抵制，基本上没有得到有效的执行。最后，国民参政员不是通过选举产生，而是由国民党指定或“聘请”。当时有一种形象的说法，是国民党“请客”。因此多数参政员缺乏群众性、代表性，很难发挥其应有的作用。

总之，抗日战争时期，特别是抗战初期，是中国政治状况剧烈变动的年代。“抗日救亡”把整个民族和社会都动员起来了。作为执掌着国家政权的国民党和国民政府也实行了一些有利于抗战和民主的社会政策。“在这个时期内，日本侵略者的大举进攻和全国人民民族义愤的高涨，使得国民党政府政策的重点还放在反对日本侵略者身上，这样就比较顺利地形成了全国军民抗日战争的高潮，一时出现了生气蓬勃的新气象”①。但是，抗战初期中国政治的进步和国民政府的政策转变还是很不够的，还不能适应空前严重的民族危机和迅速发展的抗战形势。国民政府不是一个有各抗日阶级参加的民族民主统一战线的政权。1937 年 12 月，中共发表对时局的宣言，提出“充实和加强全中国统一的国民政府——吸收坚决参加抗战的各党派各团体的有威望、有能力的代表参加政府工作，刷新各省吏治，肃清贪污腐化分子，使政府一切机构和施政方针，能适应抗战胜利的需要”②。中共和各民主党派都积极建议国民政府开放政权，实行政治改革，把国民党一党专政的政府改造为民族民主统一战线的政府。但在政权问题上，国民党始终坚持一党专政的既定立场不变，拒绝其他党派参加政府、刷新政治、消除腐败，因此难孚众望。

（二）国民经济向战时经济转轨

战争不但是军事的和政治的竞赛，而且还是经济的竞赛。日本侵华战争给中国经济造成巨大的破坏；中国坚持抗战，必须由平时经济转为战时经济，来维持社会生产和整个经济的运转，满足抗战的物资供应。

① 毛泽东：《论联合政府》（1945 年 4 月 24 日），《毛泽东选集》第 3 卷，第 1037 页。

②《中国共产党对时局宣言》（1937 年 12 月 25 日），《中共中央文件选集》第 11 册，第 412 页。

日本侵华战争对中国经济的破坏和掠夺

中国的新式工业，多集中于沿海沿江各省。抗战爆发前，除东北外，全国工业的70%集中于江苏、浙江、安徽三省。上海、武汉、无锡、广州、天津五市集中了全国工厂总数的60%。民营工业中，全部工厂数的50%，全部资本额的40%，全年产额的46%，集中于上海一地。日寇在侵略战争中，对中国城市进行了疯狂破坏，上海工厂被毁2270余家，损失总额达8亿元以上。除上海外，长江三角洲地带的工业损失，仅设备一项即达50%，武汉三镇全部工厂彻底破坏者达12%。上海以外各地在经济部注册的工厂，损失达1465家，占全国注册工厂总数的37%以上。从行业来说，全国纱锭损失70%，面粉业的损失占总产量的60%以上，火柴业损失53%，盐酸、制碱业均损失80%以上；丝厂在江浙一带被毁74家，占原有厂数的65%。从损失额所占总资本的比例来看，染织业的损失仅上海、无锡、武汉三地可考者，即占总资本的80%以上；橡胶业的损失占总资本的70%，其他如造纸业损失64.6%，机器翻砂业损失70.7%，烟草业损失48.5%。矿冶受到严重破坏。交通运输业破坏更为严重，铁路车站、工厂、机车、车厢、铁轨等大部被毁；轮船被劫夺和炸毁的达3000艘，占战前轮船总数的77%，合计50万吨；公路被毁者达三四万公里。

在日军铁蹄蹂躏下，农村经济同样损失惨重。耕地大量荒废，牲畜、农具、种子大量被毁。据国民政府农本局1939年1月报告，全国76亿公亩以上土地中，有40多亿公亩遭破坏；全国2300万头耕畜中，有800万头遭敌抢掠或毁于炮火。主要农产品的损失量最低是19%，最高达80%。日伪在农村到处屠杀、残害百姓，抓丁拉夫，从事苦役，使农村劳动力受到严重破坏。据在江苏的江宁、句容、溧水、江浦及六合（半县）四个半县调查，无辜被杀的农民达4万人；农家所遭受的损失，房屋2400万元，牲畜670万元，农具524万元，藏谷2120万元，农作物78.5万元，平均每家损失230元。1941年以后，日本劳动力逐渐枯竭，生产凋敝。日军在华北等地抓捕大批青壮年运往东北充当苦力，从事奴隶劳动，不少人被折磨致死。其中一部分运往日本，死于残酷的压迫和无法忍受的劳动中。

加紧对中国的经济掠夺，把中国的经济纳入日本军国主义的经济体制，是日本侵华战争的一个重要方面。1937 年 12 月 24 日，日本内阁会议决定的《处理中国事变纲要》，规定经济掠夺的方针：在华北，“开发华北经济，以确立实现日满华合作共荣的基础”；在华中，“以上海为据点，确立帝国向华中方面经济发展的基础”。[①] 日本决定在华北和华中分别成立国策公司，对与军事有关的重要产业实行垄断性的统制和开发。其所谓“开发”，是要“根据日满华互通有无的原则进行”[②]，即“在华北、蒙疆地区，以寻求日满所缺乏的资源（特别是地下资源）为政策的重点”，在其他地区实行“特定资源的开发”，农业方面“设法栽培日本所需要的原料资源”[③]。

根据这个方针，在工业方面：战争破坏后幸存下来的新式企业，除少数已内迁外，绝大部分为日本所霸占。其掠夺方式，有直接军管的，有“委任经营”的，有“中日合办”的，以及“租赁”“收买”的等。

“军管理”有两种形式：一种是日军掠夺中国企业自行经营的军管理事业；一种是日军握有企业主权，而委托日本公司代为经营。后者较前者为多，广泛施行于矿、电等业。矿业是日军掠夺的重点。华北地区煤的蕴藏量十分丰富，据 1936 年的资料，华北五省占全国煤总储量的 87.2%。日本占领华北后，除中英开滦煤矿暂时仍维持原状（太平洋战争爆发后，该矿被日军作为“敌产”没收）外，其他煤矿全部军管，绝大多数交兴中公司，在日本垄断资本集团“协作”下经营。这些垄断资本集团包括三井矿业股份公司、三菱矿业股份公司、明治矿业股份公司、大仓矿业公司等。它们协作经营的有焦作、恁心煤矿，中兴煤矿，大汶口煤矿，华宝、华兴煤矿，山西煤矿工业所，阳泉、寿阳、介休、孝义、洪洞煤矿，井陉煤矿，六沙沟煤矿和石门焦炭厂等。龙烟铁矿军管后，交华北开发股份公司与伪蒙疆政府合办。华中的淮南煤矿，交华中振兴股份公司的子公司——淮南煤矿股份有限公司经营。电业方面，日军把山西、河北、河南、江苏等境内 17 个军管的电业企业先后委托兴中公司经营，又把华中大部分电业公司委托兴中公司管理。军管的委托厂除矿业、电业外，尚有钢铁、造船、化学、棉花加工等行业。其一般工业仍在军管理形式下经营，共有 80 余厂。

---

①复旦大学历史系日本史组编译:《日本帝国主义对外侵略史料选编(1931—1945)》,上海人民出版社 1975 年版，第 251—253 页。

② 同上书，第 271 页。

③ 同上书，第 282 页。

“委任经营”是日本财阀在中国自行劫夺经营的工厂，与军管委托经营的工厂不同，主权和经营权都直接操控在日本公司手中。这类工厂多在华中。仅1939年被委任经营的工厂就达160余家。例如，“上海”“日华”“东洋”“和丰”和“钟渊”等几个日本纺织厂，瓜分了沦陷区中60多个华商纺织厂；“日满”“日东”“日本”等9个制粉公司，瓜分了50多家面粉厂；“三井”“盘城”“小野田”“浅野”等几个水泥公司瓜分了沦陷区中的水泥厂；“三井”“三菱”“住友”及“安田”瓜分了沦陷区的铁路；“三菱”还吞下了“鸿昌”“合兴”“老公茂”与“大中华”4个中国船厂，“日清航船公司”抢夺了招商局的大半船只。

“中日合办”工厂分为两类：一是日本国策公司独占经营的统制事业，隶属于1938年11月10日正式成立的华北开发股份公司和华中振兴股份公司两个国策公司之下。1935年南满铁道股份公司在华北成立的兴中公司的全部股本也转让给华北开发公司，兴中公司的13个企业成为华北开发公司的子公司。二是统制事业以外的所谓“自由”事业，共有70余厂。

“租赁”方式与“收买”方式，首先推行于华中沦陷区，前者有工厂30余家，后者有20余家。

通过上述种种方式，日本对华北、华中沦陷区中的工业进行了彻底的洗劫。这里的全部煤、铁矿业、炼铁、炼焦业、电力、电灯厂以及盐场、水产、机械、缫丝等等都归入了日本的掌握之中。中国人生存的资源、产业，变成了日本人的资源、产业。华北被抢去的民族资本工厂即达900余家（未注册工厂尚未计算在内），资本12636万元。

华中振兴和华北开发两个国策公司及其所属的子公司，都是建立在掠夺我国原有企业基础上的。子公司一般都打着“中日合办”的招牌，华中振兴公司所属企业，规定中方出资51%，日方出资49%；华北开发公司所属企业，规定中方出资占45%，日方出资55%；沦陷区的交通机关的资本，中方占51%，日方占49%。[①] 中方出资中，有以企业原有设备器材折算的“现物资本”，也有现金资本。现物资本折价多少，完全由日本人评定，它在国策公司的构成上占着极重要的份额。例如华北交通公司的实收资本23970万元中，所掠夺我国原有的器材设备折资达14970万元；华中振兴公司各子公司掠夺我国原有

① 许涤新：《中国国民经济的变革》，中国社会科学出版社1982年版，第48页。

事业的折资，合计约占各子公司实收资本总额的66%。现金出资，仅淮南煤矿公司和华中盐业公司的中方出资即达200多万日元。至于日方的出资是否真投下了资本，投下的资本是否交足了规定的数额，难以核实。即使有交足数额的，也大都是军用票、伪钞或公司债一类的废纸。华中振兴公司经理儿玉谦次在1940年新年感想中承认："日本方面虽应提供现金资本与技术，但严格说来，目前实际提供者仅技术而已。"①而所谓提供技术，不过是由日本人霸占公司的重要职位、加强经营权的控制而已。可见，所谓"中日合作"，实际上乃是日本霸占中国资材，利用汉奸资本，扩大其吮吸我国人力与物资的一种手段。

为使关内工业服从于日本侵略战争的需要，煤铁等为日寇所需要的物资产量有显著的增长，例如华北煤产量1942年较1936年增加了1.45倍，电增加了1.94倍，铁增加了18倍，水泥增加了1.64倍，硫酸、盐酸、酒精等也都有成倍的增长，钢1941年至1942年一年内就增长了3.56倍。但与人民生活有关的轻工业却显著地下降了，同期棉纱产量下降57%，面粉下降50%，毛线下降87%。这表明日寇对我国资源掠夺的严重和人民生活的恶化。

在农业方面，日本侵略者对关内沦陷区的土地进行了大量掠夺。例如中日实业公司经过伪政权之手，没收占地5.6万亩的军粮城、茶淀两个农场，日伪所办的华北垦殖公司在河北沿海一带圈定农地100万亩垦殖新田，又霸占冀东耕地700万亩。有些肥沃的田地被公然圈占，变为日本移民区。更普遍更大量的是日军到处建筑飞机场、军火仓库、堆栈、兵营和遍布广大战场的作战工事、漫长的封锁沟、封锁墙以及密如蛛网的碉堡、汽车通行道路，大片农田荒芜或变为废墟。其次，控制农业生产、掠夺农产品。日本决策者对沦陷区农业采取所谓"适地适产"主义：在内蒙古，发展畜牧业增产羊毛；在华北，优先发展日本所缺乏的棉花生产；在华中，发展不与日本相竞争的作物。这样，就使沦陷区的农业生产从属于其军事和经济的需要，而日益畸形化和殖民地化。日寇用抢夺、征收军粮、强制性低价收购等办法掠夺大批粮食，并将其一部分运往日本。如华中1939年输出的米达700万石，1940年达900万石以上，致使江南一向产米著称的无锡、常熟等地都发生了米荒。对棉

① 陈真等编:《中国近代工业史资料》第2辑，生活·读书·新知三联书店1958年版，第443页。

花，1939 年日寇成立“华北棉业改进会”作为掠夺棉花的统一机关，在华北棉花重要集散地天津、郑州、济南等地设立收购站、花行、打包厂、押运公司等，强制收购棉花运往日本。对丝茶，从 1938 年到 1943 年共掠夺我国鲜茧 100 多万担，1939 年仅浙西被用走私的方法收购的茶叶就达 1 万担以上。

在金融方面，首先是凭借军事管制，设立银行，发行纸币，垄断金融。1937 年起，先后设立银行 20 余家。其中有是年 11 月在张家口设立的伪蒙疆银行，发行伪蒙疆券；1938 年 3 月在北平设立的“中国联合准备银行”，发行“联银券”；1939 年 5 月在上海设立的“华兴银行”，发行“华兴券”；1941 年 1 月在南京设立的“中央储备银行”，发行“中储券”（该行成立后，“华兴银行”的发行权取消，伪华兴券即告收回）。这些银行大量发行钞票，不是缺乏就是根本没有准备金，完全靠日伪的刺刀来维持其流通，以榨取中国人民的财富。特别是 1938 年开始发行的军用票，根本不具备货币的性质，完全是凭借暴力在市场上野蛮掠夺物资的一种手段。1938 年 11 月至 1941 年，其发行额达 5 亿日元。其次是打击法币，套取外汇。1938 年 6 月，敌伪宣布，禁止印有南方地名的法币与杂票在华北流通，后又规定 1939 年 3 月 11 日以前华北流通的法币一律要换取“联银券”，逾期禁止使用。日伪又强使法币贬值，1938 年 8 月贬值 10%，1939 年 2 月再贬值 30%。并规定人民不能持有法币，发现持有法币 1 元者没收，60 元以下者处徒刑和罚款，60 元以上者处死刑。在这种殖民统治强迫下，“联银券”在华北沦陷区取得了独占的地位。1939 年 3 月，中国国民政府与英国政府组成外汇平准基金委员会，以 1000 万英镑的外汇平准基金来维持外汇黑市汇率，在黑市上无限制地供给外汇。日寇认为这是难得的良机，从禁止法币转到利用法币，采取各种办法搜刮法币，又从华北运大量法币到上海，套取中国外汇基金，再用外汇从国际市场上购买军用物资，支持其侵略战争。

日本在侵略战争中，严重地破坏了中国的工农业，不断加深扩大经济掠夺的程度和范围，使本来就比较落后、脆弱的中国经济陷入极大灾难，更给后来中国经济的恢复和发展造成了难以估量的严重后果。

国民经济由平时向战时转移

中日战争是半殖民地半封建的中国和帝国主义日本之间的决死斗争，中国要坚持抗战，必须充分动员一切人力、物力，千方百计创造把战争持久坚持下去、最终赢得战争的物质基础。这些不是自然而然发生的，而是要靠国家政权对社会经济力量的组织动员和政策的运用与调控。抗战爆发后，中国经历了一个由平时经济向战时经济转移、确立战时经济体制的过程。这种具有战略意义的调整转移与坚持抗战关系至大。

（1）以西南为抗战后方经济基地

战前的中国经济重心集中在沿海沿江，特别是以上海为中心的江浙地区。这是国民政府的主要经济基地。广大内地和边疆地区近代工业十分薄弱。抗战时期的大后方十余省，国民政府能较稳定地控制、经济也比较稳定的主要是川、滇、黔、陕、甘、湘、桂七省。这七省注册的工厂只有237家，占全国注册工厂数的6.03%；资本1524.4万元，占全国资本总额的4.04%；工人3.3万人，占7.34%。分省来计算：四川有工厂115家，占全国工厂数2.93%；湖南55家，占1.38%；陕西10家，占0.25%；云南42家，占1%；甘肃9家，占0.23%；广西、贵州各3家，各占0.08%。较大的工厂更少，据统计：战前大后方具有规模的民营厂，四川仅有水电厂1，水泥厂1，面粉厂5，纸厂1，机器厂2；陕西仅有纱厂1，面粉厂2；贵州有纸厂1。后方较大的工厂，仅此而已。抗战开始后，大片国土沦陷，大后方十分落后的工业状况，无法满足战争的需要，这种状况必须有所改变。

“一·二八”事变后，南京政府曾考虑在“国防比较安全”的内地建立新的工业基地。1932年，南京成立参谋本部国防设计委员会，进行了一些调查与研究工作。1935年国防设计委员会改名为资源委员会，拟定了一个“重工业建设五年计划”，提出应在湘、鄂、赣三省建立后方基地的设想：以湖南中部的湘潭、醴陵、衡阳之间为国防工业中心地域。并力谋鄂南、赣西及湖南各处重要资源之开发，造成一主要经济重心。但这个设想停留在纸面上，没有采取措施去实行。蒋介石那时也说过，西南地区的川、滇、黔占着重要的战略地位，其中四川“尤其是我中华民族立国的根据地”。蒋介石当时的目的是“剿共”，谈不到有抗日实际打算。他的嫡系势力利用与共产党斗争的形势进入贵州、四川，使当地军阀混战不休的局面得到改变，在经济上则没有什么措施。

抗战开始不久，正面战场节节后撤，湘中、鄂南、赣西等地很快成为战争前沿，国民政府的经济重心也逐步西移。1937 年 11 月，国民政府决定迁都重庆，表明了以西南为后方建设的重心。

1938 年 1 月，国民政府制定《西南西北建设计划》，规定新工业基地以四川、云南、贵州、湘西为主，划定出新的工业开发区域。虽然这是由当时战局发展才最后决定的，但无疑对发展后方经济是有益的，对坚持抗战是必须的。

（2）战时经济政策的确立

1938 年 3、4 月间，国民党临时全国代表大会通过的《抗战建国纲领》中，有关财政经济方面的共 8 条，即：（一）“经济建设应以军事为中心，同时注意改善人民生活。本此目的，以实行计划经济，奖励海内外人民投资，扩大战时生产”。（二）“以全力发展农村经济，奖励合作，调节粮食，并开垦荒地，疏通水利”。（三）“开发矿产，树立重工业的基础，鼓励轻工业的经营，并发展各地之手工业”。（四）“推行战时税制，彻底改革财务行政”。（五）“统制银行业务，从而调整工商业之活动”。（六）“巩固法币、统制外汇，管理进出口货，以安定金融”。（七）“整理交通系统，举办水陆空联运，增筑铁路、公路，加辟航线”。（八）“严禁奸商垄断居奇，投机操纵，实施物品平价制度”。①

这一经济纲领，成为国民政府调整和制定战时经济政策的基本依据。它对于大后方工业的发展、重工业比重的增大、交通的开拓都具有重要的作用，有利于支持抗战。但另一方面，它也为国民党官僚资本的垄断提供了合法依据；在有些方面还回避了主要问题，如税收方面，回避了废除苛捐杂税问题；农村经济方面，回避了减租减息问题。这一纲领指导下的大后方经济建设，明显地反映了大地主大资产阶级和一些当权势力的要求。他们能够首先得到大的利益，这又对抗战是不利的。

早在 1937 年 2 月召开的国民党五届三中全会上，由蒋介石具名提出的《中国经济建设方案》中，就提出了加强国家控制经济的“计划经济”政策。其中要求根据情况与需要，将整个国家经济如生产、分配、交易、消耗诸方面，制成彼此互相联系的计划去推行。《抗战建国纲领》又再次提出“实行计

---

①《中国国民党历次代表大会及中央全会资料》下册，第 486—487 页。

划经济”。但由于中国是一个政治经济发展极不平衡、小农经济占主要地位的半殖民地半封建国家，和国民党政权阶级结构的特点，都不具备实行计划经济的社会经济条件。日军大举侵入，占领土地，破坏生产，掠夺物资财富，更使中国的经济正常运行陷入严重混乱中。国民政府各经济部门根据“实行计划经济”的总方针所拟定的各类经济计划、纲要、草案、大纲等等，事实上无法得到有效的实行。

国民政府最后推行的是一种统制经济的政策，即政府规定或设立统制机构，并通过法令、指令、征调等强制手段对工农业各种产品进行统制管理。出口矿产品中的钨砂和锑，战前已为资源委员会统购统销；抗战期间，锡、汞、铋、钼等外销矿产，也置于资源委员会的统制之下。1937 年 9 月，国民政府军事委员会设立贸易调整委员会（1938 年 1 月改属行政院财政部，改名为贸易委员会），在国内外重要地点设有办事机构，总揽一切对外贸易，并直辖复兴、富华、中国茶叶三大公司。这三大公司 1938 年在重庆成立，初期复兴专门经营桐油，富华经营猪鬃、皮革、羊毛、枸杞子等，中国茶叶公司经营红、绿茶。日用必需品的棉花、棉纱、棉布由农本局福生庄和后来的财政部花纱布管理局统购统销。对钢铁、煤、木炭、汽油、煤油、金、水泥等也都设立了管理机构。国民政府还先后颁布了统制粮食、统制贸易、管制金融等法令，并将统制银行业务、统制外汇写入《抗战建国纲领》。从 1939 年起，加快全面推行统制经济的步伐。这一年 4 月，国民党在一次中央全会上强调“分别轻重，斟酌缓急，实行统制经济”①。1940 年 7 月，在又一次全会上通过《加强经济统制力量以应非常局势案》和《集中财力物力以利抗战建国案》，使统制经济的方针、政策、体制、机构不断升级和强化。至 1941 年 3—4 月的再一次全会发出宣言，强调“必使全国人民之一切经济活动完全受国家法令之保障与支配”，要求警惕以营业自由为借口，反对统制经济政策，而造成经济无政府状态。② 会议的决议中规定：田赋归中央，“将田赋之一部或全部征收实物”；举办盐、糖、烟、酒等消费品专卖等。③ 至此，统制经济作为战时经济的根本方针，正式确定了下来。

---

①《第五届中央执行委员会第五次全体会议宣言》（1939 年 1 月 29 日），《中国国民党历次代表大会及中央全会资料》下册，第 548 页。

②《第五届中央执行委员会第八次全体会议宣言》（1941 年 4 月 2 日），同上书，第 675 页。

③ 同上，第 690 页。

（3）经济机构的调整

建立精干有效的行政机构，是确定战时经济体制、执行战时经济政策的关键。战前国民政府经济行政和事业机构重叠臃肿，政出多门，分工不清，号令不一，效率极其低下。其主要机构有：全国经济委员会、建设委员会、实业部以及军事委员会直辖的一些机构，如资源委员会，主管重工业动员的第三部，主管轻工业、农业、外贸动员的第四部等。1937 年 9、10 月，军事委员会又建立农产、工矿、贸易三个调整委员会，随后并在全国重要地点设立运输联合办事处，使军事委员会与原来经济领导机构重叠的矛盾更加突出，由此造成的人浮于事、互相推诿扯皮等现象更加严重，大量人力、物力、财力被浪费。这种状况亟需改变。

1938 年 1 月 1 日，国民政府颁布《调整中央行政机构令》，规定：工作因受战事影响，不能继续进行的机关，暂行停办或裁撤；工作因与战事无关，不必继续进行的机关，暂行停办或裁撤；工作性质重复的机构合并；其他机构或者加强，或者新设，按需要而定。根据这些原则对经济行政机构进行了大规模的调整。实业部改组为经济部，将建设委员会、全国经济委员会、军事委员会所属的一些单位并入其中，军事委员会其余的经济机构，改隶财政部和交通部。这次调整，裁并了一些机构，将经济机构集中于行政院管辖，使设置紊乱、政出多门的现象有所克服，对抗战前期后方经济发展和西南的开发建设是有利的，但调整后仍存在着机构臃肿的情况，特别是从 1940 年开始，各种各样的"部"与"委员会"又纷纷出现，如农林司成了农林部，水利司成了水利委员会，经济部一些司所属的一些科室还改组为社会部。这些部、委与经济部并驾齐驱，又出现了经济管理机构庞大繁复混乱的局面。

在金融机构方面，1937 年 8 月，中央、中国、交通、中国农民四家银行在上海成立四行联合办事处及其附属的四行联合贴放委员会。11 月迁往汉口，改为四行联合办事总处。1939 年 9 月 8 日，国民政府颁布《战时健全中央金融机构办法纲要》，10 月改组"四联总处"，负责办理政府战时金融政策有关各种业务，蒋介石兼四联总处理事会主席，孔祥熙为副主席。财政部授权四联总处理事会主席对四行"可为便宜之措施，并代行其职权"[①]。1939 年后，

①《财政年鉴》（续编）第 11 篇，第 327—328 页。

中央信托局和邮政储金汇业局也归四联总处管理。四联总处在各地设立分处。这样，四联总处实际上成了战时大后方财政、金融的决策机构和经济运行的神经中枢。

国民政府为加强民营工商业的控制，强制实施新商会法及同业公会法，限期各地成立各业同业公会，使每一工厂、商号、银行、钱庄都成为会员，又使每一个同业公会成为当地商会之会员。民营工商运输各业，由此被组成一个纵横联系的网络，处处受到监督。据 1938 年底统计，大后方呈准经济部备案的商会有 17 个，工商同业公会 386 个（其中四川 145 个），它们都在统一的网络之中。国民政府还通过各种经济团体，如迁鄂工厂联合会、迁川工厂联合会、湘米改进委员会、川黔桂等省之农田水利贷款委员会等，加强对民营工商业的联系和控制。

（4）沿海沿江的工业内迁

抗战初期中国民营工业由沿海沿江向内地迁移，是广大民族工商业者、工程技术人员和工人的爱国主义壮举。国民政府也协助了这一工业内迁活动。

中国最大的工业城市上海，早在 1932 年“一·二八”事变中，工业就曾受到重大损失。自那时起，上海及沿海地区工业的命运已日益成为全国关注的问题。舆论界呼吁需要在战争未爆发以前，依照原料出产、货物销路情况，将各种新式工厂分移于各省。这样，一旦敌人大举进攻，人民生活资料、战地的给养，可不至感受缺乏，原有的一点新式工业，也不至于完全破坏。[①] 但这些意见并未引起当权者的重视。“七七”事变后，社会舆论强烈要求国民政府尽快拆迁上海各工厂。7 月 28 日，资源委员会在讨论全国战时军需供应问题时，提出把上海的工厂迁移到内地的倡议，当日就派林继庸等三人到上海去商洽进行。商洽后，由资源委员会提出拆迁上海工厂的提案，经行政院 8 月 10 日会议通过。11 日，以资源委员会为主，加上财政、军政、实业等部门组织的上海工厂迁移监督委员会在上海成立，林继庸为主任委员。次日，成立了以机器五金企业为主的上海工厂联合迁移委员会，由实业界人士颜耀秋为主任，胡厥文、支秉渊为副主任。在其制定的《迁移须知》中规定：凡中国国民所投资的工厂，均可一律迁移。内迁经费由政府给予相当津贴。其数量

① 刘百川：《国防工业建设之实施》，上海汗血书店 1937 年版。

根据工厂性质及机件而定，经迁移工厂监督委员会批准照给的即可享受。上海民营工厂大规模内迁的工作很快开始。

南京当局本来对工业内迁准备不足，随着要求内迁的工厂日益增多，费用大幅增加，政府所拨 56 万元迁移费很快告罄。另外，随着战况的恶化，内迁工厂的运输、安插都成了问题。南京遂决定控制内迁工厂的规模。

9 月 23 日，行政院会议决定，内迁工厂由军委会工矿调整委员会召集军政、财政、实业、教育等部及资源委员会审定办理，由工矿调整委员会取代资源委员会负责工厂内迁工作。27 日，这个委员会决定：停止执行上海现行迁移工厂办法，重订迁移工厂的原则。把迁移厂矿分为两种：一为军需厂矿，包括兵工所需机械、化学、冶炼工厂及矿厂，动力及燃料工厂与矿厂，交通器材制造工厂，粮食及被服工厂，医药品工厂以及其他军用必需品工厂。这类厂矿的迁移，由政府斟酌情形予以补助或奖励。二为普通厂矿。这类厂矿的迁移，不补助迁移费。迁移后的安置及生产，原则上亦由厂家自行筹划。这个消极内迁政策，打击了上海民族资产阶级的爱国积极性。此后，不仅报名内迁的没有了，连许多已报名的工厂也停止了内迁。

工厂内迁最初以武昌为中心基地。8 月 22 日顺昌机器厂首先内迁，25 日后内迁工作全面展开。搬迁工作主要由水路承担，因运载工具简陋，又要躲避敌机空袭，运输工作十分艰难。到 1938 年 2 月，由上海及其他各区内迁到武汉的厂矿共 137 家，机器重量 2.51 万吨，随同内迁的技术工人 2300 余人。另外还有一些民营工厂在上海抗战中没有经过迁移委员会的协助而自行内迁，或者于上海沦陷后从海上经香港、海防等地迁入西南。

迁至武汉的工厂，至 1938 年 4 月，已复工者有 66 家，在复工仅一二个月内，就生产了大量军用产品。据统计，兵工类产品价值达 3558342 元，军需类产品价值达 2856557 元，防毒消防类产品价值达 3666600 元，交通用具类产品价值达 6758970 元，总计 16840469 元。工厂内迁对抗战的支持作用初步显示了出来。

南京失陷后，武汉形势日趋紧张。迁到武汉的工厂不得不进行第二次搬迁。与此同时，武汉本地的工厂也加入了搬迁的队伍。这次迁移，国民政府做了必要的工作。搬迁实施比较早。从 1938 年 3 月起，工矿调整处及下属的厂矿迁移监督委员会即通知各厂作好搬迁准备，进行搬迁动员，开始有计划、分步骤的拆迁工作。在拆迁工厂的范围上，当局改变了上海内迁时能少迁就少迁的消极政策，而实行能迁就迁的积极政策。不仅大工厂要迁，小工厂也要迁。工矿调整处于8月5日颁布的拆迁标准规定：纺织厂类国人经营之纱厂应全部拆迁；机器五金厂类资财在5000元以上规模较大者，应由其单独迁移；所有的动力设备应全部内迁：凡工厂太小不拟内迁的，其优秀的技术工人应由政府协助迁往后方；所有原料，如生铁、钢材、钢块等，包括废料在内，尽量迁往后方备用。其他各项工厂资财价值在5000元以上的，应一律内迁；工厂虽小，但其设备较先进的，应一律内迁；凡后方对某工厂的产品或设备有需要的，应一律内迁；凡工厂设备、工具与其他工业有关系的，应一律内迁；凡该工厂的技术工人为后方所缺乏的，应一律内迁。与此同时，蒋介石下令武汉各纱厂，限期拆迁，否则全部炸毁。从3月起，郑州豫丰纱厂第一家拆迁，由汉口运往宜昌，准备入川复工。8月初开始全面拆迁武汉各工厂。

从武汉迁出的工厂，多数由水路运输。迁往四川的工厂全靠长江水运。当时长江正值枯水季节，轮船已无法从武汉直抵重庆，必须从宜昌换装浅水轮上驶；而宜昌积压待运的物资太多，工厂为早日入川，冒险起用了川江上已淘汰的白木船作运输工具。而从武汉迁往陕西的民营工厂，则由铁路分批运送。其中有上海的进步企业家沈鸿，在八路军驻武汉办事处协助下，将其利用五金厂的机器设备迁至延安西北70里的安塞，对以后陕甘宁边区工业生产的发展起了重要作用。

抗战初期的工厂内迁，是抗战战略防御阶段的一项重要工程。据统计，整个内迁工厂共达600余家，机件材料达12万吨。其中国民政府帮助迁移到大后方的厂矿448家，物资7.09万吨。其内迁厂矿以机器业为主，共181家；其他分别为：纺织业97家，化学工业56家，电器业29家，食品工业22家，文化工业37家，矿业8家，钢铁业1家，剩余的17家。内迁地区以四川为主，达254家；其次为湖南，121家；再次为陕西，27家；广西为23家，其他省23家。内迁器材，四川占4.5万吨，湖南、陕西各1万吨。

国民政府在组织、协助工厂内迁中发挥了一定的积极作用。但由于它对日本发动全面侵华战争没有足够的应战准备，全国抗战爆发后失地太快，沿海厂矿拆迁仓促，其间对要求内迁工厂又一度采取消极政策，因而工厂内迁数量极其有限。上海迁出的工厂不到原有工厂的十分之一。据国民政府经济部统计处编的《后方工业概况》一书统计：除了上海、武汉两地共迁出工厂

300余家外，苏州、无锡、常州、南京、九江、芜湖、济南、郑州、许昌、太原等地各迁出少数几家，青岛、河北、广州等地几乎连一家也未迁出。另据目击者估计：约有40多万吨机器被抛弃在长江下游一带。中国民族工业在战火中受到惨重的损失，内迁的工厂实际有限，使其在大后方所能发挥的力量受到很大限制。

从设备和技术力量来看，这些工厂的内迁对大后方工业发展起的作用又是重大的。首先内迁者多为较大的工厂，设备技术力量都较强，且机械厂在内迁工厂中所占的比重最大，它们可以生产大后方原先无法制造的工作母机和工具机。还有些工厂将其主要的机器设备拆迁到内地，在内地新建厂，或扩充了内地原有的工厂。这些，都有力地推动了大后方工业的发展。其次，随工厂内迁同时迁入内地的技术力量，也对大后方工业的发展起了很大的作用。据资源委员会1941年的调查，内迁的工程技术人员已有2万多人，另有技工1.2万人。这些内迁的技术工人，成了大后方工业中的骨干力量。内迁的科技人员，对西南地区的资源情况做了大量勘察调查工作，并帮助开发和建立起许多工矿企业；还研制了许多新产品和利用当地资源适应战时需要的代用品，对解决战时急需，起过重要作用。内迁工厂所生产的大批军需民用产品，在一定程度上解决了战争的急需和人民生活困难，有力地支援了抗战。

（三）国际环境与外交

对于日本的全面侵华战争，世界各主要国家从各自的利益出发，采取不同的立场和方针，形成了错综复杂的国际环境。中国政府和人民为争取各国对中国抗战的同情和支援，进行了各方面的外交努力，并取得一定成效。

苏联援助中国抗战

抗日战争爆发后，中国政府看出英美一时不会援助中国抗战，遂把取得外援的目光投向苏联。卢沟桥事变发生的次日，蒋介石对立法院院长孙科和外交部长王宠惠说，如果事态扩大，则非全面抗战不可，“而欲抗战，最有关系者为苏联的军械供应及互助协定等问题的进行决定”[①]。1937年7月下旬，国民政府要员孙科、陈立夫、王宠惠、张冲等先后多次与苏联驻华大使鲍格莫洛夫会谈，商讨两国缔约问题。中方想签订互助条约，苏方主张首先缔结太平洋地区条约，经过磋商，最后双方同意缔结《中苏互不侵犯条约》。8月21日，中苏两国代表王宠惠和鲍格莫洛夫分别在条约文本上签字。条约共四款，双方共同谴责以战争作为解决国际纠纷的手段；规定双方互不侵犯，任何一方遭到第三国侵犯时，另一方对该第三国不得提供任何直接或间接的支持和援助。条约有效期为五年，如期满后未声明废止可自动延长二年，并可继续接此进行。[②]8月29日，条约全文在南京和莫斯科同时正式公布。

《中苏互不侵犯条约》的签订是中国政府外交上的成功，对中国争取抗战胜利具有重大意义。通过此条约以及随后签订的《中苏信用借款条约》，中国从苏联方面得到大量的军事和技术援助，其作用近似于互助条约。日本对此感到震怒。苏联驻日全权代表斯拉武茨基报告说：“苏中条约的签订在这里产生了巨大的影响”，“日本无法掩饰自己对条约的不安和担忧”。[③]法国《巴黎日报》称，这是“插进日本牛脖子上的第一支火箭”。

苏联政府在国际外交活动中采取了明确支持中国、谴责日本的立场。在9、10月的国联会议，11月的九国公约会议上，苏联代表都明确指出日本侵华战争所造成的亚洲局势的严重性，坚持建立反对侵略的集体安全体系的立场。

苏联政府明确意识到中国抗战对其国家安全的密切关系，给了中国以巨大的物质援助。1938年春孙科访问苏联时，斯大林异乎寻常地与他作了长达6小时的谈话，坦率地说：“中国既是在打自己的仗，也是在打俄国的仗。日本的最终目的是要取得整个西伯利亚，直到贝加尔湖。中国将继续得到俄国一切可能的援助，包括弹药、飞机和其他军事装备。”[④]《中苏互不侵犯条约》缔结后不久，国民政府派遣军事委员会参谋次长杨杰和国民党中央执委张冲出访苏联，洽谈获取军援事宜。11月中，苏联援华第一批飞机到达兰州，此后，苏联援华物资源源不断运来中国。为了支付向苏联订购的军用物资款项，

---

① 孙科：《中苏关系》，上海中华书局1946年版，第16页。

② 王铁崖：《中外旧约章汇编》第3册，三联书店1962年版，第1105—1106页。

③ 苏联外交部编：《苏联外交政策文件》第20卷，莫斯科1976年版，第747页。

④ 杨格：《中国与外援，1937—1945》（Arthur N. Young: China and the Helping Hand，1937—1945），哈佛大学出版社1963年版，第57页。

中苏两国在 1938 年 3 月、7 月和 1939 年 6 月三次订立贷款合同，苏联共贷给中国 2.5 亿美元（实际动用 1.7 亿多美元），年利率 3%，头两笔贷款分 5 年偿还，第三笔贷款从 1942 年 7 月 1 日起 10 年还清。中国用这些贷款，从苏联购买了各类飞机 904 架（其中轻重轰炸机 318 架），坦克 82 辆，各种型号汽车 1526 辆，牵引车 24 辆，各类大炮 1190 门，轻重机关枪 9720 挺，步枪 5 万支，以及大批弹药、飞机发动机、汽车零件等。与此同时，苏联帮助修筑中苏公路，组建航空公司，开办飞机装配厂等。公路自苏联境内的萨雷奥泽克经霍尔果斯入中国境，通迪化（今乌鲁木齐），再穿过新（疆）甘（肃）交界的星星峡，至终点站兰州，全长为 2925 公里。从 1937 年 10 月至 1939 年 2 月，在这条公路上往返运输的汽车多达 5260 辆次，其总行程达 1850 万公里，4000 多名苏方人员为运送援华物资而昼夜工作，此路被誉为"供应中国抗日力量的至关重要的动脉"。航空公司设立哈密—阿拉木图定期航班，以衔接中央航空公司重庆—哈密航线；同时开辟迪化—重庆、迪化—石河子等专程航班。从 1939 年至 1946 年，此公司飞机共运输旅客 2370 人，货物 1088 吨，邮件 87 吨。飞机装配厂自 1939 年底破土动工，至 1940 年 9 月完成第一期工程，10 月开始部分生产，到 1942 年 6 月，其生产能力达年产飞机 450 架。

苏联派遣了志愿人员直接参加中国对日作战。"七七"事变前，中国空军 9 个大队，有各式飞机 314 架，仅为日本飞机总数的九分之一强。8 月 20 日，蒋介石电令驻苏大使蒋廷黻，迅速与苏联方面交涉飞机事项，急需驱逐机 200 架，重轰炸机 100 架。中日战争全面爆发后的二三个月，中国空军损失惨重，到 12 月南京保卫战时，作战飞机仅余 20 架。苏联政府根据中国政府的迫切请求，迅速调运飞机到中国，并派出志愿人员来华。这些飞机大部分是当时苏联比较新型的 И–15 和 И–16 型战斗机和各种轻、重轰炸机。志愿人员包括飞行员、航空机械师、无线电报务人员、气象学家、机场指挥员、译电员、司机、工程师、医师等。1937 至 1941 年先后在中国参加战斗的飞行人员就有 700 多人。他们除直接参加同日本侵略者的作战外，还帮助中国训练飞行员。苏联专家曾帮助中国在伊犁、兰州、绥宁、成都等地建立一批航校。仅伊犁航校，至 1940 年中期，就培训了中国飞行员 328 名。此外，还有大批中国受训人员被送到苏联国内培训。至 1939 年夏，经苏联训练的飞行员有 1045 人，领航员 81 人，报务员 198 人，航空机械师 8354 人。

苏联志愿航空队在抗战前期对日作战中起了重要作用。第一批来华人员

254名，轰炸机和战斗机各1个大队。第二批447人，飞机80架。至1938年2月，苏联志愿航空队有战斗机、轰炸机各3个大队，1939年增为各4个大队。苏联空军飞行人员参加了南京保卫战、武汉空战、奇袭台北日本空军基地，以及粤北、归德、广州、南海、南昌、重庆、成都、兰州、西安等空战，与中国飞行员一起共击落日机1049架。在三次武汉空战中，苏联志愿飞行员共计击落敌机33架，从而赢得"正义之剑"的称号。在奇袭台北日军机场的战斗中，由波雷宁指挥的28架轰炸机，一举击毁日机40架，还击伤击沉一些船只，而苏联飞机无一损失。在历时四年的对日空战中，苏联志愿飞行员有200多人血洒长空，为中国人民的民族解放事业献出自己的宝贵生命。其中有著名轰炸机大队长库里申科和歼击机大队长拉赫曼诺夫。

除此之外，苏联派遣大批军事顾问和工程技术人员来华工作。根据中国政府的请求，1937至1942年苏联政府派来中国工作的人员总数达5000人以上，包括军事顾问，志愿飞行人员，翻译和教官，装配飞机和坦克的工人，飞行专家，筑路、桥梁、运输和医学专家等，仅军事顾问即达300人以上。M.И.德拉季文、A.И.切列潘诺夫、K.M.卡恰诺夫和B.И.崔可夫等高级将领先后担任总顾问。其他顾问或在最高统帅部工作，或分配到各战区和各兵种工作。苏联军事顾问主要担负两项工作：帮助中国政府训练军队；参与拟订、实施重大战役的作战计划。他们参与了数以百计的攻防作战计划的研究，包括徐州、武汉、南昌、长沙和宜昌等重大战役作战计划的制定，为中国抗战作出了重大贡献。

苏联对中国抗战的援助，有力地打击了日本侵略者，支持了中国人民所进行的正义事业。苏联卫国战争爆发后，苏方人员陆续回国。

中国抗战开始，世界各国共产党和广大人民群众，也纷纷展开援华运动，或拒绝运送军用品赴日，或要求本国政府不供给日本军火、借款和货物。如：英国全国劳动工会作出决议，要求禁止向日本出售商品和提供贷款；英、澳码头工人拒绝装运军用品赴日；美国50万矿工抵制日货；法国马赛工人拒装运往日本的军用品。"国际反侵略大会"在伦敦召开反日援华大会，通过决议，号召各团体尽一切力量援助中国，要求各国政府不以军火、借款和货物供给日本。加拿大共产党员白求恩受美国共产党和加拿大共产党的委托，不远万里来到中国，参加医疗工作，最后牺牲在中国。印度医生柯棣华、巴苏华受印度人民的委托，来中国支援抗战。美国著名记者斯诺、史沫特莱和斯特朗等为中国抗战到处奔走呼号，进行了有力的声援。

中国与美、英、法等国关系及国联会议、《九国公约》会议

中日战争爆发后，中国政府意识到，在中国据有重大利益的西方列强必不赞成日本扩大侵华，因而在进行对日交涉同时，尽力促使各国的关注，企图借列强之力限制日本的行动。蒋介石先后派出孔祥熙、胡适、蒋百里等访问欧、美各国。7 月 13 日，访美的行政院副院长孔祥熙在纽约向美国记者发表谈话，呼吁有关各国协力制止日本侵略。谈话指出，日本侵华不只损害两国的关系，也将破坏各关系国的利益。星火不灭，足以燎原，蔓延及于各国。16 日，中国政府向《九国公约》各签字国送交备忘录，谴责日本破坏华盛顿《九国公约》所规定的中国领土主权完整，指出倘任其发生，则足以在亚洲及全世界产生重大的后果。

美、英、法等国情况各不相同，但总的说来，对中日战争都抱着消极旁观、不介入的态度。当时日军气势汹汹，妄图速战速决，用两个月时间结束战争。中国还没有改变一个世纪来不断挨打的积弱形象，国际上对中国能否坚持抗战普遍缺乏信心。美国十分艰难地走出大衰退以后，笼罩在孤立主义与和平主义之中，为了避免如第一次世界大战那样再卷入美洲以外的战争，1935 年 8 月制定了中立法，对所有交战国一律实施武器、弹药和军需品禁运。中立法经过 1936 年一次延长，到 1937 年 5 月通过永久中立法。西欧弥漫着对法西斯主义的绥靖情绪。意大利侵略阿比西尼亚非但没有受到国际社会的谴责，反而得到英、法实际的纵容。1936 年 3 月，希特勒公然宣布废除《凡尔赛和约》和《洛迦诺公约》，派兵进入莱茵非军事区，英、法除发出一纸空文抗议照会外，未作任何其他反应。1937 年 5 月张伯伦就任英国首相，绥靖思潮在英国更加发展，避免与日本敌对成为英国远东政策的一个主要目标。[①] 美、英、法情况如此，它们对中国请求防止日本侵略的呼吁是一片沉默不予理会。

也就恰巧在中国向《九国公约》签字国递交上述备忘录的当天，美国国

---

① 麦德里考特、伍德瓦德等编：《英国外交文件，1919—1939》（W. N. Medlicott, E. L. Woodword and others, eds: Documents on British Foreign Policy, 1919—1939），伦敦 1984 年版，第 2 辑第 21 卷，第 810—812 页。

务卿赫尔在同罗斯福总统商量后发表声明，大谈信守国际协议、维护条约神圣不可侵犯性、贸易机会均等等国际关系准则，声明中稍有分量的话无非是："正在进行的或即将发生的敌对军事行动的任何形势都是使或者可能使各国的权利和利益受到严重影响的"，美国"将根据其他国家军事力量的增减来增减军队"。具有讽刺意味的是，由于声明没有片言只语谴责侵略，包括德国、日本、意大利在内的60个国家立即表示赞成声明的原则。①

卢沟桥事变后，国民政府一再向英、美提出调解要求，希望它们帮助促成中、日和解。英国希望出现几个大国共同居间调停的局面，在7月间曾经三次向美国提出此事。美国则强调只能采取"平行的而不是完全一致的行动"②，英国提议一再告吹。美国的这种主张是在孤立主义影响之下的一种行为模式，以后三年多它还一再重复这种模式。

中日冲突升级为全面战争之后，日本政府竭力缩小其国际影响，一口咬定这只是中、日两国间的事，鼓吹两国直接交涉，坚决排斥第三国的介入。南京政府深知日本的险恶用意，竭力强调中日战争对远东和世界安全的重大影响，借以引起国际社会更多的关注和介入。南京政府所诉求的第一个国际组织便是国际联盟。8月下旬9月上旬，它为即将举行的国联大会作了许多准备工作。9月11日，中国驻法大使、即将出席国联大会的代表顾维钧会见国联秘书长爱文诺，要求对日本侵略行为予以制裁。爱文诺回答说，制裁是无论如何也办不到的，国联有了过去对意大利入侵阿比西尼亚制裁失败的教训，现在大多数会员国对"制裁"一词畏之如虎。顾维钧改而提出，如不能实行制裁，希望国联能宣布日本是侵略者，因为一个反对侵略者的正义宣言对中国也是有益的。③ 9月12日，顾维钧正式向国联秘书长递交中国政府指控日本侵略的申诉书，要求根据国联盟约第10、11及17条采取适当措施。同时，中国代表团向报界发表声明，揭露日本的侵略行为和战争罪行。9月13日，国联第18次全体大会在日内瓦开幕。15日，顾维钧在大会上发言，陈述远东

---

①美国国务院编：《美国外交文件》(The U. S. Department of State，ed.：Foreign Relations of the United States. Diplomatic Papers)，1937年第1卷，第699—700页；赫尔：《赫尔回忆录》(Cordell Hull: The Metnoirs of Cordell Hull)，纽约1948年版，第535—536页。

②《英国外交文件》，第2辑第21卷，第158页。

③顾维钧著，中国社会科学院近代史研究所译：《顾维钧回忆录》第2分册，中华书局1985年版，第477—478页。

极端严重的形势，要求国联紧急处置。但英、法等国代表互相观望，态度暧昧，不敢仗义执言，只有苏联外长李维诺夫态度鲜明地谴责日本侵略，支持中国要求。

9月16日，国联行政院正式指派由23国代表组成的远东咨询委员会调查中日冲突问题。9月下旬头几天，日本对广州、南京非军事目标的大规模轰炸，激起了世界舆论的强烈反对，中国代表团决定利用这一形势，要求国联宣布日本为侵略者和对日本实行石油禁运。10月5日，罗斯福在芝加哥发表演讲，号召爱好和平的国家作出一致的努力去反对违反条约和无视人性的行为，像对传染病人实行"检疫隔离"一样隔离侵略者，以防止"无法无天的流行症"的蔓延，保障社会健康。① 这个演说没有指名谁是"无法无天"者，但也使参加国联会议的代表受到一些鼓舞。10月6日，国联大会通过了由咨询委员会提交的决议。决议由两项报告书组成，一项认定日本违背了对《九国公约》和《非战公约》所承担的义务，从而间接地谴责了日本侵略；另一项进而建议召开《九国公约》成员国会议，寻求以协定方式结束冲突的办法。决议对中国抗战表示了一定程度的同情和支持，建议国联成员国避免采取可能削弱中国，或在中日冲突中给中国增加困难的任何行动，并考虑援助中国。② 同日，美国国务院发表声明，表示拥护上述国联报告书。③

罗斯福的"检疫隔离"演说对中国朝野起了兴奋作用。10月7日，蒋介石对美联社记者发表谈话说，美国总统发表伟论，对于人权与和平均有阐明，使我们确信，坚持正义者，必可如愿以偿。

罗斯福的演说在国内遭到孤立主义者的强烈反对，他们指责罗斯福所寻求的和平恰恰意味着战争。他的内阁成员也多半不支持这一演说，国务卿赫尔因总统事先未同他商量讲话内容而对讲话持强烈批评态度。在这种情况下，罗斯福也立刻从讲话的立场后退。10月12日，他在广播演说中提到即将举行的《九国公约》会议时说："这次会议的目的是要通过协商寻求解决中国当前形势的办法，为了找到解决办法，我国的目的是要和这一公约的其他缔约国包括中国和日本在内进行合作。"张伯伦也于10月21日在英国国会下院发表

---

① 关在汉编译：《罗斯福选集》，商务印书馆1982年版，第150—155页。

② "中华民国外交问题研究会"编：《卢沟桥事变前后的中日外交关系》，台北1964年版，第359—362页。

③《美国外交文件》日本卷，1931—1941，上，第396—397页。

讲话称："我认为，到这个会议上去谈什么经济制裁、经济压力和武力完全是错误的。我们是在这里缔造和平，而不是扩大冲突。"[①] 罗斯福、张伯伦的讲话为即将举行的会议定下了调门。

11 月 3 日，讨论东亚形势的《九国公约》会议在比利时首都布鲁塞尔召开。与会的共 19 国，日本拒绝参加会议。国民政府根据当时形势，断定会议无成功希望，指示中国代表顾维钧等采取"极度和缓"的态度，使各国认识会议失败责任应由日本担负；希望这样来影响英、美赞成制裁，从而也影响其他与会国的态度；对于苏联，则鼓励它武力对日。顾维钧遵照这个指示，在会上郑重说明：中国希望和平，更企求获得公允待遇，中国将不顾种种窒碍，坚持抗战。7 日，大会照会日本政府，希望日本接受调停。日本于 12 日复照拒绝。15 日，大会通过宣言，批驳日本鼓吹的中日战争仅仅是涉及中、日两国的事情的观点，指出，"这场冲突实际上涉及 1922 年华盛顿《九国公约》和 1928 年巴黎《非战公约》的全体签字国，实际上也涉及到国际大家庭的所有成员"，"使整个世界感到不安和忧虑"。针对日本进攻中国的某些借口，宣言指出："在法律上根本不存在任何国家动用武装力量去干涉它国内政的根据。"[②]

11 月 12 日上海沦陷。南京紧急呼吁布鲁塞尔会议采取步骤干涉中日战争。19 日，顾维钧把一份备忘录分送美、英、法三国代表，要求列强联合举行大规模海军示威，抗议日本侵略，列强对中国要求置若罔闻。24 日最后会议上通过的宣言，除重申 15 日宣言原则外再无表示。中国代表对会议结果深为失望。顾维钧在闭幕会上对会议采取的软弱态度提出抗议。

国联会议和《九国公约》会议没有也不可能解决任何实际问题。但通过这两次会议，全世界更清楚地了解了日本侵略中国的真相。会议使中日问题的解决成为国际社会共同关心的问题。资本主义世界的舆论更多地倾向于同情中国，在国际讲坛上中国抗战的正义声音得到了传扬。

抗战初期，日军攻势凌厉，上海、南京相继失守。中国人力物力损失惨重，战争区域继续扩大。日本沉浸在一派胜利狂欢宣传中，征服者的气焰正

---

①〔美〕赫伯特·菲斯著，周颖如、李家善译：《通向珍珠港之路》，商务印书馆 1983 年版，第 13—14 页。

②《美国外交文件》日本卷，1931—1941，上，第 410—412 页。

盛。其时外界很少有人认为中国能够从失败中恢复过来，中国被日本最后征服似乎已不可免。其实那只是看到了局部的表面的现象。战争初期的军事失利，上海、南京等地失守，并没有损伤中国抗战元气。相反，全民要求抵抗日本帝国主义侵略，挽救民族危亡的炽烈情绪被进一步激发起来，国共两党和各派政治势力的团结得到继续加强，中国坚持长期抗战的形势已经不可逆转。国际上不能不对中国刮目相看。西方一些有关人士从自己的立场出发，开始重新思考中国抗战的战略地位。美国亚洲舰队司令亚内尔从战争一开始就不断向海军部陈述意见。他警告说，如果允许日本征服中国，那就等于放弃亚洲大陆以及对太平洋的控制权，"白种人在亚洲就不会有前途了"。他进而指出，中国是美国最重要的盟友，挫败日本图谋的唯一办法是援助中国的抗战。[①]亚内尔的报告引起军方重视，海军作战部长、太平洋战争爆发后任参谋长联席会议主席的李海上将把亚内尔的报告在军队、国务院和白宫中传阅和直接送呈罗斯福。到 1938 年中，美国政府中主张制日援华的呼声趋于强烈。国务院官员范宣德按照自己的观察，结合其他熟悉日本情况的人员的看法，提出报告说中国的抵抗不致于崩溃，"这不仅对中国而且对我们以及其他民主国家来说都是至关重要的"；除非日本军国主义在中国被打败，否则"美国在远东的卷入便是不可避免的"；因此，积极的援华反倒比袖手旁观更少卷入的可能。[②]财政部长摩根索不久也表示了类似的看法。美国决策者中越来越多的人看到中国抗战能够坚持下去，并意识到中国抗战与美国利益休戚相关，美国这才逐渐迈开制日援华的步伐。

1937 年美国通过的"永久性"中立法规定"现购自运"，即美国对交战国禁运军火，其他货物要一律支付现金，且不得用美国船只运输。这个法案在中日两国间一点也不"中立"，而只有利于日本保持作战能力。中国既缺乏资金"现购"货物，更缺少远洋"自运"能力。日美之间的贸易则一如往常，日本继续从美国得到大量战略物资。美国制日的第一个行动是 1938 年 7 月提出所谓"道义禁运"，即由国务院劝告美国 148 家注册出口飞机和飞机部件的厂家不要把飞机和航空设备售给日本，以抗议日本对和平居民的狂轰滥炸。这

---

①〔美〕迈克尔 · 沙勒著，郭济祖译：《美国十字军在中国，1938—1945》，商务印书馆 1982 年版，第 22—23 页。

②《美国外交文件》，1938 年第 3 卷，第 234—237 页。

个举动不带有强制性，但产生了相当效果。美国售日飞机及飞机部件的成交额从6月的170多万美元到10月锐减为7000多美元。[①]日本在1938年11月初发表的第二次近卫声明中，提出建立“东亚新秩序”的口号，赤裸裸地暴露出它独占中国，把欧、美势力从东亚扫地出门的野心，美国曾予严词驳斥。这次近卫声明推动了从同年9月以来一直在艰难进行之中的中美借款谈判。12月15日，美国国务院发布关于2500万美元对华信用贷款的通告，1939年2月以桐油为抵押的这笔商业贷款的合同正式签订。2500万美元数额不大，但在中国独力抗战一年多以后，经济困难加重，且正当以汪精卫为首的亲日派公开投敌叛变之时，借款的达成对于抗日宣传，坚定国民政府的抗战信心有一定作用。

英国外交界如驻华大使卡尔、外交大臣哈里法克斯等，也较早看到中国抗战与英国利益的关系。但英国的注意力集中在欧洲，对法西斯的绥靖情绪更加强烈。因此英国对日本侵华的态度一般说来更软弱、更妥协。1938年5月，英日以换文形式订立有关中国沦陷区海关的协定，英国在日本压力下放弃了将各海关税款存入中立银行的主张，同意以税务司名义存入各地日本正金银行分行；日方则允诺支付税款中应摊付的外债、赔款以及海关经费；英方还同意支付中国政府从1937年9月宣布停付的日本部分庚子赔款。[②]英国在这一协定中，实际上认可了日本对中国海关一定程度的控制，理所当然遭到中国政府的反对。同年9月，英国首相张伯伦、法国总理达拉第同希特勒、墨索里尼达成《慕尼黑协定》，把捷克斯洛伐克的苏台德地区割让给德国，以换取希特勒的所谓“和平”承诺。这表明英法统治阶级与法西斯主义的妥协采取了最新的步骤。但在日本第二次近卫声明，特别是在美国宣布2500万美元对华贷款以后，英国为了维护自己的在华和远东利益，也不得不有所表示。1938年12月20日，英国宣布向中国提供50万英镑信用贷款，用以购买滇缅公路运输所需的卡车。钱虽然不多，英国也总算迈出了援华的一步。

法国对中日战争的政策大抵与英国相仿。抗战前期中法关系中的一个突出问题是法国殖民地越南过境运输问题。日军侵占、封锁中国东部沿海，国

---

①施维编：《罗斯福与外交事务》（Donald B. Schewe. ed：Franklin D. Roosevelt and Foreign Affairs），第2辑第12卷，纽约1979年版，第300页。

②中国近代经济史资料丛刊编辑委员会主编：《帝国主义与中国海关资料丛编》之十《1938年英日关于中国海关的非法协定》，中华书局1983年版，第51—52页。

民政府为利用越南的国际通道运入军火物资，迭令顾维钧进行交涉。1937 年 8 月 6 日，孔祥熙会见法国总理，法方以“牵涉中立问题”，恐怕“引起对日纠纷”，要“从长考虑”进行敷衍。同月，《中苏互不侵犯条约》签订，大批苏联军火拟假道越南运华。9 月，蒋介石急电孔祥熙、顾维钧等与法国政府紧急交涉。日本对法国施加压力，9 月 27 日，日本驻法大使馆参赞要求法国政府禁止经由越南向中国输送武器。法国担心日本南进，担心滇越铁路利益受损，屈服于日本压力。10 月间，法国政府通知中国政府说：假道运输问题，等在比利时举行《九国公约》会议以后再说。

《九国公约》会议 1937 年 11 月上旬在布鲁塞尔举行。会议期间，输华军用物资的过境运输成了中国与法、英、美讨论的问题之一。法国提出有必要从美、英两国得到一项保证：一旦法国因对中国军火过境提供便利而受到攻击，美、英将给予支援和帮助。法外长还要求这一保证应是书面的而不仅是口头的。英国表示，如果美国同意，英国愿意作出这种保证。但美国代表亨贝克强调：美国的一贯政策是不使自己承担义务，类似的保证别说书面的，连口头的也不能答应。[①] 中国急需苏联援助的这笔军火物资，由于法国提出条件，英国拖延，美国拒绝，过境运输问题一直没有得到解决。拖到 1939 年 1 月，中国再派驻苏大使杨杰赴法交涉，始获法方允诺：对越南过境运输允予便利，凡军火各货抵海防后，即视同法国货物由军队代运。

中德、中意关系及陶德曼“调解”

德国、意大利和日本同属法西斯专政的国家，是世界侵略战争主要策源地。他们不仅在制度上与美、英等国有较多的区别，而且在对华利益上也与美、英等国存在着严重的矛盾。

在抗战前的十年中，中德关系发展迅速。1933 年希特勒上台后，其主要注意力是在欧洲对付英、法和苏联。但日本在中国的扩张也使德国担心自己的利益会受到损害。希特勒很欣赏蒋介石的专制政治，企图把蒋介石拉到德国一边，以反对苏联，抵抗西方列强。德国垄断财团、国防部、外交部和经济部通力合作，扩大德国对中国的经济、军事和政治的影响。在经济上，由

---

① 《顾维钧回忆录》第 2 分册，第 633—635 页。

于疯狂的扩军备战，对战略原料的需求急剧增加，而国际战略原料市场对德国实行限制，使其不得不更多地依赖中国。中、德之间早就建立了“以货易货”的长期贸易往来，中国以钨、锑、铜等原料，换取德国的工业设备。在军事上，应国民政府要求，德国派前国防军总司令汉斯·冯·赛克特为首的一批军人来华担任军事顾问。他们被安插在中国军队的各首脑机关、军事学校，帮助蒋介石以德国陆军为样板训练军队，提高军队的现代化程度和作战能力。中德之间军火交易也十分可观，1936年中国从德国订购的军火占从国外输入军火的80%。① 这个时期，蒋介石政权处在反对共产党的长期战争和与国民党其他派系争权的双重国内战争中，引进德国军事经济势力，主要的作用，是加强了它的专制统治地位。

日本对德国势力源源进入中国也产生不满，但德、日两国共同的侵略利益无疑是它们关系中的主导方面：德国企图利用日本，作为其牵制英、美，特别是在军事上牵制苏联的盟友；日本也需要利用德、意在欧洲造成对美、英、法和苏联的直接威胁，使其无暇东顾。

日本发动全面侵华战争，从一开始就得到意大利的支持。1937年10月，蒋百里奉命去意大利游说，费了很大周折于25日见到墨索里尼。蒋提出日、德、意三国准备成立防共协定问题，墨索里尼答复说：“这是无所谓的问题，德日签订防共协定，而中德友好如初。”又说：“防共协定是欧洲的关系，中国不必多所顾虑。”墨索里尼责备中国在国联制裁意大利问题上未能支持意大利。28日，蒋百里又会见意大利外长齐亚诺，提出请他在《九国公约》签字国会议上多多为中国帮忙。齐亚诺公然说：“九国会议的前途很渺茫，此项会议间接由国联产生，国联就从未做过一件有利人群的好事。我今天不妨以朋友的身份告诉你，我们对这个会议是很冷淡的。”他劝中国对日本侵略要竭力“忍耐”。② 在《九国公约》会议开会期间，11月6日，意大利加入了日、德《反共产国际协定》，“柏林—东京—罗马”侵略轴心正式形成。11月29日，意大利正式承认“满洲国”。

德国出于自身利益的考虑，并不完全赞成日本立即发动全面侵华战争。它

---

①〔美〕柯伟林：《德国与中华民国》（William C. Kirby: Germany and Republic of China），斯坦福大学出版社1984年版，第38页。

② 陶菊隐：《蒋百里先生传》，中华书局1938年版，第194—195页。

担心日本向中国的进一步侵略会损害自己的在华利益。它更担心“日本的对华政策很可能会驱使中国投入苏联的怀抱”，这就违背了《反共产国际协定》的精神。[①]德国政府不顾日本的抗议，继续执行中德易货协定，供给中国作战物资，其中包括卡宾枪、各种口径火炮、坦克车、飞机、高炮和反坦克炮，在战争头几个月中，中国对日作战军火相当数量来自德国。德国的顾问也继续留在中国。

日本对德国援华不断提出抗议，甚至以废除《反共产国际协定》相威胁。10月18日，德国政府根据希特勒的旨意，推迟所有德中军火贸易及工业贸易谈判，并部分停止对现有德中军火贸易的履行。

日本发动全面侵华战争后，中国政府的政策是“以战求和”，既立足于战，又不放弃和，战、和两手并用，力图以战促和。通过秘密和谈，压服南京政权，最终解决所谓“中国事变”，也一直是日本统治集团内一部分人所追求的目标。他们担心战争持久化，企图趁战场上取得胜利的有利时机，谋得对日本有利的外交解决，将侵略战争的成果条约化、合法化。为了对抗国联会议和布鲁塞尔会议，日本发出了请“友好国家”居间调停的信息。

10月21日，外相广田弘毅会见德国驻日大使狄克逊，正式表示希望德国或意大利能促成中日“和平”。11月5日，德国驻华大使陶德曼拜会蒋介石、孔祥熙，提交了日本政府提出的和平条件：（一）内蒙古自治，组织类似外蒙古的自治政府；（二）扩大华北非军事区，由中国警察和官吏维持秩序；（三）扩大上海非军事区，由国际警察管理；（四）停止反日政策；（五）共同防共；（六）减低日本货进口关税；（七）尊重外侨权利。蒋介石要求立即停火，恢复战前状态。陶德曼劝蒋介石接受日本的条件。他说，“一个国家不应该等待到精疲力尽的时候”才接受和谈。12月2日，蒋介石会见陶德曼，正式表示：中国政府愿以所提各项条件作为谈判的基础，但中国在华北的主权和行政权不得改变。他要求日本停止敌对行动；在谈判完成以前，绝对保守秘密。12月7日，德国驻日大使狄克逊遵照本国政府训令，将陶德曼调停经过以备忘录形式送交日本。[②]

---

① 雷蒙 · 桑塔格等编：《德国外交文件，1918—1945》（Raymond J. Sontag and others，eds: Documents on German Foreign Policy，1918—1945），第4辑第1卷，伦敦1949年版，第733—734页。

② 同上书，第778—781、787—789、799页。

其时，淞沪大战已经结束，上海沦陷，南京危急。12月21日，日本政府提出了更加苛刻的条件：（一）中国放弃亲共抗日反满政策；与日、满合作，实行反共政策；（二）在必要地区建立非军事区和特殊政权；（三）日、满、中缔结经济上密切合作的协定；（四）中国对日本给予必要的赔偿。同时声称中国要派代表在指定地点商谈和平，日本在年底以前等待回音；在商谈和平期间，军事行动必须继续。[①]12月26日，陶德曼将以上条件转达中国行政院副院长孔祥熙，日本要求中国政府迅速答复，陶德曼与外交部长王宠惠进行多次接触，均未取得明确结果。蒋介石表示：如此亡华条件，决无接受余地。1938年1月15日，日本政府决定中止“陶德曼工作”。1月16日，日本首相近卫发表正式声明：“帝国政府尔后不以国民政府为对手，而期望真正能与帝国合作的中国新政权的诞生与发展。”两天后，日本政府发表“补充声明”，声称，所谓今后不以国民政府为对手，“意在否认国民政府的同时，把它彻底抹杀”。[②]20日，中国政府电令驻日大使许世英回国。28日，日本驻华大使川越茂也奉召回国。

陶德曼调解失败后，德国完全站到了日本一边。1938年2月，德国正式承认“满洲国”，不久又撤走驻华军事顾问团，但中德之间的易货贸易仍然维持了一段时间。

---

①《日本外交年表并主要文书（1840—1945）》下，文书，第380页。

②同上书，第386—387页。

抗日战争中期

（1939 年—1943 年）

六　抗战转入相持，两个战场形成

（一）日本侵华政策的变化，国共两党不同的战略指导

广州、武汉失陷后，中国抗战逐渐由战略防御转入战略相持。这是整个战争的过渡阶段，也是最困难的时期，然而它是转变的枢纽。在这个阶段，国内外的形势都发生了重大变化。由于中共领导的革命抗日武装和抗日根据地进一步发展壮大，抗日战争形成了两个相互关联的战场，即正面战场与敌后战场。随着战局的变化，日本的侵华策略发生了明显的改变。国共两党为坚持抗战，提出了不同的指导方针。

日本侵华策略的变化

武汉会战结束前，日本侵略军已感到力不从心，要求改变对华策略。1938年9月6日，日军华中派遣军司令官畑俊六即提出《关于武汉、广州两战役善后处理的形势判断》：自日中开战以来，虽给中国军队多次打击，但遗憾的是，中国还有相当大的兵力，其主力军仍存在。国共统一战线暂时不会破裂。中国政府仍保持着统制力量，遵循原来方针，企图长期抗战。相反，随着事变的扩大，日本国内经济形势不容乐观。虽然如此，如果对内整顿国家总动员态势，对外则于占领地区谋求军队的自给自足，同时采取措施利用占据地的资源，当可防止陷入因暂时的财政破产而不得不改变对华方针的窘境。出征作战一年来，占据了广大的地区，如再扩大战区或增派兵力，无疑要大量消耗国力。在作战大致已到达前进限度的目前形势下，进行政略尤其谋略的重要性更加大了。[①] 畑俊六的上述判断，已清楚地说明侵华日军在全面战略进

①《支那事变陆军作战（2）》，第280—282页。

攻后期的窘境。

当初，日军统帅部认为，攻占武汉就能支配中国。在进攻武汉之前，日本首相近卫的智囊团——昭和研究会在《关于处理中国事变的根本办法》中提出："只要国民政府还盘踞在汉口，汉口就是主要以西北各省为其势力范围的共产军和主要控制着西南各省的国民党军之间的接合点，和两党合作的楔子。……所以，首先为了摧毁抗日战争的最大因素——国共合作势力，攻下汉口是绝对必要的。因为占领了汉口，才能切断国共统治地区的联系，并可能产生两党的分裂。"[①] 日军大本营在决定进行武汉作战时，也是将攻占武汉作为"早日结束战争的最大机会"，企图由此实现统治中国。然而，武汉、广州的占领并未实现日本侵略者的意愿。中国抗战的力量仍相当强大，中国军民的抗战意志仍相当旺盛。

1938 年 11 月 3 日，日本政府发表第二次近卫声明，改变同年 1 月 16 日声明中提出的"不以国民政府为对手"的立场，提出"帝国所希望于中国的，就是分担建设东亚新秩序的责任"。"如果国民政府抛弃以前的一贯政策，更换人事组织，取得新生的成果，参加新秩序的建设，我方并不予以拒绝"。[②]11 月 18 日，日军陆军省、部关于《昭和十三年秋季以后指导战争的一般方针》提出："对抗日政权发挥政略、谋略及外交上各种手段，积极促其崩溃；与此同时，可能的话，也采用使其屈服的手段，积极使事变迅速解决。"中国事变的处理，应"尽量采取各种措施，努力使之早日解决。如果早日解决的希望甚微时，国内外要进一步巩固长期持久的态势，在坚持继续战争的决心下，进一步做好确保占据地区的治安和自主的建设"。[③] 日军大本营《陆军作战指导纲要》将陆军作战重心，由正面进攻转移到占领地区。《纲要》以确保占据地区，促进其安定为方针，特别要首先迅速恢复河北省北部、山东省、山西省北部及蒙疆和京沪杭间地区的治安，并确保主要交通线。在这些地区配置固定警备部队，提高驻扎密度。1938 年 12 月 6 日陆军省、部制定的《昭和十三年秋季以后对华处理办法》进一步明确规定，为了对付长期作战，当将以前的对华处理办法明确修改，适应新的形势，作为处理秋季会战后的统一方针。

①〔日〕木户日记研究会：《木户幸一关系文书》，东京大学出版社 1966 年版，第 324—326 页。

②《日本外交年表并主要文书（1840—1945）》下，文书，第 401 页。

③《支那事变陆军作战（2）》，第 283—284 页。

其总体方针是："以攻占汉口、广州，作为行使武力的一个时期，今后，主动地指导新中国建设，应切戒急躁。因此，目前最重要的基本工作首先是恢复治安，并相应地推行其他各种政策。虽然肃清抗日残余势力的工作，仍须继续进行，但主要有待于以军队力量为背景，结合运用谋略、政略。"实施要领要求：如无特别重大的必要，不应企图扩大占领地区，以确保自包头连接黄河下游、新黄河、庐州（合肥）、芜湖、杭州一线以东地区。为了在上述治安地区的要域，迅速恢复治安，应固定配置充分的兵力，并努力使其实现长期自给的局面。"在武汉及广州地区各配置一个军，作为政略、战略上压制抗日势力的基本阵地"。力戒扩大战面，"配置之兵力应限于适应敌我形势所需之最小限度"。①

日本对国民政府开始公开诱降。根据1938年11月30日御前会议决定的《日中新关系调整方针》，12月22日，日本政府发表第三次近卫声明，提出所谓"善邻友好、共同防共、经济提携"三原则。并声称，只要中国允许日本在特定地区驻扎军队，开发和利用华北、蒙疆地区资源，则日本将考虑撤销治外法权，归还租界。在外交上，收回"不以国民政府为对手"和否认国民政府的强硬主张，以"近卫三原则"为钓饵，引诱国民政府妥协屈服；在政治上强调运用政略、谋略，分裂国共合作为基础的抗日民族统一战线，在抗日阵营内部进行策反和瓦解工作。在具体指导上，内阁会议决定成立"兴亚院"，直属首相，并在北平、张家口、上海、厦门设立兴亚院联络部，担负侵华战争中政略、谋略的指导及实施。

在军事方面，放弃速战速决、几个月灭亡中国的战略，转向巩固长期持久态势；停止对正面战场的战略进攻，不再扩大新的占领区。"确保占领地并使之安定"，以"坚强的长期围攻"，"扑灭抗日势力"，实现由"点、线"占领扩大到"面"的占领。为此，在占领武汉后，侵华日军军事进攻的主要矛头，逐渐由正面战场转向敌后战场，由主要进攻国民党军，转向主要对付共产党领导的敌后游击战争。日军对兵力部署进行适应性调整：在华北，成立第12军，司令部驻济南，指挥山东和苏皖北部地区日军，执行巩固占领区的任务；由华中、华南抽调第10、第27、第5师等部，加强华北方面军的力量，主要对付八路军，与敌后抗日军民争夺华北。同时，日军统帅部又由国内向

①《大本营陆军部（1）》，朝云新闻社昭和四十二年版，第573页。

华北、华中增调9个师、5个独立混成旅，使关内的侵华日军总兵力达30个师、9个独立混成旅、3个骑兵旅和4个飞行团，共约80万人。1939年9月，日本陆军中央“为了统辖在整个中国的政治、军事，特别是出以政治上的考虑，促进建立新中央政权的工作和统一进行对重庆的和平工作”，在南京成立中国派遣军总司令部，以西尾寿造为总司令官，板垣征四郎为总参谋长，统率在华的全部陆军部队。[①] 日本陆海军的航空兵对中国战略、政略中心实施轰炸，以挫伤中国的抗战意志，配合对国民政府的政治诱降活动。

日本侵华政策的以上变化，反映了随着中国抗日战争的发展，日本自身矛盾的进一步深化。其一，是“速战速决”战略的破产。力求进攻速决，避免持久拖延，是日本帝国主义发动侵华战争始终一贯的指导方针。为此。日本几乎动员了它的全部军事力量。至1938年末，日本将陆军总数34个师中的32个师投于中国战场，占其陆军的94%，并使用了海军的大部。近百万日军向中国华北、华中和华南进行的全面战略进攻，不仅未能在几个月灭亡中国，相反，在中国军民的坚决抵抗下，势尽力竭，失去战略弹力和继续进攻能力。各次会战未能达到包围和歼灭中国军队主力的企图，更未能摧垮中国军民的抗战意志，中国继续坚持长期抗战。日军在正面战役进攻中的胜利，将战线向前推进数千公里，占领了中国大片土地，控制了主要交通线和城市。但是，广大乡村仍是共产党领导的八路军、新四军及其他抗日军民活动的广阔天地，日军占领的“点、线”，经常处于抗日游击战争的包围之中。日本侵略者因过高地估计自己的力量，过低地估计处在进步时代的中国的力量，不得不吞下长期战争的苦果。

其二，是财力、物力的大量消耗，国力不堪重负。日本发动全面战争后，不断增加临时军费，至1938年3月，在短短8个月内，连续4次追加临时军费共74亿日元，相当于日本在甲午战争、日俄战争、第一次世界大战和侵占中国东北4次战费总和的1.6倍。在一年多的时间内，日本军费消耗100余亿日元。1938年直接军费59.6亿，占国家总支出的76.8%。军费的急剧膨胀，给日本经济造成了严重困难。1938年上半年，日本的进、出口分别比上一年度减少32.9%和19.6%。国内黄金储备由388吨减少至25吨。1938年6月，

---

①〔日〕防卫厅防卫研修所战史室:《支那事变陆军作战（3）》，朝云新闻社昭和五十年版，第3页。

日本政府在国内全面统制物资，树立优先充实军需品和输出产业原料的物资供给计划；贯彻节约、配给、回收，实行战时简朴生活等措施；对钢材、铣铁、铜、铅等30余种物资实行使用限制。[①] 1938年7月，日本政府对130余种产品禁止用钢铁制造，对多种原料、燃料实行配给制，迫使大批民用工业陷于停滞状态。日本政府竭尽全力进行军需动员，以保证侵华战争军需供应，除原有的陆海军军需和兵工厂外，还动员3800余家民营工厂进行军需品生产。但即使在战争初期，武器、弹药的生产也仅能达到计划数的60%~70%，坦克仅达27%。1938年春进行第二次军需动员，扩大动员民营工厂的数目，利用代用品、回收废品，降低产品规格，但仍然难以满足需求。

其三，是战线过长，兵力不足。日本几乎倾其全部兵力对华作战，将近百万部队散布在华北、华中、华南和东北广阔战场上，战线过长与兵力不足的矛盾愈来愈尖锐。一年多的侵华战争，日军伤亡数十万，且补充也比较困难。1938年8月，侵华日军中现役兵只占11.3%，预备役兵占22.6%，紧急动员的后备役和补充役兵员占66%以上，战斗力显著下降。同时，以上情况也使日本对苏联和英美战略陷入被动，特别是对苏战备的虚弱，长期令日本统治集团焦虑不安。

中国抗战由战略防御转入战略相持，日本陷入欲进不得、欲罢不能的被动地位。迅速结束战争，对日本来说，已是一个无法求解的方程式。

国共两党不同的战略指导

战略相持是中国抗日战争至关重要的阶段，是全战争的枢纽。中国化为殖民地还是获得解放，不决定于前一阶段中主要的大城市与交通线之丧失，而决定于这一阶段中全民族努力的程度。对于作为中国抗战主体力量的国共两党来说，这时都面临着“怎么办”的问题。为此，中国共产党于1938年9月29日至11月6日在延安召开扩大的六届六中全会。随后，国民政府军事委员会军令部于11月25至28日在湖南南岳召开军事会议。1939年1月21至30日国民党在重庆召开五届五中全会。这几个不同会议涉及问题虽多，但主要

---

①〔日〕防卫厅防卫研修所战史室:《陆军军需动员(2)实施编》，朝云新闻社昭和四十五年版，第222—224页。

集中在两个方面：一是抗战，二是国共关系。对这两个根本问题的不同认识和不同解决办法，决定了国共两党在抗日战争相持阶段不同的战略指导。

关于抗战，中共六中全会对全国抗战进行了总结，认为15个月抗战的经验证明了，抗日战争是长期的，抗战的战略方针是持久战，中国抗战能够取得最后胜利；而支持长期战争与取得最后胜利的唯一正确道路，在于统一团结全民族，力求进步与依靠民众。毛泽东在会上作的《论新阶段》报告中说，敌人在进攻武汉的战斗中，其强的力量已经进一步发挥了，气势将衰退下去，就不得不使其总的战略进攻接近一个顶点。敌人占领武汉之后，他的兵力不足与兵力分散的弱点将更加暴露，相持局面即要到来。战争形势将出现许多新的东西，发生许多新的情况。相持阶段的战争态势主要表现于正规军在正面战场防御，而广大的游击战争则发展于敌人的后方。那时，游击战争将成为主要的作战形式，在许多重要战略地区将变为非常艰苦的战争。就目前和一般的条件说来，国民党担任正面的正规战，共产党担任敌后的游击战，是必须的，恰当的，是互相需要、互相配合、互相协助的。由于日本的政略进攻，全国性伪政权有形成的可能，抗日阵线中的部分有叛变的可能，悲观妥协情绪可能增长。这些都是相持阶段可能发生的新困难。相持阶段是中国抗战的枢纽，是准备反攻的阶段，其时间长短，依敌我力量变化的程度及国际环境如何而定。但我们应该准备长期战争，熬过这一段艰难路程，胜利的坦途就到来了。

中共六中全会提出的全国抗战的基本任务是："坚持抗战，坚持持久战，巩固和扩大抗日民族统一战线，以便克服困难，增加力量。停止敌之进攻，实行我之反攻，以取得最后驱逐日寇出境和建立独立自由幸福的三民主义新中国的光荣胜利。"①全民族当前紧急具体的任务是，坚决抗战到底，反对妥协投降；拥护国共两党及一切抗日党派的亲密合作，反对一切分裂企图；提高主力军的战斗力；广泛发展敌后方的游击战争；提高军事技术；实行民主政治；扩大民众运动；改善民生；实行新的战时财政经济政策；实行国防教育政策；争取外援；团结中华各民族；厉行锄奸；发展国共两党及一切抗日党派等。

根据全国抗战即将出现的战局变化和敌后游击战争的形势，中共六中全

①《中共中央文件选集》第11册，第594页。

会提出了巩固华北、发展华中和华南游击战争的战略部署，强调必须用尽一切努力坚持保卫根据地的游击战争，在长期坚持中，把游击部队锻炼成一支生力军，拖住敌人，协助正面。发展和巩固敌后抗日游击战争的各项具体措施是：第一，广大地发展一切敌人后方地带的游击战争，创立众多的游击战争根据地，巩固已经建立起来的根据地；第二，依照华北的榜样，留置或派遣足够数量之正规军队于敌后各个战略区域，作为长期坚持游击战争的骨干；第三，一切战区与敌人后方，必须发动所有男女人民卫国保乡的热忱，除动员他们大批加入脱离生产的游击队与补充留置敌后的正规军外，把他们组织到不脱离生产的半军事性质的抗日人民自卫队中去；第四，协助人民组织广泛的脱离生产的游击队；第五，建立游击部队中的政治工作，加强其军事政治文化等教育，以提高其战斗力；第六，建立游击部队中正确的军事政治制度，实现官兵的平等待遇，经济公开；第七，改造土匪部队，使之走上抗日，肃清我军后方的及被敌利用的土匪；第八，接济游击战争的军火，抗日游击战争根据地都须尽量设法建立小兵工厂；第九，依照敌情与我之战略需要，重新划分敌后各地作战区域与行政区域；第十，依照战略需要，统一敌后各部队与行政区之领导，以便集中抗战力量，清除内部矛盾，反对互相吞并的军阀行为。

关于国民党的战略指导方针，蒋介石在南岳军事会议的训词中说："我们这次抗战，依照预定的战略、政略来划分，可以说只有两个时期"。"从卢沟桥事变起到武汉退军岳阳沦陷为止，这是我们抗战的第一时期"，"从今以后的战争，才是第二时期"。第一时期"遂行我们消耗敌人，诱敌深入于有利于我军决战的阵地，而完成我们最后胜利的布置"，"第二期抗战，就是我们转守为攻转败为胜的时期"。[①] 蒋介石认为抗日战争只有两个时期，第一时期是防御的战略，第二时期就是反攻的战略。他判断，在第二期抗战中，日军已不可能对正面战场再行大举进攻，中国继续实施持久作战的方针，在日军进攻时，采取阻滞、牵制与消耗战术，以空间换取时间，避免与敌决战；待日军战斗力削弱时，发动有限的攻势与反击。同时，利用日军停止进攻的时机，整训军队，以待国际形势的变化。

根据南岳军事会议的精神，国民政府军事委员会颁发《国军第二期作战指

---

① 蒋介石：《南岳军事会议训词》(1938年11月)。

导方案》，决定今后之军事指导方针："国军应以一部增强被敌占领地区内力量，积极展开广大游击战，以牵制消耗敌人。主力应配置于浙赣、湘赣、湘西、粤汉、平汉、陇海、豫西、鄂西各要线，极力保持现在态势。不得已时，亦应在现地线附近，尽量牵制敌人，获取时间之余裕，俟新战力培养完成，再行策动大规模攻势。但第四战区应尽先集中有力部队，转移攻势。"①同时制定的《国防军整理总方案》和《国军攻势转移部署方案》规定：自 1939 年 1 月起，在一年至一年半之内，将全国部队分三期加以整理和训练，"加强游击战区兵力，并相继转移攻势，以牵制消耗敌人、援助我游击部队"②。根据蒋介石的提议，南岳会议决定，以三分之一部队，约 60 个师，进入敌后开展游击战争，并设置冀察、鲁苏两个游击战区。原东北军、西北军一部分部队重返河北、山东、苏北等敌后地区，增加对日军的牵制力量。这里计划的以三分之一部队进入敌后开展游击战争多半停留在纸面上，实际见于行动的是设立冀察、鲁苏两个游击战区，其中冀察战区被划定为共产党、八路军已经建立起了抗日根据地和抗日民主政权的河北、山西敌后地区。国民党部队与八路军在同一地带错综相处，造成了复杂的形势。国共第一次局部军事对抗就是从这里爆发的。

1939 年 1 月，国民党五届五中全会决定设立国防最高委员会，以统一党政军的指挥，委员长由国民党总裁担任。

国民党五届五中全会重申了抗战的意向和决心。蒋介石在会上对"抗战到底"的"底"作了一番解释。他说："抗战到底的底在哪里？是否是日本亡了或者中国亡了才算到底，必须有一界说。""在卢沟桥事变前现状未恢复，平津未收复以前不能与日本开外交谈判。""我们不恢复'七七'事变以前原状就是灭亡，恢复了就是胜利。"③就是说，国民党"抗战到底"的"底"是恢复"七七"事变前的原状。这种苟安性质的"胜利"，遭到共产党和全国人民的批评。毛泽东为纪念抗日战争两周年所写的《反对投降活动》一文针锋相对地指出："抗战到底，打到鸭绿江边，收复一切失地，而不知其他。"

关于抗日民族统一战线和国共关系问题。中共六中全会认为：抗日战争

① 《抗日战争正面战场》上，第 32 页。

② 同上书，第 34 页。

③ 国民党中训部档案，中国第二历史档案馆藏。

的新阶段，必将带来抗日民族统一战线的新阶段。“抗日民族统一战线必须以一种新的姿态出现，才能应付战争的新局面。这种新姿态，就是统一战线的广大的发展与高度的巩固”[①]。中共提出扩大抗日民族统一战线，巩固国共两党长期合作的基本主张是：

第一，调节国共关系，发展与巩固抗日民族统一战线。由于新阶段将遇到比以前更多的困难，敌人的方针必然集中于反蒋反共、建立全国性的汉奸政府，破坏国共合作与全国团结。因此，必须调节国共两党、中央与地方及抗战各军之关系，严重注意敌人、汉奸、亲日派在我们内部挑拨离间，制造分歧，鼓励摩擦的阴谋诡计；务使国共合作与全国团结日益亲密起来，树立在困难环境中继续抗战的坚固重心。所有坚持抗战、坚持持久战、巩固与扩大统一战线及克服困难的各项任务，都有待统一战线各党派推动全民族实行起来。欲达此目的，非发展统一战线各党派的组织力量不可，而大大发展国共两党尤为当前的紧急任务。各党均应互相赞助他党的发展，而不可互相嫉忌与互相妨碍。只要是抗日党派，任何一党的发展，都于抗日有利。

第二，扩大巩固抗日民族统一战线的关键是国民党的进步。抗日民族统一战线是以国共两党为基础的。如若处于第一党地位的国民党依然保存过去那样的老状态，对于抗战、对于统一战线都是非常不利的。中共肯定了抗战以来国民党的进步，真诚希望国民党能够继续抗战，继续进步，并有可能实行组织形式的民主化，向广大民众开门，容纳全国爱国党派与爱国志士于一个组织中，使之成为抗日建国的民族联盟。但是，国民党中还存在着许多守旧分子，障碍着国民党进步的速度与程度。如果这些分子占据优势，中国的民族解放事业就要受到极大挫折。

第三，关于国共两党长期合作的组织形式问题。由于抗日战争是长期的，国共两党的合作能够而且必须是长期的。这是抗战时期一切政策的出发点。中共再次申明，三民主义是抗日民族统一战线与国共合作的政治基础。关于两党长期合作的组织形式，中共认为，目前这种“没有成文，不要固定，遇事协商，解决两党有关之问题”的形式，“太不密切，许多问题不能恰当的及时的得到解决”，“对于长期合作是不利的”。[②]两党合作组织形式的适当解决，

---

①《中共中央文件选集》第11册，第604页。

②同上书，第629—630页。

对于亲密两党关系，保证两党长期合作有极其重大的意义。为此，六中全会提出了两种可能的组织形式：第一种，国民党本身变成民族联盟，各党派加入国民党而又保存其独立性；第二种，各党以平等的形式共同组织民族联盟，以蒋介石作这个联盟的最高领袖，以第一种形式为“最好的组织形式”。[①]这充分表示了中共对加强国共合作，共同推进中华民族抗日事业发展的愿望和热情。

第四，关于统一战线中的独立自主问题。根据抗战初期统一战线的发展，以及国民党“限共”和共产党内在与国民党关系上出现的迁就倾向，六中全会强调了共产党在统一战线中的独立自主原则，批判了“一切经过统一战线”“一切服从统一战线”的错误口号，正确阐述了抗日战争中民族斗争与阶级斗争的关系：“在民族斗争中，阶级斗争是以民族斗争的形式出现的。”因此，在统一战线中保持党派和阶级的独立性，坚持共产党的独立自主原则，这才是发展和巩固统一战线的前提。“否则就是将合作变成了混一，必然牺牲统一战线”[②]。正确方针应该是，既统一又独立，又联合又斗争，必须要同国民党的“限共”政策作斗争，而不能用“一切经过统一战线”“一切服从统一战线”的口号把自己的手脚束缚起来。

中共关于巩固和扩大抗日民族统一战线及加强两党关系的愿望和建议，没有得到国民党积极的回应。1938年12月6日，蒋介石在桂林会见共产党代表周恩来，拒绝共产党员加入国民党、同时保持自己独立性的“跨党”办法。他提出要共产党与国民党合并成“一个组织”。几天后他又向另一些共产党人提出要“共产党取消名义将整个加入国民党”。

1939年1月25日，中共正式致电蒋介石，一方面表示中共将本着“相见以诚，相守以信”的原则，继续巩固和扩大两党合作；另一方面则指出：“两党为反对共同敌人与实现共同纲领而进行抗战建国之合作为一事，所谓两党合并，则纯为另一事。前者为现代中国之必然，后者则为根本原则所不许。共产党诚意的愿与国民党共同为实现民族独立、民权自由、民生幸福之三民主义新中华民国而奋斗，但共产党绝不能放弃马克思主义之信仰，绝不能将共

---

①《中共中央文件选集》第11册，第629、754页。

②《毛泽东选集》第2卷，第539页。

产党的组织合并于其他任何政党。”①

国民党五届五中全会一方面继续实行联共抗日政策，另一方面又把研究“如何与共产党作积极斗争”作为议题，强调“溶共”“防共”“限共”“反共”，拒绝共产党用党内合作的办法建立统一战线组织形式的建议。会议秘密通过了《整理党务》的决议，规定国民党嗣后以防共、反共为中心任务，加紧组织发展，扩张势力，以与中共相对抗。会议决定设立“防共委员会”。国民党五届五中全会表现了国民党内反共、独裁和妥协倾向的增长，这是国民党在政治上倒退的表现。

在抗战相持阶段，国共两党不同的战略指导，表现了两种不同的倾向。从本质上说，这仍然是抗战初期国共两党对如何夺取抗战胜利的不同认识、不同的抗战路线和战略方针的继续。中国共产党根据相持阶段的新形势和新变化，向全国人民提出坚持抗战，坚持持久战，巩固与扩大统一战线，克服困难，准备反攻力量的总方针，以及巩固华北、发展华中和华南敌后游击战，打破敌转移主力巩固占领区的军事战略方针，成为中国抗日战争进入相持阶段的正确战略指导。国民党在军事指导方面提出的分期整训军队、加强主动作战以及重视敌后游击战等，对抗日战争的坚持具有一定的积极作用。

（二）相持阶段初期的正面战场

进入相持阶段后，日军虽对国民党军不再“谋求大规模的作战”，在正面战场上与国民党军队基本上保持着战略相持态势和相对稳定的战线，但为配合对国民政府的“政略”“谋略”，摧垮国民政府的抗战意志，使其崩溃或加入“建设东亚新秩序”的行列，仍不断对正面战场发动有限的攻势作战。战役行动的方向主要是三个方面：第一，加强战略守备，反击中国军队反攻的作战。这主要是在武汉外围地区。日军为巩固对武汉战略枢纽的控制，钳制中国第5、第6、第9等战区部队，不断对其外围地区进行有限的攻势，武汉东南之南昌、上高方向，西南之长沙、常德方向以及西北之随县、枣阳方向，是日军在该地区的主要用兵方向。第二，切断国际援华路线的作战。广州失

①《中共中央文件选集》第12册，第17—18页。

陷后，国民政府仍寻找通过广州以西的西江地区及九龙半岛以东地区等华南沿海路线、法属印度支那（越南）路线、缅甸路线以及西北的苏联路线获取国外物资装备。日本视此为国民政府坚持抗战的主要原因，除西北苏联方面无力顾及外，日军倾注较大的力量在华南沿海、东南沿海和与我国接壤的越南进行切断作战。第三，解除对华北后方侧翼威胁的作战，主要是在山西。

中日双方的作战态势

日军占领武汉、广州后，其作战线已推进至北起苏尼特左旗经包头、风陵渡、开封、亳县、合肥、黄梅、信阳、应城、岳阳、永修、芜湖、宣城至杭州以南之线，以及广州、增城、惠州地区。日军进一步调整部署，1939 年 9 月撤销华中派遣军，成立第 13 军，逐步形成 4 个战略集团，分别担任华北、华中、华南方面的作战和警备。华北方面军辖第 1、第 12 军和驻蒙军，共 9 个师、1 个骑兵集团、12 个独立旅，任务是确保华北占领区的安定；第 13 军辖 4 个师、4 个独立旅，主要任务是确保合肥、安庆以东特别是京、沪、杭地区的安定；第 11 军辖 7 个师、2 个独立旅，主要任务是巩固武汉地区的占领，并以有限攻势的作战行动，钳制中国各主要战区部队；第 21 军辖 5 个师、2 个独立旅，主要任务是以广州虎门为根据地，确保该占领区安定并切断中国南部的国际交通线。

针对日军在华战略部署，国民政府军事委员会根据“有限度攻势与反击”，“极力保持现有态势”的方针，整理作战线，调整兵力，以期对敌有限攻势予以有效的抵御与反击，达到持久消耗敌人的战略目的。其主力配置于浙赣、湘赣、湘西、粤汉、平汉、陇海、豫西、鄂西各要线，加强对各战区战略要地洛阳、潼关、中条山、南昌、宜昌、长沙、衡阳等地的防守，强固战略支点。在华中武汉地区周围，设置第 3、第 5、第 6、第 9 各战区，对武汉日军第 11 军形成外线包围态势。各战区可用于对武汉日军作战之兵力，共达 36 个军 111 个师。

南岳军事会议决定重新划分战区：

第 1 战区为河南省北部及安徽省北部，司令长官卫立煌；第 2 战区为山西省全境及陕西省一部，司令长官阎锡山；第 3 战区为浙江、福建两省全境，江苏省、安徽省南部及江西省赣江以东地区，司令长官顾祝同；第 4 战区为广东、广西两省，司令长官张发奎；第5战区为安徽省西部、湖北省北部、河南省南部，司令长官李宗仁；第8战区为绥远、宁夏、甘肃、青海各省，司令长官朱绍良；第9战区为湖北省南部、江西省西部及湖南省全境，司令长官陈诚（薛岳代，1939年秋正式任司令长官）；第10战区为陕西省，司令长官蒋鼎文；鲁苏战区为江苏省北部及山东方面，总司令于学忠；冀察战区为冀察方面，总司令鹿钟麟。后来1939年秋在鄂西、川东设第6战区（1940年5月一度撤销，7月又重设），陈诚为司令长官；1940年夏由第4战区分出广东设第7战区，余汉谋为司令长官。各战区兵力分别有几个到50多个步兵师不等，有的还有骑兵。

此外，军事委员会直辖23个步兵师，担任大后方川康滇地区警备有9个步兵师，1个步兵旅。此时全国军队总计242个师，40个旅，特种部队在外。

同时，对军事指挥系统进行调整。撤销西安、广州、重庆行营，设桂林、天水行营，统一指挥南（华南、华中）北（华北）两战场；减少指挥层次，对原指挥系统从最高统帅部到达战略单位师，共七级，即军委会、战区、兵团、集团军、军团、军、师进行精简，废除兵团、军团两级，改军为战略单位，以便于灵活指挥，各战区并对所辖部队进行轮流整训。到1939年11月，基本完成第一、第二期整训。这样，在1939年底前后，大体完成了正面战场战略相持态势的整备。

防御作战及冬季攻势

1939年正面战场作战的激烈紧张程度虽较上年减缓，但由于日军的局部攻势，作战仍比较频繁。这一年大规模的作战在华中有南昌战役、随枣战役及第一次长沙战役，在华南日军侵占海南岛，发动桂南战役。1939年底至1940年初，正面战场发动了对日军的“冬季反攻”。其后，随着战局和政局的变化，正面战场基本保持了消极防守的战略态势。1940年日军发动大规模的枣宜战役，其他大小战斗一直不断，都是较小规模的作战。

南昌战役是进入相持阶段后正面战场进行的第一个大战役。南昌是南浔铁路和浙赣铁路的连结点，也是第3、第9战区联系的战略要地。南昌东北的鄱阳湖与长江相连，水上交通便利。日军为了消除南昌方面中国军队对长江交通和武汉地区的进逼态势，决定夺占南昌，割断浙赣铁路，切断皖南及浙江方面中国的主要交通联络线。1939 年 2 月 6 日，日华中派遣军向第 11 军下达《对南昌作战要领》；第 11 军令第 101、第 106 师向德安以南集结，第 6 师向箬溪附近集结；另以第 116 师一部及海军舰艇数艘向湖口附近集结，准备攻占南昌。第 9 战区前敌总司令罗卓英负责南昌方面的防守，决定以第 19 集团军守卫吴城、涂家埠及其以西修水河南岸；第 30 集团军防守武宁方面；第 31 集团军担任鄂南、湘北方面守备；第 1 集团军控制醴陵、浏阳及长沙，为机动部队。3 月 17 日，日军水陆两路由鄱阳湖、永修、张公渡分向吴城、涂家埠进攻。第 106、第 101 师在优势炮火掩护下，强渡修水，激战两日突破守军阵地，迅速向纵深突进，23 日陷安义，并击溃第 3 战区增援部队，由奉新向东逼近南昌。26 日，日军先头部队渡过赣江，进至南昌南郊，与由东边进攻的日军形成对南昌的合围。27 日南昌陷落。

4 月上旬，国民政府军事委员会命令各战区发动“四月攻势”，袭扰敌人，并令罗卓英指挥第 3、第 9 战区约 10 个师反攻南昌。先以主力进攻南浔沿线之敌，断敌联络，再以一部直取南昌。罗令第 32 集团军等部以主力进攻南昌，一部仍于赣江以西、抚河以东原阵地保持机动；第 19 集团军主力固守锦江右岸；一部进攻高安，断敌后方；第 1 集团军主力进攻奉新，一部监视安义、靖安；第 30 集团军主力进攻武宁之敌，一部向修水河以北挺进。此外，第 9 战区鄂南湘北部队策应南昌方面之作战，向当面之敌进攻，牵制敌军转移。

4 月 21 日，各部开始行动。第 19 集团军先后克复大城、高安等处，且突入牛行车站，日军主力退守高安东北一带。第 1 集团军逼敌退守奉新，第 30 集团军以主力攻击武宁之敌，并以一部驱逐张公渡之敌。第 32 集团军向南昌攻击前进，一部突入南昌城；但因兵力单薄，旋即退出。5 月 5 日攻克机场、南昌车站，突入南昌城防工事，与日军格斗甚烈。日军步兵凭炮、空联合火力支援实施反击，第 32 集团军所部伤亡甚大。第 29 军军长陈安宝阵亡，攻势顿挫。5 月 9 日，停止反攻，南昌战役结束。

日军占领南昌，获得了“武汉安全圈”的东南屏障，接下来又要解除武汉西北的威胁，于是有随枣战役。

第 5 战区以重兵驻守湖北随县大洪山至河南桐柏山一线，在“四月攻势”中对平汉线南段（武胜关以南）发起攻击。汤恩伯第 31 集团军由湘北移往枣阳，增强第 5 战区的实力。日军第 11 军为阻止第 5 战区在武汉西北面发动反攻，提议攻占随县、枣阳地区。日军大本营随即批准其在汉口西北暂时实施越过现地区的作战。4 月 20 日，日军第 11 军下达了有关作战命令：要求乘中国军队不备，以急袭给以反击，一举在襄阳以东地区将敌捕捉歼灭之。日军第 3、第 13、第 16 师分别向应山、安陆、钟祥等地集结。为了保卫襄东地区，中国第 5 战区决定以主力进行攻势防御，保持襄河东岸地区，一部渡河攻击，牵制敌之兵力，便于我主力作战。由江防军担任沙市、沙洋、荆门及宜昌一带守备；张自忠右集团军负责防守钟祥以北襄河两岸；李品仙左集团军以大洪山为依托，守卫随县东南部；汤恩伯第 31 集团军以桐柏山为依托，守卫随枣北部；孙震第 22 集团军驻守枣阳为机动兵力。

5 月 1 日，日军主力第 13、第 16 两师及骑兵旅，由钟祥沿大洪山、襄河间地区向枣阳方向进攻；5 月 3 日，应山、信阳方面日军第 3 师及第 39 师之一部，向随县、桐柏进攻。4 日，日军第 13、第 16 两师突破张自忠第 33 集团军阵地。第 16 师和骑兵旅，沿襄河东岸向枣阳以西迂回，并向新野、唐河方向突进。第 13 师向枣阳、随县进犯。7 日，敌占枣阳，12 日陷唐河，企图与第 3 师相策应，包围李品仙第 11、第 31 集团军于枣阳附近地区，因在桐柏山及其南北两侧受到阻击，未能及时合围。守军主力经泌阳向北转移。第 5 战区令第 31 集团军会同第 2 集团军从豫西南下，向唐河、新野一带反击；令宜城以南第 33 集团军及江防军各一部，东渡襄河，袭日军主力第 13、第 16 师之侧背；左集团军主力依托桐柏山，侧击随枣公路之敌。从 13 日起，日军被迫全线撤退。第 5 战区先后收复桐柏、枣阳等地。到 5 月 20 日，除随县未收复外，其他都恢复原态势，战役结束。

9 月，日军又发动湘赣作战，即第一次长沙战役。

随枣战役后，日军鉴于中国军队的“整体配置及抗战主体”在拥有 50 多个师的第 9 战区，决定在湖北、赣北给以打击，重点目标是粤汉铁路沿线的中央军主力，企图以此挫伤中国军队继续抗战的意志，推动汪精卫叛国集团正在进行的筹建伪新中央政权的活动。[①] 8 月，日第 11 军制定“江南作战”（按：指湘北、赣北）计划，决定以第 6 师主力、第 13 师奈良支队、第 3 师上村支队由岳阳地区南进，开辟湘北主战场；以第 3 师由鄂南、第 106 师在赣北助攻，策应湘北方面作战。长沙是中国第 9 战区司令部所在地及华南重要战略要地，早在 1939 年 4、5 月，国民政府军事委员会即确定了守卫湘

---

①《支那事变陆军作战（2）》，第 379—380 页。

北、赣北的基本方针。

此次战役首先从赣北打响。9月14日，日军第106师由靖安、奉新一线向高安发动进攻。罗卓英指挥中国第1、第19、第30集团军，在高安地区同日军展开争夺，高安失而复得。日军又由上高西进，中国军队顽强抵抗，使敌不能有大的进展。湘北方面，9月18日，日军主力在第11军司令官冈村宁次亲自指挥下向新墙河以北中国阵地发起攻击。守军在第15集团军总司令关麟征指挥下顽强抵抗，逐次消耗敌人。23日，湘北日军第6师开始强渡新墙河作战，守军殊死抵抗，使敌第一、二次进攻均被挫败。日军集中火炮并施放毒气弹，守军大都中毒失去战斗力。日军第6师及奈良支队分头渡过新墙河，上村支队在海军领航下越洞庭湖在营田登陆。双方激战汨罗江。此期间日军第33师由鄂南通城发起进攻，经麦市、福石岭沿鄂湘赣边南下，到达平江以东的三眼桥，与奈良支队会师。26日，蒋介石电令薛岳：准备6个师兵力，位置于长沙附近，亲自指挥，乘敌突入长沙之际，侧击歼灭。薛岳以两团兵力牵制敌人，主力退守长沙设伏。日军在前进中，不断遭到袭扰、阻击。在敌必经之路两侧10公里范围坚壁清野，牲畜、粮食及一切食品搬运一空，道路破坏，日军坦克、炮车均不易通过。28日，第6师及上村支队日军在福临铺、栗桥等地区遭到伏击，受重创。日军越捞刀河，占领距长沙约30多公里的永安市。此时中国军队已做好在长沙周围作战的部署。冈村宁次觉察到战事再发展下去将对日军不利，便以“收缩战线”为由决定撤兵。10月1日首先从永安市北撤。第9战区各部乘机反击，收复失陷各地，跟踪尾击撤退之敌。10月10日前后，湘北日军退回新墙河以北，第33师退回通城，第106师退回奉新，各线都恢复战役前态势，第一次长沙战役结束。

第一次长沙会战是1939年华中正面战场上规模最大的一次战役，参战步兵日军约10万人，中国军队约24万人；战斗结果，双方都有重大损失。经过两年多艰苦抗战的中国军民在一场作战中迫使强敌全线撤回原阵地，一时被认为是一个大胜利。全国不少地方举行了庆祝，对于坚持抗战是一种鼓舞。

在华南，1939年1月日本决定占领海南岛，目的是在那里建立对广东沿海扩大封锁的作战基地及进行航空作战的基地，以切断桂越、滇越以至滇缅各路线。2月，日军第21军坂田支队在海军协同下在海南岛北部登陆，占领海口、琼山及定安、文昌等地；海军在南部三亚登陆，占领榆林、崖县等地。

6月，日军攻占汕头、潮州一带，8月占领深圳、沙头角，由此进一步加强了对中国沿海对外交通的封锁。接着又为切断由印度支那通南宁的交通线而发动了桂南战役。

华南沿海主要对外路线被切断，由法属印度支那经龙州至南宁的公路成为中国最大的海外交通线。自广州失陷后，外部经由此线进入的物资运输量大为增加，输入量“每月约达四千至六千吨，占输入额的百分之三十”①。日本陆军参谋本部1939年6月的《兵要地志》判断：南宁至谅山的道路是中国联络西南的大动脉，夺取南宁即可切断此路，并可将飞机场向前推进，缩短由海南岛起飞的距离，更有效地轰炸中国西南两大补给路线——滇越铁路和滇缅公路，还可直接威胁法属印度支那。特别是欧洲大战爆发后，日本陆海军首脑部更有人认为要抓住英美被欧战牵制而无力顾及远东的良机，攻占南宁，打断各国援华的念头，并乘机夺取进入法属印度支那北部的跳板。新上任的陆军作战部部长富永恭次甚至认为，攻占南宁“是中国事变的最后一战”②。1939年10月14日，日军大本营下达切断南宁、龙州公路补给线的作战命令。

11月15日，日军第21军第5师等部，在海军的支援下，于钦州湾登陆，迅速占领防城、钦县后，分路向南宁进攻。中国当局对日军在近期内进攻桂南的可能性估计不足，第4战区将防守桂南部队向广东方面转用，致桂南方面海防兵力薄弱，不能有效阻止敌军攻势。日军进展迅速，24日攻陷南宁，前锋推进到南宁以北约20公里的高峰隘和东北约50公里的昆仑关一带，扼住了南宁对外通路的咽喉。

南宁失守，西南交通线被切断，对抗战影响甚大。国民政府军事委员会决心调集兵力反攻，收复南宁。12月中旬，第16、第26、第35、第37、第38各集团军共约10个军14万兵力，先后到达桂南战场，并以100架作战飞机支援反攻。12月18日，各部由北、东、西三方面向南宁取向心攻势。双方发生激战。此时日军第5师及川支队刚攻占龙州及镇南关（今友谊关），不得不急速撤回南宁。31日，杜聿明第5军与第66军等协同攻克昆仑关及南宁附近要点。此战中，日军第5师遭受歼灭性打击，其第21旅旅长中村正雄负伤身亡，全旅伤亡达4000多人。昆仑关告捷成为抗战以来正面战场军队以空、

① 蒋纬国：《抗日御侮》第7卷，第9页。

②《支那事变陆军作战（3）》，第45页。

炮、坦、步军兵种协同配合、攻坚作战之首次胜利。中国军队为此胜利做出巨大牺牲，仅第 5 军就有 11000 余人负伤，近 5600 人为国捐躯。

1940 年 1 月，日军由广东急调来桂南的第 18 师、近卫混成旅一部出动增援，由南宁以东渡郁江向宾阳后方迂回。南宁正面日军，也转入攻势作战。2 月 3 日，日军再陷昆仑关，进占宾阳、武鸣等地，但此时日军因兵力分散，后方空虚，补给困难，遂于 2 月 9 日相继南撤。日本大本营决定解除第 21 军战斗序列，组建新的华南方面军及第 22 军战斗序列。第 18 师调回广州。由第 5 师、近卫混成旅及台湾混成旅组成的第 22 军，驻守从南宁到钦县的广大地区，企图长期占领。7 月，日军再次侵占龙州。这时法国已向德国投降，法国维希政府屈从于日本的压力，8 月与日本缔结协定；据此，日军于 9 月 23 日进驻越南北部，第 5 师一部由桂南移调越南。中国军队乘敌兵力减少之机，在龙州、南宁地区发起广泛攻击，10 月 28 日收复龙州，30 日收复南宁。到 11 月底，桂南日军全部被赶了出去。整整一年的桂南作战至此结束，中国保住了自己的这块土地，但经过越南北部的国际交通线被日军切断了。

1939 年下半年，正面战场上的中国军队在相继完成两期整训后，战斗力在一定程度上得到恢复。10 月 10 日，国民政府军事委员会军令部颁发《国军冬季攻势作战计划》，以第 2、第 3、第 5、第 9 四个战区为主攻战区，第 1、第 4、第 8、鲁苏、冀察战区为助攻战区。

第 1 战区一部向豫东陇海铁路及其附近实施攻击，袭击兰封，阻断附近铁路；一度攻入开封，焚毁日军指挥所及仓库；袭击商丘。另一部在豫北攻击安阳及其以南的平汉铁路沿线一带，切断沁阳、博爱公路，并一度攻入沁阳。

第 8 战区 12 月 18 日开始行动，20 日突入包头，与敌守军展开巷战，直到 23 日。其间敌驻固原的骑兵第 13 团及驻安北的骑兵第 14 团前来救援，途中被中国军队包围，骑 14 团团长小林一男大佐被击毙。1940 年初，日军发现中国军队有再攻包头的迹象，决定攻占傅作义第 35 军根据地五原；1 月 28 日开始行动，2 月 3 日突入五原；进而至临河、陕霸，然后退出。3 月 20 日，第 35 军主力反攻五原，激战至 22 日，击毙日军绥西警备司令官水川伊夫中将以下日伪军 4000 余人，全歼桑原荒一郎中佐率领的日特务机关，收复五原。

第 2 战区按原来蒋介石下达的冬季攻势命令应首先切断正太、同蒲二路，肃清同蒲线南部晋南三角地带敌人，然后在晋中南发动进攻。这原不过是一种设想，尚未及执行，1939年12月初，日军第37师实施向中条山方面作战，第2战区被迫应敌，挡住敌军攻势。就在此时阎锡山发动晋西“十二月事变”，造成严重的反共军事摩擦，实际谈不上对敌攻势作战。

第3战区担负切断日军长江供给线之任务，以主力14个师编为长江方面攻击军，分为左翼、中央、右翼三个兵团，沿长江攻击日军第116师。12月16日，各部向荻港至贵池一线发起攻击，攻克日军沿江守备据点多处，并于大通、荻港间击破日军第116师之左翼，进至江岸，炮击日舰，布放水雷，一时遮断长江航运。此期间，第3战区一部袭扰南昌，一度攻入城内；另一部袭扰杭州一带，一度攻入杭州、富阳、余杭各城，破坏敌军指挥机构、仓库等。

在第5、第9战区，中国军队共集中50余个师的兵力，在北起信阳、安陆，南至通山、崇阳，西到汉水，东至九江、德安的广大区域内，向武汉日军第11军展开攻击。从12月10日至1940年1月20日，战斗持续40余天。日军4个师，正面宽大，兵力分散，经常深陷重围，受到严重打击。日军战史记载：中国军队的冬季攻势，其规模之大未曾有过。经过40天的时间，一直到1月20日左右，两军仍然不见胜负。在此期间，日军第一线部队几乎都成了一个个孤立的小部队，在中国军队重兵包围中孤军作战，缺粮少弹，伤亡很大。中国军队的进攻意志极为顽强，其战斗力量不可轻视。“不能不承认它向中外显示了自己主动发起攻势的力量，同时证实敌军的统辖力量并未衰退”。[①]据日方统计，在本次作战中，第11军伤亡约达8000人，付出的牺牲是过去作战不曾有过的。

冬季攻势是抗日战争进入相持阶段后，正面战场中国军队发动的一次大规模的行动。八路军、新四军等人民抗日武装，也在敌后积极作战，配合了这次战役。冬季攻势打击了日军的嚣张气焰，消耗了敌军大量兵力，在战略上支持了敌后战场的反“扫荡”。但此役并未达到扭转正面战场战局和收复失地的战果，自身也受到巨大的损失。蒋介石说“冬季攻势失败”，“前方部队逐渐使用兵力，而非集中全力攻击，以致没有一个县城被我们打下来”。[②]在辽阔的正面战场上，敌我双方经过激烈作战，谁也没有改变原来的位置，这

---

①《支那事变陆军作战（3）》，第101、109—110页。

②《中华民国重要史料初编》第二编，作战经过（一），第242页。

确实表明了一种相持局面。

冬季攻势对日军的打击，使日军认识到中国军事力量不容轻视，需要对国民政府施加军事压力，并推动正在幕后进行的对华政治谋略的进展，日军第 11 军于 1940 年 4 月集中第 3、第 13、第 39 师及第 6、第 40 师各一部发动枣宜作战，这是武汉会战以来正面战场日军发动的一次规模最大的战役。

日军作战计划分两个阶段，第一阶段，主要作战地区为汉水以东之枣阳一带，第二阶段为汉水以西宜昌地区。中国第 5 战区除以江防军和右集团军一部固守汉水外，中央集团和左集团均在汉水以东阻敌进攻。4 月 17 日，蒋介石致电第 5 战区司令长官李宗仁等：此次敌军如果西犯，其目的决不在夺取宜昌与襄樊，而在打击我军以后，使其可安全退守，此乃必然之势。即使其有一部向襄河以西进攻，亦必佯动，故我军在襄河以西与江防部队，不妨抽出有力之一、二军，速向大洪山附近移动潜伏，待机截击敌人。[①] 第 5 战区预定在枣阳以东或荆门、当阳以南地区与敌决战。

5 月 1 日，日军第 3 师、第 40 师一部自信阳以西向第 5 战区左翼进攻，相继攻占泌阳、唐河。第 13 师自钟祥以北向第 5 战区右翼进攻，进抵大洪山北麓，准备与第 3 师等配合，从南北对枣阳实行两翼迂回。中国军队主力先期转移。两翼日军取得进展后，5 月 4 日，中路日军第 6、第 39 师由随县对襄东中国守军进行正面突破，5 月 8 日攻占枣阳。守城部队第 173 师自师长钟毅以下大部牺牲。5 月 10 日，第 5 战区向枣阳地区反击。第 2、第 31 集团军、第 39、第 75 军以及第 11、第 33 集团军分别由北西南三面向敌攻击，日军伤亡甚重，遂向枣阳以南收缩。反击部队跟踪追击，一度克复枣阳。第 33 集团军总司令张自忠亲率部队出击，在枣阳西南给敌以重创。日军以重兵向张部反扑，双方伤亡惨重，张自忠在宜城壮烈殉国。第 5 战区主力转至新野、唐河以南地区。

5 月 31 日，日军第 3、第 39 师在襄阳附近渡过汉水向南进攻。6 月初，分别占领襄阳、宜城。中国军队对防御日军向汉水以西宜昌地区进攻准备不足，特别是在汉水以东地区作战消耗过大，江防守军兵力薄弱，纵深防御较为空虚，致使日军迅速进至荆门、当阳一带，继续向宜昌进逼。日军第 6、第 13 师亦在旧口镇渡汉水西进，6 月 8 日，占领江陵（荆州）、沙市，企图两路

---

①《抗日战争正面战场》下，第 934—935 页。

配合，进攻宜昌，消灭当地第5战区部队。中国军队在宜昌周围对日军进行了顽强抵抗。6月12日，日军第13师占领宜昌，并按原计划在一周后撤出。但由于德国在欧洲取得重大胜利，日本决定再占宜昌，作为进攻重庆的跳板。6月24日，日军再次攻占宜昌。宜昌战役结束。

与此同时，日本陆海空军协同，从5月18日至9月4日对重庆、成都等地进行了持续三个多月的战略轰炸，出动飞机达4500多架次。攻占宜昌和轰炸重庆，加重了中国抗战的困难。

（三）敌后战场的扩大和抗日游击战争的发展

抗战进入相持阶段，敌后抗日根据地处在更加紧张、激烈的战争环境。日军大规模的频繁“扫荡”“蚕食”，与根据地军民英勇的反“扫荡”、反“蚕食”，构成根据地斗争的主要内容。敌后抗日军民坚持人民战争，加强根据地建设，不断取得对敌斗争的胜利，把抗日游击战争推向新的发展时期。

华北敌后抗日根据地的巩固和扩大

华北是八路军主力活动的地区，共产党和八路军的工作基础和群众基础都比较好。晋察冀、晋冀豫、晋西北等基本根据地成为华北敌后持久抗战的战略支点。武汉、广州失守后，日军逐渐回师华北，加强对敌后抗日根据地的进攻，强化“治安”，巩固殖民统治，华北成为敌我激烈争夺的重要地区。

日军占领武汉后，即由华中、华南正面战场及日本国内相继抽调7个师又5个旅加强华北方面军。至1939年4月，华北日军总兵力达到15个师、9个独立旅，占关内侵华日军半数以上。1939至1940年日军在华北进行的“治安肃正”规定，以大规模的武力“扫荡”为前提，然后“高度分散配置”，广泛建立据点，并依托据点，随时对我抗日部队分进合击。“讨伐”的重点是八路军及抗日根据地军民。日军企图以这种“分散配置”的方法，弥补“点”“线”配置的不足，并逐步由“点”“线”的占领扩大到“面”的占领。

八路军贯彻抗日民族统一战线的政策和全面全民族抗战路线，依靠广大人民群众，开展广泛持久的游击战争，粉碎了敌人的“扫荡”，使抗日根据地得到巩固和发展。

（1）晋察冀抗日根据地

日军为控制平汉、津浦等主要交通要道，巩固对冀中平原的占领，于1938年11月和1939年1月，集中2万余兵力，从平汉、津浦线分路对冀中抗日根据地进行多次围攻，先后占领雄县、霸县、安国、博野、蠡县等城。为巩固冀中根据地，八路军第120师主力，在贺龙、关向应的率领下，由晋西北岚县出发向冀中进军，于1939年1月与冀中中共党政军领导机关在河间县惠伯口会合。第120师主力增强了冀中平原抗战的力量，支援与配合当地军民，打退了敌人的围攻，组成由贺龙分任书记和总指挥的冀中区军政委员会和冀中军区总指挥部。1939年3月中旬，日军又集中9000余兵力，对冀中区举行围攻，企图在文安、任丘、肃宁地区消灭冀中主力。120师主力和冀中军区部队跳出敌合围圈。敌除占领文安等三座空城外，一无所获。4月下旬，贺龙指挥第120师主力与第3纵队一部共7个团，在河间县境齐会村等地，歼敌700余人，取得八路军平原作战全歼日军一个营的胜利。随着八路军反围攻的胜利，冀中根据地得到进一步巩固。

1939年夏，日军进一步加强对晋察冀边区抗日根据地北岳山区的进攻。第120师受命先期由冀中转移至北岳区。9月下旬，日军驻石家庄及正太路沿线独立混成第8旅及部分伪军共1500余人，由灵寿出动，奔袭晋察冀边区南部要地陈庄。第120师部队与晋察冀军区部队紧密配合，在陈庄以东冯沟里及东、西司家庄设伏，将由陈庄向东撤退之敌包围，歼敌1100多人。1939年10月中旬，日军独立混成第2旅、第110师主力共2万余人，对北岳区进行冬季大“扫荡”，企图打通曲（阳）阜（平）间的交通，缩小八路军的回旋余地。晋察冀军区与第120师在涞源以南雁宿崖，以伏击战全歼日军1个营。日军独立混成第2旅旅长阿部规秀亲率日军1500余人进行报复进攻。八路军在涞源黄土岭伏击，一举歼敌900余人，将阿部规秀这个所谓“名将之花”击毙。这次冬季反“扫荡”历时43天，作战100余次，毙伤日军3600余人，不仅消耗了日军的有生力量，而且使敌不敢再轻易以少数兵力深入根据地腹地。在这次反“扫荡”作战中，伟大的国际共产主义战士、加拿大共产党员诺尔曼·白求恩医生为拯救八路军伤员感染中毒，于11月12日在唐县病逝。

平西、冀东、平北的游击战争也有进一步的发展。1939年1月，由萧克任司令员的八路军冀热辽挺进军开赴冀热边区，并成立军政委员会，统一指挥平西、冀东、平北的抗日斗争，2月至6月，挺进军连续粉碎日军对平西三次较大规模的“围攻”“扫荡”，开辟房山、涞水、涿县及永定河以北地区，建立平西游击支队及房、涞、涿各县游击队。1940年3月，日伪军3000余人分10路“扫荡”斋堂中心区。挺进军先后在山神庙、谢家堡等处给敌打击，敌被迫退出平西。在冀东，八路军第4纵队于1938年10月转移至平西后，由李运昌等领导当地武装，坚持抗日斗争。从1938年10月至1939年4月，日军集中优势兵力，连续对冀东进行四次大规模“扫荡”。1939年5月，日军出动5万余人对冀东进行第五次“扫荡”。冀东军民化整为零，分散坚持，相机打击敌人，进行根据地的恢复和重建。6月，在平西经过整训的冀东部队返回冀东，与当地部队会合，东进至丰润、玉田、遵化、滦县、迁安一带展开游击活动，并建立冀东军分区，李运昌任司令员。9月，建立冀东第一个抗日民主政权丰（润）滦（县）迁（安）县政府。1940年4月，挺进军一个团以“平北游击总队”的名义，挺进平北，先后成立昌（平）延（庆）怀（柔）、龙（关）崇（礼）赤（城）、龙（关）延（庆）怀（柔）、昌（平）怀（柔）密（云）等4个县政权。

晋察冀根据地在对敌斗争中不断得到巩固和扩大。至1940年底，已发展到地跨晋、察、冀、热4省，包括同蒲路以东、正太路以北、长城以南、渤海以西之广大地区，北岳、冀中、冀察热3个行政区。1939年中共成立晋察冀分局，以彭真为书记。聂荣臻仍为晋察冀军区司令员。

（2）晋冀豫抗日根据地

为控制河北平原，日军在进攻冀中抗日根据地的同时，于1938年11月，由独立混成第3旅及第114师各一部3700多人，从平汉、津浦两线对冀南进行合围。冀南军民奋勇作战，迫敌撤出冀南中心区。12月，刘伯承、邓小平率129师386旅主力等进入平汉路以东，领导冀南及鲁西北的抗日斗争。1939年1月，冀南军区正式成立，宋任穷任司令员，辖5个军分区。此时日军第10师等3万多人对冀南进行大规模的“扫荡”，先后占领滏阳河两岸各县城和冀南中心地区各县城。冀南八路军主力分为若干集团，结合地方武装，进行分区活动，寻机歼敌。2月10日，陈赓指挥386旅在威县香城固设伏，歼敌一个机械化加强连200余人，创造了平原反“扫荡”作战的战例。在这次反“扫荡”中，八路军在冀南地区共进行大小战斗 100 余次，歼日伪军 3000 余人，粉碎了日军控制冀南的企图。3 月，第 129 师主力返回太行山区。

7 月初，日军第 20、第 109 师等部共 5 万余人，对晋冀豫山区进行大“扫荡”，企图打通白（圭）晋（城）、邯（郸）长（治）、平（定）辽（县）等公路，并结合同蒲、平汉、正太、道清铁路，实现其以铁路为“柱”、公路为“链”、碉堡为“锁”的“囚笼政策”，把晋东南根据地纵横分割。第 129 师、第 115 师 344 旅及决死队第 1、第 3 纵队等部，在八路军总部的统一指挥下，隐蔽集中主力，相机歼敌，以粉碎敌之“扫荡”，打破敌之分割计划。日军未能找到八路军主力，又受根据地军民打击、围困，8 月下旬开始撤退，固守据点。此次反“扫荡”共作战 70 余次，歼敌 2000 余人，收复榆社、武乡、沁源、高平等县城。日军合击我主力的阴谋破产后，开始修筑白（圭）晋（城）铁路，太行、太岳被敌人分割，对敌斗争形势更加艰苦复杂。

晋冀豫根据地军民面向交通线，开展广泛的交通破击战。从 1939 年冬到 1940 年 6 月，先后对邯长公路、平汉铁路、白晋铁路、武（安）沙（河）公路进行破击战，恢复了太行与太岳、太南与太北的联系，粉碎了日军分隔、割裂太行、太岳和冀南等根据地的阴谋，巩固和发展了抗日根据地。1940 年 4 月，成立冀鲁豫军区。6 月，建立太行军区和太岳军区。8 月，成立冀南、太行、太岳行政联合办事处，作为过渡性质的全区统一政权组织。1940 年底，晋冀鲁豫抗日根据地已发展到西起同蒲路，东至津浦路，南临黄河，北至正太、德石路的广大地区，拥有 10 万部队和 2000 万人口，直接威胁着华北和华中地区的日军。

（3）晋绥抗日根据地

八路军 120 师主力东进冀中后，留在晋西北的新 358 旅和山西新军，继续坚持根据地的斗争。1939 年 3 月，日军 4000 余人，分路“扫荡”岚县、静乐、方山等地，被击退。1939 年间，日军对雁北地区根据地进行多次“扫荡”，企图摧毁雁北根据地。根据地军民团结一致，英勇作战，粉碎了日军各次“扫荡”，坚持和巩固了晋西北、雁北抗日根据地。

1940 年 1 月，贺龙、关向应率 120 师主力重返晋西北，成立以他们为负责人的晋西北军政委员会，统一党政军领导。1 月 15 日，在兴县召开军政代表大会，2 月 1 日，成立晋西北行政公署，作为全区统一的抗日民主政权，续范亭任主任。

1940 年 6 月，日军 2 万余人对晋西北根据地进行空前规模的夏季大“扫荡”，企图封锁黄河渡口，围歼第 120 师主力，摧毁根据地。6 月 8 日，日军占领岚县县城。日军多路配合，继续向文水西北双龙镇等地区合击。6 月 17 日，第 358 旅在米峪镇歼灭由文、交（城）西犯之日军一路共 500 余人。6 月 28 日，日军 4 路合击兴县，仅占空城一座；因不断遭受袭击，疲于奔命，被迫撤退。第 120 师在兴县以东二十里铺附近地区设伏，又给东退之敌以打击。这次反“扫荡”作战，历时 58 天，共进行大小战斗 251 次，毙伤俘日伪军 4000 余人。

大青山抗日军民于 1939 年初先后在武川、陶林一带消灭土匪和反动地方武装，发展抗日根据地。1939 年 3 月，大青山支队改名大青山骑兵支队，同时建立了 10 个地方游击队，总人数发展到 1700 余人。1940 年夏，雁北地区划归大青山抗日根据地。8 月，在武川召开绥察人民代表会议，选举组成绥察行政办事处，并根据会议决定成立了绥西、绥中、绥南 3 个专署和 9 个县政府。

1940 年 11 月 7 日，晋西北军区成立，领导北起大青山，南至汾离公路，东至同蒲路，西到黄河广大地区的抗日游击战争，辖大青山游击根据地和 6 个军分区。八路军第 120 师兼军区，统一指挥第 120 师、晋西北新军各部队、大青山骑兵支队等部。

（4）山东抗日根据地

山东是华北发展的战略重点，是八路军进入华中及苏北地区的重要门户。1939 年 3 月 19 日，毛泽东在给彭德怀的电报中指出：“巩固着重于华北”，“发展则应着重鲁苏皖豫鄂五省，目前请特别注意鲁省”。①

武汉失守后，山东面临着更加复杂的对敌斗争形势。一方面，日军向山东地区大量增兵，1938 年 11 月初将新编第 12 军配置于济南附近，山东地区成为日军“扫荡”的重点目标。另一方面，1938 年秋，国民政府委任沈鸿烈为山东省政府主席，并将秦启荣等部调往山东，这些部队在当地既抗日又反共，不断破坏抗日根据地。1938 年 12 月，第 115 师第 343 旅一部由晋西出发，进

①《毛泽东军事文集》第 2 卷，人民出版社 1993 年版，第 173 页。

入山东微山湖以西地区（简称“湖西”），与当地中共党领导的抗日武装合编为苏鲁豫支队。同时，罗荣桓率领115师师部及343旅一部于1939年3月初由晋西到达鲁西地区，首战郓城西北之樊坝，歼敌800余人。4月下旬，日军5000余人及一部伪军，由泰安、肥城、聊城、东阿、汶上、张夏等地多路推进，并将第115师师直机关等包围于肥城以南的陆房一带。第115师部队坚守阵地，毙伤敌1300余人，乘夜胜利突围。

7月底，日军步炮兵共600余人，向泰西地区“扫荡”。第115师在梁山附近前集庄设伏，全歼敌营长以下600余人。其后，日军集中5000余兵力，600余辆汽车，40余辆装甲车，在鲁西平原上进行“梳篦式”的“报复扫荡”。第115师在群众配合下，化整为零，利用青纱帐与敌周旋，使敌疲于奔命，“扫荡”失败。鲁西根据地日益巩固。

1939年8月，山东军政委员会成立，朱瑞任主任。同时成立八路军第1纵队，徐向前为司令员，朱瑞为政治委员，统一领导山东与新黄河以北所有八路军各部队。第115师主力由鲁西进军鲁南，进入鲁南腹地抱犊崮山区，与当地群众抗日武装相结合，创建鲁南抗日根据地。日军为争夺鲁南要地，解除对津浦、陇海两干线的威胁，于1940年4月中旬，调集邹县、滕县、枣庄、峄县、临沂、费县等据点8000余人，向抱犊崮山区根据地进行大规模“合围扫荡”。第115师将主力分散配置于边沿地区，伺机转入外线伏击、袭击敌之侧翼，经一月苦战，毙伤敌军2200余人，粉碎敌人的“扫荡”，保卫了以抱犊崮为中心的鲁南抗日根据地。

山东纵队也取得对敌斗争的重大胜利。沂蒙山区军民于1939年夏粉碎日军2万余人的“扫荡”，毙伤日军千余人。湖西、冀鲁边、胶东、清河、滨海等地区在反“扫荡”胜利的基础上，进一步扩大了抗日武装，巩固和发展了抗日根据地。1939年8月至12月，八路军山东纵队进行第二期整军，将所属部队统一整编为8个支队共2.5万余人，另有脱产游击队2.5万人，自卫队110万人。1940年底，山东地区八路军比1938年秋扩大了两倍。主力部队、地方武装发展到12万余人，大小10块抗日根据地，各级民主政权95个，14个专员公署，1个行政主任公署，并成立了代表人民政治权力的山东省参议会。参议会民主选举，成立行使政府职权的战时工作推行委员会（后改称战时行政委员会），统一全省民主政权的领导。山东抗日根据地发展到北靠晋察冀根据地，南至陇海路，东至海边，西到冠县、濮县、城武等广大地区。

八路军发动百团大战

1940年八路军发动的百团大战，是敌后战场具有重大影响的战役行动。这次战役目的是破袭华北的主要交通线，打破敌对根据地的“囚笼”政策，争取华北和全国战局的有利发展。8月8日，八路军总部《战役行动命令》指示：晋察冀军区部队主要破击正太路石家庄至平定段，对北宁、平汉、津浦、德石、沧石、沧保各路亦同时进行破击。129师部队及总部炮兵团一部，主要破击平定至榆次之正太路，同时，对平汉、同蒲、德石、邯大、白晋、临屯等路进行破击。120师部队破击平遥以北之同蒲路及汾离公路。

正太铁路全长230公里，是日军在华北的重要战略运输线。8月20日夜，八路军各参战部队按照预定计划，对以正太铁路为主的华北各交通线展开声势浩大的破击战。在正太路东段，晋察冀军区组成左、中、右纵队，向日军独立混成第4、第8旅进攻，先后攻占娘子关、井陉矿区。北岳区部队破击了平汉铁路北段及边区周围日军据点。冀中区动员10万以上群众，配合部队对平汉、津浦、德石等铁路线及境内的公路进行破击。冀东地区军民破击了北宁铁路及境内公路线。

第129师组成左、右翼破击队和总预备队，对正太路西段日军展开攻击。阳泉为日军独立混成第4旅司令部驻地，第129师首先占领阳泉西南的狮垴山，打退日军反扑，攻克正太铁路线上的据点及车站多处。除寿阳、阳泉等少数城镇外，正太铁路西段基本被第129师控制。广大军民对铁路、桥梁、隧道进行大规模破坏，正太铁路西段陷于瘫痪。

第120师对同蒲北段铁路及其两侧之主要公路展开大规模破击，先后攻克康家会、阳方口等据点多处，并一度攻入五寨城，切断同蒲铁路北段和忻静、汾离、太汾等公路。

9月10日，第一阶段作战结束。9月20日，战役第二阶段开始。八路军转移攻势，除继续破击交通线外，战役重点转向歼灭交通线两侧和深入根据地之敌伪据点。晋察冀军区将主力由正太铁路北调，进行涞（源）灵（丘）作战，冀中军区发起任（丘）河（间）大（城）肃（宁）作战，先后攻克敌据点29处，破坏公路150公里。第129师主力夺取榆辽公路上重要据点榆社县城，攻克辽县以西据点多处。又破击德石路和平原一些公路，拔去敌伪军若干据点。第120师各部队对同蒲路再次破袭，控制朔县至原平之间的数段铁路，使同蒲路北段交通再度陷于中断。

百团大战第二阶段作战，扩大了第一阶段的战果，给华北日军以重大打击。10月6日—12月5日，华北日军对抗日根据地进行反扑，发动报复性“扫荡”。百团大战进入第三阶段，即反“扫荡”作战阶段。八路军采取灵活多变和内外线相结合的广泛游击战，避开敌之合围，伏击敌之一路，袭扰据守之敌，断其交通，打击敌修路及运输部队，使敌伤亡增大，难以在根据地久踞。

百团大战破坏了日军在华北的主要交通线，使正太铁路停运一个多月，同蒲路北段、平汝、津浦、北宁等铁路和大部公路也遭到不同程度的破坏；拔除了敌人深入我根据地内的部分据点，打击了敌人对根据地的分割封锁。百团大战歼灭大量的日伪军，鼓舞了全国人民抗战胜利的信心，第1战区司令长官卫立煌给朱德、彭德怀的电报说：“贵部发动百团大战，不惟予日寇致命之打击，且予友军以精神上之鼓舞。”[①]蒋介石也发电嘉奖：“贵部窥此良机，断然出击，予敌甚大打击，特电嘉奖。”百团大战的意义，首先它是一个标志，共产党领导的敌后战场，壮大和成熟起来了。各根据地是被分割分散的，百团大战表明，它又是高度统一的。这场作战主要在华北进行，加上华东、华中，这个战场不但地域极其辽阔，它所牵制、抗击的日军侵华兵力接近半数，此外，还有几乎全部伪军。从这方面看，敌后战场的重要地位已经或者正在接近正面战场的地位。这表明了有辽阔、牢固的敌后战场，正面战场才能够相对稳定下来，中国的持久抗战才能够坚持下去。在政治上，百团大战极大地鼓舞了敌后广大人民群众克服万难、坚持与敌人顽强斗争的意志和胜利信心。大后方人民怀着对侵略者的仇恨，无时不希望战场上出现某种奇迹，百团大战消息传开，在久被封锁的人们看来就是这样一个奇迹。共产党在全国人民心目中的地位增高了。同时，八路军这样规模的作战，在国际上也逐渐产生相当的影响。

1939年和1940年，华北敌后抗日游击战争得到了广泛发展，敌后抗日根据地进一步巩固和扩大。八路军3个师在巩固和建设基本根据地的基础上，以山地为依托向平原发展，派遣主力部队挺进冀鲁平原，增强平原地区抗战力

①《八路军军政杂志》第2卷下册，第10期。

量，坚持和发展平原游击战争和平原根据地。在此期间，华北敌后军民对日伪军作战 8200 余次，歼日伪军 12 万余人。八路军由 15 万余人发展到 40 万人。

华中敌后抗日根据地的发展

根据中共六届六中全会确定的“发展华中”的战略任务，1938 年 11 月，成立了以刘少奇为书记的中共中央中原局，负责领导长江以北、陇海路以南，河南、湖北、安徽、江苏等地的抗日战争。

周恩来于 1939 年 3 月在皖南新四军军部确定了新四军在江南敌后发展的三条原则：（1）那个地方空虚，我们就向那个地方发展。（2）那个地方危险，我们就到那个地方去创造新的活动地区。（3）那个地方只有敌人伪军，友党友军较不注意没有去活动，我们就向那里发展。[①] 依据这些原则，江南新四军的具体战略方针为：向南（皖南、江西、福建等）巩固，向东（上海外围）作战，向北（长江以北）发展，其核心是向东向北发展。

另一方面，华中也是日军和国民党军队重点占领与防守的地区。日军以 7 个师又 1 个独立混成旅部署于长江中游及武汉、南昌周围地区，主要对国民党军队作战。在长江下游苏浙皖地区，有日军 4 个师又 3 个独立混成旅，主要部署于京、沪、杭地区和主要交通线。正面战场除第 3、第 5、第 9 各战区大量国民党军队外，新成立的鲁苏游击战区副总司令韩德勤等部主要活动于苏皖敌后。

在苏南，国民政府划定的江南新四军活动区域，只是京沪铁路以南，东西不过百余公里、南北只有五六十公里的狭长地带。1939 年初，新四军第 1、第 2 支队为了打破日军对江南抗日游击根据地的封锁和“扫荡”，主动向日军交通线和孤立据点展开袭击。第 2 支队摧毁了芜湖机场外围伪军据点官陡门，第 1 支队消灭了溧（水）武（进）公路上日伪军重要据点东湾。第 1、第 2 支队积极向东（上海外围）作战、向北（长江以北）发展。1939 年 2 月，在丹阳游击纵队的配合下，新四军向扬中和江北发展，消灭当地汉奸武装，控制扬中、大桥之沿江阵地，并对泰州地区的地方实力派、国民党苏鲁皖边游击

---

①《周恩来选集》上卷，第 105 页。

军正副总指挥李明扬、李长江进行统一战线工作，争取其初步合作。4月，向路东无锡、苏州、常熟、江阴、太仓地区开进。5月初，抵达武进，与中共上海党组织领导的江南人民抗日义勇军（简称“江抗”）会合，成立江抗总指挥部。下旬，“江抗”部队连续取得无锡东北的黄土塘遭遇战、夜袭苏州西北之浒墅关火车站和上海市虹桥机场的胜利。“江抗”与中共上海党组织领导的常熟、嘉定、青浦等地的抗日游击队相配合，开辟了苏（州）常（熟）太（仓）和澄（江阴）锡（无锡）虞（常熟）游击根据地。同年夏，第1、第2支队又派出部队开辟太（湖）滆（湖）地区。

第1、2支队东进北上，推动了苏南地区抗日游击战争的发展，两个支队也由初入敌后时的4000余人发展到1.4万余人。1939年11月，第1、2支队领导机关合并，成立新四军江南指挥部，陈毅、粟裕分任正副指挥。“江抗”主力与丹阳游击纵队合编为新四军挺进纵队，北渡长江，在扬州、泰州地区开展游击战争。同时编成苏皖支队，向扬州、仪征、天长、六合地区发展。

在皖南，新四军第3支队主力1939年与日军作战200多次，毙伤敌官兵近1000人。1940年，日军对皖南根据地“扫荡”进一步升级。4月下旬，日军调集第15师等部1万余人进攻皖南。新四军部队经过10天反“扫荡”作战，共毙伤日军900余人。10月上旬，日军1万余人再次“扫荡”皖南。在叶挺指挥下，在云岭外围阵地与敌展开10余次激战，毙伤日军数百人，保卫了云岭。日军在云岭遭到打击后，东渡青弋江，进占了国民党军驻守的泾县。新四军主力一部立即东渡青弋江，向日军反击，收复泾县城。

在江北，1939年5月初，在叶挺主持下成立新四军江北指挥部，张云逸、徐海东为正副指挥，由徐海东兼任第4支队司令员。同时以第4支队第8团为基础，成立了新四军第5支队，罗炳辉任司令员，郭述申任政治委员。第2支队一部编入江北游击纵队，坚持巢（县）无（为）地区的抗战阵地，以保持皖东与皖南的交通联系。新四军第4、第5支队经过整编后，即分别在津浦路两侧开展游击战争，建立皖东抗日根据地。第4支队在路西开辟了以定远藕塘为中心的游击根据地。第5支队越过津浦路，在路东开辟以半塔集为中心的游击根据地。12月下旬，日军调集2000余兵力，向津浦路地区“扫荡”。新四军第4支队在周家岗、王屏山等地与敌激战三天，迫使日军撤退。1939年底，新四军江北部队由4000余人发展到8000余人，初步完成了在皖东的战略展开。

豫皖苏边位于津浦路、陇海路、新黄河之间，包括豫东13县、皖北8县、苏北3县，是联系华北、华中八路军、新四军的重要纽带，也是发展华中敌后抗战，向东挺进苏北，向西连接中原的前进阵地。1939年初，新四军游击支队主力由豫东睢（县）杞（县）太（康）抗日根据地东进入商丘、永城地区，开辟以涡北新兴集为中心的豫皖苏抗日根据地。1939年底，游击支队改称新四军第6支队，彭雪枫任支队司令员。全支队发展成为拥有9个团1.2万人的游击兵团，并成立了豫皖苏边联防办事处及各县区政权。

在皖东北，1939年5月，八路军苏鲁豫支队由鲁西南奉命南下，在苏皖边地区与中共地方组织领导的抗日游击队会合后，进入皖东北灵璧、泗县以北地区开展抗日游击战争。同时，八路军山东纵队所属陇海南进支队，已初步开辟邳（县）睢（宁）铜（山）地区。7月，新四军游击支队一部进入皖东北，与当地中共组织及两支八路军队伍取得联系后，开展统一战线工作，扩大了活动地区。12月，新四军第6支队增派一部，进抵皖东北，与中共苏皖区委领导的游击第3支队等部合编为新四军第6支队第4总队，张爱萍任总队长兼政治委员，皖东北的抗日局面初步打开。皖东北抗日根据地的开辟，为新四军东进苏北抗击日寇打开了一条新的通道。

1940年初，刘少奇主持中共中原局会议，决定发展华中的战略方向是向东发展，开辟苏北。5月，陈毅调集主力，渡江北上，开辟苏北根据地。但此时泰州地区的国民党苏鲁皖边游击军李明扬、李长江，在韩德勤的挑拨、拉拢与威胁下，由中立转向军事反共，并向新四军挺进纵队进攻。挺进纵队在郭村一带自卫作战，歼灭李部3个团，迫其向泰州退却。

7月初，新四军江南指挥部率部在苏北吴家桥与挺进纵队、苏皖支队会合。7月下旬，江南指挥部改为苏北指挥部（在苏南另组新的江南指挥部，指挥罗忠毅，政委廖海涛），陈毅、粟裕分任正副指挥，下辖第1、第2、第3纵队。新四军挥戈东进，连克日伪据点多处，协同中共地方组织建立了泰兴、如皋、靖江、泰县、江都等5个县的抗日民主政权，开辟了以黄桥为中心的敌后抗日根据地。

新四军在苏北收复国土使反共势力大为惊恐。9月3日，韩德勤纠集其主力第117师、独立第6旅等部，分左右两路向新四军发动进攻。新四军给以有力回击，并攻下苏北重镇姜堰。9月30日，韩德勤又纠集其主力第89军、独立第6旅等约3万人，向黄桥进犯。新四军在陈毅指挥下，一面呼吁和平，一面武力自卫，歼灭韩部主力，占领海安和东台县。

与此同时，八路军第 2 纵队和第 115 师苏鲁豫支队于 7 月底前先后进至豫皖苏和皖东北与新四军第 6 支队会合，合编为八路军第 4 纵队和第 5 纵队。第 4 纵队辖 3 个旅，由彭雪枫任司令员，主要执行向西防御任务，坚持和发展豫皖苏和皖东北的敌后抗日阵地。第 5 纵队辖 3 个支队，由黄克诚任司令员，主要执行东进任务，配合陈粟部队创建苏北敌后抗日根据地。8、9 月间，第 5 纵队主力东渡运河，初步开辟了淮海区抗日根据地，建立了沭阳、泗阳、宿迁、淮阴、涟水、东海等 8 县抗日民主政权。10 月初，该部由淮海区向东挺进，占领阜宁，直下盐城。10 月 10 日，八路军与新四军在东台以北之白驹镇会师。11 月，在海安召开临时参议会，产生了统一的抗日民主政权机关——苏北行政委员会。同时成立了新四军、八路军华中总指挥部，叶挺、陈毅为正副总指挥，刘少奇为政治委员。苏北根据地的建立，进一步打开了华中敌后的抗战局面。

在豫鄂边，武汉失陷后，中共豫鄂区党委将新四军河南竹沟留守处人员组成豫鄂独立游击大队。1939 年 1 月，李先念率一部分干部由延安到达河南竹沟镇，指挥豫鄂独立游击大队挺进豫鄂边敌后，开展抗日游击战争。同年 6 月，陈少敏率信阳挺进队在安陆与李先念部会合，随即将部队统一整编为新四军豫鄂独立游击支队，李先念任司令员，陈少敏任政治委员。12 月，鄂中、鄂东、豫南之新四军部队统编为新四军豫鄂挺进纵队，共 9000 余人，司令员李先念，政治委员朱理治。1940 年 1 月，豫鄂边军政委员会成立。5 月，当日军发动枣宜作战之际，豫鄂挺进纵队积极配合正面战场作战，袭击黄陂、孝感、应山等县境内敌据点并破袭敌公路交通。6 月，豫鄂挺进纵队在京（山）钟（祥）等地进行抗日游击战争，发展襄河以西、长江以北的远安、荆门、当阳、保康、宜昌、江陵一带的抗日游击战争，并建立 9 个县政权，成立豫鄂边军政联合办事处，创立了豫鄂边抗日根据地。

1939 年和 1940 年，新四军在华中独立自主地发动群众，扩大军队，建立抗日根据地和抗日民主政权，迅速打开了华中敌后抗战局面。两年内共作战 2400 余次，歼日伪军 5 万余人，巩固和发展了根据地，开辟苏北、豫皖苏边、皖东等重要战略区，并使新四军由原 2.5 万人发展至 10 万人。

华南敌后抗日游击战争的发展

抗日战争爆发后，中国共产党于1938年4月在香港、广州成立了由廖承志等负责的八路军办事处和以张文彬为书记的中共广东省委，积极发展各地抗日组织，开展统一战线工作和抗日救亡运动，为建立抗日武装和发动敌后游击战争准备了条件。广州失陷后，广东地区中共组织分别在东江、珠江三角洲和海南岛地区组建武装，开展游击战争，开始了创建华南敌后根据地的艰苦斗争。

东江地区包括东莞、惠阳、宝安、增城、博罗等县，战略地位重要。1938年10月，中共广东省特委派曾生到惠阳，成立惠宝工作委员会，组建抗日武装。12月，成立惠宝人民抗日游击总队。同时，在惠阳县淡水镇建立惠阳县第二区行政委员会，成为东江地区中共领导下的第一个抗日民主政权。1939年1月，东（莞）宝（安）惠（阳）边人民抗日游击大队成立，王作尧任大队长。曾、王领导的抗日武装，是东江地区开展抗日游击战争的骨干力量。

珠江三角洲的番禺、顺德、南海、中山等县位于广州外围。广州沦陷后，当地中共组织大力动员群众，组织抗日武装，开展游击战争。南海县广州市郊游击第2支队，最多时曾达到2000余人。中共南（海）顺（德）工委组织的游击队，1940年10月编入2支队作为中坚力量，转移到顺德县城附近的西海，开创了西海抗日游击区。

在海南岛，抗战爆发后，中共琼崖特委与国民党当局谈判达成协议，将琼崖红军游击队改编为广东省民众抗日自卫团第14区独立队，冯白驹任队长。1939年3月，中共琼崖特委将独立队改称独立总队，下编3个大队，活动于琼山、文昌、澄迈、临高、儋县、昌江、感恩地区。6月，日军出动1000余人对琼（山）文（昌）地区进行“扫荡”。独立总队以第2大队一部西渡南渡江，进至琼山县龙塘、府城等地和海口郊区活动，威胁敌心脏地区，并将游击战争发展到海南岛西部地区。至年底，第1、2大队作战70余次，歼日军800余人，开辟了琼文抗日根据地。

1939年冬，第3大队在友军的配合下，采取围困战，夺取了日伪军重要据点那大，进一步发展海南西部的游击战争。1940年2月，中共琼崖特委和独立总队进至澄迈县东南部美合地区，创建根据地，迅速控制美合周围的仁兴、南坤等乡，并建立了100余人的民兵。与此同时，在儋县、昌江、临高等县成立了第4大队和第5大队。9月，中共中央派庄田、李振亚抵琼崖，加强独立总队的领导和指挥。部队统一编成2个支队、1个特务大队和1个独立大队，共3000余人，冯白驹任总队长兼政治委员。独立总队的迅速发展壮大，引起海南岛国民党当局的仇视，于1940年11月以保安第7团等部共3000余人向美合根据地发起进攻。独立总队被迫撤出美合，向琼山、文昌地区转移。至1940年底，中共琼崖特委和独立总队先后建立了琼（山）文（昌）等游击根据地和澄（迈）临（高）等地区小块游击根据地。

东北抗日联军的艰苦斗争

东北人民在“九一八”事变后与日本侵略者进行了长期的武装斗争。全国抗战的爆发，增强了东北人民争取抗日斗争胜利的信心。

各地抗日人民热烈响应中共和东北抗日联军的号召，秘密组织抗日救国会，积极支持抗日联军，使东北抗日游击战争出现新的高潮。

活跃在东南满地区的抗联第1路军密切配合，协同作战，奋勇出击。1937年7月，杨靖宇率第1路军军部直属部队150人从桓仁西进，会合第1师3团，10月31日袭击宽甸县双山子和四平街守敌，并转战于清原、开原、东丰、西丰和抚顺、沈阳东郊等地。抗联第2军在政委魏拯民的领导下，英勇出击，在额穆老黑顶子、抚松榆树川和柳河、穆棱二站、抚松西岗等地，屡次打击日军。10月，第2军一部攻入辉南县城，夺得大批物资，扩大了抗日联军的影响。1937年冬，日军对抗联第1路军“大讨伐”，第1路军一部开进深山密林休整，杨靖宇率军部直属部队转移到敌人力量薄弱的本溪、宽甸、桓仁地区活动，接连在本溪县南营、老边沟、碱石沟、十大湖等地袭击敌人。魏拯民带领第2军在濛江县（今靖宇县）深山密林与“讨伐队”周旋1个月，以突然袭击的方式消灭“讨伐队”近300人，击溃敌精锐宪兵第3团。

1938年2月，抗联第1路军冲破敌人冬季“大讨伐”，杨靖宇率领军部和教导团由桓仁突入辑安老岭山地区，袭击日伪正在紧张施工的通辑铁路老岭山隧道工程，打击了敌人。之后，抗联第1军在大东岔和八宝沟为中心的百余里狭长区域，建立新的抗日游击区。抗联第2军活动在金川、濛江、辑安（今集安）、桦甸、蛟河、宁安、敦化一带，袭击敌宿营地和据点，打击敌人的“集团部落”政策。5月，魏拯民与杨靖宇在老岭山五道沟会合，召开军政干部联席会议，确定“在坚持对日本帝国主义的游击战争中，保存实力，粉碎敌人的全面进攻”的策略方针，并决定再次组织西征，以打通与关内八路军的联系。老岭山会议后，第1军在辑安进行著名的蚊子沟和土口子战斗。抗联第2军在蛟河、宁安、抚松和濛江地区多次取得胜利。6月底，因第1师师长叛变，抗联第1路军停止西征，主力部队撤离老岭山区向金川县河里地区转移；同时决定撤销抗联第1、2军番号，编为3个方面军和一个警卫旅，实行分区作战。

活跃在吉东地区的抗联部队与北满抗联部队相互配合，在依兰东部、富锦、宝清、虎林、饶河一带展开活动，多次取得胜利。1937年7月末，周保中率警卫旅从三道通渡过乌斯浑河，到达东榆树泡一带，与抗联第8军、第3军部队会合，在依兰地区展开游击战。第5军“下江远征队”在宝清县境与第3、第6及第4军部队协同作战，在大孤山、小青山和二道山子等地多次击退敌人的进攻。活跃在牡丹江沿岸的抗联第5军与第4军各一部，采取袭击敌军、炸毁火车和破坏交通等方法，使日军在三道通设置军事据点的计划遭到破坏。9月底，中共吉东省委决定，统一吉东地区抗日斗争的领导，以抗联第4、5、7军为骨干，包括第8、10军等组建东北抗日联军第2路军。10月，抗联第2路军正式宣告成立，周保中任总指挥。随后，对第4、5军进行整顿，进一步加强了战斗力，在1937年冬季反“大讨伐”斗争中，取得胜利。

战斗在北满的抗联第3、6、9军及独立师在松花江两岸和小兴安岭西麓开展广泛的游击战争。第3军活动于松花江南北广大地区。第6军在松花江下游及小兴安岭西麓积极开展游击活动，开辟了三江平原游击区和绥（滨）、同（江）抗日游击区。7月，第6军出师西征，转战于绥棱、通北等地，于10月再返汤原。第9军在依东地区进行整顿，部队战斗力大为提高。抗联独立师冲破敌人封锁线，伸展到富锦、宝清、桦川一带，10月，正式改编为东北抗日联军第11军。12月，在依东地区活动的抗联各军相互配合，开展艰苦的反“讨伐”斗争。

抗联第2路军等部为冲破日军“讨伐”，打通与东南满抗联第1路军和挺进热河的八路军的联系，决定第4军和第5军主力向五常、舒兰一带远征，开辟新区。1938年7月初，远征军从莲花泡出发，因沿途遭到优势敌人的围追堵截，部队损失很大，领导人李延平、王光宇相继牺牲。第5军第1师妇女团最后只剩下冷云等 8 人，她们在敌人追击下，打光最后一粒子弹，投乌斯浑河自尽，壮烈殉国。西征历时 5 个月而失败。

1938 年 5、6 月间，中共北满临时省委决定第 3、6、9、11 军主力越过小兴安岭，向位于黑嫩平原北部和小兴安岭西部的海伦地区西征，开辟新的游击区。全军 800 余人由张寿篯（李兆麟）等领导，于 6 月底开始分三批出发，历尽千辛万苦，克服重重困难，年终前相继到达海伦八道林子一带，胜利完成远征任务。

1938 年下半年，日军继续向东北增兵，关东军增至 7 个师，到 1939 年底增至 10 个师。同时进行所谓“东南部治安特别肃正工作”，以抗联第 1 路军为重点，持续“讨伐”，参加“讨伐”的兵力累计达 20 余万。为隔绝抗日军民的联系，日伪推行“并屯”政策，并村倒户，毁田烧屋，强迫山区和分散居民迁入集体部落，否则当即处死。实行“米谷管理法”，严格控制粮食、布匹、鞋帽、油盐、医药等物资，以断绝抗联生活必需品的来源。日本侵略者在哈尔滨设立代号“731 部队”的细菌研究机构，并在海拉尔、林口、孙吴、牡丹江等地设立支所，用活人进行人体解剖及细菌、毒气试验，抗联战士和无辜群众被残害。中国 3000 名劳工被迫修建“731 部队”设在哈尔滨附近的平房试验场，竣工时全部被秘密杀害。据原 731 部队细菌生产部部长川岛清在伯力军事法庭供认，从 1940 年至 1945 年，每年有 400—600 人被当作试验“材料”投入工厂。五年中因感染致命细菌而惨死的至少有 3000 人。

由于日军疯狂的军事“讨伐”和封锁，从 1938 年下半年起，东北抗日游击战争进入极端艰苦的斗争阶段。抗联活动地区日渐缩小，部队大部被迫转移到深山密林，战斗在冰天雪地中，粮食断绝，常以树皮和野果充饥，没有房住，没有衣穿。“火烤胸前暖，风吹背后寒”。1939 年 3 月，日伪调集军警、宪兵、特务 7 万余人，向第 1 路军活动地区进行大“讨伐”。第 1 路军损失巨大。当年冬，中共南满省委决定部队缩小目标，分散活动。1940 年初，杨靖宇率总部直属队攻克濛江西北龙泉镇，取得歼敌近百人的胜利，但受日伪军警“讨伐”追击，损失很大。杨靖宇单独率一支小分队与敌周旋，转战达 50 余天，作战 40 余次。2 月 23 日，杨靖宇在濛江西南保安村三道崴子壮烈殉国。敌人将他的尸体解剖，看到他腹中没有一粒粮食，只有树皮、野草和棉絮，大为震惊。

日军在进攻抗联第 1 路军的同时，于 1939 年初集中约 6000 人兵力，编成十几支“讨伐”队，对第2路军总部和第5军等留守部队轮番进行“讨伐”。中共吉东省委决定，主力分路向外线转移。5、6月间，部队先后到达宝清、密山附近兰棒山临时后方基地及宁安镜泊湖地区。在此期间，第7军在虎林、饶河地区积极作战，保住了后方基地。第10军在舒兰等地不断打击敌人，继续坚持斗争。1939年5月，抗日联军第3路军在黑龙江省德都朝阳山正式成立。总指挥张寿篯、政治委员冯仲云，下辖第3、第6、第9、第11军，活动于黑龙江省北部十几个县境内，先后开辟了朝阳山、阿荣旗、甘南等游击区。

抗联各路军均遭受重大损失，中共吉东、北满省委部分代表于1941年1月24日在苏联伯力（哈巴罗夫斯克）召开会议，确定“逐渐收缩”的方针，将各路军缩编成10个支队。第1路军各部缩编为第1、第4、第7支队；第2路军各部缩编为第2、第5、第8支队；第3路军各部缩编为第3、第6、第9、第10支队。抗联全部兵力已不足2500人。抗联领导人周保中等和苏联代表达成协议，抗联游击队撤至苏联境内休整。在中苏边境的抗联部队分别组成南、北两个野营，进行军政整训。1941年8月，南北野营的抗联部队以及在东北各地活动的各部（分）队改编为东北抗日联军教导旅，周保中任旅长。若干抗联游击小分队继续在北满、吉东、延吉、敦化、桦甸和蛟河等地坚持斗争，直到日本投降。

东北人民和抗日联军从“九一八”事变以来，坚持抗日斗争，坚持游击战争，坚持反抗日军及伪满洲国的奴化政策和殖民统治，誓死不做亡国奴。在日伪暗无天日的残酷统治下，东北人民保持着坚定的中华心，民族魂，期盼着光复河山。在长达十四年的抗日武装斗争中，东北与祖国战略后方相隔离，得不到主力部队的直接支援配合，与强大的敌人浴血奋战，不屈不挠，为抗日战争做出重大贡献。据日本方面统计，十四年中抗联共毙伤俘日军17万余人，牵制了日本在东北的大批兵力，使之不能入关南下，有力地配合了全国抗日战争。

1939年9月欧洲大战爆发，日本采取“不介入”、专事“解决中国事变”的方针。但1940年，日军向中国正面战场规模较大的进攻，只有一次枣宜作战。而这两年中对敌后抗日根据地数千人至5万人的“扫荡”即达100次左右，平均每月4次。日本侵略军这时把大力放在对敌后军民的进攻上。敌后战场成了抗击日伪军频繁进攻的突出战场。敌后抗日根据地军民，实行全面全民族的抗战路线，向日伪军展开广泛的游击战和有利条件下的运动战，直至百团大战，共作战1万余次，平均每日约14次。敌后战场的有力作战，粉碎了日军缩小抗日地区和巩固占领区的图谋，巩固、扩大和发展了华北、华中、华南敌后抗日游击战争，形成了一个地域分割、领导指挥统一的从长城内外到海南岛的敌后战场。八路军、新四军、华南抗日游击队发展到50万人，这个敌后战场与正面战场互为依托，互相配合，使战局出现有利于中国的变化。抗日战争的全局由此大致稳定下来，得以坚持下去，立于不败之地。正面、敌后两个战场的又统一又区分，是民族战争与人民战争的统一与区分。中国抗日战争在这里表现了自己最大的优点和基本的特点。

（四）汪精卫投敌，南京的伪国民政府

抗日战争刚进入相持阶段，就发生了汪精卫集团叛国投敌，这是国民党及中国抗日阵营中的一个曲折。

各地傀儡政权的出笼

日本在扩大侵华战争的同时，通过收买和扶植汉奸势力，先后建立了华北、“蒙疆”和华中等几个区域性、临时性的伪政权。

1937年10月1日，日本政府《处理中国事变纲要》提出：对华北作战的后方地区应抛弃占领敌国领土的观念，政治机关要由当地居民自主组成，“行政首脑应由适合于实现日华敦睦关系的有力人物充任”[①]，即通过扶植傀儡政权进行殖民统治。日本各特务机关是建立傀儡政权的指导机构。日本关东军司令部8月14日已提出：华北政权“有关政治、经济等的指导问题，由设在北平、张家口的大特务机关长通过日本顾问对其外交、经济、内政方面进行幕后指导”[②]。华北伪政权在日本特务机关的导演下逐步成型。

---

①《处理中国事变纲要》（1937年10月1日）（首相、外相、陆相、海相决定），《日本帝国主义对外侵略史料选编》，第242—243页。

②〔日〕防卫厅防卫研修所战史室：《华北治安战（1）》，朝云新闻社昭和四十三年版，第41页。

7月29日，宋哲元、秦德纯等人由北平前往保定后，北平实际沦入日军之手。30日，日本特务机关即以老牌汉奸江朝宗出任“会长”，组织“北平地方维持会”。8月8日，日军侵入北平市内。9日，江朝宗就任“地方维持会”“委员长”职，10日任北平市“市长”。8月1日，日军也在天津成立了“地方维持会”。9月13日，华北日军特务部又以北平、天津两地“维持会”为基础，在天津成立了“平津治安维持联合会”，由日本特务机关统一指挥。

维持会是伪政权的预备机构。9月4日，日华北方面军属下设立特务部，以积极建立华北“政权”作为行动的主要目标。华北方面军特务部派员前往香港，诱说王克敏重返北平，负责筹组伪政府。王克敏曾在北洋政府任财政部总长，在冀察政务委员会任委员兼经济委员会主席，是老牌亲日分子。12月7日，王克敏到达北平，即与在北平的汤尔和、王揖唐等汉奸分子一起，开始组织伪政权。14日，即南京陷落的第二天，华北伪政权“中华民国临时政府”在北平居仁堂举行成立仪式。伪政府以五色旗为“国旗”，盗用中华民国年号，定“都”北平。[①] 伪政府主体为“行政委员会”，“委员长”由王克敏担任。其他头面人物多为旧军阀时代的反动政客。15日，“平津治安维持联合会”宣布解散，各地维持会都先后纳入伪政府系统。1938年2月1日，伪冀东防共自治政府并入“临时政府”。

1938年4月17日，日华北方面军司令官寺内寿一与王克敏签订关于派遣政府顾问的《约定》，规定“日本军最高指挥官令中央顾问及其所用之辅佐官协力援助中华民国之行政、法制、军事、治安及警务等事项”；“中华民国临时政府为推行及改善技术家、专门家之必要业务起见，所需专员技术官、教授、教官、教导官等，由日本军最高指挥官之推荐，任用或聘请日本人充任之”。[②] 通过顾问制度，伪政府完全控制在华北日军及特务机关手中。

1937年12月24日，日本内阁会议决定《处理中国事变纲要》，声称对于伪临时政府，要“逐步扩大和加强这个政权，使它成为重建新中国的中心势力”[③]，透露了准备把华北伪政权作为伪中央政府的意向。

伪临时政府统治的区域，随着日军侵占区的扩大逐渐由平津扩展至河北、

---

① 日伪政权已于1937年10月12日将北平特别市改称北京特别市。

②《中华民国重要史料初编》第六编，傀儡组织（三），第129页。

③《日本帝国主义对外侵略史料选编》，第250页。

山东、山西、河南四省，先后成立省、道、县各级伪政权。北平、天津、青岛为特别市。

伪华北政权成立后，当地日军特务部于1937年12月24日在北平成立“中华民国新民会”。宣言以“新民主义”为指导思想，与伪政权“表里一体”，全力实现“护持新（伪）政权”“参加反共战线”“促进友邻（日本）缔盟”等纲领。初时会长空置，以原伪满洲国外交大臣、“协和会”重要头目张燕卿任“副会长”；1939年12月2日王克敏兼任首任“会长”。“新民会”初以中央指导部为中央领导机关，由缪斌和日人早川三郎任“部长”“次长”。地方由省、道、县指导部领导。其活动伸展到各文化团体、教育机关以及商人、工人、妇女各种团体之内，十分重视“精神工作”，1938年度《工作大纲》开列的第一项工作就是开展思想战。为此，中央指导部先后创办《新民报》《新民会报》《新民周刊》《新民青年》等报刊，出版发行批判三民主义，攻击国民党、共产党的丛书和小册子，组织和举办中小学生作文比赛、“学术”座谈会、中日文化展览会等活动，宣传各种汉奸理论，推行奴化教育。

日军占领张家口、大同后，分别建立了“察南自治政府”“晋北自治政府”等傀儡政权。

日军占领归绥后，10月27日德穆楚克栋鲁普（德王）等在归绥市召开“第二次蒙古大会”，成立伪蒙古联盟自治政府，关东军参谋长东条英机指定云端旺楚克（云王）为“主席”，德王为“副主席”兼“政务院长”（1938年3月云王病逝，德王继任伪主席），李守信为“蒙古军总司令”。辖区包括巴彦塔拉、察哈尔、锡林格勒、乌兰察布、伊克昭等五盟。

11月22日，蒙古、察南、晋北三个伪政权代表在日军操纵下在张家口召开伪蒙疆联合委员会成立筹备会。会议通过设立“联合委员会”，统制与协商有关各伪组织之共同重要事项，由产业、财政等六部组成。1938年8月后，日本逐步改组强化伪蒙疆联合委员会，使它由三个伪政权的协商机构，变为领导机关。1939年9月1日，日本军部将伪蒙疆联合委员会改为伪蒙疆联合自治政府，以德王为傀儡主席。

侵入华东的日军也在其占领区内积极策划成立汉奸政权。1937年12月5日建立“上海大道市政府”，1938年1月成立“南京自治委员会”和“杭州治安维持会”。

2月14日，日本华中派遣军特务部在上海纠集汉奸梁鸿志等，策划华中伪政权问题，决定政府名称为“中华民国维新政府”，政体为民主立宪，政府所在地南京。

3月28日，伪中华民国维新政府在南京成立并公告“三大原则”：（一）反对共产主义；（二）绝对否认国民政府；（三）保持对日之密切提携。其统治地区包括江苏、浙江、安徽三省及上海、南京特别市。“维新政府”由行政院、立法院、司法院组成，梁鸿志为“行政院长”。

伪政府成立后，7月15日，日本特务机关在上海成立“大民会”。“大民会”在苏浙皖三省设10个联合支部和44个支部。“大民会”与“新民会”一样，是日本愚弄和统治中国民众的罪恶工具。

为了协调“临时”与“维新”北南两个伪政权的关系，1938年7月15日，日本五相会议通过《建立中国新中央政府的指导方针》，决定“尽快先使‘临时’及‘维新’两政府合作，建立联合委员会。其次使‘蒙疆联合委员会’与之联合。以后上述各个政权，逐渐吸收各种势力，或与他们合作，使之形成真正的‘中央政府’”[①]。9月20日，南北两伪政府的梁鸿志、王克敏等在北平举行会议，讨论两政府合流之事。22日，宣告成立“中华民国政府联合委员会”，为进一步成立新的“中央政府”作准备。但随着日本与汪精卫集团勾结的进展，日本逐渐把成立“新中央政权”的目标移于汪精卫集团。

汪精卫投敌

自1931年“九一八”以来，国民党内部一直存在着对日“和”“战”的争论。国民党统治集团推行的“攘外必先安内”的对日妥协政策，在西安事变后有了根本改变。但是，在全国抗战开始后，国民党内的“和”“战”分歧仍十分严重。

汪精卫是国民党内部对日“和平”妥协的最大倡导者。“七七”事变后，在全国抗战热潮中，他却网罗一批人，形成了一个主张对日妥协投降的集团。他们在汉口成立所谓“艺文研究会”，由周佛海任总务干事，陶希圣任研究总干事，并在广州、长沙、西安、重庆、香港等地设立分会。其宗旨是：“第一，要树立独立自主的理论，反抗共产党的笼罩。第二，要造成一个舆论，使政

①《支那事变陆军作战（2）》，第102页。

府可战可和。”[①] 他们诋毁抗日的主张是“唱高调”，自称他们的小团体是“低调俱乐部”。

汪精卫的“和平”论受到朝野越来越多的人指责，也逐渐丧失其在国民党内的影响和地位。1938 年元旦，行政院改组，蒋介石辞去行政院长职，专任军事委员会主席，继任行政院长为孔祥熙，而非长期任过此职的汪精卫。3 月的国民党临时全国代表大会上蒋当选为总裁，总揽国民党一切权力，汪屈居副总裁。在日本发表“不以国民政府为对手”声明后，汪企图越过蒋，另辟蹊径，与日本密谋谈判实现中日“和平”。日本也企图利用汪取代蒋，使中国完全屈服。

日本发表上述声明后，中日双方都召回驻对方的大使，两国关系实际处于断绝状态。汪精卫非常懊丧，他向蒋介石提议，“和平之门不可闭”。周佛海以搜集情报为借口，促使蒋介石同意将汪派成员、国民政府外交部亚洲司司长高宗武派往香港。高宗武于 1938 年 2 月初抵香港后，设立了一个名为“日本问题研究所”的情报机构，实际上他是要寻找与日本接触的渠道。

高宗武在香港很快就通过他的旧相识、日本驻香港特务、曾任满铁南京事务所所长的西义显等人与日本军部间接发生了关系。6 月 23 日，高宗武在周佛海指使下离香港经上海潜赴东京。日本政府对高宗武的到来极为重视，首相近卫文麿、外相有田八郎、陆相板垣征四郎、参谋次长多田骏等人，都先后与高接触。日方正式向高表示，日本希望由汪精卫出马实现中日“和平”。高宗武因赴日未得蒋介石批准，害怕回国遭到逮捕，便去香港养病，将日本希望“汪兆铭出马”的意向写成书面报告呈周佛海，周又呈报给蒋、汪。蒋介石对此大发雷霆。高宗武东京之行，既充当了日本诱汪工具，也为汪精卫与日本直接勾结开辟了渠道。

此后，汪精卫集团加速与日本勾结和叛国投敌的步伐。其一，组织反蒋反共力量，拉拢地方实力派。全国抗战爆发后，随着国民政府的西迁，国民党中央势力也急速向两广、云、贵、川、康渗透，引起两广和西南地方实力派的恐惧。广东、广西两省一向被认为是汪精卫势力控制的地区。在广州失陷前，汪妻陈璧君多次到广州，探听两省抗战准备虚实，并约见第 4 战区副

---

① 中国社会科学院近代史研究所中华民国史组编:《胡适往来书信选》中册，中华书局 1979 年版，第 386—387 页。

司令长官余汉谋及广东省省长吴铁城等人，争取他们支持汪的主张。10月间，陈璧君由广州转往昆明，多次会见龙云，进行游说拉拢。其二，进一步与日本谈判实现“和平”的条件。高宗武抵香港后因病住院，汪与日本方面的联系改由“艺文研究会”香港分会的梅思平进行。从8月末至9月初，梅思平与日本同盟通讯社上海分社社长松本重治就日本撤兵、日军驻扎地区、承认“满洲国”和取消抗日宣传与排日教育几个方面，先后进行多次会谈，又与日本特务机关就成立汪记“国民政府”、实现“停战”“和平”的条件等问题进行了一系列讨论。10月22日，梅思平从香港飞抵重庆，向汪精卫报告在香港与日本人谈判的情况。汪决定正式派遣高宗武、梅思平由香港前往上海，与日本军部代表就“和平”问题举行谈判，并签订有关协议。11月3日，日本发表第二次近卫声明，提出要中国政府“更换人事组织”，这实际是公开拉汪排蒋，诱汪出马。

11月中旬，汪精卫集团的代表高宗武、梅思平同日方代表影佐祯昭、今井武夫在上海举行正式谈判（重光堂会谈），签订《日华协议记录》《日华协议记录谅解事项》。另有日华秘密协议记录、中国方面的行动计划等文件虽未正式签字，但双方代表都一致同意，并保证努力促其实现。

这些协议的基本内容包括两个方面，一是关于实现中日“和平”的条件；二是汪投日及成立伪政权的行动计划。

关于“和平条件”，《协议》规定：缔结日华防共协定；中国承认“满洲国”，承认日军驻扎中国，内蒙地区作为防共特殊区域；中国承认日本人在中国领土上有居住和营业的自由，日本同意撤销在华的治外法权，并考虑归还在中国的租界；实行经济提携，承认日本的优先权，特别是在开发和利用华北资源方面，给日本以特别便利；中国赔偿日本侨民损失，但日本不要求赔偿战费；协定以外的日军，待和平实现后，立即开始撤退。

关于汪投日及成立伪政权的行动计划，双方确定：（1）日汪就“和平条件”达成协议，并得到日本政府同意后，汪精卫即率陈公博、陶希圣等人逃离重庆，去昆明；日本政府见机公布“和平条件”；汪精卫发表反蒋声明，即日飞赴河内、转至香港，同时在国内及南洋华侨中开始“和平运动”；与此相呼应，云南军队首先反蒋独立，四川军队也随即响应，广东军队及其他方面军队，因为受到中央军的监视，“起义”从缓进行；日军对上述军事行动予以协助，并为中央军的讨伐制造困难；（2）汪在云南、四川等日军尚未占领的地区成立新政府，建立军队；撤出一部日军，使广西、广东两省成为新政府的地盘；建立5到10个师的军队；（3）“新政府”的政策明确规定为“建设东亚新秩序”，宣布日华提携，开展“和平运动”；从日本招聘军事教官及其他教官。

上海协议标志着日汪勾结的具体化。11月25日，梅思平回到重庆，向汪精卫、周佛海报告了重光堂会谈结果。汪精卫等人除对秘密协议中的部分内容有保留外，全部接受上海协议，决定离开重庆。12月5日，周佛海以视察宣传工作为借口先期飞抵昆明。18日，汪精卫乘飞机离开重庆至昆明，19日与周佛海、陶希圣等人飞往河内。21日，陈公博由成都经昆明往河内。22日，日本政府如约发表与《日华协议记录》精神相一致的第三次近卫声明。29日，汪精卫响应近卫声明，发出了给国民党中央、蒋介石等人的所谓《和平建议》，即“艳电”，并由香港《南华日报》发表。“艳电”附和第三次近卫声明，建议国民党“即以此为根据，与日本政府交换诚意，以期恢复和平”。[①]汪精卫集团公开叛国投敌，并替日本向国民党劝降。

汪精卫集团倒行逆施，遭到全国人民及各派爱国势力的愤怒声讨。1939年1月1日，国民党中央委员会决定永远开除汪精卫党籍，撤销其一切职务。2日，中国共产党代表周恩来在重庆接见外国记者，发表声讨汪逆卖国罪行的谈话。3月21日，蒋介石动用戴笠手下特务在河内刺杀汪精卫，结果错杀汪的心腹曾仲鸣。6月8日，国民政府明令通缉汪精卫。

中国的讨汪运动，对于汪精卫集团以及日本的诱降攻势是一个有力的回击。但是，汪精卫并没有放弃分化国民党、在抗日大后方建立“独立政权”的罪恶企图。在暗中，他极力对国民党“同志”进行策反。3月30日，汪致函龙云，催促加快“布置”，响应“艳电”主张，反蒋独立，使云南成为其“和平”基地。在全国反汪讨逆浪潮中，龙云公开复函指出汪欲使他背叛国家，破坏统一，断然斥拒。

汪精卫又把注意力转向两广。他在投入日本的怀抱、正筹划在华中建立伪政权时，于7月23日赴广州，与日军司令官安藤利吉策划建立华南政权及拉拢两广实力派的计划。8月9日，他通过日军电台发表《怎样实现和平？》广播讲话，声称：如果第4战区广东方面的军队有和平反共的表示，日军必

---

① 黄美真、张云编：《汪精卫集团投敌》，上海人民出版社1984年版，第373—375页。

能以“极友好的考虑”，做到“不仅对于这种军队立刻停止攻击，而且更进一步将日本军队已经占据的地方，所有治安警备，以及行政经济，都从日本军队手里，次第交还中国”。如果广东方面的行政当局和军队赞成和平主张，则日军必能同意“先在广东做起部分的停战，而以次及于全国，使全国和平得以完全恢复”。[①] 汪精卫花言巧语，鼓吹煽动，挑拨离间，但无人响应，汪集团众叛亲离，堕落为民族的罪人，政治上陷于彻底孤立。

南京的伪国民政府

1939 年 5 月上旬，汪精卫由日本秘密安排从河内转移到日军占领下的上海，他先与今井武夫会谈，又与周佛海等密谋策划，拟定出在日军占领区建立“和平政府”的新方案，名为《关于收拾时局的具体办法》，5 月 28 日正式向日本提出。31 日，汪精卫一伙飞抵东京乞求日本的认可。6 月 6 日，日内阁五相会议决定《树立新中央政府的方针》，为汪精卫建立“新中央政府”定下六条原则。从 10 日至 15 日，日本首相平沼麒一郎，陆军大臣板垣征四郎，海军、外务、大藏各大臣以及枢密院议长、前首相近卫等相继接见汪精卫，都表示支持他建立“新中央政府”，并向他灌输五相会议的决定。他们特别向他指出，“日本把三民主义看成危险的东西，尤其因为有民生主义乃共产主义这样的文句”，“希望加以修改”，使其“完全与共产主义分开”。板垣强调“新中央政府”与各地已有的伪政权的关系要贯彻“分治合作”的原则，“这样，可以根据各个地方的特殊情况，使日华关系更加密切起来”。他还在取得华北、华中日军首脑支持，并与王克敏、梁鸿志等联系后，告诫汪“国民党全国代表大会的开会地点要避开南京”。

6 月 18 日汪精卫离日回国，立即按照日本的规定为建立“新中央政权”而动作起来。他从暗地里钻出来，抛头露面，在上海发表两篇广播讲话：《我对于中日关系之根本观念及前进目标》和《敬告海外侨胞》，他宣扬卖国理论说：“今日有两条路摆在面前：一条是跟着蒋高调继续抗战……这样下去，只有以整个国家民族跟着蒋为共产党的牺牲。另一条路是……对于日本，本着

---

① 黄美真、张云编：《汪精卫国民政府成立》，上海人民出版社 1984 年版，第 194 页。参见《支那事变陆军作战（3）》，第 26 页。

冤仇宜解不宜结的根本意义，努力于转敌为友。第一步恢复中日和平，第二步确立东亚和平。……我决定团结同志并团结全国各党各派以及无党无派有志之士，来共同走上这一条路。”①

8 月 28 日，汪精卫集团在上海纠集 240 余名所谓代表，秘密召开“国民党第六次全国代表大会”。会议做出一系列决定并发表宣言：取消重庆的国民党，以汪的“国民党”取而代之；“废除总裁制”，“推选”汪为中央执行委员会主席；改“抗战建国”的口号为“和平反共建国”；重新“解释”三民主义，特别强调民生主义“尤不与马克思之共产主义有所关涉”②；“授权”汪指派国民党人连同党外人士“组织中央政治委员会”，等等。这最后一项就是要促成“中央政治会议”的召开，尽快建立“中央政府”。但这个“会议”何时召开，“政府”何时建立，并不取决于汪精卫集团的愿望，而决定于日本的许可。日本为全面督导汪筹建“新中央政府”事宜，8 月 22 日在上海设立了一个专门机构“梅机关”，由影佐祯昭任机关长，成员包括陆军、海军、外务各省代表及议会议员等。日本要以“调整日中新关系”为题目，给汪精卫定出组建“新中央政府”的条件。11 月 11 日，梅机关向汪集团提出《日中新关系调整纲要》，随即影佐与汪方的周佛海等举行谈判。12 月 30 日，双方签订《调整中日新关系之协议文件》及附件，里面规定日本得以控制、掠夺、分割中国的各项原则及具体事项；将华北及蒙疆定为国防及经济上中日间紧密合作地带，其中蒙疆作为“高度的防共自治区域”享有“广泛自治权”，在军事及政治上有特殊地位；在长江下游地区实现中日间经济上的紧密合作；在华南沿海特定岛屿实现军事上的紧密合作。“华北”被界定为“内长城线以南的河北省、山西省和山东省的地区”；“蒙疆”被界定为“内长城线（不包括在内）以北的地区”，即察哈尔、绥远两省及晋北 13 个县。《协议文件》中详细规定了日本在中国全国及各地区、各方面的各种权益、特权，日本当局把这些所得概括如下：

一、确保政治、外交及文化上的权利：保证承认“满洲国”；确保外交、教育、宣传及文化等方面的合作；保证军事以外的共同防共。

---

①《汪精卫国民政府成立》，第 182 页。

② 同上书，第 330 页。

二、掌握地域的实权：掌握蒙疆的实权；掌握华北国防上及重要经济上的实权；确保上海特别市及厦门特别市；确保海南岛及附近诸岛屿军事上的实权及资源开发权。

三、掌握军事上的实权：确保防共驻兵权；确保治安驻兵权（厦门、海南岛及附近诸岛准许海军部队驻屯；其他地方的驻兵权）；日军驻屯区域及与此有关地区的铁路、航空、通信、主要港湾及水路等等的要求，得保证供应；确保军事顾问及教官对中国军队内部的指导权。

四、获得经济上的权利：在全中国，确保对航空的支配权；对国防上必要的特定资源具有开发利用的企业权（在华北日本具有优先权）；确保关于参加中国沿海主要航运的权限；关于关税及通关手续，保证实行亲日政策；通过中央政府聘请日本人为财政经济技术顾问，确保日本政策的执行与完成。在蒙疆，对全部经济获得指导权及参与权。在华北，掌握铁路的实权；关于通讯（有线电讯除外），获得与中国共同经营权（日本优先）；特殊资源，尤其是国防上重要的地下资源，确保开发利用权；关于国防上重要的特殊事业，确保参与合办权（日本优先）；对华北政务委员会的政治经济，确保有内部指导权。在长江下游地带：对贸易、金融、产业及交通等确保日中有共同协商权；上海特别市建设新市区，得聘请日本技术顾问及技术员，以确保其指导权。①

以上就是汪精卫为能早日建立“新中央政府”而对日本的承诺，《调整日中新关系协议文件》实际上就是汪精卫卖国的密约。

汪精卫本来和日本约定严格保密，但1940年1月，他的亲信高宗武、陶希圣因汪派内讧逃出上海，在香港报纸上全文披露了日方的《日中新关系调整纲要》。陶希圣是此事谈判的参加者。

日汪密约的签订，汪精卫迈过了通往“新中央政府”的门坎。

经过一番权力争夺和策划，1940年3月20日，汪精卫在南京主持召开

①《汪精卫国民政府成立》，第724—725页；蔡德金：《历史的怪胎——汪精卫国民政府》，广西师范大学出版社1993年版，第97—98页。

伪中央政治会议，参加者有汪精卫国民党代表，三个“既成政府”的代表，“在野合法政党”（国家社会党、中国青年党）代表及“社会上负有重望人士”等。会议决定成立伪中央政府。汪精卫盗窃名义将这个所谓政府定名为“国民政府”，其政治体制及组织机构也与抗战中的重庆国民政府基本一样；“国旗”仍用青天白日满地红旗（上方加一块三角形白布，书“和平反共建国”六字）；以南京为首都，定期“还都”。25 日，汪宣布成立“中央政治委员会”。30 日，在南京举行“国民政府”成立及各官员就职仪式，汪精卫代理“主席”兼任“行政院长”，陈公博、温宗尧、梁鸿志、王揖唐、陈群、褚民谊、周佛海、鲍文樾等一群卖国贼担任各部院头目。同一天，“维新政府”“临时政府”宣布解散。但“临时政府”的原班人马成立“华北政务委员会”，在日华北方面军的操纵下与汪精卫的“国民政府”分庭抗礼。伪蒙疆联合自治政府一仍其旧。

汪伪中央政府成立之日，日本政府发表声明表示“庆贺”并给予“全班之协力与援助”，但并没有予以正式承认。日本把汪从中国抗战阵营中拉出来并扶植他建立伪政权，根本目的是以此瓦解抗战的国民政府或使其与汪合流；它控制住了汪，同时，也在秘密地进行对重庆的诱降活动。此外，日本还要汪伪政府落实与它“调整国交”的条件，正式签订一个条约。

7 月初，日本与汪伪政府间以上年的《调整日中新关系协议文件》为基础，开始举行“基本关系”条约的谈判。11 月 30 日，汪精卫与日本特命全权大使阿部信行签订《基本关系条约》。这个条约是公开的，另附同等效力的《附属议定书》、《附属秘密协约》、《附属秘密协定》、秘密换文、会议记录摘要等，其内容都来自《调整日中新关系协议文件》。“会议记录摘要”说得明白：原《协议文件》涉及面甚宽，不宜将其全部内容都网罗于这“调整日华新国交”的第一个条约内，所以从中“只选出此时特别适合于载入条约的部分”，订入条约及附属文书中，“此次并未经载入条约的部分”，仍“承认继续有效”，将来付诸实施或补充订入约中。[①] 所以，《基本关系条约》的签订乃是全面落实《调整日中新关系协议文件》的一个步骤。

与签订《基本关系条约》同时，日本、伪满洲国及汪伪中华民国签署《共同宣言》，宣布“互相尊重其主权和领土”等等。日本正式承认了汪伪政权，汪伪承认了“满洲国”。这时汪精卫从“不负实际责任”的伪国民政府代理主

①《日本帝国主义对外侵略史料选编》，第 324 页。

席变为承担实际责任的主席，他更死心塌地地为日本侵略者效力了。

汪精卫一伙叛国投敌，建立傀儡政权，充当日本灭亡中国的走卒，它的重要性不在其人其事，而在事情表现出的反应和结局。汪在国民党内长期居于高位，自成一股势力，蒋介石也要与之合作来加强统治地位。汪一旦公开投敌，立即遭到从国民党到全国人民的声讨唾弃，陷于彻底孤立。日本最初积极炮制汪记“国民政府”，是以为它能够欺骗一部分中国人，分裂抗战阵营。但不久就发现，“民众对它不信任”，不起多少作用，计划失败了。裕仁天皇三弟崇仁1944年在南京同一部分中下级军官讨论战争形势，汪伪是他们着重谈到的问题之一。军官中有说“国民政府成立过早”的，有说“国民政府没有实力”的，有说“国民政府没有吸引力”的等等。崇仁分析说，它为什么没有实力，“这不正是因为民众对它不信任吗？那么，为什么民众对它不信任呢？寻本溯源，国民政府，与其说是日本真正为中国着想，为了拯救中国民众、完成国家统一而建立的政府，毋宁说更富于这样的色彩——即当时的日本为掩饰其备受诸外国责难的侵略主义，而灵机一动施展出来的一种小伎俩而已”。“其下层的官吏、军人等，大部分都是由抗战意识薄弱分子，或想利用日本发财而日本又被他们表面上空喊的亲日所蒙蔽的一伙人构成，这就毫不足奇了。而民众对这样的政府不予信任，也是理所当然的了”。陆军省主管此事的某要员说，“建立国民政府是自己一生中最大的失败”。[①] 日本内部的这个评判是很说明问题的。沦陷区广大人民群众即使在日军刺刀威胁下，也拒绝支持打着“和平反共建国”之类旗号的汪精卫一伙。中国传统文化中的爱国主义在这里起作用，日军深入国土，国破家亡，人民遭受屠杀，尸横遍野的现实更在这里起作用。日本可以搜罗一群民族败类替它镇压控制民众，但终究无法征服中国民心，无法改变中国的民族性格。汪精卫一伙投敌，没有动摇、削弱抗战营垒，反而使抗战营垒更加明朗了，使抗战舆论掀起了新的高潮。汪伪与日本签订的《调整中日新关系之协议文件》及《基本关系条约》也很值得重视。日本坚持要建立的“东亚新秩序”，要建立的“新中国”是什么货色，《协议文件》描绘出了它的面目。日本外交官里有人讲得很明白：“所谓新中国者，亦即‘第二满洲国’。”《协议文件》如果见诸实施，中国

---

① 若杉参谋（三笠宫崇仁）：《作为日本人对中国事变的内心反省》，载《抗日战争研究》1995年第2期，第160页。

就将成为“准满洲国”。用不着几天，再挪动一下棋子，中国就是“第二个满洲国”。所以这个《协议文件》虽然最终是一张废纸，对中国人仍是有教益的。汪精卫在那个文件上签字前说：“日本如能征服中国，就来征服好了。他们征服中国不了，要我签一个字在他的计划上面。这种文件说不上什么卖国契。中国不是我卖得了的。我若签字，就不过是我的卖身契罢。”[①] 前一句是说中国不是日本所能够征服的，后一句是说中国不是任何卖国贼所能出卖的。穷途末路逼着他说出了两句合乎实情的话。

---

① 《汪精卫国民政府成立》，第 595 页。

七　国共两党联合中的斗争，局部武装对抗

1939年以后，国民党内外政策的逆转逐渐加强。在内政方面，由于对人民抗日力量迅速发展的忧虑和恐惧，加强了防共、限共、溶共、反共活动；在外交方面，由于日本的政治诱降和西方各国的绥靖妥协方针，蒋介石希望通过和谈妥协以结束中日战争。抗战阵营内部的反共投降倾向成了抗战所面临的严重危险。

（一）国民党在抗日与反共中摇摆，共产党的反投降反磨擦斗争

1939年，国民党秘密制定了《限制异党活动办法》《共党问题处置办法》《处理异党实施方案》《防止异党兵运方案》《运用保甲组织防止异党活动方案》《沦陷区防范共党活动办法草案》等反共文件，从思想上、组织上全面布置了政治防共、军事限共的具体措施。

这年3月，国民党在国防最高委员会之下设立精神总动员会，蒋介石亲任会长。该会颁布《国民精神总动员纲领》及《实施办法》，在全国开展了以“国家至上，民族至上”“军事第一，胜利第一”“意志集中，力量集中”为中心口号的国民精神总动员运动。这一运动的侧重方面，是“动员全国国民之精神以充实抗战之国力”；但另一方面，又是对共产党的舆论进攻和加强国民党独裁统治的重要步骤。所谓“国家至上”，实质上是要求共产党和中国人民放弃人民民主主义的原则立场，“一致忠于”国民政府；所谓“军事第一”，就是要维护国民党的“军令政令之绝对统一”；所谓“意志集中”，排除“纷歧错杂之思想”，明显地是指向共产党和全国人民所主张的所有革命的、民主的、进步的思想。

在军事限共方面，1939年初，国民党增设的冀察和鲁苏两个战区，分别向华北和华中敌后调派兵力，一个重要目的，是要“加强本党在华北之武力，

以限制共党之发展”。6月，蒋介石又密令朱绍良、胡宗南等国民党军监视、包围和封锁陕甘宁边区。一些国民党军队和地方反共势力，由此掀起反共活动，不断制造反共军事磨擦事件。

在陕甘宁边区，国民党自1938年12月至翌年10月，先后制造150多起磨擦事件，其中军事进攻28起。在华北，山东的秦启荣部于1939年3月在博山袭击八路军山东纵队第3支队过路部队，逮捕和杀害政治部主任鲍辉等200余名抗日军人。八路军山东纵队在1939年下半年遭到国民党军队的进攻90多次，造成1350人被杀，812人被扣。同年6月，河北省保安司令张荫梧部袭击冀中深县八路军后方机关，残杀指战员400多人。在华中，国民党第27集团军杨森部于1939年6月12日制造湖南“平江惨案”，杀害该地新四军通讯处的新四军上校参议涂正坤、八路军少校副官罗梓铭等人。9月，湖北省保安部队围攻鄂东新集的新四军后方机关，杀害共产党员500多人。11月，河南的国民党武装袭击确山县竹沟镇的新四军第8团留守处，杀害伤病员和家属等200余人。这些磨擦事件，暴露了国民党在抗战中既联共又反共的两面性，给全民族团结抗战带来严重危机。

日本在诱出汪精卫之后，继续加强对重庆的“和平”工作。蒋政权对抗战动摇，寄希望于由英美列强出面召开太平洋国际会议，解决中日战争问题。一些报刊上公开发表文章，鼓吹依靠国际调和会议调停中日战争。1939年6月，英国因日军封锁天津英租界要求与日本举行谈判。国民党政府便企图利用这一机会，使英日的双边谈判演变为多边的国际会议，以解决中日战争和远东问题，并同英美进行了具体的外交接触。但是，由于英国在与日本达成的初步协定中，表示“完全承认”日本通过侵略战争在中国造成的实际局势，并声言无意赞许有碍日军达到目的的任何行动，赤裸裸地为日本侵略者张目，使国民党大失所望。

欧洲战争爆发以后，英国无暇东顾，美日矛盾日趋尖锐化，远东国际会议已难以召开。

1939年12月，日驻香港武官铃木卓尔与一个自称国民党政要宋子文之弟的“宋子良”打通关系，双方开始秘密媾和试探性接触。日军大本营将此次对蒋诱降活动，取代号为“桐工作”，具体事宜由中国派遣军主持。1940年3—6月，双方代表在香港、澳门举行多次会谈，就媾和条件取得一些协议；但在关于中国承认“满洲国”、日本在华驻兵、蒋汪合作等重大问题上分歧无法弥合。日方提议举行蒋介石与中国派遣军总参谋长板垣征四郎及汪精卫三人高层会谈，双方又在这种会谈的条件上发生许多争执。9月17日，蒋方代表通知日方，暂行搁置此种会谈。10月，日本新内阁强调支持汪伪解决“中国事变”，陆军大臣东条英机及新任参谋总长杉山元都严令停止和平谈判，日本诱降蒋政权的“桐工作”作罢。

针对国民党内的妥协反共倾向，中共对形势进行了实事求是的分析，肯定国民党五中全会的主要方针“仍为继续抗战和联共抗战”，其妥协和反共倾向“基本上是由于蒋和资产阶级对如何继续抗战和争取抗战胜利问题，历来就与我们有不同的路线”。[①] 由于中日民族矛盾仍是主要矛盾和全国人民坚持团结抗战的努力，中国的抗日战争和国共两党的合作，必将冲破一切障碍和阻力，继续前进与发展。但在另一方面，由于日本帝国主义加强政治诱降和国内外报刊上传说英美等国酝酿东方慕尼黑阴谋，使得国民党的妥协反共倾向具有极大危险性，它可能造成中国抗战的中途妥协和内部分裂。对日妥协是当时主要危险，国民党反共活动即是表现了这种危险。

中共一方面要求全党，必须毫不动摇地执行巩固国共合作，发展抗日民族统一战线，坚持团结抗战的基本方针；另一方面提出，巩固国共合作的基本方法，是同国民党的妥协反共倾向作斗争，公开揭露反共即准备投降的实质，对国民党的妥协反共倾向展开积极、严肃的批评。

1939年7月7日，中共中央为纪念抗战两周年发表对时局宣言，明确提出“坚持抗战到底，反对中途妥协”“巩固国内团结，反对内部分裂”“力求全国进步，反对向后倒退”的三大政治口号。这三大口号集中概括了在抗日战争转入战略相持阶段后国共两党的主要分歧，成为中国共产党号召广大人民同国民党错误政策作斗争，争取抗战最后胜利的政治纲领。

中共认为，国民党制造的反共军事磨擦，这是国民党“抗日溶共政策”的表现，目的在于限制共产党和人民抗日武装的发展。这种军事磨擦活动基本上是局部的、地方性的，并不是国共关系的破裂。但对国民党的磨擦活动必须站在自卫立场上给予坚决的抵抗。“不能逆来顺受”。1939年8月19日，中共中央向各抗日根据地及八路军、新四军等抗日部队明确规定“人不犯我，我不犯人，人若犯我，我必犯人”的反磨擦方针。9月16日毛泽东又在同中

---

①《中共中央文件选集》第12册，第29、30页。

央通讯社、《扫荡报》、《新民报》记者的谈话中，再次公开阐述了共产党对待磨擦活动的坚决自卫立场："任何方面的横逆如果一定要来，如果欺人太甚，如果实行压迫，那末，共产党就必须用严正的态度对待之。"①

中共在反投降、反磨擦斗争中始终坚持这个方针。它认为必须这样才能够维护以国共合作为基础的抗日民族统一战线、坚持全民族持久抗战。

（二）晋西事变，西北、华北的国共磨擦

1939年以来，国民党在各地的反共磨擦活动愈演愈烈，到年末至1940年春，在西北、华北地区对共产党领导的八路军以及抗日根据地发动大规模的军事进攻，共产党、八路军实行自卫。双方的斗争，形成了局部的一起又一起的军事对抗。

在西北，国民党胡宗南部与地方反共势力相配合，进攻陕甘宁边区。12月中旬，边区西部陇东地区宁县、镇原两县国民党保安队，在胡宗南部第97师的支援下，袭击当地八路军驻军，侵占两县城。同时，边区南部关中地区的国民党军队向边区逼近。在边区东部，绥德地区国民党专员何绍南策动地方保安队反共。国民党势力对陕甘宁边区的三面进攻，直接威胁着中共中央所在地延安。面对这种形势，12月25日朱德、彭德怀等通电全国，反对枪口对内进攻边区，要求国民党最高当局和地方党军政当局"念团结之重要，执行国家法纪，惩办肇事祸首，取缔反共邪说，明令取消《限制异党活动办法》及《处理共产党实施方案》，制止军事行动，勿使局部事件日益扩大"②。八路军留守部队和由恒山地区返回陕北的第359旅，进行自卫，恢复了陇东的部分地区，迫使关中地区的国民党部队后撤；在绥德地区发动群众赶走反共专员何绍南。与此同时，边区派谢觉哉与第8战区司令长官朱绍良的代表举行谈判，避免冲突的进一步扩大。1940年，双方达成"暂维现状，听候双方中央解决"的临时协定。此外，在边区政府要求下，陕西省政府将边区内持反共立场的县长撤出边区。至此，西北的军事磨擦基本平息，陕甘宁边区内

①《毛泽东选集》第2卷，第590页。

②《中共中央文件选集》第12册，第620页。

部得以稳定；但国民党军队仍继续对陕甘宁边区实行军事包围和经济封锁。

华北是八路军和人民抗日力量发展最快的地区，也是国民党要求恢复旧势力的最主要地区。

山西地方实力派阎锡山在抗战初期对合作抗日和八路军入晋作战，起过一些积极作用。但是，随着八路军和人民抗日力量的发展与扩大，山西地方的进步势力与旧的统治势力的矛盾，特别是新军（决死队）和旧军（晋绥军）的矛盾也日益表面化。在国民党反共方针的影响下，阎锡山企图用武力吞并决死队，削弱进步势力和八路军在山西的力量。

1939 年 12 月初，阎锡山指责决死队第 2 纵队不服从命令，宣布它“叛变”。随即任命第 6 集团军总司令兼第 61 军军长陈长捷为“讨逆军总司令”，通电全国，进行“讨伐”，是为晋西“十二月事变”。12 月 3 日，陈长捷率 4 个军又 1 个师、1 个旅，首先向驻守晋西南的决死队第 2 纵队和八路军晋西独立支队发动围攻。决死队第 2 纵队在八路军晋西支队的支援下经过奋力抵抗，冲破晋绥军的包围，越过离（石）军（渡）公路，进入晋西北抗日根据地。晋绥军占领晋西南后，取缔抗日民主政权，杀害大批抗日干部和群众。

在晋北，赵承绶部骑 1 军等向当地八路军和新军部队进攻。1940 年 1 月，在晋西北根据地成立由新军暂 1 师师长续范亭任总指挥的“拥阎抗日讨逆总指挥部”。1 月 11 日，八路军和新军各部向赵承绶等部发起反击，在临县地区歼灭赵承绶骑 1 军大部和郭宗汾第 33 军一部。赵弃城逃跑，越过汾（阳）离（石）公路退入晋西南。2 月，八路军第 120 师主力再至晋西北，晋绥军全部退出晋西北，这一地区成为八路军和新军完全控制的抗日民主根据地。

在晋东南，第 8 集团军总司令孙楚部，与当地国民党中央军部队相配合，向太岳区决死队第 1 纵队、太南地区决死队第 3 纵队和八路军第 344 旅，晋南政卫第 212、第 213 旅等部发动进攻，决死队和当地抗日民主政权遭受重大损失。蒋介石于 1940 年 1 月中旬命令八路军撤至白（圭）晋（城）路以东、邯（郸）长（治）路以北地区，并调集部队向临（汾）屯（留）公路推进，要求八路军和新军退出太岳根据地。1940 年 1 月，陈赓率第 386 旅进入太岳区，会同决死队第 1 纵队，制止国民党军的进攻，恢复抗日阵地。第 344 旅统一指挥决死队第 3 纵队等部，在高平一带消灭孙楚部独立第 8 旅一部，打退了晋军的进攻。1 月底和 2 月初，第 385、第 386 旅各一部和独立支队，先后在榆次、榆社地区消灭晋绥第 19 军暂编第 2 旅和新编第 2 师大部。阎锡山对晋东南的军事进攻被制止，太岳和太南抗日根据地得到恢复和巩固。

阎锡山的军事进攻被打退以后，中共停止军事行动，向阎锡山提出和平协商。2 月 25 日至 29 日，中共代表萧劲光、王若飞到陕西宜川秋林镇与阎锡山谈判，向阎锡山说明中共关于维护山西新、旧军团结，双方停止军事行动和拥阎抗日的主张。阎锡山在反共失败，自身力量受到削弱，国民党中央军乘隙而入的情况下，表示同意中共提出的双方划分防区，互不侵犯，共同团结抗日的主张。4 月初，双方达成划区抗敌协议：确定以汾阳经离石至军渡的公路为晋西南与晋西北的分界线，晋西南为阎军活动地区，晋西北为八路军和决死队活动地区；晋东南以临汾至屯留的公路为界，八路军和决死队不向路南发展。

当阎锡山在晋东南发动反共军事行动之际，国民党军在太行山东麓的晋冀豫边区对八路军发起武装挑衅。1939 年 12 月初，国民党第 97 军朱怀冰部从高平、陵川、辉县一线北进至冀西的邢台一带。同时，第 69 军石友三部也进占平汉路以东冀南根据地的晋县、束鹿、赵县、栾城一带。朱、石两部，占领八路军阵地，破坏抗日民主政权，杀害根据地抗日群众，当地团结抗日局面受到严重威胁。第 18 集团军副总司令彭德怀与冀察战区总司令鹿钟麟约定，在山西辽县下庄八路军驻地会谈，劝告他们以大局为重，停止磨擦，一致对敌，并阐明共产党和八路军的一贯立场。但太行、冀南的抗日局面并没有好转。

1940 年 1 月，鹿、朱指使别动第 4 纵队与河北民军，向赞皇地区的八路军游击纵队进攻。同时，石友三部向冀南八路军东进纵队进攻。2 月初，朱怀冰和石友三等部，再次向太行、冀南八路军进攻。

1940 年 2 月和 3 月，八路军调集冀南、冀鲁豫和冀中军区各一部，首先对平汉路以东的石友三部发起反击。石友三大部被歼，残部退往山东曹县、定陶、单县一带。因其又欲投日，蒋介石下令当地国民党驻军将其逮捕并处决。3 月 5 日，八路军又集中 129 师和晋察冀军区各一部在平汉路以西发起反击，在磁（县）、武（安）、涉（县）、林（县）消灭朱怀冰第 97 军的两个师及其他游杂武装大部，余部退往河南修武县境内。八路军恢复卫河以东地区及武涉公路以南、林县以北阵地，并主动停战。

5 月上旬，朱德前往河南洛阳，同第 1 战区司令长官卫立煌谈判，表明中共和八路军愿意同国民党友军长期合作抗日的愿望。卫立煌也表示不主张进行反共的军事磨擦。双方商定，以临汾至屯留的公路和长治、平顺、磁县一线为界，该线以南为国民党军防区，该线以北为八路军防区。按照协定，八路军撤出山西的阳城、晋城、高平、陵川、长治、壶关和河南的林县等地区，国民党军队从此退出河北省和山西大部，冀察游击战区实际消失。

国民党在西北和华北发动的这次反共军事行动，未能达到限制和阻止人民抗日力量发展的目的，反而显示出他们不顾日本侵略军这个大敌当前的现实，把反共看得更重于抗日，引起了国内抗日进步势力的不满。共产党采取“自卫的防御的反磨擦斗争”，政治上、军事上都取得主动。国民党当局在现实面前，有条件地承认了共产党领导的人民政权和八路军在华北主要地区独立抗战的地位，有利于华北各敌后抗日根据地的进一步巩固和发展。

（三）皖南事变

在西北、华北的军事对抗暂停或过去以后，国民党又把对准共产党的军事斗争的重点转向华中，逐渐加强对华中地区新四军的军事压迫，准备第一步把长江南北的新四军全部赶到黄河以北。1940 年 3 月，鲁苏战区副总司令兼江苏省主席韩德勤部和桂系李品仙部，已经在津浦路东西两侧进攻皖东新四军第 4、第 5 支队。

中共为调整西北、华北一连串军事冲突后的国共关系，争取八路军和新四军在敌后抗战的合法地位，于 1940 年 6 月派周恩来和叶剑英为代表，在重庆同国民党举行谈判。6 月初，周恩来会见蒋介石时说明，中共诚意抗战，希望合作到底，并拥护蒋介石抗日，而国民党在抗战中实行“反共溶共‘剿共’”，这只能帮助敌伪。中共要抗战当然是要发展的，这也是对抗战有利的，但主要是向敌占区发展，同敌伪争取群众。随后，周、叶向军事委员会正、副参谋总长何应钦、白崇禧提出中共方面的具体要求，主要是：保障共产党和各抗日党派合法存在的权利；承认陕甘宁边区及其所属的 23 个县，并直接隶属行政院；八路军扩编为 3 个军 9 个师，新四军增编为 7 个支队（后改为 3 个师）；划分八路军和新四军的作战区域。

7 月 7 日，中共为纪念抗战三周年发表对时局宣言，再次声明：“我们始终拥护蒋介石先生及国民政府抗战到底的国策，始终执行不暴动不破坏的诺言。”保证“约束自己领导的抗日武装队伍，将其行动限制在战区与敌人后方及陕甘宁边区二十三县境内，而不向其他地方作任何足以引起友军冲突的行动，而在战区及敌人后方则与一切抗日友军协同作战。但要求各抗日友军对其部下亦应加以约束，勿向八路军新四军采取足以引起冲突的任何行动，以保证抗日战线上的团结一致”。要求“中国国民党亦应放弃对于共产党的破坏政策，以保证两党的团结一致与长期合作”。①

国民党当局对于共产党的要求和呼吁，于7月16日提出了一个虽有局部让步，但条件十分苛刻、坚持限制共产党力量发展的“中央提示案”。要求将陕甘宁边区改为暂隶行政院，但归陕西省政府指导的陕北行政区，只准辖18个县；八路军编为3个军6个师3个补充团，再加2个补充团，新四军编为2个师，其他武装一律取消，并不准再发展；八路军及新四军于一个月内全部开赴冀察两省及山东省黄河以北地区。8月中旬，中共作出让步，同意陕甘宁边区在名义上改为陕北行政区，但仍要求承认现有的23个县；同意八路军和新四军集中作战，但作战区域应包括华北5省；坚持八路军和新四军扩编的要求，并应允许补充。28日，周恩来会见蒋介石、白崇禧，转达了中共的意见，但蒋、白表示，如果八路军、新四军不开至黄河北岸，则一切问题都不能解决。国共之间的谈判由此陷入僵局。

1940年下半年，国际形势的变化对国共两党关系产生了重要影响。日本为加紧推行南进政策，正与重庆方面进行秘密谈判，迫切希望与蒋介石媾和。英美则由于日本与德意缔结军事同盟，逐渐加强了对中国的支持和援助。苏联也希望中国政府坚持抗战，斯大林在10月6日致电蒋介石，对蒋和中国抗战表示敬意与支持。这种种情况使国民党统治集团增强了信心，企图乘此机会，对内采取进一步的反共步骤，“彻底制共”也就是准备分裂内战。

10月19日，何应钦、白崇禧致电朱德、彭德怀和叶挺（即“皓电”），将“中央提示案”以最后决定的形式下达，强令在大江南北的八路军和新四军于一个月内全部开赴黄河以北。这封电报是国民党以强硬态度全面压迫共产党及其八路军、新四军的开始。11月9日，朱德、彭德怀和叶挺、项英复电何、白（即“佳电”），反驳了“皓电”的要求，但为照顾抗日大局，同意将江南的新四军部队撤到长江以北，并请“宽以限期”。12月8日，何、白再电朱、

---

①《中共中央文件选集》第12册，第413、414页。

彭、叶、项（“齐电”），声称八路军、新四军北调是“确认军令法纪之尊严，必须坚决维持”。次日，蒋介石亲自发布命令，限于12月31日以前，将黄河以南的八路军开到黄河以北，将长江以南的新四军开到长江以北；翌年1月30日前，将新四军全部开到黄河以北。

国民党一面强令新四军限期北移，一面制定聚歼北移新四军的计划。11月14日，国民政府军令部拟定了《剿灭黄河以南匪军作战计划》，12月7日获得蒋介石批准。12月10日，蒋介石密令第3战区司令长官顾祝同，要求“该战区对江南匪部，应按照前定计划，妥为部署并准备，如发现江北匪伪竟敢进攻兴化或至限期（本年十二月三十一日止）该军仍不遵命北渡，应立即将其解决，勿再宽容”[①]。根据蒋介石的命令，顾祝同随即决定由第32集团军总司令上官云相具体负责对皖南新四军的作战指挥，并向泾县茂林一带调集兵力，构筑工事，做好了围歼新四军的准备。

1941年1月4日，皖南新四军军部及其所属部队9000余人，从泾县云岭出发绕道北上。6日，当行至茂林地区时，突然遭到国民党军队的堵截，并随即陷入上官云相指挥的7个师8万余人的重重包围。新四军被围部队顽强抵抗七昼夜，终因寡不敌众，除2000余人突围外，大部牺牲，一部被俘。军长叶挺为保全抗日部队，前往国民党军队谈判，即被扣押；政治部主任袁国平牺牲；副军长项英、参谋长周子昆突围之后被叛徒杀害。1月17日，国民政府军事委员会发表通电和谈话，诬称新四军“抗命叛变”，宣布取消新四军番号，将军长叶挺“交军法审判”。这就是震惊中外的皖南事变。

皖南事变发生后，中共一度考虑从军事上加以还击，经过分析，确定在政治上取攻势，军事上取守势，坚决反对国民党一意反共，破坏抗日。1月18日，中共发言人发表谈话，揭露皖南事变的真相和国民党剪除异己的阴谋，反驳了所谓“整饬军纪”的谎言。20日，中共发布重建新四军军部的命令，任命陈毅为代理军长，刘少奇为政治委员，张云逸为副军长。同日，毛泽东发表谈话，斥责国民党顽固派的反共暴行，要求国民党当局悬崖勒马，停止挑衅，取消1月17日反动命令，惩办祸首，释放叶挺，交还皖南新四军全部人枪等等。[②]周恩来和中共南方局，在重庆同国民党进行了直接斗争，向各界

① 中国第二历史档案馆所存档案。

②《毛泽东选集》第2卷，第775页。

爱国人士作了广泛的争取工作。华北和华中的八路军、新四军努力做好周围国民党友军的争取工作，同时坚守抗日阵地，随时准备以自卫战回击国民党的武装进攻。28 日，重建的新四军军部在苏北盐城成立，全军整编为 7 个师和 1 个独立旅，共 9 万余人。共产党保住并发展了新四军这支华中抗日武装力量。

国民党顽固派同室操戈，置民族危亡大局于不顾的行径，遭到国内各方面的反对。宋庆龄、柳亚子、何香凝等国民党左派人士在香港发起对皖南事变的抗议活动。各民主党派和民主人士，纷纷表示对国民党当局的不满和愤慨。华侨领袖陈嘉庚致电国民参政会，呼吁"制止内争，加强团结"。在国际上，苏、美、英等国也以不同的形式和途径，表示了对国民党制造皖南事变的关切和不满，要求中国继续团结抗战。国民党高层这时有人看到形势不对头，国民政府军委会参事室主任王世杰向蒋介石提出《密呈》，说"以为目前为彻底制共之最良时机者，殊非的论"。原因是内部面临经济上的重大恐慌。对外涉及与苏联英美的关系。"目前对苏，实不得不暂事容忍，务期保持最低限度的邦交"。"英美在表面上只能助我抗日，对于制共，必认系我国内军纪与秩序问题，而不便进行声援，且以世界全局关系，英美顾虑牵及苏联邦交，实有不得不采慎重行动之苦衷"。因此，"务期以政治方式解决全案"，切勿"引起分裂"。[①] 这个形势分析是深谋远虑的。如果分裂内战，中国局势必定大动荡，抗日阵营重新组合，蒋介石就不可能同时又抗日，又进行内战，而要寻求与日本妥协。这将使远东形势大变，牵及世界大战的全局，苏联英美都不会赞成，而且蒋政权一旦与日本妥协，就是汪蒋合流，改变性质，失去原有的一部分大资产阶级的支持，生存受到不止来自人民的威胁。这个后果蒋介石难以承受，是显而易见的。

皖南事变后，由于中国共产党的坚决斗争，国民党内外孤立，不得不从"彻底制共"的打算上后退下来。1 月 27 日，蒋介石在重庆中央纪念周发表讲话，声称新四军事件"完全是我们整饬军纪的问题，性质很明白，问题很单纯"。"除此以外，并无其他丝毫政治或任何党派的性质夹杂其中"。[②] 试图淡化皖南事变的政治影响。2 月，国民党当局极力邀请中共代表出席将于 3 月召

① 外交学院编：《中国外交史资料选集》第三册，第 186—187 页。

②《中国共产党历史资料丛书——皖南事变》，第 239 页。

开的第二届国民参政会，以缓和国共关系。中共决定在国民党政府未采取实际步骤接受中共要求以前，拒绝出席本届国民参政会。3月8日，蒋介石在第二届参政会上表示："决不忍再见所谓'剿共'的军事"，"以后亦决无'剿共'的军事，这是本人可负责声明而向贵会保证的"。[①] 9日，参政会在7名中共代表拒绝出席的情况下，仍选董必武为驻会参政员。14日，蒋介石约请周恩来谈话，缓和对立气氛，未再提要八路军和新四军撤往黄河以北之事，并表示可以就国共关系问题进行具体商谈。

战争进入相持阶段以后，国共间的斗争重新加剧，从分散磨擦一直发展到皖南事变这样规模的军事对抗。这表现出了民族矛盾与阶级矛盾处在一种新的复杂状态中。共产党在抗战中势必要发展自己的力量，国民党则决定要限制阻止共产党的发展。这是双方矛盾斗争重新加剧的根源和实质。各次大的军事对抗都是国民党方面发动的，各次大的军事对抗结果，又都是国民党方面没有达到预期目的，军事失败，政治上丧失人心，皖南事变除了消灭新四军在江南的部分，其他也无所得；共产党方面反而实力增强，政治影响扩大。归根到底，阶级矛盾现在是受民族矛盾约制的。国民党坚决反对共产党的发展，以至准备"彻底制共"，但毕竟要在分裂内战的边缘上停止下来，不能再走下去。共产党从日本占领的地区发展力量，这本来是别人无法反对的，但它也受到自身和周围环境条件限制，要与国民党保持一定的联系合作。于是，抗日战争中的国共关系形成了一个公式：联合—对抗—联合。这是全部国共关系中此时特有的一个公式。国民党凭借掌握全国政权的实力，极力要控制与国共有关的局势，而局势不断突破它的控制；共产党一直遭到来自日军与国民党方面的双重封锁，但又在那种封锁中不断发展起来。历史在这里表现出人民的地位作用和新的走向。

---

①《中国共产党历史资料丛书——皖南事变》，第251页。

八　国际关系的演变与国际反法西斯统一战线的形成

1939至1941年是国际关系发生剧烈变动的年代。国际形势总的说来是朝着法西斯阵营和反法西斯阵营越来越分明的方向发展的，但其中情况错综复杂，有许多不确定因素。西方国家的绥靖政策没有能阻止欧洲战争的爆发，英、法在对德战争中遭到严重失败。日本与德、意最终结成了旨在瓜分世界的军事同盟。美、英等国制日援华政策逐渐发展，但对日绥靖倾向屡有表现，有时甚至不惜以牺牲中国抗战利益作为与日本讨价还价的筹码。苏联为避免腹背受敌，将对中日战争政策作了大幅度调整。太平洋上波谲云诡。

（一）日、德、意三国结盟和日本的南进战略

日本侵略中国的战争进行了一年半以后，速战速决的妄想已经破灭，而且看不到短期内结束战争的前景。日本企图通过与德国、意大利结成军事同盟，把1937年签订的三国轴心协定变为更密切的军事同盟协定，以便增强军事和外交力量，威慑苏联，限制英、美，切断各国的对华援助，军事外交并用，加速解决“中国事变”。

缔结德、意、日军事同盟，也是希特勒德国的愿望。德国希望通过与日本缔结军事同盟，加强日本在远东对英、法的牵制。早在1936年11月，日、德签订政治性的“反共协定”时，德国即向日本保证：万一有必要时，这个协定就必然要成为两国关系进一步发展的基础。1938年1月，即将出任德国外长的里宾特洛甫首先通过日本驻德武官，征询日方对两国缔结同盟的意见。为取得日本的支持与合作，加快结盟的进程，德国于2月20日宣布承认“满洲国”，接着又撤走了驻华军事顾问团，停止了对华援助。

1938年7月19日，日本召开五相会议，正式研究与德、意结盟的问题。会议认为，日本与德、意建立进一步密切的同盟关系，将会加强三国对苏联

的压力和对英国的牵制，并将有利于日本迅速解决中国事变，进而“取得东亚政权”。因此，会议决定“帝国须迅速同德意缔结协定”[①]。8月26日，五相会议通过了由外务省起草的《日、德、意加强防共协定草案》。但是，在对协定草案的解释上，是否也包含针对英、法的问题，陆海军之间、军部与外务省之间却出现了严重分歧，使结盟问题遇到困难。

1939年1月5日，原枢密院议长平沼骐一郎出任首相，陆相板垣、海相米内、外相有田等均留任，缔结日、德、意三国协定问题继续成为新内阁对外政策的争论焦点。6日，德国在与意大利取得一致意见后，正式向日本提出了三国同盟方案，并希望在1月下旬签署这项文件。由于德国提案坚持要把英、法包括在同盟反对的对象之内，日本内阁再度发生意见分歧。经17日和19日两次五相会议讨论，以外相有田为代表的一派意见占了上风。五相会议坚持三国同盟应以苏联为主要对象；同时认为，以苏联为主要对象本身就包含了根据情况变化也把其他第三国作为对象。在以其他第三国为对象时，日本是否对德、意进行武力援助，以及援助的程度，须视情况而定。[②]由于日本和德、意在具体战略目标上难以协调，德、意两国撇开日本，先走一步，于5月22日在柏林缔结了同盟条约《钢铁同盟》。尽管德意同盟并未关闭对日本的大门，而且继续同日本进行谈判，但这对日本仍是一个沉重的打击。

日本在外交上接二连三地遭受重大挫折。美国宣布废除《日美通商条约》；日英谈判中英国作了妥协，但日本没有取得英国更多的让步；日军在诺门坎与苏军武装冲突中惨败；等等，均使日本政府感到形势不利。特别是德国甩开三国同盟谈判，8月23日单独与苏联订立旨趣完全相反的苏德条约，令日本瞠目结舌，陷入迷茫被动。8月25日，日本五相会议无可奈何地宣布中止三国同盟谈判，并象征性地对德国同苏联签约提出“严重抗议”。随后，平沼内阁宣布总辞职。

8月30日，阿部信行组阁。9月1日，德国法西斯出动150万军队，对波兰发动大规模的“闪电”式进攻，点燃欧洲大战的战火。3日，英、法对德宣战。日本认为这是解决中国问题的有利时机，决心借欧战爆发，西方列强无力东顾之机，扭转被动局面。9月4日阿部发表声明，宣称不介入欧洲战争，

---

①《日本五相会议关于加速同德意结盟的决议》（1938年7月19日）。

②《日本外交年表并主要文书（1840—1945）》下，文书，第408页。

“专注于向解决中国事变的方向迈进”[①]。

为集中力量解决处于相持状态的日中战争，日本政府命令驻苏大使东乡茂德同苏联举行谈判，以调整和改善关系。野村吉三郎外相于11月4日与美国驻日大使格鲁就两国订立新的通商条约问题进行会谈。由于双方在对华政策上矛盾无法调和，美国明确表示拒绝订约。阿部内阁在内外重重矛盾下，仅执政四个月就被迫宣告辞职。

1940年1月16日，米内光政继任日本首相，有田八郎再度出任外相。米内内阁继续坚持不介入欧洲战争的所谓“自主外交”，仍把解决中国事变放在其施政方针的第一位，试图通过对苏、美、英、法等国的外交，切断各国的对华援助，实现“建设东亚新秩序”的基本目标。但是，米内内阁上台不久，就遇到国际形势剧变的强大冲击。4月，德国打破欧洲战场的沉寂，首先入侵北欧的丹麦和挪威。5月，德军闪电般地攻占荷兰、比利时和卢森堡，进而攻入法国。26日，英、法和其他盟国的军队从敦刻尔克向英国本土撤退。6月10日，意大利对英、法宣战。17日，法国贝当政府向德国屈膝求和。德、意侵略战争的显赫胜利，强烈地刺激了日本法西斯的侵略野心，夺取英、法在亚太地区的殖民属地和要求同德、意缔结三国同盟的主张再度抬头。

实际上，日本从阿部内阁时期，就在全力解决中国事变的同时，逐渐确立了南进的方针。1939年12月28日，日本陆、海、外三相共同签署的《对外施策方针纲要》提出，日本应“利用国际形势因势利导，促进中国事变的解决，并造成对建设包括南方地区在内的东亚新秩序的有利形势”[②]。米内上台以后，一面积极调整北方的对苏关系，一面加紧准备和部署向南方扩张。1940年4月15日，外相有田发表日本对荷属东印度（今印度尼西亚）政策的声明，宣称日本同南方地区，特别是同荷属东印度有密切的关系，“东亚的繁荣”系于日本同这些国家的互助合作与互相依赖。6月18日，日本四相会议决定在迫使法属印度支那停止从滇越铁路向中国输送军事物资的基础上，进一步向法印支当局提出强硬要求，并决定加强与德、意的合作。29日，有田发表外交政策演说，再次表明日本对东亚、东南亚和东印度群岛的侵略野心，

①《支那事变陆军作战（3）》，第2页。

②《日本外交年表并主要文书（1840—1945）》下，文书，第421页。

并一改所谓“不介入欧战”的态度，声称对欧洲战争的进展“极为关心”。[①] 7月12日，外务省官员起草了加强日、德、意合作的新方案，向陆、海军代表征询意见。尽管米内内阁积极与德国的战争进展相呼应，努力调整战略计划和外交政策，但仍与军部存在分歧。7月16日，陆相畑俊六在军部的策动下提出辞职，并拒绝推荐继任者，迫使米内于第二天向天皇递交了辞呈。

7月18日，近卫文麿第二次受命组阁，次日，近卫首先召集即将出任陆、海、外相的东条英机、吉田善吾和松冈洋右，在他的私宅会商，以确定和统一新内阁在“世界形势急变”情况下的内外政策。会谈除确定加强战时经济、政治体制的国内政策和军事打击、外交孤立、政治诱降三者并用的对华政策外，还制定了四项所谓“世界政策”，即：强化日、德、意轴心；缔结日苏互不侵犯条约；把英、法、荷、葡在亚太地区的殖民地纳入“东亚新秩序”的范围；树立排除美国实力干涉的坚强决心。这清楚地显示了近卫内阁向南方扩张的侵略野心。7月26日，日本内阁会议根据上述会商精神制定了《基本国策纲要》。27日，近卫为取得陆海军统帅部对新内阁内外政策的支持与合作，又召开大本营、政府联席会议，通过了由陆海军首脑制定并与政府“国策”完全一致的《适应世界形势演变时局处理纲要》。《基本国策纲要》规定，日本的基本国策是“建立以皇国为核心，以日满华牢固结合为基础的大东亚新秩序”。所谓“大东亚新秩序”，松冈外相在8月1日该《纲要》发表时又将其解释为“大东亚共荣圈”，它是原“东亚新秩序”的扩大和发展。日本在企图独占中国的基础上，再把东南亚和太平洋的广大南方地区纳入其扩张计划，此即所谓大东亚。《时局处理纲要》与这一“国策”相适应，确定“在促进中国事变迅速解决的同时，捕捉良机，解决南方问题”。[②] 第二届近卫内阁确定的“基本国策”，完成了日本自欧战爆发以来逐渐由北向南的战略目标转移，正式确立了在加速解决中国问题的同时准备向南方扩张的南进战略。

日本确定南进战略的一个重要动因，就是企图利用德、意在欧洲战场的巨大胜利，夺取英、法、荷等国在东南亚和太平洋地区的殖民地。因此，加强日、德、意轴心，争取德、意的战略支持和配合，就成为近卫内阁准备南

① 张效林译:《远东国际军事法庭判决书》，五十年代出版社1953年版，第224、232—233、236—237等页。

②《日本外交年表并主要文书（1840—1945）》下，文书，第435—437页。

进的一项基本政策和迫切任务。7 月 30 日，外相松冈主持制定了以针对英、美的军事同盟为目标，加强日、德、意合作的新方案，次日向德国提出缔约的愿望和要求。8 月 23 日，德国派特使赴日，与日本举行缔结同盟的谈判。

9 月 4 日，近卫召开四相会议准备同德国特使的谈判。会议决定，日本的势力范围应包括日本在太平洋的委任统治诸岛、越南及法国的其他太平洋属地、泰国、马来亚、英属婆罗洲、荷属东印度、缅甸、澳大利亚、新西兰、印度及其他各国；支持德、意的对英战争；三国将采取联合行动来牵制美国；并决定尽量缩短与德、意交涉的时间。①

9 月 27 日，日本驻德大使来栖与德国外长里宾特洛甫、意大利外长齐亚诺在柏林正式签署了三国同盟条约。条约规定：日本承认并尊重德、意在“建设欧洲新秩序”中的领导地位；德、意承认并尊重日本在“建设大东亚新秩序”中的领导地位；缔约的任何一国在遭到未参加欧洲战争及日中战争的“第三国”攻击时，应彼此以政治、经济和军事的手段互相援助。②

《德意日三国同盟条约》的签订，标志着法西斯侵略战争集团的最终形成，赤裸裸地暴露了三个法西斯国家妄图重新瓜分世界的狂妄野心。日本因签订这一条约，使其南进战略得到德、意法西斯的支持与合作，增强了军事外交实力；同时，也把自己置于与美国发生对抗的地位，因为英、法当时已与德国处于战争状态，苏联与德国订有互不侵犯条约，因此三国同盟所说的“第三国”主要是美国。美国为保护其权益不受侵犯，将被迫与日本的侵略扩张行动对抗。从大的形势上来说，这是有利于中国抗战的。国民政府当时指出：“此协定签字后，中国没有增加敌人，而对英美苏的友谊反可因此更形密切。而日本则凭空多添英美两大强敌，所处地位更形不利。”因此，三国协定“不仅不足以妨碍我之抗战，反足以使太平洋局势顿见分明，于我抗战前途更形有利”。③ 这里的问题是国民党政权利用这个形势消极抗战，加紧反共，对前面可能出现的复杂情况缺少估计。

---

①《远东国际军事法庭判决书》，第 260—261 页。

②《国际条约集（1934—1944）》，世界知识出版社 1961 年版，第 278、279 页。

③《关于德意日结军事同盟》，中国国民党中央执行委员会宣传部 1940 年 9 月 28 日电，国防大学第二图书馆藏。

（二）中英关系的曲折

进入 1939 年，英国虽然对日本侵华损害其利益表示不满，有时进行一些抗争，对中国也稍有援助，但力求避免与日本对抗的基本立场没有改变。中国的抗战利益在英国当局看来根本无足轻重。

1939 年 2 月，日本占领海南岛，蒋介石想利用这个时机，提请英、美、法援华抗日。蒋发表谈话，不切实际地说，“日本进攻海南岛，无异造成太平洋上之‘九一八’事件”。他料定，“不及八月……太平洋上之形势必将突然大变”。[①] 国民政府先后向这三国和苏联提出联合反对日本侵略的方案。向英、法提出的方案的内容为：（1）中、英、法以联合反日为目的实行军事和经济合作，在适当时机邀请苏联参加，并请美国采取平行行动；（2）中国提供全部人力和物力，其他国家提供海军和空军；（3）各国加强经济合作，共同对日制裁；（4）各国保证不单独对日媾和。[②] 但英国认为远东局势尚未达到需要研究中国建议的阶段，法国推托由于欧洲局势严重，未能对中国建议予以必要的关注。[③]

战争以来，日本极力破坏中国财政体系。英、日订立非法的海关协定，使沦陷区海关收入存入日本横滨正金银行在各地分行，扣留中国的盐税。中国丧失了大约 80% 的关税和 65% 的盐税收入。[④] 1939 年 1 月，中国政府被迫宣布暂停支付一切由海关收入保证的外债。日本在华北沦陷区强行推行伪币掠取外汇，这都威胁到英国在中国的经济活动和商业利益。英国除了提供一笔数目微小的贷款支持中国法币，对日本再无抗衡表示。

夺取外国在华租界，一直是日本在战争中想要实现的目标。进入 1939 年，日本更认为解决外国租界问题是关系到建设“东亚新秩序”的重要问题之一。它寻找借口，发起夺取上海公共租界、鼓浪屿公共租界和天津英租界领导权

---

①《美国外交文件》，1939 年第 3 卷，第 105—107 页；《中央日报》1939 年 2 月 12 月。

②《英国外交文件（1919—1939）》，第 3 辑第 9 卷，第 6 页；中国社会科学院近代史研究所中华民国史组编：《胡适任驻美大使期间往来电稿》（以下简称《胡适电稿》），中华书局 1978 年版，第 15 页。

③《顾维钧回忆录》第 3 分册，第 423—424 页。

④《中华民国重要史料初编》第三编，战时外交（二），第 209 页。

的攻势。在上海和鼓浪屿，日本的企图遭到美、英、法联合的抵抗没有实现。日本把重点转向天津。这年4月，北平伪政权的天津海关监督在英租界内被杀，日本要求引渡“嫌疑犯”，武力封锁天津英租界，并在日本国内和日本占领区掀起大规模反英浪潮。日本首相平沼表示，如果英国不表明它真正了解日本的立场和在中国的目的，天津问题无法调解。日本封锁天津英租界后，蒋介石召见美国大使詹森，指出：一旦英国不能在天津保卫其权利，日本便可以在中国任何地方重演这种事件，美国在华利益就会一扫而光。他要求詹森转达国务卿，他“坚信，如果美国让日本知道，美国利益也与此有关，日本的‘阵线’就会崩溃”。[①] 美国考虑到自己的利益，决定不冒险卷入。英国在日本压力下，提议举行谈判。7月15日，英日谈判在东京开始。

天津租界危机和英日谈判，使中国国内希望由英、美出面召开太平洋国际会议，调停中日战争的主张开始活跃起来。6月21日，王世杰密呈蒋介石三条建议：“一、钧座指示宣传机关暗示全国报纸立即公开主张续开《九国公约》会议。二、密向英美两国政府表示我方拟即提出续开《九国公约》会议之要求，以探询意向。三、如得英美赞同，我方立即正式提出照会。”[②] 26日，中国驻英大使郭泰祺向英方提出，天津事件作为地方问题解决，势必涉及其他国家与中国的关系，“在这种情况下，一个太平洋会议将是讨论这个问题的适当机构”[③]。7月17日，英国外交大臣哈里法克斯致电驻华大使卡尔：“我们的希望，是在东京谈判的某一阶段中，邀请美国和法国参加讨论，以便举行一个国际会议以处理远东和解的一般问题。”他要求卡尔通知蒋介石，就此事征询美国的意见。[④]7月20日，蒋介石给罗斯福写了一封少有的长信，请求美国率先对日本实施禁运，然后迫使日本同意以集体会议的方式解决中日问题。[⑤]

中国共产党担心，在这样一个太平洋会议上英、美将出卖中国的利益，国民政府将对日作出重大妥协，因而反对召开太平洋会议，一再指出：“所谓太

---

①《美国外交文件》，1939年第3卷，第186—187页。

② 国民政府军事委员会参事室档案，见吴东之主编《中国外交史：中华民国时期（1911—1949）》，河南人民出版社1990年版，第465页。

③《英国外交文件（1919—1939）》第3辑第9卷，第236页。

④ 同上书，第288页。

⑤《中华民国重要史料初编》第三编，战时外交（一），第83—85页。

平洋会议，就是东方慕尼黑，就是准备把中国变成捷克。”[①]“东方慕尼黑即令与西方慕尼黑有形式上之不同，而其实质亦将毫无二致。”“我们要反对国际反动派的东方慕尼黑阴谋！”[②]太平洋会议能否召开，关键在美国的态度。而美国政府认为，召开这一会议的时机尚未成熟，在现阶段无法达成一个使中日双方都能接受的妥协性协议，因而对会议的召开持消极态度。任何一方，包括积极主张召开的重庆政权在内，均未提出有关的方案或设想，也未对会议的议程进行过任何预备性的商讨。但是蒋介石请求美国倡议日本“以集体会议的方式”解决中国问题，而且有关者有非正式的探索，共产党提出反对东方慕尼黑阴谋，就并非无风起浪之举。

7月22日，英国与日本达成《英日初步协定》，即《有田—克莱琪协定》，对日本作出重大妥协。协定声称：“英国政府充分认识到”日本侵华所造成的“中国的实际局势”，日军在占领区内“应有其特殊的需要”，“英国政府无意鼓励”任何有碍日军或有利其敌人的行为。[③]这实际上默认了日本对中国的侵略，违背了英国在历次国际会议上作出的道义援华的承诺，是个严重的对日妥协行动。

这一协定受到中国政府的批评。7月24日，驻英大使郭泰祺面见哈里法克斯，就协定提出抗议。25日，中国政府外交部发表声明，对英国政府的对日态度表示“失望”和“遗憾”。28日，蒋介石致电英国报界，声明“任何协定如不得中国政府之承诺，无论在法律上、在事实上均丝毫不能生效”。并指出：“英国欲为保护其在中国之利益，即使欲作暂时的让步，亦无异于以血肉喂猛虎，即使英国以百年来在华所有整个之权益，悉数让与于日本，日本军阀亦断断不能停止其侵略的行动。”[④]同时，美国担心英国的妥协会助长日本“永无止境的要求”，也表示了对英日协定的不满。7月26日，美国以宣布终止《美日通商条约》（半年后生效）表示对日的强硬立场，抵消英国的影响。由于中国的坚决反对及英日矛盾在本质上的不可调和，英国在随后关于天津治安和经济问题的谈判中拒绝了日本的进一步要求。

欧洲战争爆发后，英国以主要力量投入对德作战，其远东政策基本上仍

①《毛泽东选集》第2卷，第572页。

②《中共中央文件选集》第12册，第142—143页。

③《英国外交文件》第3辑第9卷，第313页。

④《中华民国重要史料初编》第三编，战时外交（二），第102—103页。

坚持“中立”立场，避免卷入中日战争。但是，英国认为，中国继续坚持对日抗战，可以把大量日军吸引在中国战场，从而牵制日本向南方扩张，因此基本放弃了调停中日战争的企图；另一方面，英国更加害怕与日本发生对抗，而陷入两线作战，因此，不惜以继续妥协来缓和与日本的关系。

9 月 29 日，英国决定撤走在长江水域的 5 艘炮舰，驶往新加坡。11 月 13 日，英国宣布撤退在华北的驻军。1940 年，随着英国在欧洲战场的失利，其对日政策更加软弱。6 月 12 日，英国不顾中国政府的反对，与日本达成《天津协定》，将中国政府在平津两地的 5369 万元存银交由英日双方共同封存，并允许北平伪政权发行的联银券在英租界内流通。6 月 20 日，日本解除了对天津英租界的封锁，作为对英国的回报。

滇缅公路是中国的重要运输线，特别是在 1940 年 6 月日本利用法国败降迫使法属印度支那当局切断滇越铁路以后，这条公路的重要性更形突出。6 月下旬，日本以强硬的态度要求英国停止由滇缅公路向中国输送物资，并以战争相威胁。27 日，英国大使洛西恩向美国国务卿赫尔提出一份备忘录，陈述英国面临的困境，要求美国通过对日本实行全面禁运并派舰只去新加坡，与英国一起抵制日本的要求。赫尔请示罗斯福后于次日答复说，在处理滇缅公路这类问题上，美国政府向来是独立于别国政府行事的，它保持着完全的行动自由。[①] 英国求助无效，再次对日作出重大妥协。7 月 17 日，克莱琪与有田达成《英日关于封闭滇缅公路的协定》，宣布自即日起三个月内，禁止通过缅甸向中国运送武器、弹药、燃料和铁路器材等物资，香港亦同时禁运。[②] 英国封闭滇缅公路，给中国抗战造成了严重损害。事前国民政府曾表示强烈反对，7 月 28 日蒋介石又致电丘吉尔，指出：“唯有中国战胜并保持独立，英国远东利益方能保存。故余迫切的声请阁下，为贵我两方利益计，从速恢复滇缅运输路线。”[③] 然而英方却表示，英德战争正酣，英国本土受到严重威胁，待英国所受军事压力缓解后，方可重开滇缅公路，此刻英国不能也不愿在远东再树日本为敌。

英国在远东的软弱、妥协政策，使日本更加有恃无恐，扩张野心愈益膨

---

①《赫尔回忆录》，第 896—901 页。

②《中国近代对外关系史资料选辑》下卷，第 2 分册，第 145 页。

③《中华民国重要史料初编》第三编，战时外交（一），第 116 页。

胀。第二届近卫内阁上台以后，确定了以建立“大东亚新秩序”为目标的南进政策，并与德、意结成军事同盟，决心利用德、意在欧洲战场的胜利，趁机夺取英、法等国在远东和太平洋地区的利益。日本已公开站在与英国敌对的立场，无论英国怎样妥协，英日冲突已无法避免。

英国东方政策的重点终于由谋求对日妥协转向加强对中国抗战的支持和援助。10 月 8 日，英国宣布，由于 9 月间日军进驻法属印支北部并与轴心国订立同盟，滇缅公路的封闭将不予延长。17 日，滇缅公路重新开放。随后，英缅当局派代表来华，协商改进滇缅公路的运输管理，使该路的运输状况取得明显改善。12 月 10 日，英国宣布对华贷款 1000 万镑，其中 500 万镑为平准基金，500 万镑为出口信贷，用于购买英镑集团的货物。[①] 同时，英国还逐步扩大了对日本的出口管制，以削弱日本的战争潜力。

（三）中苏关系的发展与苏日关系的调整

进入 1940 年，苏联继续以提供武器和军事装备、派遣顾问和飞行员等方式援助中国抗战。与美、英对华贷款援助相比，苏联的援助具有特殊意义。英国平准基金贷款对稳定中国币值产生了一定作用，但此项平准基金“可有可无，无关痛痒”[②]。美国由于实施《中立法》，其对华贷款主要只能购买一般工业品。苏联的贷款所提供的物资，几乎全部都是武器、弹药和飞机、坦克、火炮等军事装备，对中国抗战可解燃眉之急。

苏联在积极援助中国抗战的同时，继续在其远东地区部署重兵，对日本保持高度军事戒备。1938 年 7 月底，日本驻朝鲜军在中苏边境的张鼓峰地区进行武装挑衅，遭到苏军的沉重打击。1939 年 5 月开始，日本关东军在中国东北边界的诺门坎地区挑起对苏军的武装冲突，企图“予以彻底膺惩，使其慑服”[③]。8 月，苏军展开全面反攻，给入侵日军以歼灭性的打击。苏联对日

---

① 杨格：《中国与外援》，第 173 页。

② 中国国民党中央执行委员会宣传部快邮代电——渝美宣字第 7189 号，国防大学第二图书馆藏。

③〔日〕防卫厅防卫研修所战史室：《大本营陆军部（1）》，朝云新闻社 1974 年增印，第 596 页。

军北进冒险尝试的两次迎头痛击，使日军更加感到对苏战备的虚弱。

由于英、法对德妥协的《慕尼黑协定》将苏联排斥在有关欧洲事务的大国之外，恰在苏、日诺门坎冲突之际，英国与日本达成《有田—克莱琪协定》，这使苏联对西方国家把德国和日本这两股祸水引向苏联的图谋警惕起来。为此，苏联一方面表示执行“拥护和平，拥护加强同所有国家的事务联系”的政策；另一方面，则强调提出要“保持谨慎态度，不让那些惯于从中渔利的战争挑拨者把我国卷入冲突中去”。[①] 为了避免在西线与德国发生冲突，苏联采取保全自身安全的特殊步骤，于 8 月 23 日同德国缔结了互不侵犯条约。欧洲战争爆发后，苏联宣布实行“和平中立”政策。

张鼓峰和诺门坎的两次失败，使日本的对苏强硬政策受挫。苏德条约的签订，打破了日本联德侵苏的企图。因此，在 1939 年欧战爆发后，日本转向与苏联谋求妥协，试图通过调整日苏关系，诱迫苏联停止对华援助。

日本方面改善对苏关系的姿态，得到苏联的积极响应。9 月 15 日，苏日达成诺门坎停战协定；11 月 15 日，双方又就两国间有争议的经济问题再开谈判。12 月 31 日，当两国就延长《苏日渔业协定》等问题达成一致时，苏联《真理报》发表文章，表示苏联政府和舆论界十分重视苏日关系的正常化，苏联方面愿意促进它的实现。1940 年 1 月 19 日，日本外相有田作出回应，表示要积极促使日苏关系得到进一步改善。两国频繁接触。7 月 2 日，日本驻苏大使东乡茂德正式向苏联建议缔结日苏中立条约，并提出日方的条约草案。

第二届近卫内阁登台后，正式确定在迅速解决中国事变的基础上向南方扩张的南进战略，并把强化日、德、意三国轴心和大幅度调整日苏关系，作为确保实现南进战略的两项主要外交策略。8 月，苏联答复日方建议，同意就缔结中立条约进行谈判，同时提出三条要求：第一，取消日本在北库页岛的石油和煤炭企业租让权；第二，缔结中立条约必须保证不参加敌对同盟和不进行侵略；第三，日本通过中立条约将可以放手向南扩张，从而获得极大利益，而苏联却要承担同中国和在太平洋有重大利益的国家关系恶化的危险，日本要对此点予以说明。[②] 但此时日本有了另外的图谋，想先缔结日、德、意三国

---

① 中共中央编译局编译:《斯大林文集（1934—1952）》，人民出版社 1985 年版，第 245—246 页。

②〔日〕信夫清三郎编，天津社会科学院日本问题研究所译:《日本外交史》下册，商务印书馆 1992 年版，第 660 页。

同盟，然后通过德国的斡旋订立日、德、意、苏四国协约，用四国协约的压力迫使英、美退出亚洲，以解决中日战争，并使日本的南进能顺利展开。

9月27日，三国同盟正式签字的同一天，日本外相松冈洋右和德国驻日大使奥托交换了一件秘密公文，德方保证将尽量为日苏之间建立“友好谅解”的关系进行斡旋。[①]10月30日，日本向苏联建议缔结互不侵犯条约。但苏联认为，只有收回在日俄战争后割让给日本的南库页岛才能考虑这一问题，并主张就取消日本在北库页岛的租让企业进行谈判。11月中旬，苏外长莫洛托夫访问德国，德外长里宾特洛甫向莫洛托夫提交了以德、意、日三国同盟为一方，以苏联为另一方的协定草案。草案划分了四国的势力范围，要求苏联与三国同盟合作。[②]莫洛托夫随后表示同意德国的方案，但在苏联的势力范围上提出了更多的要求；德国认为无法接受，遂放弃了使苏联与三国同盟合作的想法。日本为解除南进的后顾之忧，仍积极寻求与苏联缔约。

1941年3月，日外相松冈出访苏、德、意三国，先途经莫斯科，会见了斯大林和莫洛托夫。4月7日再访莫斯科，正式开始日苏会谈。松冈提出缔结互不侵犯条约问题，被苏方拒绝，遂转就中立条约进行交涉。13日，松冈和莫洛托夫在克里姆林宫正式签订《苏日中立条约》。主要内容是：缔约双方保证维护两国间的和平友好关系；互相尊重对方的领土完整和不可侵犯；当缔约一方成为其他第三国的战争对象时，另一方在整个冲突过程中将保持中立。在签订中立条约的同时，两国政府还发表了一项联合声明，称“苏联保证尊重‘满洲国’的领土完整和不可侵犯，日本保证尊重‘蒙古人民共和国’的领土完整和不可侵犯”[③]。

《苏日中立条约》适应了双方各自的某些战略需要。苏联凭借此约分化日本和德、意的军事同盟关系，对缓和日苏矛盾、避免两线作战、以主要力量防备德国法西斯有一定意义。日本凭借此约在一定程度上减轻了北方的压力，得以集中力量解决中国的战争，并放手南进。条约的直接受害者是中国。苏联政府公开承认“满洲国”，以换取日本对“蒙古人民共和国”的承认，严重损害了中国的领土主权，伤害了中国人民对社会主义苏联的良好感情。

---

①〔日〕服部卓四郎著，张玉祥、林鼎钦等译校：《大东亚战争全史》第1册，商务印书馆1984年版，第56页。

②《大东亚战争全史》第1册，第57页。

③《国际条约集（1934—1944）》，世界知识出版社1961年版，第303—304页。

苏日条约和共同声明发表后，中国政府外交部于 14 日发表声明，宣布："东北四省及外蒙之为中华民国之一部，而为中华民国之领土……中国政府与人民对于第三国间所为妨害中国领土与行政完整之任何约定，决不能承认，并郑重声明：苏日两国公布之共同宣言，对于中国绝对无效。"[①] 中苏关系从此开始冷淡。

（四）中美关系的发展

1938 年 7 月对日实行"道义禁运"和 1939 年 2 月对华实现桐油借款，是美国采取的有利于中国抗日战争的最初步骤。此后随着战争的进行，美国越来越认识到中国抗战对它在中国以及在亚太地区利益的重要意义。它并不愿意与日本对抗，但在中国抗战遇到新的严重情况时，也开始宣布新的援华制日措施。

1939 年 7 月，英、日《有田—克莱琪协定》发表后，美国宣布废止美日商约，受到国民政府欢迎。9 月间，美国扩大"道义禁运"。禁运范围先后扩大到包括制造飞机用的主要金属铝、镁和钼，以及生产航空汽油用的一切方法、设备和技术资料。[②] 日本对事态发展感到担心，12 月中旬，正式提议日美在现行通商航海条约期满后缔结一项临时协定，继续维持两国通商关系，并保证两个月内开放长江航运。美国拒绝日方建议，也不另订新约。[③]

1940 年 3 月 30 日汪伪政府宣布成立，当天，美国国务卿赫尔谴责日本制造傀儡政权，说"在南京建立一个新政权，是一国凭借武力将其意志强加于邻国的一项计划的新步骤的表现"，表示"美国继续承认迁都重庆的国民政府"。[④] 几个月前，中美开始谈判的 2000 万美元借款合同于 4 月 20 日签订。6、7 月间，日本先后逼迫法、英封锁滇越铁路和滇缅公路，美国宣布对航空燃料、润滑油和废钢铁实行出口许可证制度，不久又宣布 2500 万美元对华钨砂贷款，同时开始对日本彻底禁运废钢铁。

---

①《中华民国重要史料初编》第三编，战时外交（二），第 390 页。

②《通向珍珠港之路》，第 42、47 页。

③《美国外交文件》，1939 年第 3 卷，第 619—620 页。

④《美国外交文件》日本卷（1931—1941）下，第 60 页。

9 月 27 日，日、德、意三国缔结军事同盟。罗斯福召集国务卿和军方首脑会商，认为三国同盟是针对美国的枪，但日本已被中日战争拖得疲惫不堪，要与美国的海、空力量作战是不自量力。西方文明的主要敌人是法西斯德国，美国的全球战略应是“大西洋第一，欧洲第一”；同时对太平洋的威胁也不应让步。不允许日本进一步扩张，又尽量避免与之发生正面冲突。这表明只要日本不过分损害美国在亚洲，主要是在中国的利益，就美国来说，双方的矛盾是可以调和的。对于三国盟约，美国极力想表现出并不注重。赫尔在条约宣布的当天经总统同意发表声明，轻描淡写地说：美国认为三国盟约“没有对几年来业已存在的形势带来实质性的改变”，美国政府早已知道要签订这样的条约，早已在决策过程中充分考虑到了这一点。目的也是表明美国在东方尽量避免与日本发生正面冲突。

三国盟约的订立使英、美等反法西斯国家与德、意、日法西斯国家双方阵线趋于明朗，是国际形势的重要变化。中国驻英大使郭泰祺、驻美大使胡适均报告国内，分析形势，认为中、英、美的共同立场利害，均益明显，以至希望日、美开战，日本海军毁灭，形势急转直下。国民政府乘势开展外交活动，试图以中、美、英三国结盟来对抗日本。10 月 14 日，蒋介石接见英国大使卡尔，18 日接见美国大使詹森，提出进行军事合作的意向，要求美国在三个月内提供 500 架飞机，派志愿人员来华助战，并称“此实美国唯一替代对日作战之方策”。他要求美国以后对华贷款“能化零为整，一次贷我以巨款”，并保证，“在中、英、美之合作中，我人当随美国之领导”。[1] 但美国仍坚持其极力避免与日本正面冲突的立场。24 日，赫尔指示詹森答复说：“美国的传统政策是避免加入任何同盟，除非是在战争之中。”他表示，美国在远东问题上，在保卫美国利益的同时，将不损害中国利益。[2] 重庆政府的活动没有什么效果。

美国在德、意、日三国同盟条约签订后，事实上对中国抗战的形势不能不给予极大关心。它这时开始密切注视着日本在南京扶植傀儡政权的事态发展，十分警惕日本企图诱降重庆方面的种种消息。11 月下旬，罗斯福感到美

---

①《中华民国重要史料初编》第三编，战时外交（二），第 38—40 页；战时外交（一），第 100—103 页。

②《中华民国重要史料初编》第三编，战时外交（一），第 105—107 页；《美国外交文件》，1940 年第 4 卷，第 679—681 页。

国必须做点什么以防止中国形势的进一步恶化。30 日，即日、汪签订《基本关系条约》和日、“满”、华（汪伪）《共同宣言》发表的当天，罗斯福宣布将对华贷款 1 亿美元，其中 5000 万美元为平准基金贷款，5000 万美元为商业贷款。12 月 1 日，蒋介石向罗斯福及美国政府发去感谢电。然后，《中美金属借款合约》及《平准基金借款》于 1941 年 2 月及 4 月分别签订。

1941 年 3 月，美国酝酿已久的《租借法》正式成立，它授予总统在向事实上的盟国提供大量军援方面以广泛的权限，美国外交和国防政策发生重大改变，原来的《中立法》由此名存实亡。《租借法》尚在国会辩论时，罗斯福于 1941 年 2 月派他的行政助理居里来华，考察中国的财政经济等各方面需要，了解国共关系状况。3 月底，国民政府向美国提出具体援助方案。不久，《苏日中立条约》签订，美国政府担心此约会从精神和物质上对中国抗战带来严重不利影响，决定加快实现对华租借援助以“重振中国士气”。4 月 26 日，詹森通知国民政府，总统已经批准向中国提供首批 4510 万美元的租借物资。5 月，价值 110 万美元的首批租借物资从纽约启运。[①] 7 月下旬，罗斯福批准派遣以马格鲁德少将为首的军事代表团来华，考察与租借援助有关的种种问题。

租借物资之外，罗斯福签署一项命令，同意美国军人辞职加入陈纳德的志愿航空队。1941 年 8 月，美国志愿航空队（俗称“飞虎队”）正式成立。这支航空队在保卫中国西南空防、为后来在缅甸作战的中国军队和盟国军队提供空中支援中，发挥了作用。

美国成立《租借法》的直接动因是为了援助英国。在整个大战过程中，英国是得到美国租借援助最多的国家。1941 年 6 月 22 日苏德战争爆发，罗斯福、丘吉尔立即宣布将尽力援助苏联。8 月 9 日至 12 日，罗斯福和丘吉尔在大西洋北部纽芬兰海湾的军舰上举行秘密会晤，14 日发表《美国总统和英国首相的联合宣言》，即《大西洋宪章》。两国宣布不追求领土或其他方面的扩张，不承认法西斯国家通过侵略所造成的领土变更，解除侵略国家的武装等 8 项原则。9 月 24 日，苏联发表声明，同意该宣言的基本原则。9 月 29 日至

① 《胡适电稿》，第 101 页；《美国外交文件》，1941 年第 5 卷，第 631、636 页；罗曼纳斯、桑德兰：《史迪威使华》（Charles Romamus and Riley Sunderland：Stilwell’s Mission to China），华盛顿 1953 年版，第 14 页。

10月1日，苏、美、英三国代表在莫斯科举行会议，签订对苏联提供武器装备的议定书。10月30日，美国决定向苏联提供10亿美元的无息贷款，以便购买军用物资。随后，罗斯福发表声明说，保卫苏联对于保卫美国是极其重要的，宣布苏联已取得租借援助的资格。苏、美、英三国在反对法西斯的共同事业中，逐步走到一起。

美国的全球战略既然是“欧洲第一、大西洋第一”，就需要与日本暂时妥协，改善两国关系。1940年11月，美国天主教德劳特神甫等人访日，同日本原大藏省官员井川忠雄就改善两国关系进行了秘密交涉。随后，双方同各自政府当局取得了联系，并在官方的参与下起草了《日美谅解方案》。1941年3月8日，美国国务卿赫尔会见日本新任大使野村吉三郎，双方都表示了调整两国关系的愿望，并交换了意见。

4月16日，赫尔再次会见野村，正式提出《日美谅解方案》，表示可以以此作为两国谈判的基础。方案除涉及美日经济关系、欧洲战争和太平洋地区稳定等问题外，一个重要内容就是关于中国问题。美国要求日本从中国领土撤军、不索取战争赔偿、恢复门户开放，对日方承诺美国力促重庆与南京政权合并、承认“满洲国”等。赫尔还要求日本同意尊重一切国家的领土完整和主权，不干涉别国内政，机会均等，维持太平洋现状等4项原则。当天，野村即将此方案电告日本政府，并开始正式谈判。日本希望利用这一机会对美国施加压力，迫使美国作出让步，在解决中国事变问题上取得突破。5月3日，日本政府和大本营联席会议通过由松冈外相起草的日方修正案，要求美国承认所谓中日亲善、共同防共、经济提携的近卫三原则和日、“满”、华（汪精卫伪政权）《共同宣言》，并要求美方“立即劝告蒋政权媾和”①。

5月12日，野村将日方的修正案递交赫尔，赫尔对此案甚感失望，认为从这个方案中几乎看不到一线希望的曙光。31日，赫尔提出美方的修正案，虽然仍坚持日本从中国撤军，但实际上承认了近卫三原则。②6月6日，野村向赫尔提出，双方的观点已很接近，美国应立即建议中国政府与日本谈判媾和。赫尔则表示，必须待美日协定完成后才能向中国政府建议。③

①《大东亚战争全史》第1册，第100页。

②《美国外交文件》日本卷（1931—1941）下，第440—454页。

③同上书，第465、466页。

美日谈判一直是秘密地进行，一个多月后，中国政府才有所闻。5月23日，驻美大使胡适奉政府之命向赫尔探询此事，赫尔仍声称美日只是非正式会谈，所谓调停中日战争之事纯系谣言。胡适向赫尔表示，中国目前不可能与日本议和。

6月，美日双方都再次提出各自的修正案，互相作出了一些让步。但由于美国的"门户开放"原则和日本的"大东亚共荣圈"计划本身存在着难以调和的矛盾，未能达成一致协议。美日第一阶段谈判陷于停顿。

苏德战争爆发后，松冈外相等人积极主张与德国相配合，立即北进攻苏；而军部实力派却认为，苏德战争解除了北方的压力，应抓住千载难逢的良机，先行南进。在6月25日至7月1日近卫内阁与大本营召开的联席会议上，南进主张占了上风。7月2日，御前会议通过了《适应局势演变的帝国国策纲要》，决定坚持"建设大东亚共荣圈"的南进方针，"继续朝着解决中国事变的方向迈进"，并"不辞对英美一战"。[①] 7月18日，近卫首相重新组阁，撤换了主张北进的松冈外相。日军随即采取行动，占领法属印度支那南部。

面对日本决意南进的行动，罗斯福于8月17日召见野村，首先向他宣读了一份比较强硬的声明，警告说：日本政府如果"采取任何进一步行动来推行以武力威胁的手段对邻国实行军事的统治政策或计划，美国政府将不得不立即采取一切必要的手段"。接着又用缓和的语气宣读了第二份声明，表示，如果日本政府愿意并能够立即停止扩张主义的活动，改变立场，美国政府可考虑恢复7月中旬中断的会谈。[②] 野村提出，近卫首相希望与总统会见，当面商谈一切。罗斯福表示原则上同意。28日，野村再次往见罗斯福，面交近卫致罗斯福的信，并就首脑会晤进行磋商。9月3日，罗斯福会见野村时表示，赞成进行首脑会谈，但必须按赫尔提出的四原则为基础。日本政府断然拒绝。美日第二阶段谈判所酝酿的首脑会晤取消。

在美日谈判难以取得进展的情况下，9月6日，日本御前会议决定，谈判以10月为限，如仍不能实现日方要求，便"立即决心对美（英、荷）开战"[③]。10月中旬，谈判仍无进展，东条英机陆相要求政府下决心开战。近

---

①《日本外交年表并主要文书》下，文书，第531、532页。

②《美国外交文件》日本卷（1931—1941）下，第556—559页。

③《日本外交年表并主要文书》下，文书，第544页。

卫对此表示犹豫，16 日宣布辞职。17 日，天皇决定由东条任首相组阁。东条英机内阁上台，加快了日本走向太平洋战争的进程。11 月 5 日，日本御前会议通过《帝国国策实施要点》，确定“对美英荷开战”，以 12 月初为开战的时机。

11 月 15 日，日本特使来栖三郎到达华盛顿，参加对美谈判。野村和来栖先后向美方提交了日本的甲案和被称为“最后方案”的乙案，要求美方必须在 29 日以前答复。罗斯福与赫尔都不再怀疑美日战争不可避免，但军方领导人认为美国尚未作好两洋作战的准备，仍希望通过妥协来推迟战争的爆发。赫尔起草了一份对日妥协的“临时协定”草案，24 日向中、英、澳、荷四国通报。方案要求日本不对东北亚、北太平洋地区、东南亚和南太平洋地区采取军事行动，美国同意部分恢复日美贸易。中国政府得知这一情况后，立即电告驻美大使，要求设法阻止美国对日妥协。25 日，外交部长郭泰祺正式照会美国政府，指责美国的此种做法，是“意图牺牲中国绥靖日本”[①]。同时，丘吉尔也认为这非常像绥靖政策的东西。他在 26 日给罗斯福的电报中，一方面表示此事全由美国决定，另一方面则提出：“我们所焦虑的就是中国，如果他们崩溃，我们的共同危险将会大大增加。”[②] 由于中国的反对和英国的不赞同，赫尔不得不放弃“临时协定”草案，并于 26 日召见野村和来栖，递交了一份措词强硬的《赫尔备忘录》。

日本政府认为，赫尔的备忘录“根本不着边际，没有讨论的余地，唯有开战而已”[③]。28 日，外相东乡电示野村，谈判“实际上即将结束”，“但不要给对方造成一种谈判破裂的印象”。[④] 12 月 1 日，日本御前会议作出对美、英、荷开战的最后决定，大本营陆海军部分别向南方军、中国派遣军和联合舰队下达了作战命令。12 月 6 日，罗斯福仍致电日本天皇，呼吁通过谈判维持两国的和平。第二天中午 12 时 30 分，罗斯福召见中国大使胡适，通告了给天皇的照会，表示“这是我争取和平的最后的努力”。并说：“我担心这会

---

①《中国外交史——中华民国时期（1911—1949）》，第 495 页。

② 丘吉尔:《第二次世界大战回忆录》第 3 卷，下部，第 3 分册，商务印书馆 1975 年中文版，第 901 页。

③《大东亚战争全史》第 1 册，第 241 页。

④ 日本外务省编:《日美交涉资料》，东京原书房 1978 年版，第 506 页。

失败。”[1] 当胡适起身告辞的时候，日本已经用投向珍珠港的炸弹作出了他们的回答。

当美日谈判还在讨价还价之际，日本已在秘密地调兵遣将，作好了对美、英等国开战的准备。11 月下旬，担任偷袭珍珠港任务的日本特遣舰队在千岛群岛的择捉岛隐蔽集结，随即秘密驶向夏威夷群岛。同时，担任向南洋地区进攻的 11 个师 40 万大军也在华南、台湾和印度支那集结完毕。12 月 4 日，南方军运载马来半岛登陆作战部队的大型运输船队从海南岛的三亚港启航。

12 月 8 日清晨（夏威夷当地时间为 12 月 7 日），日军由 6 艘航空母舰（船载飞机 382 架）、2 艘战列舰、3 艘巡洋舰、11 艘驱逐舰、3 艘潜水艇组成的特遣舰队和以 27 艘潜水艇为主力的先遣舰队，向美国在太平洋上最大的海军基地珍珠港发动突然袭击，共炸沉炸伤美军各种舰船 40 余艘，其中包括 8 艘战列舰、3 艘巡洋舰和 3 艘驱逐舰，击毁击伤飞机 230 多架，美军伤亡 4500 余人，给美国太平洋舰队以毁灭性打击。当天，日本天皇发布《宣战诏书》，正式对美、英等国宣战。美、英随之对日宣战，太平洋战争由此爆发。随后，加拿大、澳大利亚、新西兰等 20 多个国家也相继对日宣战，由此形成了一个以美国为主体的太平洋对日战场。

在偷袭珍珠港同时，日本陆海军还对东南亚和西太平洋岛屿的美、英军队发动全面进攻。到 1942 年 5 月，日军先后攻占了泰国、香港、马来亚（包括新加坡）、荷属东印度、菲律宾、缅甸、关岛、威克岛、新几内亚和所罗门群岛等地，控制了拥有 1.5 亿人口的 386 万平方公里的广大地区。一时掌握了西太平洋的制海权、制空权，且造成西逼印度、南压澳大利亚的态势，达到了侵略扩张的巅峰。但是，在另一方面，日本直接与除苏联之外的亚洲和太平洋地区主要国家为敌，战线延长，兵力分散，供应困难，不可避免地陷入了四面受敌的被动地位。

太平洋战争从主要方面看，是中日战争的延长和扩大。先有中国的抗日战争，然后才有太平洋战争。它们是由两条线组合在一起的。一条线是从卢沟桥到太平洋。日本所以走上发动太平洋战争的道路，核心问题就是要“解决中日事变”，即把美国赶出中国和亚洲，来结束中日战争，实现其所谓“东亚新秩序”。中日战争与太平洋战争，在日本与中国都是一回事：在日本，都

---

① 《大东亚战争全史》第 1 册，第 244 页。

是为了把中国变为殖民地进行的战争；在中国，都是为了抵抗日本侵略进行的民族解放战争。地区扩大，时间延伸，性质没有改变。再一条线是日本与美国争夺以中国为中心的亚洲利益的战争。中国是美国在亚洲的政治经济利益基本阵地。日本要求美英“正确认识帝国的意图，适应远东新的形势”，即承认日本独占中国。这与美国坚持牢固立足中国的门户开放、机会均等针锋相对。美国不惜根本牺牲中国抗战，寻求与日本妥协。但日本坚持在中国驻兵，美国接受这一条，等于撤出中国，放弃太平洋。而且美国的最后妥协方案，遭到中英澳荷的一致反对。中国加上东亚大陆、太平洋，就成了日美战争的场所。但美国在站队的问题上与日本相反，它是站在国际反法西斯阵线一边的。两条线性质不同，国际反法西斯统一战线，把抗日战争与太平洋战争连结为一条战线，一个阵营了。日美两国当初都没有料想到或者没有真正打算实现的全面对抗终于发生了。这里只有一个力量是决定性的，这个力量就是中国长达四年半的独力持久抗战。中国独力持久抗战迫使日本在战争中向一条看不到尽头的路走下去。

（五）国际反法西斯统一战线的形成

太平洋战争的爆发，结束了中国四年以来单独抗击日本侵略的局面，使抗日战争的国际环境发生巨大变化。珍珠港事件当天，蒋介石向美、英、苏等国大使提出六点建议，希望成立以美国为首的中、美、英、苏、澳、荷、加、新八国军事同盟，协同作战，八国订立不单独媾和的协定。当晚，蒋又召见美、英驻华武官，表示愿与友邦配合作战，准备对香港、越南、缅甸采取行动。9日，中国政府发布文告，正式对日本和德、意宣战，并废除中国与日、德、意三国的一切条约和协定。同一天，中共也发表关于太平洋战争的宣言和指示，主张“中国与英美及其他抗日诸友邦缔结军事同盟，实行配合作战，同时建立太平洋一切抗日民族的统一战线，坚持抗日战争至完全的胜利”。表示愿“在各种场合与英美人士作诚恳坦白的通力合作，以增加英美抗战力量，并改进中国抗战状况”。[①]

---

①《中共中央文件选集》（1941—1942），第13册，中共中央党校出版社1991年版，第249、252页。

对于中国政府的提议，英、美、苏三国立即作出了原则上的反应。丘吉尔当天致电蒋介石说：“大英帝国和美国已经受到日本的进攻。我们一直都是朋友，现在我们面对一个共同的敌人。”① 9 日，罗斯福回电称，中国在过去四年半的英勇抗战中，已经感受到美国原则上和实际上的同情；现在美国将和中国及其他英勇的国家联合起来，消灭共同的敌人。② 斯大林在 12 日回电说，在整个反法西斯战线中，“抗德战线，具有决定之意义”，“苏联现负担抗德战争之主要任务，苏联在抗德战线上之胜利，将即为英、美、中对轴心集团之共同胜利”，苏联应首先击败德国，然后才能准备对日作战，他请蒋介石不要坚持苏联立即参加对日作战之主张。③

太平洋战争爆发以后，世界各主要国家都已卷入第二次世界大战之中。法西斯侵略阵线和反法西斯阵线之间的对立最后明朗化。德、意、日等法西斯国家为在侵略战争中互相配合，更加紧密地勾结起来。1941 年 12 月 11 日，三国签订联合作战协定，宣称将共同使用一切手段，紧密合作，把对美、英等国的战争“进行到获得胜利为止”④。在这种情况下，迫切要求一切反抗法西斯侵略的国家采取实际有效的措施联合起来，迅速建立广泛的统一战线。

12 月 22 日，美、英两国首脑和三军参谋长在华盛顿召开会议（代号“阿卡迪亚”），全面商讨同盟国联合作战的战略计划。会议再次确认两国已经商定的“大西洋第一”，即“先欧后亚”的战略方针，决定首先集中力量打击德国法西斯，对太平洋地区的日本暂取守势。这一战略方针是符合当时战争形势和同盟国战略需要的，但是对作为亚洲主要战场的中国来说，不得不在一段时间里承受巨大的压力，担负起抵抗和牵制日本的艰难责任。会议为共同谋划同盟国的军事行动和适当地分配军事物资供应，决定设立联合参谋长委员会和军火分配委员会。

在阿卡迪亚会议期间，美国政府起草了一份反法西斯国家的联合宣言草案，经过与英、苏等国磋商，用急电发给各同盟国政府，得到各国的积极响应。1942 年 1 月 1 日，由美、英、苏、中四国领衔，共 26 个国家的代表在华盛顿签署了《联合国家宣言》。中国外交部长宋子文代表中国政府在宣言上签

① 原件存英国国家档案馆，外交部档案（F0 436/11，No 837．Public Record Office）。

②《中华民国重要史料初编》第三编，战时外交（三），第 44 页。

③ 同上书，第 57 页。

④《国际条约集（1934—1944）》，第 340 页。

字。各签字国政府赞同美、英两国首脑发表的《大西洋宪章》的宗旨和原则，将对力图征服世界的野蛮和残暴的力量进行共同的斗争，并完全战胜它们；各国政府保证运用其军事和经济的全部资源，对抗与之处于战争状态的三国同盟成员国及其仆从国家；并保证不与敌国缔结单独的停战协定或和约。[①]这一宣言的签署，标志着国际反法西斯统一战线的正式形成。

国际反法西斯统一战线的建立，对世界反法西斯战争具有极为重要的意义。各主要国家终于抛弃了“绥靖政策”“孤立主义”“中立政策”等消极的做法，超越社会制度、意识形态的分歧，在共同战胜德、意、日侵略集团的目标下最广泛地团结起来，实现了在军事、政治和经济上的联合。这一联合大大增强了反法西斯同盟的力量，彻底改变了战争双方的力量对比，使反法西斯阵线无论在人口、资源、生产能力或军事实力等方面，对轴心国集团都占有了明显的优势，为同盟国家掌握战略主动权，夺取反法西斯战争的最后胜利创造了条件。

中国加入国际反法西斯统一战线，特别是与其他三大国一起在《联合国家宣言》领衔签署，显示了中国抗战和中华民族在世界反法西斯战争中的重要地位。这是最早奋起抵抗法西斯侵略并独力在东方坚持达四年半之久的中国人民应得的荣誉，也是世界各国对中华民族为反法西斯事业做出伟大贡献的肯定和认同。近百年来，中国一直处在被世界列强奴役、压迫的屈辱地位，中国的独立、主权和民族权益长期受到粗暴的侵犯和损害。中国人民在抗日战争中所表现出的民族觉醒和不屈不挠的顽强意志，使世界各国开始以新的目光和态度来看待中国。中国作为国际反法西斯统一战线的重要一员，初步确立了在国际社会中的重要地位。在共同的反法西斯事业中，中国的民族利益与世界各主要国家的利益取得了前所未有的一致，中国的抗战支援了世界反法西斯战争，世界反法西斯战争也为中国人民战胜日本帝国主义、实现民族解放创造了有利的国际环境。

国际反法西斯统一战线的形成，对中国抗日战争产生了积极的影响。首先，它增强了中国人民战胜日本帝国主义的信心和力量。其次，它有利于中国的抗日民族统一战线的坚持和巩固。美、英、苏出于反法西斯战争的共同需要，都希望中国内部能团结一致，共同抗战，以加强对日本的牵制和消耗。

---

①《国际条约集（1934—1944）》，第342—343页。

这种情况以及三大国在战争中的合作这一事实本身，对国民党的妥协和反共倾向起到了一定的制约作用。再次，它形成了对中国抗日战争的战略配合。中国大陆抗日战场和太平洋战场相呼应，构成了对日本的战略包围，中国不再是完全被日本军事包围了。

九　中国从单独抗战到与盟军配合作战

（一）正面战场的防御作战

1940年以后，日本国内南进的呼声日高。参谋本部考虑到日本要卷入世界战争，制定了关于处理中国事变、准备南侵及稳定北方的《大东亚长期战争指导纲要》和《对华长期作战指导计划》，1941年1月16日由大本营陆军部审议批准；两天后，《对华长期作战指导计划》上奏天皇得到裁决，成为这一年指导侵华战争的纲领。《计划》规定：1941前“不放松现在对中国的压力。在此期间应用一切办法，特别是利用国际形势的变化，力求解决中国事变”；“作战以维持治安及占领地区肃正为主要目的，不再进行大规模进攻作战”。如果需要，可以进行短时间的以切断为目的的奇袭作战，但以不扩大占领地区和返回原驻地为原则；准备在夏秋时期，发挥综合战力，给中国以重大的压力，“力求解决事变”；在整个期间，要求加强地面、海上及空中的封锁；切断法属印度支那通道，阻止缅甸通道，以海军封锁海面及以陆军兵力封锁海港作战并行，加强在经济上对中国进行压迫；然后转向长期持久态势，数年后将在华兵力保持在50万。[①] 中国派遣军总司令官西尾寿造根据这个《计划》制定了在华作战的四项指导方针：“一、封锁；二、加强治安；三、空中进攻作战；四、积极实行截击作战，消耗敌人战斗力。”[②] 在这个方针指导下，1941年上半年，日军在正面战场上发动了南方沿海的切断作战，华中的豫南作战、上高作战，华北的晋南作战等。下半年有第二次长沙作战。国民政府实行防御作战，广大官兵进行了有力抵抗，不少战役打得比较顽强。

东南沿海日军的切断作战。日军对广东、南宁及印度支那北部的占领，虽

---

①《支那事变陆军作战（3）》，第328—329页。

② 同上书，第333页。

然切断了几条主要的援华通道，但在中国沿海广大地域中，中小交通线仍在从海外输送援华物资。日本估计，仅 1941 年 1 月份，由沿海输送到内地的物资，其价值就相当于 2.5 亿日元。为进一步切断中国的外援通道，日军决定 1941 年上半年在北至浙江、南至福建、广东沿海地区发动以封锁为目的的作战，以进一步孤立和打击国民政府。

1941 年 2 月，日军川口支队在大亚湾登陆，奔袭占领淡水，封锁大亚湾和大鹏湾，切断香（港）韶（关）公路。3 月，日军进行雷州半岛方面的切断作战，从广州西南面地区经雷州半岛，在绵亘 500 公里正面的各要点登陆，“扫荡”要地周围，抢夺战略物资。4 月，日军在汕尾一带登陆，封锁红海湾和碣石湾。同月，日军进行福州作战，21 日占领福州（直到 9 月 3 日撤走）。5 月初，日军利用参加福州作战的部队返回广州之机，在甲子港登陆，封锁甲子一带。随后，日军为防止中国军队夺回香韶公路，又对淡水以北约 30 公里驻惠州的中国军队发动进攻，并对附近一带进行“扫荡”。5 月 12 日起，日军宣布封锁香港、澳门沿海。同时，对内地加强“物资流通的管理制度”，在占据区周围构筑了封锁线。

4 月中旬至 5 月下旬，日军进行浙东作战，一面进攻诸暨，一面登陆并占领宁波、石浦、台州、温州一带。诸暨以南中国第 3 战区第 10 集团军集中 10 个师的部队准备反攻。日军撤出台州、温州；把可抽调使用的部队调往诸暨方向，围攻中国军队。

在长达四个多月的切断作战中，日军攻占了许多沿海交通要点。但对于中国这样拥有万里海疆的大国来说，要完全切断其与外部的物资关系，是不可能的。各类援华物资仍然通过不同渠道源源不断地流入中国。

在中国内地，日军主要打击对象是第 5、第 9、第 1 战区的中国军队。

1941 年 1 月，日第 11 军利用国民党发动皖南事变，国共关系紧张之机，对第 5 战区汤恩伯集团发动豫南战役。

1 月 24 日夜，日军第 3 师向信阳北侧守军阵地实施奔袭，企图一举突进泌阳以北地区，切断汤恩伯的第 31 集团军退路。但在刘汝明第 68 军的顽强抵抗下，奔袭未能得逞。

25 日，日军第 3、第 17、第 40 师等部分三路，开始沿平汉线及其两侧北进。第 31 集团军一部于正面节节抵抗，牵制日军主力，一部向敌后截断其交通，主力由外翼侧击，以击破日军之进攻。26 日，日军各路分别进至泌阳、高邑、邢店、确山一线。27日，进占沙河店、驻马店、汝南一线。此时，第31集团军以第85军由临泉向上蔡附近机动，第13军由舞阳向象河关附近推进，第55军由南阳向唐河前进。孙连仲第2集团军以第68军向象河关以南之日军尾随袭击。29日，左翼日军第3师在尚店、小史店附近遭猛烈攻击，右翼日军第40师在上蔡、汝南间遭到侧击。日军第17师沿平汉线继续突进至遂平，当地守军已撤出。日军扑空后，即以一部向上蔡支援其右翼，主力经西平向舞阳迂回，企图与左翼第3师夹击舞阳以南之守军。第13军已向叶县转移，第85军亦向郾城转移，日军合击未能奏效。相反，日军因后方补给线遭到袭扰，态势渐形不利，遂于2月2日开始撤退。当日军第3师从电话窃听中得知南阳为该地守军通讯枢纽时，在返回途中于2月4日攻陷南阳，并经唐河向泌阳方向迂回，企图与由舞阳南返之第17师夹击该地守军，但未能得逞。2月7日，各路日军退返信阳地区。豫南战役结束。汤恩伯集团实际损失惨重，只在豫南保留下了部分实力。

此次豫南作战，日中国派遣军总司令部夸耀为“灵活、短距离截击作战”的成功战例，紧接着就推广应用于上高作战。

3月，日军对中国第9战区发动上高战役。前此日中国派遣军于2月间令驻江西的第33师调防华北，第11军决定在第33师调离之前，发动“赣西扫荡战”，攻占上高、高安地区，打击赣西第9战区罗卓英第19集团军主力，以减轻对南昌日军的压力。

3月15日，日军第33师主力由安义沿潦河向上高方向进攻；16日，第34师由南昌以西之西山万寿宫附近沿锦江北岸向高安方向进攻；独立混成第20旅由锦江口渡江，沿锦江南岸，向灰埠方向进攻。第9战区赣西方面之第19集团军，以第70军守卫靖安、奉新、大城、市汊街之第一线阵地；以第49军守卫市汊街、丰城、樟树等赣江东岸阵地；以第74军配置于上高地区，准备待机反击。日军第33师于3月15日攻占奉新，继续西犯，18日占领上高后，认为在调往华北前协助第34师作战的任务已经完成，遂于19日开始后撤。日军第34师于3月18日占领高安后，在右翼失去掩护的情况下，冒险西进，向官桥、泗溪进攻；因遇到顽强抵抗，进展缓慢。日军独立混成第20旅在占领灰埠后，北渡锦江与第34师会合。22日至24日，日军猛攻上高以东王耀武第74军阵地，并以飞机数十架支援，战斗激烈，双方伤亡均重。此时，由赣北增援上高的第30集团军第72军已由甘坊进至水口墟附近，与由锦江南岸而来的第49军对日军形成包围圈，将企图向灰埠方面突围的日军一部歼灭。25日，奉新之日军第33师再次出动西进，在棠浦附近与被围之第34师会合。26日夜，日军以一部留置原地掩护，主力突围向高安退却。中国军队在高安以西地区沿途截击、追击、歼敌一部，收复高安、奉新、西山万寿宫及安义外围要点。4月初，恢复原态势，战役结束。此次作战，日军死伤1.5万余人。日军的"灵活、短距离截击作战"失效。

5月，日军对第1战区发动中条山战役，目的是"消灭和扫荡蟠踞在晋豫边区的中央军主力，消灭其在黄河以北的势力"，"借以确保华北安定，并加强对重庆政权的压力"。[①] 中条山位于晋南豫北交界处，战略地位重要。这里驻有第1战区卫立煌集团部队近18万人，牵制着日军3个师；日军决定"首先将其消灭"，取得行动自由，以便"全力对付中共军"。驻守中条山及其周围地区的军队因执行"反共""限共"的政策，其军事力量受到很大程度的限制。4月18日，在洛阳召开第1、第2、第5战区军以上负责人军事会议研究中条山地带作战计划和部署时，主持会议的何应钦仍将"敌情"与"匪情"相提并论。28日，国民政府军事委员会下令对包围中条山之敌展开攻击，但各部行动迟缓未能全部展开。临战无精神和物质准备，在作战开始就陷入了挨打的困境。

5月7日，日军以钳形与中央突破方式，由西、北、东三方面发起进攻。在中条山西侧，第5集团军正面日军第41师等部由横岭关附近向垣曲方向攻击，8日黄昏占垣曲，中条山守军即被日军截成东西两部。9日，垣曲日军分向东西两面扩张，12日东陷邵源，与由东面突入之日军第35师会合，控制了黄河北岸各渡口。另路日军第36、第37师等由夏县附近南下向东进攻，8日由张店镇突破，守军转至台寨与敌苦战，第80军新编第27师师长王峻、副师长梁希贤等牺牲。日军数路贯通守军阵地，守军第3、第17军因遭到围攻，即向汾河以西转移。

在中条山北侧，第14集团军正面日军第33师由阳城向董封东西之线进攻，遭到第98军顽强抵抗。13日，董封阵地被突破，第98军转移至横河镇东南地区。由于垣曲、邵源等重要阵地失陷，后方被截断，第14集团军腹背受敌，于14日开始向北突围。

---

①《支那事变陆军作战（3）》，第370页。

在中条山东侧，第9军正面日军第21、第35师，由济源、孟县两地，突破守军阵地，沿黄河西进，与占领垣曲东进之敌会合。第9军之直属部队、第14、第47师一部由官阳南渡黄河，余部新编第24师及第47师主力留置道清铁路西段山地及济源山地游击。卫立煌集团这时损失惨重，共产党应蒋介石要求出兵支援，表示共挽民族危亡。毛泽东、朱德并致电蒋介石，说明共产党希望蒋实行联苏外交，坚持抗日，此外别无要求。

14日开始，日军一面封锁黄河各渡口，一面继续在山区“扫荡”。留置山区内的守军化整为零，分别突围，向太岳山区、吕梁山区及黄河南岸转移。28日，战役结束。此役第1、第2战区死伤4.2万人，被俘3.5万人，日军以1比20的微小代价，占领中条山。蒋介石称中条山战役失败，是“抗战史中最大之耻辱”①。

狂轰滥炸是日军这一年作战计划中预定的增加压力、“力求解决中国事变”的一部分。从5月起，日军对中国后方进行大规模的轰炸和空战。首先是第22航空战队从5月3日至7月中旬对重庆进行了22次攻击，第11航空舰队7月中旬进驻汉口、孝感基地后，又以最新的01式陆上攻击机对重庆等内地主要城市进行攻击。8月2日起，日陆军航空部队也投入作战，先攻击中国内地盐场及长江上的船艇，随后也加入对重庆的攻击，到8月下旬，日陆海协同对中国内地进行空中作战达到最高潮，给中国造成重大损失。

9月，日军在湘北发动第二次长沙战役。日第11军在上高战役中遭到部分失败后，调集第3、第4、第6、第40师等部共12万余兵力，再向第9战区湘北进攻。在长沙及其外围地区，中国军队配置有第19、第27、第30集团军等共14个军，防守汨罗江以北一线。

9月7日，日军为掩护其主力集中展开并隐蔽主要进攻方向，以第6师一部向大云山地区进犯。15日，第11军司令官阿南惟几到岳阳设战斗指挥所，亲自指挥这次作战。18日拂晓，日军主力在飞机和炮火掩护下，由岳阳、临湘以南分多路强渡新墙河，突破中国军队防线。19日，日军先头部队进抵汨罗江北岸。为阻止日军的进攻，第9战区决定以第99军主力及第37军在汨罗江南岸阻止日军，第26军由金井向瓮江推进，增援第37军之右翼。该电

①《蒋介石对于晋南作战失败之检讨》（1941年5月28日），国民政府军令部档案，中国第二历史档案馆藏。

令被日军破译，敌遂以第40、第6师向东迂回侧击，中国第26军、第37军仓卒应战，伤亡甚重。20日，日军突破守军阵地，进占汨罗江南岸。26—27日，第74军与进至捞刀河的日军相遇，发生激战，损失惨重。28日，日军一部侵入长沙；次日，另一部经永安南下，侵入株洲。第9战区增援部队赶至长沙地区对敌实施包围。10月1日，日军开始北撤。第9战区部队乘机转入追击，6日渡过汨罗江，8日渡过新墙河，恢复原态势。

在长沙战役期间，日军一部一度向赣北武宁及高安地区进攻，策应湘北主战场。中国军事当局于9月20日命令第3、第5、第6战区各以有力一部出击，策应第9战区作战，要求第3、第5战区各向当面日军全面游击，第6战区向荆门、宜昌之敌积极袭扰，相机收复宜昌。据此，第6战区以约15个师的优势兵力向宜昌日军第13师发起攻击。10月9日，突击营冲入城内。日军施放毒气，并以飞机轰炸，突击营伤亡惨重，被迫退出。日军第13师死伤惨重，师长内山英太郎及其幕僚写好遗书，准备自杀。11日，日军增援部队到达，中国军队撤退，收复宜昌的战斗功败垂成。

（二）中国远征军入缅，中国与盟军配合作战

太平洋战争爆发后，蒋介石致电罗斯福、丘吉尔和斯大林，建议在重庆召开关于对日作战问题的联合军事会议。中国政府要求美国提出一项包括香港、菲律宾、马来亚、缅甸和荷属东印度区域间的四国联合军事行动计划及有关国家间的军事互助协定草案。同时，军令部长徐永昌拟定了中、美、英等国协同对日反击作战方案，准备提交会议讨论。美国和英国随即复电表示赞同，苏联表示要集中力量对德国作战，不能参加会议。

由于美、英代表来华途中的耽搁，中、美、英联合军事会议迟至12月23日才在重庆举行，中国参谋总长何应钦、美国陆军航空总司令勃兰德、英国驻印军总司令魏菲尔（Archibald Wavell）等出席。蒋介石本拟讨论三国联合作战的大战略及协调军事指挥、加强政治联系的常设性中心机构问题，但魏菲尔和勃兰德认为，讨论这一广泛问题不在他们权力范围，魏菲尔所关注的只是缅甸问题。在保卫缅甸问题上，中英之间也存在着明显的意见分歧。太平洋战争爆发后，中国的出海口均为日军所占，中国与外部世界的联系只剩下经

由滇缅路到仰光的通道，中国自然关心保卫缅甸，蒋介石表示，中国可派兵共同保卫缅甸。但英国片面坚持“先欧后亚”的战略方针，不愿在亚洲采取主动的作战行动；在亚洲，英军一则兵力薄弱，二则斗志低落；此外，英国还不愿让中、美两国在其亚洲的殖民地区参加对日作战。魏菲尔提出，中国只要把已在东缅孟扬的第93师一个团的实力增至一个师，就不用派更多军队入缅作战了，同时却要求中方把在缅甸的美国援华租借物资转让给英军。英国代表傲慢的态度，引起中方的强烈不满，会议几乎陷入僵局。经过长时间的讨论，中英两国代表才签订《中英共同防御滇缅路协定》。这样，虽然此次会议并未实现中国方面关于制订联合对日作战战略的设想，但使三国在联合作战方面迈出了一步。

在美、英首脑和参谋长举行的阿卡迪亚会议期间，美国陆军参谋长马歇尔于12月29日起草了一份备忘录，建议在中国成立一个盟国作战行动司令部。罗斯福在征得丘吉尔的同意之后，于31日致电蒋介石，提出成立盟军中国战区（包括泰国和越南），由蒋介石出任统帅，并设立盟军联合计划作战参谋部。蒋介石复电表示同意。1942年1月3日，同盟国正式宣布成立以蒋介石为陆空军最高统帅的中国战区。为了取得美国的直接支持和帮助，蒋介石要求美国派军官来华参加联合参谋部。美国决定由曾担任驻华武官的史迪威（Joseph Stilwell）出任此职。3月初，史迪威经印度、缅甸来华赴任。

日军于1941年12月下旬，开始空袭仰光。1942年1月20日，日陆军从泰国进攻缅甸，英国军方在日军攻势开始前一天才应允中国第6军入缅，随后中国又派第5、第66军参战。为统一指挥入缅部队，设立中国远征军第1路司令长官部，由卫立煌、杜聿明分任正、副司令长官（卫未到任，由杜代理，后由罗卓英出任司令长官）。中国战区参谋长史迪威赶赴缅甸，指挥远征军的作战。

3月1日，蒋介石前往缅北重镇腊戍，与英军接洽和协商缅甸防御问题。此时，英军在缅甸的部队计有英缅军第1师、英印军第17师、英澳军第6旅、装甲第7旅等部，共约6万人，由英缅军总司令胡敦（后为亚历山大）指挥。中英双方商定，以仰光至曼德勒铁路为界，两军分别负责东西两线的作战。中国远征军的部署是：以第5军第200师立即前出至东吁一线组织防御，掩护英军主力，其他各师在彬文那及其以南地区展开，相机对日军发起反击；以第6军占领萨尔温江东岸之景栋、孟板、莫契一线，监视泰国境内的敌军，并掩护第5军东侧之安全；以第66军在云南保山、芒市一带集结，作为机动部队，准备必要时入缅。

3月8日，远征军第200师抵达东吁，接收英缅军的防务。同一天，日军攻占仰光，英军沿伊洛瓦底江北撤，在东吁以西的卑谬地区组织防御。日军第15军司令部进驻仰光后，命令第33师进攻西线英军，第55师进攻东线中国远征军，而以东吁至曼德勒一线为主要攻击方向，企图在曼德勒附近与远征军主力决战。

3月19日，日军第55师先头部队追击冒进，闯入我200师预设阵地，遭重创。日军不断增强兵力，向东吁防线连续发动进攻。第200师顽强抵抗，一再击退进攻敌军。24日，日军以一部兵力向左翼迂回，占领东吁西北机场，切断第200师的后方联络。26日，日军第55师全部到达东吁前线；28日，从马来亚北调的第56师也投入战斗，对守军正面和两翼发动更加猛烈的攻击。东吁守军在敌围攻下弹缺粮少，陷于苦战。第5军鉴于已不能迅速集中主力以解东吁之围，遂决心放弃该地，保全军力。第200师在东吁激战10余日，给日军第55师等部以沉重打击，29日晚突出重围。这一仗打破了日军在东吁聚歼中国远征军的企图，有力地支援了西路英军。

4月5日，蒋介石到达眉苗的远征军指挥部，与史迪威、杜聿明共同商定了组织彬文那会战的计划。蒋介石要求史迪威转告英军统帅亚历山大（Harold R. L. G. Alexander），必须不惜一切据守亚兰谬地区，保证远征军的侧翼安全。英军此时已丧失战斗意志，于4月7日放弃亚兰谬，一路后撤。日军第33师于16日占领仁安羌，从右侧后严重威胁中国远征军。中国远征军长官部被迫于4月18日决定放弃彬文那会战计划，命令第5军向漂贝、塔泽、敏铁拉一带转移。为救援被日军切断后路处于困境的英军，远征军派出新编第38师出击仁安羌，激战两日，攻克仁安羌，救出英军7000多人及被俘英军、传教士和新闻记者500多人，夺回被日军劫获的英军辎重100多车。这一仗大有助于英国，提高了中国远征军的声誉。但英军认为确保曼德勒已毫无希望，决意放弃缅甸，置中英共同防御计划于不顾，向西跨过亲敦江，撤往印度。日军重占仁安羌，中国远征军陷于孤军作战的境地。

远征军撤到漂贝、塔泽、敏铁拉一带，准备曼德勒作战。但此时东侧第6军的战线被敌突破，整个战局急转直下。4月上旬，向东侧迂回的日军第56师在莫契一带击溃第6军一部，于4月20日攻占乐可，23日陷东枝。远征军后方要地腊戍受到威胁。第5军派出部队向东线突进之敌反击，于25日收复东枝。此时，敌第56师乘守军后方空虚，以快速部队扑向腊戍。远征军急令第66军等部固守腊戍，但因仓促布防，未能奏效。日军于4月28日占领腊戍，5月初侵入云南，占领畹町、芒市，进逼龙陵、腾冲、保山；同时于5月3日占领八莫，8日占领密支那，远征军退路被日军切断。

中国远征军在后路被切断的情况下开始艰苦的撤退。远征军长官部及第66军新编第38师退往印度的英帕尔。第5军直属队及新编第22师经“死亡之谷”胡康河谷，撤到印度的利多。第96师翻越野人山，转入滇西剑川。孤悬在东枝一带的第200师，冲破日军的重重包围，返回滇西云龙。第66军余部退往滇西碧江。第6军退回滇南。

中国远征军第一次入缅作战，由于英军不能积极协同配合，盟军作战指挥混乱、部署不当；缅甸当地人敌视英军等诸多原因，盟军战败。但中国远征军士气旺盛，他们以英勇顽强的作战，给日军以沉重打击，给盟军以有力援助。第200师师长戴安澜等壮烈殉国，全军牺牲过半，为中国抗日战争和世界反法西斯战争写下光荣的一页。

随着太平洋战争的爆发，中国战场与亚洲、太平洋战场联系了起来。日军为配合太平洋战争，牵制中国军队转用东南亚地区，解除以中国飞机场为基地的美机轰炸日本本土的威胁，继续打击中国军队的抗战意志，在正面战场不断发动有限的作战。从1941年12月至1943年底，日军发动的大战役有第三次长沙战役、浙赣战役、鄂西战役及常德战役。1942年1月蒋介石出任同盟国中国战区最高统帅后，在战略指导上，仍采持久战略，并力求打通国际交通线，便于大量接受援助，充实战力。正面战场与日军仍呈对峙防御态势，主要战役多具有与盟军配合作战的性质。

太平洋战争爆发当天，华南日军第23军向香港发动进攻，国民政府军事委员会令第4战区攻击广州，策应香港英军作战；另以第5、第6、第66军分由广西、四川向滇西集结，准备入缅援助英军作战。日军第11军为了牵制中国军队，以策应其香港及南洋方面之作战，纠集第3、第6、第40师等部共12万人的兵力，向长沙发动第三次进攻。第9战区采用“后退决战”“争取外翼”的作战方针，以一部分兵力于新墙河至长沙一带逐次抵抗，主力部队从外线侧击，先后投入的部队有14个军共37个师。

12月24日，日军强渡新墙河向南推进，守军杨汉域第20军依托工事据点顽强抵抗，为主力向敌两侧迂回争取了时间。27至28日，日军付出沉重代价，渡过汨罗江。第9战区第二线兵团从鄂、桂、粤等地已进到指定位置，保有外线作战的有利态势。日第11军司令官阿南惟几误认为长沙守军兵力薄弱，无二线兵团阻止日军进攻，遂令日军向长沙方向追击。此时日军因在艰苦环境下连续作战，士气低落。

1942年1月1日，日军开始向长沙进攻，长沙守军李玉堂第10军顽强抵抗。2日，日军一部攻占长沙北郊，并三面猛攻长沙。第10军沉着应战，击退了日军的连续进攻。4日，中国军队对日军实行反包围。日军缺粮少弹，靠飞机空投物资，战局不利。阿南惟几下令后撤。中国军队立即转入堵击、追击。日军边退边战，饥寒交迫，伤亡惨重。至15日，逃回新墙河北岸，固守原阵地。此役日军死伤5万余人。[①]日军发动此役，本为策应香港作战，但其伤亡人数却为香港作战伤亡人数的2.5倍，给在太平洋上不可一世的日军投下一个阴影。这次长沙作战的胜利，在国际上引起强烈反响。英国《泰晤士报》评论："12月7日以来，同盟军唯一决定性之胜利系华军之长沙大捷。"伦敦《每日电讯报》称："际此远东阴雾密布中，唯长沙上空之云彩光辉夺目。"美国陆军参谋长马歇尔来电庆贺，海军部长诺克斯发表告中国人民书，赞扬这是所有同盟国家的共同胜利。[②]

1942年4月18日，美国航空母舰飞机空袭日本东京、名古屋和神户等城市后，降落在中国浙赣地区机场。日本的本土第一次受到轰击，民心恐慌，社会骚动，给日本当局造成很大压力。日军大本营担心此局面进一步恶化，令中国派遣军"尽快开始作战，主要击溃浙江省方面之敌，摧毁其主要航空根据地，遏制敌利用该方面空袭帝国本土之企图"[③]。华中日军紧急调集兵力，拟以第13军为主力，共5个师、3个混成旅，从杭州沿浙赣线西进，摧毁衢县、丽水、玉山等地机场；武汉第11军派出2个师，由南昌出发向东推进，配合作战。中国第3战区决定集中主力于浙赣路东段，利用既设阵地持久抵抗，并竭力扰袭敌人后方，迟滞牵制敌人，在金华、兰溪预筑阵地抵抗。

---

①《三次长沙会战薛岳之军事文电》，中国第二历史档案馆馆藏档案第787号。

② 转引自军事科学院军事历史研究部著《中国抗日战争史》下卷，解放军出版社1994年版，第183页。

③〔日〕防卫厅防卫研修所战史室：《大本营陆军部（4）》，朝云新闻社昭和四十七年版，第25页。

5月15日，日军第13军从杭州附近及上虞、奉化出发，沿浙赣线及其两侧向西南发动攻势。中国军队第28、第88各军在桐庐、诸暨、新昌之线凭既设阵地抗击，主力向兰溪、金华线撤退。24日，日军留下第70师和第15师一部攻金华、兰溪，主力向衢县追击。25—28日，金华、兰溪地区中国守军与进攻之敌进行了激烈战斗。日军第15师师长酒井直次触地雷身亡。此后，日军分兵两路，进至衢江北岸和衢县以东铁路两侧。第3战区按预定计划部署，令第86军于衢县，第25、第26等军分别位于衢县北西南三面，对进攻衢县之敌实施包围攻击。此时，南昌日军第11军为配合第13军作战，亦开始向东进攻。第3战区转移主力向衢县南北山地。6月3日，日军第15、第22、第32师向衢县发起总攻，守军莫与硕第86军奋战4昼夜。6月7日，日军攻陷衢县。日军调整部署，以一部留置该地，主力分两路继续西进。7月1日，日军东西对进之两部于横峰会合。至此，日军已贯通浙赣铁路，遂转取守势，破坏机场、拆除铁轨、掠夺物资。第3战区以部分兵力在浙赣铁路线两侧对日军进行侧击。这期间，日军一部南下，于6月24日侵占丽水，破坏丽水机场后，7月初进占青田，11日再占温州。7月28日，日军大本营命令停止浙赣作战。8月，日军陆续后撤，中国军队反击。日军固守金华、武义、东阳、新昌、奉化等地，中国反击部队收复大部失地。此次作战，日军基本达到预定目的，但损失惨重。据日方统计，日军死伤师长以下官兵17148人，死伤马匹5625匹。①

1943年上半年，日军发动鄂西战役。太平洋战争以来，日本的船舶大量损失，长江下游日军运输船只逐年减少，难以补充，对运输补给带来困难。为打通长江中游宜昌至岳阳段航线，攫取停泊于宜昌附近长江水面上的中国船只并打击第6战区主力，日第11军抽调约6个师10万兵力，分别集中于宜昌、枝江、石首、华容等地，并于汉口、荆门、当阳集结200多架飞机，准备向鄂西进攻。第6战区在宜昌以西之石牌以下至石首以南的南县之间，沿长江及其纵深地区，部署4个集团军共14个军，拟待日军进至石牌及其以南之渔洋关一线时，以反攻给以歼灭。中国空军以4个大队及美空军第14航空队支援作战。

---

①〔日〕防卫厅防卫研修所战史室：《昭和十七、八年の支那派遣军》，朝云新闻社昭和四十七年版，第264、295页。

5月5日，日军第3师主力及第34、第40师等各一部，由藕池口、石首、华容一线向洞庭湖北岸的安乡、南县推进。8日，安乡、南县失陷。12日，日军第13师等部由枝江向南推进，第3师等部由安乡、南县向西北推进，两路夹击公安一带的中国守军。13日，驻守公安的第87军弃城突围，公安失陷。18日，日军第3师攻占松滋。21日，日军第3、第13、第39师，从枝江、宜都一线，沿长江南岸向西北方向推进。第6战区部队在长阳至渔洋关一线阻击日军，在清江两岸同敌展开激战，未能阻止日军攻势。24日，日军猛攻宜昌上游要塞石牌。第6战区为确保石牌、资丘一线，当即令各部向敌包围反击。进攻石牌要塞之日军，经江防军顽强抵抗，攻势顿挫。中国空军不断轰炸，日军增援困难。同时由资丘方面出击之第87军已攻克渔洋关。日军第3、第13等师之后方联络线被切断，陷入包围。30日，第6战区正面各军全面反击，空军也以大编队机群支援作战。日军全线动摇，31日开始后撤。日军第13师主力被围困于宜都附近。6月8日，反击部队克复宜都，并连日收复枝江、松滋，遂恢复战前态势。此次作战，日军虽将宜昌附近的大小江轮约2万吨全部劫走，但遭到重大伤亡。

同年下半年，日军发动常德作战。

8月28日，中国派遣军制定《昭和十八年秋季以后中国派遣军作战指导大纲》，确定秋季以后在华北"实行有组织地歼灭共产党军队"，在华中以第11军主力实施常德作战。其企图是：进攻常德附近，搜索并消灭中国军的主力，摧毁中国第6战区的根据地，牵制可能调往云南的中国军兵力，以策应南洋方面的作战。

常德位于湖南北部、沅江下游、洞庭湖西侧，是屏障川黔两省的战略重地和大后方粮食供给地。日军认为占领常德则东南可监视长沙、衡阳，西方可顾及四川东部，成为足以威胁重庆的战略要冲。

中国以第6战区各兵团为主、第9战区部分兵力参加常德战役，以中国空军及美空军第14航空队配合作战。

11月2日，在第11军司令官横山勇指挥下，日军集结第39、第3、第13、第116、第68师等部约10万兵力，从松滋到华容间分4路对第6战区辖地展开再次进攻。中国第10、第29集团军依托既设阵地逐次抵抗。数日间，日军再攻占领南县、公安、松滋、安乡等地。随后两军激战于煖水街。13日，日军进攻石门，我第73军在战斗中损失达80%，暂编第5师师长彭士量殉国。

石门陷落。18日敌陷慈利。21日，地面进攻之敌与敌空降兵配合，占领常德西南的桃源。同日，另路日军攻占常德东南的德山。此期间还攻占了常德北面的津市、澧县、临澧。日军进至常德外围各据点，战斗激烈，第150师师长许国璋率部在陬市西北顽强抗敌战死。

24日，日军完成对常德的包围，从四郊发起猛烈进攻。第74军余程万第57师奉命固守常德，与进攻之敌展开血战。敌人连日攻击，守军顽强抵抗，不断整排、整连以至整营阵亡。28日，惨烈的战斗达到高峰。连日来，敌飞机将城内炸成一片火海，日军还一再大量施放毒气，守军伤亡不断增加，第57师各级指挥官伤亡达95%，重武器被毁达90%，所有后勤兵员全部参加第一线的战斗，且大部牺牲。12月3日，余程万率部分余部突围，留169团团长柴意新率所余少数部队在城内作最后搏斗，全部牺牲，常德沦陷。

在常德保卫战艰苦坚持时，各路援军正源源开来。11月底，罗广文第18军、何基沣第79军由北部进至临澧等地猛击日军，王耀武第74军向常德西北反攻；方先觉第10军由衡山开来，到达常德以南，预备第10师师长孙明瑾在与敌激战中阵亡。各路援军到达以后，以欧震兵团为主力向常德发起反攻，战斗激烈。在这次作战中，中、美空军利用设在恩施、芷江、衡阳等地的空军基地，动用各种轰炸机、战斗机约200架，轰炸、扫射常德、藕池口、石首、华容等处日军的部队、物资、仓库、码头、船只及其他军事设备，给日军造成很大的损失。12月9日，中国军队由东西两面进攻，击溃敌军，突入常德城内，收复失守6天的常德。10日，日军全线退却。

日军大本营下令第11军再攻常德，完成预期作战计划，但横山勇认为日军伤亡较重，难以再战，仍继续撤兵。中国军队尾随日军之后，收复各失地。到1944年初，恢复作战前的态势。此次常德之战，日军伤亡4万多人，中国军队伤亡5万多人。

（三）敌后军民的艰苦抗战

1938年10月至1940年底，日军集中大量兵力，多次围攻和“扫荡”敌后抗日根据地，都归失败。八路军、新四军迅速发展，抗日根据地日益扩大。日军在遭到八路军百团大战的打击后，认识到单纯军事占领不能持久：“‘剿共’

一事，仅靠武力进行讨伐，不能取得成效。”“我军（日军）的扫荡作战仅是将其驱散，殆未取得歼灭的成果，终归于徒劳。对擅长游击战及其退避战术的共军，以武力讨伐犹如驱赶苍蝇，收效甚微。”日本当局认识到共产党及其军队“巧妙地把思想、军事、政治、经济各项措施统一起来，且将其努力分配于七分政治、三分军事之上，从而使我方单靠军事力量无法进行镇压，也必须统一发挥多元的综合措施”。[①]为此，日军提出进一步落实“总力战”方针，企图把单纯的军事占领扩大为军事、政治、经济、思想、文化等全面的殖民统治。

日军的“总力战”方针和“治安强化运动”

依“总力战”方针，从1941年起，日军对其占领区开始实施“治安强化”和“清乡”的新策略，并为此进行了新部署。

在华北，日军推行“治安强化运动”，这是它的“治安肃正”计划的演进。百团大战之后，日华北方面军司令官多田骏因“囚笼政策”破产而被免职，冈村宁次继任。1941年2月，华北方面军制定《治安强化运动计划》，开始推行这一新策略。7月，华北方面军制定《肃正建设三年计划》，进一步把“治安强化运动”的各项政策系统化。该计划根据各地军事、政治、经济、社会等“治安”状况，把华北划分为“治安区”（敌占区）、准治安区（游击区）和“非治安区”（解放区）三种地区，分别采取不同对策。

对所谓“治安区”，日军以强化统治为主。通过建立“保安队”“警备队”“治安军”等伪军，强化伪政权。加强保甲制度，实行大编乡、清查户口、立门牌、发“良民证”，以“肃正”抗日分子，禁绝抗日活动。在经济上加强对占领区的掠夺和统制。以“中日合作”的方式，吞并和掠夺大批工矿企业；滥发伪钞，强行收买棉花等战略物资。加强奴化教育，实施“怀柔政策”。通过各种欺骗宣传，宣扬“王道乐土”，叫嚷“和平、反共、建国”，广泛进行反共反八路军的恶毒宣传，离间人民与共产党、八路军的关系。建立与发展敌伪统治下的“群众团体”，以期掌握“民心”。

对所谓“准治安区”，日军以“蚕食”为主。采取“怀柔”和“恐怖”并

---

①《华北治安战（1）》，第528页。

用的政策，以特务与武装相结合的办法，步步进逼，威胁人民接受“维持会”，建立伪政权。一旦时机成熟，便出动军队乘虚而入，突然跃进，构筑据点，强迫“集家并村”，制造无人区。日军在根据地周围加修公路，在交通线两侧，普遍掘沟、筑墙、修建碉堡，作为进行“蚕食”的依托，以推广其占领面，封锁抗日根据地。

对所谓“非治安区”，日军以“扫荡”为主，并实行烧光、杀光、抢光的“三光”政策，企图彻底摧毁解放区军民的生存条件，消灭一切抗日武装，铲除抗日根据地。1941年以后，日军“扫荡”的方式进一步发展，由短促突击式的进攻，转到长期的“清剿”“驻剿”；由分散的“扫荡”，变为集中优势兵力的“扫荡”；由长驱直入的线式进攻，进到步步为营的纵深“扫荡”。这种“扫荡”在战术上的特点，即所谓的“铁壁合围”“捕捉奇袭”“纵横扫荡”“反转电击”“辗转抉剔”等等。日军还模仿八路军的游击战术，利用其有效的通讯联络及密布的情报组织，深入根据地腹心，反复连续地奇袭、奔袭，打击抗日根据地军政领导机关，毁灭后勤生产部门，破坏抗日根据地，扩大其所谓的治安区。日华北方面军计划在1941年至1943年的三年内，将“治安区”由10%增加到70%，“准治安区”由60%减少到20%，“非治安区”由30%减少到10%。为达到这一目标，从1941年春到1942年冬，日军接连推行了五次“治安强化运动”。

第一次“治安强化运动”，于1941年3月30日至5月进行。伪华北政务委员会委员长王揖唐带头动员，积极配合日军行动。通过所谓军、政、会各机关及全体民众“总动员”，加强内部整顿，发展和加强伪政权、伪组织，扩大保甲制地区，统一实行户口调查，扩充和训练自卫团，搜捕抗日人员，宣传“东亚新秩序”。

第二次“治安强化运动”，于7月7日至9月8日进行。以“实行‘剿共’，巩固治安”为重点，继续加强伪政权和伪组织，扩充伪军，发展以“农民民众自卫武装”为核心的治安力量，增设据点，增修治安公路，挖封锁沟，加强对抗日根据地的封锁。

第三次“治安强化运动”，于11月1日至12月25日进行。其行动方针是“扩大过去治安强化运动的成果，采取更加机动和进攻性的活动，以期加强治安”。重点以经济战为主，彻底实行经济封锁，妄图以此为突破口，摧毁敌后军民的抗战意志。

第四次“治安强化运动”，于1942年3月30日至6月中旬进行。以“东亚解放，‘剿共’自卫，勤俭增产”为目标，进一步开展军、政、会、民一体化运动，把华北确立为大东亚战争的兵站基地。

第五次“治安强化运动”，于10月8日至12月10日进行。为了扩大“剿共”战争的成果，进一步扩大、巩固治安圈，与日伪军进行的“肃正讨伐”相配合，以“灭共”为主，使运动达到最高潮。

日伪在华北推行的五次“治安强化运动”，每次都有不同的重点和口号，但均以“反共”和“建立大东亚新秩序”为中心。其规模一次比一次扩大，做法一次比一次野蛮，手段也一次比一次毒辣，对华北敌后抗日根据地造成了空前严重的破坏。

与华北日军推行“治安强化运动”同时，华中日军和汪伪政府推行所谓“清乡运动”。“清乡”是华中日伪控制占领区的一种“总力战”，它以“扫荡”“清剿”为先导，打开局面，尔后再施以政治、经济等奴化统治。“清乡”首先在华中实行，逐步扩大到华南，是日伪对付敌后军民，巩固华中、华南占领区的主要形式。

1941年1月，中国派遣军总司令部制定《昭和十六年以后现地长期战政略指导》，提出“政治与军事上的重要地区，赖以取得军队自给物资与我国防物资的地区，以及赖以供给当地居民生活物资的重要地区，均应确立高度的治安”。“随着地方的安定、政府实力的加强，划定地区逐步将其治安与行政交给国民政府管理，作为其基础地盘。为此，先从长江下游的小地区开始，取得成绩后审度当时的各种情况，逐步予以扩大。上述地区的治安与警备，原则上由中国方面担负，按照需要给予必要的援助”。[①] 这是日伪在华中地区“清乡”的指导方针。其后经华中日军头目与汪伪国民政府警政部谋划，“清乡”即紧张地展开。华中日军第13军在苏州成立清乡司令部和有关特务及宪兵机关。汪精卫于3月下旬召开伪中央政治委员会，决定成立清乡委员会，并亲任清乡委员会委员长，陈公博、周佛海任副委员长，李士群任秘书长。清乡委员会与汪伪政府的行政院、军事委员会并列，实际听命于华中日军首脑和日本最高顾问。4—5月，在日方的直接指挥下，清乡委员会确定“军政并进、剿抚兼施”，“三分军事七分政治”的“清乡”方针，并划定京沪铁路线以北

---

①《支那事变陆军作战（3）》，第335页。

10县为肃清区，以铁路为界，先在此地区实验，俟实施有效后再行扩展。日伪策划实行清乡的步骤是：第一步进行以“扫荡”和“清剿”为主要内容的军事“清乡”。即划定“清乡”区，构筑据点，以梳篦、拉网式战术进行“闪电式”“扫荡”，然后实施“封锁政策”。第二步实行以“肃正”“怀柔”为重点的政治“清乡”。即编组保甲，实行连坐连保，训练地痞流氓，建立反动组织并推行自首和策动告密，强化法西斯统治。第三步进行以“整理建设”为内容的“经济清乡”。即对“清乡”区进行抢劫搜刮，实行严格的封锁禁运，以及对重要战略物资实施统制政策。第四步开展以反共奴化教育为中心的“思想清乡”。即建立机构，控制学校，出版反动报刊，组织“青少年团”，实行法西斯教育。

1941年7月至1942年6月，日伪首先对苏南地区实行了三期“清乡”。7—9月，对苏（州）常（熟）太（仓）地区进行第一期“清乡”。9—12月，对澄（江阴）锡（无锡）虞（常熟）地区进行第二期“清乡”。1942年2—6月，对昆山、吴县、无锡三县京沪铁路以南地区和澄西地区进行第三期“清乡”。1942年下半年，日伪在太湖东南地区和上海郊区进行新的“清乡”。1943年上半年又在苏中和浙东进行“清乡”。1943年下半年至1944年春，日伪在安徽和广东的部分地区开始“清乡”。

日军残酷“扫荡”和恶毒政策的施行，使敌后抗战遇到前所未有的困难。各抗日根据地不同程度地被敌人分割封锁，一些地区变质，根据地变成了游击区，游击区变成了敌占区。1941年至1942年，根据地面积比原来大为缩小，人口也由1亿降到5000万。部队的数量减少，八路军由原来的40万人减少到30万人，新四军由13.5万人减少到11万人。这时，不仅在平原，就是在山区，八路军、新四军也基本上难以保持大部队机动和进行运动作战。

中共在1941年12月17日发出《关于太平洋战争爆发后敌后抗日根据地工作的指示》，要求各抗日根据地军民，一方面要有在敌后长期坚持抗战争取胜利的信心，另一方面又要对日益增加的严重困难有充分的认识，在精神上、物质上，在各方面的工作上作好准备，去战胜困难。敌后抗战的“总的方针应当仍旧是长期坚持游击战争，准备将来的反攻”，提出战胜困难、开展军事、政治、经济和思想文化全面对敌斗争的一系列方针政策。

在根据地建设上，中共提出以“十大政策”为中心的全面加强根据地建设的方针。实行精兵简政、拥政爱民、减租减息、发展生产，发动群众坚持和巩固各抗日根据地。

在武装力量的建设方面，实行主力军地方化、群众化，加强地方军和民兵，实现主力军、地方军和民兵的三结合。主力军与地方军的比例，在山区为 2 比 1，在平原为 1 比 1，在某些最困难的地区，主力军全部地方化。同时，撤销一些主力部队指挥机构，与军区合并，加强地方军的组织指挥，加强地方军和民兵的建设，促进广泛群众性抗日游击战争的展开。

在战略战术方面，提出“敌进我进”的对敌斗争指导方针。即当敌向我根据地进行“扫荡”“蚕食”和推行“治安强化运动”时，我则派出武装工作队和小部队深入敌占区，组织领导群众反对敌人的残酷统治，开展军事、政治、经济、文化等斗争，打击与分化瓦解伪军与伪政权，建立隐蔽的根据地。向“敌后的敌后”进军，造成对敌人的进一步分割和反包围，发展“格子网”中的游击战争。这些措施和战术的提出，对扭转不利局面，掌握对敌斗争的主动权是很及时的。

华北敌后抗日军民的反“扫荡”和反“蚕食”

华北抗日根据地军民在中国共产党的领导下，以主力兵团与地方兵团、民兵相结合，武装群众与非武装群众相结合，实行“敌进我进”的对敌斗争指导方针，深入开展群众游击战争，粉碎和制止了日军的“扫荡”和“蚕食”，打破了日军的“治安强化运动”。

（1）晋察冀根据地的对敌斗争

1941 年 8 月，日华北方面军调集日伪军共 7 万余人，在新任司令官冈村宁次指挥下，“扫荡”北岳根据地，企图以绝对优势兵力，在两个月内摧毁根据地。这是百团大战后，日军在华北的首次大规模“扫荡”，日军自诩为“百万大战”。晋察冀边区军民反“扫荡”经过两个阶段。第一阶段，从 8 月 15 日至 8 月底，敌分进合击，进行大包围。晋察冀军区部队主力转至外线，在平汉、正太路一带活动，以小部队及群众武装阻击、困扰敌人。晋察冀边区党政机关，在人民群众掩护支援下，突出日军 5 万余人的包围圈。日军虽占上寨、下关、陈庄、王快、阜平等中心城镇，但其合击包围均未奏效。第二阶段，从 9 月 4 日至 10 月中旬，日军在第一阶段侵占地区的基础上，开始分股

“梳篦式”“清剿”，推行“治安强化运动”，建立伪政权。同时，对根据地基本地区进行残酷烧杀和野蛮破坏。此时，晋察冀军区除以主力一部打击敌交通运输，消灭敌小股“清剿”部队外，以分散的游击战打击伪政权，遏制敌之破坏行动。八路军第129师、120师及冀中部队向平汉、正太、德石、同蒲各路大举出击，配合晋察冀军民反“扫荡”作战，连克南和、沙河、广平、清河等城镇，迫敌主力回援。9月中旬起，敌主力撤出后，滞留于根据地的日军在边区军民打击下，疲惫不堪。9月25日，敌3000余人“搜剿”易县狼牙山区，为掩护机关和主力转移，第一军分区第一团的一个班将敌诱至狼牙山绝境，胜利完成了任务。当众多敌军扑向山头时，仅存的5名战士射出最后一发子弹，砸断枪支，集体跳下悬崖，誓死不屈。“狼牙山五壮士”表现了中华民族宁死不屈的英雄气概。根据地军民经过两个月的反“扫荡”作战，进行大小战斗800多次，歼敌5000余人。根据地军民也付出了重大代价，部队伤亡2000余人，人民群众伤亡4000余人，被抓去的群众近2万人，房屋被烧毁15万余间，焚毁和抢去的粮食5800万斤，牲畜1万多头。

1942年5月1日，日军以3个师、2个独立混成旅共5万余人，对冀中平原开始“五一大扫荡”。从5月1日至10日，敌由南而北，由东而西，对中心区进行压缩、包围、封锁，企图将冀中党政机关及八路军第3纵队主力围歼于深县、武强、饶阳一带。反“扫荡”开始后，各军分区部队未能尽快分散，转移未成，即受合击，遭到部分损失。

5月11日起，敌将冀中分为四个“合围区”，以大部队突进奔袭，进行“连续合击”和“分区清剿”。此时，冀中军区机关和主力大部乘隙向外转移。6月初，敌逐步转入“驻剿”，实行“三光政策”，建立敌伪政权和据点，构筑封锁沟、墙，加强对主要交通线的控制。冀中留下坚持的部队实行高度分散，紧密团结群众，与敌人进行了不屈不挠的反“清剿”战斗。晋察冀各分区部队为配合冀中反“扫荡”，从5月4日起对平汉、正太及各重要“点”“线”进行全面出击，有力地打击了敌人。6月9日，冀中部队在深泽县北宋庄击退敌多次进攻，歼敌400多人，至6月底，反“扫荡”结束。

这次反“扫荡”作战，共毙伤日伪军1万余人，粉碎了敌企图歼灭冀中主力的阴谋。根据地所受的损失也很严重。部队伤亡减员近一半，群众被杀害、抓走5万余人，冀中平原被分割成小块地区。在艰苦的斗争中，冀中军民创造了“地道战”形式，动员群众加强和改造地道，形成地上、地下贯通，能藏、能打、能防，户户相通、村村相连的地道网，作为平原作战的重要依托。

冀东区自 1941 年以来斗争更加艰苦。1 月，日军“扫荡”丰润地区时，制造了屠杀全村男女老幼 1033 人的“潘家峪大惨案”。6 月初，日伪军出动 4 万余人对冀东进行大“扫荡”，冀东军分区部队经艰苦作战，转入外线。1942 年 1 月，冀东军民发起打击伪治安军战役，消灭敌伪 5000 余人；4 月，日伪军又以 4 万余人进行“扫荡”，冀东分区除以小部队坚持游击外，主力及时转移至长城以外，打击敌人，迫敌转移兵力，粉碎了敌伪“扫荡”。8 月，冀东军民又粉碎了敌伪万余人对迁安、卢龙地区的“扫荡”。

1942 年以后，晋察冀根据地的斗争形势日趋严重，由于日军的“扫荡”“蚕食”和“治安强化运动”，平原根据地相继变质，山岳地区日益缩小，财政经济严重困难。9 月，中共晋察冀领导机关总结开展对敌斗争的经验教训，决定深入贯彻“敌进我进”的方针，以主力军三分之一或二分之一向敌后之敌后发展游击战争。北岳区军民在当月下旬，向敌伪发动全面出击。经数月作战，歼灭敌伪 4000 余人，摧毁据点 100 多个，收复村庄 1600 余个。至 1943 年，在北岳区恢复 2000 多个村庄，建立 5 个县级行政单位。冀中敌控制据点附近均变成游击区。冀东除遵化等少数地区外已基本得到恢复。1943 年 6 月，敌开始撤退一些次要据点。晋察冀抗日根据地军民经过艰苦的斗争，战胜了严重困难，开始进入恢复和再发展的新阶段。

（2）晋绥根据地的对敌斗争

1941 年，日军对晋西北根据地主要采取“分区扫荡”与“步步蚕食”相结合，实行“三光政策”。3 月，日军首先加紧对晋中平川的“蚕食”，同时对山岳根据地进行“扫荡”，隔断平川与山区的联系。在这一年中，根据地军民进行大小战斗 1200 多次，歼灭日伪军 1 万余人。但是，由于对敌“治安强化运动”认识不足，对其“蚕食”缺乏强有力的对策，仍出现了不断由平川向山地后退的局面。

1942 年 2 月初，日军对晋西北根据地进行“春季大扫荡”，以独立混成第 3、第 16 旅各四五千人，分别由岚县、五寨等地出动，远距离奔袭兴县、保德。晋西北军区机关顺利转移，内线部队与群众武装相结合，以分散游击，四处击敌。敌军袭击屡屡扑空，处处挨打，月底即分路撤出。5 月中旬，敌 700

余人再度奔袭兴县，军区派出一部袭扰敌人，以第 358 旅主力及工卫旅在兴县附近隐蔽待机。5 月 18 日，第 358 旅等部将该敌包围于田家会，歼敌 500 余人，反“扫荡”胜利结束。此次反“扫荡”战役历时 84 天，共歼敌 4000 余人。但敌对根据地的“蚕食”这时也达到高潮。从 1941 年 7 月至 1942 年 6 月，敌在晋西北的据点已有 250 多个，使晋西北根据地面积缩小了三分之一，人口减少 70 余万。

在大青山地区，1941 年以来，日伪大力推行所谓“施政跃进运动”。敌妄图以此摧毁抗日根据地，确保其“蒙疆自治区”。日伪“扫荡”“蚕食”，增设据点，扩大占领，实行“三光”政策，使根据地受到巨大破坏。1942 年 7 月，敌步骑兵 5000 余人对绥中地区“扫荡”和轮番“清剿”，并将绥西、绥中联系完全割断。中共区党委等机关向绥南转移。8 月以后，敌连续向绥南、绥西地区“扫荡”。大青山根据地军民坚持绥西、绥南游击战争，撤出绥中地区，大青山游击根据地进入最困难阶段。

1942 年 11 月，中共晋绥分局在兴县召开会议，决定全面开展反“蚕食”斗争。晋绥军区制定统一的对敌斗争计划，决定以离（石）岚（县）、忻（县）静（乐）、五（寨）三（岔堡）3 条公路及交城以西山地为“挤”敌的主要方向，派出 30 多个“武工队”和 39 个主力连、49 个游击中队向敌人侧后发展。“武工队”积极活动在敌人后方，发动群众，打击敌伪，发展游击战争。仅三个月的时间，即摧毁 800 多个村“维持会”，在 500 多个村庄恢复和建立了抗日政权，争取 100 多个、改造 290 多个村“维持会”成为两面政权。晋西北军民进行战斗 460 多次，歼灭敌伪 1000 余人，在大部分地区，已将敌“挤”到据点和交通线附近。晋西北地区的斗争形势显著好转。

（3）晋冀鲁豫根据地的对敌斗争

1941 年 10 月，日军集中第 36 师及独立混成第 4、第 9 旅各一部约 3 万人对太岳北部根据地进行大规模“扫荡”。由于岳北军民早有准备，进行坚壁清野，采取内线坚持、外线打击敌之战术，经半个月作战即迫使敌撤退。10 月 31 日，日军 4000 余人由潞城、黎城等地出动，夜袭第 129 师驻地赤岸和八路军总部驻地麻田、桐峪等地。敌进入根据地后因遭到八路军和游击队的打击，被迫撤退。11 月上旬，另一股日军 2000 余人进至黎城，又向黄崖洞、水腰地区兵工厂进犯，八路军总部特务团进行了长达八昼夜的黄崖洞保卫战，毙伤敌800余人后，主动转移，兵工厂受敌破坏。

1942年2月，日军第36师等部1万余人对太行区发动春季“扫荡”，企图进犯黄崖洞、水腰地区，合击八路军总部驻地麻田镇。扑空后，即转向黄崖洞、水腰地区进行“清剿”，随后又两次奔袭东崖底扑空。第385旅与晋察冀、冀南军区部队积极配合，经过数月作战，粉碎了敌人“扫荡”，毙伤敌伪3000余人。抗日军民也受到损失，分区司令范子侠等壮烈牺牲，民房被烧9000多间、粮食被毁37000多石、牲口被抢走8000多头。

5月，日军第36师等部共3万余人对太行根据地进行夏季“扫荡”。平定、井陉、昔阳、元氏、赞皇之敌分进合击，逐步向南推进；武安、长治、沁县、襄垣之敌多路向北向东压缩。5月24日，将中共北方局和八路军总部及直属队包围于窑门口、青塔、偏城、南艾铺地区。经第385旅部队奋力掩护，从西、北、南三个方向突出重围。八路军副参谋长左权在指挥突围中，于辽县十字岭附近殉国。转出外线之第129师向敌各主要交通线展开全面破袭，并袭入长治机场，毁敌机3架、汽油库2座，迫敌撤回长治、潞城。在一个多月的反“扫荡”中，太行、太岳军民共作战449次，歼灭日伪军3000多人，摧毁伪组织340多处，攻克碉堡、据点约30个。

10月20日，日军调集第39、第37师等部1.6万余人，同时对太行、太岳进行“扫荡”。根据地军民以内线坚持与外线出击相结合，进行以保卫粮食为中心的广泛斗争。经过20多天，作战近800次，毙伤俘日伪2800余人。11月中旬，迫敌退出我中心区。与此同时，太岳区先后以8万多军民组成10余个游击集团，对据守沁源的日军进行长期围困。自1942年10月起，经两年半的围困战，毙伤日伪军4000余人，逼使敌人两次换防，三次收缩阵地，终于弹尽粮绝，狼狈逃窜。

1943年5月初，日军分由潞城、襄垣、武乡、榆社、辽县对太北进行“扫荡”。各路敌军均以大合围阵式，梳篦式队形，兼程急进，向辽县、涉县中心区压缩。八路军总部、第129师机关及主力先敌转移。根据地军民内外线配合，展开反“扫荡”作战。外线部队对白晋、正太、平汉各路进行破袭。内线部队与地方武装、民兵相结合，开展广泛的袭击战、伏击战，四出打击敌人。此次反“扫荡”共作战800余次，毙伤俘日伪2500余人。5月16日，敌退出根据地。

冀南和冀鲁豫平原地区，一直是日军“扫荡”“蚕食”的重点。1941年以来，敌通过多次“扫荡”冀南，增修据点，使根据地日趋缩小。1942年，日军连续“扫荡”冀南。1月，敌以大部队合击大名城西地区。4月，日军集中独立混成第1、第7、第8旅等部共万余人，再次合击冀南威县、曲周、清河、武城、枣强地区。冀南军区部队与敌激战，掩护大部人员突围，部队受到严重损失。中共冀南区党委总结经验教训，将部队分散，以连、营为单位进行游击，加强地方武装，发动群众斗争，建立巩固的基础，使各方面工作进一步深入。7月初，利用“青纱帐”有利时机，向敌出击，恢复了魏县、漳河、大名等部分地区。

在冀鲁豫，1941年4月，日军第35师等部约8000余人，对冀鲁豫之内黄一带进行“扫荡”。八路军第2纵队留小部队坚持内线斗争，主力迅速突围转移。敌在合围扑空后，大肆烧杀，将该地140多个村庄全都烧毁，屠杀群众达3000多人。1942年9月27日，日军第32师6000余人及伪军一部，由郓城、寿张、濮阳等地出动，对范县地区实施合围。冀鲁豫区领导机关突围转移，一部分部队及抗大分校等后方人员，遭敌合围，伤亡270人。敌在中心区烧杀“清剿”后，又转向昆山、张秋地区“扫荡”。冀鲁豫内外线部队紧密配合，积极打击敌人，迫敌于10月中旬退回原防。11月—12月，冀鲁豫军民又先后粉碎了敌对内黄和湖西区的“扫荡”。

在太行区，日军沿平汉线构筑第一道封锁线后，1942年又继续推进十多公里至数十公里，在根据地周围构成第二、第三道封锁线，并修建了割裂根据地的武（乡）、榆（社）、辽（县）公路。1941年春，太行部队派出小型便衣队到敌我边沿区活动，随后，又组织武装宣传队深入游击区和敌占区进行活动。1942年1月，中共中央北方局作出普遍建立敌后武装工作队的决定，太行军区立即组织“武工队”，深入到敌人封锁线之纵深，发展游击战争。1943年初，晋冀豫、冀鲁豫两区先后派出近1000支“武工队”和小部队到边沿区和敌占区活动，在敌人后方建立了大批小块游击根据地。“武工队”的活动极大地鼓舞群众，震慑敌伪，稳定局势，阻止了敌人的“蚕食”。

经过一年的斗争，太行、太岳、冀鲁豫、冀南等根据地有了显著的恢复。冀南军区拔除和逼退敌据点140多个，恢复和开辟了10个县的抗日地盘。太行、太岳区也有较大的恢复和发展。

（4）山东抗日根据地的对敌斗争

1941 年 11 月，日第 12 军调集 3 个师 4 个旅各一部共 5 万多人，对山东沂蒙山根据地进行大规模“扫荡”。敌在完成对根据地的包围部署后，即向沂蒙中心区逐步压缩。山东纵队指挥机关冲出重围，转移鲁南。第 115 师师部及中共山东分局机关在罗荣桓指挥下跳出合击圈，并以主力一部返回沂蒙山区，配合民兵、游击队作战。山东纵队也在鲁南山区积极打击敌人。经过 50 多天作战，歼敌 2000 余人，根据地大部分地区得以恢复。但敌打通了临（沂）蒙（阴）、沂（水）临（沂）公路，并增修据点 70 多个，给根据地造成新的困难。

1942 年，日军对山东根据地进行频繁的“拉网扫荡”，并与“蚕食”紧密配合，向根据地压迫。3 月下旬，日伪军 6000 余人，由栖霞、牟平、海阳等地出动，“扫荡”胶东牙山地区。八路军山东纵队第 5 旅主力跳出包围圈，配合内线部队，积极打击敌人，毙伤俘敌伪 1600 多人，敌被迫退回原防。

10 月下旬，日军集中 1.5 万余人“扫荡”鲁中根据地，合击在临沂以北南墙峪一带之山东军区机关。鲁中军区部队坚守阵地，打退敌之连续进攻，突出重围。11 月初，敌又向对崮峪地区进行“拉网合围”。山东军区部队打退敌多次进攻后，掩护军区机关突围。

11 月下旬，日军又以 1.5 万余人，对胶东地区进行“拉网扫荡”。21 日，莱阳、栖霞等地日军合围马石山地区。胶东军区机关和部队在马石山与敌激战后，分散突出重围。12 月下旬，敌又“扫荡”平（度）、招（远）、莱（阳）、掖（县）地区。胶东区军民紧密协同，内外线配合，经 40 天的奋勇作战，取得了反“扫荡”胜利。

1943 年初，清河、冀鲁边军民又先后粉碎敌万余人的“拉网扫荡”，坚持了基本地区和当地的游击战争。

另一方面，日军对根据地的“蚕食”封锁也给根据地造成严重破坏。至 1942 年底，敌在山东筑起封锁沟、墙 4000 余公里，在鲁中、鲁西、清河、冀鲁边区封锁沟达 1140 公里，几乎所有村庄均被迫向敌伪缴纳粮税。山东根据地被严重分割、封锁，大部变成了游击区，与 1940 年相比，地区缩小了三分之一，部队减少四分之一。

为粉碎敌之“蚕食”，根据“敌进我进”方针，八路军 115 师滨海区组织海陵、郯城反“蚕食”战役。海陵位于滨海区南部边沿，是联系华中与山东的重要通道，敌“蚕食”海陵大部地区后，又“蚕食”沭河两岸地区，企图修建临沂至青口的公路及重沟（临沂东南）至郯城的堡垒封锁线，纵横分割滨海南部地区。1942 年 11 月 3 日，115 师教导 2 旅等部乘敌集中主力“扫荡”沂蒙山区之机，在民兵和广大群众配合下，发起海陵战役，攻克敌伪据点 16 处，毙伤俘敌伪 800 余人，恢复了部分原有地区。1943 年 1 月，教导 2 旅等部又发动郯城战役，一举攻克郯城，并乘胜拔除敌伪据点 18 处，迫使“蚕食”沭河沿岸之敌全部撤退，修建临青公路和重沟至郯城封锁线的计划也相继破产。7 月，清河区利用青纱帐有利条件，发动全面反“蚕食”斗争，经过三个月的作战，共摧毁敌伪据点 133 个，击溃伪军 6 个团，基本消灭伪军 3 个团，俘 1799 人，恢复了小清河以南之部分地区。

1943 年初，山东军区由 600 余名干部组成 43 个武装工作队，深入敌占区活动，开展反“蚕食”斗争，一年中共拔除敌据点 342 个，开辟村庄 7000 余个，使山东抗日根据地的斗争形势明显好转。

华中敌后抗日军民的反“扫荡”和反“清乡”

1941 年，日军加紧对华中根据地的大规模“扫荡”，企图彻底赶走华中的抗战力量。华中敌后抗战面临着日伪和国民党反共势力夹击的严重形势，开始进入严重困难时期。1941 年 2 月 2 日，中共明确指出新四军的战略任务是：打破敌顽夹击，着重巩固陇海铁路以南、长江以北、津浦铁路以东的基本根据地，并大力经营苏南，发展皖中和鄂豫边区的游击战争。中共中原局和新四军军部于 4 月 27 日至 5 月 21 日在苏北盐城召开会议，明确今后的任务。同时，组成中共中央华中局，并成立中央军委华中分会，刘少奇任华中局书记和华中军分会书记，加强对华中地区抗日斗争的领导。

1941 年至 1942 年，在巩固发展的方针指导下，华中地区的斗争基本上仍在不断发展。

苏南是日伪最早实行“清乡”的地区。1941 年 7 月，日伪出动部队、警察约 1.5 万人，对苏常太根据地进行第 1 期“清乡”。敌首先以分进合击和梳篦式“清剿”，寻歼当地新四军主力及党政机关，大量增设据点，以竹篱笆、铁丝网和电网等分割根据地。同时，派出大批“清乡”人员，逐乡编组保甲，建立伪政权。新四军第 6 师第 18 旅一部英勇奋战，给敌伪巨大打击。但在敌伪大部队“清剿”和严密分割封锁下，活动范围日益缩小，被迫于 8 月下旬渡江转移至苏中地区。

9 月初，敌集中 4000 余人，向澄锡虞地区进行第 2 期“清乡”。第 18 旅采取以隐蔽斗争为主，主力部队适时转至外线澄西地区，留少数地方武装，依靠群众掩护，坚持原地斗争。与此同时，第 16 旅在苏南茅山地区对敌发动攻势，攻克据点 30 余处，恢复和扩大了金（坛）丹（阳）武（进）抗日游击根据地，配合了澄锡虞地区的反“清乡”。11 月 28 日，日伪 3000 余人“扫荡”溧阳地区。新四军第 16 旅旅部于塘马村附近遭敌合击，奋战竟日，毙敌数百人，但除一部突围外，第 6 师参谋长兼旅长罗忠毅、旅政治委员廖海涛及掩护部队 270 余人全部壮烈牺牲。塘马战斗后，苏南形势严重恶化。1942 年 9 月，苏中新四军奉命南下，与第 16 旅共同坚持苏南的抗日斗争。

1941 年 1 月，驻泰兴日军一部进占黄桥，并对国民党鲁苏皖边区游击军副总指挥李长江诱降。李部于 2 月中旬投敌。新四军第 1 师主力立即兴师讨伐，连续攻克姜堰、泰州，李部溃散被歼。2 月 18 日，日军为援救李部，分由扬州、高邮、黄桥、如皋等地出动进行“扫荡”，侵占海安、东台等地，并增设据点，建立伪组织，同时以一部奔袭泰州。21 日，新四军第 1 师撤离泰州，转入敌侧后活动。1942 年 3 月初，日伪 5000 余人以南通为中心对苏中进行“扫荡”。新四军 1 师以小部阻敌前进，主力在侧后进袭敌之重要据点，先后歼敌 800 余人，收复重要据点数处，粉碎了敌伪“扫荡”。

1943 年 4 月，日伪 1.5 万多人对南通、如皋、海门、启东地区实行长达九个月的“清乡”。苏中军民依靠广泛的游击战争，打击敌伪“清乡队”、特工队，破坏敌人的封锁线和公路，毙伤敌伪军和镇压“清乡”人员 2400 余人，争取 1700 余伪军、伪组织人员投诚，粉碎了敌伪最大规模的“清乡”，但根据地也受到巨大损失。

在苏北地区，1941 年 7 月 18 日，日军第 15、第 17 师等部 1.7 万余人，由东台、兴化等地出动进行空前的第二次大“扫荡”，企图以四路包围态势，合击盐阜中心区。22 日，敌占盐城后，进行疯狂的破坏和“扫荡”。新四军第 3 师部队撤出盐城，转出外线，以奇袭、伏击等手段毁敌汽车 60 多辆，消灭敌伪 300 余人，并攻占蒋营、涟阳、永兴、新河等城镇。同时，苏中新四军第 1 师部队积极发动攻势，连克黄桥、古溪等据点，毙伤敌伪 1000 余人。

8 月初，新四军第 3 师等部乘敌向苏中“扫荡”之际发起反攻，连克阜宁及东沟、益林等城镇，迫敌将“扫荡”苏中之兵力撤回盐城地区。8 月 20 日，反“扫荡”结束，新四军共作战 130 多次，消灭敌伪军 2100 余人，取得重大胜利。1942 年夏季，日伪由南北两面进一步加强对盐阜地区的“蚕食”。在北面，以响水口、灌云为依托向南推进；在南面，以盐城为中心，向东西修建公路及封锁线；在淮海区，大量增修据点、公路，加强对运河的封锁。

1943 年 2 月初，日军第 17、第 12 师等部 1 万余人及伪军 4000 多人，对苏北盐阜、淮海区进行大规模“扫荡”。2 月中旬，敌首先“扫荡”国民党军韩德勤、霍守义部。韩、霍两部在新四军掩护下大部退入淮海地区。17 日，敌反复合击阜宁等地，对根据地进行历时月余的“梳篦清剿”和烧杀破坏，先后占领村镇 30 余处，新设据点 34 个。新四军第 3 师在敌“扫荡”开始后，以第 8 旅主力在地方武装及民兵配合下，分散坚持内线斗争；第 7 旅主力转移淮海区，向敌伪发动进攻。同时，新四军第 1、第 2、第 4 师也向当地之敌发起攻势，配合盐阜区反“扫荡”。敌合击企图落空，又遭连续打击，3 月中旬开始撤退。盐阜军民即开始全面反击。4 月 10 日，反“扫荡”胜利结束。此次反“扫荡”，经 20 余次较大战斗，歼敌 1800 余人，攻克据点 30 多个。

9 月下旬，新四军第 3 师发起对伪兴亚救国军第 3 军的讨伐作战，历时两周，击溃该部，攻克据点 20 多处，完全恢复滨海原有地区。

淮北区为华中西部门户。1942 年 11 月中旬，日军第 17 师、第 13 旅各一部及部分伪军共约 5000 余人，向淮北泗南、泗北地区进行反复“扫荡”，侵占中心区半城、青阳等重镇，并构筑据点，修建泗（县）宿（迁）公路，对根据地进行分区“清剿”。新四军第 4 师及地方武装经一个多月作战，迫敌大部撤退。1942 年，抗日军民经过顽强的斗争，使根据地得以部分恢复，人口由 170 万增至 200 万以上。1943 年，淮北军民以泗、宿地区为中心，全面开始反“蚕食”、反伪化斗争，先后在淮、泗、邳、睢、铜地区及泗宿公路沿线，拔除日伪据点 26 个，开辟了 13 个区、70 余个乡的游击区，解放人口 50 多万，根据地进一步巩固。

在淮南地区，1941 年以来，斗争形势也日渐紧张。3 月下旬，新四军第 2 师在地方武装、民众配合下，击退 7000 余日伪军对路西地区的“扫荡”。5 月，又击退敌伪 5000 余人对路东地区的“扫荡”。敌伪在根据地及其边沿加修 183 个据点，修建定远至永康、六合至马鞍山、陈集等公路，不断对根据地“蚕食”。根据地军民以广泛的游击战争打退了敌伪的“蚕食”“扫荡”，坚持了基本区，并开辟了部分地区，打通了与苏中的联系。

皖南、皖中地区1941年以来斗争环境更加艰苦。日伪军加紧对根据地的“扫荡”，国民党反共顽固派亦对抗日军民进行“清剿”，使中心根据地日趋缩小。1941年春夏，新四军第7师深入开展皖中地区抗日游击战争，从日伪手中夺回巢湖、白湖以东地区，并以巢湖地区为基点，先后攻克土桥、三官殿、汤家沟等敌据点，进而东向含山、和县，西向桐城、庐江发展，扩大皖中抗日根据地。1942年，新四军第7师活动于江浦、宣城、绩溪、合肥间广大地区，坚持皖中、皖南根据地，并一度打通与第2、第5师的战略联系。1943年3月，敌伪数千人两次“扫荡”巢南中心区，在皖中军民积极打击下，失败而回。

在浙东地区，1941年日军侵占宁波、慈溪、余姚等地后，原活动在浙东地区的浙沪游击队第5支队，即进入余姚、慈溪、镇海地区，建立初步基础。1942年5月，日军发动浙赣战役，侵占浙东大片国土，中共华中局及新四军军部派遣大批干部进入浙东敌后，发动抗日游击战争。7月，组成三北游击司令部，何克希任司令员，谭启龙任政治委员，下辖第3、第4、第5支队共约2000多人。10月，第3、第5支队进入四明山区。1942年下半年以后，日伪对三北地区（姚江以北余姚、慈溪、镇海三县）连续发动三次“扫荡”，加修公路、据点，封锁姚江沿岸，对沿海区进行“清乡”。1943年冬，日伪继续“扫荡”四明山区。以上“扫荡”均被浙东抗日军民挫败。

鄂豫皖边区孤悬敌后，斗争环境艰巨复杂。1941年5月和8月，日伪军先后对（黄）陂（黄）安南地区和汉（汉阳、汉川）孝（感）（黄）陂地区进行“扫荡”，均遭失败。11月起，日伪军5000余人，分别“扫荡”陂安南和安（陆）应（山）地区。鄂豫军民英勇作战，粉碎了敌人的“扫荡”。1941年12月至翌年2月，新四军进行侏儒山作战，开辟川（汉川）汉（阳）沔（阳）地区，发展了鄂南游击区。1943年夏，敌伪军对鄂豫皖根据地进行多次“扫荡”。新四军第5师及地方武装，一面积极出击敌人，牵制敌人向大别山和鄂西等地的进攻，配合正面战场友军作战，一面进行反“扫荡”，打击敌人，发展了鄂豫皖抗日根据地。

华中敌后抗日根据地军民，在中共华中局和新四军军部的领导下，战胜严重困难，粉碎敌之“清乡”“蚕食”和频繁的“扫荡”，巩固和发展了华中敌后抗日根据地，为华中转入反攻创造了条件。

华南抗日游击战争的坚持和发展

太平洋战争爆发后，华南日军第23军以第38师进攻九龙、香港地区，以第104、第51师和独立混成第19旅，加强对东江地区、珠江三角洲和潮汕地区以及海南岛北部抗日武装的“扫荡”。中共要求华南敌后抗日武装，努力开展抗日游击战争和国际国内统一战线，坚持和发展抗日阵地。

1941年12月8日，日军1.5万余人从沙头角、深圳、福田分三路进攻香港。25日，香港沦陷。当时，中国一些爱国进步人士以及英美等国官员，被阻于香港，处境十分危险。在此情况下，坚持东江地区抗日游击战争的广东人民抗日游击队，遵照中共的指示，迅速组织营救。1942年1月，先后派出精干分队进入港九地区，经过三个多月的斗争，营救出何香凝、柳亚子、茅盾、邹韬奋等人以及国民党官员、眷属共800余人，国际友人近百人以及数以万计的侨胞、侨眷。广东人民抗日游击队的行动，受到国内外舆论的广泛赞誉。

1942年春，中共南方工作委员会决定，成立以林平为书记的广东军政委员会及广东人民抗日游击总队，并将部队统一调整为一个主力大队和东莞、惠阳、宝安、港九4个地方大队。广东人民抗日游击总队不断打退日伪军的“扫荡”，向敌展开广泛游击战，从1943年1月至11月，共作战70余次，歼日伪军1000余人。

1943年11月，日军以近1万人的兵力，在广九铁路两侧进行大规模“扫荡”，企图打通广九铁路。11月18日，敌军分进合击，对大岭山根据地形成包围。广东人民抗日游击总队分三路突围。日军扑空后，在根据地烧杀掳掠，进行破坏。11月下旬起，日军“扫荡”重点转向宝安地区，敌出动1000余人分两路进犯龙华和乌石岩地区。游击总队以一部兵力乘机袭击东莞县城，炸毁城外公路大桥；另一部兵力在广九铁路东莞至宝安段展开破击战，攻占广九铁路线上日军的重要据点常平车站。日军在内外线的连续打击下，被迫于12月上旬撤回原防地。

1943年12月2日，广东人民抗日游击总队改为“广东人民抗日游击队东江纵队”，曾生任司令员，林平任政治委员，辖7个大队。此后，东江地区的抗日游击战争，进一步向粤东、粤北猛烈发展。

珠江三角洲是东江纵队西海抗日根据地，1941 年 10 月，伪军 1000 余人向西海进犯。广州市郊游击第 2 支队与民兵以伏击、袭击打退敌人进犯。年底，敌又对西海进行报复性“扫荡”，广游第 2 支队转移外线，敌“扫荡”扑空。1942 年敌继续对西海地区实施包围封锁。广游 2 支队司令员吴勤牺牲，部队被迫撤离西海，一部转移到中山县中部五桂山区，一部转移番禺西部马村一带，一部进入南海三水边境，分别开辟新的抗日据点。转移到五桂山区的西海部队与中山县地方武装会合后，开辟了五桂山抗日根据地。

在琼崖地区，日军为支援太平洋战争，加紧对琼崖抗日游击根据地“蚕食”“扫荡”。1942 年春，日军首先向海口至文昌公路沿线的据点增加兵力，同时派部分兵力深入根据地内修筑公路和据点，逐步向根据地中心区压缩。琼崖独立总队以坚持内线的部队，彻底破坏海口至文昌公路沿线的桥梁和通讯设施，使敌交通瘫痪；转至外线的部队，频繁袭击敌据点。敌遭到打击后，集中 1000 余人深入根据地进行报复“扫荡”。独立总队一部组成快速分队，直插海口市郊，突然袭击灵山镇，歼灭伪军一个连，威胁海口市，又调动文北平原的日军主力奔向海口。独立总队趁机再次进入文北平原开展游击战争。

不久，敌人又调集 6000 余日军及 5000 余伪军，以分进合击战术“扫荡”根据地。琼崖独立总队处境困难。中共琼崖特委决定除留少数部队于琼文根据地坚持斗争外，主力转向外线作战。12 月，第 1 支队西渡南渡江，向琼山西部和澄迈、临高方向发展，第 2 支队向定安方向转移。1943 年夏，第 1 支队在澄迈的绿现山和临高、琼山边界的儒万山以及儋县的四行地区建立了新的根据地。同年夏秋，琼崖抗日根据地军民又先后抗击了日军对琼山、文昌、儋县、临高、澄迈地区的“蚕食”“扫荡”，使抗日游击战争和抗日根据地得到发展。

1941—1943 年是华北、华中、华南敌后军民抗战最艰苦的阶段，也是度过相持阶段、奠定反攻基础的关键阶段。各敌后抗日根据地实行人民战争方针，深入开展普遍的群众游击战和全面对敌斗争，战胜严重困难，粉碎了日伪的“总力战”。至 1942 年秋，华北敌后抗日根据地基本制止了敌人的“蚕食”，扭转了敌进我退的局面。1943 年，各敌后抗日根据地开始进入恢复和再发展的新阶段。敌后军民坚持艰苦抗战，使日军以主力进行的保守占领区的军事战略遭到破产。

十　中国政情与国共关系

（一）第一次民主宪政运动与谋求政治改革的尝试

汪精卫叛国投敌后深知自己再无政治资本，他不断提出迅速召集国民大会、制定宪法实施宪政的口号蛊惑人心。1939 年 9 月，在第一届国民参政会第四次会议上，参政员孔庚领衔提出《请政府遵照中国国民党第五次全国代表大会决议案定期召集国民大会制定宪法开始宪政案》，旨在抵制汪精卫这一政治阴谋。

实际上，民主政治本是抗战的需要，是社会各阶层共同的要求，所以与此同时，陈绍禹、张申府、王造时、江恒源、张君劢、左舜生等也分别领衔提出关于民主团结六提案，内容概括为四点：要求结束国民党的党治，实行宪政；保障各抗日党派合法权利；不分党派，集中人才参加抗战建国工作；改革战时行政机构。具体办法上，一部分为结束党治、召开国民大会、制定宪法等与宪政直接有关但须筹备的，另一部分为摈弃党派私见、启用贤才、保障各抗日党派合法权利等，属于间接与宪政有关，却须立刻执行的。经过"火并似的舌战"，审查委员会于会外磋商达成"治本""治标"两项意见。治本办法为："一，请政府明令定期召集国民大会，制定宪法，实行宪政。二，由议长指定参政员共若干人，组织参政会宪政期成会，协助政府促成宪政。"治标办法为："一，请政府明令宣布，全国人民除汉奸外，在法律上其政治地位一律平等。二，为应战时需要，政府行政机构，应加充实并改进，藉以集中全国各方人才，从事抗战建国工作，争取最后胜利。"[①] 上述意见 9 月 16 日获得大会通过，这就是《请政府定期召集国民大会实行宪政决议案》。根据这

---

①《国民参政会第四次大会议事纪录·第六次会议》，《国民参政会第四次大会纪录》，国民参政会秘书处 1939 年 11 月编印，第 32—33 页。

一决议，蒋介石指定黄炎培、张君劢、周览等 25 人组成国民参政会宪政期成会，协助政府促成宪政。抗战时期的第一次宪政运动，由此很快在全国各地展开。

《请政府定期召集国民大会实行宪政决议案》虽然是不同政见调和的产物，但社会各阶层对这次宪政运动仍表现出异常热忱。在重庆，沈钧儒、张澜、张申府、褚辅成、莫德惠、李璜、江恒源、胡石青、张君劢、王造时等于 10 月 1 日发起宪政座谈会。11 月 3 日第三次会议时，发起人增加到 25 人。第四次座谈会上又决定成立重庆各界宪政促进会，当即推举 85 人为筹备委员。成都的宪政运动也十分活跃，以大学教授为主体的国民宪政座谈会多次讨论宪草修改问题，川康建设宪政期成座谈会常有数百人参加，成都宪政促进会也在此际建立。“广西宪政协进会”于 1940 年 5 月 28 日成立，该会附设的“广西建设研究会”建立了若干小组，对五五宪草①进行专题研究。云南、贵州、安徽、浙江、广东等地也纷纷成立各种研究宪政的团体，孤岛上海各文化团体也突破环境限制，用化整为零的方式讨论宪政问题。

中共对这次宪政运动采取积极慎重的态度。中共连续两次发出指示，要求各民主根据地迅速成立宪政促进会，并把宪政运动视作民主改革的第一任务。同时，又提醒人们实施宪政在中国不可能一帆风顺。1940 年 2 月 20 日毛泽东在延安所做的《新民主主义的宪政》讲演中指出，在半殖民地半封建社会里，即使颁布一种好宪法，也必然被封建势力所阻挠，被顽固分子所障碍。

第一次宪政运动表面上轰轰烈烈，但实际的有形成果仅为宪政期成会提出的一个宪草修正草案。1939 年 9 月 20 日，宪政期成会第一次会议取得三项共识：希望国民党提前通过参政会的立宪案，于双十节公布实施宪政时期；广泛讨论关于宪法本身诸问题；要求九个月后召开国民大会，完成宪政。11 月 24 日，第二次会议决定征集各方对五五宪草等问题的意见。当时，罗隆基、罗文干、陶孟和、周炳琳、傅斯年等会员均住在昆明，会议委托他们就近磋商并起草宪草修正案。他们集会研究时，张奚若、杨振声、任鸿隽、钱端升等参政员亦参加讨论，后由罗隆基主稿，形成昆明九参政员共同提出的“五五宪草修正案”（简称“昆明宪草”）。

“昆明宪草”的主要内容，是鉴于抗战以来国家领导机构运转不够灵便，

① 指 1936 年 5 月 5 日国民政府公布的《中华民国宪法草案》。

政府权力有可能借战争需要无限制膨胀，因此模仿西方民主国家制度，设计了一个在国民大会闭会期间行使国民大会职权的常设机构——“国民议政会”，目的是对政府起某些监督与制衡作用。该案认为孙中山的宪政理想是直接民权，由人民直接行使选举、罢免、创制、复决等权力，但是五五宪草规定国民大会三年才集会一次，而立法院又非政权机关，这就势必造成人民政权运用不灵。“昆明宪草”声称成立国民议政会可以补救这个缺陷，主张把立法院改成立法技术上的专门机构，赋予国民议政会“复决立法院之决议”和“对行政院可通过不信任案”两种职权。这样，立法院有能，议政会有权，与“中山先生权能划分五权并立之遗教精神，甚为相合”[①]。

1940 年 3 月 20 日，宪政期成会召开第三次全体会议。其时，正式由参政员提出的宪草修正意见共八件，关于国民大会闭会期间如何行使治权问题上，褚辅成建议设立“行动委员会”，董必武提议成立“常驻委员会”，这些与“国民议政会”只是名称略有不同。经过 10 天讨论，会议在“昆明宪草”的基础上形成《国民参政会宪政期成会提出中华民国宪法草案（五五宪草）之修正草案》（简称“期成宪草”）。该案接受了“昆明宪草”最关键的部分，惟将名称定为“国民大会议政会”。对于国民大会议政会职权，“期成宪草”赋予它在国民大会闭会期间“议决戒严案、大赦案、媾和案、条约案”；“复决立法院所议决之预算案、决算案”；“创制立法原则”与“复决立法院之法律案”；“受理监察院依法向国民大会提出之弹劾案”；“对行政院院长，副院长、各部部长、各委员会委员长得通过不信任案”；“得向总统及各院院长部长及委员会委员长提出质询，并听取报告”等。[②]

希望对国家政治体制进行改革的“期成宪草”，在宪政期成会获得通过后，不少人都感到比较乐观，认为它是中国政治史上的一件大事。1940 年 4 月一届五次参政会上，蒋介石强调“权与能分开”和“政权与治权划分”两原则是孙中山“在政治上最大之发明”，“必须遵循”。[③]讨论“期成宪草”时，蒋

①《国民参政会宪政期成会提出中华民国宪法草案修正草案说明书》，《国民参政会第五次大会纪录》，国民参政会秘书处 1940 年 8 月编印，第 71 页。

② 国民参政会宪政期成会提：《中华民国宪法草案（五五宪草）修正案》（1940 年 3 月 30 日国民参政会宪政期成会通过），《国民参政会第五次大会纪录》，第 65—66 页。

③ 蒋介石：《对于宪草与实施宪政之意见》（一），转引自秦孝仪主编《中华民国重要史料初编》第四编，战时建设（二），第 1683 页。

介石态度强硬，他指责该案袭取欧西之议会政治，与五权宪法“完全不合”，声称它对执政之束缚太甚，实为不能施行之制度，今后国人如以国事倚畀于人，亦就不要束缚人才行。这使平时站在国民党一边说话的国社党及青年党诸参政员也感到懊丧。结果，“期成宪草”未付表决，仅是蒋介石以议长名义提议将各种意见并送政府。这样，一个有限的限制国民党党治的方案便束之高阁，窒息于腹胎。

国民党对实施真正意义上的宪政本来没有诚意，绝不会轻易把手中的“治权”变成难以控制的“民权”。1939 年 11 月国民党五届六中全会通过的《定期召集国民大会并限期办竣选举案》，与 1940 年 2 月 12 日国民党中央下达的《对实施宪政问题之指示》，就表明了这种态度。《限期选举案》说明国民党所谓实施宪政，只不过是形式上召集抗战前由其一手包办的国民大会，而不是政治制度的革新。《实施指示》强调宪政讨论只能以五五宪草为蓝本，一切讨论必须由各省市党部、政府会同所在地参议会召集，更是对讨论宪政问题的种种限制。第一次宪政运动发动不久，就注定了失败的结局。但“期成宪草”毕竟是抗战期间在野党派进行政治改革的第一试，它对民主制度建设上的某些思考，具有一定的积极意义。

（二）民主党派的初步联合

国民参政会中的民主党派在发动与开展第一次宪政运动时，已有了初步合作。那次宪政运动的夭折，暴露出它们地位的软弱，为了自存和发展，也为了调解国共矛盾，民主党派开始考虑进一步合作。

1939 年以后国共间接连发生磨擦及局部军事对抗。第一次宪政运动的参加者中一些人深感党派问题已到了极其严重的地步，认为这种局面近则妨碍抗战，远则可能重演内战。黄炎培、梁漱溟、晏阳初、李璜等酝酿把分散的力量联合起来，共同努力。他们都认识到党派问题是中国内政的主要症结，为了维护抗战大局，有必要联合起来，共同充当国共关系的调解人。

11 月 23 日，章伯钧、丘哲（中华民族解放行动委员会）、曾琦、左舜生、李璜、余家菊（中国青年党）、罗隆基、罗文干、胡石青（国家社会党）、黄炎培、江问渔、冷遹（中华职业教育社）、梁漱溟（乡村建设派）、沈钧儒、邹韬奋、张申府、章乃器（救国会），及无党派社会贤达张澜、光升等人，经过多次聚议，在重庆成立“统一建国同志会”，其动机是鉴于国共不协，隐忧实大，要结合国共以外的各党派暨在野人物，谋求全国团结抗敌，防止内部分裂。这次会上，通过了“以巩固统一，积极建国为帜志”的八条《简章》和章乃器、左舜生起草，沈钧儒、梁漱溟等共负审查之责的十二条《信约》。其中提出统一建国同志会的任务是:“以诚意接受三民主义为抗战建国最高原则”，强调“国家至上，民族至上”；拥护蒋介石为领袖。解决目前政治问题的方法是:“宪法颁布后立即实行宪政”；“凡遵守宪法之各党派，一律以平等地位公开存在”；“一切军队属于国家”；“不赞成以政权或武力推行党务，并严格反对一切内战”。[①]统一建国同志会是个意见大致相同的中间党派的初步联合体，《信约》只反映了近期争取实现的目标与工作任务，没有指出中国究竟应建成什么样的国家，所以不具备政党性质。为了能得到国民党认可，它也强调本身并非政党。

1940 年 4 月一届五次国民参政会上，黄炎培、邹韬奋、光升、张申府、沈钧儒等为求大局好转做了一些努力。统一建国同志会同人还提出《关于战区自相冲突事件之处置办法》询问案等，未能做出实质性的贡献，这使统一建国同志会感到自身的渺小，产生了改组为更加有力的组织的愿望。

10 月，国民政府军事委员会在“皓电”中强令黄河以南的八路军、新四军限期开往黄河以北，这一事态使紧张的国共关系进一步恶化。当时，国共双方都纷纷与中间党派接触，周恩来、秦邦宪、董必武、叶剑英与张君劢、沈钧儒、左舜生、黄炎培、梁漱溟、邹韬奋、张申府、章伯钧等，多次交换对形势的看法。1941 年 1 月皖南事变发生后，中共拒绝参加即将召开的二届一次国民参政会，并向中间党派说明自己的态度与立场。这种频繁的往来无形中突出了中间党派的地位，对统一建国同志会的改组起到一定促进作用。1940 年 12 月 23 日，国民政府公布的第二届国民参政会参政员名单，也加速了统一建国同志会的改组。第一届参政会成立时，在野党派参政员先由各党派自行推定，再由国民党政府遴选，而第二届却改为全由政府圈定。“经过此种私意圈定之挑选与淘汰，在野党派中仅存之有限代表，实际已不足提案之法定人

①《统一建国同志会信约》,《中国民主同盟历史文献(1941—1949)》,文史资料出版社 1983 年版，第 2—3 页。

数”，这便使它们“除被利用为点缀装饰品外，绝对不能发挥交换政党意见，与增强政党团结之效用”[①]，梁漱溟感到对上届在选的党外人士或敢于说话的人排除不少，有失人望，黄炎培、张君劢、左舜生同声慨叹国民党的褊狭暗劣。大家觉得非加强中间派的组织无由争取民主团结，统一建国同志会需要改组。

第二届国民参政会召开之前，章伯钧、丘哲也正向各方建议组织第三者性质的政治同盟。他们奔走国共双方，力促中共出席参政会，同时加紧筹备新组织。1941 年 3 月 19 日，青年党、国家社会党、第三党、中华职业教育社、乡村建设派参政员张君劢、左舜生、李璜、章伯钧、黄炎培、梁漱溟等 17 人在重庆上清寺“特园”召开秘密会议，正式成立“中国民主政团同盟”。会上通过了“政纲”“简章”和《敬告政府与国人》，以互选形式产生了中央执行委员会，推黄炎培、左舜生、梁漱溟、张君劢、章伯钧 5 人为中央常务委员，以黄为主席（10 月改张澜），左为总书记（秘书长），章伯钧、罗隆基分别为组织委员会、宣传委员会主任。统一建国同志会成员救国会当时没有受邀，半年后方参加，这样便形成了三党三派组成的具有政党性质的政治集团。

以实现民主政治为帜志的中国民主政团同盟，从成立到公开经过了一个艰难的过程。为了造成既成事实，使国民党不得不承认，梁漱溟受委托到香港创建言论机关。9 月 18 日，《光明报》在香港创刊。由于内部在某些问题上出现分歧，宣言与政纲迟至 10 月 10 日方以“启事”形式在免检的广告栏中刊出。1941 年 11 月 16 日，二届二次国民参政会召开前夕，张澜、左舜生、章伯钧、罗隆基在重庆举行茶会，宣布中国民主政团同盟成立。从此，一个新的资产阶级政党开始出现在中国政治舞台，中国的政治格局亦出现新的变化。

中国民主政团同盟的政治主张集中体现于《对时局的主张纲领》（即“十大纲领”）。它的突出特点是明确提出“政治民主化”与“军队国家化”，这两项主张形象地概括了政团同盟及后来中国民主同盟的基本立场。后来张澜阐述说，前者的目的是实行主权在民的民治，以期建设一个政治自由、经济平等的新民主国家；后者是说军人应尽忠于国家，彻底取消军队内任何党的组

---

①《昆明文化界致国民参政会电》原稿，1945 年 7 月 1 日，中国革命博物馆存。

织，全国任何方面再不许有党军与私人武力。罗隆基曾承认，这两句口号一句针对国民党一党训政，一句表面上要求国共两党把军队交还国家，以达到统一抗战的目的，实际上等于要求共产党放弃革命武力。不过，张澜认为问题的中心是“民主、团结、抗战”，“尤以民主的一层为中心的中心”，因为如不实行民主，“任何政治问题、党派问题、经济问题、物价问题、抗战问题、军事问题以及一切社会教育文化问题，必都不能圆满解决”。[①]这句话表明，在认识与运用中，“政治民主化”还是被摆在首位，这一点明显反映在11月25日以政团同盟参政员为主向二届一次国民参政会秘书处提交的《实现民主以加强抗战力量树立建国基础案》中。由于提案把“政治民主化”摆在“军队国家化”之前，蒋介石异常恼火，不准提交大会讨论。抗战结束后，蒋介石在旧政协开幕词中引用这两句口号，企图在“军队国家化”的幌子下解除共产党的武力，亦遭到民盟的反对。

（三）国共关系

皖南事变后，国民党的反共气焰有所收敛，但反共活动并未停止。据周恩来1942年4月报告，自年初以来，国民党制造的反共事件即达109起。在西北，国民党继续以重兵包围陕甘宁边区，在南方查封桂林《新华日报》分馆，逮捕中共重要干部廖承志、张文彬等。中共一方面估计到国民党可能利用国际形势和战局发展的某些因素，发动新的反共活动；另方面，也预见到国际环境和反法西斯战争的胜利必然对国民党的反共倾向起到一定的制约作用。毛泽东指出：“国共关系一时不会好转，也不会破裂，是拖的局面。但希特勒倒后，国际局势变化，势必影响中国，国共关系好转和民主共和国的前途还是有的。”[②]中国共产党为两党团结合作、改善关系做了艰苦努力。1942年7月7日中共发表《为纪念抗战五周年宣言》，重申抗战初期中共关于合作抗日的“四项保证”，提出关于合作抗战和抗战胜利后团结建国的主张：应当依据孙中山的三民主义、国民党的抗战建国纲领和中国共产党的施政纲领与

① 张澜：《中国民主同盟的缘起主张与目的》，《华西晚报》1945年2月26日。

②《毛泽东电复周恩来》（1942年6月26日），《周恩来年谱（1898—1949）》，第534页。

社会政策，建立一个各党派合作，经过人民普选的民主共和国。

8 月 14 日，蒋介石约见周恩来，提出希望与毛泽东见面。周恩来随即电告毛泽东，认为在目前情况下与蒋谈不出好结果来，并提出先以林彪或朱德与蒋会见，打开谈判之门，毛泽东再来渝见蒋。中共中央采纳此建议，于 10 月 7 日派林彪前往重庆。

在 10 月、11 月的谈判中，中共向国民党提出“三停、三发、两编”的要求，即：停止全国军事进攻，停止全国政治压迫，停止对《新华日报》的压迫；释放新四军被俘人员，发饷、发弹；允许中共军队编两个集团军。国民党方面也作出某种和缓表示。11 月，国民党五届十中全会通过的《特种研究委员会报告本党今后对共产党政策之研究结果方案》，一方面老调重弹，称凡有私自组织军队，企图割据地方，违反国家纪纲者，“政府必予以依法之制裁”；同时宣言对中共问题仍本“宽大政策”必须“政治解决”。中共认为：国民党十中全会决议，“对于从 1939 年到现在四个年头的国共不良关系，做了一个总结，是对于我们今年七七宣言的回答，开辟了今后两党继续合作及具体地谈判与解决过去存在着的两党争论问题的途径”。今后“磨擦还会有的，但方式会缓和一点。各地对于国民党人员应继续采取诚恳协商，实事求是，有理有节的态度”，力争局势更加好转。[①]

12 月 16 日，林彪在张治中陪同下见蒋，表示拥护国民党五届十中全会宣言和决议的新精神，要求蒋介石彻底实行“三停、三发、两编”。蒋答应发给药品，但不准提新四军问题，说承认新四军等于不承认政府。中共主动提出以下四个作为全面改善两党关系，加强合作必须解决的问题：（一）党的问题，中共取得合法地位，国民党中央亦可在中共地区办报；（二）军队问题，希望编四军十二师，新四军在内，按中央军队待遇；（三）陕北边区，改为行政区，人员地境不动，其他各区另行改组，实行中央法令；（四）作战区域，原则上接受中央开往黄河以北之规定，但现在只能作准备布置，待战争完毕实施；如战时情况可能（如总反攻时）亦可商承移动。如此四项可以谈，林即留此继续谈判；倘相距太远，就请蒋提示具体方针，交林带回延安商量。1943 年 1 月 9 日，周恩来、林彪与张治中谈判，张表示：国民党干部会议意

---

①《中共中央关于国民党十中全会问题的指示》（1942 年 11 月 29 日），《中共中央文件选集》第 13 册，第 460 页。

见认为，中共所提四项与国民党中央及何、白“皓电”相距甚远，解决问题须根据“皓电”提示精神，正式谈判须由何、白主持；承认中共合法和边区政府无问题，十八集团军太多不行，并且必须遵照“皓电”限期开动。

国民党采取的明显是拖延政策，不准备有什么实际行动。1月16日，周恩来在给中共中央电中提出结束此次谈判的两种方法：（一）说明我方提出四条与何、白的“皓电”精神基本相合，只是数目时间之差。如国方不同意，要他们提出方案，由林带回报告。（二）向国民党直接要方案，或由林向蒋要求提示后返延。

1943年春，蒋介石发表《中国之命运》，新的反共高潮将起。先后进行了八个月的国共谈判实际已告中断。

1943年，由于苏联卫国战争和国际反法西斯战争的决定性胜利，苏、美、英各国更加关心战后对德、日、意的处理和世界格局问题。苏联希望美、英尽早开辟第二战场和战后对苏联在欧洲权益的承认与尊重；美、英要求苏联早日参加对日作战。为此，罗斯福表示，他们也许不得不遇事都作些让步，但必须以苏联的让步为交换。美国的新闻界和官员们就公开提出这样的要求，斯大林应该提供更加明确、更加可靠的保证，说明他已经最后放弃了“煽动世界革命的想法”①。5月，共产国际宣布解散。美国国内及各国资产阶级舆论热列欢迎这一外交胜利。《纽约时报》等要求美国在共产国际解散后，继续采取一些特别措施，使苏联作出更大让步。国民党利用这个机会发动了又一次全国性的反共活动，中国再次面临分裂和内战的危机。6月12日，蒋介石指使特务在西安召集所谓“文化团体”开会，发表通电，叫喊第三国际已解散，“马列主义已经破产”，要求“解散共产党，交出边区”。国民党的中央通讯社向中外报刊发这个消息，趁机扩大反共宣传。国民党发动全国各地的所谓“民众团体”，一哄而起，要求解散共产党，反共声浪甚嚣尘上。戴笠主持军统局迅速制定《第三国际解散后本党对中共应有之对策》，并得到蒋介石批准，准备“利用第三国际解散时机，把握中共弱点”，逼迫中共“交出政权军权”。②

①〔西班牙〕费尔南多·克劳丁著，中共中央党校外文组译：《共产主义运动——从共产国际到共产国际情报局》下册，求实出版社1982年版，第87页。

②国防大学党史政工教研室编：《中共党史教学参考资料》第17册，第310—313页。

在军事上，5月下旬蒋即密电胡宗南，乘共产国际解散之机，闪击延安，一举攻占陕甘宁边区，限6月底完成部署，行动绝对机密。

6月18日，按照蒋介石的命令，胡宗南在洛川召开第8战区军事会议，进行反共军事部署。该战区所辖3个集团军已有2个用于包围陕甘宁边区，会后又将用于防守从宜川至潼关一段黄河的另一集团军中的2个军调出，配合包围边区，准备兵分9路“闪击延安”。包围陕甘宁边区的国民党军队达到四五十万人，使河防极度空虚。

恰在此时，甘肃南部自发出现的“西北各民族抗日救国联军”“西北农民义勇抗日救国集团军”“福善救国军”等迅速发展，武装力量达5万余，活动区域达20余县。胡宗南乃令准备进攻陕甘宁边区的军队进行镇压，到6月底仍未奏效。蒋介石遂令胡另抽部队向陕甘宁边区进攻，预定的进攻日期为7月9日。

国民党准备进攻延安的图谋，通过中共的情报渠道传到延安。国共团结抗战大局面临破裂的严重危险。7月4日，朱德明电胡宗南，称：“我兄［胡］已将河防大军，向西调动，弹粮运输，络绎于途，内战危机，有一触即发之势。当此抗战艰虞之际，力谋团结，犹恐不及，若遂发动内战，必致兵连祸结，破坏抗战团结之大业，而使日寇坐收渔利，陷国家民族于危亡之境，并极大妨碍英美苏各盟邦之作战任务。”[①] 7月7日，中共中央决定将朱德的电报分送国民党军政要员、驻重庆各国使节、中外记者以及包围陕甘宁边区的部分国民党部队。贺龙在延安民众大会上号召全国团结抗战，同时重申人若犯我，我必犯人，坚决自卫。华北八路军主力一部调到陕北和晋西北待命。陕甘宁边区实行动员，做好应变准备。苏美英等国人员也纷纷向国民党询问情况。胡宗南致电蒋介石，称：“共党采取非正规手段，利用朱德电报大肆张扬。如仍按原计划进行，不但日军可能乘隙渡河，而且定会受盟邦责难。”蒋介石见事机败露，乃提出“用侧面与非正式方法以制之；万不宜公开或正面的方式以求解决”。7日，蒋下令胡宗南停止军事行动。11日，蒋、胡复电朱德，表示无意进攻边区，并开始撤退部分部队。国民党这次布置的大规模“闪击”共产党的军事行动没有能够实现。

---

①《中共中央文件选集》第14册，第68页。

（四）美国介入国共关系

抗日战争中美国的对华政策，在一段时间里大致可以概括为扶蒋容共抗日，到后期则有了明显变化。这个政策承认，以蒋介石为首的国民政府是代表全中国的唯一合法政府，但它是个一党专政的政府，应当实行民主改革，避免和克服法西斯倾向；中国各派政治力量应当消除分歧，团结抗日；中国共产党是中国的一支抗日力量，它有理由存在并取得一定程度的发展。这一政策符合盟国反法西斯战争的共同利益。

根据这一政策，美国反对国民党顽固派武装进攻中共，因为中国的内部分裂必定削弱抗日力量。皖南事变一个月后，罗斯福的行政助理居里来中国访问，他带来罗斯福的口信："中国共党与国民政府相类者多，相异者少，深盼其能排除异见，为抗日战争之共同目标而加紧其团结。"[①]这是在抗战期间美国政府对中国内政及国共关系问题的第一次明确表态；罗斯福还认为中共"对于农民、妇女以及日本之态度，足值吾人之赞许"，这里表现出了很高的民主主义气度，也有对中共坚强抗日态度的理解。

居里一到重庆，就要求会见中共代表周恩来。蒋介石不便反对，但不希望周恩来到居里住地造访。结果安排在英国驻重庆大使馆会面。1941年2月14日，居里及其随行者联邦准备银行官员戴普莱和周作了长谈。居里告诉周，美国的战略重点在欧洲而不在亚洲，因此只能有限增加对华援助；美国的政策是赞助中国统一，不主张扩大内战，并希望国民政府实行改革。周恩来向居里解释了中共的各项对内对外政策，并向他提供了国民党制造摩擦的若干材料，说明皖南事变的真相。周指出，蒋介石如不改变反共政策，势必导致中国内战，使抗战熄火，中国也就不可能起到牵制日本南进的作用。他表示，只要不损害共产党，中共不反对美国援华。周阐述了中共争取实行国家政治民主化的目标；居里认为这是"中国的需要"，表示同情。周恩来与居里的会晤是中共领导人与一位美国高级官员的第一次接触，是双方第一次通过面对面的交谈直接了解对方的政策和意图。不能说这样一次会晤就对美国政策立即产生了多么大的影响，但它在中共与美国关系史上确是一件大事。会见以

①《中华民国重要史料初编》第三编，战时外交（一），第543页。

后，居里对美国大使馆官员说，他不觉得周是特别激进的，他认为周是一个令人感兴趣的、富有同情心的人。周给居里显然留下了良好的印象。[①]

皖南事变发生，中共与国民党顽固派进行针锋相对的斗争，国内外舆论纷纷批评、谴责国民党，美国政府又表明了上述态度，顽固派处境尴尬。蒋介石不得不设法把紧张气氛缓和下来。他在2月10日同居里的谈话中信誓旦旦地说："余可向罗斯福总统保证……中国绝无发生内战或内部分裂之危险，余必遵照三民主义，向民权主义之目标而迈进。"[②]

美国政府还一再表示，国民政府应当实行民主改革。居里是经济学家，他第一次访华，与蒋介石谈的主要是关于经济、财政、金融的问题，但他也几次问到"贵国实现民主政治目前之成效如何"，并称："经济、政治与社会之改革，在钧座初期之观念中，或以为不及军事之重要，今若确认其有同等注意之重要性，则一具决心，必能见计划之贯彻矣。"[③]那既是规劝，又是督促，话语婉转，意思则很明确。居里访华后不久，3月7日，美国国务院远东司司长汉密尔顿、顾问亨贝克在与胡适、宋子文的一次谈话中又表示，国共之间不和的后果远比起因更为严重，美国对中国的团结和稳定至感关切。[④]

中共与美国这时虽没有建立正式的官方关系，不少驻华的美国外交和军事人员却与中共往来频繁。中共驻重庆代表周恩来及南方局外事组人员通过合法渠道与美方人员广泛接触，努力开展"半独立的外交"。美使馆官员范宣德、戴维斯、谢伟思、庄莱德、柯乐博，武官包瑞德、助理武官德帕斯，都是中共办事处的座上客。他们对比国共两党的情况，对共产党产生了很好的印象。中共所宣布的建立既不是独裁专制，也不是社会主义的新民主主义共和国的方案，也使美国外交官深感兴趣。二秘戴维斯在一个报告中，描述中共是一个主张实现美国式的民主，保留私有制与个人财产，为政异常清廉，深受群众拥护，但继续保持着亲俄态度的政治集团。国民党则相反，是一个"普遍缺少社会觉悟、公众信任和责任感"，"裙带关系和任人唯亲盛行，贪污受

①《美国外交文件》，1941年第5卷，第607页；《中华民国重要史料初编》第三编，战时外交（一），第552—553页；南方局党史资料征集小组编：《南方局党史资料（大事记）》，重庆出版社1986年版，第144页；《美亚》杂志（Amerasia）1941年5月号。

②《中华民国重要史料初编》第三编，战时外交（一），第550页。

③ 同上书，第550、561页。

④《美国外交文件》，1941年第5卷，第611—612页。

贿司空见惯”，顽固地奉行独裁专制统治，完全没有群众基础的政治集团。共产党不可避免地“形成了对中央政府及其腐败制度的挑战”。[①]

1943年夏，蒋介石秘密下令闪击陕甘宁边区的情况暴露。美国对事态发展极为关注。8月19日，国务院顾问亨贝克和宋子文主要就国共关系进行长谈。亨贝克提醒宋子文，皖南事变后他们之间的谈话，并说，国务院现在的态度与那时一样，希望中国避免内战。[②]美国驻华外交官员也向国民政府军政大员作了类似表示，艾切森9月11日与吴铁城谈话表示，一个强大的联合的中国一直是美国远东政策的一个基本点，美国对于任何与此背道而驰的严重倾向均表关注，尤其目前，国共之间的分歧使那些本来应该在云南和别的抗日战场积极杀敌的大量优秀部队驻扎在西北，从而削弱了中国的战争努力。[③]中国战区参谋长史迪威将军则在10月6日给蒋介石的备忘录中提出调第十八集团军进入五台地区以袭击平汉路及归化、张家口地区，并向其提供充分补给的建议。[④]蒋介石拒绝采纳。但美国军政人员的这些表态对于中国抗日民族统一战线的维护还是起了一定的作用。这些表态，有美国在对日作战中希望充分利用中国各方面的力量、地理位置优势等的利益考虑，而实地观察，第一手资料报告，更使他们能够对情况作出客观评价。

---

①《美国外交文件》，1943年中国卷，第250—262页。

②同上书，第97—98页。

③同上书，第334页。

④《史迪威使华》，第368页。

十一　中国在抗战中国际地位上升

中国作为世界反法西斯战争的主要盟国之一，忠实地履行自己的国际义务，长期抗击并牵制了日本陆军兵力的主要部分，有力地支持了美、英、苏各盟国在亚洲、欧洲及其他战场的作战。中国对世界反法西斯战争的贡献得到全世界进步人士的确认。中国人民用自己的长期奋战、流血牺牲争得了民族的声誉和国家的大国地位。

（一）签订新约，废除不平等条约

自1842年签订中英《南京条约》以来，世界资本主义列强通过强加于中国的许多不平等条约，攫取了种种特权，使中国沦为一个半殖民地国家。中国人民为废除不平等条约，进行了长期不懈的斗争。中国的抗日战争，既是为反抗日本侵略，也是为争取民族的彻底解放，因此，废除不平等条约，取消各国的在华特权，成为中国各抗日党派和全国人民的一项基本要求。

太平洋战争爆发，中国政府对日、德、意宣战，并宣布废除中国与各法西斯国家之间的不平等条约。[①] 在这种情况下，作为反对法西斯侵略的各盟国，特别是美国和英国，取消其对华不平等条约，以保障中国与各反法西斯国家平等合作，已是大势所趋、顺理成章的事。

中国与美、英以前曾就废除领事裁判权举行过谈判，“九一八”事变发生，谈判停止。抗日战争爆发后，美、英为同日本相对抗，一再表示愿放弃在华特权。1938年12月，日本首相近卫发表第三次对华声明，虚伪声称愿对撤销日本在华的治外法权和归还租界等问题“予以积极的考虑”[②]。美、英随即向日本提交照会，斥责日本武力侵华和损害美、英在华权益；一面表示愿在适

---

①《中国近代对外关系史资料选辑》下卷，第2分册，第162—163页。

②《日本外交年表并主要文书》下，文书，第407页。

当的条件下，与中国谈判废除两国的在华特权。[①]这时美、英的上述姿态，主要是针对日本的外交手段，而不是真正准备采取实际行动。

1941年4月，中国新任外交部长向美国政府提出缔结中美平等条约，废除现有条约束缚的问题。经过磋商，两国于5月下旬以换文的形式达成协议。中方表示“忠实遵守国际信约”，“信仰且赞同贸易机会均等”等原则。[②]美方承诺：“在和平状态恢复的时候，能和中国政府以有步骤谈判和订立协定的程序，迅速地做到取消一切有特殊性质的权利。”[③]随后，英国亦于7月初与中国政府互换照会，表示“俟远东之和平恢复时，英国政府愿与中国政府商讨取消治外法权，交还租界，并根据平等互惠原则，修改条约”[④]。

美国的官方文件上后来记载说：“从1937年7月日本侵略中国起，到1941年12月日美战争爆发为止，治外法权制度的行使是有利于美国、中国和其他反抗日本侵略行为的国家的。”[⑤]也就是说，日本对英、美在华特权的侵害和英、美维护其在华权益的立场，是导致英、美与日本矛盾尖锐化，并逐渐走向对抗的重要原因之一。这虽被认为是谬论，但未必不合实情，话说得是很坦率的。

太平洋战争爆发后，英、美在华租界和特权已被日本全部夺取。由于英、美的战略重点在欧洲和大西洋，在亚洲和太平洋地区对日作战的力量明显不足，因此迫切希望加强中国战场对日军的牵制。同时，中国人民在四年多的时间里独力抵抗日本的侵略，显示了中华民族的伟大力量，成为远东地区对日作战的主力。世界人民包括英、美两国人民高度赞扬中国抗战，要求放弃在华特权，给中国以平等的地位。在多方面因素的推动下，美、英两国在废除对华不平等条约问题上采取了积极行动。

1942年10月9日，美、英将两国的决定正式通知中国政府。次日，两国分别发表声明，宣布将与中国政府谈判，缔结一项条约，“立时放弃在华治外法权及解决有关问题”[⑥]。10月24日和30日，中国政府先后接到美国和英

①《中美关系资料汇编》第1辑，第490页;《英国外交文件(1919—1989)》第3辑第8卷，第393页。

②《中华民国重要史料初编》第三编，战时外交（三），第709页。

③《中美关系资料汇编》第1辑，第539页。

④ 傅启学编著:《中国外交史》下册，台湾商务印书馆1983年版，第622页。

⑤《中美关系资料汇编》第1辑，第106页。

⑥《中华民国重要史料初编》第三编，战时外交（三），第712、751页。

国的新约草案，随即开始了与两国的谈判。

中美之间的谈判主要由驻美大使魏道明与美国国务卿赫尔在华盛顿举行。11月10日，魏道明向赫尔递交了中国政府对美方草案的修订意见，要求美国同意取消通商口岸制度、上海和厦门公共租界的特区法庭、外籍引水员、军舰游弋权、沿海贸易权和内河航行权。美国部分接受中方要求，但不肯放弃沿海贸易和内河航行权。经中方坚持和反复交涉，美方作出让步。12月18日，美国政府向中国提交照会，认为两国对条约草案及所附换文，认识已完全一致，建议1943年1月1日在华盛顿正式签署。中方表示赞同。

中英之间的谈判主要由外交部长宋子文与英国驻华大使薛穆在重庆举行，谈判十分艰难。英国在沿海贸易与内河航行权、经营商业的国民待遇和购置不动产权三个问题上不放松，双方反复交涉两个月，英方在前两个问题上被迫作出让步，而中方被迫在购置不动产权方面同意英国要求。双方争论的焦点是归还九龙租借地即新界问题。关于九龙租借地，中国认为应同上海、厦门公共租界一样处理，其行政与管理权，连同其官有资产、官有债务应一并移交中国。英方担心归还九龙会引起连锁反应，危及英国的其他殖民地，因此顽固坚持九龙问题不属于谈判范围。丘吉尔本人和其他英国政要在大战期间曾一再声称，英国决不放弃大英帝国旗帜下的一寸土地，他们认为拒绝中国对九龙租借地的要求对英国是至关重要的。国民政府妥协，12月31日，宋子文通知薛穆，同意不把九龙问题列入中英新约，同时表示，中国的让步只是出于同盟国团结的考虑，中国保留将来再提出这一问题的权利。① 此时英、美为协调行动，决定推迟新约的签字。

1943年1月9日，日本与汪伪政权签订《关于交还租界及撤废治外法权等协定》。日本的这一行动不过是一出掩人耳目的丑剧，仍不免使英、美感到被动和尴尬。在此情况下，1月11日，美、英两国分别在华盛顿和重庆与中国签订了关于取消在华领事裁判权及处理有关问题的条约，以及换文和附件。其主要内容有：（1）废除英、美在华的领事裁判权，两国人民在中国领土内，应依照国际公法和国际惯例，受中国政府管辖；（2）废除1901年签订的《辛丑和约》，交还北平使馆界，撤销在北宁路的驻兵权；（3）交还天津、广州的英租界和上海、厦门的公共租界；（4）撤销租界内的特别法庭；（5）废

---

①《顾维钧回忆录》第5分册，中华书局1987年版，第178—179页。

除英、美两国在中国各口岸使用外籍引水员的特权；（6）英国放弃由英国人担任中国海关总税务司的特权；（7）废除英、美军舰在中国水域内行驶的特权；（8）废除英、美两国商船在中国沿海贸易和内河航行特权；（9）此次新约未涉及的其他影响中国主权的问题，由中国与英、美政府会商，依照国际公法准则和近代国际惯例予以解决；（10）中国与英、美两国在战争结束后，至迟六个月内举行谈判，签订一项友好通商航海设领条约。[①]同日，中国外长宋子文向英国递交照会，声明中国政府对收回九龙租借地“保留日后提出讨论之权”[②]。在中美、中英新约签订后约四年间，中国相继与比利时、挪威、瑞典、荷兰、法国、瑞士、丹麦、葡萄牙等国签订了相关条约，旧的不平等条约体系至此不复存在，剩下九龙租借地、香港、澳门尚未解决。

中美、中英新约的签订，基本上废除了束缚中华民族达百年之久的各项不平等条约，中国的国际地位法律上不再低人一等。这是中国坚持抗战所取得的一项成果。这一胜利的取得，从根本上说，是中华民族空前觉醒和长期奋斗的结果。新约的签订与不平等条约的废除，自然不等于根本改变中国的殖民地、半殖民地的实际状况，也并不意味着中国已在实际上取得与各同盟国的平等地位，真正的平等地位还要靠中国人民的努力来争取。

（二）四大国宣言与开罗会议

美、英、苏三国对于承认中国的国际地位，中国列名四大国或“四强”之一，出于各自的利害考虑，态度很不一致。英、苏对此不热心，甚至曾一度反对；美国政府和罗斯福则表现出极大的热情，这是从美国关于战后世界的构想出发的。

罗斯福设想，战时盟国的合作在战后将继续下去，四大国将在世界事务中起主导作用。大国的合作既要通过相应的国际组织，即联合国；又要通过在大国之间适当地划分势力范围。战后，英、法、荷老殖民帝国不能继续下去了，势力范围却不可能消灭掉。罗斯福把亚洲的大部分地区视作美国的势力范围，

---

①《中外旧约章汇编》第3册，第1256—1272页。

②《中华民国重要史料初编》第三编，战时外交（三），第781页。

战后将在这里建立美国主导下的和平，而中国是这个势力范围中的主要部分，将是美国在这里的主要的可靠的盟国，中国将与美国站在一起，对付这一地区的其他大国：俄国、英国以及可能东山再起的日本。罗斯福的这种设想不是凭空想象。早在 1941 年 2 月居里访华时，蒋介石就一再表示，“远东和平，除交战国双方愿出席以美国为主席之和平会议外，绝无实现之可能”。“可以肩负此收拾大战残局之大任者，实惟罗斯福总统一人而已”。[①] 宋美龄在 1943 年访美时，又在与罗斯福、霍普金斯的谈话中表示，在和平会议上中国将和美国站在一起，因为中国信任罗斯福及其政策，中国认为，罗斯福应主持四大国对战后事务的讨论。[②] 蒋介石既然表示拥护罗斯福的政策，美国又需要中国的支持，承认中国的国际地位就自然成为罗斯福实现其战后世界构想的一个重要方面。

1943 年 8 月，美、英两国首脑在魁北克举行会议时，赫尔国务卿就建议尽早就建立一个国际组织的问题拟定一份宣言草案。经美、英首脑认可，该文件分送给斯大林和即将由美返华的宋子文。斯大林同意举行美、英、苏三国外长会议为首脑会议做准备。10 月，美、英、苏三国外长在莫斯科举行会议。除军事问题外，该会议讨论了美国提出的关于在战后建立国际组织以维持世界和平的设想，并接受了上述赫尔的建议。但苏联外长莫洛托夫反对中国成为宣言签字国，理由是中国在欧洲问题上没有影响力，而且会造成日本对苏挑衅的借口。赫尔坚持让中国成为宣言的签字国。他对莫洛托夫说：把中国排除出四国宣言是不可思议的。美国政府认为，中国在战争中已作为四大国之一出现在世界舞台上，如果将在战争中做出重要贡献的大国排除在外，则对联合国家的统一性将产生极为有害的心理效应。不让中国共同签署宣言，无论是在政治上还是在军事上，完全可能在太平洋地区产生极其恶劣的反应。如果出现这种情况，美国政府将被迫采取种种调整措施，以保持太平洋地区的政治和军事形势的稳定。[③] 这实际上是暗示美国将会把其他地区的兵力和资源转向太平洋地区。这对苏联对德作战和在远东的利益都将是不利的。英国外交大臣艾登支持美国主张。苏联最终只得同意。

---

① 《中华民国重要史料初编》第三编，战时外交（一），第 593、551 页。

② 谈话记录原件存美国罗斯福图书馆霍普金斯文件第 331 页。

③ 《美国外交文件》，1943 年第 1 卷，第 602—603 页。

10月29日，中国驻苏大使傅秉常受权与美、英、苏三国外长一起签署了四大国《关于普遍安全的宣言》。宣言宣称，四国政府一致认为，“有必要保证由战争迅速而有秩序地过渡到和平并建立与维持国际和平与安全”，要在尽速可行的日期，建立一个普遍性的国际组织，以便代表国际社会采取共同行动。[①] 蒋介石感谢美国的支持，他在11月3日给罗斯福的电报中说：这一宣言构成对未来世界一项史无前例之贡献。中国以参加会商此项宣言为荣。[②]

四大国宣言的发表，是从《联合国家宣言》发表以来再一次从外交形式上确认了中国的四大国之一的地位，使中国可以与美、英、苏各国共同讨论对日作战和战后世界问题。宣言的签署和发表是大战期间的一个重大事件，为尔后建立联合国开辟了道路。

从1943年年中起，罗斯福就举行盟国首脑会议与苏联、英国、中国商讨。苏联不愿参加讨论对日作战的会议，英国反对中国参与欧洲事务，最后决定美、英、中三国首脑先在开罗讨论远东问题，然后美、英、苏三国首脑在德黑兰会商欧洲及其他问题。

11月23日至26日，美、中、英三国会议在开罗举行。这是抗战期间蒋介石参加的唯一一次盟国首脑会议。三国首脑和参谋长在正式会议中着重讨论的是军事问题，政治问题主要由蒋介石与罗斯福在两次谈话中商讨。谈话内容广泛，涉及战争中和战后远东地区的多种问题。[③] 其中最重要的是：（一）关于中国的国际地位。罗斯福表示，自太平洋战争爆发以来，他一直认为中国应作为四大国之一参加此后的国际机构。蒋欣然同意。（二）关于战后日本天皇的地位。罗斯福说，“美国国内舆论要求追究日本天皇的战争责任、要求废除天皇制”。蒋介石认为日本军阀必须根本铲除，至于日本国体如何，应尊重其国民的自由意志。也就是不愿意表示废除天皇制。（三）关于战争赔偿。蒋提议战后日本以实物如机器、战舰、商船、火车头等运华，作为赔偿的一部分，罗斯福表示同意。（四）关于领土问题。双方一致认为，东北四省、台

---

①《中国近代对外关系资料选辑》下卷第2分册，第200—201页。

②郭荣赵编译：《蒋委员长与罗斯福总统战时通讯》，台北幼狮文化事业公司1978年版，第163页。

③梁敬錞：《开罗会议与中国》，香港亚洲出版有限公司1962年版，第39—41页；《蒋总统秘录》，台北“中央日报社”1977年版，第13册，第114—116页；埃辽特·罗斯福：《耳闻目睹》（Elliott Roosevelt：As He Saw It），纽约1946年版，第164页。

湾、澎湖战后均应归还中国。（五）关于中国国共关系。罗斯福说，国民政府很难算是现代的民主政府，而按理来说，它应该是；他建议，当着战争还在进行的时候，国共两党就应该建立一个联合政府。蒋表示同意邀请共产党参加国民政府，条件是美国要能保证，苏联答应尊重中国东北的边界。不过事实很快证明，蒋的同意罗斯福此项建议，完全是一种搪塞。会后蒋在任何情况下，都回避触及此事。（六）关于中苏关系。罗斯福希望中苏之间能改善关系。蒋介石表示战后可向苏联作出一些让步，包括大连成为国际共管的自由港，向苏联开放，但要求苏联只能支持国民党，不能支持共产党。

1943 年 12 月 1 日，《开罗宣言》发表。中、美、英三国把四大国宣言的战争目标具体化，即坚持对日作战，直到日本无条件投降。《宣言》宣布："三国之宗旨，在剥夺日本自 1914 年第一次世界大战开始以后在太平洋所夺得或占领之一切岛屿，在使日本所窃取于中国之领土，例如满洲、台湾、澎湖群岛等，归还中国。日本亦将被逐出于其以武力或贪欲所攫取之所有土地。"① 在中国抗战打败日本之后，将不仅恢复卢沟桥事变以来所丧失的土地，而且将恢复"九一八"事变后被日本强占的东北领土，收复因甲午战争失败而被日本夺去的台湾全岛及所有附属岛屿、澎湖列岛，这是多年来中国人民一直为之牺牲奋斗、梦寐以求的目标。在以往的国际会议上，中国每每处于任人摆布、宰割的地位，不但对国际事务没有发言权，自己的主权和领土完整也难以维护。在开罗会议上，中国却可以就战争之中和战后亚太地区的广泛问题表示意见，并受到尊重，这是中国人民坚持抗战的又一伟大成果。

罗斯福与蒋介石的商谈中，还拟定要把两国战时的结盟关系确立下来，在战后继续保持下去，两国将在对亚洲各种问题处理上协调政策。但战后美国与中国的伙伴关系只维持了一个短时间。战后不久，国民党政权就处在被国内人民革命推翻的风雨飘摇中。美国从 1948 年起就开始扶植刚刚战败的日本来作为在亚洲的主要盟国。这表明美国所需要的中美结盟关系只是蒋政权统治下适合美国政治经济利益单方面需要的中美关系。开罗会议起了支持中国抗战的作用，但同时还有另外的一个作用，它表明美国将越来越深地插手中国的内部事务。

---

①《中国近代对外关系史资料选辑》下卷第 2 分册，第 202 页。

抗日战争后期

（1944 年—1945 年 8 月）

十二　两个战场地位的变化

抗日战争进入 1944 年，正面战场大后退，敌后战场发起攻势作战。两个战场地位发生重大变化。

（一）正面战场豫湘桂战役大败

1943 年以后，日本海空军优势逐渐丧失，日本本土和在东南亚的数十万部队都处在盟军的海空军威胁之下，其海洋交通线有被切断的危险，随时可能陷入补给中断、孤立无援的困境。为改变这种局面，日本企图建立一条从日本—朝鲜—东北—华北—华中—华南—越南—泰国—新加坡的漫长的大陆交通线，替代海洋运输线，且为以后在大陆抵抗盟军预作准备。

1943 年 12 月 7 日，日本中国派遣军制定了《纵贯大陆铁路作战指导大纲》，此作战计划确定名称为“一号作战”。1944 年 1 月 24 日，日本天皇裕仁批准了作战计划，并下达作战命令。日方确定这次作战的目的是击败中国军队，伺机压垮重庆政府；占领并确保湘桂、粤汉及平汉铁路南部沿线要点，打通大陆交通线，摧毁美国空军在中国大陆西南地区的主要基地，以保证日本本土的安全和中国沿海海域航线的畅通。日本在上千公里的战线上发动进攻，计划投入兵力 51 万，战马 10 万匹，火炮 1500 门，汽车约 15000 辆，并为此再次进行国内动员。

1944 年初，国民政府军队在编制上有 340 多个步、骑兵师。处于本次作战范围的各战区部队总数在 328 个师以上，约 250 万人，是日军的 5 倍。但士兵普遍营养不良、士气不振，战斗人员缺乏训练、素质不佳，而且第 8 战区的胡宗南部 10 万精锐部队一直用于围困陕甘宁边区，对付共产党。

“一号作战”可分为河南战役、湖南战役和广西战役，简称豫湘桂战役。日军第一个步骤是发动河南战役，击溃第 1 战区的中国军队，占领并确保平汉路南段地区。

1944 年 4 月 17 日，日军第 37 师等部在河南中牟一带强渡黄河，突破中国军队的河防阵地，分三路进攻：一路向西，20 日占领郑州；一路沿平汉路南下，21 日攻占新郑，23 日攻入密县；一路经鄢陵出许昌。另路日军第 110 师、第 62 师于 19 日在邙山头发动攻击，随后渡过黄河，侵占广武、汜水、荥阳。日军在冈村宁次指挥下投入第 12 军及第 1 军的 6 个师（内 1 个坦克师）、4 个独立旅（内 1 个骑兵旅），约 14.8 万余人。中国担负黄河正面防守的蒋鼎文、汤恩伯指挥的第 1 战区，共有 17 个军（含 1 个骑兵军）40 多个师，总兵力在 30 万人以上。此时日军主要进攻方向是沿平汉线南下，围攻许昌；守军新编第 29 师作战顽强，团以下军官死伤三分之二以上，师长吕公良在突围时阵亡。5 月 1 日，日军占领许昌。随后一面西进，侵占禹县、襄城、郏县、临汝、宝丰、鲁山、登封等地，迅速进到洛阳以南的龙门地区；一面继续南下，侵占郾城、漯河、遂平等地，9 日在确山与从信阳北上的日军第 11 军会师，打通了平汉路。此后日军即集中主力进攻洛阳。洛阳是第 1 战区司令长官部所在地，各部队向该地区增援。中日军队在龙门附近激战。9 日，山西日军第 1 军派出第 69 师及独立混成第 3 旅由垣曲渡黄河南下，12 日攻占渑池后，主力沿陇海路东犯威胁洛阳侧后；一部向洛阳西南进击，占领宜阳、洛宁；另部沿陇海路西侵陕县。第 36 集团军总司令李家钰在撤退中阵亡。日军从三面逼近洛阳，18 日发起攻击。洛阳守城官兵经一周激战，遭受严重伤亡后沿洛河西撤。5 月 25 日，日军攻占洛阳。

第 1 战区军队不断失败，第 8 战区胡宗南一部出潼关增援，进抵灵宝一带，6 月初向陕县地区日军进攻，未能取胜。5 日，日军发起灵宝作战，企图在阌乡以东地区将中国军队特别是第 8 战区部队压至黄河一线歼灭。中国军队顽强阻击，日军不能得逞，兵团长木村少将在虢略镇附近触地雷死亡。6 月中，日军撤回陕县。

日军用 38 天完成原定作战计划，占领大半个河南省，打通了新乡至信阳间的平汉路及开封至陕县间的陇海路；中国军队伤亡失踪 20 多万人，失守城池 28 座。河南战役中，当地驻军不仅得不到人民的支持，反而受到群众的袭击。蒋鼎文率战区司令部仓皇退出洛阳时，所有高级将领参谋副官卫队勤务等，全部星散，各自逃亡。至范蠡镇时，其特务团被河南民军全部缴械，蒋鼎文险被敌俘；在卢氏收容的卫队，旋被民众围攻四散。据蒋鼎文等事后检讨："豫西山地民众到处截击军队，无论枪支弹药，在所必取，虽高射炮、无线电台等，亦均予截留。甚至围击我部队，枪杀我官兵，亦时有所闻。尤以军队到处，保、甲、乡长逃避一空，同时并将仓库存粮抢走，形成空室清野，使我官兵有数日不得一餐者。"①

河南会战之后，日军即迅速从湖北向湖南发动进攻，企图打通粤汉路，并进一步把作战目标指向广西桂柳地区。除驻武汉地区的第 11 军外，中国派遣军司令部还从华北方面军、第 13 军和关东军抽调部队归第 11 军指挥，使日军用于湖南作战的部队达 10 个师、2 个独立旅、2 个野战补充队，总兵力 17 万人左右。日中国派遣军总司令官畑俊六到汉口亲自指挥湖南作战。中国正面防御的第 9 战区有第 1、第 27、第 30 三个集团军，又从其他各战区调部队来参加会战，总兵力约 40 万人。

湖南作战日军的首要目标是夺取长沙。它吸取前三次长沙作战单纯正面攻击难以奏效的教训，这一次实行两翼包抄配合中路进攻。5 月 27 日，日军由洞庭湖、新墙河至鄂南通城一线约 100 公里宽的正面战线上分三路发动攻势。东路通城方面是日军第 3、第 13 师；中路新墙河方面是第 68、第 116、第 34、第 58 师；西路湘西方面是日军的第 40 师及独立第 17 旅。

中国第 9 战区企图以第一线兵力担任机动防御，主力则配置于长沙、浏阳一线附近准备反击日军。

6 月 1、2 日，东路日军首先击败守卫平江一线的第 20 军，攻陷长寿街、平江，进逼浏阳。守军第 44 军利用山地坚守浏阳近 10 天。西路及中路日军于 6 日分别攻占沅江和湘阴，迂回围攻长沙。到 15 日，日军已相继占领浏阳、益阳、宁乡。长沙陷于孤立。6 月 18 日长沙陷落。守城部队在慌乱中后撤。

日军占领长沙后，迅速南下，连陷湘潭、株洲、醴陵、湘乡、萍乡、攸县、安仁、耒阳等地，四面围困衡阳。衡阳位于南岳衡山的南麓，作为粤汉、湘桂两铁路的交叉点，是东南各省通往西南后方的交通枢纽，也是东南空军基地与西南空军基地的联络站。蒋介石下令死守，并将作战不力、轻弃长沙的第 4 军军长张德能枪毙，以儆示部队。6 月 22 日，日军开始进入衡阳外围，守军将花费 2 亿元建成的湘江大桥炸毁，阻止日军通过。24 日，日军强渡耒水。26 日占领衡阳机场，28 日对衡阳发起攻击，衡阳保卫战展开。

---

①《抗日战争正面战场》下，第 1252—1253 页。

衡阳守军方先觉第10军以死守城区为目标部署军队，与日寇进行了殊死搏斗，使日军第1次攻击及7月11日发动的第2次攻击都未能得逞。由于日机连续轰炸，衡阳城区成为一片焦土。

在此期间，国民政府军事委员会调集的各路援军被阻于衡阳外围地区，蒋介石虽下令速解衡阳之围，但各路援军行动迟缓，相互间缺乏协调，各部均未能与衡阳城内的守军会合。衡阳守军孤军奋战数十日，弹药装备供应主要依靠空中补给，伤亡屡出，战状十分悲壮激烈。第10军军部直属队伤亡三分之二，预备第10师伤亡90%，第3师伤亡70%，第190师仅剩下400多人。

7月30日，日军调集多达5个师的兵力集中进攻衡阳。第11军司令官横山勇到衡阳指挥作战。8月4日，日军对衡阳市区发起第3次攻击，中国士兵猛烈反击，恶战至8月8日，第10军军长方先觉决定放弃抵抗，率各师长挂起白旗，向日军投降。衡阳失陷。

方先觉率众在战场上投降，这在中国抗战史上还是第一次。之后，方先觉逃出衡阳回到重庆，蒋介石为其授勋，引起轩然大波。国民党第六次代表大会上，中委王昆仑提出三项质询，其中一项为“明赏罚”，举方先觉事为例。他说：“方先觉同志起先是英勇的保卫衡阳，之后又发出通电，说了‘来生再见’的豪语。当衡阳失陷之后，大家满以为他一定是牺牲了，哪知敌人忽然广播他投降的经过，并且还把他投降的经过拍成电影。社会一般人都说他真的投降了。可是不久之后，他又是以‘民族英雄’出现在陪都，且委之以军职！建议此次大会应对此事有明确态度。如果他的确是‘民族英雄’，大会应为方同志辩白。”蒋介石在会上大怒，骂王昆仑说，“方军长功在党国，你污蔑他，就是污蔑全国军人”。“你在党代表大会上替共产党说话，何不早日退党”。蒋一连三次阻止王起来辩白，叫喊：“不许你说话，不许你说话。”蒋的态度引起一些元老和实力派的不满和指责，他们表示支持王昆仑。蒋只得随后在一次报告会上自认“说话失态”，要大家不要在意，风波才告平息。

衡阳保卫战是抗战后期正面战场上一次重要战役。在数量与火力居于绝对优势的日军重重包围之下，守军将士血战40多天，创造了抗战中坚守城池时间最长的纪录，也是日军在打通大陆交通线作战中遭受的最大挫折。守城官兵17600余人中，死伤达15000余人，其中阵亡7600余人。日军在衡阳战斗中伤亡19380余人，其中，中、高级军官便有390人战死，520人负伤，这在日军侵华战争中也是很少见的。长衡会战期间，中国军队在一些地区进行反击，也给日军造成一定损失。

日军占领衡阳后，即向桂林、柳州进犯。8月下旬，日军大本营下令组建第6方面军，统一对第11、第23、第34军等的指挥，司令官为冈村宁次。国民政府考虑到“桂柳要地不但为我抗战形势所必争，且为盟军反攻基地，非竭全力保卫，必难使友邦谅解”。军令部制定桂柳会战作战计划，要求仍在衡阳以西及以南第9战区范围以内的各部队和防守广西的第4战区逐次持久抵抗。

8月31日，日军第11军6个师向湘南进军。9月7日占领零陵，14日攻占全县。同时日军第23军一部第22、第104师从广东三水、清远等地沿西江及其两侧西犯，连陷高要（肇庆）、怀集等地，9月22日占领梧州；另部独立混成第23旅由雷州半岛廉江北上，9月23日进占容县。

全县、梧州为广西门户，两地失陷后，日第11军由北向南、第23军由东向西继续推进；中国第4战区军队在湘桂铁路沿线及桂平附近进行顽强抵抗及猛烈反击，未能遏制敌军，桂林、柳州处于日军两面夹击之中。10月26日，日本第6方面军下令夺取桂、柳两战略要地。日军在几乎没有遇到任何严重的抵抗的情况下，顺利完成了对桂林和柳州的包围。11月7日，担任桂柳防御战役指挥的张发奎命令部队坚守阵地，“非有命令不得撤退”。但桂、柳两城守军无心恋战，防线很快即被日军冲垮。日军在桂林前线灭绝人性使用毒气。10日，张发奎及第4战区司令部全部撤出柳州，桂林亦于同日失守。桂、柳战役结束。

日军随后于24日夺取南宁，继续南下，12月10日与从越南谅山北上的日军会师于绥渌。日军顺利完成了打通大陆交通线的作战目标。另路日军第3、第13师继续向宜山方向进行战场追击，12月3日进占独山及都匀附近，前锋离贵阳只有50多公里。不仅贵阳，就连重庆也受到极大冲击。蒋介石惊呼：“八年抗战之险恶未有如今日之甚者也。”大后方人心备感恐慌，英、美等国外交官开始做撤侨准备。中国军队组织反击，连克独山、南丹，在车河一线与日军形成对峙。

1945年1月，日军从湖南、广西转移部分兵力，加强广东方面的力量，并决定发动打通粤汉铁路作战，摧毁遂川、南雄、赣州等中美空军机场。1945年1月中旬，日军以3个师2个旅约4万人，向当地的第3、第7、第9战区部队进攻。中国守军30万人左右，数倍于敌，但因缺少必要准备，未进行有效抵抗。日军于1月20日前后夺取了郴县到乐昌段粤汉铁路，26日占领广东重镇韶关城，打通了粤汉路；1月底至2月初相继占领粤北赣南的遂川、南雄、赣州等粤汉路东侧的美国空军基地。

豫湘桂作战极大地改变了武汉会战以来相对稳定的正面战场敌我对峙的基本格局。这几次作战中，中国军队虽也有过英勇壮烈的战斗，但全局上这是抗战后期正面战场上的一次大失败、大后退。中国抗战遭到新的挫折。在长达八个月的作战中，国民政府丢掉了河南、湖南、广西、广东等省的大片地区，一百多座城市，使约6000万同胞沦于日军铁蹄之下。河南的大部分厂矿，湖南的锑、钨等重要矿产资源和约占大后方工厂总数三分之一的湖南、广西、广东等省的工厂被日军占领。湖南省是大后方的主要产粮区，平均年产量1亿2千万石，承担着湘鄂两战区数十万军队的军粮和鄂西、川东、贵州、广东、广西等省几千万人民的食粮。长沙、衡阳失守后，中国失去了大后方最重要的粮食供应基地之一。国民党军队损失约50万人，丧失空军基地7个、机场36个。正面战场在全国抗战中的作用显著下降，两个战场的作用和地位发生了重大改变。

日本虽然打通了大陆交通线，但单纯战役上一时的胜利并没有改变其在战略上的困境。相反，由于过分延长了战线，造成兵力的进一步分散，战略机动部队更加减少。日军在本次战役中所夺占的空军基地，由于缺乏制空权，到1945年5月几乎全部又回到中国军队手中；纵贯大陆的铁路，因运输材料缺乏未能全线通车。所以打通大陆交通线作战，日军劳师动众，孤注一掷，造成实力的重大消耗，并未能改变其在战略上的被动。

（二）敌后战场的攻势作战

1943年，世界反法西斯战争出现了根本转折，东西方战场均开始了战略反攻和战略进攻。是年秋，中国敌后战场也出现了明显的转折。侵华日军在华北推行的“治安强化运动”“总力战”遭到惨败；在华中推行的“清乡”，也陷入分裂和瓦解的局面。日伪军的兵力开始收缩，占领区逐渐缩小。另一方面，敌后抗日根据地军民度过严重困难，军事、政治、经济力量全面恢复和增强；特别是深入贯彻“敌进我进”方针，主动进攻的作战愈来愈占重要地位，斗争逐渐转入敌占区。成批的日伪据点被攻克，解放区面积逐渐扩大。从秋季开始，日军在敌后战场特别是华北敌后战场逐渐失去主动权，八路军在若干地区开始占有局部的优势。

1943 年 7 月，太行军区和冀鲁豫军区发动卫南、林南作战，成为华北敌后战场攻势作战的开始。豫北国民党第 24 集团军庞炳勋、孙殿英于 4、5 月间投敌后，不断进犯豫北、卫南地区。7 月 30 日，当地八路军部队发起卫南作战，消灭此部伪军 5600 余人，收复并开辟卫河以南广大地区。8 月 2 日，根据地军民乘胜发动林南作战，歼灭日伪军 7000 余人，攻克据点 80 多处，收复了林县、辉县以北地区。

1944 年初，华北各抗日根据地军民陆续开始攻势作战。晋冀鲁豫边区在春夏季攻势作战中，太行军区出击蟠（龙）武（乡）线之敌，收复蟠龙镇；又向榆（社）武（乡）线进击，收复榆社县城。4 月初，在水（冶）、林（县）作战中收复林县城及水冶以西沿线据点，歼敌 900 余人。入夏，攻击新乡、辉县地区之敌，并出击平汉铁路西侧敌之封锁线，将根据地平均向平汉线推进 10 公里以上。太岳军区部队收复沁水县城。5 月攻入陵川、辽县，7 月攻入阳城。6—9 月，太岳军区进行济（源）垣（曲）作战，以连续的攻势，歼日伪军 2000 余人，攻克据点 28 处，收复国土 2600 平方公里，解放同胞 10 万余人，控制济垣、垣曲地区。冀鲁豫军区于 5 月发起昆（山）张（秋）作战，拔除日伪军据点 50 余处，歼日伪军 1200 余人，全部解放昆张地区，打开了东平、汶上地区的局面。5 月下旬发起清丰作战，收复该县城，歼灭日伪军 2000 多人。6—7 月，向微山湖西地区进攻，摧毁敌据点 97 处，歼日伪军 1300 余人，收复湖西鱼台、单县、丰县、沛县之间的地区。随后，又在汶上至郓城 200 多里的战线上，展开进攻，消灭伪军近 3000 人，攻克据点 36 处，解放村庄 600 多个。晋冀鲁豫边区军民在秋季攻势中，向周边铁路线和城镇进击，先后袭入石家庄、内丘、邢台等火车站，攻入和顺、太谷、肥城、枣强、砀山等县城，收复莘县、寿张县城。晋冀鲁豫部队在 1944 年共歼灭敌伪军 7.6 万人，攻克据点 1000 余个，收复县城 11 座，收复国土 6 万平方里，解放人口 500 余万。

晋察冀军区在 1944 年春夏季攻势作战中，积极向游击区和敌占区发展。北岳区军民攻克敌伪据点 300 多处，将日军封锁根据地的第一线碉堡完全摧毁，并先后袭入忻口、定襄车站，连续袭击保定、望都、完县、涞源、灵丘、定襄等县城。察南部队越过桑干河在深井堡以西地区建立游击根据地；雁北部队开辟了桑干河北部分地区；平北部队开辟了崇礼县的大部地区。冀中军区部队拔除日伪军据点 80 余处，袭入肃宁、新安、赵县等县城，并开辟了赵（县）元（氏）宁（晋）地区。1944 年 8 月，晋察冀军区发起秋季攻势。北岳区部队攻占河北省平山以西敌据点 14 处，扩大抗日根据地 100 多平方公里，解放曲阳以北地区的 100 多个村庄。平北支队向敌出击，攻克高丽营、半壁店等敌据点，占领明十三陵长陵一带。冀热边部队，先后袭入宁城、昌黎县城，攻占据点 21 处，收复蓟县、平谷、三河之间的地区，开辟了三河、通县公路以南和武清、宝坻、宁河三角地区。冀中区部队从 8 月下旬攻占武强、肃宁县城，并连续袭入深泽、献县等县城。恢复和开辟了藁城、无极地区。在大清河北的部队挺进到北平南郊大红门一带。1944 年，晋察冀军区部队共攻克日伪军据点 1600 多个，歼灭日伪军 4.5 万人，收复村庄 5000 多个，解放人口 750 多万。

晋绥军区在 1944 年向日伪军连续发动攻势。1—8 月上旬，晋绥军民对五寨、宁武、静乐、临县、离石、阳曲、忻县的日伪军据点展开围困战，逼退敌据点 50 多处。日伪军被迫向县城和主要交通线龟缩，抗日根据地得到迅速扩大。在 8 月下旬起发动秋季攻势，晋绥军民以忻（县）静（乐）、静（乐）宁（化）、离（石）岚（县）等主要公路线及五寨地区为重点，展开连续进攻，拔除据点 48 处，消灭日伪军 2000 余人。其中，第 8 军分区于 9 月中旬进行的对汾阳城、协和堡的进攻，取得重大胜利，烧毁汾阳城外围据点哨楼，破坏火车站、飞机场，全歼协和堡的日伪军。当时正在晋西北访问的美英记者福尔曼、爱泼斯坦、武道等人，目睹汾阳战斗的过程，称赞八路军的英勇战斗。美军观察组军官卡斯堡称赞说："我看到欧洲、非洲其他战场的作战，实在也不过如此。"晋绥军民在 1944 年攻势作战中，共消灭敌伪据点 106 处，解放村庄 3000 多个，人口 40 余万。

山东军区在 1944 年的攻势作战中，鲁中部队于 3—4 月发动第三次讨伐伪军吴化文部的作战，歼吴部 13 个团，7000 多人，解放同胞 30 万，八路军控制了鲁山大部地区，打通了沂、鲁、泰、蒙各山区根据地的联系。5 月上旬起，山东军区各部队陆续展开夏季攻势。鲁南部队发起讨伐伪军荣子恒部的作战，歼灭伪军 680 多人，收复崮口山地。8 月，鲁中部队发动沂水作战，收复沂水县城，全歼守城伪军 1000 多人，打通鲁中与滨海军区的联系。滨海军区于7月下旬发起讨伐伪军李永平部，攻击部队迅速突入敌纵深地区，并多次打退出援的大股日军，攻克据点40余处，解放村庄600余个，人口30余万，控制了诸（城）日（照）公路大部。渤海军区部队发起利津作战，收复利津县城，歼灭伪军一个团，攻占据点40多处。8月中旬起，山东军区展开秋季攻势。渤海军区部队连续收复乐陵、临邑、南皮等县城。胶东军区部队全歼扼守水道坚固据点的日伪军和由烟台、牟平增援的日伪军，文登伪军弃城逃窜，荣城伪军600余人反正，两县城收复。秋季攻势共解放国土5000多平方公里，歼灭伪军5000多人。8月21日，鲁南军区发动秋季反攻，重点向敌人交通线出击，曾切断滋（阳）临（沂）、临（沂）枣（庄）公路等日伪交通线和封锁线。11月，山东军区集中滨海、鲁中等军区主力部队和民兵一部共1万余人，在冬季攻势中对日伪军重兵据守的基地莒县发起进攻，经半月激战，收复县城，歼日伪军3500余人，使滨海、鲁中地区连成一片。在1944年中，山东军区共歼灭日伪军5.8万多人，争取伪军反正1万多人，解放国土4万平方公里，人口900多万。根据地较1943年扩大1.5倍。

1944年6月，中共决定八路军向刚被日军侵占的河南各地发展。太行军区组成豫西抗日独立支队，9月由林县出发，南渡黄河，进抵嵩山、箕山地区，建立了偃师、巩县、伊川、登封等县的抗日政权和伊（川）洛（阳）办事处。接着又在荥阳、汜水、密县、临汝、洛阳、广武等县建立抗日政权。1945年2月，箕山、嵩山地区连成一片，成立了第1军分区。

1944年11月6日，由太岳军区组建的豫西抗日游击支队第2支队渡过黄河，打垮敌伪阻击，在新安、渑池、陕县等铁路南北地区展开活动，开辟了黄河以南、洛宁以北、陕县以东、新安以西的抗日根据地，组成了第2军分区。

1945年2月，八路军第385旅和警备第1旅各一部组成的豫西游击队第3、4支队到达洛河、伊河地区，开辟抗日根据地，组成伊洛军分区。

2月底，为统一领导豫西地区的抗日游击战争，正式成立了河南行署和河南军区，王树声任军区司令员、戴季英任政治委员。4月间，太行军区组织的第6支队2000多人进入豫西。豫西抗日根据地发展到3个专区、20个县、300多万人口，八路军部队发展到1万多人。

在华中敌后战场上，新四军在地方部队及人民群众的配合下，向敌伪进攻，巩固和扩大根据地。

1944年3月初，苏中新四军第1师部队在车桥战役中获胜，歼灭日军460余人、伪军480余人，打通了与苏北、淮北、淮南的联系。

苏北第3师在春季攻势中连克沭阳、涟水间敌伪据点多处，4月取得高沟、杨口战役胜利，消灭日伪2000余人。6月，向射阳以南进军，消灭伪海防军一个纵队，攻克大兴镇、合德镇等据点，打破了日军对苏北区的分割。

淮北第4师从3月起，发动3个多月军事政治攻势，消灭日伪军1800余人，攻克据点50多处，解放了泗县、灵璧、睢宁间地区。8月15日，彭雪枫率领主力5个团西进，向河南敌后进军，越过津浦路，至9月中旬建立萧（县）、永（城）、宿（县）3县的抗日政权，牵制了河南正面战场上的日军，恢复大片国土。

第5师于年初开辟了嘉鱼、蒲圻、临湘地区。豫湘桂战役开始后日军长驱直进，国民党军队逃散，战局剧烈变动。第5师派出部队向豫南、豫中发展，在汝南、竹沟、信阳、舞阳间开辟根据地，建立了西平、遂平等7个县政权。在湘鄂边解放了嘉鱼、岳阳、华容、公安等地，解放国土5万平方里，人口150万。豫鄂湘赣根据地面积达30万平方里，人口920万。

苏南新四军部队于8月至10月两度发动苏浙对敌攻势，攻入长兴、溧阳、溧水，给予伪第1方面军沉重打击，光复国土3000平方里，使分散的游击区变成大块根据地。

淮南第2师、皖江第7师活动于江淮重要战略地区。1944年，根据地边沿由江北向东延伸至南京附近的江浦、浦口，沿江向南接近芜湖等城市。

1944年新四军共进行大小作战6584次，歼灭日伪军5万余人，争取伪军反正1853人，攻克据点1334个，收复国土7400平方公里，解放人口160万以上。

华南抗日武装在日军占领粤汉路全线、华南战局危急之际，积极向敌伪出击，配合友军，打击敌人，扩大根据地。东江纵队派出有力部队，横越粤汉路溯北江而上，挺进至清远一带，向西南发展至高要、鹤山、新会一带。在广九路以西的宝安地区，成立东宝行政督导处，建立了抗日民主政权；在广九路东增城、博罗等县，成立了联合办事处。其海上游击队游弋于广州湾、大鹏湾、大亚湾，截击敌人海上交通。活动在珠江三角洲的抗日武装向粤中发展，开辟了新会、鹤山、高明地区。1944年11月，成立中区纵队。1944年6月在雷州半岛成立雷州人民抗日游击队。1945年1月在珠江三角洲成立广东人民抗日游击队珠江纵队，在潮汕成立潮汕人民抗日游击队。

琼崖抗日武装1944年得到进一步的发展。海南岛东北琼山、文昌、定安、乐会、万宁、琼东、临高、澄迈等8个县建立了县区乡民主政权，领导民众150万。

1944年，华南敌后各抗日根据地已拥有300万人民，数万人民武装，15000多人的主力部队。

十三　两个政权下的两种社会，大后方民主运动的兴起

抗战开始，国共两党都提出了抗战建国纲领及具体施政目标，与这个目标相联系，两党制定了不同的社会经济政策。共产党在广大敌后抗日根据地坚持实行新民主主义的方针政策，建设新民主主义的政治、经济、文化。各抗日民主根据地通过深刻的社会改革，基本上由半殖民地半封建社会转变为新民主主义性质的社会，经济文化得到进步和发展。国民政府坚持实行所谓“战时经济政策”，主要是一种财政、金融和税收政策，根本未触及原有的旧的落后社会政治经济制度，事实上反而是加强了那种社会政治经济制度。所以从社会性质上说，大后方仍然属于半殖民地半封建社会。

（一）抗日民主根据地的发展与建设

1940 年，毛泽东发表《新民主主义论》，对中国如何建国，建设一个什么样的国家，作了详尽的阐述。毛泽东说，我们要建立一个新民主主义的新中国。新民主主义的政治，应当是无产阶级领导的各革命阶级联合专政，而以各级人民代表大会和民主集中制的政府作为国家政权的构成形式。新民主主义的经济，应当把操纵国计民生的大银行、大工业、大商业收归国有，使之成为社会主义性质的国营经济；没收地主的土地，分配给无地或少地的农民，发展具有社会主义因素的合作经济；允许不操纵国计民生的资本主义经济发展。新民主主义的文化，应当是无产阶级领导的人民大众的反帝反封建的文化，即以共产主义思想为指导的民族的科学的大众的文化。“新民主主义文化”仍然是民主主义文化，所以这里并不是说要在社会生活中推行共产主义。

毛泽东所阐明的新民主主义理论，是马克思列宁主义的普遍原理同中国的具体实际相结合的独特创造。敌后抗日根据地贯彻执行新民主主义纲领和

政策，全面加强根据地的政治、经济、军事和文化建设，把落后的农村改变成为国内政治上最先进的地区。民主抗日根据地是中国新民主主义社会的雏形，全民族持久抗战的坚强堡垒。

三三制与根据地民主政权建设

1940 年 3 月，中共中央发出《抗日根据地的政权问题》的指示，全面总结根据地政权建设的经验，系统阐明了加强抗日民主政权建设的各项政策。第一，敌后根据地政权的性质，是抗日民族统一战线的政权，即几个革命阶级联合起来，对汉奸和反动派的专政。第二，抗日民主政权的组织原则是“三三制”，即在政权人员的分配上，共产党员、非党的左派进步分子和中间派各占三分之一。第三，抗日民主政权的施政方针，应以反对日伪汉奸，保护人民，调节各阶层利益，改良工农生活为基本出发点。第四，强调加强抗日民主政权建设，将有助于推动建立全国的统一战线政权。

陕甘宁边区是中共中央所在地和敌后抗战的指挥中心，在政权建设方面发挥着示范作用。早在 1937 年，陕甘宁边区就开展普选运动，民主选举了边区各级政府。1939 年 1 月，陕甘宁边区在延安召开第一届参议会，通过《陕甘宁边区抗战时期施政纲领》。1941 年 4 月，修订的《陕甘宁边区施政纲领》规定边区“民意机关”和“行政机关”实行“三三制”原则。同年 11 月，陕甘宁边区召开第二届参议会第一次会议，选举 9 名常驻参议员，其中共产党员 3 人；选举 18 名边区政府委员，其中共产党员 6 人，开明绅士李鼎铭被选为边区政府副主席。陕甘宁抗日民主政权建设为各抗日根据地树立了楷模，推动了“三三制”原则的普遍实行。晋察冀根据地于 1940 年 8 月公布《目前施政纲领》，按“三三制”原则在根据地内广泛开展普选运动。1943 年 1 月，晋察冀根据地于河北阜平县召开边区第一届参议会。会议选举的 7 名驻会参议员中，共产党员占 2 人；边区行政委员会的 9 名委员中，共产党员占 3 人。晋绥根据地于 1940 年 2 月召开第一次行政会议，成立了以国民党著名爱国将领续范亭为主任的晋绥游击区行政公署（亦称晋西北行政公署）。1942 年 10 月在山西兴县召开临时参议会，选举林枫为参议会议长，续范亭仍为行署主任。根据地各专署、县相继建立了“三三制”政权。晋冀豫边区于 1941 年 7 月召开第一次边区临时参议会，出席大会的民选参议员共 133 人，其中共产党员 46 人。会议期间，将本会改为晋冀鲁豫边区临时参议会，选举申伯纯为议长。山东根据地于 1940 年 7 月召开各界代表“联合大会”，选举产生了省临时参议会，原全国救国会执行委员范铭枢为议长，还选举成立了山东省战时工作推行委员会（简称战工委）。苏北临时参议会 1940 年 11 月在海安召开，会议选举爱国名绅韩国钧为名誉议长。在此前后，其他华中根据地都建立了“三三制”抗日民主政权。

1941 年陕甘宁边区及各敌后抗日根据地进入困难时期，11 月的陕甘宁边区第二届参议会第一次会议上，李鼎铭等 11 人提出“实行精兵简政主义，避免入不敷出的经济紊乱现象”的提案，会议经充分讨论，作出“精兵简政”的决议。各抗日根据地随之也普遍进行“精兵简政”，缩减党政机关、民众团体中脱产人员的数量，节省民力，提高效能。在精兵方面，缩编主力部队，精简指挥机关，加强地方武装和不脱产的民兵组织。在简政方面，整顿各级党政机关，紧缩机构和人员编制，使党政军脱产人员不超过根据地人口的 3%。“精兵简政”政策的实施，充分调动了各界抗日群众的积极性，减轻了根据地人民的负担，有利于克服根据地财政经济上的困难，进一步密切党政干部与广大群众的联系，共同度过抗战困难阶段。

减租减息和大生产运动

抗日战争是民族战争，在一切要服从于抗日、要有利于抗日的大前提下，中国共产党将“耕者有其田”的政策改为减租减息的政策。共产党在 1937 年 8 月制定的《抗日救国十大纲领》中，正式把减租减息作为抗日战争时期解决农民土地问题的基本政策。这个政策兼顾了农民和地主两方面的利益，并把坚持抗日民族统一战线和解决农民土地问题恰当地结合了起来。

根据《抗日救国十大纲领》，陕甘宁边区未分配土地的地区和各敌后抗日根据地相继发布了减租减息的布告、条例和办法，开展二五减租（即把原租减 25%）和 1 分或分半减息（年利率不超过 10% 或 15%）；同时，取消正租以外的其他杂租、劳役以及各种形式的高利贷。各抗日根据地的减租减息运动取得了很大的成绩。晋冀鲁豫的太行区 1941 年 6 月统计，9 个县有 7750 户减租 17730 余石，平均每户减租 2 石以上；晋绥边区的晋西北 1941 年统计，17 个县有 20987 户佃户共减租 17716 石，平均每户减租 8 斗多，12 个县共减息8842元；晋察冀边区的北岳地区4个专区16个县共减租12290余石，减息320600余元，因清理旧债而抽回土地64900余亩。1942年1月28日，共产党在总结各抗日根据地减租减息经验的基础上，发布《关于抗日根据地土地政策的决定》，对减租减息政策及执行的具体办法作出规定：（1）农民是抗日和生产的基本力量，党的政策是扶助农民，减轻地主的封建剥削，借以改善农民的生活，提高农民抗日与生产的积极性。（2）党现阶段的土地政策只是削弱封建剥削，而不是消灭封建剥削，在实行减租减息后，又需实行交租交息，以联合地主一致抗日。（3）承认资本主义生产方式是中国现时比较进步的方式，党的政策是在适当改善工人生活条件之下，奖励资本主义生产与联合资产阶级，在减轻富农封建剥削的同时，奖励富农生产与联合富农。各抗日根据地贯彻上述原则，普遍掀起减租减息的高潮。1943年10月1日，共产党又发出《开展根据地的减租、生产和拥政爱民运动》的指示，强调减租是农民的群众斗争，要求各根据地发动群众检查减租政策执行情况，实行彻底减租。各根据地普遍开展查减运动，再次形成减租减息高潮，使减租减息更加普遍地得到实行。

各抗日根据地通过减租减息斗争，树立起贫苦农民的政治优势，农村由此建立起新的秩序，有利于各阶级合作抗日。减轻负担，改善生活，激发起农民高涨的抗日和生产积极性，并促进了大生产运动的开展。根据地的坚持抗战和战胜敌人，在人力上和物质上得到了保证。

抗日根据地处于被敌人分割的战争的环境中，不但要组织农民生产，而且部队与机关学校也必须参加生产，保障战争的供给和军民生活的改善。1938年秋，八路军留守兵团为解决经费不足，开展起生产运动。通过半年的生产，战士生活大为改善。1939年2月，共产党在延安召开生产动员大会，要求陕甘宁边区普遍开展生产运动，动员边区部队和机关学校自己动手进行生产。经过一年的努力，边区群众开荒104万亩，增加粮食20万担，增加牛羊百万头；4万个在职人员的生产，平均保障了3个月粮食，有的部队达到半年至10个月的粮食自给。1940年2月，共产党向各抗日根据地发出指示，要求在动员和领导当地群众努力加强生产的同时，组织一切在职人员参加生产运动。1941年开始，由于日军的疯狂进攻、破坏和严重的自然灾害，国民政府停发经费，加上日伪军与国民党军队来自不同方向的经济封锁，抗日根据地的经济困难越发增加。各抗日根据地军民同时发起大规模的生产运动，来克服这一极端严重的困难。共产党和毛泽东为加强大生产运动的领导，总结过去的经验教训，特地发布指示，规定：第一，要把发展经济、保障供给作为经济工作和财政工作总方针。一面批评过去那种只在财政上打算盘，不注意发展经济的保守观点；同时也批评了不从农村游击战争环境出发，提出空洞不切实际的大计划的错误。第二，要军民兼顾，公私兼顾。批判那种不顾抗日战争需要，片面强调政府施仁政，牺牲人民长远利益的错误观点；也批评那种只顾军队与战争需要，不管人民困难，竭泽而渔的错误思想。强调抗日民主政府应当用90%的力量帮助人民发展经济，改善生活，然后只要用10%的力量就可以解决征粮征税问题。并要求用极大的注意力去发展军队和机关学校的公营事业，以减少人民负担。第三，集中领导，分散经营。由于是农村，人力物力都是分散的，所以生产和供给只能采取这个办法。并强调要放手让下面自力更生，发动广大群众自力更生的积极性。第四，生产与节约并重。要求一面努力发展生产，一面决不滥用浪费。

大生产运动首先在陕甘宁边区展开，毛泽东、朱德、周恩来、任弼时等党政军负责人带头参加生产劳动，八路军359旅开垦荒无人烟的南泥湾成为“陕北的好江南”。大生产运动包括公私农业、工业、手工业、运输业、畜牧业和商业，而以农业为主体。在农业方面，减租减息提高了农民的生产积极性后，抗日民主政府又积极帮助农民在自愿互利的基础上组织劳动互助。在敌后解放区，还开展了以劳武结合为基础的农业互助合作运动。据不完全统计，仅1944年敌后根据地的晋绥、晋察冀的北岳区、晋冀鲁豫的太岳区、山东和华中根据地的盐阜区等5个地区，就有533550人参加劳武结合的变工互助组。其中占劳动人口总数最高的晋绥边区达37.4%，最低的太岳区为10%。陕甘宁边区同期参加互助组的则达45%。各抗日民主政府又拨出大批款项发放农贷，以提高农业生产，数量逐年增多。陕甘宁边区1942年为361万元，1943年为2780万元，1944年为1亿元，1945年为5.99亿元。在农业大生产中，还开展了群众性的开荒和兴修水利运动。群众开荒，仅陕甘宁边区1939年至1944年就达4355780亩；兴修水利，1944年春至10月初，华北华中根据地完成的水利建设，至少在200万亩以上。此外，还采取了提高农业技术、改良耕作方法、推广良种、革新农具等措施以及各行各业多方面支援农业，以进一步提高农业生产。

敌后抗日根据地受到敌人异常严重的摧残，还时常发生水、旱、蝗灾，根据地军民又进行了灭蝗、治水、抗旱等抗灾保收的斗争。冀中军民在数十年未遇的大水灾后，1940 年修险工 59 处，筑堤长 528 里，堵缺口 197 处，浚河 165 里，克复 1939 年大水灾的灾害，夺得了 1940 年的大丰收。1944 年太行区的蝗灾中，参加打蝗的人达百余万，费工不计其数，挖蝗卵 10 万斤，创造打蝗 1800 万斤的空前纪录。根据地灭蝗、治水、救灾的群众运动，是在极其严酷的战争环境下进行的，是人民力量的显示。

根据地的大生产运动，取得了巨大的成绩。以陕甘宁边区为例，在农牧业方面：粮食产量由 1941 年的 163 万余石，增至 1944 年的 200 万石；1945 年，植棉扩大至 35 万亩，较 1943 年增长 270.6%；牛驴繁殖至 403920 头，较战前增长 200%—300%；羊 1954756 只，较战前增长 300% 左右。工业上截至日本投降前，重工业与化学工业能炼铁、炼油、修造机器、配制军需品、制造三酸、玻璃和陶瓷；轻工业能年产布 15 万大匹以上，造纸 1 万至 2 万令，并创建了火柴厂。职工由 1938 年前的 270 人增至万余人。在公营工业发展的同时，生产合作社、家庭手工业和私营工厂在边区政府扶植下，也有迅速发展。纺织业方面，1945 年已有纺织生产合作社 90 个，工人 2926 人；民间纺织在 1944 年已有纺妇 15 万人，织妇四五万人，各种织布机二三万架；私营纺织工厂 50 个，310 人。贸易方面，贸易公司 1945 年组织年达 15 万驮以上的食盐运销以及大量土产如皮毛、清油、药材等外销，换进必需品，保证了供给；消费合作社 1944 年已有 281 个，拥有资金 7 亿多元；私营商业的发展，如延安私商从 1937 年的 150 户增加到 1944 年 473 户。

抗日根据地的大生产运动，军民一齐动手发展生产，克服敌人破坏、经济封锁与天灾所造成的困难，改善军民生活，为抗日战争的坚持和胜利打下了物质基础。

（二）大后方经济状况与经济危机

抗战前期，国民政府组织、协助工业内迁，确立战时经济政策，调整经济机构，并采取了一些扶持工业发展的措施，对大后方的工业、交通运输发展和社会生产起了积极作用，正面战场因此得以运转坚持下去。全国空前规模的战争，原有的生产条件、环境遭到破坏，经济发生危机，是无法避免的。

但国民党蒋介石政权从维护大地主大资产阶级利益出发制定和实施的经济政策，额外地加深了大后方严重的经济危机，使抗战中的大后方人民更加深受苦难。

工业、交通运输状况

工业较发达的沿海沿江地区沦陷，西南西北大后方十分落后的工业无法满足战时的需要，必须谋求发展。1938 年国民政府提出充实内地生产能力，以西南诸省为主要地区，开发各种矿产，建立国营重工业，调整民营工业，提倡乡村手工业，鼓励资源开发与创造发明等，促进了大后方工业的发展。抗战所激起的全国人民的爱国热忱，更成为工业战线人们不辞千辛万苦迁移并建设战时后方工业精神力量的源泉。工业的内迁，则为后方工业的发展提供了物质和技术的基础。大后方工业在 1942 年以前得到较大的增长。

战前西南、西北各省仅有工厂约 300 家。1937 年设立 63 家，1938 年 209 家，1939 年 419 家，1940 年 571 家，1941 年 866 家，1942 年 1138 家，1943 年 1049 家，1944 年 549 家，加上年份不明的 102 家，共 5266 家。从设厂数目看，1942 年是后方工业发展最快的一年。如将工厂实缴资本折算成 1936 年币值，则发展顶峰不是 1942 年，而是 1939 年；如按各厂的平均资本额，则最多的是 1938 年。这是因为 1938、1939 两年开办的工厂，都是从沿海内迁的大厂，往后设立的工厂，大多规模较小。不同工业部门发展的情况也不一样。在 1942 年资本总额中，化学工业占 28.8%，机械制造业占 17.4%，冶炼业占 15.6%，纺织业占 15%，水电占 7.4%，电气占 4.8%。这改变了过去工业结构中重工业十分薄弱的局面。同时在西北开发了一些原来只有零星生产的工业。如甘肃的玉门油矿，1939—1945 年共生产原油 8000 万加仑，提炼各种油料 2000 万加仑，保证了抗战的部分需要。

大后方这时形成了一大批工矿、航运等关系国计民生的垄断性企业。它们以官营形式出现，其财产大部分不属个人或私人所有，而是国家资产。但它们的控制权照例是掌握在蒋介石国民党统治集团的核心成员孔祥熙、宋子文等这些大地主大资产阶级政治代表人物、这些官僚资本拥有者私人的手里。官僚资本与官营企业资金在不同部门、单位可能各不一样，而那些官营企业是由官僚资本掌握操纵的企业则是一样的。战前 1936 年官营企业在工矿中的资本只有2.06亿元，民间资本则有11.7亿元，是它的5.86倍。抗战期间，官僚资本利用政权和对金融的垄断，大肆扩充官营资本工业，压制和兼并民间资本工矿企业。重庆资源委员会管辖96个工业生产单位，其中由吞并民营企业而来的占28个，接办的17个，合办的30个，自办的仅21个。官僚资本操纵的官营企业兼并民间资本工厂还有以民营形式出现的。孔祥熙经营的中国兴业公司，是通过对华西实业公司投资改组而来的。对刘鸿生的中国火柴原料厂和中国毛纺织公司的兼并也相类似。据刘鸿生讲，他到重庆以后，很快就发现一条规律，所谓大后方的企业，事实上是由官僚资本控制的。他在重庆办的毛纺织厂、火柴原料厂及在兰州的西北毛纺织厂，都有官僚资本的投资。他原来是上海的大老板，到重庆却成了大老板的伙计，他并没有得到蒋政权的支援，倒帮助当时的大老板发了一笔国难财。[①] 官僚资本还通过财政拨款、四行投资、贷款等形式扶植、发展官营资本。资源委员会1939年制订《工矿三年建设计划》，连计划的制订人也认为“不成样子”，但其中所列需要的法币和外汇，蒋介石仍交财政部照数拨发。资源委员会1943年至1945年向中国和交通两银行所借工贷共达90亿元。先后通过四行二局所投资的厂矿达93个，几年间就形成了官营企业对工业的垄断。到1944年，官僚资本所控制的官营企业已比战前增加50倍。官营企业资本与民间资本的比例发生了巨大的变化：1942年时官营企业资本已占到69.58%，民间资本只占30.42%。这个比例中官营企业资本的数字实际更高。官办的军火企业、官营企业资本与民间资本合办的工业，以及挂着民间资本的招牌，实际上是官僚资本经营的工业都没有列在里面。几个重要工业部门中的官营企业资本与民间资本所占比重的情况是：官营企业资本占冶金工业总资本的90%，水电工业和电气制造工业的89%，机器工业的73%，化学工业的75%，纺织工业的45%。官僚资本操纵的官营企业都明显地处于垄断地位。

大后方近代工业一般规模小，设备简陋。1942年每个工厂平均资本只有8万多元，工人64人。西南各省民间企业工人在50人以下的厂近60%。使用的动力，纺织工业每厂只有328.4匹马力，约为战前的15%；食品工业每厂平均64.6匹马力，约为战前的7%。工业的厂数虽有很大的增长，生产却远远落后于战前的全国工业。其生产顶峰时期产品的产值，仅相当于战前中国

---

① 陈真等编：《中国近代工业史资料》第1辑，三联书店1957年版，第405页。

生产的同类产品价值的 12.2%。近代工业许多产品远远不能满足实际的需要，手工业的迅速发展起到了弥补作用。纺织工业中，后方新式纺机年产不过 6.8 万件，而木机和手纺年产达 40 万件；机器织布年产仅 100 万匹，手工织布则多达 900 万匹。其他大量生活用品和食品也多为手工制造。最初由宋庆龄在香港主持、一批国际友人参与并推动下发展起来的“中国工业合作社”运动，发展到合作社 1900 多个，社员达 2.5 万人，生产出了一批军需与民用产品。

交通运输业在抗战中有较大的发展。国民政府为开辟西南国际交通，抢修了滇缅、叙昆铁路。滇缅铁路从昆明至缅甸的腊戍，日军 1942 年 3 月占领仰光后，被迫停工。叙昆铁路由四川宜宾（叙州）至昆明，是滇缅路的延伸。1941 年从昆明通车至曲靖，1944 年修至霑益。同时，又拆用战区旧铁路线器材，修建湘桂、黔桂、湘黔铁路，展筑陇海铁路。湘桂线于 1939 年底衡（阳）桂（林）、桂（林）柳（州）、南（宁）镇（南关）各段通车；黔桂线 1944 年修通柳州至都匀段；湘黔路因战事停工；陇海路 1939 年至 1945 年底从宝鸡展筑至天水。在公路建设上，改善旧路，也修筑成若干新路。抗战初期修通兰新公路与苏联铁路连接。西北地区先后改善的公路有：西兰、甘新、甘青等路；西南地区先后改善的有：川黔、湘黔、黔桂、黔滇、川滇、川湘、川鄂、川陕等公路。甘川（临洮至成都）、青康（玉树至康定）等公路也修成通车。西南的国际交通线，改建和新建的有滇缅、岳（墟）车（河）和中印三大国际公路。南方地区，一些内河航道这时也得到了相应的利用。航空方面，抗战初期，国民政府与苏联合作兴办“中苏航空公司”，1937 年 12 月开辟了由莫斯科至重庆的航线，欧战爆发后停航。中国航空公司和欧亚航空公司在武汉、广州失陷后，分别迁往重庆和昆明，渝、昆两地成为战时的航空中心。1940 年，中航公司已有渝港、渝昆等 6 条航线，共长 3519 公里，欧亚公司已有 8 条航线，共长 5880 公里。1943 年 7 月，中英美三方合作开辟飞越喜马拉雅山驼峰的中印航空线，以印度汀江为起点，到达中国的昆明、宜宾和泸州，航程约 1000 公里，是我国当时唯一的国际运输线。

财政和金融

战时国民政府的财政困难越来越严重，支出剧增，收入锐减。据当局报告，1937 年 7 月至 1938 年 12 月，国库总收入 4.779 亿元，支出 26.677 亿元，收支相抵，亏短达21.898亿元；1939年1月至10月，财政总收入为1.81亿元，支出为18.58亿元，亏短16.77亿元。1939年至1944年的财政赤字分别为20.82亿元、39.71亿元、88.19亿元、192.42亿元、422.99亿元、1354.73亿元。国民政府为筹集经费克服财政困难，采取了增税、借内外债等措施。

新税的推行和税收的加重。重要口岸、产盐区和沿海工业中心相继被敌人占领，原来占国民政府税项收入90%以上的关税、盐税和统税大部分丧失，1939年度只有1936年度的42.6%。除去通货膨胀的因素，则1939年度只有1936年度的29%，1940年度更只有16%。国民政府的增税措施，首先是把统税扩大为货物税，又竭力开展直接税，于1940年6月正式成立直接税处。食盐1942年起改为专卖，并加征食盐战时附加税。货物税、直接税和食盐战时附加税就成为代替战前三大税的战时新三大税。

统税扩大为货物税后，对货物征收的范围扩大，并通过改原来的从量税率为从价税率和用提高税率、征实等办法来增税，再加以征收机关的“演绎推广”，实际上无物不在征课之内。直接税除征收原来的印花税、营业税和所得税外，又新创遗产税和非常时期过分利得税。直接税主要由工商业者负担，其中所得税和非常时期过分利得税，以工商业创办时的资本为依据。随着通货恶性膨胀，货币数量上所表示的盈是虚的，实际上则是亏本，是“虚盈实亏”。过分利得税规定，盈利超过资本20%的，按超过额再征50%的累进税。当时报纸记载：“虚盈实亏，已成工厂普遍现象，而不合理之税款累积之下，工厂乃不得不以资本缴其税款，于是工业生产萎缩之险象环生。”① 食盐专卖后，其税收占全部税收的50%。食盐战时附加税从1943年10月至1945年3月不到一年半时间增加23.32倍。这样，新三税在各年总税收中占到三分之二至90%以上。整个税项收入在战时占实际收入的70%左右，但它在主要靠增发货币的总收入中，各年平均只占9.6%，其在国民政府的收入中已不占重要地位。

内债的发行。抗战八年，国民政府共发行内债19笔，有称同盟胜利公债的4种，称建设公债、军需公债和粮食库券的各3种，称国防、救国、赈济、滇缅铁路公债和金公债以及土地债券的各1种。为避免法币公债通货贬值的损失，还有英金、美金等外币公债和以麦、谷为单位的粮食债券。又有

① 陈真等编：《中国近代工业史资料》第1辑，第153页。

一种名为关金的，原为缴纳关税的计算单位，1942 年以关金 1 单位等于法币 20 元的比率作为货币流通于市面。19 笔内债中共有法币 146.1 亿余元，英金 1900.733 万镑，美金 2.03 亿余元，关金 0.99 亿余单位，粮食 6800 余万担。据统计，内债货币的实收数在多数年度只占财政赤字的百分之一二，最低时尚不及 1%。

外债方面，抗战时期的借款次数和数额急剧增加。苏联的借款在抗战初期共 3 次，金额共 2.5 亿美元。英国的借款从 1937 年 8 月至 1942 年 1 月共 12 次，总数 11850 万英镑。美国的借款 1938 年 12 月至抗战结束共 9 次，总数 124780 万美元。法国的借款至 1939 年共 4 次，总数 10.3 亿法郎，1500 英镑。[①] 这些借款中，美国的借款最多，这一方面有利于抗战，另一方面，美国通过借款，使国民政府的财政、金融和海关深受其影响。在物资方面，国民政府不但依靠美国供应军火，连布匹等日用品也部分地要靠美国。国民政府 1944 年 12 月和 1945 年 1 月先后在美国帮助下成立的战时生产局和运输管理局，完全受美国顾问操纵，“实是空前未有的美国政府实行控制中国经济的机构”[②]。通过这两个机构，美国直接“主持”中国战时的生产和运输。国民政府在经济上日益依附美国。

推行田赋征实、征购、征借，商品的统购统销和专卖以及增发纸币等，是国民政府这时弥补财政赤字的极其重要的措施。

田赋征实。1941 年 4 月至 6 月，国民党中央和行政院作出决定，田赋正式划归中央，实行征实。并规定 1941 年田赋正附税额每元折征稻谷 2 市斗，产麦及杂粮地区得征等价小麦或杂粮。到 1942 年提高为每元税折征稻谷 4 市斗。田赋由货币形式变为实物税形式。实行粮食征实，大体上保证了军队和公教人员最低生活水平的基本口粮。与田赋征实的同时，又以“不足供应军粮”为由实行粮食征购（1942 年改为随赋征购），即按官价从产粮户购取一定比例的粮食。征购的价格，往往只有市价的三分之一；且征购粮食只有三成付现金，另外七成付粮食库券或法币储蓄券，粮食库券和法币储蓄券从来没有偿还，实际上等于没收。1943 年四川征购中停止付现金，改为征借。到

① 许涤新:《中国国民经济的变革》，中国社会科学出版社 1982 年版，第 55 页；陈真等编:《中国近代工业史资料》第 2 辑，三联书店 1958 年版，第 722 页。

② 翁文灏:《重庆战时生产局和美国经济援华政策》，《文史资料选辑》第 17 辑，中华书局 1961 年版，第 72 页。

1944 年各省一律改为征借，并废除粮食库券，只在借粮票内注明，作为借粮凭证。它谈不到利息，连还本也往往成为一句空话，其实是变相的征实。征购是一种在买卖外衣掩盖下的征实，征借则是披着借贷关系外衣的征实。“三征”在名义上是地主缴纳，事实上“赋出于租”，地主用提高地租的办法把缴纳的田赋全部或加倍转嫁到农民身上。地主的增租，受到国民政府政策的保护。1941 年 12 月，蒋介石提交国民党五届九中全会通过的《土地战时实施纲要》，把抗战初期国民党临时全国代表大会通过的《战时土地政策案》中确定的地租不得超过地价的 7% 的限制，提高到地租不得超过地价的 10%。1942 年 7 月行政院又通令各省：“耕地租赁契约缴纳实物或改缴实物仍不敷交粮者，得请求增加地租。”“佃户抗不交租，得向司法机关起诉。”[①]“三征”所得来的粮食，在许多地方都占农田收获物的一半或一半以上。1942 年四川稻田平均每亩收获 4 市石，而每亩所负担的征实、征购、县公粮附加和地方积谷及政府在收粮时溢收 15% 的“折耗”等项，共计 2.38 石，占每亩稻田收获的 59.5%；在湖南滨湖 10 县，每亩所负担的上述各项占收获的 52.79%；在云南也达 49%。在“三征”中百弊丛生，征收人员贪污舞弊，勒索敲诈，农民苦不堪言。[②]田赋征实成为农民深恶痛绝的恶政之一。大后方一些地区农业生产衰退。

统购统销和专卖。国民政府通过资源委员会、贸易委员会和农本局、花纱布管制局对农产品和棉布等日用品实行统购统销，1941 年又创立专卖制度，对盐、糖、烟、火柴等重要消费品实行专卖。食盐由原来的盐务总局办理，新设立的专卖管理机构有：卷烟专卖局，川康、粤桂、闽赣等区的食糖专卖局以及火柴专卖局等。在统购统销和专卖中，照例买贱卖贵，以大大低于市场或成本的价格收购，掠夺生产者。贸易委员会 1941 年规定，屯绿毛茶收购价最高为 105 元，中心价为 85 元，最低价为 68 元，而同年度屯绿毛茶生产成本每担为 188.22 元，最高价也远低于成本，最低价只有成本三分之一多一点。猪鬃收购中，复兴公司的牌价每箱只等于应值价格的 1.4%。花纱布管制局对花、纱、布的收购，陕棉 1943 年 3 月与 1944 年 8 月的核价分别只有成本的 42% 和 40%。1945 年对豫、湘、鄂三省棉花的核价，仅及市价的三分之一。

---

①《佃赋法令汇编》，第 50 页。

② 张公权：《中国货币膨胀史》，文史资料出版社 1986 年版，第 91 页。

棉纱 1942 年“12 月间梧州、桂林、韶关一带，20 支纱每件徘徊在 18 万—19 万元，重庆官价只有 1.9 万元，仅及市场的十分之一”。军用花纱布的收购中，对生产者掠夺尤其骇人听闻。官方宣传在这方面如何“节省”了国库开支的成绩时说：军用花纱布由局统筹购供，国库年仅担任价款 108 亿余元，如依价收购，则所需价款达 1040 亿元，故军用花纱布因由局统筹购供，仅 1945 年度一年，节省国库开支达 930 余亿元。[①] 这就是说，国民政府垫出 108 亿元收价，获利 930 多亿元。资源委员会对矿产品的收购，1943 年个旧锡每吨成本 27 万元，统购价格低于成本一半，还经常不支付现款。1943 年新华膏盐矿公司董事长谈到这种情况时说：目前政府收购矿产品之牌价，衡以战前及现在物价指数，仅得四分之一，殆实远逾人民所堪受之限度。[②] 统购统销的一些产品由此大量减产甚至停产。滇锡生产 1937 年为 9187 公吨，至 1944 年已减至 1613 公吨，较 1937 年减少 84%。湖南锡矿山的锑矿开采，至 1942 年因赔累不堪，无法维持，全山一百数十家公司、炼厂乃全部停顿。1945 年重庆市商会等四团体呼吁废除统购统销的说帖中说：桐油全国产量约 150 余万担，战时后方生产尚应产七八十万担，自被统购统销以来几等于零，无可统购。蚕丝全国约 10 万担，战时后方应产二三万担，自统购统销以来，每年减至 2000 余担，不及十分之一。猪鬃全国年产 12 万担，战时后方还应产七八万担，自被统购统销以来，年产不过 2 万余担。[③] 当局通过专卖机关和法令，对专卖商品的产、制、运、销层层控制，垄断市场，操纵价格，不仅低价收进，高价卖出，有的在黑市以更高的价格出售。生产者受到残酷掠夺，消费者遭到肆意鱼肉。食盐一项，1943 年 7 月，成都市场盐的售价，火花盐每斤 25 元，炭巴盐每斤 35 元，比川康盐务局核定富荣盐场的火花盐每石 318.29 元，炭巴盐每石 505.9 元高出七八倍。同年四川自流井盐的收购价格仅及成本的 40%。对专卖机关高价和黑市出售商品，国民参政员许德衍在向当局的质询中说：“政府自从将火柴实行专卖以来，每小盒火柴价格由 2 元递增至 8 元，人民已不胜负担之重。而事实上，市面于专卖定价之外，竟售至 10 余元，乡村之间且有售至 20 余元 1 小盒者。”[④] 专卖商品的高价出售，又带动物价的不断上涨。

① 《财政年鉴》第 3 编，第 11 篇，第 50 页。

② 陈真等编：《中国近代工业史资料》第 1 辑，三联书店 1957 年版，第 159 页。

③ 《新华日报》1945 年 7 月 22 日。

④ 中国第二历史档案馆：国民政府财政部缉私署档案（一四五）571。

从1941年12月至1944年12月三年中，重庆物价总指数上涨22.5倍，同期内重庆专卖的火柴和香烟上涨了33倍，糖上涨了41倍。1944年的《大公报》社论《专卖论》曾慨叹："遂令人有专卖价格领导一般物价上涨之感。"买贱卖贵的专卖造成专卖生产工厂的大量倒闭和专卖商品生产的萎缩。福建龙岩在烟类专卖前，有烟厂40余家，实行专卖后仅存9家；广西南宁原月产卷烟400箱，1942年初实行专卖，至9月仅产30箱。有的当时主持其事的人后来评论说：专卖影响极为恶劣，它摧毁了生产事业，影响了贫民生计，加重了消费者的负担，并且往往买不到限价专卖物品。"它养肥了一般贪污中饱的寄生虫，加强了官僚集团的经济地位，加紧了对人民的剥削。除了在财政上增加一些收入外，实在有百弊而无一利，专卖事业为世所诟病，完全是理所当然的"[①]。在生产遭受战争破坏，物资匮乏，经济困难的情况下，当局采取某种专卖政策，大概是难以避免的。在这方面，人民遭受的痛苦牺牲，是日本进行侵略战争给中国人民制造的巨大灾难和牺牲的一部分；国民党政权特有的状况加深了人民牺牲的这个部分，也是确实的。

通货膨胀和黄金政策。1937年11月孔祥熙召集张群等人开会，决定增发纸币并开始实施。1939年1月，国民党五中全会认为供应军费，收买物资，必须多量发行法币、增加流通筹码，战时金融政策正式确定。从此，法币发行量大增，速度不断加快。1942年5月28日，四联总处理事会颁布《中中交农四行业务划分及考核办法》，规定了四行各自的业务范围，也就是四行对其他银行垄断的业务范围。中央银行在货币发行、信用和外汇管理等方面具有全面的垄断地位。四行二局的存款1943年达417亿，占本国银行存款的90%。四行分支机构至1945年8月达2281个，占大后方全部金融机构的76.5%；黄金外币储蓄从1940年的占1%，增加到1945年的75%。中央银行更因四行专业化而成了全国唯一的金融中心。1941年起其他各行及钱庄所交的存款总额20%的准备金，自1942年6月四行专业化后，改由中央银行一家收管，外汇的收付和经营管理从此由中央银行集中办理，所有法币发行也从7月1日起由四行集中到中央银行一家。中央银行行长和财政部长都是孔祥熙，中央银行因独占法币发行权，便成了国民政府任意增发法币垫支财政亏空的金库。

①朱偰：《国民政府财政部举办专卖事业的内幕》，《孔祥熙其人其事》，中国文史出版社1987年版，第202页。

根据 1939 年国民政府制定的由行政院长用“紧急支付命令”拨款的办法，财政部只要一接到紧急命令，就立即通知中央银行国库局拨付。由于国库存款不足，就只有增发纸币来应付需要；紧急命令越来越多，法币也就越发越滥，形成恶性通货膨胀。中央银行也因而成了恶性通货膨胀的源泉。战时货币的发行量，由 1937 年 6 月的 14.1 亿元，增加到 1939 年 6 月的 27 亿元，增长 1.91 倍；再增加到 1942 年 6 月的 249 亿元，增长 17.66 倍；更增加到 1945 年 8 月的 5569 亿元，增长 394.96 倍。从 1938 年度至 1945 年度，银行垫款合财政赤字的百分数，最低为 95%，最高达 109%。银行垫款又主要靠增发法币，各年银行垫款中增发法币所占的比例平均在 80% 以上；除去法币膨胀较缓慢的 1937—1938 年两个年度，平均数约为 88%。这表明国民政府战时财政赤字的弥补，已由战前主要靠发行公债改为增发纸币了。据说孔祥熙有言：发行公债麻烦，付息，抽签还本，弄不到几个钱，不如印发钞票省事得多。当局这种金融手段的改变，并非出于偶然。通货膨胀政策的推行，引起物价快速上涨，两者互为因果。法币不断贬值，使人们不得不轻货币，重实物，纸币一到手就立即购买实物。工业囤积原料，商业囤积货物，各种投机活动日益猖獗，货币流通加速。以 1940 年周转速度为 1，到 1941 年为 1.5，1942 年为 1.8，1943 年为 2.5，1944 年为 3.2，1945 年上半年为 9.2。物价上涨的速度超过货币发行的速度。到 1945 年 8 月，重庆物价比战前 1937 年 6 月上涨了 2133.2 倍，比同期通货膨胀的速度超出 5 倍多。

在通货膨胀物价飞涨中，投机商业成为利润最高的行业，黑市价格与官价差距越来越大。一大批官僚、军阀、资本家、地主和官方机构纷纷从事囤积居奇。银行资本和工业资本也大批转向商业投机。囤积居奇投机商业的猖獗，又造成货币流通速度的加快，进一步推动物价上涨、货币贬值、通货膨胀等的加速，形成恶性循环。“工不如商，商不如囤”成为社会的普遍现象。1942 年重庆全体工商号约 5 万家，商业占 73%，工矿两业尚不及 26%。商业投机也成为金融业的主要活动之一。1939 年底，重庆市 15 家金融业的放款中，商业放款占总额的 89% 以上；1940 年底 26 家金融业的放款中，商业放款占全部放款的 96% 强；1941 年底 36 家金融业放款总额中，商业放款占 89%；1942 年 3 月下旬，60 家金融业的放款中，商业放款占 80%。四联总处和四行二局正是这种金融业对商业投机热的带头羊。四联总处从 1937 年到 1942 年五年间，每年核准的专案贴放中，工矿业的贴放只占 19% 强，大部分用于商业投机。四行二局还囤积居奇直接搞商业投机，在市场上兴风作浪。1945年7月有人在国民参政会弹劾中国农民银行的提案中指出：中国农民银行违反本身专业，贷放大宗商业款项。仅总行的贴现额就达125120万元，买汇款8亿元，分支行所做的尚不在内。农民银行又运盐售油囤粮，直接囤积居奇。孔祥熙答复道：有人说本行虽是农民银行，但经营商业，人家有此口实，当然也许有此事情。①

广大工农群众和工薪阶层，在通货膨胀和物价飞涨中，生活状况急剧恶化。产业工人的收入，以重庆为例，其工资总指数以1937年的1至6月为100，到1942年增长13.69倍，而同期的零售物价总指数则上升69.5倍，因而使其实际收入只有原来的20%了。农民因物价上涨，工农产品交换价值的剪刀差迅速扩大，1943年实际收入下降到1937年的58%。工薪阶层的工资增加，远远落后于物价的飞涨，实际收入大幅度下降。1943年重庆的大学教授的实际薪俸仅为战前的12%，生活十分艰苦。士兵实际薪饷仅为战前的6%，连最低生活水平也很难维持。1945年美国国家计划协会的研究报告指出：中国第9战区一批征兵之死亡率高达78%，主要原因是由于营养不良而引起的赤痢。②报纸记载，一段时间里，重庆市每天平均因饥寒毙命的死尸多至20具。大后方抗战的沉重负担，最终落在工农劳动生产者的肩上，落在士兵和广大人民群众的肩上，他们的牺牲和坚持是后方抗日战争坚持下来的基础。

关于黄金政策。1942年国民政府用5亿美元借款中的2亿美元，向美国购买黄金570万两，1943年6月至1945年5月共出售黄金1145453两（在1944年11月3日后，因黄金未运到改售期货）。1944年8月，四行二局举办黄金存款业务，按官价存入法币，定期半年，可取黄金。至1945年5月22日共收存黄金1624793两，两项共收回法币达800亿元以上。黄金的出售，采取高价政策。购买美国的570万两黄金，按美汇官价每两值法币700元，最初出售黄金的官价在每两1万元以上。以后逐月上升，到1945年3月已升到每两3.5万元，而到停售期货后的6月8日，更升到每两5万元。官方高价出售，刺激黄金黑市价格上涨，引起黄金投机。这成了加速法币贬值、物价上

① 中国人民银行金融研究所编:《中国农民银行》，中国财政经济出版社1980年版，第227—232页。另见许涤新《官僚资本论》，南洋书店1947年版，第81—82页。

② 薛光前编：《八年抗战中之国民政府》，台湾商务印书馆1978年版，第233页。

涨的又一个因素。出售黄金现货，一般都在10两以上，最重的每块400两；对黄金存款，规定存款5两以下到期不兑黄金。黄金买卖给官僚资产阶级提供了一个发财的机会，广大群众则深受其害。

大后方的经济危机

国民政府所采取的经济和财政政策，起过一定的积极作用，但由于这些政策措施在很大程度上是在积累官僚资本，加以国民党政权的腐败，大部分经济措施在其出台不久，相继造成灾难性的后果。统购统销和专卖、田赋征实和税收、通货膨胀和外汇黄金政策等，成了大地主大资产阶级和大官僚聚敛财富，控制国家经济命脉，垄断工、商、交通，对民营工商业家和广大人民进行掠夺的手段。他们凭借手中的权力营私舞弊，投机倒把，大发国难财。大后方的经济危机因而日益严重。

工业方面，经过抗战初期的发展后，1942年，与“关金券”出笼、大额钞票发行、物价飞速上涨、粮食危机同时，生产明显地衰落下来。这首先表现在新设厂规模的缩小。每厂平均资本额以1936年以前为100，1937年为89.6，1938年为105.5，1939年为73.5，1940年为26.2，1941年为19.5，1942年为2.1，1943年为3.6，1944年为1.5。其次产品产量指数的下降。如以1938年为100，则1939年为130.57，1940年为142.34，1941年为130.73，1942年为124.37，1943年上半年为117.10，下半年为112.36，1944年上半年为93.67，下半年为89.83。第三，旧有各厂停工减产，大量倒闭。后方工业中心的重庆，1943年全市871家工厂中，停工减产的270余家。仅次于重庆的后方又一工业中心衡阳，据熟习情况的人1943年11月估计，到年底将有2/3的工厂宣告结束。广西的桂林，1944年2月1日，桂林《大公报》报导说：目前各工厂的情形，最多再维持半年或一年，一年以后，北极路上，不会再看到烟囱冒烟了。占大后方工厂数44.01%，资本数58.28%的四川省，1943年7月《新华日报》所载贵州企业公司“四川工矿调查团”的调查报告说：四川原有工业已有50%甚至70%的生产能力处于闲置状态。所举几家较大的工厂，平均每月生产量所占每月生产能力的百分比情况是：裕华纱厂66%，中新第四棉纺织公司蓉厂33%，四川丝业公司第一厂42%，四川水泥厂50%，建川电仪公司15%，犍为焦油厂20%，四川酒精厂30%，中国兴业公司57%，南洋兄弟烟草公司36%。《中央日报》上1944年4月谈到机器工业时说：机器厂维持经常开工者不及十分之一，停用之工具机约占总数40%。战后有人回顾上海等地民营工厂在战时的遭遇情况是：各迁川工厂可谓当年艰难辛苦而去，今日倾家荡产而归，尤以中小厂家受创最甚，实为抗战时代的一页伤心惨史。[①]

大后方的工业危机直接来自恶性通货膨胀造成的物价狂涨。工厂卖出产品的货款，不足买进原产品的原料。1943年有人在文章中指出：一个工厂在账面上虽然赚了钱，但由于物价上涨的结果，它以同样货币额已经不能从事同样规模的生产。这样，资本家反复循环了许多次，生产亦随之趋于萎缩，最后只有出于卖厂之一途。近年来四川卖厂之风很盛，便为此事之说明。[②]国民政府繁重的捐税也摧残民营工业，过分利得税，要工厂抽出一部分资本去缴纳。经济统制政策，往往以大大低于生产成本的价格限价收购，不能起调整的作用，反而障碍生产。它们加在一起，使大量工矿亏本，停业倒闭。

农业方面，国民政府所采取的开垦荒地、改良农业的措施收效甚微，有些还适得其反，维护和强化了封建剥削。经济统制政策用成本以下的价格收购农产品，“三征”和其他苛捐杂税的增加，极大地加重了农民的负担。不合理的兵役政策和大批征调工役，造成劳动力流失，农业生产力衰退。封建剥削加重带来土地更加集中。川、康、滇、黔、陕、甘、宁等省，占人口不到3%的地主竟占全部土地60%。四川1940年有79.07%的土地集中在占人口8.6%的地主手中；土地最肥沃的成都，1.1%的地主竟占有90%以上的土地。土地的集中，使农村阶级分化不断加剧。据广东北部南雄2.5万家农户的考查，1939年至1942年间，中农减少二分之一，贫农和雇农分别增加17%和40%。地租也随着土地的集中日益加重。1944年大后方各地的地租，不算押租、预租、附租、力租和其他需索供应，地租正额一项，四川增至耕地正产物收获总额的八成，云南、贵州、西康、陕南也已增至六成，关中、宁夏、甘肃、青海的租额较低，但也增至四五成。高利贷剥削更为猖獗，1944年中国国民经济研究所调查的湖南会同、黔阳两县6个乡农民负债情况表明，负债农户比例最高的乡占总农户的83.5%，平均也占68%。自耕农的田赋和捐税负担很重。据调查资料，1944年一个自耕农所出的田赋和杂款最少要相当

① 李烛尘：《工业危机之成因与挽救》，《成都工商导报》1946年7月25日。

② 陈真等编：《中国近代工业史资料》第1辑，第152页。

于他耕地正产物80%，一个佃农要把缴租所余少数农田收入的一半以上来支付杂款。农民无力增加生产，各种农作物的总产量和单位面积产量下降。四川、湖南等省稻谷产量由1939年的8.1亿石，减到1942年的6.72亿石，再减至1945年的6.22亿石。陕西等5省棉花的产量，由1936年的750万担减至1945年的150万担。从单位面积产量看，四川省的几种作物1939年的产量同1940年至1945年的平均产量比较：籼稻亩产下降24.7%，甘蔗下降35.1%，皮棉下降43.8%。加上天灾，农民生活更加悲惨。四川广安县临河乡900多户佃农，终年不见米粒的多至800户。

经济危机中，与民生凋敝同时存在的是国民党官员和官僚资产阶级利用抗战发国难财。国民党的党政要员，纷纷卷入营私舞弊、贪赃枉法狂潮中。他们利用手中权力，倚仗着各种关系，卖官鬻爵，走私贩私，投机炒汇。外国观察者指出：在其文武官吏中，除极少数例外，不是囤积居奇就是投机倒把。[①] 人民对此痛心疾首，当权者的高压政策也无法阻止正直舆论的抨击。经济学家马寅初揭露抨击说："现在抗战百十万将士牺牲其头颅热血，几千万人民流离颠沛，无家可归，而后方之达官资本家，不但于政府无所贡献，且趁火打劫，大发横财，忍心害理，孰甚于此。"[②] 又说：宋子文、孔祥熙等"几位大官，乘国家之危急，挟政治上之势力，勾结一家或几家大银行，大做其生意，或大买其外汇，其做生意时以统制贸易为名，以大发其财为实，故所谓统制者是一种公私不分的统制。至于这几位大官大买其外汇的事实，中外人士，知之甚稔"[③]。自1938年国民政府对外汇实行统制后，外汇就出现了黑市。半年时间法币的币值由1先令2便士跌至8便士。1942年确定法币对外汇价1美元等于法币20元，直至抗战胜利未变。实际外汇黑市飞速上涨，至1945年7月，重庆1美元卖到法币2889元。黑市与官价价格这样悬殊，给孔祥熙等利用其垄断外汇的特权牟取暴利创造了条件。据1939年8月6日上海《大美周刊》披露的香港电说："渝某重要部长夫人电某外籍经纪人嘱购英金千万镑之巨额外汇。"所指部长即孔祥熙。又某知情者在转告《香港日报》的

---

①〔美〕斯特林·西格雷夫著，吴壬林、于永安等译：《宋家王朝》，中国文联出版公司1986年版，第565页。

②《马寅初抨官僚资本》，重庆出版社1983年版，第101页。

③ 同上书，第90页。

密电中指出："孔任财长以来，操纵外汇自肥。"[①] 宋美龄、宋子文、孔祥熙等在美国的10亿存款，其大部分就是利用外汇投机这种办法掠夺来的。[②] 国民党官僚集团同时在美金债券和黄金买卖上大发横财。1942年国民政府从美国借到的5亿美元中，指定以1亿美元作为发行"美金节约建国储蓄券"的基金，又指定1亿美元作为"同盟胜利美金公债"的基金，规定美金储蓄券和公债都按官方汇率用法币购买，公开出售，到期按美金支付本息。统治集团内的知情人乘机大肆投机。美国财政部一份秘密报告说，宋蔼龄、宋美龄姊妹在3天内就买进了价值8000万美元的债券，宋子文和陈光甫也各买进了500万；孔祥熙还把价值数百万美元的黄金从中国政府账上转到自己的名下。[③] 美国财政部长摩根索在致总统罗斯福的备忘录中指出：国民政府的美金公债、美金储蓄券和黄金政策"只给了参与内幕的人、投机者、囤积者以额外的利润，把中国可以好好用来作建设之用的外汇浪费了"[④]。摩根索在1945年5月8日致宋子文的备忘录中又指出："在美国现已产生一种印象，就是2亿美元美金储蓄券与美金公债，以及在中国出售的黄金，都已落入比较少数人的手中，结果个人发了大财，而对中国的经济没有真正的帮助。"[⑤]

国民党官僚资本集团在发国难财中得利最多。宋蔼龄在美国银行的存款占重庆所有要人在美银行存款的第一位，美国记者赛利文幽默地称她为"中国人民的钱袋"。宋子文1944年仅在美国的存款就超过4700万美元。据三届三次国民参政会上的揭露，这些国民党大官僚在美国冻结的存款就达3亿美元，合800多万两黄金。他们在英国也有庞大的存款。伦敦在1938年初就有消息说他们从香港运到英国的白银约300万英镑，又从中国战区通过英轮"郎布拉号"装运价值300万镑的银元和贵重物品于1月28日到达朴次茅斯。[⑥] 不仅在美国和英国，"而且在南美、巴西、瑞士，都有大量的存款"[⑦]。一家外

---

①《中国现代政治史资料汇编》第3辑，第56册，第956页。

② 许涤新：《官僚资本论》，南洋书店1947年版，第75页。

③〔美〕迈克尔·沙勒：《美国十字军在中国（1938—1945）》，商务印书馆1982年版，第99页。另见陶文钊《中美关系史（1911—1950）》，重庆出版社1993年版，第359—360页。

④ 费正清著，陈惠勤、陈祖怀等译：《中美关系资料汇编》第1辑，知识出版社1957年版，第514页。

⑤ 同上书，第531页。

⑥1938年9月18日伦敦电。

⑦《新华日报》1944年9月18日，参政会旁听记。

国人在中国办的刊物对国民党官僚集团在经济上的独占地位写道:“在自1927年国共分裂后赓续进行的十年内战和抗日战争的漫长过程中，孙逸仙博士的国民党已变成了官僚资本的卫城。国民党若干领导分子已变成了庞大的‘财政巨子’，控制着全国的经济命脉。”① 国民党官僚资本的发展，这些大官僚们财富的积累，是建立在对生产事业和人民的残暴掠夺的基础之上的。蒋政权统治区经济危机日益严重，工农业生产凋敝，濒于破产，劳动人民赤贫化，民族资产阶级、小资产阶级生产生活艰难，或者断绝生机，一部分是战时难以避免的，一部分是国民党统治集团直接造成的。广大人民为了民族解放，用接近牺牲自己生存的代价忍耐、坚持下来了。

（三）国民党政权的腐败与专制

国民党坚持执行反共专制政策，抗战初期出现的民主进步、团结抗战气氛不复存在，代之而起的是国民党的一党专制进一步强化，重庆政权统治区到处存在的官僚腐化、贪污受贿等腐败现象。

1943年3月，蒋介石发表由陶希圣执笔的《中国之命运》，极力为国民党一党专政寻找历史根据，宣扬封建专制主义的思想与伦理，把“四维八德”说成是立国之纲，鼓吹一个党、一个主义、一个领袖，表现出强烈的封建法西斯主义。《中国之命运》指共产党和抗日根据地是“新式军阀”和“变相割据”，为发动新的反共内战制造舆论；也指责西方民主制度，说人民要求自由民主是离经叛道，应予取缔。《中国之命运》的发表，受到国内进步党派和各界民主人士的批评，也引起反法西斯盟国的不满，美国驻华文化官员费正清说他“从未见到过有谁为达到某种政治目的而如此卑劣地竭尽歪曲历史之能事”。

个人独裁专制统治被蒋介石所高度发挥。1943年国民政府主席林森病逝，蒋介石接任其职，修改《国民政府组织法》，规定国民政府主席可以担任陆海空军大元帅，提议任命行政、立法、司法、考试、监察五院院长等，加上原有头衔，蒋介石这时担任国民党总裁、国民政府主席、军事委员会委员长、行

①《密勒士评论报》，译文转引自《文汇报》1946年7月29日。

政院院长、四行（中央银行、中国银行、交通银行、中国农民银行）联合办事处主任、四川省政府主席以及陆军大学、中央政治学校、警察学校等学校的校长，集党政军财大权于一身。外国在华观察者里有人说，蒋介石与过去的皇帝没有两样。

专制统治与推行特务制度，紧密结合在一起。国民党的特务活动，抗战期间，主要分属于国民党中央执行委员会调查统计局（简称“中统”）和国民政府军事委员会调查统计局（简称“军统”）两大特务系统，搜集日本军事情报、暗杀汉奸等也在其工作范围之内，但主要职能则是镇压共产党及其他政治异己势力，破坏人民抗日活动。1943 年 5 月，“军统”与美国海军情报部门合作，在重庆设立以戴笠为主任、梅乐斯为副主任的“中美特种技术合作所”。这个机构负责为盟军收集提供情报，帮助“军统”训练和装备特务、警察，所开设的许多课程都以共产党为假想敌，演习实例亦多是破坏共产党地下组织。重庆、上饶、綦江、息烽、西安等地各设有名为“特训机关”的集中营，关押迫害大批革命进步人士。王世杰 1944 年 6 月 8 日的日记中写着：“据查，重庆一市，实际上实行逮捕人民之机关，现时有 18 个之多。大半于法无据，且大半为一般人民所不知晓之机关。”王世杰担任过国民党中央宣传部长，是蒋介石亲信的高级幕僚，他所知道的情况当然是准确的。国民党的法西斯主义受到国内外进步人士的强烈反对和抨击。1943 年 8 月 16 日，周恩来评论蒋介石的国家观，指出它不过是伪托民族国家或全民政治之名，行大地主大资产阶级一党专政之实。这种新专制主义即法西斯主义的个人独裁的基本特征，是“官僚资本与特务制度的结合”，是用最反动最野蛮黑暗残暴的特务组织为行动方式和组织方法，来实行其反抗战、反共、反民主的政治纲领。1944 年 2 月 8 日，宋庆龄亦在《致美国工人们》一文中举出许多事例，证明中国的反动派和法西斯的嚣张。

国民党在农村的统治主要依靠保甲，它由国民党党部及特务组织直接控制，专横压迫剥削人民。陕西省一届四次临参会上，某参议员说：各县镇保长权力极大，差不多每个保长都有几支盒子枪，乡镇长有十支八支或二三十支枪的也很多，甚至还有二三百支长短枪的。这些人作威作福，人民敢怒不敢言，若对他们稍不恭顺，就给你多派款项。拿丈量土地来说，其结果是有地的反可以不纳粮，纳粮的却没有地；上平地定为下平地，下平地升为上平地；地多的丈量后地反少了，地少的丈量后反多了，甚至有的一亩丈量为一百亩，这使多少镇保长都变成了富翁。[①]一党专政、特务统治与保甲制度互相结合，构成国民党统治在基层的统治秩序。

军事上，国民党消极避战，造成大批高级将领怯战，畏敌如虎，有的叛国投敌。太平洋战争爆发后，公开投敌的高级将领有：1942 年国民政府军事委员会委员、山东省主席、冀察战区副总司令孙良诚率 3 万余人投敌；1943 年新编第 4 师师长吴化文接受军统局戴笠旨意率部投敌；第 24 集团军总司令庞炳勋、新编第 5 军军长孙殿英等率部投敌。人们用“降官如潮，降将如毛”来形容国民党军官投敌叛国。据统计，抗日战争时期，包括汪精卫卖国集团在内，国民党中央委员、监察委员中 20 人投敌；投敌的旅以上高级将领 58 人，部队 50 万人左右，占 80 万伪军总数的 62%。

一些高级将领营私舞弊，第 1 战区司令长官蒋鼎文克扣军饷，仓库屯积着准备在黑市高价出售的上百万袋面粉，下级官兵却营养严重不足，部队军纪松弛，扰民害民。副司令长官汤恩伯被河南人民斥为河南“水、旱、蝗、汤”四害之一。广大士兵待遇恶劣，被捆绑打骂随处可见，斗志瓦解，丧失作战能力。一个士兵对《大公报》记者说：他们“只要吃饱三顿饭，每月有一二千元的薪饷，相信士气可以不如现在的消沉，相信可以多打几次胜仗，更相信没有一个逃兵”[②]。蒋介石也说：“自抗战末期以来，我们国民革命军内所表现的贪污腐败的内容和实情，真是光怪陆离，简直令人不敢想象。”[③]

陈旧的兵役制度是国民党基层政权和兵役人员发财的工具。据报载，临潼全县共 270 甲，按规定每甲每年一兵，但实际上征额为 540 丁，每丁以平均价格 2 万元计算，540 丁要卖 1080 万元。[④]借征兵买卖壮丁是大后方的普遍现象。征到的兵，处境悲惨。有的地方捆来的新兵在送补训处之前都是关在小屋子里，既无草，又无铺，热天闷得要死，冬天冻得要死，吃喝大小便都在那里，生病的很多。被征新兵到达前线经常只能保持 30%，能有 50% 就

---

①《大后方的政治病态：派款征兵和纳粮，由它保甲作威福》，《新华日报》引西安讯，1944 年 12 月 21 日。

② 任建蜀：《从提高官兵待遇说到经费筹措——读大公报〈军事第一，足食足兵〉后》，重庆《大公报》1944 年 9 月 12 日。

③ 张其昀编：《先总统蒋公全集附录》第 2 册，第 1942 页。

④《大后方的政治病态：派款征兵和纳粮，由它保甲作威福》，《新华日报》引西安讯，1944 年 12 月 21 日。

算最好了[①]，所以士兵逃亡和非战斗减员十分严重。

重庆政权中各级官吏的贪污腐败愈演愈烈。仅1944年9月、12月两个月内重庆《新华日报》刊载的四条消息，就有：四川省参议会县政考察团考察13个区后，发现每个区的县政、兵役、粮政、地政、保甲、地方财政、教育、专卖等一切部门，都贪污横行。保甲长贪污至八位数，县长或县粮食管理处处长、副处长贪污到九位数。彭山县长李仲良中饱特种工程粮款5000万元，涪陵田管处副处长李崧仙贪污粮谷1.5万石，陕西临潼县长王家麟贪污粮谷2万石、公款2000万元，中茶公司职员刘孔贵舞弊数千万元，巴中县财政委员和粮政科长、经收主任共贪污1.3亿多元[②]，河南粮政局长兼十区专员李杏林利用日军进犯洛阳、鲁山之际盗卖公物，捏报损失价值1000多万元。[③]直接税署署长高秉坊，则突破了10亿大关。1945年1月监察院公布消息，承认社会上议论纷纷的五大贪污舞弊案“完全有证有据”。特权阶层贪污无度，普通工作人员也竞相效仿。成都市临时参议会驻委会第十次会议上某参议员讲述机户所受的盘剥，说缴布时每一匹卫兵要200元，量布要200元，称布要100元，验布要500元，连喊号码的也要100元，结果每匹布索钱千元以上。[④]

报纸上能够刊载的限于下面的一般人能够看得到、无法隐瞒的情况。豪门高官利用手中的权力大发国难财，更严重的贪污腐败，人们从日常生活中能够感觉到，但报刊无法揭露。在国民党的腐败统治下，人民怨声载道。褚辅成等人在1944年国民参政会上针对战费担负平等化问题，提议将中国在美国冻结的3亿美元存款提充军费，许多人指出这些贪官污吏的钱，不仅要动用还应该没收。[⑤]金陵大学同学发表宣言促请政府动用在美私人存款，武汉大学以学生宿舍为单位发出启事请政府立即执行，遵义浙江大学以学生自治会名义予以响应。重庆《侨声报》同人在一个中英文宣言中算了一笔账，说：若将在美富豪的3亿美金征用，按时价折合可达2100亿法币；以政府工业贷款利率计算，足够200个师的经费，每个士兵可得3600元；如果以市上的利

---

①《中国现代史资料选辑》第4辑，第395—396页。

② 龙恭：《贪污与反贪污》，《新华日报》1945年3月17日。

③《河南前任粮政局长贪污千多万元》，《新华日报》1944年9月15日。

④《蓉市临参会驻委会质询纱布管制弊病费》，《新华日报》1944年12月15日。

⑤ 本报记者：《参政会旁听席上》（六），《新华日报》1944年9月18日。

率计算，那还要超过二三倍。[①]云南省政府机关报《云南日报》亦发表专题社论，认为抗战八年“打得民穷财尽”，可“这些财却渐渐的由少数人的腰包里流向外国银行的保险库里去了”，现在“国家到了山穷水尽之境，军事第一，胜利要紧”，若仍“放着这一大笔存款的产业不用，让它作那般高等华人的养老费，或其他的挥霍，何不如现在动用它，以援整个的国家民族”。[②]其后，重庆《新新新闻》在社论中说：“国家民族已经到了如此地步，而贪污之风仍不稍戢”，尽管有“舆论的指斥，盟友的责难”，但“贪污依然我行我素，甚至变本加厉”，这真说明政治危机“几乎到了不可救药的程度”。[③]《大公报》也指出：虽然忠良志节之士在战争中舍己成仁，但“更多的人在战争中投机取巧，蠹国肥己”。[④]一位英国学者在日记中写道：当“官场上的衮衮诸公和平民百姓完全隔绝”，“士兵的口粮被军官们鲸吞”，“裙带关系和腐化作风变成了家常便饭”，人民怎能不对“窃踞高位的官老爷们完全丧失信心”。[⑤]就在人声责难日盛的1945年春，重庆竟又发生调整黄金价格泄露案，社会舆论顿然大哗。

（四）争取民主权利的第二次宪政运动

1942年《联合国家宣言》的签订与蒋介石就任中国战区陆空军最高统帅，中国成为反法西斯阵线的主要成员。但是，国内团结问题，依然尖锐存在。处于国共之间的中间党派“对于执政方面深感无话可谈”，民盟领导人张澜、张君劢、左舜生不再出席国民参政会以“隐示抗议”。在国际上，美国从东方反法西斯战争的需要出发对中国日益恶化的局势非常关注。1943年，罗斯福向蒋介石提出包括“中国宜从速实施宪政”和“国民党退为平民，与国内各党

---

①《把富豪存在美国的钱拿出来发给士兵》，《新华日报》1944年12月13日。

②《提解国外冻结存款，充作抗战军需费用》，《云南日报》社论，1944年9月25日。

③转引自龙恭《贪污与反贪污》，《新华日报》1945年3月17日。

④《世道人心》，重庆《大公报》社评，1945年1月19日。

⑤〔英〕罗伯特·白英著，刘守兰译：《中国日记（1945—1946）》，《云南文史资料选辑》第30辑，第239页。

处同等地位以解纠纷”在内的三点献议。[①]

面对国内外舆论压力，国民党在1943年9月召开的十一中全会上通过《关于实施宪政总报告之决议案》，重新提出办理“筹备国民大会”及“开始实施宪政各项应有之准备”，决议“战争结束一年后即召开国民大会，颁布宪法，实行宪政”。中间党派抓住这个机会，要求国民党把决议变为行动。9月16日，张君劢、左舜生提议由国民政府与参政会出面，共同组织一个吸收国民党以外人士参加的宪政实施筹备机关，共商推进言论结社自由、改进民选机关诸问题。他们甚至表示此提议能否得到蒋介石同意，是他们能否参加本届参政会的前提。[②]18日，三届二次国民参政会于“九一八”事变12周年纪念日开幕，这天张澜散发《中国需要真正民主政治》小册子，要求国民党立即放弃一党专政，结束党治，取消党化，从速准备实施宪政。他要求政府首先做到：第一，立即设立一公开法定的协议机关，容纳各党派参政员及参政会外人士，共同审查宪法，促进宪政；第二，立即宣布人民享有合法言论、出版、集会、结社、居住、身体之自由；第三，立即承认国民党外各党派之合法存在与活动；第四，在宪政实施前，各级准民意机关，如国民参政会、省县参议会等，应具有审核同级政府的预算决算及弹劾同级政府不法官吏之权。《时事新报》《大公报》《新民报》等也为实行宪政进行舆论宣传。国民党内民主人士宋庆龄、何香凝、李济深、冯玉祥等，亦纷纷批评国民党独裁统治，呼吁结束党治，实施宪政。在这种情况下，蒋介石9月25日在国民参政会宣布内政外交方针时，声称将组织“宪政实施筹备会”。次日，国民参政会主席团提出《设立宪政实施筹备会和经济建设期成会两机构案》，得到大会通过。

10月2日，黄炎培、张君劢、左舜生、李璜、周炳琳、褚辅成等应王世杰、邵力子、雷震之邀，磋商宪政实施筹备会有关事宜。鉴于第一次宪政运动的教训，多数主张该会最好隶属国民政府，以蒋介石为会长，五院院长为当然委员或名誉委员，所有会员由蒋介石指定。[③]宪政实施筹备会初步名单提出后，蒋介石看到有左舜生与李璜，大为光火，陈布雷亦反对章伯钧、张澜。筹备会也指定改为“协进会”。20日，宪政实施协进会会员名单公布，蒋介石

① 周天度编：《黄炎培日记摘录》，1943年9月10日，中华书局1979年版。

②《王世杰日记》，1943年9月16日，台湾“中央研究院”近代史研究所1990年影印本。

③《黄炎培日记摘录》，1943年10月2日。

任主席，会员有国民参政会主席团主席 7 人、国民党中央委员 12 人、参政会参政员 23 人及对宪政有特殊研究者 11 人，共 54 人。他们包括中共代表周恩来、董必武，民主党派领导人黄炎培、左舜生、李璜、张君劢、梁漱溟及无党派人士。张澜、章伯钧、沈钧儒被排除在外。宪政实施协进会召集人，指定由孙科、黄炎培、王世杰担任。同日，《宪政实施协进会组织规则》公布，任务为向政府提出与宪政筹备有关之建议，考察地方民意机关设立情形，依政府委托，审议一切与宪政实施有关之事件等。宪政实施协进会成立，被压抑而消沉的民主运动重新复苏并逐渐高涨。

第二次宪政运动率先在重庆、昆明、成都等地开展。1944 年元旦，“协进会”发表《为发动研讨宪草告全国人民书》，强调要使中国成为名副其实的“四强”之一，必须“加强政治建设”，而“政治建设的唯一途径，实以促进宪政为第一要务”。[①] 同日，黄炎培、张志让主办的大型政论杂志《宪政月刊》在重庆创刊，它的第一篇文章开宗明义地指出：第二次世界大战激荡出一个“磅礴古今，充塞天地，济渡人类”的弥漫世界的民主潮流，现代民主在战后所将形成的世界是一个比以前平等得多而以后还要日益更趋平等的世界。但是，这种变革并不是可以不劳而获的，必须以积极奋斗来争取，中国人民应该团结一体，为抗战，为宪政，为民主而奋斗！[②]《宪政月刊》引起广泛的社会关注，第一期出版两天后就销售一空。一大批以宣传宪政，要求实行民主的报刊应运而生。左舜生主编的《民宪》（后正式由民盟接办）、章伯钧主编的《中华论坛》、民盟云南省支部主办的《民主周刊》等，以及各民主党派的《国论》《国讯》《再生》，分布于大后方各地的《新蜀报》（重庆）、《华西日报》（成都）、《云南日报》（昆明）、《秦风日报》（西安）等，连续发表评论，敦促政府改弦更张，实行民主政治，挽救当前危机。

宪政月刊社每月召开一次宪政座谈会，邀集各界民主人士评论时政，批判寡头政治，宣传“主权在民”思想，要求国民党实施真正的宪政。座谈会规模越办越大，持续两年之久。1944 年 2 月，张澜、邵从恩、李璜等人在成都发起建立“蓉市民主宪政促进会”，获得各地人士广泛响应，不少地方也成立了类似组织。分散在各地的许多高等学校学生，纷纷组织研究民主宪政的

---

① 《宪政月刊》第 2 号，1944 年 2 月 1 日。

② 张志让：《中国宪政运动与世界民主潮流》，《宪政月刊》创刊号，1944 年 1 月 1 日。

团体，它们不断举行各种座谈会，开设民主讲坛，邀请各界知名人士前往讲演，宣传民主，反对专制。

昆明，以西南联合大学、云南大学、中法大学等校为中心，学术界、教育界的宪政运动迅速展开。1943 年 12 月，张奚若在联大作《中国宪政问题》讲演时，会场内外挤得水泄不通。1944 年 1 月，昆明成立“宪政讨论会”，省政府主席龙云亲任常务理事。在地方政府支持下，各大学教授成立“宪政讨论会研究委员会”，崔书琴、钱端升等 20 多位知名学者担任委员。2 月 5 日，以潘光旦、李公朴等为理事的“昆明学术界宪政研究会”成立，并与青年会在 4 月合作举办宪政问题系统讲演会。大学教授对宪政的热情和重视，表明中国知识阶层是民主运动中一支不可忽视的力量。

民族工商业界对民主宪政运动也表现出积极态度。1944 年 5 月，中国西南实业协会、迁川工厂联合会、中华全国工业协会、国货厂商联合会、中国生产促进会等 5 个实业团体举行宪政问题座谈会。人们在会上大声疾呼：“民族资本家要被官僚资本吃掉了。”章乃器、吴蕴初、吴羹梅等 80 多位工业界代表同声呼吁：“要求政治民主！要求生产自由！要求人生保障！”他们联名向国民党提交了《解决当前政治经济问题方案之建议书》，要求国民党以民主的精神改变政策。①

大后方开端于中间党派的第二次民主宪政运动，是民主政团同盟最早发动的。4 月 28 日，沈钧儒、张申府、章伯钧在重庆招待文化界，宣布对于言论自由、思想自由、学术自由的要求。5 月，民主政团同盟发表《对目前时局的看法与主张》，系统表达大后方各民主党派和抗日进步势力要求进行政治改革的强烈愿望。《主张》揭露国民党长期以来借“训政”之名，实行一党专政所造成的恶果，指责“国民党训政十年，国民的组织未见加密，国民的道德未见提高，贪污土劣只有增加，并无减少，糜烂腐败只更见普遍，并未减轻”。因此“中国必须成为一个道地的民主国家，这已经超过了理论的阶段，而须从事实上予以切实的表现，并且民主体系的形成已刻不容缓，万万不可向战后推宕”。“假定在战时不能实现民主，我们在战后所得到的将不是民主，而是国家的分裂与毁灭，其痛苦必且十倍百倍于今天”。《主张》强烈要求国民党立即结束训政，“放弃十余年的特殊地位”，无保留地将各项自由

---

①《新华日报》1944 年 5 月 25 日。

归还给人民。[1]

国民党内也有人赞成实施宪政，孙科为中央训练团党政班演讲时，指出实施宪政是为了实行民权主义，而且宪政时期应当允许别的政党存在。[2]1944年在中央广播电台元旦播讲中，他批评国民党内某些人“忽视抗战建国同时并进的最高国策”，认为训政未完成就不能实施宪政之论是“忽视了抗战所给予广大民众的政治教育，和近年社会各方面实际进步的情形”。[3]5月，国民党民主派还创办了《民主世界》杂志，并在发刊词中针对战后世界建设提出了十项原则。

这种热烈气氛，就像当时有人所说的“一般人莫不如大旱之望云霓的需要宪政”[4]，以致有些座谈常常扩大成一二千人的群众集会。而学术文化、法律、银行、实业等界人士的介入，也证明第二次宪政运动比前次宪政运动广泛了许多。

中共最初对这次宪政运动采取冷静态度，认为所谓“准备实行宪政”不过是国民党“政治解决”的一个策略，是一堆骗人的空话，是为着准备打内战和永不放弃反人民的独裁政治这一目的，争取其所要的时间。因此认为国民党若诚意实行真正民主的宪政，首先必须废除“一个党、一个主义、一个领袖”的法西斯独裁政治，并在抗战期内召集真正民意选举的国民大会。[5]不过，中共很快意识到只要国民党允许人民讨论宪法，就有可能冲破限制，推进民主运动。1944年3月12日，周恩来在延安纪念孙中山逝世19周年大会所作《关于宪政与团结问题》演讲中，提出保障人民民主自由、开放党禁、实行地方自治是实行宪政最重要的先决条件。[6]这表明中共在坚持原则的同时，亦积极参与这次宪政运动。

与上次宪政运动相比，第二次宪政运动的重点不再只是停留于修正“五五宪草”方面，而比较突出强调争取解决一些紧迫的现实问题。国民党一直以种种理由钳制舆论，不仅中间的进步的言论受到压制，中间偏右的《大公报》，

---

①《中国民主同盟历史文献（1941—1949）》，文史资料出版社1983年版，第21、18页。

② 孙科：《宪政要义》，商务印书馆1944年版，第5—8页。

③ 孙科：《认识宪政与研究宪政》，《宪政要义》，第103—107页。

④《编辑余谭》，昆明《自由论坛》第2卷第3期，1944年3月1日。

⑤《评国民党十一中全会和三届二次国民参政会》，《解放日报》社论，1943年10月5日。

⑥《周恩来年谱（1898—1949）》，第572页。

也抱怨“自有近代报纸以来，中国报人就未曾享受过新闻自由与言论自由”[①]。宪政实施协进会成立，张君劢、褚辅成、左舜生、李璜等便主张宪政实施的筹备工作重心应放在言论自由逐步开放方面。随后，其他人也在会上提出《关于改善新闻检查及书籍审查办法》《人民基本权利三项保障案》等案。重庆、成都、昆明、桂林等地报刊立即纷纷发表评论宣传。这些评论宣传，主张以舆论力量纠正政府的错误，认为“指摘政府措施的失当，揭穿社会形状的不平”，是“向恶势力抗衡”和“求进步的表现”。有人进而指出：人民热心讨论政治是国家最可喜最有希望的现象，假若“人民对政治冷淡，对于国家当前问题闭口不谈，或谈起来而只有说‘管不着’、‘管它去’、‘让它去’”，那才是“国事便真不可为了”。[②]宪政实施协进会9月21日通过《改善书报检查办法》，国民党中常会讨论时发生辩论，但终经14日国民党中央秘书处审查通过。实际上，除了1944年9月参政会开会期间一度放宽言论尺度外，新闻检查一直使得记者不敢“放胆吼几声”[③]。

国民党侵害人民身体自由最常见的是任意逮捕或拘禁人民。不仅普通群众没有人身自由，公职人员和律师也同样没有保障。立法委员马寅初因讲演公债时“慨于民困国贫”，“言语切直”，遭到软禁。1944年2月，黄炎培在一次会议上说，他往来各地，亲见非法逮捕拘禁，几乎到处皆有，或怀挟私怨，滥用职权，或假借公务，肆行敲诈，甚至地非监狱，人无罪名，而久久不见天日。3月间，重庆律师界召开法令座谈会，请政府实施提审法，律师温代荣被市稽查处拘留，沈钧儒等80位律师联名向宪政实施协进会呈上《关于保障人权意见》，提出定期召集全国司法会议，特种刑事案件即日改由司法机关接收办理，被损害人得依法向国家请求赔偿等建议。6月，“协进会”通过《关于滥用职权捕押久禁情事整肃改善办法案》。国民政府不得已，于7月15日颁布《保障人民身体自由办法》。但是，国民党并未放弃严密控制。8月29日，国民政府公布14个具有逮捕权的机关，它们除法院、县司法处、设治局国法处等普通执法者外，还有军法执行总监部、战区司令长官部、卫戍总司令部、省保安司令部、戒严司令部等特别机关。人民依旧处在缺少人身安全

①《欢迎新闻自由》，重庆《大公报》社评，1945年3月30日。
②陶孟和：《论民主政治》，重庆《大公报》1944年7月24日。
③《博采舆论的新作风》，重庆《大公报》社评，1945年1月3日。

与自由的状况中。

根据国民政府1938年4月12日及1940年9月26日公布的国民参政会组织条例，国民参政会只具有听取政府报告、建议、询问、调查四项咨询性质的职权。这些权力不具备对政府的牵制功能，使参政会无法施展有力的作用，在野党派曾提出扩大国民参政会职权的要求。第二次宪政运动中，这种愿望集中体现在增加审议国家预算权的要求上，希望能像西方民主国家议会一样，通过经济上的牵制对政府滥用职权进行必要的制约。1944年6月，宪政实施协进会第二次全体会议在扩大国民参政会职权问题上取得比较一致意见。8月初，孙科、王世杰、邵力子、吴铁城向蒋介石提出一书面意见，建议“酌量扩充参政会的职权”，其中包括“将每年预算提交其大会或驻会委员会讨论”，但仍由国防最高委员会最后决定。这就是说在不放弃最后决定条件下，不妨将预算案交国民参政会讨论。蒋介石认为“党费亦在预算内，不便公开”[①]，不予批准。8月下旬，国民党中央党部讨论此事，两种意见争论激烈。坚持专制立场的陈立夫等人反对扩大参政会的任何职权，声称“与其学英美，毋宁学苏联”，但迫于大势所趋，多数人主张预算初步审议权暨查办官吏权畀予参政会。国防最高委员会采取折衷方案，决定给予预算初审权和扩大调查权，但规定须于下届参政会集会后实行。[②]9月16日，国民政府修正公布国民参政会组织条例：“政府编制国家总预算，应于决定前提交国民参政会或其驻会委员会作初步之审议。”人们指出这“只是一项条文的增加而已”，国家总预算最后决定权仍在国民党手里。[③]这时大会的焦点很快转移到建立联合政府问题上，包括扩大参政会职权在内的其他建议，也就不再成为争论重点。

大后方民主运动，是在全国人民要求抗战、共产党力量日渐强大的背景下出现的。许多人为此奔走呼号，以至付出鲜血生命。它的活动和影响主要限于知识分子、中间阶层，与敌后根据地广大人民群众的民主运动不足以相比。但它仍有很大的重要性，是敌后根据地人民群众的民主斗争所不能代替的。这个重要性，一是多少限制国民党的独裁统治，有利于全国坚持团结抗战；二是它的号召不少地方与共产党一致，增强了共产党在知识分子、中间

---

①《王世杰日记》，1944年8月13日。

②《王世杰日记》，1944年9月11日。

③ 张时俊：《论国民参政会》，昆明《民主周刊》第1卷第6期，1945年1月20日。

阶层的政治影响；三是中国从此一个有组织的中间的政治力量出现在舞台上，国民党的统治地位在中间势力中削弱。这是最新的社会动向，也是历史的动向。大后方的民主运动是抗日战争时期中国历史发生大变化、国内政治力量向有利于人民革命转变的一个不可缺少的部分。

（五）大后方人心大变化

1944 年国民党统治区社会政治生活中，与民主宪政运动高涨几乎同时，中间阶层的人心向背出现前所未有的改变。正面战场上豫湘桂大败，直接表现出国民党消极抗战造成的恶果。坚持一党专政、政治黑暗、经济崩溃，从各方面表现出这个政权太腐朽了，暂时被掩盖的矛盾顿然激化。加之这年第二次宪政运动进入高潮，通过争取言论自由、维护人身自由、扩充国民参政会职权等一系列努力，社会上民主意识加强。这些，都促使大后方人心出现大变化。

长沙、衡阳失守后，9 月初召开的三届三次国民参政会上，林虎代表全体致词，说“回顾国内，瞻念前途，不但不敢稍有乐观，而且抱有杞人的忧虑”①。郭仲隗参政员报告从河南逃出来一路所见所闻时，全场对河南国民党军队不战而溃无不愤懑异常。这次大会收到询问案达 900 余起，国民党高层有人惊呼它们“对政府之批评极严厉，对各部长官乃至军事将领之失职，多公开指摘，无顾忌”，连“报纸亦多登载此类言论”。②

就在国民参政会开会的两个星期内，日寇又前进 580 华里，湘粤桂连失 16 县，平均日失一城有余。这种局势更促人们纷纷要求政治改革。9 月 15 日，中共代表林伯渠在会上作《关于国共谈判经过的报告》，向国民党和全国人民正式提出立即召开紧急国事会议、废止国民党一党专政、建立联合政府的建议。中国共产党认为，挽救抗战危局的办法，是必须对政府机构人事政策来个改弦更张，这就需要“立即结束国民党一党统治的局面，由国民政府召集各党派、各抗日部队、各地方政府、各人民团体的代表，开国事会议，组织

①林虎代表全体参政员在开幕式上的致词，《国民参政会纪实》下卷，重庆出版社 1985 年版，第 1308 页。

②《王世杰日记》，1944 年 9 月 13 日。

各抗日党派联合政府，一新天下耳目，振奋全国人心，鼓励前方士气，以加强全国团结，集中全国人才，集中全国力量，这样一定能够准备配合盟军反攻，将日寇打垮”[①]。林的报告受到各阶层的重视，蒋介石表面上对林伯渠的建议也“深感佩慰”。

9月24日，重庆各党派各界代表500余人举行集会，张澜大声疾呼：如今政治、军事、经济的危机非实行民主来唤起民众、团结官民、修明内政，不足挽救。冯玉祥讲演中指出：中原失利，是由于军队得罪了主人，如再没有很新的改革，亡国之痛就在眼前。司法院副院长覃振也激昂地说：假如还有人不认清民主，就是民主的障碍！挽救危亡，实行民主的具体办法，只有大家人人自己起来担当这实行民主的责任。李璜呼吁要有言论自由、身体自由和集会结社自由。章伯钧说：今天有强有力的共产党，有强有力的民主同盟，只有立即召集国民会议，实行联合政府，才能挽救危机。[②]

这时，日军攻占柳州，占领大西南最后一道天然屏障独山。这种严重的形势使国民党威信大降，指挥柳州作战的张发奎亦对美国联络官承认：国民党在开战以来已经有了第一次空中优势，却仍然如此惨败，这不能诿过于人，应该感到羞耻。国民党军方《扫荡报》承认，独山“守军不战而退，大炮、辎重完全抛弃，敌军尚在数十华里之外，我军即已仓皇逃走，对难民毫不关心”，真是“表现军方的无能”。[③]昆明到处流传着令人惶惶不安的谣言，美国战时情报处和其他机构的非军事人员都发了左轮手枪，以备应付不测事件。重庆也一片混乱，苏联使馆官员齐赫文斯基说：驻在重庆这座朝不保夕的城市里的外国记者，给各自的报刊编发了大量有关中国的令人灰心丧气的报道。国民党官员想要小花招来减少冲击，外国记者们发自中国首都的报道中仍然对国民党能否继续抗战并分担盟国摧毁日本军国主义战争机器的任务表示怀疑。

与此形成鲜明对照的，是共产党领导的敌后根据地蓬蓬勃勃的气象。这年6月及7月，中外记者西北参观团与美国军事观察组相继抵达延安。其中一些人通过与中共领导人的多次交谈和亲身感受，写下大量客观反映民主根

---

①《新华日报》1944年9月17日。

②《只有召开国事会议，成立联合政府》，《新华日报》1944年9月25日。

③《扫荡报》记者南宫的报道，转引自日本防卫厅防卫研究所战史研究室《一号作战之三·广西会战》下，中华书局1985年版，第199页。

据地的报道或报告。外国记者考察晋绥根据地时，对民兵的地道战、地雷战极感兴趣。在汾阳，他们亲眼看到八路军袭击敌寇的战斗。美国军事观察组考察晋察冀时，有人甚至到了北平附近，这使他们感到：过去以为八路军根据地很小，现在看来华北除了城市和铁路，其余都是八路军的。[①] 此外，三三制、减租减息、大生产运动等，也给他们留下深刻印象。根据这些考察写成的著述，打破国民党的严密封锁，破除了种种诬蔑造谣。赵超构在这次采访中写下的《延安一月记》，在大后方受到读者欢迎。这些，加深了大后方人民对中共的了解，使国民党统治更加显得黑暗不得人心。

上述的强烈对比，促使人们从政治上寻找军事失利的原因和解救的办法。过去对国民党抱有希望的人群和超然于党派之上的中间阶层，由失望开始向左转。

其中首先引人注目的是自由主义者的变化。这部分人多半都怀有科学救国思想，在教育学术上主张自由，在国家政治制度问题上一般持有较冷静的态度，一些人认为"民主政治舍政党而外无法运行"，主张"开放党禁"。但是，他们的自由主义思想时时与国民党专制发生冲突。尚在1943年春，许多人读了蒋介石的《中国之命运》后，便对书中毫不掩饰的封建专制气味和排外情绪感到惊异与愤怒。费正清记载说，西南联大一些教授"带着蔑视和受侮辱的神情称它为无聊的废话"，甚至"预言严酷的警察管制将在全国范围内推广，自由主义教育将被扑灭，经济生活以及人们的思想将都受到严密的组织控制"。[②] 以致参与该书英文翻译的译者也未见切实用功。[③]

知识分子这时的心境相当苦闷。一些有一定名气的学者、教授，在他们的作品中，或者流露出无可奈何的情绪，或者表露出"憋着一肚子气"的怨恨，或者说战争的结果是"培养对于当前社会制度怀疑和否定的种子"。这势必加速他们对国民党的离异。1944年3月，国民政府宣布取消"五四"纪念，改3月29日为青年节，引起西南联大教授和同学们的一致愤慨。5月，联大学生举行"五四"纪念周活动，许多教授在演说中高度赞扬"五四"精

---

① 张文琳：《国际友人西北行（1935—1949）》，陕西人民出版社1993年版，第333页。

② 费正清著，陈惠勤、陈祖怀等译：《费正清对华回忆录》，知识出版社1991年版，第296—297页。

③ 浦薛凤：《太虚空里一游尘——八年抗战生涯随笔》，台湾商务印书馆1979年版，第192页。

神。国民党对自由主义者的不信任态度，亦造成知识分子的反感。6月中旬，陈立夫从《大公报》上看到西南联大、中央大学等校教授将组织教授联合会的消息，立刻专函联大校方，称“闻委座对此消息已甚关切，并转饬查询”，并希婉加劝止。[①] 这件事本来子虚乌有，却导致努力欲保持独立人格者的逆反心理，美国在华的外事人员认为这促使国民党“丧失了绝大多数在美国受过教育具有民主思想的自由主义分子和知识分子的信任和尊重”[②]。

经济崩溃严重伤害了工薪阶层，他们对国民党统治不断灰心。由于生活日趋困难，以往的清高学者已失去“士大夫气”，有较多的机会睁开眼看现实。一位美国记者指出：通货膨胀的结果，是国民党把利润集中到自己手中，却疏远和抛弃了靠工薪收入为生的，包括许多受到现代化训练并为国家迫切需要的技术人材的中产阶级，即便是富有的中上层商人和实业家，也遭到不同程度的损害。[③] 西南联大曾为物价飞涨开过好几次教授会，1944年5月，教授们的薪水只增加了5倍，而物价却上涨了300倍，这使他们不得不推派两名教授去重庆，要求将米贴按市价折合成现金发放与薪水按物价上涨比例增加。

从1944年起，自由主义知识分子的转变开始表现在行动上。6月，美国副总统华莱士访问昆明期间，一些联大教授公开表示了对重庆政策的不满。[④] 教授们还在昆明四大学学生自治会联合举办抗日战争七周年纪念会上严厉批评现实，要求实行民主宪政。8月中旬，他们甚至就军队的腐败当面质问第5军军长邱清泉。这些，表明日益严重的形势已迫使他们从超脱政治走向过问政治。

1944年也是民族资产阶级向左转的一年。举步维艰的民族工业，在湘桂大失败中又遭遇到沪宁粤汉失守以来最悲惨的损失。这次疏散中，国民党政

---

①1944年6月21日陈立夫致联大梅贻琦、蒋梦麟、张伯苓三常委信，教育部渝秘发114号，清华大学档案馆存。

②1944年10月10日谢伟慰给中印缅战场指挥官史迪威的备忘录。转引自埃谢里克编著，罗青、赵仲强译《在中国失掉的机会》，国际文化出版公司1989年版，第165页。

③ 格兰姆 • 贝克著，朱启明、赵叔翼译:《一个美国人看旧中国》，三联书店1987年版，第89页。

④ 美国驻华大使高思致美国国务院的第1366号快报，转引自《“一二 • 一”运动史料汇编》第5辑，中共云南师范大学党委党史资料征集组1985年编印，第11页。

府只顾自己应变撤退，未对民营企业内迁作有效安排。而官僚资本企业在抢运中凭借特权占据优先位置，备受歧视的民营企业仅得到极少车皮，桂柳第二次紧急疏散一个月，迁抵金城江至独山一线的30余家工厂仍寸步难行。重要转运点金城江堆集着4800余吨物资，三个星期未能运出。11月20日车站大火，3万吨器材顿然成灰，余下的物资尽入敌手。国民党交通部门在抢运中乘人之危，几十倍地提高运费，一吨物资从柳州运到独山要50万元，独山到贵阳20万元，贵阳到重庆10万元，再加上转口税20万元，合计竟达100万元。[①]上海迁至湖南祁阳城郊的新记公司，曾被誉为1944年新中国的宠儿，但是这次大溃退把宠儿遗弃了，2000吨物资最后到达独山只剩下100吨。中小民营企业更是困苦不堪，中央、大华、华中、复新、强生、培成、大光、中南、陈信记、大新10家工厂原迁出机器共200吨，在黔桂道上毁弃殆尽，搬运到重庆的只有4吨。[②]国民政府经济档案承认：至12月6日止，湘桂迁川的民营工厂共95家，启运之初物资为7873吨，半途损失7672.5吨，占运出吨位的97.4%，如加上未运出便遭受损失的2893吨器材，共损失10566吨，最后真正到达安全地点只有201吨，占运出总吨位的2.55%。经营新民机器厂分厂和桂林大中机器厂的胡厥文抢运失败后忿忿声称，这次逃难是“生平东西丢得最干净的一次”，这使他“亲身体验了国民党政府的腐败，国民党军队的无能，以及民营工厂的悲惨处境”。[③]

中间阶层还包括青年学生、政论家、报界、地方集团等。他们人数众多，过去却处于无权地位，也没有统一组织，只能长期在政治压迫中保持沉默。现在，压抑和掩盖着的诸多矛盾，突然一下子爆发出来，这些促使人心产生剧变。这年国民党发动知识青年从军，西南联大教授会决议向国民党提出：“此次知识青年军纯粹为国防军，不参加党派活动”，并“请由美国技术人员训练，至训练地点，最好靠近盟军所在地”等。[④]一些外国人也看出国民党失去了人心，他们认为1944年最引人注目的变化，就是军人和老百姓开始公开对

①孙果达:《民族工业大迁徙——抗日战争时期民营工厂的内迁》,中国文史出版社1991年版，第240页。

②《湘桂迁渝十家民营厂组成中南联合工厂》,《新华日报》1945年3月23日。

③《胡厥文回忆录》，中国文史出版社1994年版，第69—71页。

④《联大全体教授会议决定实行军训》，昆明《正义报》1944年12月6日。

蒋不满。[①]6月20日，谢伟思在给华莱士的备忘录中，亦指出国民党和委员长的地位与过去十年的情况相比，更加虚弱，士气民心低落，沮丧情绪广为扩散，普遍感到绝望。他还说一位国民党员最近也承认，"对国民党现政府的不满情绪是如此广泛，以至如果现在举行自由普选的话，80%的人都会投票反对国民党"[②]。可见，"中国走向革命爆发点的过程中，中上层对国民党的怨恨起了关键性作用"。由于"许多曾一度支持过政府的人们"不断"遭到独裁政权越来越残酷的伤害"，造成了社会"对国民党的批评已经那样普遍和公开"。[③]湘桂大败退后，四强之一的国民政府已是徒有其名，从而加速了中间阶层对它的离心力，这在他们对待中共提出的联合政府建议问题上，表现得尤为明显。

---

① 伊斯雷尔·爱泼斯坦著，陈瑶华、谢念非等译:《中国未完成的革命》，新华出版社1987年版，第346页。

② 谢伟思:《中国的局势和关于美国政策的建议》，转引自埃谢里克编著《在中国失掉的机会》，第139、147页。

③ 格兰姆·贝克:《一个美国人看旧中国》，第517页。

十四　民主联合政府问题与美国对华政策的转变

1944年，国民党和共产党就两党关系及抗战后中国的前途问题再开谈判。美国出于自身的利益，特别是其战后全球战略的需要，出面调解国共关系。但战争临近结束，美国对华政策也开始由为战时需要服务向为战后目的服务转变，进一步加剧了中国政局的复杂化。

（一）国共谈判与联合政府问题

1944年1月，毛泽东约见国民党驻延安的联络参谋，表示中共坚持拥蒋抗战与拥蒋建国方针，周恩来、林伯渠可到重庆会见蒋介石，并与国民党重开谈判。2月2日，国民党中央复电表示同意。中共中央派林伯渠为代表前往重庆。

国民党对林伯渠到渝谈判进行了具体准备。3月，梁寒操、陈布雷、陈立夫、何应钦等研究与中共代表谈判对策，提出对此次谈判要"注重其宣传性，而并不期待其成功"；"在大的原则上坚持，俾中外人士易于理解"，对具体细目表示无不可以商量之态度；"改取缓和办法，逐步令其交出军权政权，使其易于接受实行"。[①]3月15日，蒋介石对林伯渠来渝的准备事项作了专门指示："此次林祖涵之来渝，我方与之谈判，所持军事与政治之根本要求，两相比较，政治方面可酌予放宽一步，但于军事方面之军政、军令与纪律三者，必须坚持绝对之统一，要求其严格遵守，而不容有丝毫违反。"[②]

国民党明确规定，解决中共问题以取消中共军权与政权为目标，并且只准再增编一个军，一切编制外之中共武装一律取消；边区名义上给18个县，但仅15个县为整县，3个县为部分，改名行政区，归陕西省政府指导。

---

①《中国现代政治史资料汇编》第3辑，第24册，第98—100页。

②同上书，第125页。

1944年5月4日至11日，中共代表林伯渠与国民党代表张治中、王世杰在西安进行初步谈判。中共方面提出：以周恩来3月12日在延安纪念孙中山逝世19周年大会上所作的《关于宪政与团结问题》讲演精神及5点要求，即承认中共合法地位、承认边区地方政府、承认中共领导的军队、恢复新四军番号、撤销对各根据地的封锁和包围，为这次谈判的基础。国民党方面拒绝，提出先谈军事问题和边区问题，林伯渠表示同意。关于军事问题，林伯渠提出：中共领导的正规军已有近48万人，本应编为47个师，但为使问题易于解决，先编18个师。国民党只同意编4个军12个师。关于边区问题，林伯渠提出，边区辖区及民主制度不变。国民党主张把边区改为陕北行政区，直属行政院，实行国民政府法令。最后双方商定，将西安谈判意见整理成记录，经双方代表签字后，各自向其中央报告，请两党中央作出最后决定。但国民党代表却违背诺言，拒绝签字。5月17日，国共双方代表一起到重庆继续谈判。

5月22日，林伯渠将中国共产党提出的《解决若干急切问题的意见》20条交国民党方面，计关于全国政治者3条：（一）请政府实行民主政治与言论、出版、集会、结社及人身之自由；（二）开放党禁，承认中共及各爱国党派的合法地位，释放爱国政治犯；（三）允许名副其实的人民地方自治。关于两党悬案者17条，主要内容有：中共领导的军队目前至少应编为5个军16个师；中共军队防地，抗战期间维持现状，抗战结束后另行商定；请政府在物质上充分援助八路军、新四军；同盟国援助中国之武器弹药、药品、金钱，八路军、新四军应获得其应得之一份；请政府停止对于华中新四军及广东游击队的军事攻击；承认陕甘宁边区及华北、华中、华南敌后各抗日根据地民选抗日政府为合法的地方政府，并承认其为抗日所需要的各项措施；请政府通令取消"奸党""奸军""奸区"等诬蔑与侮辱共产党、八路军、新四军的称谓和停止对抗日民主地区的破坏活动；释放各地被捕人员；允许中共在全国各地办党办报，中共亦允许国民党在陕甘宁边区及敌后各抗日民主地区办党办报；请政府停止对重庆《新华日报》的无理检查与破坏发行。

张治中、王世杰认为所提条件太多，有些条件"无异是在宣布国民党的罪状，足以使人生气"，拒绝转呈蒋介石。中共经过考虑，将20条改为12条，其余8条改为口头要求，6月5日转交国民党。同日，张治中、王世杰向林伯渠转交国民党《中央对中共问题政治解决提示案》。这个提示案对中共方面的条件只字未提，要求中共做到："第一，十个师以外的队伍全部限期取消。第二，规定要十个师集中到那里就必须到那里。第三，敌后解放区所有的政府一律都交给流亡重庆的省政府接收。"[①]中共表示对这样的条件无法接受，四个多月的谈判没有任何结果。

国民党隐瞒国共谈判的真相。7月下旬，国民党中央宣传部部长梁寒操举行外国记者招待会，宣布"国共关系已有改进，并将继续改进"，"政府的观点和共产党的观点事实上并无严重分歧"，"根本解决问题的障碍，是在于中共党人一方面宣称他们有意合作，但事实不然，他们所作的事情和他们的说话相反"。8月12日，周恩来在延安接受新华社记者采访，揭露梁寒操的谎言和欺骗宣传，说明由于国民党方面的阻挠，两党谈判无法取得进展的事实真相。[②]

1944年下半年，中国军事、政治局势因豫湘桂战役的失败而发生变动。国民党在政治、军事、经济、外交各个方面都暴露出和隐藏着极大的危机。事实再一次表明，仅仅依靠国民党完成中国抗战和实现民主建国的任务是根本不可能的。这在当时几乎成为国内外进步舆论的共识。国内人民要求民主，美国等盟国也希望国民党政权能进行政治改革，实行民主。在此情况下，9月1日，中共六届七中全会主席团会议决定，提议召开各党派代表会议成立联合政府。9月4日，中共中央电示在重庆谈判的林伯渠等："目前我党向国民党及国内外提出改组政府主张时机已经成熟，其方案为要求国民政府立即召集各党各派各军，各地方政府，各民众团体代表开国事会议改组中央政府，废除一党统治，然后由新政府召开国民大会实施宪政，贯彻抗战国策实行反攻。估计此项主张国民党目前绝难接受。但各小党派、地方实力派、国内外进步人士甚至盟邦政府中开明人士会加赞成。因此，这一主张，应成为今后中国人民中的政治斗争目标，以反对国民党一党统治及其所欲包办的伪国民大会与伪宪。"[③]15日，林伯渠在国民参政会上正式提出立即召开紧急国事会议、废止国民党一党专政、建立联合政府的建议。10月10日，周恩来在延安各界庆祝双十节的集会上发表题为《如何解决》的演讲，痛陈抗战局势危机，指出

---

①《周恩来选集》上卷，第204页。

②《解放日报》1944年8月13日。

③《中共中央文件选集》第14册，第323页。

危机的根源在于国民党的腐败统治，进一步提出成立联合政府的具体步骤与办法：国民政府立即召集各党派参加的紧急国事会议；国事会议要根据孙中山的三民主义原则制订挽救危机的施政纲领；成立各党派的联合政府，取代目前一党专政的政府；改组统帅部；由联合政府筹备真正普选的国民大会。①

中国共产党的“联合政府”主张与民主宪政运动相结合，为大后方的民主运动指明了方向，获得各民主党派及人民群众的拥护。民主宪政运动以建立联合政府作为新的目标，发展到新的阶段。9月24日重庆一次集会上，各民主党派领袖、无党派知名人士纷纷抨击国民党的一党专政，要求改组政府，制定提早实行民主的具体办法，拥护中国共产党关于建立民主联合政府的主张。共产党人董必武在会上发言，支持各界的民主要求。他说：“政府要求人民的，人民都做到了。一千二百万壮丁，三千万石的粮食，种种捐税都承受了。而人民所要求的言论身体集会结社三种自由，还没有得到。不实现这三种自由，不实行民主，中国就要亡国，但是光有这三种自由，今天还不能得救……要解决，一定要彻底改革。”“我们向参政会提出的是召开国事会议和联合政权。只有这样，才能全面动员起来，团结全国人民，把日寇打出去！”②董必武的发言博得与会人士热烈的掌声。

9月19日，民主政团同盟在重庆召开全国代表会议，决定改组为“中国民主同盟”，并响应中共关于组织联合政府的主张。10月10日，中国民主同盟发表《对抗战最后阶段的政治主张》，要求国民党“立即结束一党专政，建立各党派之联合政权，实行民主政治”。“迅速筹备实施宪政”，并“召开全国宪法会议制颁宪法”。③学生、市民、工商业者游行集会，发表宣言，呼吁民主政治、联合政府。

1945年春，大后方各党派、各阶层人民要求结束国民党独裁统治，迅速建立民主联合政府的民主运动出现高潮。救国会领导人沈钧儒元旦著文《新年希望》，要求改变国民党政府的统治机构，使“举国一致的政府能早日实现”。

2月13日，重庆妇女界胡子婴、李德全、史良等104人发表《对时局的

①《中共中央文件选集》第14册，第364—365页。

②《解放日报》1944年10月17日。

③《中国民主同盟历史文献（1941—1949）》，第32页。

主张》：“请政府立即邀集各党各派及各方面人士举行全国紧急会议，共商国是，成立全国人民一致的政府。”[①]2月22日，郭沫若、茅盾等312人联名发表《文化界对时局进言》，要求建立民主联合政府，同时提出“凡一切限制人民活动之法令皆应废除”“取消一切党化教育之设施”“停止特务活动”。[②]昆明文化界人士闻一多、吴晗等342人，成都文化界叶圣陶等126人也签署了同样内容的声明。5月4日，昆明学生2万多人举行游行，高呼：“立即停止一党专政！”“召开国事会议！”“组织联合政府！”

在民主运动的强大压力下，国民党同意与中共谈判联合政府问题。美国进一步介入国共关系，希望通过“调解”在中国成立统一的联合政府。

（二）赫尔利调解与美国对华政策的转变

国共两党及其领导的两个战场在全国抗战和国家政治军事中作用和地位的变化，即共产党地位的上升与国民党地位的下降，在国内得到普遍确认，也引起美国及各盟国的关注。很长时间以来，许多美国人就对坚持在敌后抗战的中国共产党及八路军、新四军表现了浓厚的兴趣。一些进步人士、新闻记者不畏艰险到延安和前线考察，向全世界反映了敌后军民坚持抗战的真实情况。1942年夏，中共驻重庆代表周恩来通过随美国军事代表团来渝的美国记者斯诺，提出请美国政府派军事代表团和记者前往延安进行考察的建议。一些美国驻华外交官赞同周恩来的建议。谢伟思和戴维斯从1943年1月到1944年1月在关于中国政治局势的报告中一再重申派观察组去延安的建议。他们认为，无论从抗日战争的军事需要出发，还是从确定更切合实际的战后美国对华政策的需要出发，派遣美国代表去延安都是必要的。他们认为国民党政府日趋腐败，危机重重，而共产党生气勃勃，得到人民的支持，其力量已有惊人的发展；国民党很难在战后的国内政治斗争中占上风。因此，美国政府要采取现实主义的对华政策，即把对国民党政府的支持改为有条件的，促使它进行自身改革；同时与共产党建立官方的接触和联系，在国共两党中采取

①《新华日报》1945年2月13日。

②《新华日报》1945年2月22日。

更有弹性的立场。这些主张，受到美国驻华大使高斯和史迪威的支持。史迪威主张，为了有效地抗日，美国必须施加压力，迫使国民政府进行激烈的社会政治改革，使国民政府能保持最低限度的效率和廉洁，以便能有效地抗击日本。1944 年 1 月，史迪威向罗斯福总统转呈了戴维斯等有关向延安派出观察组的建议。罗斯福接受这一建议，并于 2、3、4 月接连致电蒋介石，提出，为增加情报交流，考察研究今后作战计划，请允许美军观察团前往陕北等地区。蒋介石不置可否。

6 月，由 6 名外国记者、15 名中国记者组成的“中外记者西北参观团”突破国民政府长期新闻封锁来到延安，受到中共领导人的热情接待和重视。记者团向国内外广泛报道了共产党领导下的抗日根据地的情况，扩大了影响。如美国合众社记者福尔曼写的《红色中国的报告》，美联社记者斯坦因写的《红色中国的挑战》等报道，引起了美国公众的广泛兴趣和注意。

1944 年 6 月，罗斯福派副总统华莱士访华，试图缓解因新疆问题而紧张的中苏关系，并促成国共合作。在华莱士一再要求下，蒋介石同意美国在延安设军事观察组。

7 月 22 日，由包瑞德上校领导的美军观察组第一批成员抵达延安。这是美国官方与中国共产党之间外交关系的开始。中共对此非常重视。《解放日报》8 月 15 日发表社论《欢迎美军观察组的战友们》，热烈赞扬美军观察组来延安“是中国抗战以来最令人兴奋的一件大事”。中共中央在给各根据地领导机构的指示中，阐明中共的外交政策及其基本立场、国际统一战线的内容及与外国交往的具体政策，强调外交工作的中心应放在扩大影响和争取国际合作上面，欢迎盟国派遣外交使团和在根据地设立外交机构，允许外国新闻机构来根据地采访。毛泽东明确地提出：“放手与美军合作，处处表示诚恳欢迎，是我党既定方针。”[①] 毛泽东、周恩来等中共领导人与观察组成员进行谈话，介绍根据地的情况，介绍八路军、新四军的发展与组织，说明中共的政策及国共两党关系，热诚地表示了中共愿与盟军共同抗日及战后合作的愿望。毛泽东强调说，中国“共产党对美国的政策是寻求美国对中国民主政治的友好支持和合作抗日。战后，中共将继续寻求美国的了解和友谊。中国战后的最大需要是发展经济，中美两国经济上可以互相取长补短，双方将不会发生竞

---

①《胡乔木回忆毛泽东》，人民出版社 1994 年版，第 336—339 页。

争”[①]。同时，毛泽东批评美国只向国民党政府提供援助的政策。延安总部安排观察组成员到各根据地进行考察，双方在军事战略及情报方面实行合作。

美军观察组对中共的合作态度颇为满意，对抗日根据地及中共领导的人民军队产生了良好的印象。他们向美国政府建议合理分配美国的租借物资，以充分发挥共产党军队的战斗潜力。戴维斯指出：“共产党在中国扎下了根，中国的命运不是属于蒋介石的，而是属于他们的。”[②]

观察组比较客观真实的报告对美国政府的对华政策产生了一定的影响。在中国国内民主运动高涨的情况下，美国政府曾企图通过向蒋介石施加压力，使国民党政府能改变专制独裁政策，用民主方式解决中国内政问题。1944 年 9 月 9 日，赫尔国务卿就曾要求高斯向蒋介石转告美国总统和他本人的意见，美国“十分希望中国人民在一个强有力的并具有广泛代表性和宽容精神的政府领导下，开发和利用他们所有的物资和精神资源，以继续进行战争，建立持久的民主和平。……我们觉得，一个在蒋介石领导下代表着中国所有有影响的分子并拥有全权的委员会或某种机构将是实现这一目的的最有效的机构”[③]。蒋介石一开始就反对、抗拒美国政府这一政策。这突出表现在史迪威问题上。

豫湘战役失败后，罗斯福对中国战场十分担忧，决定“采用非常手段”来挽救这场灾难。1944 年 7 月 7 日，罗斯福根据史迪威本人及美国参谋长联席会议的建议，要求蒋介石任命史迪威为中国军队总司令，指挥包括共产党军队在内的所有抗日的中国军队。他在给蒋介石的电文中指出：“日军进攻华中后所造成的严重局势，不仅贵国政府感受威胁，且使美国在华基础同受影响，欲挽救危局必须迅速采取紧急措施。”他要求“将史迪威置于你直辖之下统帅全部华军和美军，并请你赋予全部权力与责任”[④]，协调在中国的全部盟国军事资源，包括共产党军队。

蒋介石不愿接受罗斯福的要求。从史迪威 1942 年 3 月到中国以来，蒋与他在一系列问题上意见分歧，两人的关系在大部分时间很不融洽。尤其是史迪威从抗击日军的军事需要出发，主张解除对陕北的包围，并调派被围的中

① 《胡乔木回忆毛泽东》，第 341—342 页。

② 戴维斯 1944 年 11 月 7 日给国务院的报告，《美国外交文件》，1944 年第 6 卷，第 671 页。

③ 《美国外交文件》，1944 年第 6 卷，第 568 页。

④ 罗曼纳斯、桑德兰：《史迪威指挥权问题》（Charles F. Romanus and Riles Sunderland: Stilwell's Command Problem），华盛顿 1956 年版，第 384 页。

共武装对日作战，更引起蒋的不满。蒋介石曾几次试图让美国召回史迪威。他不会把军队的指挥权让给人，尤其是让给史迪威。对于罗斯福的要求，他一面假意表示“完全同意”，一面强调需要“一个准备时期”，同时要求罗斯福派一名使者来缓和他与史迪威的关系。7月23日，蒋介石致电罗斯福，除再次强调需要一个准备时期外，提出给史迪威上述指挥权必须加以三点限制：中共军队不得接受史迪威指挥，除非他们接受国民党的统辖；明确他和史迪威之间的关系；所有物资由他控制。[①]1944年9月6日，曾经担任过陆军部长和驻外使节的赫尔利作为罗斯福的私人代表前来中国，以缓和史蒋之间的矛盾。蒋介石在使用中共军队问题上不肯让步。9月上旬，为应付湘桂战场的严重形势，蒋介石决定抽调在滇缅前线作战的一部分中国军队，从而使他与史迪威之间的矛盾进一步加剧。

9月18日，罗斯福给蒋介石发来一封措辞强硬的电报，要求蒋介石立即给予史迪威指挥权。19日，史迪威亲自将罗斯福这一最后通牒式的电报交给蒋介石。蒋介石为了抵制美国的方案，声称史迪威没有合作诚意，要求美国总统召回史迪威。赫尔利支持蒋介石的要求。赫尔利在给罗斯福的报告中指出，史迪威在政治上不能理解蒋介石，不能和他合作，“如果你在这场争论中继续支持史迪威，你将失去蒋介石，也就很可能随之失去中国”[②]。赫尔利建议罗斯福重新任命一位蒋介石能够接受的美国将军。10月18日，罗斯福决定召回史迪威，派魏德迈任蒋介石的参谋长，并放弃了对全部中国军队指挥权的要求。

在“指挥权”问题上对蒋介石的让步，表明罗斯福和美国政府的对华方针，从注重军事问题转向更加注重政治问题，从支持中国抗战转向更加关注战后维护以蒋介石为首的统治集团的领导地位，以及战后苏、美两国与中国的关系及其在远东的利益问题。罗斯福希望与斯大林达到某种谅解，共同促进中国和平统一。一个在蒋介石领导下相对稳定的中国，无疑是对美国的政治支持。美国表示赞成中国实行“联合政府”。11月，赫尔利担任新任驻华大使后即正式开始调解国共关系。11月7日，赫尔利在与国共两党代表经过多

---

① 巴巴拉·塔奇曼著，陆增平译，王祖通校：《史迪威与美国在华经验》，商务印书馆1984年版，第681页。

② 同上书，第726页。

次磋商后飞抵延安，与毛泽东等中共领导人进行谈判。他最初提出的方案是中共承认军队统一和蒋介石的领袖地位，而蒋介石则必须同意根据民主原则组织政府，并承认中共的合法地位。[①] 经过两天谈判，赫尔利与中国共产党达成五点协议，由赫尔利和毛泽东分别在协议上签字。协议规定："（一）中国政府、中国国民党与中国共产党应共同工作，统一中国一切军事力量，以便迅速击败日本与重建中国。（二）现在的国民政府应改组为包含所有抗日党派和无党无派政治人物的代表的联合国民政府，并颁布及实行用以改革军事政治经济文化的新民主政策。同时，军事委员会应改组为由所有抗日军队代表所组成的联合军事委员会。（三）联合国民政府应拥护孙中山先生在中国建立民有民治民享之政府的原则。联合国民政府应实行用以促进进步与民主的政策，并确立正义、思想自由、出版自由、言论自由、集会结社自由、向政府请求平反冤抑的权利，人身自由与居住自由，联合国民政府亦应实行用以实现下列两项权利即免除威胁的自由和免除贫困的自由之各项政策。（四）所有抗日军队应遵守与执行联合国民政府及其联合军事委员会的命令，并应为这个政府及其军事委员会所承认。由联合国得来的物资应被公平分配。（五）中国联合国民政府承认中国国民党、中国共产党及所有抗日党派的合法地位。"[②] 蒋介石坚决拒绝上述协议。11 月 21 日，赫尔利向中共代表周恩来转交了国民党改拟的三点反建议。其主要内容是：（一）中共军队改编为国军，军饷补给与其他部队同等待遇，国民政府承认中国共产党之合法地位。（二）中共应在抗战建国方面竭诚拥护国民政府，并经由军事委员会将其所有部队，交由国民政府统一指挥，国民政府遴选中共高级军官参加军事委员会。（三）国民政府依照"抗战建国纲领"之规定，保障言论、出版、集会结社等项自由以及其他公民权利。各该自由权利，仅受抗战期间军事安全需要之限制。[③] 赫尔利解释说，关于联合政府问题，国民党是害怕插进一个脚趾头，会把他们挤掉。蒋介石答应允许共产党参加政府，只是不愿写在这个建议上。

国民党的这一"反建议"闭口不提联合政府，一味要求中共服从国民政府，交出军队，周恩来当然拒绝。毛泽东指出，国民党反建议的实质不过是

---

①《美国外交文件》，1944 年第 6 卷，第 659 页。

②《中共中央文件选集》第 14 册，第 393—394 页。

③《中华民国重要史料初编》第五编，中共活动真相（四），第 293—294 页。

“党治不动，请几个客，限制我军”。“牺牲联合政府，牺牲民主原则，去几个人到重庆做官，这种廉价出卖人民的勾当，我们决不能干，这种原则立场我党历来如此”。[①]12 月 6 日，周恩来返回延安。28 日，周恩来在给赫尔利的电文中提出，只有废除国民党的一党专政，组织民主联合政府，才能使中国走向民主，使人民开始走向自由，组织所有抗日军队打击日本侵略者，国民党一党政府内的个别人事变动并不能改变现在的国民政府和它的政策。既然国民党不愿改变态度，继续谈判毫无意义。他要求国民党首先实行四条以表示其与民更始之决心，这四条是：（一）释放全国政治犯，如张学良、杨虎城、叶挺、廖承志及其他大批被监禁的爱国志士；（二）撤退包围陕甘宁边区及进攻华中新四军、华南抗日纵队的国民党大军；（三）取消限制人民自由的各种禁令；（四）停止一切特务活动。[②]

1944 年 11 月到 1945 年 1 月间，国民党除对政府人事作出一些变动，还同赫尔利一起策划了一系列“民主”姿态：扩大国民参政会，并拟在行政院下设立行政委员会，接纳民主人士参加；还表示拟颁布允许结社自由的法令，拟允许现有各党派合法化。中共决定与国民党恢复谈判，揭破其假民主的骗局，推动国统区的民主运动。

1945 年 1 月 24 日，周恩来重返重庆与国民党代表宋子文、王世杰、张治中谈判。赫尔利以接受双方邀请的形式列席。周恩来声明，这次谈判目标是向国民党、中国民主同盟提议，召开党派会议，作为国事会议的预备会议，以便正式商讨国事会议和联合政府的组织及其实现的步骤问题。2 月 2 日，周恩来向国民党提出《关于党派会议的协定草案》：（1）党派会议应包括国民党、共产党及民主同盟三方代表，会议由国民党负责召集，代表由各方自己推出；（2）党派会议有权讨论和决定如何结束党治，如何改组政府，使之成为民主联合政府，并起草共同施政纲领；（3）党派会议之决定和施政纲领草案，经将来的国事会议通过，方能成为国家的法案；（4）党派会议应公开进行，并保证各代表有平等地位及来往自由。[③]2 月 13 日，蒋介石接见周恩来，指责“党派会议等于分赃会议；组织联合政府，无异于推翻政府”，国民党

①《中共中央文件选集》第 14 册，第 412 页。

②《周恩来书信选集》，中央文献出版社 1988 年版，第 252—253 页。

③《周恩来致毛泽东电报》（1945 年 2 月 3 日）。

决不答应。蒋介石宣称：吾人只能还政于民众代表的国民大会，不能还政于各党各派的党派会议，或其联合政府。①蒋介石在这里所强调的“国民大会”还是由抗战前国民党一手包办“选举”的所谓国大代表所组成，中共尖锐批评蒋介石“用御用国会伪装民主”，反映出国民党内最反动集团的立场与企图是：“坚持寡头独裁及其法西斯主义、失败主义的政治军事政策，反对联合政府，反对民主与人民，阴谋吞并八路军新四军与取消中国解放区。”蒋之所以打出“还政于民”的旗帜，充其量不过是“想找寻一件民主的外衣，来包裹其反革命法西斯的躯壳”。延安《解放日报》的社论警告蒋介石：若继续“顽固不化，作恶多端，展转因循，刚愎自用，有一天难免要被中国人民撤职查办，甚至交到法庭去受审呢！”②

这时美国的对华政策表现出日益露骨的扶蒋反共倾向。赫尔利初到重庆时，尚以第三者调解姿态出现，美方也表现了某些与中共合作的愿望和行动。1944年12月15日，美国战略情报局伯德上校前往延安，与中共领导人讨论了一项关于装备中共25000人的部队及建立联合情报网的计划。12月19日，魏德迈的参谋长麦克卢尔与国民政府军政部长陈诚商谈与中共军队合作的构想。27日，美军观察组组长包瑞德受麦克卢尔之命去延安，商讨一旦美国军队在山东沿海登陆由中共军队暂时照料后勤供应的可能性。赫尔利竭力反对这些行动，认为这是破坏他调解的阴谋活动。罗斯福下令对这些行动进行调查。1945年1、2月间，赫尔利及魏德迈分别向大使馆和美军司令部训话，说明美国只承认国民政府，并令辖下所有工作人员签字保证，未经蒋介石同意不得向任何党派或组织商谈军援和经援问题。

1945年2月中旬，赫尔利、魏德迈回国述职。美国驻华大使馆政治官员致函国务院，表达了他们在对华政策上与赫尔利不同的观点，认为美国不应片面支持蒋介石，而应保持政策上的灵活性。③这种看法在国务院部分官员中引起共鸣。但在这场赫尔利与职业外交官关于对华政策的争论中，罗斯福支持了赫尔利。支持赫尔利也就是支持蒋介石政权，谋求实现美国战后在亚洲

①转见《黄炎培日记》,《中华民国史资料丛刊》(增刊)，中华书局1979年版，第5辑，第61页；蒋介石：《在宪政实施协进会上的演讲》,《中央日报》1945年3月2日。

②《新华社评蒋介石在宪政实施协进会上的演讲》,《解放日报》1945年3月3日;《解放日报》社论，1945年3月12日。

③《美国外交文件》，1945年第7卷，第242—246页。

的战略。4 月 2 日，赫尔利在华盛顿的记者招待会上公开表示，美国只同蒋介石合作，不同共产党合作。随之，对国共两党问题持比较公正客观态度和同情中国民主势力的驻华人员戴维斯、谢伟思等相继离职回国。至此，美国对华政策从战时扶蒋容共抗日到战后扶蒋反共的转变基本实现。美国的政策加剧了中国的内战危机，受到中国共产党及全国人民的强烈反对。

十五　中国军民的反攻准备

经过长达七年多的艰苦抗战，到 1945 年，饱受日本帝国主义野蛮侵略之苦的中国人民，终于看到了胜利的曙光。准备进行全面反攻，夺取抗日战争最后胜利已现实地提到全国军民面前。

（一）国民政府的反攻准备

根据 1943 年 11 月军令部制定的《国军总反攻作战指导计划大纲》提出的反攻步骤，总反攻从攻击对西南大后方威胁最大的华中日军开始，逐步展开，“先以第 5、第 6、第 9 战区会师武汉，再与盟军相策应，逐次肃清长江、黄河流域及沿海之敌，进而规复东北”。《指导计划大纲》规定，反攻武汉的时机，预期在攻略宜（昌）沙（市）及缅甸以后。蒋介石也预计收复宜沙及缅甸之后，国际形势尤其太平洋形势，必有转变。[①]

1944 年 2 月，蒋介石主持召开由第 3、第 4、第 6、第 7、第 9 战区主要将领参加的第四次南岳军事会议。他在会上提出，抗日战争“到今天已经到了一个新的转折点，就是第二期抗战已将结束，我军向敌反攻决战的阶段——第三期抗战开始的时候到了”。他断言，日军在中国境内不过 6 个军，而我们有 120 个军。因此，我们现在是以 20 个军对付日军 1 个军，在数量上占绝对优势。加之日军正面之广，空隙之大，我们想打它哪一点，就可以打它哪一点。所以，“今后的战局，敌我的形势已经完全转换过来了，在我们是处于主动的地位，处处要采取攻势，而敌寇则是处处受敌，被迫退守”。为此，蒋介石要求各战区迅速开始作好反攻的准备，几个月之后，即五六月间“一定要实行反攻”，要以收复宜昌、武汉地区为目标开始反攻作战。

“第三期抗战”和“反攻决战”的提出，说明中国抗战进程确实发展到了

---

①《抗日战争正面战场》上，第 113、115 页。

一个关键性阶段。但蒋介石此时提出“反攻”，如同他在抗战时期多次唱过的调子一样，更多地是出于政治上的需要，是为了鼓动日益低落的士气。“反攻”只停留在口头上和字面上，在军事上并没有多少实际的部署。按照1944年3月军令部进一步修改的《国军总反攻作战指导计划大纲（乙案）》，总反攻须在“1. 依全般态势之变化，倭寇有总崩溃之征兆时；2. 宜沙收复以后，各战区国军主力，均已补训完成时；3. 盟军已将菲律宾、台湾攻略，并将东南海运打通，国军得适量之补充与支援时”才能开始。[①]

蒋介石强调提出中国战场的“反攻”问题，这时还有一个目的：期望中国军队的反攻计划能进一步促使美国更加重视对中国的军事援助，甚至将打败日本放到首要的地位上来。[②]但时隔不久，日军即发动“一号作战”，国民党军队在豫湘桂战役中遭到惨败，蒋介石的“反攻”计划完全成了泡影。

1945年春季，日军为准备对苏作战，加强对美作战，应付华北八路军对日占沿海地区的攻势，陆续从正面战场抽调主力前往华北和华中，进一步加强沿海及京津、石家庄地区的防务，正面战场的危机已经得到缓解。前此，蒋介石接受魏德迈的建议，在昆明设立了“中国陆军总司令部”，参谋总长何应钦兼任总司令，将所辖部队分为4个方面军。中国陆军总司令部的主要任务是加紧部队的整训与装备更新，以“与盟军协同作战，并准备将来反攻”。美国同意在西南地区装备训练36个中国步兵师，每个师1万人，另配一个炮兵营和后勤部队，总计50万人，以彻底改造国民党军队的不良状况。整训的36个师的编制组织、武器装备、指挥、操练和官兵待遇等方面均以美军为模式。大批美国军官参加了国民党军队的改造和训练。其中有由知识青年组成的新建的“青年军”。湘桂战役危机后期，蒋介石提出“知识青年从军运动”，规定年龄在18至35岁，曾受中等教育或具有相当知识程度的青年，只要体格健全，无论依法是否缓征，均得报名参军，要求征集10万知识青年参军。大后方青年深感国家危机严重，以“一寸河山一寸血，十万青年十万军”的热情，踊跃响应号召。报名参军的青年达12万余人，实际入营者8.6万人，除其中一部分补充驻印军外，共有7.6万人，编成3个军，9个师，全部按美军轻机械化师的标准组建与配备。军事委员会专设以罗卓英为总监的“全国青

① 《抗日战争正面战场》上，第116页。

② 《蒋介石致宋子文转驻美军事代表团团长熊式辉电》，见台湾《近代中国》第43期。

年志愿从军编练总监部”，负责青年军编练。

1945 年春天，中国战区为配合盟军协调作战，制定了一个代号为“冰人及白塔”的总反攻计划，要点是：在当年秋天开始对盘踞中国大陆的日军进行总反攻，以切断在华日军与越南及其以南地区的陆上交通线，“使印缅战区盟军作战容易，并迅速夺取中国西南海岸诸港口，以增加中国战区陆空军之物资供应，充实战力”[①]，为全面反攻奠定基础。计划还在“充实战力”准备阶段，没有实施，情况已经突变。缅北滇西的局部反攻已在进行。

（二）缅北滇西的反攻作战

1942 年 5 月缅甸保卫战失败后，中国战场的形势变得更加严峻。日军占领缅甸，切断了滇缅路，美国等盟国运往中国的各种物资只有依靠“驼峰”空运，即由盟国的飞机经印度的阿萨姆基地，飞越喜马拉雅山脉，抵达中国的昆明或重庆。这条飞越世界屋脊的航线不仅距离长，气候条件恶劣，飞机还随时可能遭日军攻击，加之起初可以提供的运输机相当有限，因此所运输的物资对于巨大的中国战场来说是杯水车薪。为了盟国军援能有效地进入中国，打通滇缅路势在必行。在美国参谋长们初期关于对日作战的战略构想中，中国战场既是最后反攻日本的基地，也是对日本进行大规模轰炸的基地，打通滇缅路的意义就更显得重要了。1942 年 7 月史迪威提出了反攻缅甸的计划，中、美、英三国就此开始进行磋商。

1943 年 1 月，罗斯福、丘吉尔和美、英两国的参谋长在摩洛哥的卡萨布兰卡举行会议，研究英美共同作战的战略和政策。英国军方一再强调反攻缅甸的困难，但在美国军事首脑的坚持下，会议暂定于 1943 年 11 月对缅甸发动反攻。

1943 年 5 月，中美英三国代表在华盛顿举行会议。英国对缅甸战役再次提出反对意见。中国代表宋子文在会上据理力争，力陈反攻缅甸的重要意义。由于英国军事首脑的坚持，缅甸战役被推迟到 1944 年至 1945 年的冬春；于 1943 年雨季之后进行缅北作战：英军和中国驻印军从印度方面进攻缅甸，中

① 何应钦：《日军侵华八年抗战史》，台北黎明文化事业公司 1982 年版，第 262 页。

国远征军从云南方面发起进攻，牵制日军，保护驼峰航线，打通中印陆路交通，并为最后反攻缅甸作准备。

缅甸保卫战失败后，中国远征军中的新编第 22 师、新编第 38 师和第 5 军直属部队撤入印度，集中于兰姆伽，这些部队经过休整、改编，开始配备美国生产的先进武器装备，接受美国军事人员的训练。国民政府还从国内选调一部分合格的官兵空运至兰姆伽接受训练。至 1944 年 1 月，计有中国军官 2626 人、士兵 29667 人接受训练。1943 年 6 月，中国驻印军总指挥部成立，中国战区参谋长、美国将军史迪威任总指挥，罗卓英、郑洞国先后任副总指挥。到 1944 年夏，中国驻印军辖有新编第 1 军和新编第 6 军，下辖 5 个师，装备、编制与美国军队相同。经过整训的中国驻印军的战斗力大为增强，成为一支现代化的军队。

与远征军一部分撤往印度的同时，主力部队撤至滇西。1943 年 4 月，在怒江东岸的楚雄成立“中国远征军司令长官部”，陈诚任司令长官（10 月由卫立煌接任），下辖第 11 集团军和第 20 集团军。美国教官负责远征军军官的军事训练，接受训练的军官先后达数千人次。

缅北作战是打通中印公路的需要。中印公路计划从印境的雷多开始修筑，经野人山区、胡康河谷至密支那，与滇缅公路相接。中印公路经过杳无人烟的崇山峻岭，大小河流纵横交错，雨季泥泞难行，筑路、行军、作战都十分困难。1943 年春，中、美各两个工兵团开始修筑公路。只要收复北缅，打通了中印之间的陆路交通，囤积在印度的美国援华租借物资就能比较方便地运来中国。1943 年 10 月下旬雨季结束，以中国驻印军为主力，联合英、美军队一部，沿中印公路向缅甸境内推进，开始了缅北滇西作战。当时盟军在亲敦江方面有以英帕尔为根据地的英军一个军团；在富昆正面有以雷多为根据地，由史迪威指挥的中国驻印军约两个师；在云南方面有以保山为根据地，由卫立煌指挥的中国远征军约 16 个师，日军以边河正三为司令官的缅甸方面军，辖有 3 个军 8 个师，其中第 33 军 2 个师驻守在缅甸东北部和中国怒江西岸地区，与中国远征军相对峙；第 15 军 3 个师主要布置在英帕尔方面和富昆方面，第 28 军 3 个师控制缅甸首都仰光一带。

盟军驻印军从雷多以南地区出发，穿越野人山区，击败日军第 18 师一部，于 10 月 29 日占领了胡康河谷的新平洋。11 月 4 日，在盟国飞机的掩护下，驻印军向胡康河谷的重要据点于邦发起攻击。经过激战，于 11 月 28 日攻克于邦，取得缅北反攻战的第一个重大胜利。

驻印军清除胡康河谷的日军后继续进军，1944 年 6 月 25 日，攻克战略枢纽孟拱。7 月 11 日，打通了从加迈经孟拱到密支那的铁路、公路交通。

当驻印军主力在孟拱与日军激战之时，史迪威指挥中美突击队于 5 月 17 日对孟拱以东的密支那发起奇袭，并顺利占领密支那日军机场。密支那是缅北重镇，滇缅公路和铁路的枢纽。攻下密支那，中印“驼峰”空运就有了一条比较安全的航线，中印公路和中印输油管道也可与北缅交通线联系在一起。从 5 月中旬开始，经过两个多月激战，中美突击队终于粉碎日军顽强抵抗，于 8 月 5 日攻克密支那。日军城防司令官水上源藏自杀身死，残敌向八莫逃脱而去。缅北各要点至此尽归中国军队掌握。

10 月初雨季过后，驻印军开始向滇缅边境要镇八莫发起攻击，12 月 15 日，攻占八莫城，歼灭日军城防司令以下绝大部分官兵。日军只有 60 多人泅水逃脱。1945 年 1 月，驻印军占领南坎等地，乘胜向滇西挺进。

在滇西方面，中国远征军为策应驻印军，于 1944 年 5 月发起反攻。5 月 11 日，第 11 集团军在惠通桥上游抢渡怒江成功，开始了反攻滇西的战役。12 日，第 20 集团军第一线兵团全部强渡成功。远征军以第 20 集团军为右翼军，攻击腾冲方向；以第 11 集团军为左翼军，攻击龙陵、芒市方向。滇西山区地形险要，日军凭险抵抗，远征军陷入苦战。松山地处惠通桥至龙陵的咽喉，松山战役是滇西反攻的关键。守卫松山的日军精锐第 56 师第 113 团，装备精良，气焰嚣张，经数年构筑了坚固工事，并储备大量粮食弹药，困兽犹斗，顽固死守松山。我第 11 集团军先以第 71 军，后以第 8 军从 5 月中旬起强攻松山，历经四个月，最后以坑道爆破，用从美国运来的 TNT 炸药炸毁敌军阵地才于 9 月 8 日攻下松山。9 月 14 日攻克腾冲。11 月 3 日，占领围攻近五个月之久的龙陵。远征军乘胜追击，于 11 月 20 日攻克芒市。12 月下旬，远征军与日军在畹町地区展开决战。1945 年 1 月 20 日，远征军占领畹町。同日，进入缅甸境内追击日军。

1 月 27 日，驻印军和远征军主力在芒友胜利会师，中印交通线宣告打通。会师以后，中国军队继续进攻缅甸公路旧道，先后攻克维新、南巴卡、腊戍、细包等地。3 月 30 日，驻印军一部与英军在乔梅会师。至此，中国驻印军和远征军胜利完成了反攻缅北滇西的任务。

缅北滇西反攻战是抗日战争爆发以来国民政府军队发起的第一次战略反

攻，它直接配合了英印军粉碎日军进攻的作战，间接配合了盟军其他战场的军事行动。一个世纪以来，从来只有外国军队在中国领土上耀武扬威，如今中国军队在异邦作战，把曾经不可一世的日本侵略军打得威风扫地，极大振奋了中国的民心士气，也提高了中国军队在盟国中的威望。中国驻印军作战一年半，收复缅北大小城镇 50 余座，进军 2400 多公里，歼灭日军达 3 万余人。打通中印公路，重新开辟了对中国的陆路供应线，并消除日军对驼峰航线的威胁，便利了盟国援华物资运来输入。中国军队也蒙受了重大牺牲。仅中国远征军即阵亡 26697 人，伤 35511 人，失踪 1056 人，各军、师伤亡达三分之二。[①]

（三）敌后解放区的进一步扩大

1944 年，敌后抗日根据地军民普遍展开攻势作战，以主力在内线反攻的同时，以一部向外线挺进，取得重大战果。12 月，毛泽东提出扩大解放区，缩小沦陷区，必须把一切守备薄弱、在我现存条件下能够攻克的沦陷区，全部化为解放区。[②]1945 年各解放区战场军民，进一步发动攻势作战，向大城市和交通要道推进，加强对敌占区的战略包围态势。

在华北敌后战场，八路军向日伪军发起春夏季攻势作战。

山东军区攻势作战的主要方向是：开辟胶济铁路东段南北两侧地区，使胶东、渤海、鲁中、滨海各区的联系进一步巩固。2 月上旬，鲁南军区主力奇袭伪军某部盘踞的泗水县城，一举攻入城内，歼敌 2000 余人。2 月中旬，胶东军区集中兵力 5 个团又 5 个营，并动员民兵和群众 5 万人，进攻莱阳东南一带伪军某部，歼敌近 1 万人，解放人民 70 余万。3 月上旬，鲁中军区全歼蒙阴县城守敌，使沂蒙与泰南联成一片。6 月，鲁中军区集中主力和地方武装 1 万余人，歼伪军 7000 余人，解放安丘以南、临朐以东、景芝以西 1700 余平方公里的土地。7 月，滨海军区和鲁中军区协同，发起讨伐大股伪军的作战，歼敌 5000 余人，解放诸城、高密、胶县之间 2500 平方公里的地区。同时，渤

---

① 《卫立煌致蒋介石电》（1944 年 12 月 18 日），国民政府军令部战史会档案，中国第二历史档案馆藏。

② 《中共中央文件选集》第 14 册，第 417 页。

海军区在胶东军区一部配合下，发起讨伐另部伪军的作战，解放寿光外围的大片地区，进一步打通了渤海东部与胶东、鲁中的联系。此外，山东军区部队还在5—6月间先后发起临（沂）费（县）边、郯（城）马（头）、蒲（台）滨（县）等地作战，收复邳县、郯城、费县、蒲台（今滨州市）、滨县、南皮、沾化、德平、庆云等9座县城。

晋冀鲁豫边区部队在统一部署下分别展开攻势作战。太行军区作战的重点为豫北和平汉铁路沿线。1月下旬发起道清作战，经1个多月的连续攻击，歼日伪军2500余人，收复国土2000余平方公里，解放人口75万，建立了4个抗日民主县政府。6月底，太行军区部队以9个主力团，在民兵自卫队3万余人配合下，发起安阳作战，经10余天的作战，共毙伤日伪军800余人，俘日伪军2500余人，击溃伪军900余人，攻克据点30余处，扩大解放区1500余平方公里，解放人口35万。太岳军区作战的重点是打击和消灭豫北、晋南日伪军。4月，发起豫北作战，攻克据点40余处，毙伤日伪军2800余人，俘日伪军1700余人，打开了豫北的局面，控制黄河北岸除沁阳、孟县、济源等县城以外的广大乡村。6月中旬进行同蒲路南段作战，攻克据点29处，使祁（家河）夏（县）公路以南地区与北面中心区联成一片。太行、太岳军区部队经过道清、豫北等作战，开辟了平汉及新（乡）汴（开封）铁路以西、黄河以北、王屋山以东3800余平方公里的豫北地区，建立了7个抗日县政府。与此同时，在以围困为主的作战中，太行军区先后收复陵川、辽县、和顺县城，太岳军区先后收复沁源、阳城、晋城、安泽县城。冀鲁豫军区部队4月下旬，发起南乐战役，经3日激战，攻克县城，歼日伪军3400余人，使卫河以东大片土地成为解放区。5月中旬进行东平作战，歼日伪军2000余人，解放该城，使冀鲁豫边区之泰西、运东、运西、湖西等根据地联成一片。6月，为配合安阳作战，在平汉铁路东发起对成（安）临（漳）安（阳）敌占区进攻，歼伪军1500余人，攻克据点20余处。7月下旬，发起阳谷作战，全歼守敌2300余人，收复该城。又先后收复巨鹿、广宗、馆陶、冠县、武城等县城。冀鲁豫军区在春夏季攻势作战中，共攻克据点240余处，收复县城19座，解放人口250余万。

晋察冀军区确定1945年春夏季攻势作战的任务是：开辟雁北、察南、绥东、热河、子牙河东、大清河北和津浦路东等地区。冀中军区部队于4月中旬发起任（丘）河（间）作战，至月底收复该两县城。5月初起发起文（安）新（镇）和安（平）饶（阳）作战，至月底，先后收复饶阳、新镇、安平、武强、文安5座县城。6月上旬，发起子牙河东作战，至7月初，收复大城、献县两县城和子牙河岸据点37处。7月进行了大清河北作战、德石路作战和安（国）博（野）蠡（县）作战，收复交河县城和日伪军据点70余处。冀晋军区部队于5月中旬发起雁北作战，攻克与逼退敌据点40余处，歼日伪军960余人，开辟平绥路北和绥东地区。冀察军区于5月中旬发起察南作战，至月底收复怀安、涞源县城，歼日伪军670余名。冀热辽军区于6月中旬以3路挺进支队越过长城，分别向热河东、中和西北部进军，威胁敌东北与华北交通要冲。晋察冀军区在1945年春夏季攻势中，共作战2700余次，歼灭日伪军2.8万余人，拔除敌据点790余处，收复县城15座，解放人口500余万，解放区面积扩大13.5万余平方公里。

晋绥军区的攻势作战，首先以连续的进攻逼退离（石）岚（县）公路之敌，第二步进逼忻（县）静（乐）和神（池）五（寨）公路沿线之敌。2月中旬，晋绥军区发起以攻袭离岚公路之敌为重点的春季攻势。至4月下旬共作战537次，毙伤日伪军1500余人，俘虏和瓦解伪军800余人，解放方山、岚县、五寨3座县城，收复据点50余处，解放人口9.4万余人，扩大根据地面积3840余平方公里。6月中旬发动夏季攻势，首先围困静乐县城，对静乐外围和忻静公路两侧之敌展开攻击，并组织3000余名群众对忻静、神（池）义（井）公路进行大破击，先后毁坏桥梁23座，炸毁铁路桥1座，敌同蒲铁路一度不能通车。

在华中敌后战场，抗日军民向日伪军发起攻势作战。新四军苏北军区部队于1945年春季开始，在沭阳、淮阴、灌云等地区连续对日伪军发动攻势。1月下旬至3月中旬，歼灭伪军1200余人，攻克据点20余个，解放灌河以北地区。4月下旬，苏北军区集中主力和地方部队共11个团的兵力，进行了阜宁作战，歼灭伪军2300余人，攻克阜宁县城及外围据点22处，解放村镇560余处，控制了（南）通（赣）榆公路中段，扩大苏北解放区250平方公里。此后，又在淮海区连续攻克日伪据点20余处，控制了东（海）淮（阴）公路和盐河，使淮海根据地扩大一倍。苏中军区部队于2月下旬向兴化、高邮、宝应之间的日伪军据点进攻，歼伪军900余人，兴高宝地区2400平方公里的水网地带全部解放，联成一片。4月下旬，苏中军区集中5个团的兵力，在高邮以东三垛、河口地区设伏，经4小时激战，歼灭东调的伪军1800余名，毙日军连长以下240余名。淮北军区部队于5月下旬集中1.3万余人的兵力，发起宿（县）南作战，经一个月作战，歼伪军2100余人，解放国土470余平方公里，开辟了宿南新区，使津浦铁路西8个县联成一片。6月中旬，以主力一部和地方武装9个团，发起睢宁作战，持续至7月10日，歼伪军2200余人，攻克睢宁县城及其外围据点17处，收复国土300余平方公里，解放人口20万，进一步扩大了淮北根据地。淮南军区部队在春夏季作战中，对日伪据点和交通线连续进击，取得多次胜利。皖江军区部队执行中共华中局关于向江南发展的指示，取得进展，铜陵、繁昌、芜湖、宣城一带抗日游击区和贵池、东流、至德、彭泽的抗日游击区基本联成一片。7月，对巢湖南岸巢（县）盛（家桥）公路沿线日伪军据点进攻，连克据点多处，歼灭日伪军600余人。鄂豫皖湘赣军区部队1945年2月以主力一部向南发展，挺进湘鄂赣边，打击日伪军，开辟湘鄂赣抗日根据地。4月，另以主力一部进军随县南部的白兆山，歼反动武装一部，并以豫中兵团主力由确山地区南下，恢复信阳西部的四望山根据地，扩大了泌阳、桐柏、信阳、随县部分地区，重新开辟了信（阳）应（山）随（县）边区。同时，湘北、鄂西地区抗日武装，不断向日伪据点出击，扩大了嘉（鱼）蒲（圻）临（湘）和石（首）公（安）华（容）抗日游击根据地。

在华南敌后战场，日军打通粤汉铁路，沿线地区沦陷。为打击日伪军，扩大解放区，中共广东省临时委员会决定以珠江纵队派出之武工队挺进清远、四会、广宁，并继续向连阳及湘桂边推进；以中区纵队向沿海阳春、阳江发展，打通与南路的联系；以东江纵队第3、第4、第5支队在巩固中心根据地的基础上，派出部队北上佛冈、英德、翁源，再向曲江、南雄及湘赣边推进。2月底，东江纵队派出的北江支队进至英德，在佛（冈）、新（丰）、翁（源）之间开辟了新区；西北支队在清远东北开辟了以文洞（清远东北）为中心的新区。1—4月，珠江纵队在珠江三角洲解放村庄400多个，巩固了五桂山根据地。中区纵队2月中旬以主力向阳春、阳江挺进，取得胜利。南路游击队挺进廉江以西的新塘地区，开辟了游击区。琼崖纵队于7月以第1、第2、第4支队的主力大队组成挺进支队，南下开辟了以白沙为中心的抗日根据地。

敌后战场军民在向日伪军进行大规模攻势作战的同时，还以主力一部转入外线，开辟新区。八路军第120师第359旅奉命组成南下支队，挺进湘粤边开辟抗日根据地，以打通与广东东江纵队的联系，配合将来全国的反攻。1944年11月9日南下支队由延安出发，东渡黄河，南越陇海铁路，进入豫西，1945年1月底到达湖北大悟山，与新四军第5师会合。3月26日，南下支队占领平江县城，并改称湖南人民抗日救国军。7月初，继续向湘粤赣边进军。8月初渡过湘江，进入粤北的南雄附近。由于日本宣布投降，形势变化，9月初奉命北返。南下支队挺进湘粤边，推动了所经地区的人民抗日斗争。在华中，新四军派出第1师3个团，于1944年12月27日分东、西两路南渡长江，进抵苏浙皖边，翌年1月上旬，在浙江长兴地区与第16旅会合，成立苏浙军区，将部队整编为第1—3纵队，继续挺进莫干山地区。4月，苏中军区2个团渡江南下，与苏浙军区领导机关在孝丰地区会合，并编为第4纵队。苏浙军区部队打击日伪势力，发展和巩固了苏浙皖边抗日根据地。

1945年，敌后军民以八路军、新四军等为主力，开展春夏季大规模攻势作战，取得了重大胜利，共歼灭日伪军16万余人，收复县城61座，扩大解放区24万余平方公里，解放人口近1000万，将日伪军进一步压缩于大中城市周围和主要交通线及沿海重要地区。这一阶段攻势作战的特点是：抗日游击战争逐渐向抗日正规战争过渡，运动战和攻坚战显著增多；作战的规模不断扩大，连续作战的能力增强，战术技术水平提高；作战的组织指挥和协同渐趋集中统一。敌后抗日根据地战争形势的变化开始带有军事上战略转变的性质，即从分散的局部的对敌作战转变为带有统一的全局的反攻作战的性质。敌后军民经过大规模的攻势作战，已发展成为正规军91万，民兵自卫队220万，根据地总人口近1亿。这是转入大反攻前敌后战场的状况。

（四）关于中国两种前途两种命运的争论

中国国内在抗战胜利前夕面临着更加复杂的政治形势。国民党反对民主联合政府，拒绝进步的民主的社会改革，坚持一党专政，使中国存在着严重的危机。抗日战争正接近胜利，胜利后中国的前途如何，命运如何，日益成为人们关注的问题。作为中国两大政治力量的国民党和共产党都重视抓紧时机来对这个问题作出自己的回答。

1945年5月5日至21日国民党在重庆召开第六次全国代表大会。这个大会充分表现了国民党坚持独裁，反对民主反对进步；坚持半殖民地半封建的旧中国，反对民主新中国的倾向。

蒋介石的大会开幕词及会议通过的军事报告决议中都强调“加强战斗力

量，争取抗战的最后胜利”，“我中国当前最急要之任务，无过于充实军队之配备，努力最后决战，消灭敌寇，竟抗战之全功”，“今后之反攻准备，尤须积极进行”。5月9日，大会致电同盟国，庆祝盟军在欧洲战场的胜利，希望盟军能“迅速的运用其一切力量打击日本”，并表示“我国必不惜任何牺牲而将尽我一切军力、民力、物力与盟军共摧残敌，以履行吾人在此大战最后阶段中艰巨神圣之责任”。又一次重申了国民党政府战胜日本侵略，争取抗战胜利的决心。欧洲反法西斯战争正在胜利结束，中国仍处在对日战争中，争取最后胜利仍是当前首要问题。蒋介石的这些话是必须讲的。

在政治上，为了对抗全国人民和各民主党派关于结束一党专政、成立民主联合政府的要求，蒋介石在会上重弹“还政于民”的老调，说“本党还政于民的初衷，从不因战争剧烈而片刻忘怀”。会议决定在1945年11月12日（孙中山诞辰纪念日）召开国民大会，颁布宪法，以“结束训政，实施宪政”。对这些诺言，共产党、各民主党派多次指出，那不过是蒋政权坚持一党专政的一种手法。中国需要真正普选的民意机关和民主政府，经过抗战，中国的社会政治情况都发生了根本性的变化；在这情况下召开抗战前由国民党包办选举的“国民大会”，通过战前制定的“五五宪草”，这与人民所企盼的民主政治，不啻是南辕北辙。会上有的代表提出《加强民主设施，促成国家统一案》《确定重新推选国民大会代表，以便实施宪政案》等反映国民党内外民主呼声的提案，皆因不符合蒋介石统治集团的意愿而被束之高阁。

关于社会经济改革和战后国家经济建设问题，大会宣称：“吾人今后工作，必当特别着重于民生主义实施。举凡防止资本垄断，扫除生产之障碍，抑制土地之兼并，实施耕者有其田之主张，以及提高前线战士之待遇，保障农工生产者与公教人员之生活，普及一般青年就学就业之机会，其已着手实施者，当力求其贯彻，其尚未致力者，必竭诚以推行。”会议通过了一系列相应的议案，如《土地政策纲领》《农民政策纲领》《战后社会安全初步设施案》《工业建设纲领实施原则案》等。在这些决议中，国民党重申了孙中山平均地权和节制资本的主张，强调了实现中国工业化的建设目标。但这些决议全是空话，没有具体措施和可以操作必须执行的规定，如说什么“中国必须能富，而后可以消纳工业的产品，成为世界主要的市场，成为世界经济繁荣的一个因素”；“中国必须能富，而后可以提高一般人民的生活水准和文化水准，而后中国乃有普遍的社会安全，而后中国乃可以确实贡献于世界，成为世界和平的支柱”。要使中国能富，就必须实现中国的工业化等等。中国的工业化和社会经济发展决不是靠一纸空文可以解决的，其根本前提是国家政治和社会经济的民主化。社会生产力的巨大解放，是中国工业化的基本条件。对于孙中山“平均地权”“节制资本”的口号，国民党不仅从来没有认真实行过，实际是反其道而行之。国民党统治所造成的官僚买办资本急剧膨胀及封建剥削的加剧和农民土地问题的严重已充分证明了这一点。国民党代表大会重提以上口号，不可能付诸实践，也是不准备实行的。

关于国共关系问题，大会通过《本党同志对中共问题之工作方针》和《对于中共问题之决议案》，一方面宣传“共产党乘敌寇深入之际，破坏抗战，袭击国军”，要求中共“改弦易辙”；另一方面又表示对中共问题仍要以“政治方式力求解决”，“在不妨碍抗战、危害国家之范围内，一切问题可以商谈解决”。但实际上因其在联合政府问题上的顽固立场，国共关系和国共谈判已不可能取得任何进展。

国民党“六大”进一步加强了蒋介石的个人独裁。大会继续选举蒋介石为国民党“总裁”。在修改后的国民党党章中，将原先由总裁“代行”总理职权的规定，改为“行使”总理职权。明确规定总裁蒋介石对代表大会决议及中央执行委员会决议有交复议乃至最后决定之权。在六届一中全会上还由中央执监委员监督宣誓：“服从总裁命令，信仰本党主义，遵守本党纪律，严守党的秘密，绝对不组织或加入其他政治团体。如有违背誓言，愿受本党最严厉的处分。”这也使国民党增加了浓厚的封建专制的气味。

国民党第六次全国代表大会的路线使一切进步的人们感到失望、担忧，以为它只能是把中国引向独裁专制、分裂内战的路线。按照这样一条路线，抗战胜利后的中国将面临黑暗的前途和命运。

几乎就在同时，中国共产党第七次全国代表大会于1945年4月23日至6月11日在延安召开。参加大会的正式代表有547人，候补代表有208人，代表着120万党员。大会主要议程是毛泽东作政治报告，朱德作军事报告，刘少奇作关于修改党章的报告，以及选举新的中央委员会。大会通过《关于政治报告的决议案》《关于军事报告的决议案》和新的党章。选举产生由44位委员组成的中央委员会。毛泽东被推举为中央委员会主席，毛泽东、朱德、刘少奇、周恩来、任弼时被推举为书记处书记。新党章规定“以马克思列宁主义的理论与中国革命实践之统一的思想——毛泽东思想，为我们党一切工作的方针”。这是毛泽东思想正式在党章上加以规定下来。

中国共产党“七大”提出，中国面临着两种前途、两种命运的斗争。在《论联合政府》的报告中，毛泽东分析比较了抗战期间国共两党及其分别领导的两种军队、两个战场以及解放区和国民党统治区不同的状况及变化趋势，断言“国民党政府压迫中国人民实行消极抗战的路线和中国人民觉醒起来团结起来实行人民战争的路线，很久以来，就明显地在中国存在着。这就是一切中国问题的关键所在”[①]。由于这种情况，国民党不仅不能担负起将抗战进行到底的任务，而且即使日本侵略者被打败了，国民党主要统治集团也必定要发动针对人民民主力量的内战，重新“将中国拖回到痛苦重重的不独立、不自由、不民主、不统一、不富强的老状态里去”。因此，废止国民党的一党专政，取消蒋介石的独裁统治，成立有各党派代表参加的联合政府，实行必要的民主改革，就成了中国共产党人及全国人民目前最重要的奋斗目标。

中共“七大”制定了建设新民主主义国家的一般纲领和具体纲领。毛泽东说，我们所要建立的政权也仍旧是新民主主义的几个民主阶级联盟的政权，而不是一党专政。对于为实现共产主义和社会主义理想而奋斗的共产党人来说，“在中国，为民主主义奋斗的时间还是长期的。没有一个新民主主义的联合统一的国家，没有新民主主义的国家经济的发展，没有私人资本主义经济和合作社经济的发展，没有民族的科学的大众的文化即新民主主义文化的发展，没有几万万人民的个性的解放和个性的发展，一句话，没有一个由共产党领导的新式的资产阶级性质的彻底的民主革命，要想在殖民地半殖民地半封建的废墟上建立起社会主义社会来，那只是完全的空想”[②]。共产党当时斗争的具体目标就是消灭日本侵略者，谋求国家独立；废止国民党一党专政，成立民主的统一的联合政府，使全国军队成为人民的武装；实现土地改革，解放农民，谋求国家和广大人民的自由、民主和统一。中共“七大”分析了抗战胜利前夕的国内外形势，指出中国两种前途、两种命运斗争的严重性以及争取国内和平统一，实现民主联合政府的可能性。毛泽东说，以蒋介石的愿望，国民党一定要打共产党，可能不打是五个方面条件，即美国、日本、共产党、人民及国民党内部。我们的政策放在争取不打，争取国民党变。由于世界反

---

①《毛泽东选集》第3卷，第1034页。

②同上书，第1060页。

法西斯战争的胜利，战后和平民主将是世界发展的主流，反民主的战争力量将受到很大压制。苏美两国在国际问题上达成的谅解，使新的世界战争不可能立即爆发。而且在苏美妥协和谅解的基础上，两国都不希望中国内战。在国内，共产党领导的人民革命力量的强大以及国民党地区人民民主运动的发展等等，这些都是争取民主和平统一，实现联合政府的有利条件。但道路将会是十分曲折的。特别是由于美国实行扶蒋抗日拒苏反共方针，美国与苏联的矛盾将不可避免。蒋介石在抗战结束后发动反共内战的可能更难避免。4月4日，毛泽东等会见美军观察组谢伟思，说明共产党对美国的政策是寻求友好的美国支持，在中国实现民主和在对日作战中进行合作。同时表示如果“一旦中国发生内战，希望美国对国共双方采取不插手政策”①。他对美国和蒋介石反共分裂内战政策进行了坚决的批评。

中共“七大”决议规定的“放手发动群众，壮大人民力量，在我党的领导下，打败日本侵略者，解放全国人民，建立一个新民主主义的中国”的政治路线，进一步统一了中共全党的思想和行动，实现了中共的空前团结。毛泽东号召全党：只要树立起愚公精神，毫不动摇，挖山不止，就一定能感动“上帝”即全中国的人民大众，一起彻底铲平帝国主义和封建主义这两座压在中国人民头上的大山。

国民党与共产党两个代表大会的争论，是关于中国两个前途、两种命运的争论。国民党“六大”与共产党“七大”在两个基本问题上又是一致的。一是争取抗战胜利，把日本帝国主义驱逐出中国是当前全国的首要任务。在国共关系上，国民党表示要以“政治方式”解决中共问题；共产党是坚持对国民党团结抗战的方针。共产党“七大”期间，毛泽东反复讲，我们对蒋介石的方针是又团结又斗争，斗争要有利于团结。这是由于日本还在侵略中国，日本军队占领着中国领土。中国遭受日本的民族压迫不改变，国共抗日合作的大局就不会改变。二是国共双方都确认抗战胜利已经临近，都在为抗战胜利以后作准备。双方的争论再也不是过去多次重复的抗战与否或怎样抗战，而是战后中国应当是怎样的一个中国，这是很不寻常的。这就是表示双方都在为战后作准备，宣布自己将为什么目标奋斗，为什么要为那个目标去奋斗，等等。共产党的“七大”更显示出一种迎接新时代到来的气氛。

---

①《毛泽东年谱（1893—1949）》中册，人民出版社、中央文献出版社1993年版，第589页。

十六　日本战败投降，中国抗战取得完全胜利

（一）抗日战争晚期的国际形势

1944年2月起，美、英、苏三国政府开始就几个月前已经宣布的《四大国宣言》确定的新国际组织的权力作用等问题进行磋商。4月下旬，美国拟出章程草案，希望尽早召开会议，商讨成立国际组织的问题。同年8月至10月，中、美、英、苏四大国在美国敦巴顿橡树园举行会议。为了照顾苏联的处境，会议仿照开罗会议和德黑兰会议的办法，把中、苏两国分开。第一阶段，8月21日至9月28日，美、英、苏三国会议；第二阶段，9月29日至10月7日，中、美、英三国会议。

第一阶段会议在一系列重要问题上取得一致。新的国际组织定名为联合国；它包括四个基本部分：大会，安全理事会（大国享有常任席位，并有小国代表参加），秘书处，国际法院。大会一般决议，以简单多数决定，主要决议由三分之二多数票通过。

美、英、苏三国存在两项意见分歧。一、关于联合国创始会员国问题：苏联要求其所有16个加盟共和国都成为创始会员国，美、英不同意；二、关于安理会投票程序问题：对于安理会常任理事国享有否决权一点没有异议，但英国方面坚持，作为争端当事国的大国没有否决权，美国支持英国主张，苏联反对，认为大国一致的原则应是采取任何行动的必要条件。三国代表决定把分歧问题留给三国首脑作进一步讨论。[①]后来在三国首脑雅尔塔会议上，斯大林建议：提交安理会审议的需要通过制裁手段解决的争端，当事国必须参加投票；对于通过和平手段而不必采取制裁手段解决的争端，当事国可不参

---

①《赫尔回忆录》第2卷，第1676—1685页；〔美〕麦克尼尔著，叶佐译：《美国、英国和俄国——它们的合作和冲突（1941—1946年）》下，上海译文出版社1978年版，第772—786页。

加投票。关于创始会员国问题，苏联收回原来要求，提出乌克兰、白俄罗斯、立陶宛作为发起国。美、英同意乌克兰、白俄罗斯为创始会员国，分歧解决。

在第二阶段的会议上，国民政府的立场是：一、追随美国；二、美、英、苏在世界和平机构中所参与的事项，中国以平等地位参与。中国代表团对三大国达成一致的各项没有异议，提出了几点非实质性的补充意见，其中有为英、美采纳，列在《联合国宪章》文字上的。①

1945 年 2 月美、英、苏三国首脑在雅尔塔举行的会议是第二次世界大战晚期反法西斯大国间一次历史决定性的会议。它的议程是讨论如何结束战争，在战后如何继续保持大国间的合作关系，如何划分大国间的势力范围。会议在关于对德作战和对日作战问题上取得一致意见。三国一致同意将 7 月 1 日定为最后结束对德战争的期限。斯大林承诺，一旦对德战争结束，在二到三个月间，苏联将参加对日作战。会议还决定了打败德国后的对德占领、管理及赔偿原则，波兰政府的组成以及波苏边界划分等问题。

雅尔塔会议上，三国首脑签署了一项秘密协定，内容是：在德国投降及欧洲战争结束二至三个月内，苏联将参加盟国方面对日作战，其条件是：（1）维持外蒙古（蒙古人民共和国）现状；（2）恢复 1904 年日本的进攻所破坏的原属俄国的各项权利，即（甲）将库页岛南部及其附近一切岛屿归还苏联；（乙）大连商港国际化，并保证苏联在该港的优惠权益，恢复租借旅顺港为苏联海军基地；（丙）设立中苏合营公司，共同经营通往大连的中东铁路及南满铁路，并保证苏联的优惠权益，而中国保持在满洲的全部主权。（3）千岛群岛交给苏联。经谅解，有关外蒙古及上述港口与铁路的协议应征求蒋介石的同意，罗斯福将采取步骤使中国政府同意以上协定。苏联所有这些要求应在日本战败后无条件地予以满足。苏联方面表示，准备和中国国民政府签订一项苏中友好同盟协定，用武力帮助中国从日本枷锁下获得解放。②

这个秘密协定中关于中国的部分，一是损害中国主权的；二是美苏两国拿中国利益互相变换，划分势力范围，强制中国就范的；三是干涉中国内部事务，支持中国大地主大资产阶级统治，不利于中国人民革命的。罗斯福与

① 《顾维钧回忆录》第 5 分册，第 418、421 页；《中华民国重要史料初编》第三编，战时外交（三），第 891 页；克金洛夫著，张瑞祥等译：《联合国史料》第 1 卷，中国人民大学出版社 1955 年版，第 53—54 页。

② 《中美关系资料汇编》第 1 辑，第 176—177 页。

斯大林，很难说谁对谁的让步更多一些。按照这个协定，苏联恢复了1905年俄国败于日本以后失去的在远东在中国东北的全部权益。美国则由于影响力强大的苏联支持蒋介石国民党政权，等于承认了中国的绝大部分为美国势力范围而得到满足。因此协定是美、苏在东亚互相争夺和互相限制的产物。根据协定苏联按时出兵，加速了日本彻底失败投降，这是协定的正面意义。

1945年4月25日至6月25日，在美国旧金山举行联合国制宪大会。会议由中、美、英、苏四国发起，共50国参加。中国政府派遣以宋子文为首席代表的代表团出席会议，董必武为中共方面正式代表。6月26日，各国代表在《联合国宪章》的五种文本（中、英、俄、法、西）上签字。1946年1月10日至2月14日，第一届联合国大会在伦敦举行，联合国正式开始运作。

联合国的成立是现代国际关系史上的重大事件。联合国是在人类两度遭受惨不堪言的战祸后诞生的，它的成立反映了人们渴望持久和平，免除世界战争劫难的强烈愿望，反映了人们要求建立一个和平、公正、合作和繁荣的新世界的理想。联合国的成立顺应了时代发展的潮流，是世界反法西斯、反军国主义战争胜利带来的历史性进步。中国以其对反法西斯战争的巨大贡献成为联合国的创始会员国和安理会的常任理事国，确立起中国以后在国际事务中发挥积极作用的地位，这是理所当然的。

1945年6月，美国政府按照雅尔塔秘密协定的规定，把协定内容通知国民政府。6月30日，中苏条约谈判在莫斯科正式开始。谈判分两段进行：第一段，6月30日至7月12日；第二段，8月7日至14日。中方代表为宋子文、蒋经国、王世杰等，苏方参加谈判的有斯大林、莫洛托夫及驻华大使彼得洛夫等。双方经过艰难的讨价还价，于8月14日签订《中苏友好同盟条约》和四项附加协定（总称中苏条约）。[①] 中方在条约中作出的主要承诺是：承认外蒙古独立，战后外蒙古举行公民投票，以证实这种愿望；中东铁路、南满铁路改名为中国长春铁路，为中苏两国共同平均使用，由两国合办公司共同经营；旅顺作为海军基地，仅供两国使用，由苏方防卫，民事行政属于中国；大连战时划入旅顺军事区，平时为自由港，行政权属于中国，港口主任由苏方担任，中国允将港口工事及设备之一半无偿租与苏方。苏方作出的主要保证是：苏联政府的道义支持和物质援助（尤其是军需品）“完全供给中国中央

①《中外旧约章汇编》第3册，第1327—1338页。

政府，即国民政府”；苏联尊重中国对东三省的主权及领土与行政完整；关于新疆事变，苏联不干涉中国内政。中苏条约有效期为 30 年。

中苏条约的签订落实了雅尔塔秘密协定的规定。它是一个有损中国主权的不平等条约。国民党蒋介石政权出让民族利益，换来的是维持它的统治利益所需要的东西。通过这一条约，蒋政权取得了苏联不支持中共的保证。这对国民党战后维护其一党专政是不可缺少的。但是，中国战后政局终究没有像美国和国民党所希望的那样发展，也没有照苏联设想的那样发展。美国尽其所能地参与干涉，人所共知。苏联不但不支持中共，而且斯大林一再劝告中共，要与蒋介石谋求妥协，解散自己的军队，也就是中国革命应该就此止步。斯大林不久以后对人说：“中国同志在这里的时候表示同意苏联同志的观点，但回国后做的却是另外一套。”中国局势当然要受周围环境影响，但中国是一个大国，中共是一个大党，中国前进的道路终究是靠中国人民自己开辟出来的。

（二）日本侵略者最后挣扎

1945 年元旦清晨，日本天皇裕仁在防空警报和灯火管制中身着军服，在临时围成的场地上，匆忙作完传统的“四方拜”（拜神）仪式，即躲进地下密室。这与每年元旦天皇穿御服，在特定宫殿内举行的“四方拜”，形成明显的对照。这是由于以 B-29 为主的美军轰炸机对日本本土的连续性大规模轰炸已造成威慑，连日本皇宫也在空袭的威胁之中了。日本举国上下一片恐慌，整个社会已处于风雨飘摇之中。日本统治集团自然要考虑如何结束战争的问题。日本活动家清泽洌《黑暗日记》记载：1 月，某重臣晋见天皇，请问有没有媾和的意思？天皇说，可能是无条件。随即说，“若是，朕亦愿往第一线捐躯”。这表明直到这时，裕仁仍不肯放弃侵略的既得利益，要把战争坚持下去。

日本军国主义内外交困

在欧洲战场上，1944 年 6 月 6 日，美英军队 287.6 万人在艾森豪威尔指挥下开始诺曼底登陆战役，开辟第二战场。之后，德国即处于盟军东西夹击的战略攻势之下。1945年1月下旬，苏联红军主力打进德国，前锋突进到距德国首都柏林只有60公里的奥得河一线。2月23日，西线盟军开始从科隆向德军正面发起猛烈进攻。3月下旬，盟军顺利地渡过莱茵河，占领了大片德国土地。4月16日，苏军以柏林为目标发动总攻击，25日完成对柏林的包围。27日，苏美军队在易北河会师。30日，德国法西斯的头号战争罪魁希特勒自杀身亡。5月2日，柏林德国守军以及德国在意大利、西南欧及其他地区的军队相继宣布投降。5月8日，德国正式宣布无条件投降。世界反法西斯战争在欧洲战场取得彻底胜利。

德国投降后，盟军迅速将主力东移，集中优势兵力与日本进行决战。

根据1945年1月底美国参谋长联席会议确定的在欧洲战事进展顺利的前提下，彻底打败日本的基本作战计划：（1）在冲绳岛战斗结束后再占其他据点，加强封锁及轰炸日本；（2）进攻日本九州，牵制并消灭其主力，加强封锁和轰炸，以进一步削弱其抵抗力；（3）穿越东京平原，对工厂和工业中心作决定性的攻击；（4）在欧洲盟军东调增援的日期确定前，应在中国舟山宁波地区攻占据点，并在1945—1946年交替的冬季内由此进攻日本的九州和本州；（5）争取苏联军队参加对日作战。[①] 德国投降后美国总统杜鲁门发表声明说："我们胜利了一半，最后还剩日本。"美国的兵员物资全部用于对日作战。

日本军国主义内外交困，走投无路了。日本海空作战力量，在战争中受到严重挫伤。1944年6月，美军在太平洋上以590多艘战舰和12.7万多兵力，发动对马里亚纳群岛的攻势，相继攻占塞班岛、关岛、提尼安岛。日军损失航空母舰及主要战舰25艘，飞机近400架，地面部队被击毙6400多人。盟军迫使日军将防线收缩至菲律宾、台湾、琉球群岛、日本、千岛群岛一线。日本陆军兵力主要部署在四个战略方向上，但已捉襟见肘，不敷使用。其中用于准备本土决战的兵力最多，计有59个师（内含2个坦克师），24个独立混成旅，7个独立坦克旅，3个警备旅和4个高射炮师，总人数约有220万。用于东南亚的兵力计有38个师（含1个坦克师），4个飞行师，23个独立混成旅，总人数约在120万左右。用于中国大陆的兵力总计有30个师（其中4个师后调往满洲），22个独立混成旅，11个独立步兵旅，1个坦克师，1个骑兵

---

①《美国外交文件·马耳他会议和雅尔塔会议》，1945年，第395页。

旅，1 个飞行师，总人数约为 110 万。用于准备对苏作战，驻守在日本北端、朝鲜及中国东北地区的兵力，总共有 35 个师，15 个独立混成旅，总人数约为 100 万。日本国内兵力动员已到了山穷水尽的地步。

战争的失败造成日本政局动荡和社会矛盾的激化。1944 年 7 月塞班岛失守后，对“大东亚战争”负有重要责任的东条英机内阁被迫辞职，由朝鲜总督、号称“高丽之虎”的小矶国昭出任首相组阁。1945 年 4 月小矶国昭未能挽回菲律宾海战的败局而倒台。内阁更迭频繁，政局严重不稳，日本统治集团内部对继任首相人选产生很大分歧。在征得陆海军同意后，决定由枢密院议长海军大将铃木贯太郎接任首相组阁。

日本人民的厌战情绪在不断增长。失业和生活贫困，激起工人农民对战争和高压统治的不满。知识阶层“焦躁不安”。尽管军警统治管制甚严，不少人开始公开批评军方和政府，要求尽快结束战争。一些人在私下交谈和记录中称日本是“强盗国家”“黑暗世界”。民众担心今后对于日本所加的重压，对战争悲观。遭美军轰炸而丧失家园的大批灾民，基本生活条件难以维持，更是怨声载道。日本统治集团担忧，社会中已经出现发生“共产革命”的迹象。

战争的重压使日本国民经济几近崩溃，生产能力明显下降，相当多的工厂因缺乏原材料而停产倒闭。1945 年年初的铁产量不到计划数的三分之二，飞机工业因缺少铝材降到三分之一，船运能力不足 100 万吨，煤炭、化工、金属和液体燃料的生产难以为继。日本国内交通，因设施陈旧，无力更新和空袭的破坏，运输力也大受影响，通讯濒于瘫痪边缘。粮食和食盐等国民生活最基本的必需品极端匮乏，部分地区已经出现了饥饿现象。1945 年每人每日粮食定量 312 克。本年度粮食总供应量（含代用品）11400773 公斤，比 1941 年度减少 348075 公斤。另外副食品、调味品与 1941 年相比，肉类只有 20%，鱼类 30%，调味品不足 50%。①1945 年 6 月一份提交给日本最高军事会议讨论的国力现状估计，“今年青黄不接的时期，将出现开战以来未曾有过的（经济）危机，谷物和盐的供应量，将难以保证维持人的生理需要的最低限度”。

在国际上，意大利、德国法西斯政权的倒台，使日本空前孤立。1945 年 4 月 5 日，苏联政府宣布废除《苏日中立条约》，使日本朝野震恐。日本军部提出通过对苏谈判，防止苏联参战，甚至加强与苏联的关系，避免两面作战，

① 〔日〕服部卓四郎：《大东亚战争全史》第 4 册，商务印书馆 1984 年版，第 1547 页。

腹背受敌。一部分政府阁员则主张通过对苏谈判，争取苏联中立，或居中调停，结束战争。5月11日，日本最高战争指导会议决定："第一，防止苏联参战；第二，尽量诱致苏联的善意态度；第三，导致和平。"为实现这一方针，日本决定向苏联作重大让步："归还南库页岛"，"取消渔业特权"，"开放津轻海峡"，"转让在北满的铁路权利"，"确认苏联在蒙古的势力范围"，"让出旅顺、大连的租借权"，甚至还准备在不得已时"割让千岛群岛北部"。

5月15日，因德国已经投降，日本宣布废除实际已不存在的日德意三国间的一切条约。6月初，前首相广田弘毅与苏联驻日大使马立克开始谈判。6月20日，天皇直接决定邀请苏联斡旋，进行外交讲和。7月7日，天皇急不可耐地提议派特使持他的亲笔信到苏联，促进谈判，并征询苏方意见。7月20日，苏联表示拒绝。

1945年3月25日，美军1500多艘舰船，2500架飞机，总兵力约55万人发动冲绳岛战役。冲绳是琉球群岛中最大的岛屿，是日本本土与台湾之间岛屿防御锁链中的重要一环。也是日本本土的最后屏障。日本大本营集中陆海军航空兵飞机数千架（其中多数是神风特攻机，亦称"自杀机"）和十多万部队进行守岛防御。

4月1日，美军先头部队5万多人实施登陆，受到日军殊死抵抗，至6月21日占领全岛，歼日军9万人以上。日军损失军舰20余艘，飞机7800多架。日军第32军司令官牛岛剖腹自尽。美军伤亡7万人，舰船被炸沉33艘，损失飞机1700多架。冲绳岛陷落，使日本本土门户洞开，完全暴露在盟军的强大攻势之下。

美军对日本本土的轰炸也进一步给日本造成严重打击。1945年3月以后，美国空军平均每月出动飞机3000多架次，最高时达2万多架次对日本进行轰炸。据统计，到日本投降前，日本被炸城市98个，城市建筑被毁率，京滨地区达56%，名古屋市达52%，阪神地区达57%；烧毁房屋总数约为143万栋[①]；死伤人数在30万左右。

美国海军还对日本本土进行封锁。1945年3月起，美国在日本的下关海峡两侧及神户等处布雷，名古屋、横滨、东京等港口均被封死，海上运输陷于停顿。美军占领冲绳后，美国军舰进入日本近海，直接对重要城市进行炮

①〔日〕服部卓四郎：《大东亚战争全史》第4册，第1544页。

击。大规模的轰炸使日本全国生产陷于瘫痪，人心惶惶。

日本在中国战场的企图及“本土决战”计划

穷途末路的日本军国主义绝不甘心失败。它一方面想“体面结束战争”，一方面妄图以中国、“满洲”和日本本土为主要战场，抵抗盟军进攻，进行最终决战。1945 年初，日本最高战争指导会议决定，强化以日“满”华为基础，以本土为核心的决战体制。“在满洲、中国的资源与日本本土的生产力结合的基础上”，确立中国经济的战时体制和物资调拨的统一，确保大陆重要运输线，确保大陆内部及大陆与日本本土之交通运输，以保证在军事上能确实击退进攻中国大陆之美军，粉碎其企图，确保大陆重要地区。同时促成重庆政权力量的削弱和消灭。

日本企图在中国进一步推进战局进展，争取在作战成功后，或进行有利之决战，或实现“体面的”和平，前此 1944 年 6 月盟军在赛班岛登陆后，日本已担心美军在中国东南沿海奇袭登陆；7 月 18 日大本营命令中国派遣军攻占浙东沿岸重要地区，以遏制美军在这一带登陆的企图，并谋求沿岸及海上交通的安全。日本第 13 军与海军配合作战，于 9 月 9 日占领温州（第 3 次占领），10 月 4 日占领福州（第 2 次占领）。1945 年 1 月，日陆海军当局共同提出“将中国大陆的作战转变为以美军为主要敌人的作战。以上海和华南地区为准备的重点”[①]，全力防御美军登陆。同时确保大陆之重要战略、资源和交通要地，加强对北方苏联的战备。据此，新任中国派遣军总司令官冈村宁次提出进行四川作战。其设想是：1945 年 3 月从衡阳、柳州方向展开正面攻势，攻占芷江和贵阳附近地区，进而长驱重庆、成都，占领四川省的重要地区，彻底摧毁重庆国民政府，使其完全失去抵抗能力。但日本大本营鉴于其在各条战线都已陷入严重困境，中国派遣军为集中力量对美作战，应以东面为主，实行东西两面作战，大部队地面进攻不能超越内蒙古的百灵庙、安北、山西西南部的黄河、老河口、宜昌、秀山、黎明关、平马一线，未完全同意中国派遣军的四川作战计划。大本营指示中国派遣军，“为了促使重庆势力的衰亡，遏制敌驻华空军势力的活动，可对中国腹地，使用多数小部队进行有

---

① 《日本帝国主义对外侵略史料选编》，第 491 页。

组织的长期的挺进奇袭作战”[①]，包括摧毁美国空军设在老河口以及芷江等地的机场。

1月29日，冈村宁次在南京召开军事会议，根据新的作战方针，调整各军任务部署，决定各部队在确保现地占领的基础上，华北方面军在夏初完成青岛方面的对美作战准备；第13军在夏初完成长江下游地区的对美作战准备；第23军在3月底前完成东南沿海的对美作战准备；第6方面军担任对国民政府作战的主角。同时决定进行老河口、芷江作战。

在其国内，日本进一步加紧本土决战的动员和准备。2月26日，参谋本部制定《完成本土决战基本纲要》，要求不惜代价，完成各项准备。3月20日，确定了进行本土决战的《决号作战准备纲要》，决心动员全部陆海军航空兵力，以特攻战挫败美军于海上，尔后再以本土地面兵力在防御纵深作殊死搏斗，以全体军民进行特攻作战，以决胜负。日本政府按军部提出的三个条件，（一）彻底完成大东亚战争；（二）组织能实现陆海军一体化的内阁；（三）以具体方式坚决实行陆军所提出的本土决战措施，进行大规模战争动员和兵员征集。决定自4月1日起，所有学校除小学外，全部停课，“动员所有的学生担任粮食增产、军需生产、防空、防卫、重要研究及其他直接对决战必要的业务”。同时还颁布《军事特别措施法》，规定军队有权在任何地域（包括居民区）修筑工事和交通线，实行国土战地化。日本政府颁布《义勇兵役法》和《国民义勇队法》，规定男子15至60岁，女子17至40岁均须服役。另除老幼、病弱、孕妇或负责家庭生活的主妇外，凡小学毕业以上，男子65岁、女子45岁以下的国民，均须参加国民义勇队。国民义勇队是准军事编制，其任务包括防空、重要物资的运输、工事的构筑、支援军队和工厂的疏散等。琉璜岛战役后，4月8日，日本大本营决定建立第一、第二总军司令部和航空总军司令部，作为日本本土决战的统帅指挥机关。第一总军司令官杉山元，担任本土东部作战；第二总军司令官畑俊六，担任本土西部作战；航空总军司令官河边正三，担任本土航空作战。

6月，冲绳岛战役后，战争已迫近日本本土，日军企图利用外围岛屿进行抵抗的计划已基本破产。6月8日，最高战争指导会议及御前会议通过《战争指导基本大纲》，提出“誓死尽忠”，“维护国体”，“保卫皇上”，鼓吹“不

①〔日〕服部卓四郎：《大东亚战争全史》第4册，第1346页。

惜一亿玉碎”，以“特攻”战斗精神进行本土决战。7月，日本基本上完成了本土决战的动员，可以参加本土决战的兵力，大体有陆军53个师，22个混成旅、2个坦克师、7个坦克旅，约220万人，飞机10000架，其中75%为特攻机，海军特攻舰3300余只。此外，特别警备队约25万人，国民义勇队2800万人，但其军队的装备严重缺乏。据估计，缺少50%的步枪、23%的轻机枪、28%的火炮、74%的坦克。飞机、舰艇多数是自杀性的特攻机、特攻艇，这就是日军本土决战的基本手段。

（三）日军的细菌战与毒气战，日军的挣扎与中国军队的攻势

日军的细菌战与毒气战，从战争开始不久就先后实施，一直到战争后期仍在延续。中国东北平房细菌工厂的不停运转，日军占领的许多地区大量毒气弹的储存，说明战争如果继续下去，不知中国军民，尤其是普通群众还会有多少人丧身于日军细菌武器和毒气弹之下。

日本从1936年在哈尔滨南郊的平房地区建立“关东军防疫给水部队”，即代号为“满洲第731部队”的石井细菌战部队之后，一直在加紧进行极端残忍、灭绝人性的细菌武器的实验与生产。1938—1939年分别在北平、南京、广州成立同一性质的“华北防疫给水部”（代号“甲字第1855部队”）、“华中防疫给水部”（代号“荣字第1644部队”）、“华南防疫给水部”（代号“波字第8604部队”）。“华北防疫给水部”在天津、济南、徐州、开封、保定、太原、张家口、包头等13个地方设立支部，“华中防疫给水部”在九江等地设有12个支队。“防疫给水部”隶属于日军大军区（方面军或派遣军），其支部或支队隶属于军，在一些师里则设防疫给水班，表面上是防疫和检查水质，实际上是培养和散布细菌。

日军散布细菌首先施行于华北各地，一般是霍乱、伤寒等病菌，多投放于水井内或河流中，鼠疫菌则放出带菌老鼠。施放菌毒的范围，有正面战场日军侵及的地方，有敌后日军“扫荡”的抗日根据地，也有日军占领的附近地带。1938年秋季，日军在河南道清铁路两侧一些村镇的水井内投放霍乱病菌，造成民众大量罹毒，内黄、博爱等县尤其严重；以后几年里，日军相继

在河北赞皇、定县、灵寿、正定、无极，绥远西部，山西五台、河曲、保德、武乡，河南新乡、林县，山东馆陶、临清等地撒布细菌，无数百姓染病死亡。

1940 年，日军在华中浙赣地区实施大规模的细菌战，代号“保号作战”。当年夏，在参谋本部、陆军省、中国派遣军、关东军的首脑及有关作战、航空、动员等部门的参与下，经多次商讨及实地侦察，制定了计划，由中国派遣军总司令部直接指挥这次细菌作战。731 部队负责人石井四郎由所部抽调 40 人组成细菌战远征队，从哈尔滨平房细菌工厂运来各种病菌，用飞机空投撒播。9 月 18 日，日机由杭州起飞向宁波及浙赣铁路上的金华、玉山投掷细菌，据中国派遣军总司令部作战参谋井本熊男的《业务日志》记载：宁波附近村庄每平方公里 1.5 公斤，金华、玉山每平方公里 2 公斤，附近村庄每平方公里 0.7—0.8 公斤。此后两个月间，日机又多次向宁波及衢县、金华等地空投细菌。初时所投细菌主要是霍乱、伤寒等菌；因为未能达到预期的致疫效果，10 月中旬以后便改重点为鼠疫菌，投掷染鼠疫的跳蚤。井本《业务日志》10 月 7 日已记载：攻击次数共 6 次，跳蚤 1g 约 1700 只。以后投下的跳蚤更多。跳蚤与麦子、粟米等混杂在一起投下，落入街道、商店、住宅。衢县不久就发现有鼠疫病患者 22 人，都不治身亡；宁波带菌落物最多的人家就死人最多。凡是受日军鼠疫菌侵袭之处，无不发生鼠疫流行，罹疫者多数惨死。

1941 年 11 月初，日机向湖南常德播散染有鼠疫杆菌的异物，很快就引起多人感染鼠疫致死。不久，鼠疫又传播到邻县桃源。

1942 年，日军发动浙赣作战，参谋本部决定以细菌战与之配合。其计划是：日军攻占浙赣铁路沿线及其附近中国各机场后，大规模地撒布细菌，使各机场所在地变成疫区，中国不能再修复和利用这些机场。5 月 30 日，参谋本部作战部长田中新向石井四郎等下达进行细菌战的指示。731 部队组成细菌战远征队赴华中，所用细菌一部分由该部队带去，一部分由南京荣字第 1644 部队培养。6、7 月间，731 部队的各种准备正在进行时，日军打通了浙赣铁路，破坏机场，拆除铁轨；荣字第 1644 部队即出动到金华一带散布细菌，引起霍乱流行。这一次不仅给当地人民造成巨大灾害，也造成在疫区作战的日军大量染病死亡。日军当局有鉴于此，决定以后要改为军队撤退时撒播细菌，“以回返居民为目标，制造无人地带”。日军《保号实施现状》记载：8 月，日军对上饶、广丰、玉山、江山、常山、衢县、丽水等地分别施放鼠疫跳蚤、经过注射鼠疫菌的鼠、混入米中的鼠疫干燥菌、霍乱菌、伤寒菌等；施放方法，或者从飞机上撒播，或投入水井，或撒布在食物上，或注射于水果中；弹药在南京集中，实施攻击的约110名人员中的三分之一乘飞机，其余乘汽车从杭州出发往目的地施行。9月，日军又以飞机向义乌等地投下鼠疫带菌物。

1943—1944年，日军又多次在金华、兰溪、丽水一带以飞机空投或在地面撒布各种细菌。

日军在广东的一些地方也曾投放细菌。

日军的这些细菌战侵袭，造成了几个鼠疫流行区，其中有宁波、奉化等4县的宁波鼠疫流行区，衢县、上饶、义乌等10县的浙赣路沿线鼠疫区，丽水、温州等十余县的浙东南鼠疫区。这些区域中有些地方鼠疫连年发作，浙赣路沿线疫区到1948年才完全扑灭，浙东南疫区1950年才消除净尽。根据极不完全的统计，这些疫区及赣东疫区感染鼠疫者达12000人以上，致死者7300多人。

与细菌战同样残暴，日军在战场上又猖狂地实施毒气战。1938年1月，日本大本营发布《大陆指令第110号》，公然准许在华作战使用化学武器。从此毒气成为日军的一个重要作战手段：正面战场上，在武汉会战及南昌、常德等多次战役中，日军动辄投掷上万发甚至数万发毒气弹；敌后战场上，日军对抗日根据地的“扫荡”中广泛地施放毒气。八年侵华战争，日军的毒气战肆虐于中国大地，受害者至少有十余万人。日军战败投降时，还遗留了约200万毒气弹分散于中国9个省区，其中以东北地区为最多；直至战后50年，这些埋藏在地面、水下的化学武器又夺去了几千个中国人的生命，并继续威胁着人民的安全。

细菌、毒气是灭绝人性的战争武器。早在1925年，国际间已缔结有《日内瓦议定书》，禁止使用生物化学武器。日本侵略者甘冒天下之大不韪，肆意践踏国际法，把细菌战、毒气战加于中国，这格外暴露了它的极端残暴性、特有的野蛮性。

1945年春，日军在中国正面战场发动了老河口（光化）战役和芷江战役。

日军在“一号作战”中破毁了粤汉、湘桂铁路沿线的中国机场，但以老河口及芷江为基地的中美飞机仍十分活跃，对日军控制下的平汉、津浦、粤汉、湘桂各铁路及长江航运的威胁越来越大。为消除这种威胁，日中国派遣军决定实施攻占老河口及芷江的作战。1月29日，冈村宁次在南京侵华日军各方面军司令官及军司令官会议上下达此项作战命令。他痛哭流涕地说：今战局频告危急，日本国运之兴废迫于眉睫，中国派遣军由12位军司令官分率百万大兵，佥须振臂而起，更始一新，竭尽全智全能，善谋善战，以期打开危机，挽回国运。本职决意在全军将士奋起之下，在北方确保大东亚圈内之宝库；在东部沿海要域构筑铁筒式阵地，当敌登陆时予以歼灭；在西部排除万难，挺进深入重庆政府地域，摧毁敌之根据地。他声称要覆灭中国在老河口及芷江的机场，实际上还想由此对四川发动一次钳形攻势。这是日暮途穷的日本帝国主义的垂死挣扎。

攻击老河口的作战（豫西鄂北会战）由华北方面军第12军在豫西任主攻，第6方面军第34军在鄂北策应，两地战事几乎同时发动。中国担任防御的以第5战区部队为主，第1战区部队协同。

3月22日，日军第12军第110、第115师、坦克第3师、骑兵第4旅等部由鲁山、叶县、舞阳及沙河地区兵分三路向西峡口至老河口一线发起攻击。中国军队退守南阳。日军以一部进攻南阳，主力继续西犯，侵占镇平、内乡，进逼淅川、西峡口。南阳守军第143师与日军激战一周，30日南阳失守。在此期间，日骑兵第4旅以闪电战行动于27日占领老河口东面的机场；随后在第115师增援下，4月8日占领老河口。在豫西继续西进的日军遇到第15、新编第8、第68、第85等军的顽强抵抗，双方伤亡均重。4月1日，日军占领淅川和西峡口，先锋部队西进至重阳店。战局迫向陕西。4日，中国军队在空军配合下，经过20小时的战斗，将重阳店附近的1000余日军及坦克悉数歼灭，夺回重阳店。中国军队乘胜反攻，进至西峡口西侧地区。7日，将这一带的日军肃清，歼灭日军5000多人，摧毁坦克50辆，28日，日军再度向重阳店反扑，被击退，且伤亡惨重，被迫转入防御。

在鄂北方面，3月21日，日第6方面军第34师等自荆门地区向北进犯，30日占领宜城。第5战区各部集中兵力，阻敌于欧家庙、武家堰一带达四昼夜，战局渐不利，敌进占南漳、襄阳、樊城。4月初，敌军一部沿襄河西犯，策应豫西日军对老河口的进攻；8日，日军占领茨河市，迫向谷城。此时第33集团军一部与侵犯南漳之敌经过激烈争夺，收复南漳；随后第22集团军向进占茨河市之敌反击，收复茨河市，进而于16日克复襄阳，18日收复樊城。日军沿襄河沿岸所占各城，全部告克，并恢复3月20日以前原态势。

这时湘西战局紧张，日军已发起芷江战役（湘西会战）。芷江位于湘西雪峰山附近，是美国空军的前进基地和中国军队战略据点，屯有大量军用物资。在地理位置上，芷江是进出川黔，直逼贵阳，迂回重庆的军事要冲。

日军第 6 方面军以第 20 军所属第 116 师、第 47、第 68 师及第 11 军所属第 34 师等部共约 7 万人，分 3 路向芷江包围推进。南路于 4 月上旬自全县、东安出动，16 日攻占新宁，分股向西及西北进犯，一股过关峡、武阳，4 月底、5 月初北进至瓦屋塘、水口、茶山，被阻不能再进；另一股北进受阻于武冈。中路日军于 4 月中旬自邵阳及九公桥渡资水向西进犯，一股陷巨石铺、山门、半江峰，进入雪峰山区，30 日进至江口一带；守军逐次阻击，敌伤亡过重，不能再进；另一股经桃花坪（隆回）等地，26 日进逼洞口，被击退。另部日军于 4 月 9 日由黑田铺向西北侵犯，渡资水，29 日抵洋溪桥被阻。北路宁乡、沅江之敌刚一出动，即被击退。

4 月下旬，日军已进入中国预想之阵地，中国军队准备反攻。第 94 军主力由湘黔边境向南路敌军反攻，5 月 1 日收复武阳。第 26 军向武冈、新宁进军，6 日克新宁，7 日解武冈之围，继续向东追击。对中路敌军的反击，战斗更为激烈。第 18 军插入敌军侧背，5 月 8 日进占山门，截断敌人后方交通，使深入雪峰山之敌完全陷入包围之中。第 74 军等部向半江峰、洞口之线突进，洞口、江口等处敌军或降或退。到 6 月 7 日，日军自 4 月以来所占地区全部肃清。敌人进攻芷江的“芷江作战”彻底失败。

湘西会战中国军队直接参战兵力约 30 万人。这时部分中国军队在装备上已得到较大改善，并且在掌握了制空权的条件下作战，因此显示了较好的作战能力。在芷江作战中，日军伤亡 26500 多人，中国军队伤亡 19000 多人。中国方面出动飞机 3000 多架次，有力地掩护和支援了地面作战。

湘西会战初起时，日军来势凶猛；经中国军队反击，给予重创，很快就显示出战志衰退，战力锐减，这表明它很难在中国战场再发动攻势了。此时日本大本营已决定收缩在中国的战线，首先是收缩南方的战线。中国派遣军拟将其在华南的部队调往华北与华东地区，以防备中国军队的反攻和美军在中国沿海登陆。驻华南日军战力日减，总兵力不足 10 万。蒋介石决定乘机收复广西，第 2 方面军以一部出都阳山脉，夺取南宁；第 3 方面军以一部沿柳宜路直取柳州，主力沿桂穗路，越过越城岭脉，攻略桂林，将桂境之敌各个包围歼灭。

4 月下旬，日军在广西都安先攻后撤，中国军队即尾随攻击，27 日攻占都安，进迫南宁。广西境内的抗日地方武装与民众纷纷起而响应，配合主力部队作战。日军无心恋战，逐次撤退。5月27日，张发奎所部第2方面军第64军进占南宁；随后以第64军一部向龙州追击，以第46军主力向柳州东南迂回攻击。第64军连克思乐、明江，到7月3日已攻占龙州、凭祥，将日军逐出国境。第46军连克宾阳、迁江、桂平、武宣，6月中旬迫近柳州。这期间，第3方面军于5月初向日军发动攻击，收复河池；沿黔桂路追击，经与敌军反覆激烈争夺，6月14日收复宜山，向柳州逼进。在第2方面军第46军配合下，于6月30日收复柳州。然后各路大军向桂林进击，7月28日收复桂林。此次作战一举进展700余里，收复失地52000余平方公里，振奋了士气和民心。

同时，在福建、浙江、江西，中国军队利用日军收缩战线的机会，向敌发起反攻，先后收复福州、南康、吉安等部分战略要地，并给了日军以沉重打击。

中国正面战场进行反攻作战的条件具备。由美军帮助整训的36个师有些已经基本完成，兵员及火力配装均超过日军。中印边境的雷多公路及输油管通到云南昆明后，从印度输入中国的作战物资大为增加。陆路之运输大增，由油管输入之油类每月为五万四千吨，而驼峰之空运量每月亦增至四万六千吨。[①] 何应钦为落实“冰人及白塔”计划，与中国战区美国作战司令部的高级军官协商在华南地区局部反攻日军问题，但双方在不少具体问题上意见分歧。美方提出攻占雷州半岛，并立即利用该地的补给港，以主力南下攻击广州、香港。中方则主张占领雷州半岛后，先挥师北上，分别攻击衡阳、曲江，并牵制越北之敌，以主力沿西江流域攻略广州。此外在向中国军队提供足够的补给、空运及空军支援方面双方也没有取得一致意见。

收复柳州、桂林后，陆军总司令部进行反攻广州的准备。总司令部移至柳州，在南宁设指挥所，第2方面军张发奎部进抵梧州，第3方面军汤恩伯部进抵贺县、全县。8月初初步完成部署。8月17日收复全县。此时日本宣布投降，反攻广州的军事行动遂告中止。

---

① 何应钦：《日军侵华八年抗战史》，第344页。

（四）美国原子弹轰炸与苏联对日作战

1945 年上半年，战争已迫近最后阶段。日本当时在数量上仍然保持有比较庞大的陆海军部队：国内陆军 240 万，海军 130 万；驻外陆军 310 万，海军 40 万，共 720 万人。但其海空作战能力，对盟军已处于绝对劣势。陆军除在日本国内和中国东北尚有一些比较完整的战略机动部队外，大部分已是强弩之末，没有多少战斗力了。日本已处于盟国强大的战略攻势包围之中。

7 月 17 日至 8 月 2 日，在柏林附近的波茨坦举行了美、英、苏三国首脑会议，杜鲁门、丘吉尔、斯大林及三国外交部长、参谋长出席会议。会议讨论通过关于德国的占领管制问题、波兰问题、意大利及原德国附庸国问题等一系列决定和协议，讨论了对日作战问题。美国把争取苏联参加对日作战作为波菠坦会议的重要目标，苏联表示按《雅尔塔协定》的承诺和条件，保证履行对日本作战。

7 月 26 日，中美英三国首脑发表对日本最后通牒式的《波茨坦公告》，宣称：美、英、中三国的庞大陆海空部队业已增强多倍，其由西方调来的军队及空军，即将给日本以最后之打击，“不至其停止抵抗不止”。“德国无效果及无意识抵抗全世界激起之自由人之力量，所得之结果，彰彰在前，可为日本人民之殷鉴”。公告警告日本政府：务必立即宣布所有日本武装部队无条件投降，并确保其得到实行，否则日本即将迅速完全毁灭。日本已面临最后的关头，必须决定“其将继续受其一意孤行计算错误、使日本帝国已陷于完全毁灭之境之军人之统制，抑或走向理智之路”。

《波茨坦公告》提出的日本投降及战后对日和平的基本原则是：“欺骗及错误领导日本人民使其妄欲征服世界者之威权及势力，必须永远剔除；日本领土须经盟军占领，直到上述新秩序成立及日本制造战争的力量完全毁灭；必须实施《开罗宣言》，日本的主权将限于本州、北海道、九州、四国及盟国所决定的其他小岛之内；日本军队完全解除武装，可返回家乡，有和平及生产生活的机会；盟国无意奴役日本民族或消灭其国家，但战罪人犯将受法律裁判，阻止日本人民民主趋势之复兴及增强之所有障碍须予以消除；日本将被允许维持其经济所必需及可以偿付货物赔款之工业及获得相关的原料，但可以使其重新武装作战之工业不在其内；达到上述目的及依据日本人民自由表达之意志，成立一倾向和平及负责之政府后，盟国占领军即撤出日本。”

由于苏联当时尚未对日本宣战，所以没有在《公告》上署名，但它在对日宣战后即承认了《波菠坦公告》。

美国原子弹轰炸与苏联在远东的进攻

《波茨坦公告》在日本政府及社会各阶层中引起强烈震动。为决定对《公告》的基本方针，7月27日，日本召开最高战争指导会议。首相铃木贯太郎及外相东乡茂德鉴于苏联的态度尚不明确，主张等日、苏谈判有结果后再作决定。日本政府对正在苏联进行的日苏谈判仍抱有很大幻想。在7月10日的最高战争指导会议上，天皇决定派曾任首相的近卫文麿为特使，到苏联交涉，要求苏联调停，实现“终战”及有利的“和平”。7月18日，苏联回答说对于日本政府派遣特使一事，不能作任何确定的答复。这时广田与苏联驻日大使马立克的谈判还在继续。《波茨坦公告》发表后，日本政府错误估计形势，一方面对其中的一些措词心存幻想，一方面仍企图等待对苏交涉的最后结果，7月28日发表了对《公告》置之不理的声明。8月1日，杜鲁门下达在广岛投放第一颗原子弹的命令。

6日上午，载有原子弹的美国B-29超级空中堡垒“埃诺拉·盖伊号”飞临广岛上空，投下了重9000磅、当量2万吨TNT的原子弹。原子弹爆炸后，所产生的高温使周围的一切皆熔融或化为灰烬，巨大的冲击波将城市所有建筑变为废墟。当时广岛人口约34万多人，瞬间被原子弹炸死者78000多人，负伤或下落不明者51000多人；市区的60%，计44平方公里地区被夷为平地，广岛对外通讯全被切断。

当日，杜鲁门就使用原子弹发表声明称，如果日本还不接受无条件投降，“他们的毁灭将从天而降”，威胁将再度使用原子弹。8月9日上午，美国空军又在日本长崎市投下第二颗原子弹。长崎的27万人口中，当日死亡23000多人，伤43000多人。

原子弹的爆炸，使日本政府陷入极大的恐慌。日本依旧对苏联调停抱一线希望。外相东乡急电驻莫斯科大使佐藤尚武，火速会见苏联外交人民委员莫洛托夫，以便迅速弄清苏联政府对天皇特使、前首相近卫文麿访问苏联，接洽和平的明确态度。电报称，苏联方面“一旦有了答复，（近卫）马上从靠近高崎市的军用机场飞往满洲里”，转去莫斯科。鉴于苏联方面指定最后答复的时间是 8 月 8 日，日本最高战争指导会议成员几乎全部都在 8 月 8 日子夜时分急切地等待着来自苏联的消息。然而大大出乎日本领导人意料之外的是，佐藤大使在 8 日下午 5 时（东京时间 9 日零时）见到莫洛托夫时，得到的却是一纸对日宣战书。宣战书称，德国战败后，日本拒绝《波茨坦公告》，成为继续战争的唯一大国，苏联基于盟国方面的请求，为促使日本投降，决心参加对日作战。自 8 月 9 日起，苏联即与日本进入战争状态。

9 日凌晨，部署在中国东北边境线的苏军 80 个师、46 个旅，总共 174 万人，26000 多门火炮、5500 余辆坦克及自行火炮、5300 多架飞机、670 余艘舰艇，在远东苏军总司令华西列夫斯基指挥下，在长达 4000 多公里边界线上，分 3 路向日本关东军发起攻势。战役主要作战目标是一举消灭日本关东军，占领中国东北、朝鲜北部及库页岛和千岛群岛。当时的关东军还是日本比较完好的战略部队。在总司令官山田乙三指挥下，有 24 个师，12 个旅，78 万人，5000 余门火炮及 1500 架飞机。另有伪满军和伪蒙军约 20 万人。

苏军外贝加尔方面军主力从蒙古东部突入向中国东北中部和南部挺进，以长春、沈阳、大连、旅顺和热河为目标，切断关东军与华北日军的联系；第 1 远东方面军主力在海军配合下，从滨海地区突击，向吉林、哈尔滨和朝鲜北部推进，切断关东军与驻朝鲜日军的联系；第 2 远东方面军主力在海军协同下，向哈尔滨、齐齐哈尔方向推进，并以其一部占领库页岛及千岛群岛。

苏军进展十分顺利，迅速完成了对沈阳、长春、吉林、哈尔滨和齐齐哈尔等地日伪军的包围分割。关东军除在部分地区利用防御阵地进行抵抗外，基本上失去了全线反击的能力，节节败退。8 月 15 日，日本宣布投降后，关东军总司令部向远东苏军总司令部提出停战建议。8 月 17 日，华西列夫斯基通知关东军总司令部，限令其在 8 月 20 日中午 12 时前全部放下武器，就地向苏军投降。20 日后，苏军进占东北重要城市沈阳、哈尔滨、吉林、长春、大连，随后占领东北全境。8 月 25 日，苏军占领库页岛。9 月 1 日，占领千岛群岛。

8 月 15 日，伪满洲国皇帝溥仪宣布“退位”。次日，溥仪等人在准备乘飞机逃往日本时，在沈阳机场被苏联红军拘捕。

苏军的远东战役，彻底歼灭了日本关东军，共击毙和俘虏日军 68 万余人，缴获 30 万支步枪，是对日本的致命一击。

（五）中国军民的大反攻

8 月 9 日，中共中央主席毛泽东发表《对日寇的最后一战》的声明，指出苏联政府对日宣战，对日战争已经处在最后阶段，最后地战胜日本侵略者及其一切走狗的时间已经到来了。“在这种情况下，中国人民的一切抗日力量应举行全国规模的反攻，密切而有效力地配合苏联及其他同盟国作战。八路军、新四军及其他人民军队，应在一切可能条件下，对于一切不愿投降的侵略者及其走狗实行广泛的进攻，歼灭这些敌人的力量，夺取其武器和资财，猛烈地扩大解放区，缩小沦陷区”[①]。中共中央从 8 月 10 日起，向各中央局、中央分局连续发出指示：要求立即布置动员一切力量，向敌伪进行广泛的进攻，迅速占领所有被我包围和力所能及的大小城市、交通要道；各地应将部队迅速集中，分甲、乙、丙三等组成师、旅、团超地方性的正规兵团，集中行动，以求在解决日伪军时保证取得胜利；反攻的主要目标，应力争攻占太原以北的同蒲路，归绥（今呼和浩特）以东的平绥路，郑州以北的平汉路和以东的陇海路，以及北宁、正太、道清、白晋、德石、津浦、胶济等铁路全线和沿线大小城市。在华北其他地区和长江以南，作战重点不放在交通线及大城市占领上，而应侧重于广大乡村。8 月 10—11 日，朱德总司令代表延安总部连续向各解放区发出关于大反攻的 7 道命令，要求各解放区武装向其附近各城镇和交通要道之日伪军及其指挥机构发出通牒，限令其投降，如日伪军拒绝投降缴械，应予坚决消灭。

解放区各抗日武装根据中共中央和延安总部的指示和命令，在华北、华中、华南向日伪军展开了猛烈的全面反攻。

晋察冀军区于 8 月 11 日向日军华北方面军发出通牒，限其 48 小时内将所属部队及武器、物资按指定地点集中，听候处置，如逾期拒绝投降，将得到武力消灭的惩罚。同时，迅速扩编部队，组成 100 个正规团，并动员大量民兵随同部队担任战勤任务。各路反攻大军先后向北平、天津、保定、石家

①《毛泽东选集》第 3 卷，第 1119 页。

庄、张家口、丰镇等地及附近铁路线挺进，形成对日伪军的包围。冀晋军区部队向晋北、绥南进击，8月下旬，先后攻克丰镇、集宁、阳高3座县城。随后，向平绥铁路沿线挺进，解放了阳原、浑源2县城，歼灭伪军1300余人。冀察军区部队向张家口进军，8月下旬，经反复激战，解放日军在华北的战略要地察哈尔省会张家口，歼灭日伪军2000余人，缴获枪械1万多支，弹药库10余座。此役使晋察冀与晋绥解放区连成一片，并为进军东北创造了有利条件。接着，解放了柴沟堡，歼伪军1000余人，并连续收复宣化、怀来、延庆等县城，又歼灭伪军5000余人。冀中军区进军天津的部队，攻占天津周围的多处据点，并一度攻入天津西火车站及静海县城。围攻保定的部队在保定西关歼灭日伪军1100余人。冀中军区主力在冀中北、西、南三线展开进攻，连续攻占霸县、永清、容城、安次、博野、蠡县、安国、安新、深县、赵县、宁晋、晋县等10余座县城。冀热辽军区部队以8个多团的兵力和地方干部共1.3万余人，分西、中、东三路向热河、辽宁、吉林等省进军。东路部队于8月底在前所、绥中迫使伪满军1000余人投降，并在苏军一部配合下，攻占重要关隘山海关，歼日伪军2000余人，切断了日本关东军与中国派遣军两大战略集团的联系。9月5日，东路前梯队进入沈阳。挺进热河的中路部队，在平泉迫使伪满军1个旅缴械，随即占领凌源、朝阳、赤峰等地。西路部队于兴隆迫使伪满军3800余人投降，尔后进入承德与苏军会师。至此，全部肃清了热河省境内的日伪军，热河省18县人民完全获得解放。冀热辽军区留下的部队和地方武装，积极出击，收复秦皇岛、蓟县、玉田、宁河、香河、宝坻、迁安、抚宁、卢龙等县城。

晋绥军区于8月11日向附近日军送出最后通牒后，反攻从北、南两线同时开始行动。北线部队向平绥铁路日伪军进攻，8月中旬，连续收复该铁路线以北陶林、武川县城，攻克归绥以西的察素齐、毕克齐车站和归绥以东的旗下营、白塔等车站，从东西两面切断了平绥铁路。8月18日，反攻部队向归绥发起攻击，一度攻入市内。在此期间，北线部队收复清水河、右玉、平鲁、朔县、左云、和林格尔、凉城、神池等县城。南线部队以太原为中心，重点在同蒲路西侧展开，8月中旬，先后收复汾阳附近的协和堡，以及太原外围的古交、河口、南寨、东家峪等一批据点，从北、西、南三面构成对太原的包围，并一度攻入太原县城（今晋源）。南线吕梁军区部队攻克汾阳以南的阳城镇、三泉镇，并配合由陕甘宁边区前来的独立第1旅，攻克文水县城。9月初，第120师第358旅东渡黄河后，连续攻克柳林镇和离石县城，全歼伪军1000余人。附近伪军纷纷投降，离石县境之敌全部肃清。随后，晋绥军区部队收复静乐县城，占领忻（县）静（乐）公路全线。至此，北起左云、右玉，南至离石的晋西北地区，全部获得解放。

晋冀鲁豫边区部队的反攻，分别向榆次、太谷和同蒲铁路南段，新乡、开封和道清铁路，以及安阳至元氏之平汉铁路沿线展开。8月20日，中共中央决定成立晋冀鲁豫军区，刘伯承为司令员、邓小平为政治委员，下辖太行、太岳、冀南、冀鲁豫4个军区。8月中旬，太行军区部队围攻博爱，全歼日军第6独立警备队及伪保安队第1师所部800余人。随后，又连续攻克辉县、潞城、赞皇、襄垣、昔阳等县城，切断平汉、白晋等铁路线。8月下旬，攻克武乡和豫北获嘉、武陟、温县县城。9月，太行军区部队在冀南军区部队一部协同下，向平汉线进击，先后收复武安、临城、沙河、内丘、高邑等县城，并攻克平汉铁路日伪军重要战略据点邢台，全歼逃聚该县城的9个县的伪保安团共3000余人。太岳军区部队主力向平遥东南推进，同蒲铁路沿线部队分别向当面日伪军进攻，收复据点50余处，攻克夏县、平陆县城，占领黄河重要渡口茅津渡等地。8月下旬，对同蒲铁路南段展开破击，扫清灵石至洪洞及翼城、绛县等城的外围据点，破坏平遥至临汾的铁路，并协同陕甘宁南下的八路军游击第2、第3支队，攻克济源、垣曲县城。冀南军区部队于8月攻占清平、临清等县城，歼灭伪军数千人。冀鲁豫军区中路反攻部队，向豫北日伪军据点进击，攻克延津、阳武（今原阳）、封丘、长垣等县城，歼灭日伪军4500余人。南路部队向开封地区日伪军进攻，切断郑县至开封段陇海铁路，攻克通许、杞县、民权等县城。北路反攻部队向平汉线进击，占领平乡、鸡泽、曲周、广平等县城；又在德石线南北地区进攻，先后收复冀县、武邑、景县等县城。在此期间，冀鲁豫腹地军民对残留的日伪军据点发动攻势，连续收复东阿、平阴、肥城、长清、鱼台、沛县等县城。经过上述反攻作战，晋冀鲁豫解放区之太行、太岳与冀南、冀鲁豫边区基本连成一片。

山东军区部队反攻的主要任务，是进逼济南、徐州、青岛、连云港及其他交通要道，攻占大部分中小城市。鲁中军区反攻部队向济南及胶济铁路西段等地日伪军进攻，8月，连续攻占临朐、博山、益都、莱芜、淄川、章丘、新泰等县城，切断胶济铁路西段的交通。鲁中、渤海军区各一部协同发起临沂作战，经过20余天的围攻，最后以坑道作业对坚固城墙实施爆破，歼敌

2000余人，收复该县城。滨海军区反攻部队分南北两线作战，南线向陇海铁路东段日伪军进攻，攻克赣榆县城，切断陇海铁路东段，逼近海州、连云港；北线向胶济铁路东段沿线日伪军进攻，攻克胶县县城，切断胶济铁路东段。9月初，北线部队于夜间冒雨向诸城发起突然进攻，激战至次日夜，全歼伪军2400余人，解放该县城。日照县守敌受到震慑，弃城逃窜。胶东军区反攻部队，向胶济铁路东段沿线和胶东半岛沿海城镇日伪军进攻，连续收复军港威海卫和牟平、福山、黄县、招远、莱阳、蓬莱、即墨等县城，并攻克重要商港烟台。9月上旬，胶东军区部队主力进攻平度，经3日激战，将麇集着招远、莱阳和掖县逃敌的胶东最大堡垒攻克，歼灭伪华北绥靖军第8集团军等部共5700余人。至此，胶东半岛除青岛、即墨（被日军重占）外，均获得解放。渤海军区反攻部队，向津浦铁路济南至沧县段和胶济铁路西段沿线日伪军进攻，连续收复寿光、临邑、博兴、高苑、长山、昌邑、广饶、阳信、吴桥、桓台、邹平、临淄、青县、惠民、济阳、齐东、盐山、宁津等县城。9月中旬，渤海军区主力发起无棣作战，毙伤伪军1000余人，俘伪军5000余人，解放该县城。接着，又攻克商河县城，歼灭逃聚该城的伪军4500余人。鲁南军区反攻部队向津浦铁路徐州至兖州段沿线日伪军进攻，连续攻克泗水、曲阜等县城，切断津浦铁路交通，逼近济南市。9月上旬，向徐州外围据点峄县城（今峄城）发起强攻，经连续爆破突入城内，全歼伪军1500余人，日军200余人乘夜突围逃窜，峄县城获得解放。

华中解放区军民的反攻主要展开于津浦铁路以东，长江以北，陇海铁路以南，运河两岸地区，在长江以南则就地向四周扩展，夺取广大乡村和县城。淮北军区反攻部队首先攻占宿县西南孙疃集，歼伪军700余人，并乘日伪军动摇逃窜，连续收复宿迁、泗县、泗阳、五河等县城。9月上旬，又收复灵璧县城及一大批日伪军村镇据点。淮南军区反攻部队从8月中旬起，连续收复定远、天长、来安、嘉山、盱眙、六合等县城，攻克津浦铁路和淮南铁路线的一批日伪据点，并争取了南京外围的伪警卫第3师3000余人全部投诚。苏北军区反攻部队于8月先后攻克沭阳、涟水等县城。9月上旬，苏北军区主力在地方武装5个团的配合下，采取围困和挖掘坑道攻坚相结合的战术，攻克敌重兵据守的淮阴县城，歼伪军第28师师长以下9000人。接着，又乘胜攻克运河线上水陆交通枢纽淮安县城，全歼守敌5000余人。两淮收复共歼敌1.4万余人，新四军控制了苏中、苏北、淮北、淮南的枢纽地区。苏中军区反攻部队于8月攻克扬中、宝应县城，歼敌2000余人。月底发起进攻兴化，于9月1日收复县城，全歼伪军第22师5000余人。与此同时，军区部队在各地方武装的配合下，连续收复靖江、启东、东台、海门等县城和重要集镇100余处。皖江军区反攻部队于8月中旬攻克无为县城，随后又占领襄安、运漕等日伪据点，收复淮南铁路南段裕溪口、东关等多处车站，并一度攻入芜湖市区。苏浙军区部队第1、第3纵队和第4纵队主力，在地方部队和民兵的配合下，分路发起进攻，首先攻克日伪军一批外围据点，接着，于8月19日一举收复长兴、溧水、溧阳、金坛4座县城及数十个集镇。8月下旬，又连续收复句容、郎溪、广德、高淳、宜兴、安吉、南汇等县城。鄂豫皖湘赣军区反攻部队，以主力由大悟山向平汉铁路沿线日伪军进攻，连续攻克魏家店、花园、晏家河、夏店等据点。各军分区部队向当面之敌进攻，先后在确山、黄陂、天门、京山、潜江、监利、嘉鱼等地区攻克伪军重要据点十余处。第5师主力部队和地方武装在反攻中，共歼灭日伪军3500余人，攻克中、小城镇12处，解放区的面积进一步扩大。

华南各抗日游击队迅速向本地区日伪军展开进攻。东江纵队分路向沿海地区、东江两岸、广九铁路沿线之日伪军据点进攻，收复宝安县城，攻克常平、西乡、固戍、翟家村、厚街、深圳等据点，收复长洲岛、大屿山、沙头角和三门岛等地，并先后攻入博罗、增城县城。在此期间，珠江纵队、中区纵队、南路纵队等部，也分别向当面之日伪军进攻，收复一些集镇。琼崖纵队分别向澄迈、儋县、北黎、感恩、崖县、三亚和海口等地进军，一度收复儋县、感恩县城，共攻克日伪军据点100余处。

东北抗日联军在大反攻中，配合苏军和进军东北的八路军向日伪军进攻，进占辽宁、吉林、黑龙江3省大中城市12个，中小城镇45个，收缴残存日伪军的武器，恢复当地秩序，并组建人民自卫军数万人。在大反攻期间向东北的进军中，除前期的晋察冀军区部队外，山东军区、晋绥军区、晋冀鲁豫军区各一部及新四军第3师等部，陆续挺进东北，到达东北的部队共11万人，地方干部2万人。大批部队和干部到达东北，加速了东北的解放和人民政权的建立。

从1945年8月9日—9月2日，敌后解放区军民展开的大反攻，共收复县以上城市150座，歼灭日伪军7.6万余人，缴获长短枪7.3万支，各种炮160余门。由于日伪军拒不向解放区军民缴械投降，部分地区歼灭拒降之敌的作战延到年底，又收复县城100座，歼日伪军32万余人。共产党领导下的100万正规军、220余万民兵，在近1亿人民群众的支援下，于华北、华中、华南和东北进行的大反攻，是整个敌后战场为最后战胜日本帝国主义的最后一战。有此一战，中国抗日民族解放战争的进程才得以宣告全部完成。

（六）日本无条件投降

在苏美盟国和中国军民的打击下，日本军国主义已到了最后灭亡的关头。在8月9日的战争最高指导会议上，首相铃木提议结束战争："从广岛被投原子弹和苏联参战这种四面受击的情况看，我觉得再继续战争是不可能的了。""除此之外，别无办法。"外相东乡提出在"维护国体"的前提下接受《波茨坦公告》。而陆相阿南惟几和参谋总长梅津美治郎提出要将"维护国体"，保障把对日占领的范围、时间缩小到最低限度，解除武装和惩罚战犯由日本自主进行等作为条件，否则发动残存的数百万军队和国民不惜"一亿玉碎"，战斗到底。

10日凌晨，天皇作出"结束战争"的决定。当天，日本政府发出通告给美、苏、英、中四国，表示有条件接受《波茨坦公告》。通告称："日本政府准备接受中美英三国政府首脑于1945年7月26日在波茨坦发表、后经苏联政府赞同的联合公告所列条款，而附以一项谅解，即上项公告并不包括任何有损天皇为最高统治者权利的要求。日本政府竭诚希望这一谅解获得保证，且切望迅速得到关于对此的明确表示。"

对于日本政府的通告，美国政府在与中国、英国、苏联政府协商之后，由国务卿贝尔纳斯提出正式答复。这一文件明确提出：从投降之日起，天皇及日本政府统治国家的权力，隶属于盟军最高司令。最高司令将采取其认为贯彻投降条款应有的步骤。天皇及日本大本营应签署实施波茨坦宣言规定所必需的投降条款，并命令日本所有军队停止敌对行动、解除武装，且应发布最高司令为使投降条款付诸实施认为必要的其他命令。投降后，日本政府须立即按盟军的指示，将战俘及被拘留的非军事人员，运送到安全地点，以便能迅速登上盟国的船只。日本政府的最终形态，根据《波茨坦公告》，将依日本国民自由表示之意志建立。盟军将驻扎到《波茨坦公告》阐明之日的实现为止。由美国政府拟定的这一答复文件，于11日发出。日本政府于13日收到并译出。13日及14日两天，美军飞机大规模向日本各城市空投四国答复文书，致使已经异常动荡的日本政局更加不安。

四国答复文书没有对维持天皇统治权问题作出明确承诺。日本统治集团内部对是否接受这一通告，意见分歧。铃木请求召开战争最高指导会议和“御前会议”，由天皇亲自决断。这是没有前例的特别会议。

14日上午，会议在皇宫地下室召开。日本天皇决定，接受四国答复文件，并指示从速起草投降诏书。当晚诏书起草完毕，并通报有关国家：一、天皇已发布接受波茨坦宣言条款的诏书；二、天皇准备授权并保证帝国政府及大本营签署实现波茨坦宣言各项规定所必要的各项条款。天皇准备命令日本陆海军当局指挥下的所有军队停止战斗行为，交出武器，以及发布为实施上述条款盟国最高司令官所要求的命令。日本大本营命令对天皇旨意“承诏必谨”，“绝对遵旨行事”。日军陆续停止抵抗。

在中国战场上，冈村宁次在8月9日接到大本营命令，“应即准备军司令部1个，及6个师、6个旅为基干的兵力，以及6个师会战所用量的弹药等，以便能随时转用至南满”。“对来攻的敌军随处予以击溃，对美、苏、华尽量设法持久，以有助于帝国本土之全军的作战”。当冈村宁次从各方面的消息中隐约得知日本政府准备投降时，于12日向中国派遣军下达“训示”，叫嚣“苏联参战早在预料之中”，“必须发挥建国以来最大勇猛之传统，为维护国体，保卫皇上，只有断然决一雌雄”。“本官决意率吾百战百胜皇军之最精锐部队，抱全军玉碎之决心，誓将骄敌击灭，以挽狂澜于既倒”。14日，冈村宁次还通过参谋总长梅津致电天皇：“请拒绝屈辱性和平，继续从事彻底的战争。”冈村宁次发了同样内容的电报给陆军大臣，称：“数百万陆军兵力没有交替决战就投降，这样的耻辱，在世界战争史上还没见过类似的例子。……现在，百万精锐的部队健在，就向战败的重庆军投降，无论在什么情况下，也是不能听从的。”并将作战命令和电报转发给日本国内的军队、关东军和南方军各总司令官，试图共同反对投降。

8月15日，中国派遣军总司令部全体官兵在广场集合，面对东方收听收音机中播送的天皇宣读的《终战诏书》。冈村宁次仍致电梅津称：“本派遣军拥有百万大军且有连战连胜的实绩。虽然战争失败，但在以往作战中曾迭次有压倒性的胜利。如今此优势部队竟被基础初具的中国军解除武装，实非得已。”要求将部队运回国后再解除武装。17 日，天皇派遣皇族成员朝香宫鸠彦到南京，向冈村宁次和中国派遣军总司令部的全体人员传达天皇指示。冈村宁次“誓言绝对遵旨行事”，安排停战的各项事宜。

南京伪国民政府等汉奸傀儡政权树倒猢狲散。汪精卫 1944 年 11 月病死日本名古屋后，陈公博继任他在伪政府中的各种职务；日本投降，陈公博逃往日本，后被引渡回国，公审处决。周佛海被捕后死于狱中。

（七）受降与审判，日本军国主义灭亡

8 月 15 日日本宣布投降，标志着中国抗日战争和世界反法西斯战争的最后胜利。中国军民和盟国军队由战争转入接受日本投降。

8 月 14 日，美国总统杜鲁门发出《一般命令第 1 号》，令各战区的日本军队立即向有关盟军投降。中国（“满洲”除外）、台湾及北纬 16° 线以北的印度支那的日本军队应向中国战区最高统帅投降；“满洲”、北纬 38° 线以北的朝鲜、库页岛及千岛群岛的日本军队应向苏联远东军最高统帅投降；缅甸、北纬 16° 线以南的印度支那、马来亚、苏门答腊、爪哇、荷属新几内亚等地的日本军队应向东南亚盟军最高统帅投降；婆罗州、英属新几内亚等地的日本军队应向澳大利亚陆军最高司令官投降；日本国委任统治群岛、小笠原群岛及太平洋其他岛屿上的日本军队应向美国太平洋舰队最高统帅投降；日本大本营和日本本土、与此邻接之各小岛、北纬 38° 线以南的朝鲜、琉球群岛和菲律宾群岛的日本军队应向美国太平洋陆军部队最高统帅投降。规定只有上述各指挥官是受权接受投降的盟国代表，日本军队只向上述指挥官或其代表实行投降。任命道格拉斯 · 麦克阿瑟为盟军最高统帅，负责接受日本投降。

在中国战区，蒋介石得知日本准备投降后，8 月 10 日指示陆军总司令何应钦：“命令敌军驻华最高司令官维持现状”，“除按政府指定之军事长官的命令之外，不得向任何人缴械投降”；令伪军投降及“控制敌军撤退后的要点、要线等候国军到达”。[①] 国民党企图垄断在华日军受降权。11 日，蒋介石连发三令，命令国民党军队“加紧作战，积极推进，勿稍松懈”；命令伪军“负责

① 何应钦：《八年抗战之经过》，第 201 页。

维持治安”，“趁机赎罪”；命令共产党领导的抗日军队“就原地驻防待命，不得擅自行动”。

8 月 13 日，朱德、彭德怀致电蒋介石，坚决拒绝其错误命令。指出其 11 日命令“不但不公道，而且违背中华民族利益，仅仅有利于日本侵略者及背叛祖国的汉奸们”。

8 月 15 日，朱德照会美、英、苏三国政府：中国国民党政府及其统帅部不能代表中国解放区、中国沦陷区人民和抗日武装；中国解放区、中国沦陷区一切抗日武装力量有权接受被我军包围之日伪军投降；中国解放区、中国沦陷区广大人民及一切抗日人民武装力量有权参加国际有关会议；请美国政府立即停止执行对华租借法案，请勿援助国民党政府发动内战。

8 月 16 日朱德等再电蒋介石，进一步揭露国民党准备内战的阴谋，要他收回 8 月 11 日的命令，公开承认错误，公平处理受降问题。凡被解放区军队所包围的敌伪军由解放区军队接受其投降，国民党军队接受被其所包围的敌伪军的投降。

蒋介石在美国的支持下，剥夺了中国共产党领导的抗日武装正当的接受日伪投降的权利。8 月 15 日，蒋介石电令日本中国派遣军总司令冈村宁次，立即下令所属日军停止一切军事行动，准备投降，并派代表至玉山（后改芷江）接受中国陆军总司令何应钦之命令；日军可暂时保有其武装及装备，保持现有态势，并维持所在地之秩序及交通；所有飞机及船舰应停留现在地，但长江内之船舰集中宜昌、沙市；不得破坏任何设施及物资。蒋介石指令何应钦“处理在中国战区内全部敌军投降事宜”。

8 月 21 日，冈村宁次司令官派遣副参谋长今井武夫一行 8 人乘军用飞机，在盟军飞机监护下由汉口到湖南芷江，接洽投降事宜。中国陆军总司令部参谋长萧毅肃向今井武夫当面提交了关于受降的第 1 号备忘录，令冈村宁次下令日军停止抵抗，准备投降。8 月 27 日，何应钦派其副参谋长冷欣到南京建立前进指挥所。国民党军队在美国军用飞机和军舰的帮助下，从大后方运往南京、上海、北平等大城市和各军事要地，开始受降和接收工作。

与此同时，盟军在日本本土及其他战区也开始受降。8 月 28 日，美军先头部队首先在日本东京附近的厚木机场着陆。9 月 2 日，在东京湾停泊的美国战列舰“密苏里号”上举行受降仪式，中国代表、军事委员会军令部长徐永昌及美国、英国、苏联、澳大利亚以及荷兰等国的代表出席。受降仪式由盟军最高司令麦克阿瑟主持。日本政府代表、外务大臣重光葵和日本大本营代表、参谋总长梅津美治郎在投降书上签字。盟军各国代表也在受降书上签字。投降书宣告："天皇、日本国政府，及其后继者，承允忠实履行波茨坦宣言之条款"，"日本帝国大本营与所有之日本国军队以及日本国支配下任何地带之一切军队，悉对同盟国无条件投降"，当天，日本大本营正式向所属各部队发布了投降命令。

9月9日，在南京举行日本中国派遣军正式向中国政府投降仪式。何应钦代表中国政府接受日本投降，冈村宁次在两份投降书上签字。这是日本帝国主义者第一次向中国人民低头认罪。9月10日，冈村宁次根据中国政府的命令，取消中国派遣军司令部的名义，改称"中国战区日本官兵善后总联络部"。

接着，中国战区又划分16个受降区，由各有关战区司令长官或方面军司令官等为受降主官，分别在当地接受日军投降：

从9月11日到10月10日，在上海、太原、南昌、长沙、广州、汉口、杭州、漯河、郑州、蚌埠、汕头、归绥、济南、北平等地相继举行日军投降仪式。

9月28日，卢汉在河内接受北纬16° 线以北侵越日军投降。

10月25日，台湾行政长官陈仪在台北接受日本台湾总督兼第10方面军司令官安藤利吉的投降，在受降典礼上发表讲话说："从今天起，台湾及澎湖列岛，已正式重入中国版图，所有一切土地、人民、政事皆已置于中华民国国民政府主权之下，这种具有历史意义的事实，本人特报告给中国同胞及全世界周知。"

归中国战区受降的日军共有128万多人。其中华北方面军326244人，华中第6方面军290367人，京沪地区第6、第13军330397人，广东第23军137386人，台湾第10方面军169031人，越南北纬16° 线以北第38军29815人，包括中国派遣军总司令部在内，共有3个方面军，10个军，36个师，41个独立旅，19个独立警备守备队及支队和6个海军特别根据地队及陆战队。中国战区总共收缴日军步骑枪685897支，手枪60377支，轻重机枪29822挺，各种火炮12446门，坦克383辆，装甲车151辆，卡车15785辆，各种飞机1068架，各种舰艇1400艘，另有马匹74159匹以及大批弹药。

抗战胜利后，11月中国方面将在中国境内的日本俘虏1240471人，日本侨民779874人，陆续遣送回国。

日本投降后，根据波茨坦协定，由盟军对日本实行军事占领。苏联政府曾提出，占领日本的盟军最高司令应设两人，华西列夫斯基应与麦克阿瑟同为最高司令，同时要求将北海道北半部及千岛群岛归苏军占领。美国同意苏联占领千岛群岛，但拒绝了其他要求。

8月28日，成立全部由美国军人组成的盟军驻日占领军总司令部，麦克阿瑟为总司令。随之，40多万美军进驻日本，对日本开始了历时七年半的军事占领。军事占领期间，盟军总司令为日本最高统治者，君临日本天皇和政府之上，可以随时改变政府机构及其决定。

占领军对日本实行严格的“解除武装及非军国主义化”政策。首先，在1945年10月，彻底解除日本本土370万和海外350万日军武装并全部复员，解散以军部为中心的日本一切军事机构，废除《兵役法》《国家总动员法》等军国主义法令。其次，改造日本可能拥有战争能力的社会经济结构，消灭军国主义的经济基础。根据美国提出的“战争赔偿计划”，日本工业中属战争器材工业者，全部拆除；重工业部分作为赔偿物资，予以拆迁；基本工业予以保留。当时有1000多家工厂作为赔偿。再次、实行农地改革和解散财阀，消灭半封建的寄生地主所有制以及以血缘和家族关系为特色的垄断财阀，铲除日本封建法西斯主义和军国主义的社会阶级基础。复次，废除天皇绝对主义的“明治宪法”，制定新宪法，实行《劳动组织法》，改革教育，禁止军国主义劳动制度和思想教育。最后，逮捕和审判战争罪犯，明令取缔在乡军人会等147个法西斯组织，惩肃军国主义分子20多万人。

日本宣布投降后，一批罪大恶极的战争罪犯如陆军大将阿南惟几、杉山元、本庄繁、安藤利吉等自杀身亡。1945年9至12月，盟军分批逮捕了东条英机等108名战犯。1946年5月包括中国在内的11国组成国际法庭，审判28名日本甲级战争罪犯。判处东条英机、松井石根、土肥原贤二、板垣征四郎、广田弘毅等7名主要罪犯绞刑，16名判无期徒刑，2名判有期徒刑。

日本侵华战争给中国人民造成举世罕有的巨大灾难。抗日战争中，中国军民伤亡总数达3500万人以上，财产损失600多亿美元，战争消耗400多亿美元，间接经济损失5000亿美元。1945年11月，在南京成立战争罪犯处理委员会，并先后组成10个审判战犯的军事法庭。南京大屠杀主犯原第6师师长谷寿夫、前中国驻屯军参谋长酒井隆及在南京进行“百人斩”杀人比赛的刽子手等145人被判处死刑，400人被判处无期徒刑和有期徒刑。但国民党政府在抗战胜利后，未能代表中国人民圆满地完成对日本战犯的审判和惩治。一些罪恶昭彰的侵华日军头目如冈村宁次等竟被无罪释放。1956年中华人民共和国最高人民法院特别军事法庭对在押的45名日本战犯进行审判，判处原日军师长铃木启久等20年以下徒刑不等，对1000余悔罪、改造比较好的战犯免予起诉，释放回国。

抗日战争从1937年“七七”事变到1945年8月日本宣布投降，经历了八个春秋。八年与强敌搏斗，中国终于赢得了胜利，这个斗争是艰苦卓绝的。这是反对日本帝国主义侵略的一次完全的胜利，也是近代中国反对外敌武装入侵第一次取得完全胜利，这个胜利是伟大的，具有划时代的意义。这是中华民族的胜利，中国人民的胜利。

抗日战争的胜利，不仅彻底粉碎了日本妄图征服中国、变中国为其独占殖民地的野心，而且全面清算了半个多世纪日本对中国的侵略，遭受日本殖民统治达半个世纪的台湾重新回到祖国怀抱。再加上英、美等国对华不平等条约的基本废除，抗战又洗雪了鸦片战争以来百年的民族耻辱，只剩下香港等待收复。战争期间中国成为联合国的创始国成员，是世界反法西斯阵线最主要的国家之一。抗战的胜利开辟了中国进入世界大国地位的道路。

抗战的胜利完全改变了原来的中日关系。日本侵略者挑起的两国间的激烈对抗结束了。日本法西斯统治被摧毁，军国主义势力受到致命打击，不能不使日本旧有的国家机器和社会权力结构发生相当大的变化，使中日两国间从此在平等、互利、和平、友好的基础上建立和发展新关系，保持远东和平，并且坚持下去成为可能了。

抗日战争是中国近代历史的一个根本转折。在中国内部关系上，抗战八年间正面战场与敌后战场地位的消长决定性地改变了国内两大政治力量的对比，以共产党为中心的人民力量上升，国民党统治的力量下降。抗战胜利准备了新中国与旧中国的决战。战争结束以后，人民解放战争很快取得胜利，中华人民共和国随之诞生。不久，中国并踏上了社会主义发展前进的道路，归根到底，就是由抗日战争这个历史的转折，这个力量准备所造成的。新中国代替旧中国，第一，中华民族巍然独立了；第二，国家近代化的前途畅通了。中国于是开始了自己的复兴。用一句话来说，中国复兴枢纽——这就是抗日战争的八年，这就是抗日战争胜利最伟大的历史意义。

十七　文学艺术

抗日战争是中华民族历史上空前雄伟悲壮的一个篇章。在这场战争中，文学和艺术忠实地履行了表现中华民族新的崛起的天职，文艺工作者们从各个角度，运用各种形式，史诗般地记录下中国人民奋起抗击日本侵略、争取民族独立自由的顽强精神和恢宏气概。人们从大量的文艺作品中，不仅看到了一个民族在血泊和烈火中傲然屹立起来的英雄形象，并且从中感受历史性转折的枢纽。

国家生死存亡的危急时刻，人们需要运用各种各样的武器来进行斗争。文学艺术就是这些武器中重要、锋利的一种。这时，在文艺家笔下展现出揭露侵略者的罪行、描写沦陷区人民苦难生活、歌颂英雄业绩、批判妥协投降等多姿多态的辉煌作品。笔触所及，血与火交融，肉与铁拼搏，无一不体现了在强敌面前威武不屈的民族韧性，从而发挥出鼓舞民族精神，激发和推进人民斗争的作用。

抗日战争是民族解放战争，也是一场民族复兴运动，抗战文艺同样肩负着民族解放与社会进步的双重使命。人民的力量在战争中不断壮大，它首先体现在民族意识获得前所未有过的觉醒之中。这种觉醒过程，在文艺作品中初期表现为对侵略行为的无比仇恨，进而融入与封建和落后意识的抗争，相持阶段以后则集中在呼吁团结抗战、争取民主自由方面。这种思想意识觉醒的客观记录，真实反映了人民进步的轨迹，促进了人们对历史发展的认识。中国共产党坚持抗日民族统一战线，坚持和发展敌后抗日根据地，人民力量得到迅猛发展。大量作品较好地反映了这一事实。

综观抗战时期的文艺作品，大多是在历史命运和现实土壤的交错中诞生的。它们记录了历史转折关头民族的情绪与变化，表现了中国人民的积极进取精神，勾勒出中华民族英勇迈进的时代轮廓，足以称为那个伟大时代和社会运动的一面镜子。

（一）民族解放斗争的号角

1931年“九一八”事变爆发，日本帝国主义发动侵略战争，攫取中国东北，同时也揭开了中国人民抗日斗争的序幕。当中华民族亘古以来生于斯长于斯的这片热土受到日本侵略者的践踏和蹂躏时，文艺家们禁不住歌于斯哭于斯，率先运用感情交流的工具，抒发中国人民的强烈愤慨。

事变次日，左翼戏剧家联盟所属的上海“大道剧社”决定立即创作一部反映人民抗日要求的独幕剧《乱钟》。这剧名的含义，即是号召全国同胞在这“乱”世敲响救亡图存的“钟”声。为了及时演出，执笔者田汉来不及打草稿，而把剧本直接“写”上蜡纸。1932年1月28日晚，《乱钟》在暨南大学演出，当演到日本侵占沈阳的炮声响起时，日军进攻闸北的枪声同时也响了起来。刹时，舞台上东北大学学生冲出寝室到操场上集合的情景再现于现实生活，2000多暨大学生齐集操场，高唱起救亡歌曲。“一・二八”第二天，中央大学顾毓琇教授欢送十九路军开赴战场，归来后立即将剧本《荆轲》付印，随后又将《岳飞》《项羽》《苏武》等旧作结集为《岳飞及其他》出版，欲以中国历史上的爱国主义精神鼓舞抗日士气。丁玲的童话《给孩子们》，将复仇的种子传递给寄以中国希望的第二代。她以母亲讲故事的口吻，为侵略者做了一个画像：“他是太平洋里的第一个强盗”，“两个铜铃一样的眼睛里放出绿光，血盆大嘴里伸出三颗长牙……”。老舍的短篇小说《哀启》，叙说一个不堪凌辱的洋车夫刀劈三个东洋鬼子替儿子报仇的故事，反映了下层民众的民族仇恨。

最早感受到国破家亡苦痛的东北青年，怀着满腔悲愤创作出一系列反日小说。1932年初，李辉英写下不仅是他的也是东北作家群中的第一篇抗日小说《最后一课》。他的长篇小说《万宝山》，与舒群的《没有祖国的孩子》、罗烽的《第七个坑》、端木蕻良的《科尔沁旗草原》、骆宾基的《边陲线上》等，将东北人民奋不顾身的复仇行为和牺牲精神跃然纸上。萧军的《八月的乡村》和萧红的《生死场》，被誉为“东北人民向征服者抗议的里程碑的作品”[①]。前者通过对失去天空、土地乃至茂草、高粱的具体描述，展现出一幅受难人

① 景宋：《追忆萧红》，上海《文艺复兴》第1卷第6期，1946年7月1日。

民的血泪史；后者反映东北沦陷后农民灾难深重的痛苦生活和走上悲壮的反抗道路的艰难历程。这两部作品在全国产生极大反响，鲁迅将它们列入《奴隶丛书》，并亲自作了序。

广为流传的街头剧《三江好》《最后一计》，激起过许多人的共鸣与义愤。特别是描写父女两人因失去家乡流离颠沛，在卖艺为生中饥寒交迫、苦不堪言的《放下你的鞭子》，演遍整个中国。一次上海救亡演剧一队演出此剧，当剧中卖艺老汉用鞭子抽打女儿时，一个满面泪痕的老乡突然跳入场内，用铁锹朝着演卖艺老汉的演员砍去。类似这种反映民众抗日情绪的作品不胜枚举，一些偏远地区的百姓正是从这里初次醒悟到民族危难已迫在眼前。

国土不断沦丧，局势日益危机，但国民党依然坚持“攘外必先安内”的既定政策。这时，“停止内战，一致抗日”成为全国人民的一致心愿，文艺作品迅速反映了这一形势。《毕业歌》《开路先锋》《新中华进行曲》等雄壮的救亡歌曲，一时传遍全国。“枪口对外，齐步前进！不伤老百姓，不打自己人！……维护中华民族，永做自由人！”塞克、冼星海在抗日宣传队与地方保安队发生冲突时写下的这首《救国军歌》，当即在集会中唱起来。光未然在剧本《阿银姑娘》中写的序曲《五月的鲜花》，后经谱曲，首先在北平演唱。它在深切怀念抗日志士的同时，曲折表达出对不抵抗政策的不满，很快从华北传遍全国，以至“每个救亡团体的圈子里，每个救亡的角落里”，都能听到它的歌声。[①] 田汉作词、聂耳谱曲的《义勇军进行曲》，是奉献给全民族超越了时空的杰作，“起来！不愿做奴隶的人们！把我们的血肉，筑成我们新的长城！……”1935年5月，这首表达了维护中华民族坚强信念的歌曲，随着电影《风云儿女》不胫而走。在一艘轮船上，逃难的男女老幼们和着大海的波涛齐唱这支歌，使每一个在场的人都坚信：中国是不可征服的！[②] 丁玲的短篇小说《一颗未出膛的子弹》，描写中共抗日主张对国民党军队的影响，反映了当时的现实。

民族情绪是一种看不见的洪流，它能冲破任何屏障，爆发出意想不到的力量。阳翰笙的话剧剧本《前夜》编写于“华北五省自治”甚嚣尘上时，其

---

① 肇野：《关于〈五月的鲜花〉》，《北平新报》1937年5月28日，转引自刘可兴编《光未然研究资料》，陕西人民出版社1993年版，第269页。

② 田本相：《曹禺传》，北京十月文艺出版社1988年版，第222页。

中特别突出汉奸出卖民族利益的罪恶。这个剧以悲剧方式结尾，最后是汉奸获胜而爱国青年被杀。许多观众无法接受这种安排，甚至质问为什么不把汉奸杀死。其实，作者的创作动机正是要激起观众的铲除凶暴势力的热情。轰动一时的"反对工部局禁止演剧"风潮，有力地证明了文艺的作用。1936年6月，上海进步团体"星期实验小剧场"演出夏衍编写的独幕剧《都会的一角》，开演不久英租界老闸捕房借口剧中有"东北是我们的"的台词勒令停演。当观众了解到不得不中辍演出的情况时，齐声高呼："东北是我们的！""打倒日本帝国主义！"其实，剧本中并没有这句话，但艺术方式所表达的则是同一含义。于是，谁也未能料想到，"东北是我们的"这几个简单的台词竟成为口号响遍全市，进而还发展成一场反日斗争的导火线。停演之后，舆论界纷纷向工部局提出抗议和起诉；南京国立戏剧专科学校校长余上沅在一封公开信中质问："上海英租界最近是否变成了日本租界？"唐弢将《都会的一角》与正在租界公演的侵华影片《新地》做了比较后，愤怒地写道：上海是我们的，东北是我们的，我们不能让自己的国土，变成别人的新地！抗日战争全面爆发之前，文学艺术对侵略者暴行的揭露控诉，对沦陷区人民奴隶般苦难生活的真实描写，都传递了全国民众的一种强烈愿望，即：要求国民党改变对日屈膝妥协政策，呼吁停止内战建立抗日民族统一战线，迎接民族解放战争早日到来。

全国抗战爆发后，文艺发挥越来越大的作用。人们认识到，"一个弱国抵抗强国的侵略，想要彻底打击武器兵力优势的敌人，唯有广大的激励人民的敌忾，发动大众的潜力"，而"文艺正是激励人民、发动大众的有力武器"。[①]抗战文艺队伍不断发展壮大。1938年3月27日，"中华全国文艺界抗敌协会"在武汉诞生，原先左中右各派别各团体在抗日总目标下集合起来，形成全国文艺界的统一战线。4月1日，国民党军事委员会政治部第三厅成立，它汇集了一批中共文艺工作者和进步文化人士，是抗战初期负责艺术宣传的重要部门。同时，一些政府部门、战区机关和地方政府也组织起若干文艺团体，如1937年7月成立的第5战区战时工作团，1938年5月起陆续建立的国民政府教育部巡回戏剧教育队等。1937年11月在延安建立"陕甘宁边区文化界抗日救亡协会"，1939年5月改名为"中华全国文艺界抗敌协会延安分会"。1938

①《中华全国文艺界抗敌协会发起旨趣》，《文艺月刊》第9期，1938年4月1日。

年春，敌后抗日根据地晋察冀边区也成立起“边区文化工作者救亡协会”。至于自发的宣传队，则比比皆是。

在新形势下，文艺界刻不容缓承担起宣传抗战、动员民众工作。许多抗战文艺团体建立后，立即开赴第一线。1937 年 8 月 12 日成立于延安的八路军西北战地服务团，由 30 余名作家文艺家组成，他们 9 月下旬出发，辗转 3000 余里，途经 16 县 60 多个村庄，演出了 20 多个节目。1938 年，汇集了上海“左翼十年”积蓄成长起来的文艺界精英的中国剧作者协会诸救亡演剧队，转战南北后会师武汉，改编为政治部第三厅直接领导下的“抗敌演剧队”。接着，他们分赴广东、江西、山西、湖北、河南、浙江、广西、湖南等战区，有的还到了新疆。

民族自卫战争焕发了人民巨大的力量。抗战之初，代替了靡靡之音的救亡歌曲在上海广播电台正式播出，广场、弄堂、学校、难民收容所、伤兵医院，都演出着《往哪里逃》《大家一条心》《保卫大上海》《再上前线》等富有鼓动性的小型剧。长沙城内，沿街墙上绘着大幅宣传画，书摊上的《毛泽东传》《朱德传》畅销。武汉处处活跃着歌咏队、宣传队、演剧队，气氛异常热烈。1938 年初，昆明昆华中学 40 多个中学生组织起救亡宣传队，步行 30 多天行程 700 余里，演出了街头剧或活报剧。当时，抗战歌曲流传到深山中的牧童、捡煤渣的贫儿口里，大批文艺工作者拥上前线，工作队、宣传队、漫画队、孩子剧团、慰劳服务队等等走向军队，走入乡村，抗战话剧、抗战电影特辑、救亡歌曲成为武装人民大众的日常生活的一部分。

抗日战争为文学艺术提供了抒发民族情感的历史条件，大多数文艺家都以表现中华民族新的崛起作为义不容辞的责任。民族战争净化了文艺工作者的灵魂，不同创作背景和不同艺术追求的文艺家们，在抗战旗帜下集合起来。他们有的冒着炮火走上战场，有的走上街头，记录下中国人民在爱国主义感召下顶天立地的斗争事迹。郭沫若、王统照、郑振铎、冯乃超放开喉咙高唱战歌；卞之琳向坚持敌后斗争的将士们呈上了《慰劳信集》；艾青的长诗《向太阳》用太阳象征光明和理想，表达出时代、民族和人民的热望；戴望舒在《我用残损的手掌》一诗中，借抚摸地图的联想，抒发国土沦陷的哀痛；柯仲平、林山、田间、邵子南等在延安发动“街头诗歌运动”，号召使诗歌服务于抗战，不要让乡村的一堵墙，路旁的一片岩石，白白的空着。一时，“抗战胜利，建国成功，中华民族的解放与新生”，成为文艺家们的同一目标[①]，他们和全国人民融为一体，共同奏响了空前豪迈的民族解放斗争交响曲。

（二）人民力量的反映与呼唤

抗日战争中，人民力量不断发展与壮大，这一有目共睹的现实成为抗战文艺最突出的主题。

抗战初期，面对日本侵略，全国人民同仇敌忾。7 月 8 日，中国军队在卢沟桥奋起反击的消息传遍全国，人们奔走相告，百年来受尽列强欺侮的压抑感尽情得到宣泄。中国剧作者协会集体编写的话剧《保卫卢沟桥》浓缩了这种民族情绪，它在上海公演时观众中常常呼出“保卫卢沟桥”的口号。7 月 28 日，二十九路军收复丰台、廊坊，人们欣喜若狂。夏衍连夜创作了短剧《“七二八”的那一天》，剧中写上海一家小纸烟店里老板正为半个铜板与顾客争执，突然许多人争买鞭炮，老板奇怪地问“究竟是什么事？”“东洋人打败啦！”老板听了手舞足蹈，爆竹、香烟、老酒……一律白送。此刻收音机里也传出女播音员的庄严宣告：“东方的睡狮醒啦！我们已经团结起来，组织起来，我们已经准备用我们的血肉，来保障我们的国土。敌人从哪里来，就从哪里将他打出去！”[②]

上海民众以镇定而兴奋的心情迎接“八一三”淞沪抗战的到来。茅盾在散文《光荣的一周年》记述道：那天闸北开火后，人们决心给“打击者以打击”，当“我空军的雄姿出现于黄浦江上，轰击出云舰，我陆军冒死直攻敌军司令部，市民万声欢动”，并“从心里发出强音：‘与敌人同归于尽！’”[③]这种为民族得以新生而兴高采烈的心情，直到两年后仍激动着人们。朱自清的《这一天》中所说：“这一天是我们新中国诞生的日子”，“我们惊奇我们也能和东亚的强敌抗战”，“新中国在血火中成长了”。[④]

---

① 李广田：《论抗战与抗战文艺》，《李广田文集》第 4 卷，山东文艺出版社 1986 年版，第 196 页。

② 夏衍：《“七二八”的那一天》，《新学识》第 2 卷第 1 期，1937 年 8 月。

③ 转引自茅盾《我走过的道路》下册，人民出版社 1988 年版，第 2 页。

④ 朱自清：《这一天》，《朱自清全集》第 4 卷，江苏教育出版社 1990 年版，第 405 页。

实现国内大团结是全民抗战的前提，也是人民力量之所在。1938年10月29日在重庆公演的《全民总动员》（又名《黑字二十八》），着力表现了肃清汉奸，变敌人的后方为前线，动员全民服役抗战这一主题。阳翰笙的剧本《塞上风云》，以几个汉蒙男女青年间的爱情故事为线索，描写两族青年消除误会隔阂，加强团结，粉碎汉奸和日本特务的阴谋活动。老舍、宋之的合编的话剧《国家至上》，在描写回汉两民族之间的互相轻蔑的偏见和进行团结中所遭遇的种种困难后，突出了敌人的轰炸和进攻逼着他们完成团结，并获得部分的胜利。这个剧不只对国内的民族团结具有意义，就是对解决社会集团间的纠葛也同样有所启发。这些作品证明，在日本全面侵华战争的生死关头，人们认识到只有全民族团结抗战，才是中国生存和发展的唯一出路。

战争给中国各阶层的人们巨大冲击，促使他们中的许多人思想意识发生改变，进步的因素成长起来，陈旧的因素不是衰落就是被淘汰。

对落后意识的谴责首先集中在批判失败主义方面。萧乾的《北运河上》描写了国民党内部主战派与妥协派的斗争；黄钢的《开麦拉之前的汪精卫》把甘心当汉奸的败类钉在耻辱柱上；谢文炳的《小汉奸》则写了个现实生活里虽然罕见却很能说明爱憎的故事。一位著名历史学家曾自叹“南渡自应思往事，北归端恐待来生”，意思是说中国历史上从没有南渡后还能恢复中原的先例，自己也不知今生能否回到北方。冯至认为这种“没有希望的诗句”容易“以古乱今”，为此他在《论历史的教训》中特别讲了一个故事：在海上，一个商人问水手的父亲是怎样死的，水手说父亲是水手，在水里淹死了。商人又问，你祖父是怎样死的呢？水手说祖父也是水手，也在水里淹死了。商人惊讶道：那么你为什么还当水手呢？水手没有回答，反问商人的祖父、父亲在什么地方死的，商人说都是在床上。水手也同样惊讶道：那么你为什么还敢在床上睡眠呢？冯至讲完故事，说：水手的祖父与父亲都在水里淹死，这在商人眼里可说是历史教训，“但是这教训并不能阻止他们的子孙充当水手继续在海上奋斗”，“一个民族也应该像这个勇敢的水手似地看待过去的历史的教训”。[①]

民族意识的觉醒过程，常常逼迫人们在个人、家庭与国家、民族的关系

① 冯至：《论历史的教训》，《冯至学术精华录》，北京师范学院出版社1988年版，第208—209页。

上做出抉择。艾青的叙事长诗《火把》，通过一位感情脆弱的女学生摆脱精神樊篱举起火把投身抗战事业的故事，显示出时代洪流对于青年的冲击与锤炼。陈白尘的《大地回春》主要反映民族资产阶级的"进步和转变"。作品中的主人公是个有着强烈事业心的民族资本家，他把抗日要求与发展民族工业联系在一起，而他的儿子却一心要投敌当买办。这种包含着民族斗争重大内容的父子冲突，经过复杂的过程最终导致了决裂。台词中说："抗战是一把火，我们每个人都会被它烧得变了样子的！"丁西林在《等太太回来的时候》剧本中，也写了一个汉奸家庭夫妻父子间的矛盾冲突，它既反映了上层阶级对于抗战的立场，也表现出民族奸贼必然会落到众叛亲离的下场。茅盾的《腐蚀》，则写了一个当时还为人忽视的领域——国民党特务组织的分化。小说的主人公是个虽然参加过救亡工作，却因爱好虚荣坠入了特务组织的女青年，由于爱国青年遭受的毒刑拷打、特务内部的争权夺利，以及过去爱人被绑架监禁的现实，使她尚未完全腐蚀的灵魂产生震动，最终逃出火坑。这个故事对误入歧途的青年走向新生具有一定启迪，说明有些消极因素是可以转化的。

在弥漫着纸醉金迷和投机堕落的年代，正直和善良体现着一种人格精神。尤其在抗战最艰苦的时期，对同恶势力斗争的褒奖与赞颂，和对社会沉渣、魍魉、市侩的亮相，同样表现了精神上坚持进步的力量。袁俊的《万世师表》中写一位教授与市侩作风斗争的故事：主人公的一切家什被战争毁去，病魔又夺去唯一的儿子，妻子重病亦无钱医治，然而无论生活如何贫困，他始终拒绝从商，坚守在培养建国人才的岗位上。陈白尘的《岁寒图》，也写了一位立志十年内消灭全国肺结核菌的医师，在与恶劣环境抗争中还要与社会上另一种"结核菌"——市侩主义搏斗，尽管他的助手投机发财，还夺走了他暗中爱着的女学生，但是他拒绝与其合流，忠贞自守，献身科学事业。这些作品表明，在抗战的大后方，统治阶级贪污腐败，这些无声的人物才是真正伟大的英雄，是他们真诚地维护着抗战，为天地间留下正气，为芸芸众生判明是非善恶"立下了真正的道德标准"[①]。认识这一点，有助于理解这些人大多数为什么后来能够投入民主运动，成为反对独裁统治的一员。

中国人口的大多数是农民，他们的觉醒对争取抗日战争胜利意义重大。穗青在《脱缰的马》中描写一位普通农民最终认识到只有赶走了日本鬼子，坏

---

①陈白尘:《岁暮怀朱凡——〈岁寒图〉代序》,《华西日报·每周文艺》1944年12月3日。

人也不会存在，我们才能活这一道理。吴组缃的《山洪》、姚雪垠的《差半车麦秸》，同样通过民族自卫战环境下新旧矛盾的冲突，表现了农民在抗战中民族意识和国家观念战胜落后意识的心理过程。在亡国危机面前，地主阶级也产生了分化。塞克执笔的话剧《突击》，讲一个原来高高在上的地方士绅，在战争中被迫与平民百姓一样卷入逃难的行列，虽然他“背着旧时代的重荷”，封建意识也很浓重，可最终和人民一起参加了抗战。这些具有一定思想与艺术力度的作品，说明了抗日战争对国民精神生活的改造作用，证明伟大的民族解放战争必然会推动社会的进步。

（三）两个战场与两种战时生活的写照

抗日战争存在着正面和敌后两个战场。战争初期，两个战场都涌现了大批英雄人物和英雄业绩，而歌颂他们的作品也有力地弘扬了民族精神。

战争的最初阶段，许多作品把焦点集中在敌我之间的军事较量方面。丘东平的《第七连》，通过与一位身负重伤连长的谈话，记载了这支仓促拼凑并且装备不良的连队，如何在上海战役中不畏牺牲、英勇杀敌的事迹。亦门的《从攻击到防御》，引用了一个士兵的呼喊：“抗了日我死也就甘心了，总算当兵也当出了这样一个好结果来！”一个排长则在日记里自豪地写道：“今天我们应战了，攻击了，震动了闸北，震动了全中国，不，震动着全世界的呀！”谢晋元率部坚守闸北四行仓库的保卫战、女童子军杨惠敏在枪林弹雨中渡河献旗，均通过艺术形式传播到全国乃至全世界。

宋之的以参战将士提供的书面或口头资料为依据创作的《旧关之战》，再现了陆军38军教导团3000健儿在阻止日军从东线进入山西战斗中浴血奋战、夺回阵地的动人场面。萧乾的《刘粹刚之死》，记录了国民党空军少尉刘粹刚为配合八路军反攻旧关毅然率机夜航，归途中油料燃尽，他放出仅有的一颗照明弹帮助友机迫降，自己则为了保住飞机不肯跳伞，最后不幸牺牲。刘开渠所塑的王铭章铜像及纪念川军出征抗日将士阵亡无名英雄铜像，老舍的《张自忠》，也表彰了英勇捐躯的爱国将士。

八路军高级将领萧向荣的《平型关战斗前夜》《平型关战斗前后》，真实记述了战役的准备与展开。朱德、任弼时、聂荣臻等人还被摄入中国电影制片厂的《抗战特辑》。这部纪录片与《热血忠魂》等电影在新加坡、缅甸、越南、菲律宾等地放映，鼓舞了华侨的抗战热情。

进入相持阶段后，国民党消极抗日，而敌后战场的地位则越来越显著。法国作家古列久在评述民主根据地的斗争时曾说："民族的精神，在侵略面前突然奋张起来，成为一道新的近代的中国长城。"许多作品真实记录了敌后军民怎样筑起这道新的长城。

冠西的《南北岱崮保卫战》，记录八路军与敌寇在战略要地山东南北岱崮进行的一场"血与火的保卫战"。这次战斗极为残酷，日寇 3000 步兵和一个炮兵中队、一个空军中队、一个伪军团，使用 40 多万磅炮弹、烧夷弹及两种以上瓦斯弹，疯狂进攻只有 93 人固守的长 420 米宽 240 米的崮顶。八路军战士顽强固守半个月完成任务后，胜利从敌人四五里重重包围下成功突围。作品豪迈地写道："像一切革命记载里写着的一样，除了共产党的军队，历史上再也找不出这样的战斗！再也找不出这样的军队！"周而复的《海上的遭遇》，也以磅礴的气势反映了同一主题。1943 年，51 位新四军团以上干部奉调延安学习，途中先后遭到 20 倍以上敌人的陆海两路截击。尤其在海上，几乎面临着毁灭，一边是现代化的巡逻艇，一边是连一只沙袋都没有的民船和一支从未经历过海上作战的非战斗队伍。在这场力量悬殊的生死考验中，没有一人屈服动摇，他们付出重大牺牲，最终以非凡的勇气冲出包围圈。这些令山河动鬼神泣的战斗场景，使人们对共产党人的凛然正气肃然起敬。

在敌强我弱的敌后，战争的主要形式是游击战，因此这方面的作品数量很多。第一次系统报导晋察冀边区初建时期人民群众奋起抗战的《晋察冀边区印象记》和《战地日记》，是周立波的力作。作品真实记录了边区人民坚壁清野、支援抗战、建设后方的艰苦斗争。书中写到日寇在飞机掩护下占领了垂涎月余的洪子店，而所得的是一座空城，敌人找不到一粒米，寻不到半根草，只得当晚即退。在临县白塔村，敌人抓住一个孩子，孩子拒不回答任何问题，被敌人摔到崖下折断右臂。"民兵有没有？说！"面对刀尖，孩子的声音十分微弱，却清清楚楚蹦出两个字："没啦！"孩子被屠杀了。周游的《冀中宋庄之战》也是描写游击战的名篇，它写 1942 年 6 月八路军以两个连的少数兵力，依据小村宋庄，抗击了 2500 余名绝对优势的敌军。在兵力相悬和装备殊异的情况下，冀中子弟兵坚持战斗 14 小时，以伤亡 73 人换取了歼敌 1100 余名的重大胜利。

战争锻炼了人民，人民创造了神奇。邵子南的《李勇大摆地雷阵》，歌颂华北平原上智勇双全的爆炸英雄和游击小队，他们在反扫荡中将“大枪和地雷结合”起来，使现代化武器装备的侵略者尸横遍野，听到李勇的名字就心惊肉跳。柯蓝在《抗日英雄洋铁桶》中也描写了一个外号“洋铁桶”的游击战士，带领他的小队在抗击侵略者、建立政权、捉特除奸、对伪军展开政治攻势中，威名远扬。马烽、西戎根据晋绥边区群英大会民兵斗争事迹写成的《吕梁英雄传》，艺术地描绘了桦林山下某山村建立民兵武装，实行劳武结合，配合主力同日伪斗争的故事。这部小说以广阔的时空、大容量的思想，再现了民族解放战争的壮丽图景，被誉之为抗战文艺中的一枝奇葩。对胜利充满信心的敌后人民，始终具有革命乐观主义，这种精神在孙犁的小说中十分突出。他的《荷花淀》《芦花荡》《嘱咐》等短篇小说，都以抒情风格揭示了这样一种情感：即使在环境极端残酷的年代，人民依然热爱生活，向往美好未来。人们读了这种革命浪漫主义的作品，很容易理解“只有爱家乡才能爱祖国”的至理名言。

敌后战场的开辟，是中国共产党坚持独立自主抗战原则的体现，上述作品生动说明敌后的抗日战争是一场真正的人民战争，中国人民在对敌斗争中创造出来的地道战、地雷战、麻雀战、破袭战等作战方式，有效地打击了敌人，阻止了日寇向正面战场肆无忌惮的进攻，并使日军占领区不得安宁，不断缩小。

民主根据地的社会生活充满了生气，随着敌后人民力量的不断发展，精神上解放的要求也愈加迫切。冀中区开展的“冀中一日”群众性大规模报告文学创作中，就诞生出揭露敌人残暴罪行、反映部队生活、记叙根据地民主建设、表现群众在中国共产党领导下进行抗敌斗争的大批纪实性报告。这些作品大多出自劳动者之手，虽然有些粗糙单薄，却充满着质朴与真情。

翻身的农民尤其渴望歌颂新生活。发起于陕甘宁边区的新秧歌剧，是抗战文艺中最有代表性的成就。1944年春节诞生的新秧歌剧《牛永贵受伤》，描写一对老夫妇在日寇搜查时冒着生命危险救护八路军伤员的故事，表现出新时代中新人物的新关系，被人誉为新秧歌剧的代表作。贺敬之、马可创作的歌曲《南泥湾》，赞颂了亦兵亦农的新型军队。农民孙万福创作的《万丈高楼平地起》，李有源、李增正叔侄编唱的《毛主席领导穷人翻身》（即《东方红》），都反映了敌后人民歌颂光明、赞美未来的心声。

如果说，这时国民党统治区的文艺主要是呼吁民主的话，那么反映敌后生活的作品则表现了人民大众实践民主的过程。在敌后民主根据地，随着农民经济生活改善，他们必然要向残存的封建旧意识进行挑战。新秧歌剧《买卖婚姻》《小姑贤》《算卦》《神虫》《回娘家》等，揭露了封建宗法社会中的旧风俗旧习惯对民众的毒害。这些作品大多采取喜剧或闹剧形式，在喜笑声中让顽固者当众出丑，狼狈不堪；而革新者则扬眉吐气，欢声笑语，从而表现了成为生活主人的劳动人民深信进步可以战胜陈腐的趋势。人们曾给这种剧起了个形象的名字——"斗争秧歌"。1943 年 9 月出版的赵树理的《小二黑结婚》，以农村青年争取婚姻自由为线索，刻画了翻身农民反对封建势力、要求从精神上获得解放的可贵变化。1945 年 6 月，西北战地服务团和鲁艺师生根据流传在晋察冀边区的"白毛仙姑"民间新传奇集体改编的歌剧《白毛女》，描写了劳动人民所受封建社会压迫之苦。剧中的主人公不再只是被侮辱与被损害的形象，而是表现了劳动人民坚决的斗争精神，充满了劳动人民要活下去，要报阶级仇的坚强意志。张水华、王大化、贺敬之、马可等人联合创作的《惯匪周子山》，描写了边区开创时期人民群众识破潜伏汉奸的斗争。马健翎创作的《血泪仇》，写一个在国民党统治区家破人亡的农民，逃到根据地后得到政府和人民的关怀，并将受反动派威胁利诱干坏事的儿子教育过来的故事。这些人物，在实际生活中就是社会的真正主人公，他们成为推动社会发展力量而被歌颂的对象。

民主改革是抗日根据地的重要政治内容。这方面较突出的作品有延安枣园文工团集体创作的《动员起来》，它描写了边区农民从个体经济分散经营到组织起来计划经营中的思想斗争，用夫妻争论的形式，提出和解决了变工中发生的一些思想问题。柳青的《种谷记》，通过大生产运动期间农民在互助变工等具体事件上的复杂感情，反映了穷苦农民与自私思想和保守势力的斗争，以及一心一意改变农村落后面貌的革命积极性。

抗日根据地的建设首先是政权建设，赵树理 1943 年 10 月出版的《李有才板话》，围绕减租减息描写了农村政权的建设，反映了解放区在中国共产党领导下所发生的社会变化。小说中，一位老奸巨滑的地主恶霸隐瞒黑地，腐蚀干部，破坏群众运动，阻止减租减息；犯主观主义和官僚主义的工作队员，不能深入群众了解真实情况，反以为这个地主是开明绅士，致使村政权被坏人操纵。后来，县农会主席依靠群众，团结贫苦农民斗倒地主，改选了村政权，才使减租减息法得以贯彻。这部小说的成功，在于克服了某些作品把解放区阶级矛盾简单化的缺点，对新环境中阶级斗争的尖锐性与复杂性做了令人可信的揭示；在于它用艺术形式表现敌后政治生活，说明不同群众基础上建立的政权性质是不一样的，只有正确的路线才能使新旧力量对比发生变化；同时还在于它在一定程度上揭示了以中国共产党为核心的人民力量在抗日战争中不断发展壮大的原因所在。小说在形式上也比过去有所突破，它通过一位立场鲜明又乐观幽默的农民李有才，以快板作武器，在取笑中道出群众对是非的分析和判断，这种创新对于民族形式的进步，也具有意义。

人民的觉悟为反侵略战争提供了可靠保证，中国人民对抗战必胜充满了信心。黄河是中华民族的摇篮之一，它养育了炎黄子孙数千年的文明，象征着中国人民的顽强不屈。1939 年初，光未然从陕西宜川壶口附近东渡黄河，目睹了黄河船夫与狂风恶浪搏斗的情景，回延安后只用了 5 天便写成大合唱歌词。冼星海看到后十分激动，也仅以 6 天完成谱曲。5 月 11 日，四部八乐章的大型声乐组歌《黄河大合唱》在延安首次公演。毛泽东听后“很感动地说了几声‘好’”[①]。不久，《黄河大合唱》走出延安，走向重庆，走向全国，也走向世界。它的歌声“和黄河之水天上来的一样，从北方吼唱了起来”，使“人民的叛徒听见了发生了战栗”。[②]“那伟大的气魄自然而然使人卑吝全消，发出崇高的情感，光是这一点也就叫你听过一次就像灵魂洗过澡似的”[③]。《黄河大合唱》风靡至今，它在最困难最艰险的时候给人们巨大鼓舞，极大地振奋着全国的人心，使全国人民更加了解了中国共产党人的情感世界。

与敌后根据地政治制度截然不同，国民党统治区的文艺创作主要是揭露国民党统治的腐朽。战争初期，国民党采取较为积极的抗战措施，许多人对前途也较乐观，以为现实能给国家带来新的转机，曹禺的《蜕变》就反映了人们的这种良好愿望。然而，腐朽政治不可能自行得到改变，文艺家们纷纷对现实制度进行揭露与鞭挞。

对国民党统治的批判最初多针对不合理制度所造成的腐朽现象方面。丁西林的《三块钱国币》，讽刺上层人物视钱如命的丑态和警察趋炎附势的恶劣

---

①冼星海日记，转引自艾克恩编《延安文艺运动纪盛（1937—1948）》，文化艺术出版社 1982 年版，第 134 页。

②郭沫若：《吊星海》，《新华日报》1946 年 1 月 5 日。

③茅盾：《忆冼星海》，转引自艾克恩编《延安文艺运动纪盛（1937—1948）》，第 135 页。

行径。老舍《残雾》抨击官僚机构腐败，表达只有彻底扫除这种残雾，才能完成抗战建国伟业的道理。张恨水的《八十一梦》，从城市经济生活、广大市民阶层最关心的生计问题入手，揭露投机盛行、物价飞涨、风气颓败、民不聊生的现实。洪深的《米》通过战时奸商操纵粮食，指出错误经济政策的严重性。宋之的的《雾重庆》，通过一群青年的没落来追究造成这种现象的政治原因。剧中写几个不甘做亡国奴而来到陪都的青年，由于失业而开小饭馆为生，在黑暗社会势力的侵蚀逼迫下，他们有的贫困潦倒死于病榻，有的因极度苦闷而出走，有的攀附权贵堕落成发国难财的投机商。原本亲密无间的朋友或夫妇，成了分道扬镳的陌路人。从这些人物的不幸遭遇中，反映出大后方人民心灵上的窒息。

集中社会许多症结的兵役制度，是国民党腐败政治的缩影。沙汀的《在其香居茶馆里》写新任县长放出空气说要整顿兵役，摸不清底细的联保主任为了既得利益匆匆告密，使四次缓征的一豪绅之子被抓了壮丁。双方矛盾激化后在茶馆里大打出手，而口头上高喊整顿兵役的新县长却已接受贿赂，借口豪绅之子排队报错数“没有资格打国仗”，将其“开革”。小说说明打着抗战招牌的兵役制度，实质上不过是供国民党基层政权你争我夺的饭碗。四川旅外剧人抗敌演剧队集体编写的讽刺喜剧《抓壮丁》，也以一波三折的故事将阿谀逢迎和鱼肉农民的走狗性格表现得淋漓尽致，替老百姓说出了心中的不满。

美术界也用画笔抨击社会黑暗和腐败制度。张光宇的《西游漫记》，以连环彩色漫画形式反映了社会上贪污腐败、特务横行，经济崩溃、人民呻吟等种种现象。类似的作品还有丁聪的《现象图》、丰子恺的《吃力勿赚钱，赚钱勿吃力》、谢趣生的《鬼趣图》等。廖冰兄创作于抗战后期的《猫国春秋》，由“鼠贼横行记（连环画）”“虎王惩贪记（连环画）”“黉宫灯影录（组画）”“猫国春秋（组画之一、二）”“方生未死篇（组画）”五个部分组成，艺术地表达出统治阶级的没落给下层民众造成的百般痛苦。

国民党的专制统治与经济政策，是促使民族资产阶级向左转的重要因素。茅盾根据 1945 年 5 月 4 日重庆黄金舞弊案为线索创作的《清明前后》，就揭示官僚资本及其爪牙的卑劣无耻，民族资本家的挣扎与幻灭，而安分守己穷困潦倒的小职员变成了替罪羊。由于这个剧表现了民族工业的悲惨命运，在重庆演出四星期场场爆满，犹如掷向国民党统治的一颗炸弹。“政治不民主，工业就没有出路”的结论使一些工厂老板大受感动，慷慨解囊包场招待工人和职员。永利化学工业公司迁川工厂自排自演这出话剧时，在《说明书·开场白》中写道：“我们坚强地相信，工业化运动是领导中国走向富强的唯一的一条大道；我们更坚强地相信，政治不民主，工业化运动便不能展开，工业也就永没有出路。过去八年里，不合理的法令规章，压倒了多少坚贞苦斗的工业战士，这一个惨痛的教训，值得我们永久纪念！”[①]1944年第二次民主宪政运动时期，民族资本家的代表在重庆集会，呼吁保护民营企业，要求实行民主政治、取消统制政策，这些都可以从小说中看到潜藏着的原因。

坚持抗日民族统一战线，是坚持抗战最现实最紧迫的任务。皖南事变后，国民党加强舆论钳制，剧作家们通过创作历史剧，以借古喻今的方式来抒发褒扬忠烈、贬抑奸诈的思想感情。阳翰笙的《天国春秋》、欧阳予倩的《忠王李秀成》，均描写了起义阵营内部腐化变质，将领间猜忌、自相残杀，揭示了太平天国革命由盛到衰的道理。郭沫若以其大手笔创作出一批历史剧，其中《屈原》以高度的艺术概括，歌颂屈原矢志不移的爱国爱民感情与不屈不挠的斗争精神，抨击了上官大夫、南后等人的卖国阴谋及迫害爱国志士的罪行。上述取材于历史故事的剧作，在反对妥协、抨击腐败、坚持进步、维护统一战线等方面，发挥了重要影响。

描写两个战场及两种不同生活的文艺创作，在抗战时期发挥了重要作用。经过艰苦的八年抗战，中国内部政治力量的对比发生明显改变。最重要的改变，就是国民党消极退守，保存实力，专制统治，日益丧失人心，政治影响衰落。而以中国共产党为核心的人民力量，积极抗战，坚持敌后斗争，收复广大国土，由弱小不断走向强盛。抗战文艺较好地表现出这两种逆向发展，加深了人们对中国的复兴道路的认识。

（四）国际反法西斯阵营的文艺呼应

中国人民率先举起反对法西斯侵略和民族解放斗争的旗帜，赢得了世界爱好和平人民的同情和援助。太平洋战争爆发后，世界反法西斯运动成为一

① 转引自茅盾《我走过的道路》下册，第383页。

体，同一营垒中的各个国家加强联系，互相支援。在这种形势下，中国的抗战文艺在传递信息、交流感情等方面，与各反法西斯国家彼此补充、遥相呼应，成为反法西斯文艺运动的重要一翼。

沟通各国人民互相了解是文学艺术的重要使命之一。全国文协诞生之初，即发布《告世界文学家书》和《致日本被压迫作家公开信》，它在成立宣言中呼吁“全世界中国之友的文艺家给予我们更多的力量”，“为争取远东的真正和平、自由发展”，“携手共同前进”。介绍中国人民的战时生活，在抗战初期对外宣传中尤为迫切。抗战开始不久，上海就出版了第一种专门对外发行的《中国吼声》。随后，广州、武汉相继出现《新阶段》和《东方呼声》。不久，面向欧美的《远东使者》于1938年5月在香港创刊，创刊号上《我们控诉》一文，以大量事实痛斥日本为侵略中国所散布的谎言，被人称为“恐怖时代的文献”。全国文协曾与英国《众生》杂志达成出版翻译合作协定，后又增设“国际文艺宣传委员会”，并提出与“文章下乡”“文章入伍”并重的“文章出国”的口号。1940年文协香港分会出版的英文月刊《中国作家》，成为香港沦陷前西方人民了解中国战时生活的一个重要窗口。一些文艺工作者这时走出国门宣传抗战。武汉失守前，一些大学师生组成的“武汉合唱团”，曾前往新加坡、印度、英国、美国义演了《打回东北去》《长城谣》《最后胜利是我们的》等歌曲。上海戏剧界救亡协会战时流动演剧二队、厦门儿童剧团也在东南亚演出了《保卫卢沟桥》《民族万岁》《台儿庄之春》等剧目。1944年，抗敌演剧五队还将《国家至上》《渡黄河》送到缅甸战场。与此同时，苏联许多杂志也发表了一批中国战时的小说、戏剧，其《国际文学》1940年7月开辟了“中国抗战文学专辑”，出版界也翻译了老舍的《被占领的城市中》、萧三的《不可征服的中国》、萧军的《八月的乡村》、姚雪垠的《差半车麦秸》、张天翼的《华威先生》等。此外，丁玲的《给孩子们》、刘白羽的《满洲的俘虏》、碧野的《北方的原野》等作品，也出现在英文刊物上。这些作品在国外产生了相当影响，南斯拉夫《南星》月报评论说，它们“反映了中国的现实”，表现出“不愿意作牛马”与“争取自由的斗争”精神。①

一些国际友人也为宣传中国抗战付出艰辛努力。埃德加·斯诺根据在卢

① 受箴:《世界语的世界文学》,《文学月报》第4卷第2期，转引自黄俊英《二次大战的中外文化交流史》，重庆出版社1991年出版，第88页。

沟桥前沿的采访，写成描写爱国学生“投笔从戎”和将士“马革尸还”悲壮场景的《为亚洲而战》。“八一三”战役中，麦克唐纳、尧里斯通、尼斯特罗姆等，数度在枪林弹雨中抢拍战况实景，英国《每日电讯》的P.斯蒂芬斯甚至献出年轻的生命。台儿庄战役期间，美国洛氏基金影片部伊万思、万农、贾白三人拍下《四万万人民》的历史纪录片。保卫武汉时期，英国“左翼书籍俱尔部”在《左翼评论》和《劳动月刊》上组织了“援助中国抗战专号”。苏联摄影记者卜尔曼也冒着危险拍摄了电影《中国在战斗》，记录了武汉沦陷的惨景、抗战将士的战斗、边疆人民的救亡活动、湖南日军俘虏生活等。安娜·路易斯·斯特朗的《人类的五分之一》、爱泼斯坦的《人民之战》记录了作者目睹抗战初期中国民众如火如荼的斗争生活。温台尔·威尔基访问中国后写下的包括《自由中国为什么抗战》在内的《天下一家》旅游记，被列为美国1943年度十大畅销书之首。这说明立足于反击国际法西斯侵略和维护世界和平上的中外文化交流，必能赢得世界民族解放运动的互相支持和互相援助。

介绍中国共产党抗日活动的作品，在国外受到极大关注。1937年10月，斯诺的《红星照耀中国》（中译本名《西行漫记》）首先在伦敦发行，旋即译成十多种文字。尼姆·韦尔斯（即海伦·福斯特·斯诺）的《红色中国内幕》（中译本名《续西行访问记》）第一次向西方介绍了延安。史沫特莱的《打回老家去》（又译《中国在反攻——一个美国妇女和八路军在一起》）、《中国的战歌》、《伟大的道路：朱德的生平时代》，加深了西方对八路军抗战地位的重视。类似的作品还有吉姆·伯特伦的《中国的危机》与《不可征服的》，埃文斯·卡尔森的《中国的双星》等。上述作品，改变了不少人对中共的偏见，三四十年代大批青年也是阅读了其中一些著作而走上民族解放和革命的道路。

通过艺术手法表现反法西斯战争的正义性质，在当时各国文艺创作中占有很大比重。1943年中国电影制片厂根据意大利人范斯伯的《神明的子孙在中国》拍摄的影片《日本间谍》，放映后轰动一时。阳翰笙根据它的基本情节改编的影片，着重揭露日本侵略军内部敲诈勒索和贩毒营妓的罪恶行径，突出描写东北同胞在日寇铁蹄下的惨景，表现了日本侵略战争的野蛮性。日本作家鹿地亘在中国创作的作品都以反战为主题，他创作的悲剧《三兄弟》，形象地刻画了宫本三兄弟的各自遭遇，反映了日本民众对侵华战争的不同认识，在展示日本人民血泪生活的同时，揭示了日本军国主义肆虐人民的本质和必然失败的结局。1940 年 6 月，该剧在重庆公演时反应强烈，舆论称它的意义在于增加了中国人民对日本被压迫人民的了解和同情，促进了中日两国人民共同消灭日本军阀财阀的血腥统治。严文井的《圣经》也属于同一题材，它通过一个日本兵向中国教士索要圣经的故事，揭示了侵略者疯狂屠杀中国人民之后心底里暴露的自我恐怖。类似主题甚至在高压下的日本国内也曾出现。1937 年 8 月，为了煽动战争狂热，日本内阁情报部派出“笔部队”入华观战采访。石川达三此行创作的《未死的兵》，却反映了侵华士兵的苦闷情绪和灵魂变异。尽管作者不是反战义士，作品人物也都是战争支持者，但是报告文学所描写日本士兵杀人竞赛，将女人的皮剥下来，用死尸的腹部做枕头，以残酷的手段求得个人对国家的尽职，暴露了日本侵略者的残无人道。1939 年，这部作品与英国作家丁伯莱记录日军南京暴行的报告文学《战争的意义》同时在中国、苏联和欧洲流行，成为世界人民谴责日本法西斯的有力证据。

国际反法西斯国家的反侵略战争对中国抗战也产生一定影响，这在翻译国外进步作品中表现得尤为明显。这时，国外进步文艺作品源源不断地介绍到了中国。

综观抗战时期所译介的外国文学作品，战争题材比重较大。战争初期，西班牙人民正与佛朗哥及德意法西斯激战，中国人民需要及时了解世界反法西斯运动的动态，这促使翻译西班牙战争的文学作品一度形成高潮。阿尔倍蒂的《保卫马德里，保卫加达鲁涅》、阿莱桑代雷的《无名的民军》与《起义者》、贝德雷的《山间的寒冷》等诗歌，都激励着中国人民的抗日斗志。其后，翻译范围逐渐扩大。孤岛时期上海金星书店出版的《国际文艺丛刊》，编译了意大利西龙的《意大利的脉搏》（原名《丰塔马辣村》）、美国李特的《震撼世界的十日》、日本岛木健作的《黎明》、德国列普曼的《地下火》及《人的希望》《中国大革命序曲》《纳粹贫血症》等著名国际反法西斯报告文学。巴金主编的大型刊物《译文丛书》，着重介绍苏俄和欧洲进步作家的作品 50 部，出版了世界名著 100 多种。苏德战争爆发后，《中苏文化》连载西蒙诺夫的《俄罗斯人》和李昂诺夫的《侵略》；中苏文化编译委员会也组织翻译过不少苏联作品。此外，苏联亦将戈尔巴托夫的《宁死不屈》、毕尔文采夫的《考验》、西蒙诺夫的《日日夜夜》、波洛科夫的《在敌人后方》、波德罗夫的《莫斯科在我们背后》等战争文学译成中文在中国发行。1943 至 1944 年间，是中国大量翻译外国反法西斯作品的年代，高尔基的作品差不多都译成了中文，巴甫连柯的《复仇的火焰》、萧洛霍夫的《他们为祖国打仗》、格罗斯曼的《不朽的人民》，也在中国产生过不小的影响。

以上作品对中国读者产生了许多启迪。如爱伦堡的《六月的顿河》《英雄的斯大林格勒》，表达了苏联抵抗法西斯残酷侵略的英勇、坚定与胜利的确信。西蒙诺夫的《望穿秋水》，描写了苏联人民对祖国对爱人的眷恋，揭示了苏联民众献身精神形成和成熟的过程。波兰女作家瓦希列夫斯卡的《虹》，再现了德军统治下乌克兰人民决不屈服、勇敢斗争的事迹。这部小说介绍到中国时，正是中国抗战最艰难的时期。它告诉人们："只有挺起身子来，才能寻求真理的路途，才能求得人民永远幸福与自由。用偷巧媚笑的方法，是见不到阳光的。"①

有些外国作品对中国政治生活还产生过现实教育意义。考涅楚克的话剧《前线》，描写苏联红军与德军作战初期一位高级指挥官自尊自大摆老资格，不承认军事科学的发展，结果与一些钻营者结成一气，影响了战争的胜利。这部作品反映了苏联对卫国战争初期失利的反省，1944年《解放日报》连载译本后特发表社论，认为剧中"人民欢喜和要求懂事的和聪明的领导者"的主题，可以成为转换战局的因素之一，价值无可比拟；它的意义在于将帮助教育出许多才德兼备、智勇双全的干部，并提高人民和军队的文化水平，打倒日寇，实现抗战建国的胜利。②7月，延安演出反映中共党内在统一战线问题上思想斗争的话剧《同志，你走错了路！》，可以看出此剧的影响。延安整风运动中，《前线》被列为总结战斗经验的示范性教材之一。国民党军事委员会为了供内部高级将领参考，也组织翻译了这个剧本。

蒋政权施行高压政策，文艺家们没有创作自由，便以翻译外国名著来反映社会现实。有些作品的内容虽然与现实存在一定距离，但人们仍能从中感受到其精神力量，如人们读法国作家罗曼·罗兰的《约翰·克利斯托夫》时，不是从中体验它所表现的个人英雄主义，而是把它看作一部创造的个性对腐朽的资产阶级所作的反抗与斗争。

揭示战争给社会带来的变化，揭示人民在战争中的觉醒，揭示反法西斯战

---

①《从读者中来》，《新华日报》1944年11月27日。

②《我们从考涅楚克的〈前线〉里可以学到些什么？》，《解放日报》社论，1944年6月1日。

争的意义，是国际反法西斯国家战争文学的共同主题。凡是代表积极、健康倾向的文艺产品，都会在社会心理上凝聚成时代精神。翻译外国作品正是在此基础上汲取世界进步文艺的营养，这有助于促进世界人民的心灵沟通，有助于开拓中国民众视野，也有助于增强反侵略战争的鼓舞力量。

（五）文艺的理论问题

文艺的现实主义。理论是行动的指导，文艺要对抗日战争发挥积极作用，就必须坚持现实主义的创作精神。抗战初期急切需要解决的现实，一是动员人民大众奋起投身民族解放斗争，二是如何克服加强抗战力量的各种障碍。关于后者，涉及要不要暴露黑暗问题，并由此出现了一场论争。

当人们还被抗战局面形成所激奋的1938年春，张天翼根据一段见闻创作出短篇小说《华威先生》。小说的主人公“华威先生”是个在抗战招牌下争出风头而不做实际工作的文化官僚，连妇女界战时保婴会也要设法补个委员，可是除了整日坐黄包车到处开会外，什么具体工作也做不出来。这种卖狗皮膏药式的人物在当时并不少见，因此“华威先生”一时成为这类人物的谑词。

这篇批判性小说提出了一个敏感问题，即在全国抗战高潮到来之时文艺是否需要加强社会手术刀的作用，对抗战阵营内部的黑暗暴露会不会影响正在发展的统一战线。特别是1939年初，日本《创造》杂志译载这篇小说时歪曲作品原意，污蔑中国抗战阵营松懈之后，文艺界围绕“‘华威先生’出国”进行了一场论争。起初，有人觉得华威式的人物存在虽然是事实，但塑造这种人物会让日本读者“更把中国人瞧不起”，这等于“符合着法西斯主义的宣传，而增强他们侵略的信念”。[①] 有人不同意这种看法，认为既然“为人民大众所不齿的黑暗面比比皆是”，那么“抉摘那些隐伏在红润皮层下的毒痈”理应是文艺家的责任。[②] 有人更是称赞小说对社会针砭的意义，说“新的朝气蓬勃的中国”是从“屈辱的陈腐的旧中国里蜕化出来的”，而“新的人民的欺骗者，新的抗战官僚，新的发国难财的主战派，新的卖狗皮膏药的宣传家”都妨

① 林林：《谈〈华威先生〉到日本》，桂林《救亡日报》1939年2月22日。

② 茅盾：《八月的感想》，《文艺阵地》第1卷第9期，1938年8月16日。

碍了抗战，所以，“站在人民的立场，应该把对黑暗的暴露视同自我批判”。[①]

要不要暴露黑暗与要不要反映现实紧密相联。1938年12月，梁实秋接办重庆《中央日报》“平明”副刊时发表《编者的话》，说他的态度一是欢迎与抗战有关的材料，二是只要真实流畅就不必勉强把抗战截搭上去，因为空洞的抗战八股对谁都没有益处。梁实秋对文艺作品存在的公式化概念化批评有合理的一面，但在全民抗战成为压倒一切的中心任务时，这种论调所宣扬的“政治不要干涉文艺”倾向，自然成为“与抗战无关”论的靶子。许多人指出，关系到中华民族生死存亡的抗日战争，已扩大到中国每个角落，“影响之广可以说是史无前例”，此时还“想令人紧闭了眼睛，装做看不见，那是不可能的事情”。[②]何况，现在不管是在前线流血，还是在后方“乱爱”，都不能说与抗战无关。

围绕“与抗战无关”论的论争，在坚持进步反对倒退文艺方针上具有深远意义。夏衍的《法西斯细菌》（又名《第七号风球》）就受此触动所创作。剧本写一位不问政治而专心研究的医学家，其研究成果“第七号风球”细菌被日本侵略者投放到大后方去传播疾病，故事说明“善良的、真纯地相信医学的超然性的医生们，都被日本法西斯强盗从科学之宫，驱逐到战乱的现实中来了。他们被迫着离开了实验室，放下显微镜，把他们的视线转移到了一个满目疮痍的世界”[③]。这个适用于医学的道理，对为艺术而艺术、为科学而科学的人们，同样具有教育意义。

“文艺大众化”与“民族形式”问题。“文艺大众化”在五四运动时期已被提出，“九一八”事变后，左联更是把它作为新的工作路线。不过，这个问题解决的时机还是在抗战爆发以后。抗战初期，文艺大众化的特征是提倡创作通俗文艺，也就是利用传统形式（旧式体裁）来写新内容，例如鼓词、小调、皮簧、河南坠子、数来宝乃至评书、演义，甚至佛教文学和旧体诗词等，都被利用来反映抗战生活，人们形象地称其为“旧瓶装新酒”。这种方法虽然有不可避免急就章的弱点，但它易于被人民大众接受，诗歌《边区自卫军》

---

① 王西彦：《论文艺上的现实——由〈华威先生〉出国所引起的感想》，湖南邵阳《力报·战时塘田》第3期，1939年3月。

② 罗荪：《与抗战无关》，重庆《大公报》1938年12月5日。

③ 夏衍：《法西斯细菌·代跋之一》，转引自会林、绍武著《夏衍传》，中国戏剧出版社1985年版，第484页。

（柯仲平）、短剧《查路条》、皮簧《雁门关》（田汉）、大众小说《世代冤仇》（欧阳山）及《八百好汉死守闸北》（赵景深）、《卢沟桥演义》（张天翼、沙汀、艾芜集体创作）等，在当时都较好地反映出全民抗战气氛，发挥了鼓舞民众热情的作用。

“旧瓶装新酒”现象不是偶然出现的。从作者方面说，文艺家们为抗战来到而兴奋乐观，来不及对作品做深层的构思与推敲。从读者方面说，民众的绝大多数是文盲或半文盲，前线士兵也多为穿起军装的农民。这种社会现实与需求决定了只有采取民众熟悉的传统形式，才易于对读者产生影响。所以，“旧瓶装新酒”成为文艺工作者为抗战服务最简捷的工具。不过，这种创作毕竟有所局限，人们逐渐感觉到抗战并不像原先所理解的那样简单，要将这新现实装进旧瓶里去，不是内容太多，就是根本装不进去，甚或“一装进去瓶就炸碎了”。那么，文艺如何大众化，怎样才算得上是大众化呢？这个问题，在随后文艺的“民族形式”问题论争中得到深化。

1938 年 10 月，毛泽东提出文艺的“民族形式”应当是“新鲜活泼的、为中国老百姓所喜闻乐见的中国作风和中国气派”① 的理论，立即受到文艺界的关注，虽然在具体操作上还存在不同见解，但遵循文艺大众化的方向则得到高度统一。1940 年 1 月，毛泽东在陕甘宁边区文化协会第一次代表大会期间做了《新民主主义的政治与新民主主义的文化》讲演（单行本改名《新民主主义论》），对新文化应当具有“民族的形式，新民主主义的内容”做了进一步阐述，使人们基本清楚了民族形式问题的实质，和如何建立新的民族形式的途径。

在国统区，围绕文艺大众化问题讨论中，向林冰提出民族形式的“中心源泉”是“大众所习见常闻的民间文艺形式”②。这个观点受到一些反驳，分歧转衍成论争。4 月 21 日，重庆文学报社举行座谈会，之后延安文化界、重庆新华日报社、中华全国文艺界抗敌协会、晋察冀边区文艺界各协会亦相继举行座谈。综合当时各地的讨论，居于主流地位的意见是：既要对旧形式加以改造，也应重视欧化形式的消化而不仅仅是移植。这方面，郭沫若的《“民族形式”商兑》、潘梓年的《新文艺民族形式问题座谈会上的发言》、茅盾的

---

①《中国共产党在民族战争中的地位》，即在中共扩大的六届六中全会上的讲话，《毛泽东选集》第 2 卷，第 534 页。

② 向林冰：《论“民族形式”的中心源泉》，重庆《大公报 · 战线》1940 年 3 月 24 日。

《关于民族形式的通信》，都带有总结的性质。胡风的《论民族形式问题》一书，也有不少值得思考的见解。楚图南在昆明一次讲演中，认为文艺的民族形式应当反映“时代进化和社会进化”，它尽管“可能是通俗化大众化，但却不绝对是专一大众化和通俗化”。同时，它在“时间上可以接受了中国的过去、人类的过去的优良传统”，而且“空间上可以容纳和吸收了一切的外来的经验”。他强调唯有“这样的民族形式，才会是民族性，和国际性有着一种合理的统一，一种相得益彰的调和”。①

“为最广大的人民大众服务”的新民主主义文艺方向。文学艺术是整个抗日战线不可缺少的一个组成部分，1938年4月10日，毛泽东在延安鲁迅艺术学院成立大会上的讲话中，提出要在民族解放的大时代去发展广大的艺术运动，在抗日民族统一战线方针指导下，实现文学艺术在今天中国的使命和作用。②28日，毛泽东又提出文艺家“不但要抗日，还要在抗战过程中为建立新的民主共和国而努力，不但要为民主共和国，还要有实现社会主义以至共产主义的理想”③。1940年1月，陕甘宁边区文化协会举行第一次代表大会，毛泽东在讲演中指出：新民主主义文化方向应该是“民族的科学的大众的”，“它应为全民族中百分之九十以上的工农劳苦民众服务，并逐渐成为他们的文化”。这些论述，表明中国共产党人在文艺政策上一贯坚持为人民服务和为现实革命斗争服务这一基本思想。

皖南事变后，抗日战争进入重要的历史关头。中国共产党决定开展整风运动，并在整风运动中召开了延安文艺座谈会。

延安文艺座谈会前后共召开三次，目的是“研究文艺工作和一般革命工作的关系，求得革命文艺的正确发展，求得革命文艺对其他革命工作的更好的协助，借以打倒我们民族的敌人，完成民族解放的任务”。座谈会第一次会议于1942年5月2日举行，毛泽东在会上作了讲话（即《在延安文艺座谈会上的讲话》引言部分），他根据文艺工作者本身的任务和延安的状况，提出立场、态度、工作对象、学习马克思列宁主义和学习社会等问题，希望大家讨论。16日的第二次会议上，八路军120师战斗剧社社长欧阳山尊在会上呼吁

① 楚图南：《抗战以来的文艺及民族形式问题》（即在昆明中苏文协云南分会的报告），《楚图南著译选集》上册，北京师范大学出版社1992年版，第84—85页。

② 参见《毛泽东年谱（1893—1949）》中册，第70页。

③ 毛泽东：《在鲁迅艺术学院的讲话》（1938年4月28日），《毛泽东文集》第2卷，第123页。

文艺干部到前方去，柯仲平发言中介绍了民众剧团在农村演出《小放牛》受到欢迎的情况。23 日召开第三次会议，朱德讲话中要求文艺家“要看得起工农兵”，文艺家的地位“要由工农兵群众批准”，这次会上，毛泽东对三次的会议作了总结（即《在延安文艺座谈会上的讲话》的结论部分），他把全部问题归结为一个“为什么人”即文艺要解决“为群众”和“如何为群众”这两个根本性的问题。他还指出：要为“中华民族的最大部分”，也就是为“最广大的人民大众服务”，而“最广大的人民大众”指的是工人、农民、人民武装队伍、城市小资产阶级劳动群众和知识分子，为他们服务的方法是走与工农兵相结合的道路。

毛泽东在延安文艺座谈会上第一次讲话的要点，经萧军的《对于当前文艺诸问题的我见》于 1942 年 5 月 14 日在《解放日报》上向外做了披露。三次讲话经整理后，正式发表于 1943 年 10 月 19 日《解放日报》。这些理论阐述，把延安文艺家们的思想引入了一个新境界。5 月 13 日，陕甘宁边区政府文化委员会召集戏剧界座谈会，会议以“文艺运动的普及和提高”为中心，讨论了剧运方向、如何配合目前政治情况、戏剧界团结等问题，大家一致认为，今后应鼓励创作反映边区、反映战争题材的作品。6 月 27 日，边区文委临时工作委员会再次举行座谈会，明确了今后剧作者应以工农兵为主要对象，在普及中提高。9 月 10 日，延安文化俱乐部建起街头艺术台，举办“街头画报”“街头诗”“街头小说”三种大型墙报，希望将文艺“面向群众，面向工农兵”付诸实践。音乐界也提出要使音乐“走向街头，面向工农兵”。10 月 22 日，边区文协、延安诗会、新歌会等团体召开诗歌大众化座谈会，提出诗人怎样和大众结合、大众化诗歌的内容、形式、语言以及如何展开诗歌大众化运动等问题，主张要由创作“大众化的诗”转变成创作思想感情语言都同于工农兵的“大众自己的诗”。

文艺方向的明确与思想认识的提高，带动了民主根据地的文艺繁荣。1943 年春节，延安鲁艺秧歌队扭遍全城，融会音乐舞蹈的《兄妹开荒》，以从未有过的愉快活泼健康气氛，表现出边区热气腾腾的大生产运动。3 月，延安整顿三风学习基本结束，文艺工作者立即掀起下乡运动。在深入实际生活中，艾青写出了歌颂边区劳动模范的长诗。古元创作的陕北农村生活木刻，在重庆展出时引起轰动，其中《割草》被徐悲鸿称作“中国近代美术史上最成功作品之一”[①]。1944年，“新秧歌运动”迅速发展到陕甘宁边区及敌后各抗日根据地。这年春节延安变成群众艺术节的大舞台，150种节目除秧歌外，还有花鼓、旱船、小车、高跷、高台等，内容几乎囊括了生产劳动、军民关系、减租减息、敌后斗争等各个方面。这一现象显示了文艺与人民群众结合的历史趋势，也为发展民间艺术形式和加强文艺的民族化大众化提供了宝贵经验。同年6月，丁玲、欧阳山根据合作社工作模范田保霖和刘建章的新人新事，分别创作出《田保霖》和《活在新社会里》。与此同时，旧戏改革也取得成效，杨绍萱、齐燕铭编导的平剧（即京剧）《逼上梁山》，打破旧戏舞台上把人民当成“渣滓”，“由老爷太太少爷小姐们统治着”的局面，“恢复了历史的面目”，使“旧剧开了新生面”。[②]1945年2月22日，延安平剧团演出的新京剧《三打祝家庄》，还反映了依靠群众、调查研究、里应外合、利用矛盾、争取多数、集中打击主要敌人等策略思想，证明文艺工作者投入新的斗争生活后取得的进步。

在国民党统治区，文艺大众化问题是在斗争中加深认识的。1942年6月12日，《新华日报》转载萧军文章，传递了延安文艺座谈会信息。9月，为了与延安文艺座谈会抗衡，国民党中央文化运动委员会主任委员张道藩提出三民主义文艺政策要建立在“谋全国人民的生存”“事实定解决问题的方法”“仁爱为民生的重心”“国族至上”这四种基本意识之上。这就是“不专写社会的黑暗”“不挑拨阶级仇恨”“不带悲观的色彩”“不表现浪漫的情调”“不写无意义的作品”“不表现不正确的意识”和“要创造我们的民族文艺”“要为最苦痛的平民而写作”“要以民族的立场而写作”“要从理智里产作品”“要用现实的形式”。[③]这个“六不”与“五要”，说明国民党在文艺政策上实行的是一条相反的路线，它不仅遭到进步文艺界的反驳，就连持自由主义立场的梁实秋也指出，英美“各种各样的文艺作品都可以自由的创作，自由的刊行，自由的销行，政府不加限制”，而且“这现象不是偶然的，是经过多年奋斗而来的结果”。[④]

为了宣传延安文艺座谈会精神，1943年3月15日，《新华日报》正式刊

① 徐悲鸿：《全国木刻展》，重庆《新民报》1942年10月18日。

② 毛泽东：《致杨绍萱、齐燕铭》（1944年1月9日），《毛泽东书信选集》，人民出版社1983年版，第222页。

③ 张道藩：《我们所需要的文艺政策》，《文化先锋》第1卷第1期，1942年9月1日。

④ 梁实秋：《关于“文艺政策”》，《文化先锋》第1卷第8期，1942年10月20日。

登延安召开文艺座谈会和毛泽东发表讲话的消息；1944年1月1日，又用一个整版摘要刊登了讲话内容。4月，何其芳、刘白羽到重庆介绍延安整风情况，并由郭沫若出面召集座谈会，介绍和学习了《讲话》内容。随之茅盾、夏衍等都发表文章或谈话，畅谈体会，表示共鸣。9月，光未然、高寒（楚图南）、尚钺、李何林、章泯、白澄、吕剑、李公朴、赵沨等在昆明座谈“文艺的民主问题”，大家认识到民主运动已经发展到了一个新时期，它必然给文艺运动带来新的意义，文艺家们在这历史新时期里，应把握现实主义的创作与批评，努力创造新民主主义的文艺。[①] 此后，大后方的文艺运动蓬蓬勃勃开展起来，并成为风起云涌的民主运动的重要一翼。

延安的群众性文艺在大后方也获得了很高评价。1945年2月，《新华日报》发表凡僧《化龙新村听秧歌六绝》：

> 不辞微病看秧歌，白发童心有几多。世运中兴卜文艺，来源况出古黄河。
>
> 入民间又出民间，辞到真时令自娴，不学岐王崔九宅，落花空伴贵人闲。
>
> 司马无兄投乱国，少陵有妹隔钟离，谁知地老天荒外，别有豳风七月诗。（《兄妹开荒》）
>
> 一朵红花非富贵，全家赤足起庄园，十龄妞妞争先报，劳动英雄女状元。（《一朵红花》）
>
> 北方健儿牛永贵，西汉文艺马相如，写来见血不见墨，只觉看戏如看书。（《牛永贵受伤》）[②]

这些诗是对延安文学艺术方向很好的评价，说明这些作品在大后方引起人们的极大兴趣。

上述围绕“现实主义”“大众化”“民族形式”等问题的讨论与实践，有助于正确处理“政治与艺术”的关系。而“为最广大的人民大众服务”这一新民主主义文艺思想的进一步明确，对坚持抗日团结的进步政治方向、打破

---

①《文艺的民主问题，文学评论社昨邀开座谈会》，《云南日报》1944年9月28日。

②《新华日报·新华副刊》1945年2月26日。

反民主的不健康的和复古的创作倾向、克服革命队伍内部“小资产阶级的自我表现”意识，具有极为重要的现实意义和深远的历史影响。

以上，对抗战文艺作了简要的回顾。这里所说的“抗战文艺”是真正意义上的抗战文艺，不是泛指抗日战争时期的一切文艺。这种抗战文艺是民族自卫战争中的一串累累果实，它的最主要特征是紧紧贴近现实生活，以血泪交加之笔，描写了中国人民怎样在血与火的搏斗中获得新生，表现了中华民族之魂可歌可泣的复苏过程。这种充满着时代特色的文艺创作，至今仍傲然于中国与世界文艺之林。

抗战文艺从发展上说，大体与抗日战争同步。第一阶段为“七七”事变到武汉失守，这是抗战文艺最活跃的时期，基调以颂扬抗日军民勇敢牺牲精神为主，但存在着热情多于理智的缺陷。第二阶段为武汉失守到太平洋战争爆发，这时由于政治逆转和经济饮鸩止渴，进步文艺家不得不将笔锋转向西方名著介绍及沦陷区的描写。第三阶段是太平洋战争爆发到抗战胜利这一形势最艰苦最险恶时期，文艺界冲破了多年的窒息，与日益高涨的民主运动结合在一起。与中国人民对待抗日战争一样，抗战文艺也是在前进中不断发展，它的价值正是从发展中体现出来。

首先，从内容上看。人所共知，这是一个天上飞机轰炸、地上血肉横飞的年代，多少军队在拼搏，多少人民在苦斗。特殊的战争环境成为文学艺术生长的重要土壤，充当开路先锋的文艺家们的首要职责，是刻不容缓地表现这一生死攸关的大搏斗。1941 年秋，老舍在昆明西南联合大学所作演讲中指出：抗战时期写文章的人应为抗敌而写作，不要在小花小草中寻求趣味。[①]这句话表明，只有反映这一血与火搏斗的场景，才无愧于抗战文艺的光荣称号，才称得上是抗战文艺的主流。凡脱离了时代中心，即便“抗战加爱情”的作品，均不足以反映你死我活的现实生活。综观这一时期的文学和艺术，凡受到人民欢迎的，都是体现了抗战团结进步政治路线的作品，凡与此相逆的任何文艺都难有市场。在国民党统治区，军统的“中国万岁剧团”、三青团的“中国青年剧团”及其他官办剧团，为了上座，只能请进步人士导演郭沫若、曹禺、阳翰笙等人的剧本，没有演出正面反共的话剧。1944 年，各战区抗敌演剧队在桂林举办声势浩大的西南剧展，更是在万分困难的条件下坚持团结抗

① 冯至：《昆明往事》，《新文学史料》1986 年第 1 期。

战原则。凡此一切，说明中国话剧事业不掌握在统治阶级手中，也不掌握在中间派的手中，而是牢牢地掌握在共产党领导下的革命力量手里。①

其次，从体裁看。这一时期的创作趋势是向大众化方向发展。虽然文艺在本质上应当反映人生的各种需求，对生活的调剂也是其职能之一，而且抗战期间也产生过限于少数人欣赏式的或旁观不介入式的文学，传统的古典诗词歌赋与吸取西方文化创作的作品亦不少见。然而，作为抗战主力军的平民大众，难以接受消闲轻松的高雅文化，即便是充满豪情的抗战旧体诗也不容易广泛流传，倒是那些接近生活下层的通俗作品反而易于普及。文艺家们正视这一现实，站在新文化的立场上对旧形式进行了一番艰苦改造，使文艺既重视普及又重视提高，从而获得人民大众的欢迎，并为新文艺的发展壮大奠定了坚实基础。事实上，广大民众对“五四”以来新文化的真正理解和接受，正是形成于抗日战争时期。

复次，从形式结构上看。抗战初期的多数作品篇幅较为短小精练，抗战后期也产生过若干较大型的作品，只是未有纪念碑似的能像世界名著那样流传久远的长篇巨制。大型作品的创作需要对历史的全面观察和对现实认识的正确把握，需要经验的积累和时间的沉淀，正如茅盾所说，“文艺的发皇需要比较稳定的生活环境和足够的时间”②，而瞬息万变的抗战环境显然不具备这种创作条件，这是抗战时期文艺作品以短小者居多的客观因素。世界著名大型作品，基本上都是事隔十几年甚至几十年才创作出来的，苛求抗战时期一定要诞生出类似的巨著是不现实的。更重要的是文学作品的价值，并不取决于它的篇幅大小长短，就像一个人的行动对社会历史发生作用的影响，不取决于他的寿命长短一样。一些人寿命很短或从事活动的时间很短，其作用地位永远留在历史上。与此相反者同样指不胜屈。文艺的价值主要取决于它反映什么内容，而不在于篇幅长短大小，《义勇军进行曲》言词简短，却给人无穷力量；《黄河大合唱》只有八首，至今仍响彻海内外。事实上，由于抗战文艺跳动着时代的脉搏，其价值毫不逊色。

---

① 夏衍：《中国话剧运动的历史与党的领导》，转引自《西南剧展》下册，漓江出版社 1984 年版，第 321 页。

② 茅盾：《我走过的道路》下册，第 416 页。

十八　学术思想理论

抗战时期的思想文化是抗日战争历史的一部分，是全民族解放斗争总体战的战场之一。它与整个抗日战争的进程相联系，具有极大的重要性。抗战时期的思想文化领域一直存在着两个主要矛盾，一是民族矛盾，即中华民族与日本帝国主义之间的矛盾；一是国内矛盾，即人民大众与封建旧势力之间的矛盾。前者所要解决的是民族独立问题，后者的焦点是民主和现代化问题。两个矛盾相互交织，相互影响，构成了抗战时期思想文化领域复杂的图景。

（一）马克思主义哲学的传播与研究

马克思主义哲学是人类认识与思维的最新成就。它的核心是唯物论、辩证法和二者的统一。中国传统文化中有唯物论观点，也有辩证法思想。《易传》上的辩证法就是这方面最早的和优秀的代表。它们不能不含有原始的、直观的性质，不能与建立在近代科学基础上的认识、思维成就相等同。但传统文化中的唯物、辩证思想，对于中国人接受马克思主义哲学却是一种有利条件，它使人们一旦接触马克思主义这门科学的时候，从思想认识范围说，并不感到陌生，不感到是外来异物。马克思主义哲学在中国传播和研究开始于五四运动，形成规模和广泛深刻的影响则是在抗日战争时期。

马克思主义哲学贯穿在马克思、恩格斯、列宁的著作里，也体现在早期马克思主义大哲学家普列汉诺夫等人的著作里。要介绍研究这门学问，就要翻译出版马恩列的原著和相关的研究著作。中国共产党诞生初期，李达担任中宣部主任曾组织翻译出版过一批马克思、恩格斯的著作。抗日战争时期，中共再一次有领导有计划地开展了翻译出版马克思主义著作的工作。1938 年，毛泽东在《中国共产党在民族战争中的地位》一文中向全党提出了学习马克思主义的任务。他说：普遍地深入地研究马克思列宁主义的理论的任务，对于我们，是一个亟待解决并须着重地致力解决的大问题。我希望我们全党来一个学习竞赛，看谁真正地学到了一点东西。在担负主要领导责任的观点上说，如果我们党有一批人系统地实际地学会了马克思列宁主义，就会大大地提高我们党的战斗力量，并加速我们战胜日本帝国主义的工作。这表示共产党、毛泽东对出版马克思主义著作的高度重视。1938 年 5 月，中共在延安成立“马克思列宁学院”（后改组成“中央研究院”），下设编译部，负责马克思主义著作的编辑和翻译工作。张闻天任院长兼编译部主任，集中翻译出版了一批马克思主义著作。延安是翻译出版这方面著作的中心，敌后抗日根据地、蒋管区，以至日军占领的上海也有翻译的马克思主义著作出版。这时出版的马克思主义原著和就原著编成的专题著作，主要有《马克思、恩格斯丛书》、《资本论》全译本、《马克思恩格斯选集》、《马克思恩格斯通讯集》、《列宁选集》、《列宁丛书》、《斯大林选集》、《马克思恩格斯论中国》、《列宁斯大林论中国》、《马克思恩格斯关于唯物史观的书信》、《马克思恩格斯列宁斯大林思想方法论》以及一些哲学、科学社会主义著作的单行本，如《共产党宣言》《费尔巴哈论》《社会主义从空想到科学的发展》《家庭、私有财产及国家的起源》《德意志意识形态》等等。斯大林的《辩证唯物主义与历史唯物主义》（即《联共（布）党史教程》第四章第二节）、普列汉诺夫的《史的一元论》等也在这时翻译出版。译者、编译者中有郭大力、王亚南、博古、张仲实、郭沫若、艾思奇、何思敬、吴亮平、柯柏年等人。这批书的译文质量比过去有所提高，出现了一些修订本。马克思主义原著比较有系统的翻译出版，使知识分子首先是广大青年知识分子就像发现了一个新天地那样，来追求认识、掌握马克思主义这门科学，并投身到实际的民族解放斗争行动中去。马克思主义的哲学研究也从此开始了一个新的起点。

中国的马克思主义哲学研究著作最重要最有代表性的是毛泽东的《实践论》《矛盾论》这两篇论文。1951 年出版的《毛泽东选集》第一卷注明它们撰写于 1937 年 7 月与 8 月。这以前作者曾以论文的观点在延安的抗日军政大学作过讲演，收入《选集》时有部分的补充修改。现有的材料表明，毛泽东至少在 1936 年后半年已经花大力气研究马克思主义哲学。这年 10 月，他致信在西安的叶剑英等人，要求他们尽量多买一些通俗的社会科学及哲学书，要经过选择真正是通俗而又有价值的如艾思奇的《大众哲学》、柳湜的《街头讲话》等。他对搜集来的大量哲学著作进行了认真的研读。在后来出版的《毛泽东哲学批注集》一书中，有多本哲学著作是毛泽东在延安时期所作的哲学批注。其中有李达的《社会学大纲》、艾思奇的《哲学逻辑》《思想方法》《哲学与生活》、潘梓年的《逻辑与逻辑学》、斯大林的《辩证唯物主义与历史唯物主义》、克劳塞维茨的《战争论》、爱森堡等人主编的《辩证法唯物论教程》、米丁主编的《辩证唯物论与历史唯物论》等。《实践论》《矛盾论》的观点是马克思主义的，唯物论与辩证法二者的统一在这里得了很好的表达；它们的叙述则是与中国传统文化、历史资料相结合，是中国风格、中国气派的。它们的宗旨在于反对从根本上违背马克思主义的教条主义，总结中国革命历史，推进当前抗日民族解放的实践。如果说孙中山在论述自己的哲学思想时表现出不精密、二元论的色调，毛泽东这两篇哲学论文则是精密的，容易让人了解的。它们准确说明了中国人认识史上长期存在的知与行的关系问题，指出了事物矛盾的法则，即对立统一的法则是自然和社会的根本法则，因而也是思维的根本法则。它们代表了自古迄今中国人在这些方面所达到的新的深刻认识。

抗日战争前一两年和抗日战争中，李达、艾思奇、胡绳、潘梓年等人的哲学著作相继出版。艾思奇的《大众哲学》《哲学与生活》拥有众多的读者，当时有《大众哲学》动员了10万青年参加革命的说法。1937年9月，艾思奇从上海辗转抵达延安，毛泽东前往郊迎。他并致信作者说："你的《哲学与生活》是你的著作中更深刻的书，我读了得益很多，抄录了一些，送请一看是否有抄错的。"抄录有19页，约4500字。艾思奇在延安出版的哲学著作有《哲学逻辑》《思想方法》《哲学讲座》《辩证法的法则及其运用》，与黎平合著的《唯物史观》（又名《科学历史观教程》）。抗日战争中出版的马克思主义哲学著作还有胡绳的《新哲学的人生观》（1937）、《辩证唯物论入门》（1938），平心的《思想的方法与训练》《新哲学读本》，潘梓年的《逻辑与逻辑学》，以及陈唯实等人的著作。这些书大部分是哲学的通俗读物，它们用现实的中国革命的具体事例阐述唯物论与辩证法的基本内容，对读者了解与掌握马克思主义哲学原理，对于促进辩证唯物主义的中国化等都具有重要的作用。

1938年9月，在毛泽东的提议下，延安成立新哲学研究会。由艾思奇、何思敬主持，团结了一大批哲学社会科学工作者。他们每周集会一次，交流研究心得，讨论各种专门的哲学问题，取得了一系列的研究成果。如艾思奇的《孙中山先生的哲学思想》、陈唯实的《斯大林对唯物辩证法的新发展》、周扬的《契尔那夫斯基的美学》、范文澜的《中国经学史的演变》、何思敬的《黑格尔的逻辑》、郭化若的《军事辩证法》等等，都是新哲学会的成员根据在每周集会时所作的演讲而修改成文的。在新哲学会的带动下，延安的许多学校和机关都成立了各种类型的哲学学习小组，有效地推动了各级干部理论学习和马克思主义哲学的普及。

马克思主义哲学的一个特点是革命性与实践性相统一。中国的马克思主义哲学研究者强调必须把马克思主义哲学原理和中国革命的特点结合起来，使马克思主义中国化，运用这门科学去研究解决中国现实斗争中的问题。毛泽东强调，“共产党员是国际主义的马克思主义者，但是马克思主义必须和我国的具体特点相结合并通过一定的民族形式才能实现。马克思列宁主义的伟大力量，就在于它是和各个国家具体的革命实践相联系的。对于中国共产党来说，就是要学会把马克思列宁主义的理论应用于中国的具体环境。成为伟大中华民族的一部分而和这个民族血肉相连的共产党员，离开中国特点来谈马克思主义，只是抽象的空洞的马克思主义。因此，使马克思主义在中国具体化，使之在其每一表现中带着必须有的中国的特性，即是说，按照中国的特点去应用它，成为全党亟待了解并亟待解决的问题。洋八股必须废止，空洞抽象的调头必须少唱，教条主义必须休息，而代之以新鲜活泼的、为中国老百姓所喜闻乐见的中国作风和中国气派，把国际主义的内容和民族形式分离起来，是一点也不懂国际主义的人们的做法，我们则要把二者紧密地结合起来”①。

艾思奇在1938年初也提出，哲学是推动抗战取得最后胜利的力量之一，但是，如果哲学脱离实际而变成空洞的理论，那也将是相当有害的。为此，他在批评哲学界的公式主义、教条主义的同时，殷切地希望中国的哲学界尽快“来一个哲学研究的中国化、现实化的运动”。他指出：马克思主义者一方面要坚持马克思、恩格斯所发现的关于社会发展的基本的科学规律，承认它有一般的指导的作用，而同时却一刻也不能忘记，这些规律在不同的国家，不同的民族中间，因为客观条件的差异，而有各种各样特殊的表现形式。因此，当我们在中国的社会里来应用来实践马克思主义的时候，也必须注意到中国社会的特殊性，也必须要具体地来了解中国社会。真正能“理解精通”马克

① 毛泽东：《中国共产党在民族战争中的地位》，《毛泽东选集》第2卷，第534页。

思主义，也就是真正能使马克思主义中国化，也正是有着“创造”的作用了。马克思主义原是和实践分不开的，马克思主义者所谓的精通马克思主义不仅是指马克思主义的理论研究，而同时是指在一定的具体环境下实践马克思主义，在一定国家的特殊条件之下来进行创造马克思主义的事业。“这里就一定有‘化’的意思，也就有‘创造’的意思。所以，中国化决不是丢开马克思主义的立场的意思，相反地，愈更要能够中国化，就是指愈更能够正确坚决地实践马克思主义的立场的意思，愈更能创造，就是指愈更能够开展真正的马克思主义的意思。”

抗日战争是中国历史上伟大变化的时代，马克思主义哲学的传播与研究是这个时代意识形态领域所发生的最深刻的变化。中国民族文化传统文化与世界近代先进科学相会合，它们将在对立统一法则支配下前进。中国哲学的发展从此进入了一个新的历史阶段。

（二）反映民族复兴要求的历史学

中华民族历史悠久，文化发达，有顽强生命力和巨大凝聚力。从古以来，中国人民就在中华大地上劳动、生息和发展，自强不息，生生不已，尊重自己，也尊重别人，爱好和平，又不畏强暴，具有威武不屈、刚健奋进的坚强性格，涌现出许多民族英雄和爱国志士，特别是近代以来，为反对列强侵略进行了长期的英勇不屈的斗争，发扬了高度爱国主义精神，在中国历史上写下了光辉的篇章。研究中国的历史，无疑有助于抗战胜利和民族复兴。

历史学素来是一门意识形态倾向明显的基础科学。中国人的历史意识特别悠久和强烈，因而这门基础学问不仅在传统文化结构中一直享有重要的地位，而且对现实的反应也最为直接、最为敏锐。每逢历史发展的重大转折关头，人们总是重新检阅历史迅速作出自己的判断和选择。抗战时期当然不会例外。

1938 年 10 月，毛泽东提出共产党内一切有研究能力的人都应该研究理论和中国历史。他强调：“学习我们的历史遗产，用马克思主义的方法给以批判的总结，是我们学习的另一任务。我们这个民族有数千年的历史，有它的特点，有它的许多珍贵品。对于这些，我们还是小学生。今天的中国是历史的中国的一个发展；我们是马克思主义的历史主义者，我们不应当割断历史。从孔夫子到孙中山，我们应当给以总结，承继这一份珍贵的遗产。这对于指导当前的伟大的运动，是有重要的帮助的。”[①] 毛泽东的话代表了共产党人对中国历史在中国传统文化中的地位的看法，也说明了人们对历史与现实关系的认识。

抗战时期的中国历史学如同平常时期一样，在诸多社会分工中，尤其是在社会科学领域中承担自己的责任，扮演着自己的角色。由于民族危机日趋加深，社会转型日趋迫切，历史学的研究成果就显得格外突出，格外重要。

从史学界的基本构成情况看，这一时期的历史学者大体可以分为两个部分。一部分重视应用马克思主义的观点方法来研究中国历史，并力求把这种研究从古代史领域贯穿下来，推向近代现代史。一部分依然照着传统的学术路线和学术方法，从事断代史研究或通史写作。

前一部分人的代表者首推郭沫若。1945 年，郭沫若在莫斯科所作的《战时中国史研究》的演讲指出，战时中国古代史的研究充分表明，“旧的封建生产方式早已完全过时，而且危害着现代社会。空中、陆地和水上交通已成为全人类的文明成果，中国的商业和工业的发展已没有重大阻碍。中国应当现代化、工业化。这是历史科学向我们指出的历史的必然。人民已经觉醒，中国的历史已由帝王的家谱时期进入了人民的历史时期”。郭沫若指出的中国应当现代化、工业化，中国历史学已由帝王家谱时代进入了人民历史时期，这基本上也就是马克思主义历史研究者的共同认识和遵循的方向。

郭沫若在这个时期先后完成的《十批判书》《青铜时代》《历史人物》等学术著作，以及那些历史剧，是他自己学术发展史上的又一个高峰，在相当程度上推动了抗战时期中国历史学的发展。范文澜的《中国通史简编》，侯外庐的《中国古代学说史》《王国维古史考释集释》《中国古典社会史论》，吕振羽的《中国原始社会史》《中国社会史诸问题》《中国历史论集》，翦伯赞的《历史哲学教程》《中国史纲》，华岗的《中国民族解放运动史》等等，都是这时完成的。那些著作在当时和后来分别产生过显著影响。其中范文澜的《中国通史简编》以后经过修订，长时间广为流传，成为一段时间里一部用马克思主义观点看待中国历史的有代表性的著作。

---

① 毛泽东：《中国共产党在民族战争中的地位》，《毛泽东选集》第 2 卷，第 533—534 页。

中国历史上的奴隶制是这时马克思主义历史研究者热烈讨论的一个问题。争论的中心是中国奴隶制起迄时间，以及它不同于古代希腊罗马奴隶制的基本特点。这看来讲的是古代社会形态分期问题，实际上关系着是否应当用人类社会历史发展的科学观点，即人类由原始社会，经过私有制不同阶段的演变，最后将通往科学共产主义的观点，来重新认识整个中国历史的问题。这个问题是郭沫若在《中国古代社会研究》中提出来的。其意义远超出传统的历史学之外。抗战时期，那么热心讨论中国古代社会形态，似乎与人们要求从历史研究来回答抗日战争的某些认识问题离得太远了。其实不然。它是提出了一种宏观认识，使人们从过去的历史发展，可以展望中国未来走向。中国这样一个历史悠久、文化高度发展、地广人众的大国，不可能因为目前遭到外国侵略，就会中断自己的行程。这与人们希望从历史来认识抗日战争的前途直接相关。中国近代史方面，这时也出现了用马克思主义的观点写的著作。张闻天主持编著而未署名的《现代中国革命运动史》，一直是延安机关学校工作人员所使用的教材，起过重要作用。范文澜的《中国近代史》(上册)也是这时问世的。所有这些研究有比较精深的，有属于问题探讨、不足成为定说的。它们的重要意义，在于不同程度地把马克思主义理论与中国浩繁的历史资料结合起来，对于重新认识中国历史具有真正的开创性。这些研究从抗战前不久就开始了，但只有在抗战时期才兴旺起来，形成了相当的规模。这些研究宣传了马克思主义唯物史观，将原本以帝王将相为主线，以唯心论的解说为基本特征的旧史学加以改造，并努力去把它提升为一门科学。从这个意义上说，抗战时期马克思主义新史学的传播与发展，基本上完成了中国历史学的转型，为建国后的史学进步，中国马克思主义历史学的发展奠定了基础。

另一部分学者继续照传统的学术道路进行研究。他们人数众多，分布在大后方的大学和文化研究机构，担任讲授历史课程和研究工作。他们的志趣、学术水平各不相同。如顾颉刚、汤用彤、周谷城、钱穆、萧一山、吕思勉等分别在各自的研治领域为后来者留下了可资利用采择的成果。其中顾颉刚开创的《古史辨》派这时仍在出版著作。顾颉刚和他的同道者以其疑古态度和研究方法在中国历史学上留下了自己的位置。传统历史学研究者中，有不直接涉及时事政治的，也有怀着抗战意识，希图有益于民族解放事业，选择研究范围的。如周君远的《徽钦北徙录》、朱希祖的《伪齐书校补》、张采亮的

《补辽史交聘表》、蒙思明的《元代社会阶级制度》、萧明扬的《明太祖平胡录》、吴重翰的《明代倭寇犯华史略》、孟锦华的《明代两浙倭寇》、陈安之的《南明诸王的复国运动》、祝实梅的《明季哀音录》、余宗音的《明延平王台湾海国记》、萧一山的《清史大纲》、钱亦石的《中国怎样降到殖民地》、陈安仁的《中国近代民族复兴史》等等，都是出现在这个时候。那些撰述中也有政治倾向明显的，如钱穆的《国史大纲》扉页上就写着"献给前线百万将士"。大纲上起先秦，下迄民国，用意是把蒋介石政权排在所谓历史"正统"的位置上。蒋廷黻的《中国近代史》把清朝统治者对外屈膝投降说成是善识时务，懂得近代外交。这实际上说统治阶级当权势力在外国侵略面前妥协屈服，不算有过，而算有功。

传统历史或思想史研究中，熊十力、陈寅恪、陈垣最称前辈。熊十力于颠沛流离之际撰写《中国历史讲话》一书，倡言五族同源，提倡民族精神，推论"日本人决不能亡我国家，亡我民族，亡我文化"。陈寅恪坚信"国可亡而史不可灭"，对于近代中国国虽幸存，国史已失"正统"的状况，不胜其慨叹。他一度被困在日军占领的香港，反复阅读南宋人编撰的《建炎以来系年要录》，因为那上面记载着南宋偏安政权对外投降与抵抗的斗争。在他的心目中，历史学的功能之一，应当是唤醒人们强烈关心国家兴衰，振奋民族精神。由此不难想见，抗战时期中国历史学者的忧世情怀。陈垣困居日军占领下的北平，杜门谢客，先后完成《旧五代史辑本发复》《明季滇黔佛教考》《清初僧诤记》《南宋初河北新道教考》以及《通鉴胡注表微》等学术著作。这几部书虽然研究主题依然属于传统史学的范畴，研究方法亦依然是传统的考据功夫，但鉴于当时的特殊政治背景，字里行间流露出热爱祖国、怀念故土，相信中国必胜，揭露敌伪残暴，痛斥汉奸无耻等政治情怀和心绪。

马克思主义历史学和中国旧史学在许多问题上的看法自然是不同的。学术研究的常规是总要存在这样那样的分歧与争论。这时有些分歧、争论明显地是反映了国内的阶级矛盾，反映了它们之间的斗争，而且这种斗争也并非不激烈。但重要的是，不论马克思主义历史学与传统的历史学，它们从不同角度、不同层次上一致地为抗日战争必胜，民族必定获得解放，中国必将复兴提供了历史依据。它们一致强调坚持民族独立，表彰民族精神，阐发人民的强大力量，告诉世人，中国的前途在于坚持抗战，投降派、失败主义是可耻的。它们告诉世人，中国不会亡。所有抗战失败论、亡国论，在历史上都是毫无根据的，是必须予以清除的。

1935年，毛泽东说：“我们中华民族有同自己的敌人血战到底的气概，有在自立更生的基础上光复旧物的决心，有自立于世界民族之林的能力。”[①]1939年又说，“中华民族不但以刻苦耐劳著称于世，同时又是酷爱自由、富于革命传统的民族”[②]，决不屈服于任何强暴和压迫。他还指出，这时中国已经有了不同于过去任何时代的进步性。在新的历史条件下，中国已经有了新的人、新的阶级、新的政党、新的军队、新的思想和新的政策。毛泽东在这里讲了中国民族精神的特点，也讲了中国历史发展到了一个新的时代。

（三）文化复古与新文化的创造

中国文化复兴是一个早就存在着的口号。抗日战争的新的环境条件，使学术界再一次掀起了关于中国民族文化、新旧文化、中西文化问题的讨论与争论。郭沫若1938年在一篇文章中说：“复兴民族就是要复兴我们民族的精神”，就是要保卫住我们中华民族三千年的文明，“保卫文化的责任现在是落在我们中国人，尤其是中国的文化人的肩头上了。我们不仅要争取我们民族的自由、祖国的独立，我们同时要发动至大至强的理智力来摧毁敌人的一切矫伪的理论，暴露敌人的一切无耻的阴谋，廓清敌人的一切烟幕的言论，以保卫世界文化的进展，人类福祉的安全”。[③]这是明确提出中国文化人在抗战时期负有保卫中国文化，重建民族精神的重大责任。

保卫中国文化，没有人不赞成。但是保卫什么，如何保卫，马上就表现出了各种不同的认识和主张。

文化复古主义的复活

思想文化界保卫中国文化，重建民族精神的努力是多方面的。鉴于抗战时期的特殊形势，保卫中国文化，重建民族精神的本质，说到底就是要重提

①《论反对日本帝国主义的策略》，《毛泽东选集》第1卷，第161页。

②《中国革命和中国共产党》，《毛泽东选集》第2卷，第623页。

③郭沫若：《理性与兽性之战》，《文化战线》（上海）创刊号。

和强调对外抵抗的不妥协主义，即民族主义。

民族主义是一个复杂的历史概念，它在中国历史上的正面功能，便是当异族入侵的时候，比较容易唤醒国人的觉悟，形成极强的民族凝聚力，一致对外，从而赢得民族的独立与解放，为民族的再生与发展开辟通途。但是另一方面，如果简单地解释民族主义，就会因其狭隘性的见解，容易形成人们故步自封的排外心态，从而有害于民族的再生与发展，在抗日战争这一非常背景下，思想文化界在重建民族自信心和民族精神的同时，也多少有意无意地夸大了民族文化的优越性，其最直接的效果便是导致了“五四”新文化运动精神的中断，并不同程度地造成文化复古主义的复活，比如钱穆在思考中国文化的过去、现在与未来时，便不免落入民族文化自尊自大的旧窠臼，表现出浓厚的文化复古主义情绪。他认为，中国文化从根本上并不错，中国文化的未来决不能寄托在一切向西方学习这种幼稚的想法上面，而有待于中国文化能否进行调整和更新。他强调，这种调整与更新的动力并非来自西方文化，而必须来自中国文化系统内部。易言之，中国文化系统将因吸收外来的新因子而变化，但决不可能为另一系统即西方文化所取代。他说，中国的文化不但未到尽头，而且如今仍然要继续着。“所以我对中国文化很抱乐观，中国的文化未老未死，缺点是有的，只看中国将来怎样办？”那么怎么办呢？他强调：“第一要恢复中国固有的道德，这也就是修身齐家治国平天下，忠孝仁爱信义和平……的观念。”[①] 这种观点不论有多少道理，它所表现的是对“五四”新文化运动的反动，是文化复古主义在特殊条件下的复活。

文化复古主义者，在抗战这一特殊背景下宣扬同一种民族文化优越论，更有一种含意：反对马克思主义在中国的传播与发展，反对中国走新民主主义革命的道路，是一种貌似公允而实际上具有明确的政治目的的主张。

马克思主义研究者胡绳评道，钱穆等人的“这种新的见解，在根本上是复古也是排外，因为它是把一切外国的东西，从中国旧文化传统的立场上看去是新的，不适宜中国的东西都加以排斥，它排斥一切西洋文化中对于当前中国的现实具有进步意义的东西。但它却看出了在西洋文化史上也还有时期的不同，也曾有过一个时期，西洋文化和中国传统文化只是‘貌异神同’——看出这点倒是对的，因为中国传统文化是封建时代的文化，而欧洲也有过它

① 钱穆：《中国文化传统之演进》，《文化建设论丛》第一辑，青年出版社 1946 年版。

的封建时代，也有过它的封建时代的文化。但从此出发，认为中国文化自己要向后转，并和向后转的西洋文化合作，这却是拿人类文化史开玩笑了”[①]。

中西文化的异同优劣

当西方文化刚刚传入中国的时候，中国人在惊奇之后立即开始了中西文化异同优劣的比较研究。到了抗战时期，由于民族危机的加深，这种比较研究又有了新的进展。一部分人出于亡国的危机意识，竭力彰扬民族主义情绪，竭力反对西方文化，认为近代中国问题的症结并不在于外部，关键在于中国文化能否面对现实，面对未来，及时调整自身，重建民族文化的新体系。于是有所谓新儒学的主张。另一部分人认为，民族危机并不是学习西方造成的，恰恰相反，是学习西方不彻底而导致的必然结果。而且，抗战时期的民族危机毕竟只是短暂的历史现象，中国问题的根本解决仍有待于中国能否尽早走上西方发达国家已经走过的现代化道路。因此，中国的问题不是向回走去调整自身，而是要一如既往地学习西方，尽快实现现代化。显而易见，这两种观点虽有新的论证和分析，但其在根本点上似乎并没有超出前面的文化保守主义和西化论。

此时期在中西文化比较研究上提出稍有新意的见解的是冯友兰，他认为，中西文化并不是孰优孰劣的问题，而是“文化类型”的不同。中国人之长时期不能正确把握中西文化的异同，歧异甚多，一个最为重要的原因就在于当他们比较中西文化时，不知道区别文化的共相与殊相，缺乏一种文化类型的观念，无法突破东方的或西方的这种地域界限。他说：“若从类的观点以看西洋文化，则我们可知所谓西洋文化是优越底，并不是因为它是西洋底，而是因为它是某种文化底。于此我们所要注意者，并不是一特殊的西洋文化，而是一种文化类型。”再以文化类型去分析中国文化，“我们亦可知我们近百年来所以到处吃亏者，并不是因为我们的文化是中国底，而是因为它是某种文化底”。[②]冯友兰强调对中西文化的考察，重要的不是二者之异，而是同，只有了解了文化之同，才能正确地把握文化之异。他在比较中西文化的“共相”

---

① 胡绳：《评钱穆著〈文化与教育〉》，《胡绳文集》，第203页。

② 冯友兰：《新事论》，第15—16页。

以后，认为儒家思想包括了现代化所需要的一些基本因素。如儒家说的“民贵君轻”“天视天听”，便是“民主政治的根据”，又如“人皆可以为尧舜”“尧舜与人同耳”等，实含有“人人平等的意思”。儒家的这些态度，“都是实行民主政治的必要条件，必须大家都具这种见解，抱这种态度，人们尊重此种作风，才能实行真正的民主政治”。[①] 他显然是把古代的“民本”思想与近代的“民主”思想相混淆了。其实“民主”与“民本”，自主与恩赐，是完全不同的两码事。他还明确表示赞同洋务派和“中体西用”说，如谓：“所谓中学为体，西学为用者，是说组织社会的道德是中国的底，现在须添加者是西洋的知识技术工业，则此话是可说的。我们的《新事论》的意思，亦正如此。”[②] 他比较研究中西文化类型的结果，明显地肯定中体西用论，虽然说法似乎更新些。

冯友兰利用他关于西方哲学知识来解释程朱理学，发挥所谓“理、气、道”等观念。他认为：“这些观念可以使人知天、事天、乐天及至于同天。”如此就可以使人们在日常生活中达到“与天地万物浑然一体”，而超越物我，超越生死，超越顺逆，超越成败，成为超凡入圣的“圣人”，实际上仍然是儒家“内圣”说的发挥。据他说，这种哲学所讲的是“使人成为圣人之道”，“是内圣外王之道”。而“圣人最宜于作王”，因为“在他的境界中，他不与万法为侣，真是‘首出庶物’，所以他最宜于作社会的领袖”。[③]“领袖”当然是现代语言，指现实人而讲的，其何所指是清楚的。这样，他就从最玄妙的，撇开任何具体内容的形式的观念，最终却结束于极其具体的实际的结论之中。蒋介石对他优礼有加，乃至有“国师”之称，不是偶然的。

胡绳、陈家康曾在重庆出版的《群众》杂志上著文，系统分析和批评冯氏《新理学》《新事论》《新世训》的观点，胡绳指出，冯友兰的这些观点的理论基础是他某种的机械的经济决定论的图式，即所谓民主政治便是政治的社会化，政治的社会化必在经济社会化的社会才能行。他说的“所谓社会的革新就不过是把原来已有的旧式工业在规模上扩大一些，在技术上改造一些而已。至于一切政治制度、社会制度、思想意识都一切照旧好了”。“著者曾

① 冯友兰：《新事论》，第 17 页。

② 冯友兰：《三松堂学术文集》，第 633、639 页。

③ 冯友兰：《新原道》，第 121—133 页。

主张道德意识是随社会的物质基础的变化的，现在却又出现了一种不变的组织社会的道德；著者曾说，在中国旧文化中其主要的是我们所当去的，而现在则是中学为体；著者预约指示我们中国走向自由之路，而现在却使我们知道，原来这是五十年前张之洞的道路”。①

复古创新论

复古创新的主张，原本是近代中国文化面对西洋文化刺激之后的本能反应。只是由于抗战时期民族危机的特殊背景，学术界的部分人更倾向于这种主张。“老哲学”里面有人说：“无论如何，我们现在已经可以知道：哲学在中国将有空前的复兴，中国民族将从哲学的根基找到一个中心思想，足以扶植中国民族的更生。这是必然的现象。……何以知道必然要如此？因为中国文化——同其他文化一样——有它特殊的波动方式，一往一复的节律。上面所说的儒道两种精神，乃是相成而又相反，是一起一伏而互为消长的。每一个起伏的大波，在中国文化史里是要占几百年几千年的时间的。可是在每一次新的文化产生增长的时候，就是整个中国文化在进化的历程上跨了一大步。因为每一次新的文化产生，是对旧的文化的反动，是革命，同时是回到前一期的文化精神，是复古。只有革命是真正的复古，也只有复古是真正的革命。每一次新的文化产生，是综合着正反两方面的精神，而达到一个新的、自古未有的形式的。因此是前进，不是退后，是创新，不是因袭，是成熟，不是返旧；也只有创新才是真正的复古。”② 这是明白无误地重提以复古为创新的口号。所谓中国文化要几百年几千年来一次起伏、创新，显然是毫无根据、不沾边际的浅薄之谈，与哲学研究连不到一起。

以复古为创新的口号梁启超在评论清代经学时讲过，有他的道理。抗战利用这个口号，情形就不同了。以研究黑格尔著称的哲学家贺麟在抗战时期比较早地提出文化救亡论。他以为近代以来的所谓中华民族危机说到底乃是文化的危机，因此目前中国摆脱危机的根本出路决不在于中国文化的“全盘西化”，或将中国沦为西方文化的“文化殖民地”，而是要有计划、有目的地

---

①《胡绳文集》，第155—156页。

② 沈有鼎：《中国哲学今后的开展》，《哲学评论》第7卷第3期，1937年3月，见《沈有鼎文集》，人民出版社1992年版，第107—108页。

吸收、容纳西方文化的精华，提升和彰扬最具有中国特色的儒家文化，从而为儒家思想的新开展奠定坚实的学术基础。他说："中国当前的时代，是一个民族复兴的时代。民族复兴不仅是争抗战的胜利，不仅是争中华民族在国际政治中的自由、独立和平等，民族复兴本质上应该是民族文化的复兴。民族文化的复兴，其主要的潮流、根本的成份就是儒家思想的复兴，儒家文化的复兴。假如儒家思想没有新的前途、新的开展，则中华民族以及民族文化也就不会有新的前途、新的开展。换言之，儒家思想的命运，是与民族的前途命运、盛衰消长同一而不可分的。"① 他还强调："在思想文化范围里，现代绝不可与古代脱节，任何一个现代的新思想，如果和过去完全没有联系，便有如无泉之水，无本之木，绝不能源远流长。"而这个"本"和"源"，就是儒学，在"儒家思想的新展开里，我们可以得到现代与古代的交融，最新与最旧的统一"。贺麟对儒家文化前途的自信并非如文化复古主义那样非理性的信仰和鼓吹，而是建立在思想文化发展一般规律的理性分析上。为此，贺麟并没有像梁漱溟在20年代所做的那样正面回答新文化运动对儒学的责难，而是从辨认新文化运动的性质入手，直截了当地指出新文化运动的根本用意并不是要彻底破坏和放弃儒家文化，恰恰相反，新文化运动的最大贡献在于破坏和扫除儒家文化的僵化部分的躯壳和形式末节，以及那些束缚个性的传统腐化部分，不需要打倒孔孟的真精神、真意思、真学术等。不过，他也只是一般性或抽象的分析，究竟何谓孔孟真精神、真思想，何为孔孟程朱的真面目，如何使古与今交融，新与旧统一，他并没有讲清楚。

文化思想讨论中，这时一些人主张新儒学，如果那时的中国依然只是封建的中国，依然是儒家思想独尊的话，那么，新儒家的期待或许能够实现。此时的中国毕竟不是古代的中国，民族危机的加深并没有中断中国民主革命的进程，新的力量在迅速增长。一方面国民党提出的"抗战建国"，其中虽也有某些新的因素，但其理论基础和观点都仍然是"中国固有的政治与伦理哲学的正统思想"；另一方面，以中国共产党为主的新的政治力量的崛起，则为中国的演变增加了最新最大的变数。因此从这个意义上说，新儒学的主张实际上是个双刃剑，或双重作用，它既适应了国民党所谓抗战建国的正统政治思想和伦理思想的宣传，又有害于中国民主革命的进程，更是为了反对中国共

① 贺麟：《儒家思想的新开展》，《文化与人生》，第4—5页。

产党的理论主张。

（四）唯物论与唯心论的斗争

和文化复古主义相伴而行的，是哲学领域中唯心论的猖獗。综观抗战时期唯物与唯心的斗争，可以说一刻也没有停止过。

冯友兰的新理学

此时期的唯心论哲学首推冯友兰的新理学。冯氏作为留学归来的哲学教授，师承美国新实在论者孟太格及美国实用主义学说，早在抗战之前就用新实在论研究和诠释程朱理学，表现出营构新理学体系的思想倾向。新实在论是西方现代哲学实证主义的一个重要派别，它的基本特征是要求放弃专门的哲学方法和依靠它自己的手段获得某一类特殊知识，他们主张哲学方法与科学方法没有区别，哲学只能采用重分不重合的逻辑分析方法去认知某种东西的必然存在，以求得部分的知识，满足于对局部作细小、冷静的分析，而不再像黑格尔的辩证法那样，以求得整个宇宙的知识作为哲学的目的。

以实在论的方法诠释中国哲学是一种纯粹的哲学活动，是一种象牙塔内的功夫。卢沟桥的炮声中断了冯友兰这种纯哲学的工作，使他在新的政治状况、社会环境下，不再“照着”宋明理学说，而是“接着”宋明理学说。在这一时期，冯友兰先后著成《新理学》《新事论》《新世训》《新原人》《新原道》《新知言》等六部书。他自认为“其真能于思想上自成系统，有所创获”，构成相对严密、自成一说的新理学思想体系。冯氏自谓，这六部书实际只是一部书，是一部书分成六个章节而已，故而合称“贞元六书”。至于著述宗旨，冯氏说得很明白，即主要是对中华民族的传统精神生活进行反思。凡是反思，总是在生活中遇到了什么困难，受到了什么阻碍，感到了某种痛苦，然后反观经验，提供方案。因此，从这个意义上说，冯氏的这六部书实是抗战的现实在他个人头脑中的反映。他在《新原人·自序》中说：“‘为天地立心，为生人立命，为往圣继绝学，为万世开太平’。此哲学家所应自期许者也。况我国家民族值贞元之会，当绝续之交，通天人之际，达古今之变，明内圣外王之道者，岂可不尽所欲言，以为我国家致太平，我亿兆安身立命之用乎？虽不能至，心向往之。非曰能之，愿学焉。”

由此可知，“贞元六书”意在通过形而上的哲学分析，寻求建立形而上学的新方法、新途径，来为作者认为合理的社会形态提供思想上的“太祖高皇帝”，即最高指导思想。他说：“我们现在所处的世界，在表面看起来，似乎很不注重哲学。但在骨子里，我们这个世界是极重视哲学的。走遍世界，在大多数国家里，都有它所提倡及禁止的哲学。在这一点我们可见现在的人是如何感觉到哲学的力量。每一种政治社会制度，都需要一种理论上的根据。必须有了理论上的根据，那一种政治社会组织，才能‘名正言顺’。我们在历史上看起来，每一种社会，都有它思想上的‘太祖高皇帝’。例如中国秦汉以后的孔子，西洋中世纪的耶稣，近世的卢梭，以及现在苏联的马克斯。都是一种社会制度的理论上的靠山，一种社会中的思想上的‘太祖高皇帝’。现在不仅只是各民族竞争生存的世界，而且是各种社会制度竞争生存的世界，所以大家皆感觉到社会制度之理论为根据之重要。”这些说法本来没有错。问题在于他所认定的合理的社会形态是什么，为这种社会形态提供的“太祖高皇帝”又是什么。据他说，“中国的新环境是早已有了。新需要是迫切急了。中国如果要有一种新社会，作这种社会之理论的根据之哲学一定会出来”。[①] 也就是说，他认为“早已有了”的“中国的新环境”，就是蒋介石国民党统治下的中国，就是那个现有社会制度社会环境。

在作为“贞元六书”总纲的《新理学》中，冯氏主要是为后面的讨论提供一种形而上的依据，力图以西方新实在论所看重的逻辑分析方法来改造中国传统哲学，指出哲学是从分析经验、分析实际的事物入手，由分析实际的事物而知实际，由知实际而知真际。进而将逻辑分析方法运用于理学体系的改造，并提出对于实际事物的分析是“格物”，由分析实际的事物而知真际，而知真际是“致知”。而欲致知必先格物，因此说“致知在格物”。冯友兰在“贞元六书”的其他诸书中更多地探讨形而下即“有事实的存在者”，《新事论》根据城乡的差别以及士农工商的职业上的差别，探讨东西方文化和封建、资本主义文化的差别等问题；《新世训》分析解释许多道德概念，以指导青年修养，只是带有法家、道家气；《新原人》讲四种人生境界，由自然、功利、

① 冯友兰：《哲学年会闭会以后》，《大公报》1935 年 4 月 18 日。

道德境界，而归极于天地境界；《新原道》诠释中国传统哲学之精神，以此完成极高明而道中庸的理想；《新知言》主要讲哲学方法，运用中国哲学的直觉传统批评和重新诠释西方哲学。

“贞元六书”相继出版，冯友兰由蒋介石指定出任中国哲学研究委员会主任委员，时常去陪都重庆演讲或出席会议。西南联大的学生称冯上的哲学课，是“国民党的政治课”。

“贞元六书”引起国内思想界许多的批评、讨论、辩难，尤其是针对其新理学的体系建构，发表的评论异常之多，有的人说新理学体系是唯物的，也有不少人说它是唯心论的。赞美者称其书是近一二十年来关于中国哲学方面之最好的书，“它的好并不仅在作者企图创立一种新哲学系统，而在他有忠实底努力和缜密底思考”。不但习哲学者，就是一般知识阶级中人如果置它不读，都是一个欠缺。[①]赞美者当然是由于自己的哲学观点有与著者相通或相近的地方。

就在“老哲学”内部，对冯友兰的新理学体系也并不是完全赞同，一种最为普遍的看法，是冯氏对中国哲学的解说虽有新意，“只是不是先儒的意思，是另一套东西”，他的所谓“接着”而不是“照着”宋明理学讲，实际上是曲解程朱，恐怕依然未得程朱之旨，而只是自己的意思，当然也就谈不上继承程朱，等等。

“新哲学”界的不满与批评更多。他们站在马克思主义辩证唯物论的立场上，对冯友兰的新理学基本持否定态度。胡绳认为，冯友兰的新理学就其本质而言，不过是中国老哲学圈子里理论的杂芜、混乱和空虚的一种表现，是和现实隔离的倾向，它忘记了哲学和大众的关联，和实际生活的关联。[②]由于冯氏将理性区别为道德的理性和理智的理性，结果把“道德规律看做是不变的实在物”，不懂得道德是否合乎理性要依据实际的社会生活需要来判断，要通过理智的审查来鉴别，结果便沦为一种唯心论。[③]陈家康指出，由于冯友兰的新理学将真际与实际分开，且不从实际肯定真际，仅仅从形式逻辑上肯定真际，结果便是“最哲学的哲学”脱离实际，所以不是实理，同时也不

---

① 朱光潜：《冯友兰先生的〈新理学〉》，《文史杂志》第2期，1940年。

② 胡绳：《近两年来的思想和文化》，《胡绳文集》，第48—49页。

③ 胡绳：《评冯友兰著〈新世训〉》，同上书，第106—133页。

是真理。[①] 赵纪彬认为，冯友兰自谓新理学为“讲理之学”不妥。因为朱明以来，不仅理学家讲“理”，心学实际上也讲“理”。理学之所以为理学，并不在于讲理，而在于有其讲理的特征和方法。就特征和方法而言，理学家讲理气二本，心学家以反对理气二本为缘起，而持心本论。反理学家则基于物本论建立自己的哲学体系。而冯氏的新理学以“不切实际，不管事实”“不合实用”“不问内容”为特征，那么在方法上实际是承袭程朱理学而有些微创新，即“以真际所根本，个物为派生；真际之有不在个物，而个物之有则为真际的规定”，结果便是一种“客观的心本论”。[②]

战国策派的唯心主义哲学

抗日战争时期的思想界，除了一些人从中国传统文化阐发爱国思想或正统思想外，还有些人从西方哲学思潮中寻觅民族主义、非理性主义乃至法西斯主义，于是出现了一个鼓吹“英雄”“超人”和独裁政府的唯心主义哲学流派，即战国策派。

战国策派是指以《战国策》半月刊和《大公报》“战国”副刊为中心的文化人集团。他们的主要成员有陈铨、林同济、何永佶、雷海宗等一批教授文人，大部分集中在大后方尤其是昆明地区。他们的活动，是在 1940 到 1942 年创办刊物的过程中。

战国策派的思想资源主要是德国唯心主义哲学家叔本华和尼采的唯意志论哲学，但其立论的出发点则是中国的政治现实，所要解决的问题则是中国在当时国际情况下应该如何生存和发展。因此从这个意义上说，战国策派的作者们虽然是在宣传一种唯心主义哲学，而在他们的思想深处是充满着爱国情感的。他们主观上也只是借助叔本华尤其是尼采的思想来唤醒国人的民族意识，为抗战建国而奋斗。林同济摹仿尼采《萨拉图斯达如此说》而写的《寄给中国青年》说：“你们抗战，是你们第一次明了人生的真谛。你们抗战，是你们第一次取得了‘为人’——为现代人——的资格！战即人生。我先且不问你们为何而战；能战便佳！……弟兄们，必须伟大，才配战争，不怕战争，

---

① 陈家康：《真际与实际》，《群众》第 8 卷第 3 期，1943 年 2 月。

② 赵纪彬：《理学的本质》，见《困知录》，中华书局 1963 年版，第 337—357 页。

便是伟大。”①

正是基于这种强烈情感，战国策派的作者们在对形势的判断上充满了悲壮的悲剧主义色彩。他们认为，当时的世界是战国时代的重演，因此问题的中心便是战争。战争决定一切，力是宇宙间万有所“必定有”和“必须有”的东西。林同济写道：“我们必须了解时代的意义”，那么，“现时代的意义是什么呢？干脆又干脆，曰在‘战’的一个字。如果我们运用比较历史家的眼光来占断这个赫赫当头的时代，我们不禁要拍案而呼道：这乃是又一度‘战国时代’的来临！”“你和我兢兢集凑而成的中华民族，已经置身到人类历史上空前的怒潮狂浪当中了！”②因此他们强调：“无论由国内政治与国际形势言，或由精神情况言，今日的欧美很显然的正在另一种作风之下，重演商鞅变法以下的战国历史或罗马与迦太基第二次大战以下的地中海历史。欧美在人类上若非例外，最后的归宿也必为一个大一统的帝国。”③言下之意，那么中华民族的未来前途及中华文化的未来命运在这种“大一统帝国”的统治下，除了灭亡或被固化，就再没有其他出路了。

战国策派的作者从这种极端思想出发，他不是追求中国的整体进步与发展，而是陷入追求和实施法西斯主义的思想泥潭，试图以法西斯主义或强力政治阻遏政治民主化的潮流，期望以牺牲民主为代价来换取国家地位的提高。他们认为当前的中国根本不具备谈什么“民主政治”“宪法政治”，所有这些，都是“非常奇特的事”，目前的中国最重要的“第一任务”是建立“独裁国家组织”，组建“大权在握的政府”。④只有这样，才是中国的唯一出路。这样的结论当然是极其荒谬的，是最有利于法西斯主义统治的。

要建立独裁政府，就需要独裁人物，需要天才、英雄和超人。为此，战国策派的作者竭力鼓吹叔本华的唯意志论和尼采的权力意志和超人主义。他们强调，意志是人类一切行为的中心。生存意志是推动人类行为与人类进步最伟大的力量。“照叔本华的观念，宇宙间根本没有什么全知全能的上帝，一切的一切，存在的基础，支配的力量，都由于生存意志”⑤。

① 林同济：《萨拉图斯达如此说——寄给中国青年》，《战国策》半月刊第5期，1940年6月。

② 林同济：《战国时代的重演》，《战国策》第1期，1940年4月1日。

③ 雷海宗：《历史的形态与例证》，《文化形态史观》，大东书局1946年版，第36页。

④ 林良桐：《民主政治与战国时代》，《战国策》第15—16期合刊，1941年1月1日。

⑤ 陈铨：《尼采的无神论》，《战国策》第15—16期合刊。

战国策派于是由国家间的生存意志推论到权力意志和超人意志。他们认为，一个社会里，愈是优秀的人物，他的权力意志愈是伸张。人的生活最精采的时候，就是权力意志最充分发挥的时候。一个国家或民族，是否能够在世界上取得光荣的地位，就看它国内中坚分子能否超越生存意志，达到权力意志。“尼采认为人生不是求生存，乃是求权力，支配人生一切的，不是生存意志，乃是权力意志”[①]。是故，“人生的意义”就在于“发展权力意志”，而权力意志的发展，则是“超人”。所以他们说：“我们应当接受人生，使人生发扬光大进步，我们要使人类达到最高级的发展，这一种最高级的发展，就是超人。”[②]只有“超人”才是生活中的强者，才配作人类的领袖，“超人不相信社会上已有的价值，他们自己会创造新的价值”；“假如没有他们，社会上就要死气沉沉，毫无进展，我们不能再有‘人生’，我们只有‘人死’”。[③]于是中国人的唯一希望，在他们看来就是期待有“超人”、英雄、天才出来拯救。

战国策派的这些论点是反理性的，哲学上是极端唯心主义的“超人哲学”逆流。法西斯主义的宣传就和这种“超人哲学”联系在一起，理所当然地要受到学术界一些研究者的批评。这些学者批评道：“人类社会之发展不是取决于什么‘少数人的意志’，而是取决于各阶级相互间的斗争”[④]，“唯物史观并不否认在历史上人为的作用。但是我们必须认清：第一，历史上的真正主人和创造者并不是少数居于统治地位的英雄，而是广大的人民——尤其是直接从事生产劳动的人民；第二，广大人民的愿望及其在实践行动中的力量固然在历史上有着重大的作用，然而历史的进程也并不能单纯由这种主观的愿望和力量来说明”[⑤]。我们的这个时代是需要英雄，但“我们的新的英雄不是偶像，而是健康的人；不是‘人上人’、‘超人’，而是人中的人；不是脱离了群众的，而是生活在群众中间依靠着群众的；不是企图自由地改变历史道路的疯子，而是顺应着历史的发展发挥出无限的战斗的积极性的自由人；不是

① 陈铨：《尼采的道德观》，《战国策》第12期，1940年9月15日。

② 陈铨：《尼采的思想》，《战国策》第7期，1940年7月10日。

③ 陈铨：《尼采的政治思想》，《战国策》第9期，1940年8月1日。

④ 李心清：《“战国”不应作法西斯主义的宣传》，《解放日报》1942年6月9—11日。

⑤ 胡绳：《是圣人还是骗子》，《胡绳文集》，第237页。

天才，而是平常人；他们的伟大不表现在神秘，而表现在平常的中间”[①]。当然，所有这些都不是战国策派的思想家们能够真正了解和接受的。

战国策派是当时国际国内大环境下的产物，他们所宣扬的那些思想虽然在政治上十分有害，但这批知识分子主观上是出于爱国抗战的愿望；他们的理论有利于蒋介石在政治上的独裁企图，但这一批知识分子与国民党中的顽固派是不同的。他们理论上的一个基本出发点是鼓励国人坚持抗战，不要被国际法西斯势力嚣张一时的气焰所吓倒。故而中国共产党人在对战国策派进行大量批评的同时，并没有把他们一棍子打倒。据侯外庐回忆：雷海宗主编的刊物《战国策》，对中共态度不友好，《群众》主编章汉夫著文批判《战国策》，点了雷海宗的名；孙晓村主编的一家经济刊物，有文章说了不利于统一战线的话，许涤新等研究者对此也进行了批判。我们都意识不到有什么问题，周恩来则一一指出，从抗战的大局出发，这些都不是主要矛盾。民族大敌当前，在千千万万种矛盾中间，一定要分出主要矛盾和次要矛盾，在学术界和理论界，由于阶级立场不同，矛盾固然尖锐，但同样要注意分清主要矛盾和次要矛盾。不要因小失大，更不能做亲者痛仇者快的事情。因此周恩来再三指示学术界：“当前，学术理论上最危险的敌人，是国民党右派的妥协投降理论，我们斗争的锋芒应该对准陈立夫的唯生论”，而不是战国策派。[②]

唯生论和力行哲学

陈立夫的唯生论最早提出是在1933年，但在思想文化界真正发生影响则主要在抗战期间。其代表作为1944年修订出版的《唯生论》一书。

综观陈立夫的《唯生论》，作者虽然不时引用中国传统哲学的术语和孙中山的某些言论，并再三声明自己的思想体系“既不主张唯心一元论，亦不主张唯物一元论，而主张唯生一元论”。但究其本质，则表现形式是二元论，实则唯心论。陈立夫认为，宇宙现象是一变化之大流，宇宙的本体是原子（生元），原子又是物质与精神的配合体。宇宙间的一切事物，都是由精神物质二者配合而来，有物质必有物质的能力、精神，有精神必有精神的本体、物质。

---

① 胡绳：《论英雄与英雄主义》，《胡绳文集》，第79页。

② 侯外庐：《韧的追求》，三联书店1985年版，第122—124页。

所以宇宙没有一个绝不附丽物质的精神，也没有一个绝无精神的物质，宇宙是定量的不可分的精神和物质之和谐的一切配合。陈立夫在这里非常明确地阐明了心物二元论的要点。心物二元论是唯心论的一种，它的反对目标就是唯物论。对此，陈立夫说得非常明白和直露。他在《唯生论 · 导言》中说："近几年来，唯物论之论调日见嚣张，唯心论的论调，又失之空寞，结果举世滔滔，既沉沦于物欲的追求，更忧伤于心灵的桎梏。在这唯物与唯心两种偏见戕贼下的中国人，尤其是一般思想未熟的青年学生，我们不可不有一种新的正确的理论，把他们从断潢绝港中唤回。"陈立夫这里所反对的唯物论，其实就是当时极受青年学生欢迎的马克思主义，尤其是马克思主义的辩证法唯物论。

陈立夫的唯生论表面上是一种哲学上的主张，但其主要目的并不在于纯哲学的理论建构和形而上的本体论的探讨，而具有浓厚的现实意义。他一方面借用中国传统哲学的术语曲解孙中山的思想，具有相当强烈的反民主的倾向；另一方面则借用这种曲解后的中山思想，去反对马克思主义，反对中国共产党人的政治主张。唯生论作为一种哲学不能自圆其说，但作为一种政治学说，则是国民党在抗战时期试图重建一党独裁统治的意识形态依据，是一种有害的政治学说。陈立夫在《唯生论》第 5 讲"生命的动力（诚）"的结论部分说：我们要救国家，必须先从自己救起，只有首先把自己建设起来，健全起来，然后才能进而完成我们现在所负复兴国族的重大使命！但是怎样才能成就自己并进而挽救国家呢？"唯一的办法就是诚。所谓'诚者不勉而中，不思而得，从容中道'。所以我希望大家无论读书作事为人，都要以《大学》《中庸》上的道理为最高的法则，彻底地作到一个'诚'字。必须这样，我们个人以及我们的国家和我们的民族才有挽救的办法，才有复兴的出路，才不辜负了东方人所发明伟大的生命之动力！"所谓"诚"是中国封建传统思想中一个唯心主义的概念，在历史上曾被赋予各种含义。陈立夫、蒋介石提倡的"诚"，就是要人们诚心诚意地拥护国民党政府，盲目地跟着"领袖"走。胡绳当年写的一篇《论"诚"》的文章指出，陈立夫等人宣传"诚"，"不外乎是消灭人民大众的自觉"，"所以在长期的东方专制主义政治下，'诚'这一个概念，本是因企图说明人的合理关系而产生，却在神秘的外衣下被抬上神圣的殿堂，使人顶礼膜拜，作为欺蒙与麻醉奴隶人民的思想工具"，"由此，在东方专制主义下的'诚'的神秘性，就和近代最反动倒退的、反对人民大众的法西斯思想一脉相通，那正是我们更不能不加以揭穿的。严格否定这种专制主义的神秘主义的内容，在实践的生活中发扬‘诚信’与‘真诚’的精神，那才是我们对于民族的遗产所应有的态度”。[①]

陈立夫的唯生论所宣扬的唯心主义世界观在政治实践上是为了维护国民党的一党独裁，反对中国共产党，抗战以前就有些影响。艾思奇在抗战时期批评唯生论哲学时指出：“陈立夫先生的《唯生论》，是在抗战以前很久就发表了的哲学思想。这种思想，代表着十多年来当权的大资产阶级大地主的世界观，并且是这些年来在中国与辩证法唯物论相对抗的最主要的思想之一。这思想不像辩证法唯物论那样，在中国的青年中受到真实的关心，然而因为是与政权的力量相结合的缘故，在中国十年左右的思想战线上，却能够保持了相当的影响。特别是在抗战以后，在武汉失守以后，国内思想斗争随着反投降妥协的政治斗争一同高涨，国民党的一切刊物杂志是用了极大的力量来对唯生哲学加以宣传和阐述，并且在蒋介石先生的‘力行哲学’的名义下，给予了某些新的发展。力行哲学和唯生哲学，在基本思想和社会基础上说是一致的。”[②]艾思奇指出，陈立夫的唯生论是抗战时期国民党官方意识形态的一个重要组成部分。故而如欲认清其真实面日，必须把它与蒋介石的所谓力行哲学放在一起来讨论。

蒋介石的所谓力行哲学，也叫作“行的哲学”或“行的道理”。蒋介石把这个“学说”视为自己的一大发明，到处宣传，到处演讲，一心想让人们奉为唯一的信条。蒋介石这个自认的新“发明”并没有什么学理上的创造，它是将王阳明的“知行合一”的学说与孙中山的“知难行易”说相互牵合糅杂的一种所谓“革命学说”。从这个意义上说，蒋介石的力行哲学和陈立夫的唯生论一样，是以精神的原理，以“诚”作为创造一切的动力。蒋介石说，“古今来宇宙之间，只有一个行字，才能创造一切”，“行的哲学为唯一的人生哲学”，“然而行的原动力就是精神原理，就是‘诚’。我们今天要抵抗敌人，复兴中国完成革命，并没有什么困难，只是在我们的一念”。[③]“诚就是行的原

① 胡绳：《论“诚”》，《胡绳文集》，第171—185页。

② 艾思奇：《抗战以来的几种主要哲学思想评述》，《中国文化》第3卷第1期，1941年。

③ 蒋介石：《自述研究革命哲学的阶段》，《蒋总统集》第1册，台北“国防研究院”1963年版，第622页。

动力”[①]。“有了这个诚字，和智仁勇三个字做革命的原动力，我们还要能够力行”。关于“力行”，他引用孙中山讲“知难行易”的话加以解说：“最近我又根据总理遗教，特别向大家讲明‘行的道理’。我认为我们革命不患其不成，只患其不能力行。如果大家已经认识了三民主义，而不知道‘知难行易’的道理，不去实行三民主义，就不是总理的信徒，也不能算是国民党的忠实党员！”[②] 这当然只是蒋介石根据自己的需要对孙中山思想的一个解说，肯定不是从孙中山思想的革命精神方面去作的解说。

（五）三民主义遗产问题

孙中山是近代中国伟大的资产阶级革命家，他在革命实践中所创建的三民主义理论是马克思主义在中国生根之前最为重要、也是合乎中国国情的学说。如果说中国有一个“近代文化”阶段的话，那么孙中山的三民主义就是中国“近代文化”优秀代表之一。但是正如毛泽东等中共党人反复指出过的那样，孙中山的思想不仅有一个发展的过程，而且他“像很多站在正面指导时代潮流的伟大历史人物大都有他们的缺点一样，孙先生也有他的缺点方面”[③]。因此如何对待孙中山的政治遗产，便不是一个单纯的学术问题，而具有相当复杂的现实内容。

中国共产党人对孙中山的政治遗产一直是采取积极态度，自觉成为孙中山思想遗产的继承人的。只是由于各个时期政治环境的不同，共产党人在对孙中山思想的解释上侧重点不同。毛泽东在中共七大所作的“口头报告”中说：“孙中山的确做过些好事，说过些好话，我在报告里尽量把这些好东西抓出来了。这是我们应该抓住死也不放的，就是我们死了，还要交给我们的儿子、孙子。但是我们和孙中山还有区别，孙中山的三民主义比我们的新民主主义差，新民主主义的确比三民主义更进步，更发展，更完整。现在的新民主主义在将来还会发展得更加完整。我们党内有一种情绪，不喜欢孙中山，这种情绪在相当广大的党员中存在着。认真说，这种情绪是不大健全的，是还

① 蒋介石：《行的道理》。

② 蒋介石：《三民主义体系及其实行程序》，《青年中国季刊》创刊号，1939 年 9 月 30 日。

③ 毛泽东：《纪念孙中山先生》，《毛泽东文集》第 7 卷，人民出版社 1999 年版，第 157 页。

没有真正的觉悟的表现。这是反映了内战时期的情绪，那时候，因为环境不同，连孙中山也不要了。那个时期为什么我们不大讲孙中山？因为我们被国民党一下子打倒在地，爬起来也红眼了。蒋介石手里打着孙中山的招牌到处乱杀人，这时候，群众对孙中山也就不喜欢。在十年内战中他们不要孙中山，这也很难怪，因为我们的力量小得很。在抗战初期，我们的力量也还小，所以那时候我们要孙中山，所发生的影响不大，因为人家还看不起我们。将来我们的力量越大，我们就越要孙中山，就越有好处，没有坏处。我们应该有清醒的头脑来举起孙中山这面旗帜。”[①]毛泽东这些话，充分代表了中国马克思主义者、中国一切真正的革命者对孙中山的评价。这个评价是很高的，也是合乎历史的。

中国共产党在抗战一开始就鲜明地举起孙中山这面旗子。共产党在抗战爆发之初就提出在孙中山三民主义基础上的全面抗战原则。他们强调：“只有全面的民族抗战才能彻底地战胜日寇。然而要实现全面的民族抗战，必须国民党政策有全部的和彻底的转变，必须全国上下共同实行一个彻底抗日的纲领，这就是根据第一次国共合作时孙中山先生所手订的革命的三民主义和三大政策的精神而提出的救国纲领。”[②]这里的关键便是如何解释孙中山的那些思想。

按照毛泽东的解释，中国共产党之所以不计前嫌，同意以孙中山的革命的三民主义、三大政策及其遗嘱，作为各党派各阶层统一战线的共同纲领，主要是因为孙中山的这些思想反映了抗战时期的中国需要，并不存在着中国共产党在指导思想上发生了变化。但是由此反观国民党，他们在抗战时期除了实行了孙中山的民族主义对日抗战外，在民权主义与民生主义两个方面实在觉悟太少。因此，“共产党的责任，在于大声疾呼地向国民党和全国人民作不疲倦的解释和说服，务使真正革命的三民主义、三大政策及孙氏遗嘱，全部地彻底地在全国范围内实行起来，用以扩大和巩固抗日民族统一战线”[③]。

共产党人在抗战时期对孙中山的思想尤其是三民主义是真诚拥护的，他们自始至终反对那些“口是心非”的假三民主义者。毛泽东在1939年的一次

---

① 毛泽东:《在中国共产党第七次全国代表大会上的口头政治报告》,《毛泽东文集》第3卷，人民出版社1996年版，第321—322页。

② 毛泽东：《为动员一切力量争取抗战胜利而斗争》,《毛泽东选集》第2卷，第354页。

③ 毛泽东：《和英国记者贝特兰的谈话》，同上书，第377页。

演讲中说："有些人自己对自己加封为'三民主义信徒'，而且是老牌的三民主义者，可是他们做了些什么呢？原来他们的民族主义，就是勾结帝国主义；他们的民权主义，就是压迫老百姓；他们的民生主义呢，那就是拿老百姓身上的血来喝得越多越好。这是口是心非的三民主义者。"[①] 毛泽东在这里所批评和指责的是当权势力，国民党，尤其是国民党中的右派。

从国民党方面看，他们自始至终地打着孙中山的旗帜宣称坚信三民主义。问题在于，三民主义虽不严密，但毕竟有既定的内涵。蒋介石所说的三民主义与此不同。蒋介石说：民族民权民生三者构成了整个的三民主义，我们要全部信奉，不能取其一而舍其他，但三者之中各有对象，各有其特别的置重点。"我们人类所以异于一切动物与高于一切动物的原因，而且能够不断地自求进步，不断地进化的原因，就是因为我们人类有感情，有法纪，而且又有理性的缘故。感情、法纪、理性，这三种东西是维系人类生存促进人类进化所缺一不可的"。"所以我说：民族主义本乎情，民权主义本乎法，民生主义本乎理。以确立法治为实行民权的基础，再以公平划一的条理调剂公私经济的盈虚，以解决民生问题，如此情、理、法三者皆能厘然得当，所以三民主义比其他主义完备，而且比其他主义伟大悠久，亦比其他任何主义容易实行，亦就在此"。[②] 从这里人们一眼就可以看出，孙中山三民主义的一些根本内容如民族独立、节制资本、平均地权或"耕者有其田"都被抽掉了，而变成情、理、法等几个抽象概念，蒋介石自己和他的信从者认为是极大的发明，这显然不是阐述三民主义，而是阉割、糟蹋三民主义。

蒋介石之所以抓住孙中山三民主义的旗帜不放，是因为他的政治统治实在需要这面旗帜进行粉饰。他在对孙中山的思想进行解释的时候，专门发挥孙中山思想中的消极方面。周恩来当年指出："从蒋介石这一切思想体系中，我们只能看出中国法西斯主义，决看不出孙中山的革命的三民主义。孙中山的思想中的唯心观点、消极因素，被蒋介石拿来发展成为他今天的思想体系；但孙中山的思想中还有某些合理的因素，更多的革命观点，尤其在他晚年接近了共产党，采取了俄国革命的某些办法后，他的三民主义便成为革命的三民

---

① 毛泽东：《青年运动的方向》，《毛泽东选集》第 2 卷，第 567 页。

② 蒋介石：《三民主义之体系及其实行程序》，《青年中国季刊》创刊号。

主义了。而蒋介石主义，却是另一套东西，只能成其为中国的法西斯主义。”①中国共产党人对蒋介石思想理论上的批判指出，蒋仅仅凭借孙中山思想中的唯心观点、消极因素，为建立独裁的法西斯统治提供意识形态的资源。而把孙中山思想中的革命因素，尤其是孙中山晚年所提出的三大政策抛到一边。中共与蒋介石在社会政策、主张上的分歧，在抗日战争时期，说到底就是如何理解和运用孙中山的三民主义。

共产党人政治上赞成拥护三民主义，但是他们认为对三民主义的思想理论应该进行分析。他们说：“因为三民主义虽是孙中山先生创造出来的，但是中山先生的著作关于三民主义的部分却有许多矛盾的地方，有些论点是保守的，是武断的。如民族主义中之以大汉族主义为中心同化其他的小民族，以宗教为民族的基本组织；民权主义中权与能的划分；民生主义中批评马克思主义是一个社会的病理学家，并说马克思主张的不是共产主义，普鲁东、巴枯宁等所主张的才是真正的共产主义等等。总而言之，孙中山先生的三民主义是博大而欠精深的一部著作。”②换言之，中国共产党人能够同意并愿继承的三民主义决不是国民党官方的那些理解和解释，而是第一次国共合作时期由中共直接参与制定的《中国国民党第一次全国代表大会宣言》中所制定的三大政策的三民主义。

蒋介石也试图从哲学角度将三民主义解释成服务于自己独裁统治的一种学说。他在1939年5月所发表的《三民主义之体系及其实行程序》中说，三民主义的体系及其实行程序，可归结为六个部分：一、三民主义之原理——民生哲学；二、三民主义本身；三、革命的原动力；四、革命的方略；五、革命程序；六、最后的目的。在原理部分，蒋介石认为，中外哲学史有两种最有力的学派，即唯心史观和唯物史观，但“这两种学说，都可说是一种偏见，不能够概括人类全部历史的真实的意义”。因为“人类全部历史即是人类为生存而活动的记载，不仅仅是物质，也不仅仅是精神，所以唯有以民生哲学为基础的民生史观，或以民生史观为出发点的民生哲学不偏于精神，亦不偏于物质，唯有精神与物质并存，才能说明人生的全部与历史的真实意义”。

---

①周恩来：《论中国的法西斯主义——新专制主义》，《周恩来选集》上卷，人民出版社1980年版，第150页。

②董必武：《共产主义与三民主义》，《解放周刊》第1卷第6期，1937年6月14日。

根据这种认识，蒋介石在“主义”部分强调，现在世界各政党所揭的主义最主要的就是民主主义、共产主义和法西斯主义，但这三个主义“皆有缺点”，都不能同三民主义相比。唯有三民主义，以“天下为公”为出发点，“能涵盖一切”，“无丝毫偏颇”。蒋不自知此说的浅薄。“天下为公”是孔子典籍《礼运》篇上对原始社会的一种描述，反映了阶级社会里人们对无剥削、无压迫社会的一种向往。近代人洪秀全、康有为都讲过这个问题。孙中山也讲过这个问题。这说明《礼运》篇上的话是富有想象力的。但它是一种社会状况的描述，既非哲学理论，也非行动方法，根本谈不上是什么学说体系。

蒋介石对所谓革命原动力，以及革命方略、程序等问题的解释，更明显地是为自己的“力行哲学”提供学理上的依据。他说，要担负非常的革命事业，先要有一种革命的原动力，没有深厚伟大的原动力，断不能发生成仁取义的决心和生死不渝的原动力。那么，革命的原动力究竟是什么呢？他说，分开来说，就是“智、仁、勇”三个字，合拢起来说就是一个“诚”字，之后再加上“力行”，行的目的是“仁”。“我们所行的就是在行仁，仁是本乎大公，出乎至诚，所以知之出乎诚者必智；行之出乎诚者必勇，智者之知必知仁，勇者之行必行仁，而且其行必笃，其知必致，其知其行，断无不成。这几句话，不特为力行两个字作一个详尽的解释，实在也是我们总理创造中国国民党，自建党革命以还，过去五十多年的光荣斗争历史的说明。”蒋介石这里似乎是在谈中国传统的政治伦理哲学的哲理。但他从来就将所谓哲理与现实政治、特别是“行”紧相联系的。1933 年，他讲智仁勇就说过：“我们现在剿匪，就是要行仁，要救国救民。”这时他又宣传至诚和行仁，则是宣扬盲从主义、专制主义，以利于一党专制、领袖独裁的政治统治。时代变了，他的理论目的没有变。

对于这种情形，周恩来批评说：“蒋介石虽然标榜三民主义，但他在大革命时，并未诚意地实行过三大政策。在内战时，更将三民主义丢之脑后。抗战初期，又曾标榜过抗战建国纲领，实际上只是骗人，并且将其中条文解释和实行成为反全面抗战、反共、反民主的东西，于是就造成法西斯纲领，而决不是三民主义的抗战建国纲领。”①

毛泽东 1940 年发表《新民主主义论》，1945 年发表《论联合政府》。1943

---

① 周恩来:《论中国的法西斯主义——新专制主义》,《周恩来选集》上卷，第 152—153 页。

年，蒋介石发表《中国之命运》。这些文件中一个重要内容依然在如何解释孙中山的三民主义。

蒋介石在《中国之命运》中继续宣传专制主义，宣扬中国儒家哲学“比之世界上任何学派的哲学都有过之而无不及”。他说，个人本位的自由主义与阶级斗争的共产主义，不外是英美思想与苏俄思想的抄袭与附会，都不合乎中国的国情。抄袭这些学说，不仅违反了中国固有的文化精神，而且根本上忘记了他是一个中国人。惟有三民主义为荟萃我整个民族意识的思想，“任何思想离开了三民主义，即不能长存于民族意识之中”。

蒋介石在《中国之命运》中挂上三民主义招牌的封建主义宣传，国民党内部的清醒之士也不以为然。据张治中说：“《中国之命运》一书在发表以前，不仅外国友人，即干部中亦多持不必发表之意见，及今检查此书发表以后之影响，当了然当时认为期期不可者实非无见。”他当面对蒋介石说：“一般人认为此书充分流露钧座保守思想之所在，而钧座之注意当时对国民教育之意义，未注意其可能引起之政治影响。此为儒家思想与时代思潮不尽能融会贯通之症结所在似不容忽略者。”[①] 可见《中国之命运》那一套倒退的思想主张，不仅“外国友人”不赞成，国民党内部许多人也不赞成。

共产党对《中国之命运》及时展开了批评反驳。艾思奇说：《中国之命运》的“作者自认为是继承了孙中山先生真正的三民主义和‘知难行易’的思想。但事实上是怎样呢？事实上是，在《中国之命运》里并没有真正的三民主义和知难行易的思想，而只有关于这些思想的一些空洞的名词，以及在这些名词装饰下的中国式的买办封建性的法西斯主义的政治学，和反对科学唯物主义，提倡迷信盲从的法西斯的唯心论哲学”[②]。针对蒋介石所谓“没有三民主义，就没有抗战。没有中国国民党，就没有革命”的说法，陈伯达尖锐指出：“但事实又是如此：没有中国共产党，则三民主义就没有新的内容（首先是民族主义中的反帝废约的内容），没有中国共产党，就没有大革命以来直至今天的中国国民党；没有中国共产党，则不但大革命的局面不堪设想，即六年来大抗战的局面亦不可设想。中国共产党生来就是为民族和人民谋利益的，而它帮助人做好事，本来也没有自夸的必要，但是许多狠心的国民党人对于中

①《张治中回忆录》，文史资料出版社 1985 年版，第 408 页。

② 艾思奇：《〈中国之命运〉——极端唯心论的愚民哲学》，《解放日报》1943 年 8 月 11 日。

国共产党不但采取‘过河拆桥’的手段，而且还极尽其造谣诬蔑之能事，共产党人还有一张嘴巴，驳斥这些反革命的诬蔑是完全必要的。”①

历史学家范文澜也起而反驳，指出蒋氏反对共产主义及民主自由主义，而他却“积极输入‘舶来品’法西斯主义，与所谓‘固有文化’的封建专制主义化合而成新专制主义”，那是“大背国情”，只能造成“中华民族的危机”。他说：“孙中山先生的革命精神是值得钦佩的，他的三民主义曾经三变，有同盟会时代的排满为主题的，有中华革命党时讲民族民权主义的二民主义，有国民党改组至大革命时代接受共产党提出的反帝反封建两大基本任务、联俄容共扶助工农三大政策而重新解释的三民主义。”中国共产党接受的就是这种新三民主义。中共领袖毛泽东发展三民主义的革命思想，提出新民主主义。在新民主主义革命时代，如果有人目空一切，想对“中国的命运”也来一下“独裁”，那就准备着“自己连人带马滚到深池里去”。②他还著文反驳重庆中央社发表的《中国文化的统一性》社论，指出所谓“文化的统一”，实际上就是要搞文化专制主义，肯定是行不通的。范文澜对三民主义历史考察很有意义。它扼要指出了三民主义经历三变的过程，说明孙中山确实是一位伟大的革命者，是跟着时代不断前进的，一切真正的革命家必然都是这样。

在反驳《中国之命运》时，共产党人再次重申，他们真诚地相信：“孙中山的三民主义是半殖民地的中国的民族解放的与民主主义的政治纲领，它要求推翻帝国主义在中国的统治，实行民族之独立与解放，这就是它的民族主义；它要推翻封建制度实行民主政治，这就是它的民权主义；它要求节制资本和平均地权，这就是它的民生主义。”因此可以说：“三民主义是中国民族革命与民主革命中的纲领，三民主义当作纲领与马列主义在民族民主革命中的纲领（共产党的最低限度纲领）在其主要的基本的口号与要求上没有冲突，而是一般的一致。正因为如此，所以中国的马列主义者认为实现三民主义，为中国今日所必需，认为三民主义是民族统一战线中的共同纲领，和国共合作的政治基础。正因为如此，所以号召全中国人民为实现三民主义共和国奋斗。”③

① 陈伯达：《评〈中国之命运〉》，《解放日报》1943 年 7 月 21 日。

② 范文澜：《谁革命？革谁的命？》，《解放日报》1943 年 8 月 1 日。

③ 王稼祥：《关于三民主义与共产主义》，《解放》周刊第 5 卷第 86 期。

共产党人同时也声明，他们鄙视把他们的立场与意见隐蔽起来。作为共产主义的信徒，他们在同意、拥护并遵守三民主义原则的同时，他们也绝不会因为任何原因而一时一刻放弃共产主义的理想与马列主义原则。他们认为："马列主义是现代社会内最进步阶级的革命的科学，它正确的把握住了社会运动的规律及其改造的方法，以保证共产主义思想的最后胜利。在阶级性上，在科学性上，在革命的彻底性上，它同三民主义显然是不相同的。"他们强调这不仅不会妨碍他们去拥护三民主义，"而且正是马列主义使我们共产党人这样坚决的拥护真三民主义，而且能坚决的为真三民主义的彻底实现而奋斗"。这是因为共产党人所拥护的三民主义历来同根据马列主义立场而提出的现阶段中国革命的政治纲领是不相违反的。共产党人所拥护的三民主义，均明确的具体的规定于一定的革命的共同政治纲领上。共产党人为三民主义而奋斗，即是为这类共同的政治纲领而奋斗。[①] 换言之，共产党人拥护三民主义的唯一条件就是承认它在现阶段一定时期的合理性和有用性，而不是承认它的所谓永久有效性。

中国共产党的这些基本原则在抗战时期是公开宣布的，但是当时许多人对于共产党愿意实行国民党的三民主义觉得奇怪，以为共产主义和三民主义是不能并存的。对此，毛泽东及时指出："这是一种形式主义的观察。共产主义是在革命发展的将来阶段实行的，共产主义者在现在阶段并不梦想实行共产主义，而是要实行历史规定的民族革命主义和民主革命主义，这是共产党提出抗日民族统一战线和统一的民主共和国的根本理由。"[②]

共产党已经把自己的纲领、三民主义与共产主义的关系说清楚了。但仍有人企图利用共产国际解散的机会，要求中共明确宣布放弃共产主义理论。胡秋原说："民族主义是今日抗战建国之中心精神，也是我们文化运动的中心精神。我们要有为民族所有，为民族所造，为民族所用的文化。一切非民族反民族的文化我们要拒绝。一切服从民族的利益，一切必须适合民族的环境。"[③] 张君劢在致毛泽东的一封公开信中则说，共产党宣布"信奉和实行三民主义"，就应该"将马克思主义暂搁一边"。[④] 有的人更劝告中共更改党名，

---

① 张闻天：《拥护真三民主义反对假三民主义》，《三民主义与共产主义》。

② 毛泽东：《国共合作成立后的迫切任务》，《毛泽东选集》第2卷，第367—368页。

③ 胡秋原：《中国文化复兴论》，《中西文化与文化复兴》。

④ 张君劢：《致毛泽东先生一封公开信》，《再生》第10期，1938年12月16日。

永远放弃共产主义的主张。据毛泽东事后回忆说："不但蒋委员长来电报要我们改名称，中间派也劝我们改名称。像左舜生就说过：'你们的纲领实在好，如果你们不叫共产党，我就加入。'前年七、八、九三个月的反共高潮中，我们有很多东西搞出去了。他们看到之后，非常高兴，说纲领很好，就是名称不好。很多美国人也要我们改名称，我们若是改了名称，他们就喜欢了。"①这些人的出发点不一样，但对共产党不了解是一致的。

这时，反共阵营里也有人想从所谓"理论上来驳倒共产主义"，著书立说，喋喋不休，理由仍是蒋介石说的"只有三民主义能救中国"等，而且把这些理由归结为一句话："外铄论。"所以"中国是三民主义底世界，共产主义应该离开中国"②。

艾思奇、吴黎平、钱俊瑞、侯外庐等人纷纷发表文章，对那种反共理论进行了有力的驳斥。他们指出，马克思主义之所以在数十年之中传遍中国，并成为中国共产党人的政治选择和指导思想，决不是由于"外铄"，而是中国的国情需要马克思主义，中国的土壤适宜马克思主义的传播。"以短短的二十年中，马列主义思想不仅在中国组织上形成了中国国内第二大政党——中国共产党，准备和参加了轰轰烈烈的大革命，以后它又领导了十年苏维埃工农民主主义革命，提出和形成了抗日民族统一战线，在目前它领导了八路军和新四军、抗日游击队和成百万军队，在敌人后方坚持抗战。事实证明，马列主义不是像有的反共文人所说的，不适用于中国，而是适用于中国国情，在中国生育发展和日益壮大起来"③。马克思主义与中国实际相结台，抗日战争一定会胜利，中国革命一定会胜利。

（六）新民主主义理论的创建

1940年初，毛泽东针对当时国内的情况指出："抗战以来，全国人民有一种欣欣向荣的气象，大家以为有了出路，愁眉锁眼的姿态为之一扫。但是

① 毛泽东：《在中国共产党第七次全国代表大会上的口头政治报告》，《毛泽东文集》第3卷，第324页。

② 叶青：《怎样研究三民主义》下编，江西省文化运动委员会1943年版。

③《关于马克思主义中国化的问题》，冀鲁豫边区文化出版社。

近来的妥协空气，反共浪潮，忽又甚嚣尘上，又把全国人民打入闷葫芦里了。特别是文化人和青年学生，感觉敏锐，首当其冲。于是怎么办，中国向何处去，又成为问题了。”[①] 就是在这样状况下，毛泽东根据中国革命的经验，将马克思主义理论与中国革命实践相结合，提出新民主主义革命理论，阐明了中国革命现阶段的任务、政策和未来发展，回答了对中共的各种非难，从政治上、思想上和文化上指明了中国向何处走的方向。他还指出：共产党的东西，只当作引玉之砖，千虑之一得，希望共同讨论，得出正确结论，来适应我们民族的需要。科学的态度是“实事求是”，“自以为是”和“好为人师”那样狂妄的态度是决不能解决问题的。我们民族的灾难深极了，唯有科学的态度和负责的精神，能够引导我们到民族解放之路。

新民主主义理论的形成有一个长期的过程。毛泽东一贯反对教条主义、“本本主义”，强调理论联系实际，把马克思主义与中国革命实际相结合，解决中国的问题。在抗日民族统一战线初形成时，毛泽东就说过，“共产党人决不抛弃其社会主义和共产主义的理想”，但认为必须经过资产阶级民主革命阶段而达到社会主义和共产主义阶段。共产党的民主革命纲领，与国民党一大解释的三民主义的纲领，基本上是不相冲突的，所以，共产党不仅不拒绝三民主义，而且愿意坚决实行三民主义。“我们认为，共产党、国民党、全国人民，应当共同一致为民族独立、民权自由、民生幸福这三大目标而奋斗。”[②] 他还形象地指出：“两篇文章，上篇与下篇，只有上篇做好，下篇才能做好。坚决地领导民主革命，是争取社会主义胜利的条件。”这里准确阐明了民主革命与社会主义革命的区别和联系。

毛泽东强调学习马克思主义理论“不是为着好看，也不是因为它有什么神秘性”，“只是因为它是领导无产阶级革命事业走向胜利的科学”。学习马克思主义必须从实际出发，使马克思主义和中国革命实际结合起来，用马克思主义的立场观点方法研究和解决中国革命的问题。他说：“这种态度，就是有的放矢的态度。‘的’就是中国革命，‘矢’就是马克思列宁主义。我们中国共产党人所以要找这根‘矢’，就是为了要射中国革命和东方革命这个‘的’

---

①《新民主主义论》，《毛泽东选集》第 2 卷，第 662 页。

②《中国共产党在抗日时期的任务》，《毛泽东选集》第 1 卷，第 259 页。

的。这种态度，就是实事求是的态度。”[①]《新民主主义论》总结了中国近百年资产阶级民主革命的历史经验，特别是中国共产党所领导的新民主主义革命的经验，全面阐述了新民主主义革命的理论，揭示了在中国这种半殖民地半封建国家进行资产阶级民主革命的基本规律，规定了新民主主义革命的基本纲领，正面回答了国内外、党内外在中国革命的性质、前途、道路等问题上种种责难与困惑，是中国共产党在理论上已经成熟的重要标志。

《新民主主义论》明确提出中国革命必须分“两步走”，即第一步是民主主义革命，第二步是社会主义革命。这是性质不同的两个革命过程。之所以如此，主要是由中国的社会性质所决定的，因为中国近代自外国资本主义入侵以来，逐渐变成一个半殖民地、半封建的社会。所以，革命的对象是帝国主义和封建势力，第一步就是要进行反帝反封建的民主主义革命，改变这个半殖民地半封建的社会形态，使之成为一个独立的民主主义的社会；第二步是使革命向前发展，建立一个社会主义的社会。

关于未来社会主义的问题，毛泽东认为，此时尚不具有讨论的迫切性。他此时所关注的问题，即新民主主义理论所要解决的现实问题，只是如何将民主主义革命彻底完成的问题。在谈到民主主义革命阶段时，毛泽东认为，此一大段至少要分为两个时期，其区别标志就是五四运动和中国共产党的成立。在这之前，中国的民主革命是资产阶级领导的民主主义革命。在这之后，由于无产阶级登上政治舞台，民主革命成为无产阶级领导的新民主主义革命了。在这个阶段“决不是也不能建立中国资产阶级专政的资本主义的社会，而是要建立以中国无产阶级为首领的中国各个革命阶级联合专政的新民主主义社会”，以完成中国革命的第一阶段，“然后，再使之发展到第二阶段，以建立中国社会主义的社会”。[②]

在新民主主义阶段，毛泽东认为必须坚持无产阶级的领导权。这是因为，中国民族资产阶级在一定时期中和一定程度上虽然具有革命性，但同时，也即是由于他们是殖民地半殖民地的资产阶级，他们在经济上和政治上是异常软弱的，他们又保存了另一种性质，即对于革命敌人的妥协性。中国的民族资产阶级，即使在革命时，也不愿意同帝国主义完全分裂，并且他们同农村

①《改造我们的学习》，《毛泽东选集》第3卷，第801页。

②《新民主主义论》，《毛泽东选集》第2卷，第672页。

中的地租剥削有密切联系，因此，他们就不愿和不能彻底推翻帝国主义，更加不愿和更加不能彻底推翻封建势力。这样，中国民族资产阶级便无法担当革命的领导责任，这个责任就不得不落在无产阶级的身上了。

既然是无产阶级领导的民主革命，那么，他们所要建立的政权只能是民主共和国，是在无产阶级领导下的一切反帝反封建的人们联合专政的民主共和国，这就是新民主主义的共和国，也就是真正革命的三大政策的新三民主义共和国。毛泽东认为，这种新民主主义共和国，一方面和旧形式的、欧美式的资产阶级专政的共和国相区别；另一方面，也和苏联式的、无产阶级专政的社会主义的共和国相区别；而是在殖民地半殖民地国家的革命，在一定历史时期中所采取的国家形式，即第三种形式，“这就是所谓新民主主义共和国。这是一定历史时期的形式，因而是过渡的形式，但是不可移易的必要的形式”[①]。毛泽东相信社会主义一定要在中国实现，但他采取的冷静和科学的态度，坚守比较现实的新民主主义共和国的原则。

基于中国社会历史的这个客观现实，毛泽东明确提出中国新民主主义革命的基本纲领，即在政治上打倒帝国主义和封建势力的反动统治，建立无产阶级领导的、以工农联盟为基础的，各革命阶级的联合专政的国家体制，而政治体制则是实行民主集中制，采取人民代表大会制度，实行无男女、信仰、财产、教育等差别的真正平等普遍平等的选举制，这样才能充分发挥人民的意志，才能最有力量地去反对革命的敌人。

在经济上，毛泽东提出，没收帝国主义和买办阶级的“大银行、大工业、大商业，归这个共和国的国家所有”，以建立国营经济。在无产阶级领导下的新民主主义共和国的国营经济是社会主义性质的，是整个国民经济的领导力量。没收地主阶级的土地，分配给无地和少地的农民，实行耕者有其田。并在此基础上，发展各种合作的、具有社会主义因素的经济。实行节制资本，允许不操纵国民生计的资本主义生产的发展，允许富农经济的存在和发展。但绝不允许建立欧美式的资本主义社会，更不允许倒退到半殖民地半封建的社会去。

在文化上，毛泽东提出的基本纲领是，“所谓新民主主义的文化，就是人民大众反帝反封建的文化；在今日，就是抗日统一战线的文化。这种文化，只

---

①《新民主主义论》，《毛泽东选集》第2卷，第675页。

能由无产阶级的文化思想即共产主义思想去领导，任何别的阶级的文化思想都是不能领导了的，所谓新民主主义的文化，一句话，就是无产阶级领导的人民大众的反帝反封建的文化”。但是，必须注意，不能把共产主义思想体系的宣传，当作了当前行动纲领的实践；把用共产主义的立场和方法去观察问题、研究学问、处理工作、训练干部，当作了中国民主革命阶段上整个的国民教育和国民文化的方针。应当把两者区分开。“现在整个新的国民文化的内容还是新民主主义的”①。

毛泽东在《新民主主义论》中用很大篇幅讨论文化问题。他总结近代中国文化发展及其经验教训，批评了国民党的文化“剿共”和文化专制主义，也批评了文化复古和“全盘西化”论，阐明了新民主义文化的方向，提出建设“民族的科学的大众的文化”。民族的，即反对帝国主义压迫，主张中华民族的独立尊严，带有我们民族的特性，同时努力吸收外国的进步文化，作为自己文化粮食的养料。科学的，是反对一切封建思想和迷信思想，主张实事求是，理论和实际相一致；要清理古代文化，“剔除其封建性的糟粕，吸收其民主性的精华”，这是发展民族新文化提高民族自信心的必要条件，但是决不能无限制地兼收并蓄，特别是对人民群众和青年学生，主要是引导他们向前看。大众的，即是民主的，要为广大“工农劳苦大众服务，并逐渐成为他们的文化”。这就是新民主主义文化，就是中华民族的新文化。②

共产党的理论家张闻天不久进一步阐明建设“民族的民主的科学的大众的”新文化。他认为民族的，即主张民族独立解放，提高民族自信心，正确把握民族的特点；民主的，即反对专制压迫，主张民主自由、民主政治、民主生活和民主作风；科学的，即反对主观武断迷信愚昧无知，把握科学思想，坚持科学态度和科学方法；大众的，即反对少数特权者压迫愚弄欺骗大多数人，主张代表大多数人民利益的大众的平民的文化，主张文化为大众所有，普及于大众又提高于大众。他还指出，这四个要求是有机联系着的，应该以这些要求建设抗日的广泛的“文化统一战线”。③很明显，这种民族的民主的科学的大众的新文化，也正是中国新文化的方向。这里，把“民主的”单成一

①《新民主主义论》，《毛泽东选集》第2卷，第698、705页。

②同上书，第707—708页。

③张闻天：《中华民族新文化的内容和性质》，《张闻天选集》。

项，显然比把“大众的”即是民主的连在一起更周延一些。

通过对新民主主义纲领的分析，我们可以清楚地看到，毛泽东新民主主义的理论，不仅区分了新民主主义与社会主义、共产主义的不同，而且较圆满地回答了三民主义与共产主义的真实关系问题，以为三民主义是共产党人的第一奋斗目标，是新民主主义的应有之义，并不与共产党人的主张存在根本冲突。他说：“谁人不知，关于社会制度的主张，共产党人是有现在的纲领和将来的纲领，或最低纲领与最高纲领两部分的。在现在，新民主主义，在将来，社会主义，这是有机构成的两部分，而为整个共产主义思想体系所指导的。因为共产党的最低纲领和三民主义的政治原则基本相同，就狂叫‘收起’共产主义，岂非荒谬绝伦之至？在共产党人，正因为三民主义的政治原则有和自己的最低纲领基本上相同之点，所以才有可能承认‘三民主义为抗日统一战线的政治基础’，才有可能承认‘三民主义为中国今日之必需，本党愿为其彻底实现而奋斗’，否则就没有这种可能了。这是共产主义和三民主义在民主革命阶段上的统一战线，孙中山所谓‘共产主义是三民主义的好朋友’，也正是指的这种统一战线。否认共产主义，实际上就是否认统一战线。顽固派也正是要奉行其一党主义，否认统一战线，才造出那些否认共产主义的荒谬说法来。”[①] 毛泽东对新民主主义的阐释，正确宣传了中国共产党人的政治主张，指明了中国革命的方向，为中华民族夺取抗日战争的彻底胜利提供了理论上的根据。

抗日战争是中国近代历史由衰败走向复兴的枢纽。毛泽东在《新民主主义论》中提出的中国革命理论是这个枢纽在思想理论认识上的反映。孙中山的三民主义代表了20世纪前期中国先进分子对自己环境条件和应当如何前进的认识和主张。《新民主主义论》则代表了孙中山以后中国先进分子对自己的条件环境认识和应当如何前进的主张。它们都是中国人的伟大创造。后者是前者的继承发展，与今天生活联在一起。

综观抗战时期思想文化界的分歧与斗争，很明显地可以看到，这些分歧与斗争是抗日战争这一社会现实在思想文化领域中的反映，即民族矛盾和国内矛盾交织在一起的复杂斗争的反映。经过讨论与争辩，旧的东西顽固坚持自己的地盘，但其力量明显衰微；新的东西虽然尚没有取得最后胜利，但已

---

①《新民主主义论》，《毛泽东选集》第2卷，第686—687页。

明显获得中国人民中更多人的理解、同情和拥护。马克思主义得到普及和发展，尤其是新民主主义理论的提出，使马克思主义的中国化过程基本完成，并由知识分子领域扩展到千百万人的社会实践层面，成为人们的自觉行动。抗日战争中人民力量的兴起强大，在实际力量上为新中国代替旧中国作了准备，这时马克思主义的进一步传播，马克思主义完成中国化，则在思想理论上为新中国替代旧中国作了准备。

后　记

《中国复兴枢纽》是一部汲收学术界现有研究成果集体编写出来的著作。中共中央党校、国防大学、军事科学院、南京大学、中国社会科学院近代史研究所的研究人员和其他有关专家先后参加本书的撰写、修订。依次是：

撰稿：肖一平、杨圣清、何仲山、李瑗、张明楚、张星星、齐彪、刘建皋、张宪文、陈红民、李继锋、马勇、杨奎松、王建朗、刘兵、姜涛、荣维木。

第一次统稿：何理、罗焕章参加。陶文钊、清庆瑞、闻黎明再补写和改写若干部分。张振鹍第二次统稿。刘大年、白介夫主持编写。中国人民抗日战争纪念馆承担全部编撰组织工作。

本书从集稿到付印迁延甚久，其间变动和调整很多，目前仍较粗糙。错误可能不少，敬请各位专家和读者不吝指正，在此先致谢忱。

《中国抗日战争史丛书》编委会

1997 年 4 月 1 日

地　图

一、卢沟桥事变前形势图（1931 年 9 月—1937 年 6 月）

二、日军进攻卢沟桥示意图（1937 年 7 月 8 日 5 时—18 时）

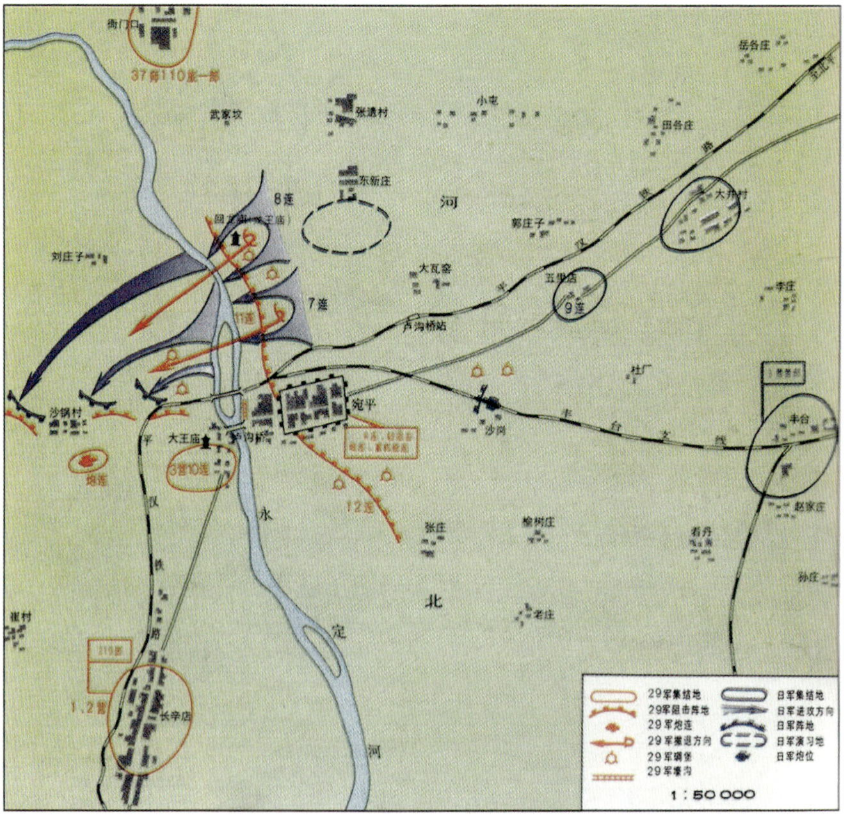

三、“八一三”会战要图（1937 年 9 月 15 日—11 月 13 日）

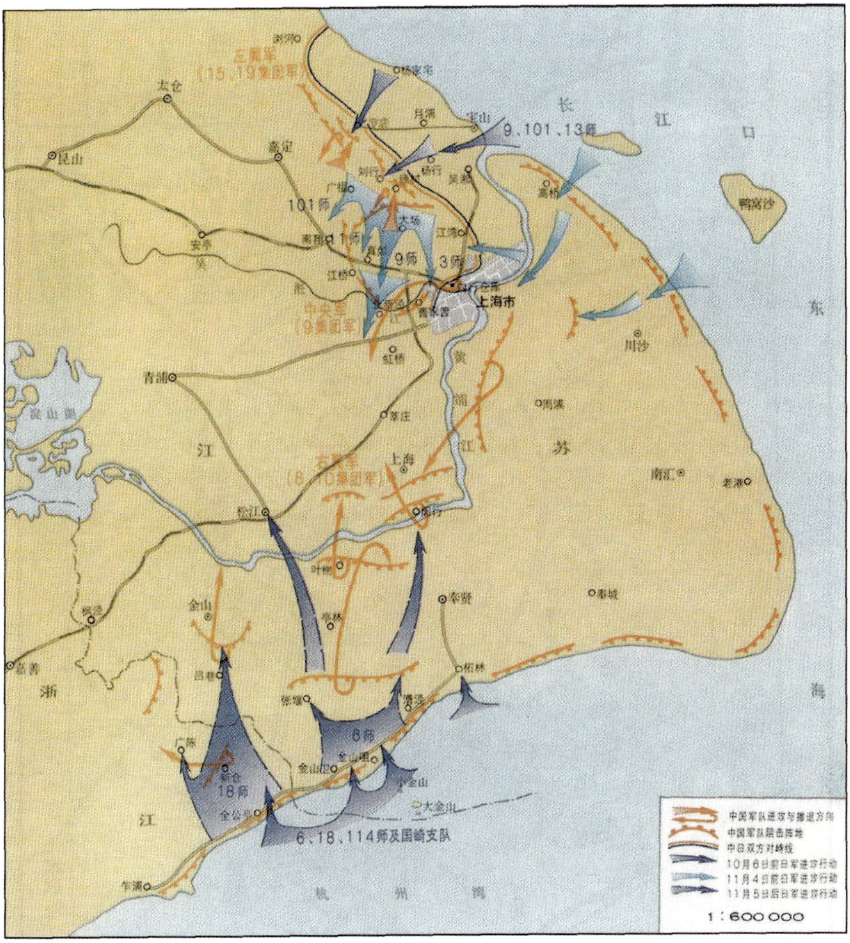

四、平型关战役示意图（1937 年 9 月 25 日）

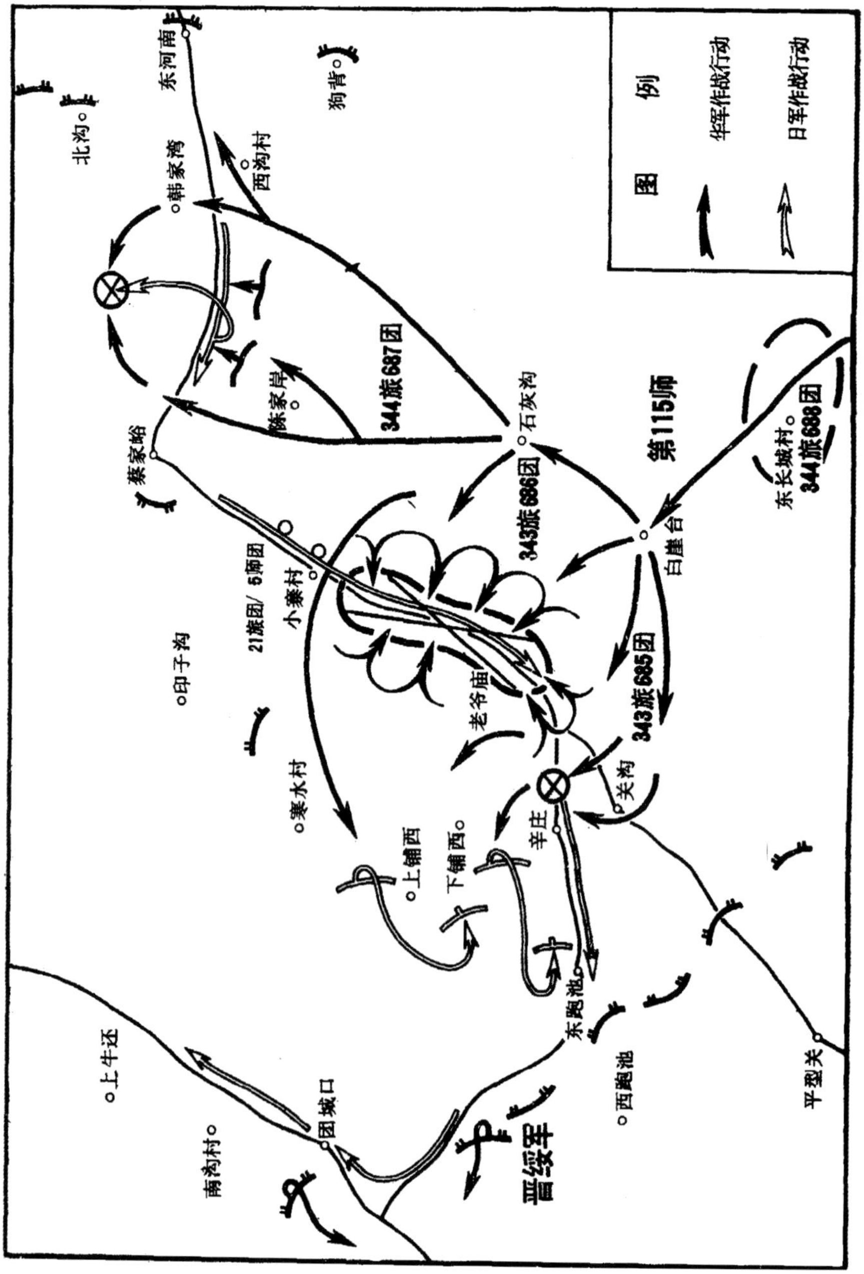

五、八路军新四军华南游击队开展敌后抗日游击战争示意图（1937 年 8 月—1938 年底）

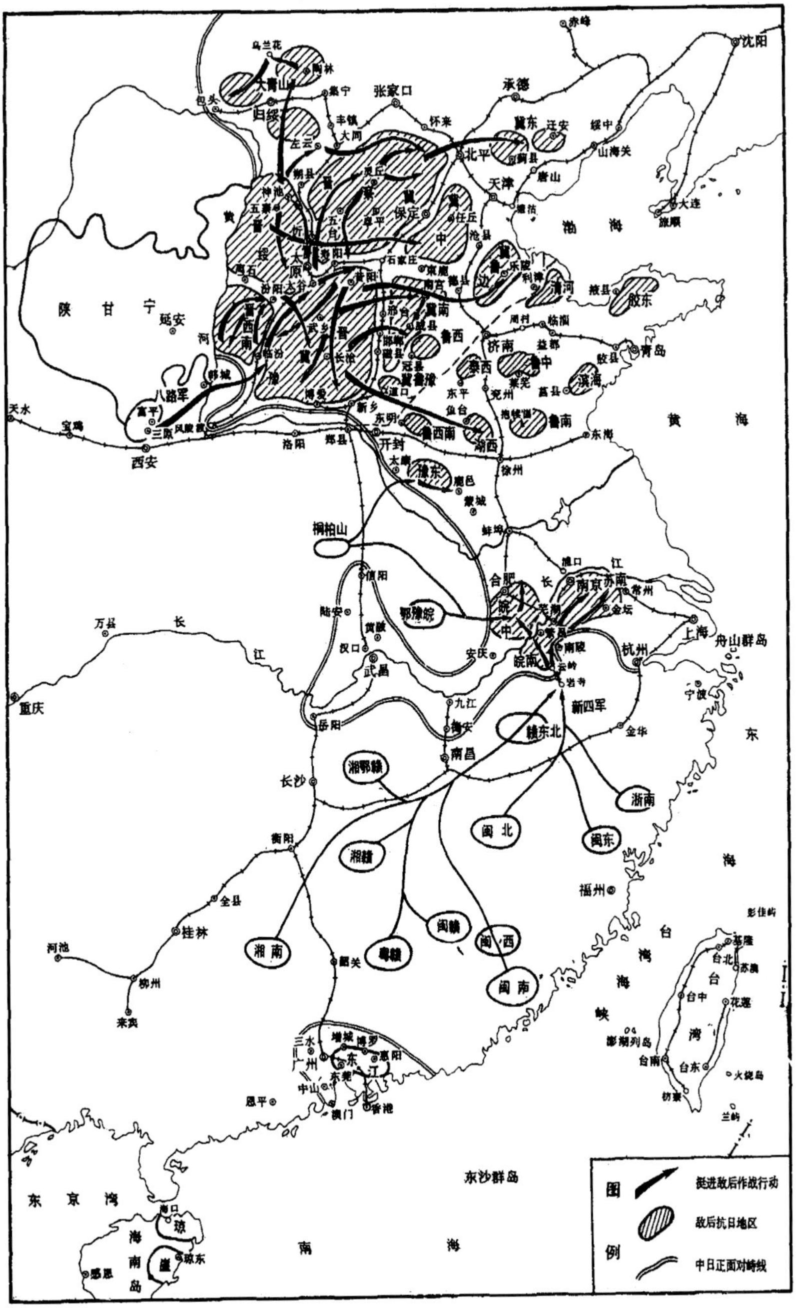

六、台儿庄战役示意图（1938 年 3 月中旬—4 月上旬）

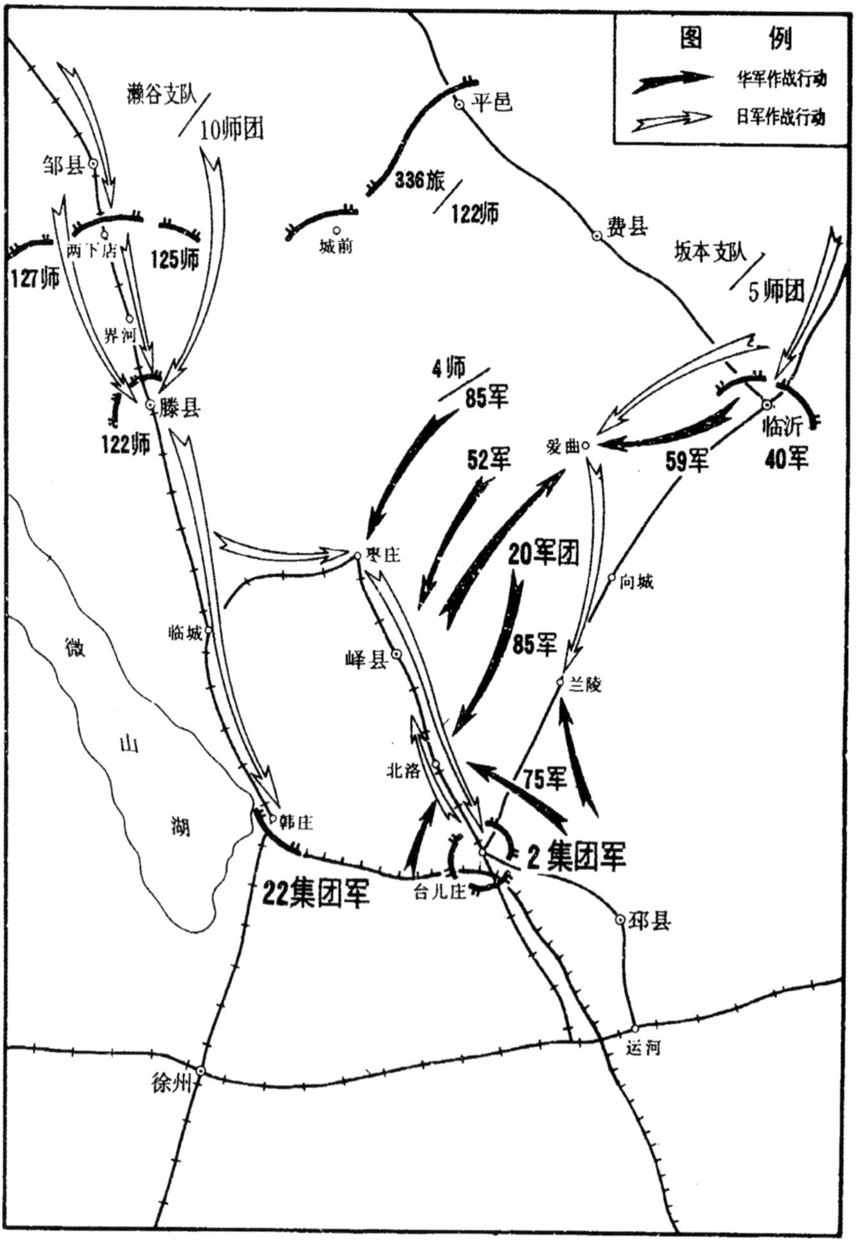

七、武汉会战要图（1938 年 6 月—11 月）

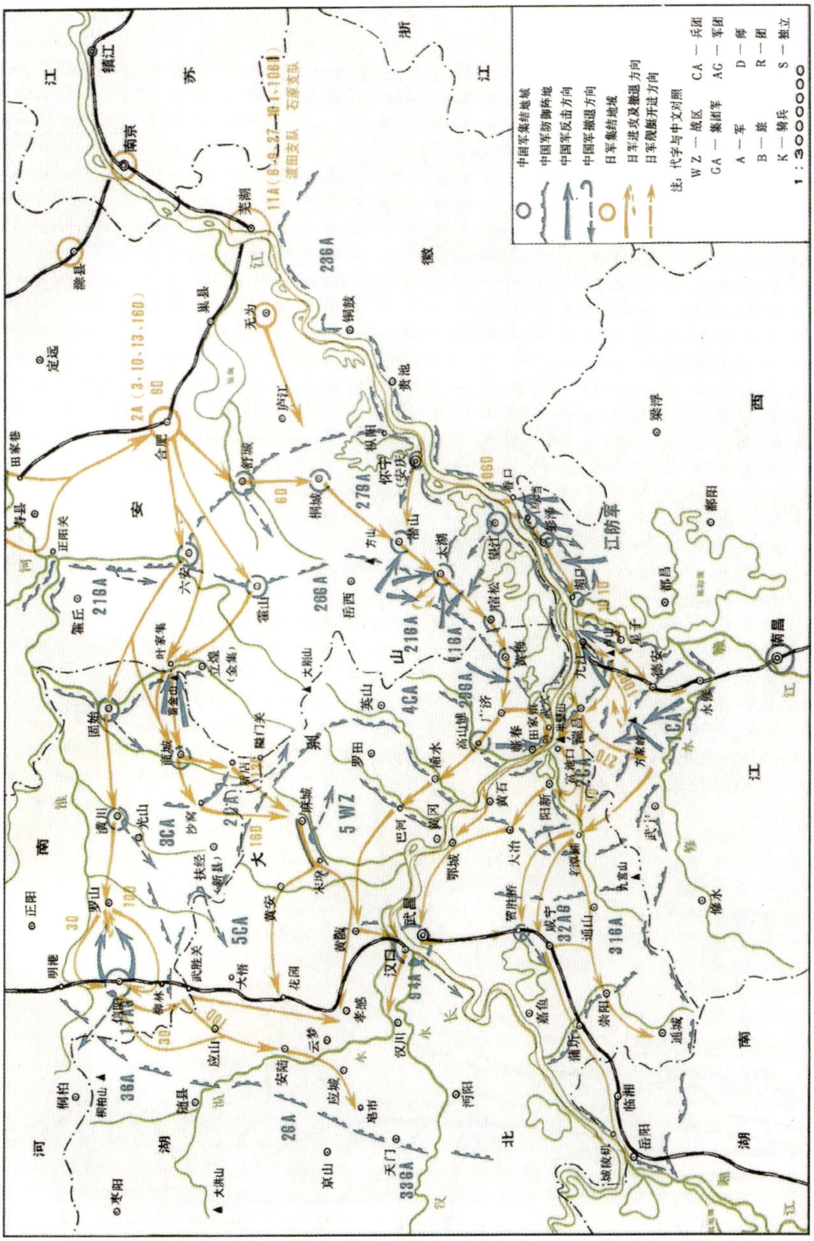

八、百团大战示意图（1940 年 8 月 20 日—10 月上旬）

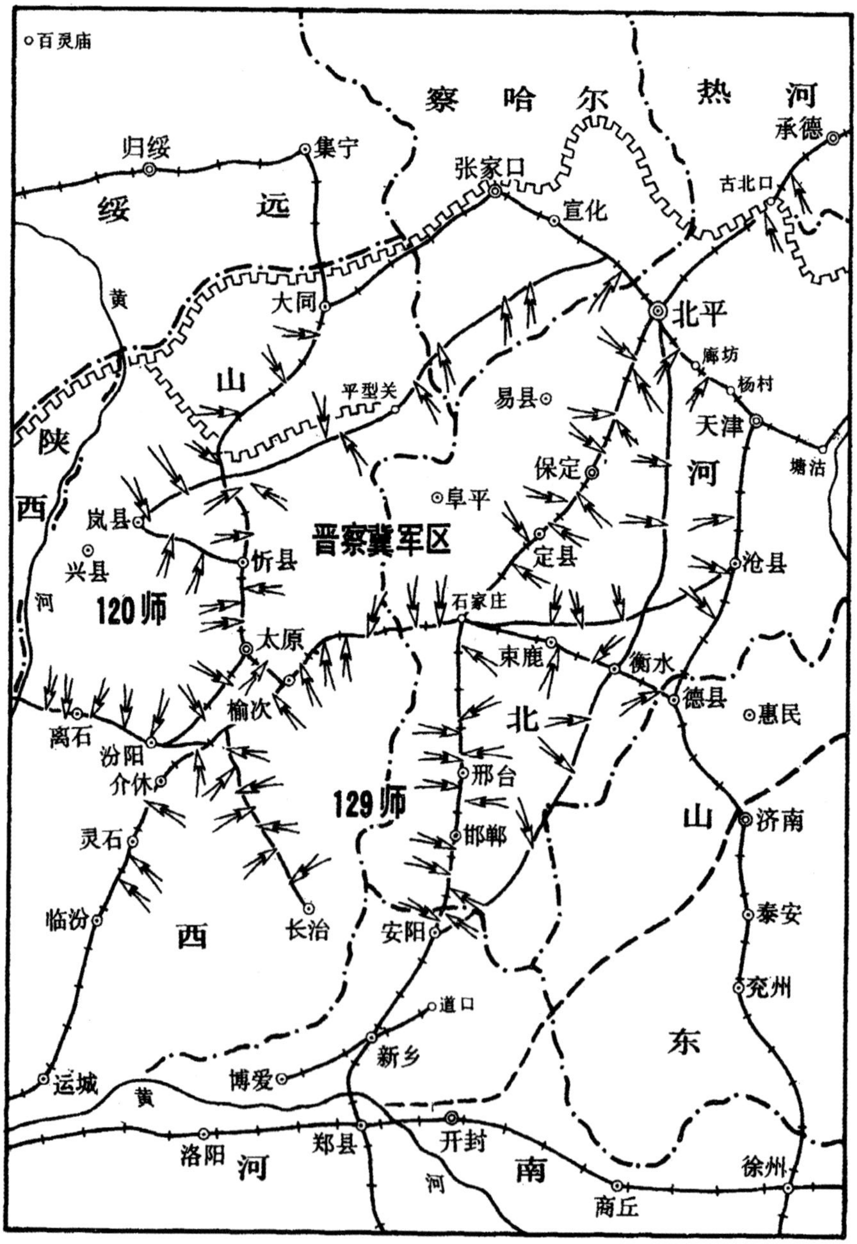

九、1943 年敌后战场形势图

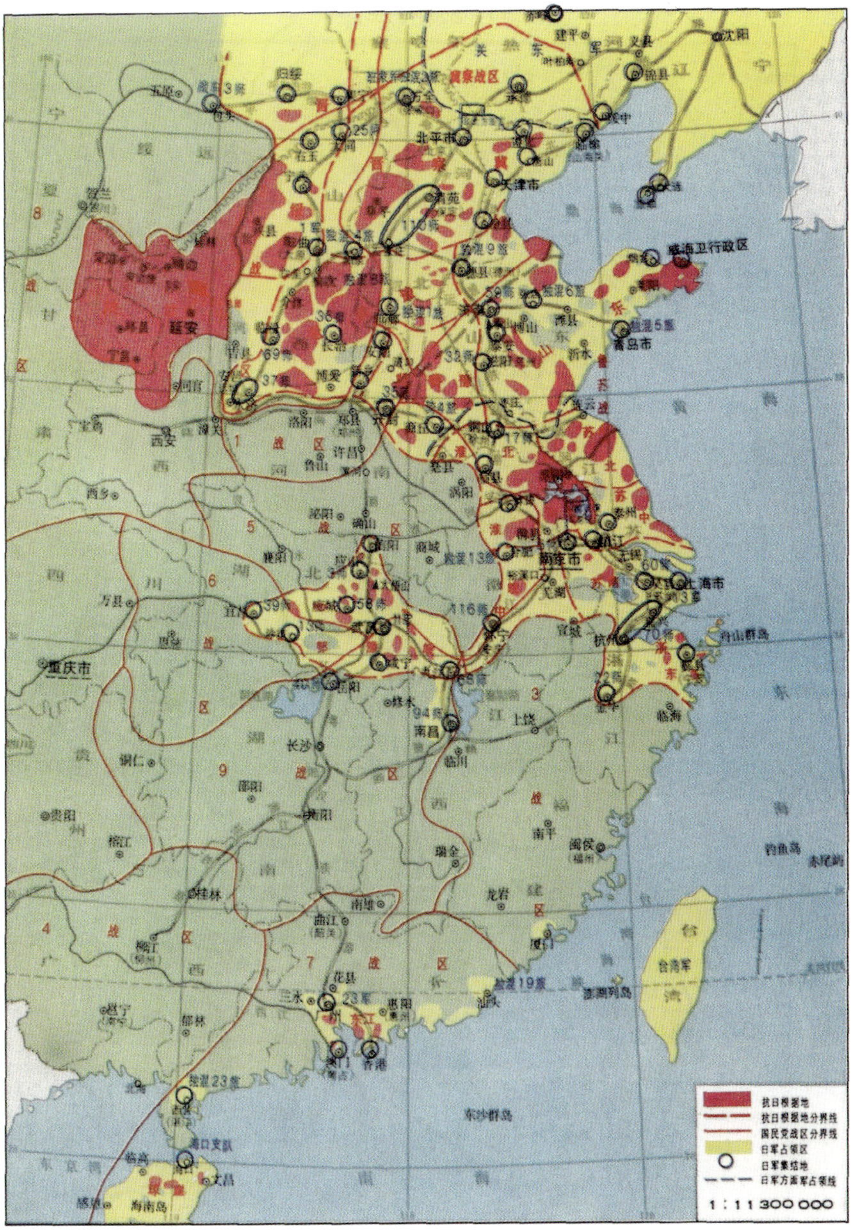

十、缅北滇西作战示意图（1943 年 10 月—1945 年 5 月）

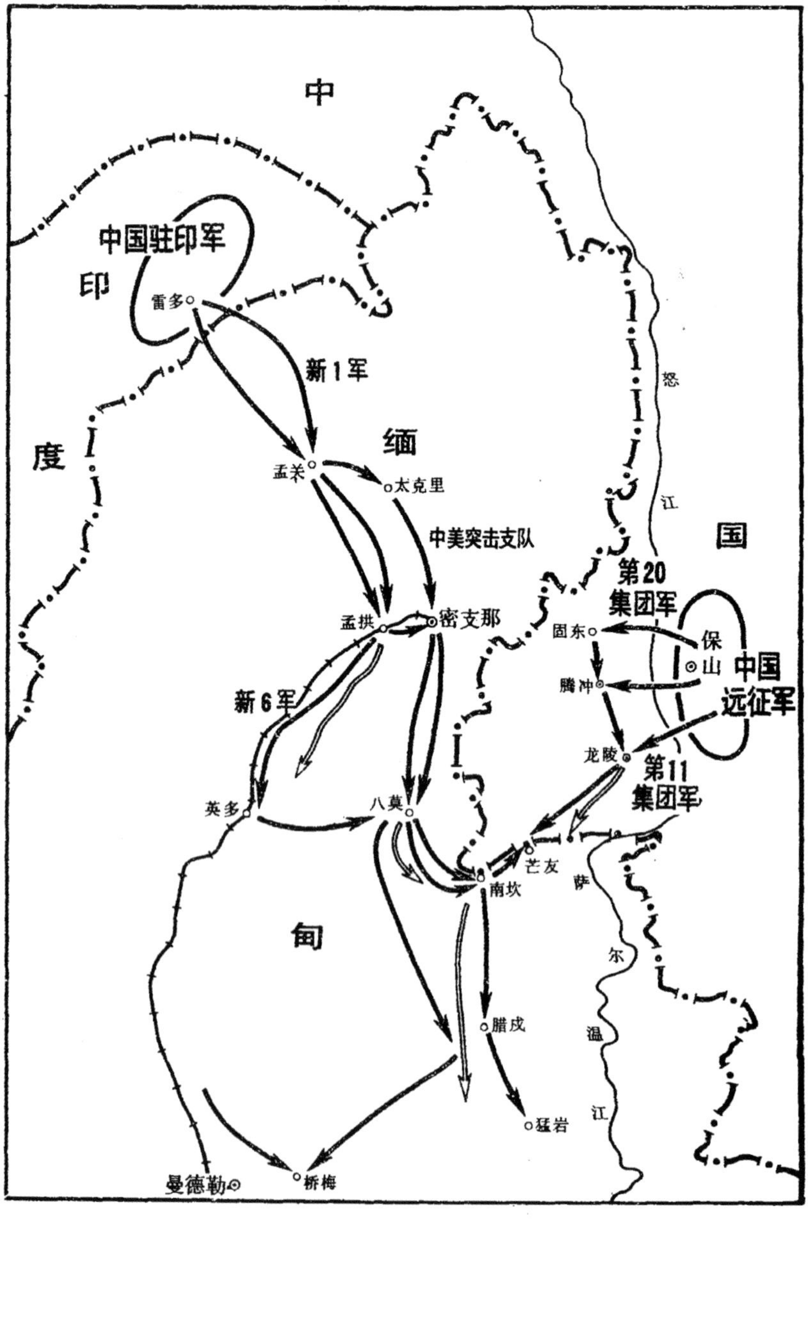

十一、敌后军民大反攻示意图（1945 年 8 月）

十二、正面战场重要战役示意图

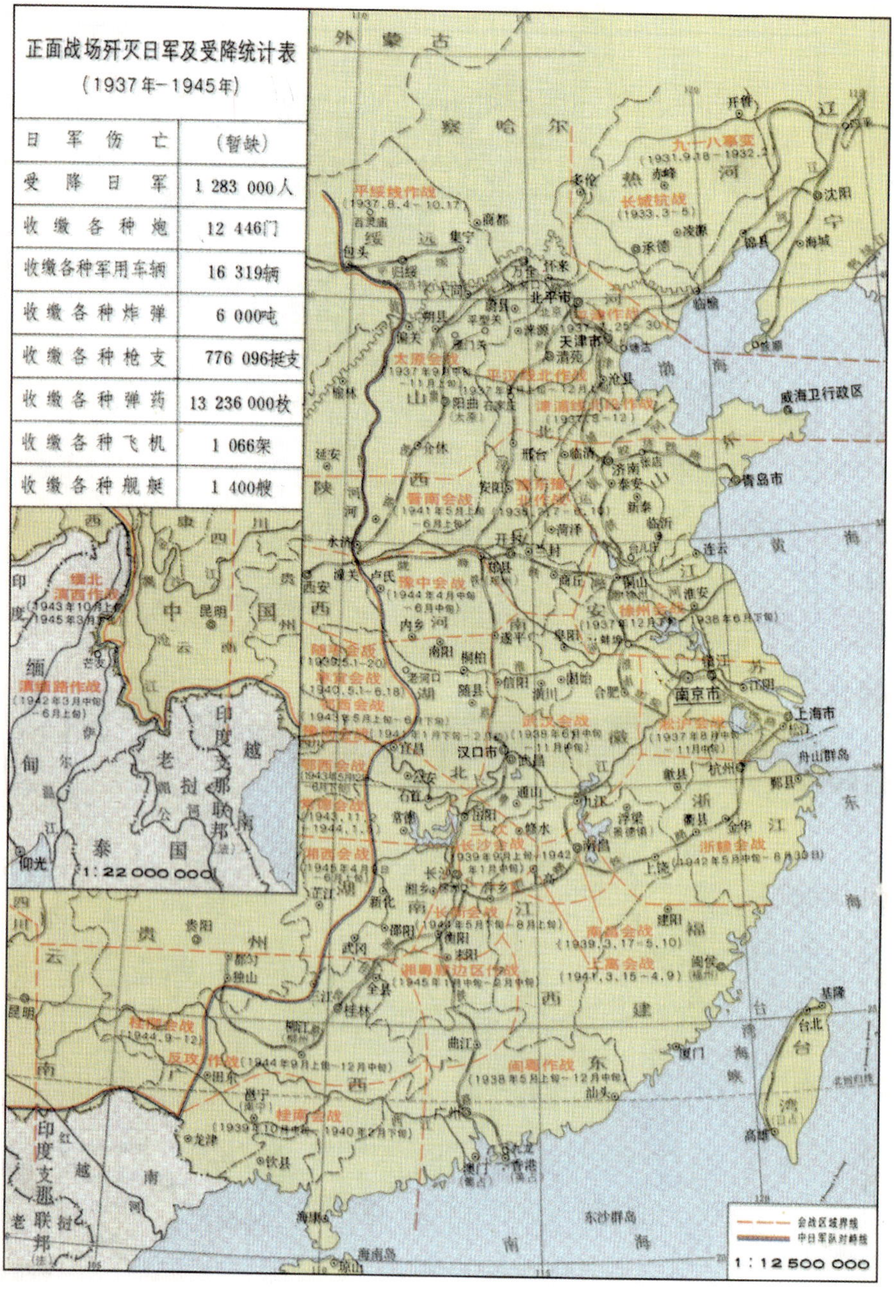

正面战场歼灭日军及受降统计表

（1937年－1945年）

日军伤亡	（暂缺）
受降日军	1 283 000人
收缴各种炮	12 446门
收缴各种军用车辆	16 319辆
收缴各种炸弹	6 000吨
收缴各种枪支	776 096挺支
收缴各种弹药	13 236 000枚
收缴各种飞机	1 066架
收缴各种舰艇	1 400艘